世纪波
Century Wave

创新与研发管理系列丛书

新产品管理

（第11版）

New Products Management

11th Edition

[美] C. 默尔·克劳福德(C. Merle Crawford)
C. 安东尼·迪·贝尼迪托(C. Anthony Di Benedetto) 著
刘 立 王海军 译

電子工業出版社
Publishing House of Electronics Industry
北京·BEIJING

C. Merle Crawford, C. Anthony Di Benedetto: New Products Management, 11th Edition
ISBN: 978-1259254345

版权贸易合同登记号 图字：01-2017-0132

图书在版编目（CIP）数据

新产品管理：第 11 版 /（美）C.默尔·克劳福德（C.Merle Crawford），（美）C.安东尼·迪·贝尼迪托（C.Anthony Di Benedetto）著；刘立，王海军译. —北京：电子工业出版社，2018.1

书名原文：New Products Management, 11th Edition

ISBN 978-7-121-32990-6

Ⅰ. ①新… Ⅱ. ①C… ②C… ③刘… ④王… Ⅲ. ①产品管理 Ⅳ. ①F273.2

中国版本图书馆 CIP 数据核字(2017)第 264269 号

策划编辑：刘露明
责任编辑：刘淑敏
印　　刷：北京京师印务有限公司
装　　订：北京京师印务有限公司
出版发行：电子工业出版社
　　　　　北京市海淀区万寿路 173 信箱　　邮编 100036
开　　本：787×1092　1/16　印张：30　字数：712 千字
版　　次：2018 年 1 月第 1 版（原著第 11 版）
印　　次：2019 年 7 月第 4 次印刷
定　　价：98.00 元

凡所购买电子工业出版社图书有缺损问题，请向购买书店调换。若书店售缺，请与本社发行部联系，联系及邮购电话：（010）88254888，88258888。

质量投诉请发邮件至 zlts@phei.com.cn，盗版侵权举报请发邮件至 dbqq@phei.com.cn。

本书咨询联系方式：（010）88254199，sjb@phei.com.cn。

推荐序一

陈　劲　教育部长江学者特聘教授、清华大学经济管理学院教授

创新是企业获得持续成长的根本源泉，是中国企业提高在全球价值链中地位的根本保障。我们自实现创新驱动发展战略以来，国家创新体系和企业创新能力取得了显著的进步。以互联网为驱动的商业模式创新和以基础设施为驱动的工程科技创新，成为中国创新的两大亮点。

然而，创新的核心还是产品或服务的创新，新产品的开发及管理是企业创新工作的重中之重。在我国的科学论文和专利申请取得国际先进水平的基础上，产生改变世界的新产品或新服务体系的能力，将成为我国创新工作的重点。

我国企业比较重视项目管理、技术管理等工作，但是对新产品的管理，还缺乏足够的重视，许多企业缺乏产品的战略规划、新旧产品的战略组合。在高校的理论研究体系中，新产品开发和管理也缺乏相应的学科及人才培养的有力支撑。新产品开发的视野过多地从研发的角度而非从市场营销的角度给予系统的关注，使得我国的新产品管理工作还十分薄弱，急需引进海外的研究成果加以提升。

本书是密歇根大学名誉教授、著名的营销学教授和新产品开发专家默尔·克劳福德的最新版教材，反映了美国产品创新领域的经典和最新成果。本书从新产品的机会识别与选择、新产品概念生成、新产品概念和项目评估、新产品开发过程管理、新产品上市等环节，系统地论述了新产品创新的系统、新产品创新的管理要点和管理方法，是国际上权威的新产品管理教材，对科学地培养我国高校的产品创新管理人才和系统地提升企业的产品创新能力、产品管理水平具有重要意义。

本书的译者刘立教授在创新与创业管理、产品管理方面具有深厚的学术积累，是我国产品创新的知名学者，由他负责翻译的第 11 版《新产品管理》具有较高的品质和较大的推广应用价值。相信本书的出版对推动企业产品创新具有巨大的贡献。

推荐序二

董大海　中国大连高级经理学院常务副院长、教授、博士生导师

企业始于产品，产品是企业的基石。每家公司在创业之初，都是围绕一个产品而展开经营活动的，无论是早期苹果公司简陋的 Apple I，还是华为公司起家创业的 BH03 用户交换机，可以说，没有产品也就没有企业。

产品是竞争优势的源泉，企业竞争力主要凝聚在产品竞争力上。20 世纪 70 年代，苹果公司以其 Apple II 产品开辟出 PC 蓝海市场，加之风投的支持，苹果公司只用了 5 年的时间就从一家车库小作坊成长为美国制造 500 强之一，是美国制造业历史上用最短的时间成长为美国制造 500 强的公司。但是天有不测风云，正当苹果公司如日中天的时候，横下里突然杀出了 IBM 公司，通过开源推出了性能更好的产品，苹果公司业绩随之飞转直下，乔布斯也被赶出了公司。12 年后，乔布斯重回苹果公司，相继推出了 iPod、iPhone 和 iPad，举世欢庆，公司再创辉煌。所以，技术竞争力、人才竞争力，甚至资金财力等，最后都要凝聚为产品竞争力。得产品者得天下。

产品是顾客价值的载体，企业以产品体现其社会价值。德鲁克说，企业的使命只有两个：创新和创造顾客。我理解，创新特别是产品创新，也是为了满足顾客。中国高铁是产品，更是满足广大消费者美好出行的载体。腾讯微信是产品，更是满足广大人民群众热盼联系沟通交往的工具。所以，研发出好产品、经营好好产品，就是企业对社会的服务，就是履行社会责任。

然而，知易行难。我们的创业者、企业家，不是不明白这些浅显的道理，而是难以把这些道理落实到本企业的实践之中。不必说千千万万创业企业的挫折，就是全球最耀眼的企业之星也常常折戟沉沙，如柯达、诺基亚、摩托罗拉，比比皆是。不创新产品，等死；创新产品则很可能找死。据统计，产品创新的成功率只有 1/7，也就是说，占大部分的产品创新投入，包括人力、物力和时间精力等最后都因为失败而浪费掉了，而且远不止这些，还包括参与其中的领导与员工们的工作激情，还有我们对产品创新的信念。

正因为产品如此重要，正因为产品创新如此艰难，所以我们需要研究、探索和学习“产品创新之路”。我想，本书可以作为企业走上产品创新光明大道的一盏引路灯。

中国已经由站起来、富起来到强起来，人民对美好生活的向往愈发强烈。强起来的一个题中之义就是要有越来越多的强产品、强企业、强行业，进而构成中国的强经济；美好生活向往需要更多更加美好的产品和服务。所以，习近平总书记说，我们要深化供给侧结构性改革。他还说，我们要实现三个转变：由中国制造向中国创造转变，由中国速度向中

国质量转变，由中国产品向中国品牌转变。创造新产品关乎企业生存，创造新产品关乎企业发展，创造新产品关乎祖国富强，创造新产品关乎美好生活。

开放带来进步，封闭必然落后。本书由两位美国大学教授执笔撰写，由美国产品开发与管理协会倾力推荐，历经30余年持续更新完善，目前已经是第11版了，可以说是一本很成熟的新产品创新与管理的教材、工具书和工作指南。但是我也想提请读者注意："江南为橘，江北为枳。"中国企业管理的文化根基、组织管理机制、思维方式、人口及其社会需求模式有别于以美国为代表的西方发达国家；同时也要特别注意以互联网为代表的新科技产品的研发特点很大程度上有别于传统意义上的有形产品研发。笔者期盼，广大中国企业家和学者能够在学习借鉴这本著作精髓的基础上，探索出一条结合中国企业特点的新产品创新与管理之路。

遵好友刘立院长嘱，是为序。

推荐序三

路江涌　北京大学光华管理学院组织与战略管理系教授、系主任，
教育部长江学者青年学者，国家杰出青年基金获得者

这本由默尔·克劳福德教授和安东尼·贝尼迪托教授合著的《新产品管理》从第 1 版发行的 1983 年算起，已经 34 年了。1983 年苹果公司推出以 CEO 史蒂夫·乔布斯女儿的名字命名的新型电脑 Apple Lisa，这是全球首款将图形用户界面和鼠标结合起来的个人电脑，是一款具有划时代意义的电脑。实际上，1983 年，苹果公司的设计师还设计了一款苹果电话概念机，上面有一个触摸屏，有应用、虚拟键盘，甚至还有一个在乔布斯眼里很“无聊”的手写笔（见图 1）。

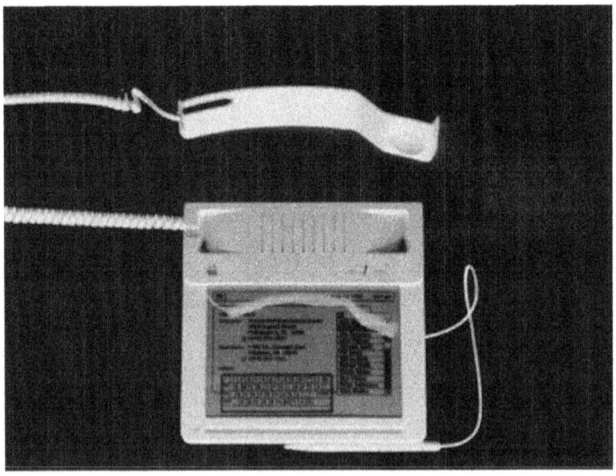

图 1　苹果公司设计的电话概念机

时间来到 2017 年，从苹果公司发布第一代 iPhone 算起来，已经有 11 年了。11 年间，苹果公司推出了 11 个版本的 iPhone[①]，而这本《新产品管理》也已经出到第 11 版了。时光荏苒、岁月如梭，苹果公司不再是 1983 年的那个苹果电脑公司了，这本《新产品管理》也在 1983 年第 1 版的基础上经历了无数次的迭代。

读罢刘立教授主持翻译的这本《新产品管理》，不禁为作者严谨缜密的理论体系和与

① 这 11 代 iPhone 分别是 iPhone 初代（2007 年）、iPhone3G（2008 年）、iPhone3GS（2009 年）、iPhone4（2010 年）、iPhone4S（2011 年）、iPhone5（2012 年）、iPhone5S（2013 年）、iPhone6（2014 年）、iPhone6S（2015 年）、iPhone7（2016 年）、iPhone8 和 iPhoneX（2017 年）。

时俱进的实践案例而感叹，也为刘立教授把这本佳作呈现给中文读者所做的努力而赞赏。我读下来，这本书重点讲了新产品管理中的三个重要方面：一是新产品管理的体系；二是新产品的开发循环；三是新产品的市场路径。

新产品管理的体系

这本《新产品管理》的第 1 章就开宗明义，讨论了新产品开发的战略要素。新产品管理涉及的对象包括人和事，涉及的范围包括企业内部和企业外部。我们把新产品开发的战略要素按照企业边界（内部和外部）及管理对象（人和事）两个维度进行分析，得到图 2：外部的人是"用户"，内部的人是"团队"；外部的事是"市场"，内部的事是"产品"。新产品开发就是一个从用户需求、到团队创意、再到市场验证，最后到产品上市的过程。

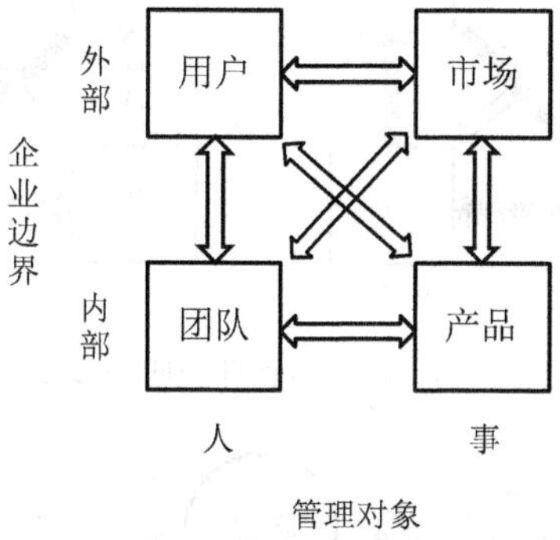

图 2 新产品管理的要素体系

新产品管理的起点是用户需求，这一点在本书中论述得非常明确。按照本书的逻辑体系，我们可以把新产品管理的流程分为四个步骤，分别是需求调查、产品设计、产品开发和市场推广。运用图 2 中的新产品管理的要素体系，我们看到新产品管理四个步骤对于各个要素有不同的侧重。如图 3（a）所示，在需求调查阶段，企业的需求调查团队根据用户需求和市场供给状况，发现用户需求。接下来，如图 3（b）所示，在需求调查的基础上，企业的产品设计团队结合用户需求设计产品。再接下来，如图 3（c）所示，企业的产品开发团队在开发过程中不断通过市场验证，检验设计出的产品在市场上是否有竞争力。最后一步，如图 3（d）所示，企业的市场推广团队通过市场，让产品和用户之间产生连接。当然，在产品开发的不同步骤中，各个要素之间都会产生互动，但最主要的还是图 3 中黑色实心箭头所标示的关系。

新产品的开发循环

除了给读者展现出完整的新产品开发体系之外，这本书还融合了精益创新的观念，提出了新产品开发循环的概念。在作者阐述的基础上，我把新产品开发循环总结为图 4。新产品开发循环中有五个对象和五个行为，换句话说，有五个名词和五个动词。五个对象是市场、机会、概念、项目和产品，五个行为是识别、学习、评估、开发和互动。新产品开发循环的逻辑和精益创业循环的逻辑非常相似，这个图可以顺时针看，也可以逆时针看。

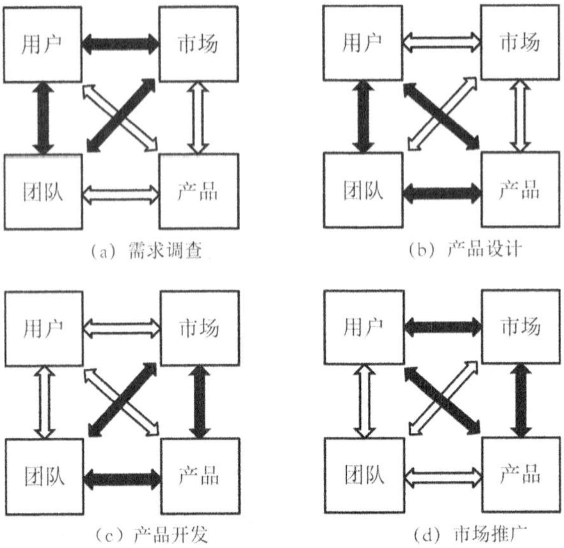

图3　新产品管理的四个步骤

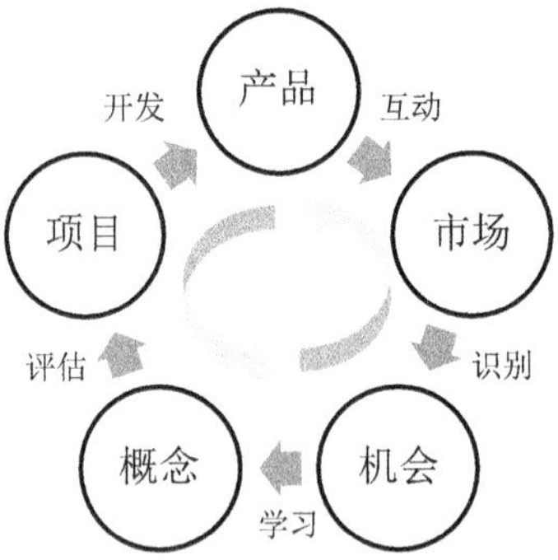

图4　新产品的开发循环

顺时针看的表述如下：企业从市场中识别机会，从机会中学习概念，评估概念以获得项目，开发项目得到产品，通过产品和市场的互动识别新的机会，进而循环往复。逆时针看的表述如下：企业评估创新项目的目的是学习创新概念，学习创新概念的目的是识别创新机会，识别机会的手段是通过产品和市场的互动，而互动所基于的产品是通过项目开发得来的。

新产品的市场路径

这本书中还有一个重要概念值得创新者学习，这个概念就是A-A-T-R模型。作者用这个模型描述用户了解、尝试、选择和复购产品的过程，非常具有实操性。书中涉及A-A-T-R

的篇幅较多，但如果简要总结，可以得出图 5。

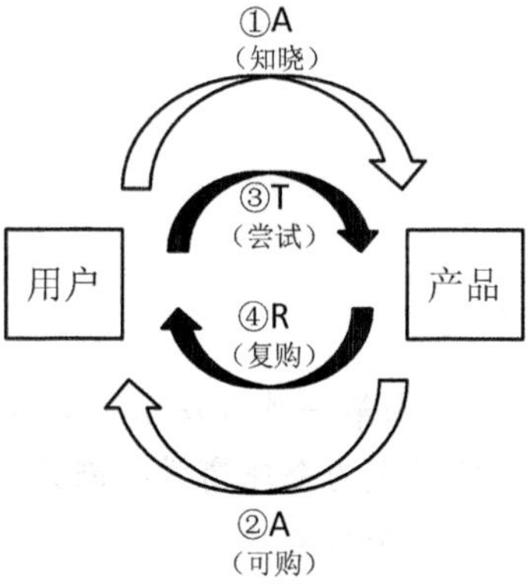

图 5　新产品的市场路径

首先，用户通过各种媒介知晓（Aware）产品；其次，企业为用户提供可以购买产品的渠道（Available）；再次，企业通过产品推广方式引发用户尝试产品（Trail）；最后，用户被产品本身吸引，复购产品（Repeat）。这个模型非常简洁，但描述出了企业从吸引客户，到获取客户，到锁定用户的全过程。知晓、可购、尝试、复购四个环节分别代表了产品知名度、渠道渗透度、用户好奇度和用户忠诚度等重要指标。

“立地顶天”

这本书从新产品管理的实践出发，总结实践中的规律和方法，为新产品开发者、新产品推广者、创业者和企业家等关心新产品管理的读者提供了一个“立地顶天”的新产品管理思维和实践框架。

所谓“立地顶天”，说的是这本书下接鲜活的创新实践，上接创新管理的理论前沿。本书的作者之一默尔·克劳福德教授是产品开发与管理协会（PDMA）的创始人之一，他在创新管理方面有非常丰富的教学经验。这本书是企业实践和理论前沿有机结合的产物。经过 30 多年 11 个版本的迭代，这本书不是一本创新方面的快餐式畅销书，也不是一本死板的教材，而是一本常读常新的创新红宝书。

中国的创新实践非常丰富，经过几十年的发展，中国企业的创新已经从“copy to China”的所谓“逆向创新”阶段，发展到了“copyright in China”的“逆袭创新”阶段。基于中国企业的创新实践，总结出有指导意义的创新规律，是中国创新的实践者和学者不可逃避的使命。期待不久的将来，有类似这本《新产品管理》的、基于中国创新实践的鸿篇巨著问世。

中文版序

本书第 1 版出版于 1983 年，是由第一作者默尔·克劳福德撰写的。1999 年，我应邀成为本书第 6 版的合著者。本书已经成为全球商学院新产品开发领域的一本标准参考书。我为本书多年来一直保持着广受欢迎而自豪。

我很高兴本书的中文版将在中国出版。近年来，中国已经成为全球市场的重要参与者。中国的企业，比如联想、海尔、华为、小米等，已经在其各自的产业领域占据了显著的市场地位；技术型企业，比如阿里巴巴、百度等，也已经在全球市场中留下了足迹。中国企业正在进入全球市场的很多行业并成为主流，如汽车、媒体服务、食品饮料等。当然，中国公司在全球市场的重要性还将继续提高。

你将在本书中读到全球的公司都在采用的产品开发的原则。这些原则适用于各种公司，不管是生产工业品的，还是生产快速消费品的；不管是从事商业服务的还是从事消费者服务的。你将了解产品管理的战略要素：新产品流程、新产品战略、新产品组合。你将知道到哪里去发现新产品创意，如何将这些创意转换成产品概念，开发出原型，进行客户测试，然后推向市场。你还将了解不同类型的测试，应用于流程的不同阶段，从而可最大限度地减少不确定性。此外，你将学到通过这个流程的所有方式。重要的是，新产品团队的所有成员（营销、研发、设计、工程、生产等）一起工作，以实现共同的目标。所有这些活动，都将提高进入市场的产品成功达到或超过财务预期的可能性。

我希望你会发现，本书的内容，对于你了解产品开发的流程和战略是很有帮助的。祝愿你为全球市场开发出最好的产品和服务！

安东尼·迪·贝尼迪托

译者序

产品无所不在。正如营销大师科特勒先生所定义的，产品是任何一种能被提供给市场以满足需要或欲望的东西，包括有形产品、服务、体验、事件、人物、地点、财产、组织、信息和想法等。产品创新是企业价值创造的核心，是技术创新、工艺创新实现商业化的途径，是市场创新、商业模式创新得以实现的基础。互联网时代，产品创新也成为企业提高用户体验、争夺用户连接、开发新场景、建立新入口的利器。

产品管理可以追溯到 90 年前。大约 1927 年，宝洁公司设立了第一个产品经理职位，当时这一职位主要从事品牌管理和销售管理方面的工作。随着创新日益重要、产品生命周期日趋缩短、市场驱动力和技术驱动力的交叉融合，产品管理在内涵和角色上都发生了巨大的变化，逐渐转变为跨职能的、对产品从创意到上市全过程的管理。产品经理的战略作用不断增强，被称为"迷你 CEO"。产品创新管理知识体系既包括"做正确的事"，也包括"正确地做事"，具有很强的实践性和综合性，是学术界、咨询界、企业界长期讨论、联合创新的成果。在这一过程中，本书作者克劳福德先生，以及他 1976 年作为发起人之一创立的产品开发与管理协会（PDMA），发挥了很大的推动作用。本书第 1 版于 1983 年问世，至今已再版 11 次，见证了新产品管理知识体系的不断成熟。

本书的论述框架与 NPDP 知识体系指南有所不同。它不是用战略、组合、流程、生命周期、文化与团队、工具与度量、市场研究等七个模块将知识汇集起来，而是通过一个基本的新产品开发流程，将新产品管理的概念、工具、方法、经验和思想集成一体，更易于理解，也更利于指导实践。当然，即便这个最基本的机会识别与选择、概念生成、概念/项目评估、开发、上市流程，作者也一再强调，并不是依序的、独立的步骤，而是交叉的、迭代的，更需要结合企业的自身实际灵活运用，这是读者阅读本书的一个基本点。

尽管已经有很多产品管理著作出版，但本书的经典和厚重仍能凸显。新产品管理知识体系十分庞大，本书对其中某些方法和思想的论述是唯一详尽的。比如，A-T-A-R 模型、概念和评估周期、三大测试（概念测试、产品使用测试、市场测试）、属性分析（感知缺口图、联合分析、多维尺度分析、因子分析等的应用）、产品协议、全球产品开发管理最佳实践和新产品管理职业道德等。本书论证扎实，很多观点来自跨国公司的最佳实践及调查分析，包括产品开发与管理协会（PDMA）自 1990 年开始至今的多次比较绩效评估研究（Comparative Performance Assessment Study，CPAS）。本书内容持续更新，其中螺旋式开发、顾客声音、开放式创新、用户工具箱、社交媒体、众包、联合分析、设计驱动型创新、连续创新者、可持续性设计等当前业界密切关注的议题，本书均进行了讨论。可以说，本书既是资深产品经理案头常备的指南，也是新产品管理者入门必读的优秀教材。

我很开心受邀翻译这本名著，有机会深入英文原版，逐字逐句体会作者的思想。当然我也十分惶恐，担心无法准确完整地将作者的思想表达出来，因为书中的术语专业跨度很大，而且有些是探索性的，业内尚无确定的中文对应词汇，翻译时只有力求达意。因此，译者很希望与读者开展更多的交流，以便进一步改进。有关建议可发邮件：liuli@dlufl.edu.cn。

本书自翻译开始至今日付梓印刷，历时一年多，感谢陈劲教授、路江涌教授、董大海教授、徐作圣教授、高良谋教授及很多好友在翻译过程中对译者的鼓励和支持，同时还要感谢电子工业出版社刘露明为本书尽早出版所做的大量工作。特别要说到我的妻子温晓杰、双胞胎女儿刘雯珺和刘雯璐，她们为了支持我，积极加入翻译团队，关心和奉献良多，借此表达感恩。

译者简介

刘立　管理学博士、大连外国语大学经济与管理学院教授、注册国际产品经理（NPDP）、注册首席创新官（CCIO）、注册高级咨询顾问（CSC）、注册资产评估师（CPV）。拥有超过 20 年政府、跨国企业、民营企业中层和高层管理经验，超过 20 年投资咨询、产业咨询、创新创业咨询和研究经验。在《管理世界》《科研管理》等多个刊物发表论文几十篇。著作有《创新型企业及其成长》等，翻译著作有《新产品管理》《新产品组合管理》《产品创新的七个法则》等。受聘在东北大学、大连海事大学、大连市社会科学院等担任客座教授，并担任大连市创业导师，兼任大连新兴产业规划研究院院长、大连市创业联合会副会长、大连市健康产业促进会副会长。

纪念默尔·克劳福德博士（1924—2012）

默尔·克劳福德教授（密歇根大学）是本书的创作者，也是本书前 5 版的独立作者（前 5 版分别发行于 1983 年、1987 年、1991 年、1994 年和 1997 年）。在创作第 6 版的前夕，他邀请安东尼·迪·贝尼迪托加入合著。随着人们对新产品管理方法认知需求的日益增加，本书不停地修订再版，且深受广大管理者和学生的喜爱，现已成为这个新兴行业的基本指南。1965 年，默尔就职于密歇根大学，任市场营销专业副教授。在此之前，他曾任美赞臣公司市场总监，且在该公司工作的 10 年里相继担任了多种职务。1992 年，他从密歇根大学退休，并把就职的最后一年作为离职休假年。丰富的产业工作经验及学术教学阅历使得他见解独到、卓尔不群。正因为如此，1976 年他成为创办产品开发与管理协会（Product Development & Management Association，PDMA）的核心人物。简单地说，默尔认为，在管理领袖面临挑战时，学术研究者可以发挥巨大作用，这样，管理领袖将在与学术领袖的对话中受益良多。默尔为 PDMA 呕心沥血：创会初期他担任两年会长（1977—1978 年）；之后的 4 年一直任财务秘书长，负责应付款收缴和不定期信息发布；从 PDMA 成立起直到 1984 年，他一直以大学教授和志愿者的身份负责运营协会，身兼数职，包括研究负责人（1984 年和 1985 年）、发行负责人（1989 年），并且在接下来的 8 年里有 7 年担任董事（1987—1988 年和 1990—1994 年）。在此期间，默尔曾资助过很多伙伴加入他的队伍，协助他把 PDMA 打造为新产品开发专业领域的世界级领导者。就在他作为会长最后一个任期的收官之日，PDMA 会员数量已经超过 1 700 人。

默尔在一所美国大学中创办了第一个正规的新产品管理的高级经理人发展课程（EDA），并在 PDMA、密歇根大学和其他一些大学中招募项目伙伴。1979 年，该项目正式启动，当时不过是一个为期 3 天的小项目，按季度上课。但是由于课程备受欢迎，推出不久后便延长为 5 天，而且一做就做了 20 多年。正是这个课程加上后来 PDMA 的发展，给了默尔信心，促使他撰写了第 1 版《新产品管理》，并于 1983 年出版。第 1 版也是许多经理和总裁们在培训课程上的参考用书，得益于此，整个项目俨然变成了一个实验室，在那里，默尔在书中的想法能够运用到现实中。默尔的研究记录了从 1979 年开始公布的实际的新产品失败率，打破了“大多数新产品都会失败”的魔咒。在与项目成员和同事的讨论中，他不断改善原有的产品创新概念，还创造了产品概念陈述与产品协议陈述的模板。他在书中将这些模板定义为工具，现已成为许多专家的基本技能。在本书后续的几个版本中，默尔一直都在不断改进内容。他对新产品领域的另一个不朽的贡献，就是他对新产品术语的汇总。该术语汇总表最早发布于第 3 版中，现已被译为 3 种语言，展示在 PDMA

的官网上。

默尔是受人尊敬的 PDMA 创始人，同时也是创新领域的领军人物。1991 年，他在克劳福德创新大赛中获奖，成为该赛的第一位获奖者，在 5 名同时被提名的佼佼者中脱颖而出，这绝对是至高无上的荣耀。

默尔还很擅长将来自不同背景的新产品专家联系在一起。他在本书的第 1 版的概述部分中写道："……新产品开发过程既是一门科学也是一门艺术。这个过程既需要创造力和情感上的共鸣，同时也需要周密的、复杂的分析。在新产品开发过程中，这两个方面都需要被引起重视。"这段话深入浅出，为我们今天的专业发展奠定了基础。但是有一件事可能会让默尔失望，他曾经包容地定义了"新产品"，其中包括了有形的商品和无形的服务。然而现在，"产品"这个词通常仅限于有形的产品，人们将它与"服务"区分开来。所以当大部分人通过观察实际位置、可用网址，还有能够传递的形式和技术支持元素时意识到，一般有形产品都包含重要的无形服务成分（包括消费者支持），无形服务也会包含有形成分，默尔可能就会嘲笑人们的自相矛盾了。

默尔教授已于 2012 年 11 月 11 日溘然长逝。他是我们的良师益友，也是创新领域的领军人物。他为人类做出的杰出贡献，我们无以为报。

托马斯·哈斯泰德（Thomas Hustad）

作者简介

默尔·克劳福德（Merle Crawford）是密歇根大学市场营销专业的名誉教授，他从 1965 年开始执教，一直到 1992 年退休。在此之前，他曾任美赞臣公司市场总监。克劳福德教授是 1976 年成立的 PDMA 的创始会员，1977—1978 年担任会长，并一直担任理事会理事至 1994 年。他率先编撰了第 1 版新产品领域教科书《新产品管理》，并于 1983 年出版。如今，这本书在管理、高级经理人、商科学生中得到广泛使用。

安东尼·迪·贝尼迪托（Anthony Di Benedetto）是位于费城的天普大学营销与供应链管理教授和沃什伯恩（Washburn Research）高级研究员，也是荷兰埃因霍温理工大学（Tu Eindhoven）高技术创业营销教授。他曾作为客座教授，在全世界各地进行产品开发和管理的演讲，也曾被国际技术管理协会评为“全球创新和技术管理领军学者 50 人”之一。另外，贝尼迪托在《产品创新管理》（*Journal of Product Innovation Management*）杂志担任过 9 年的主编。

前　言

新产品一直是许多专家学者和从业人员热衷的话题。新产品管理的大学教育可以追溯到20世纪50年代，但是直到90年代才逐渐形成新产品管理的原则。目前，PDMA会员超过3 000人，遍布世界50多个国家。仅在美国就有20多个地方分会，在其他一些国家也设有办事处。超过300所大学开设了新产品课程，这一领域的杂志《产品创新管理》也有30多年的发行历史。新产品经理或新产品总监这样的头衔，变得越来越普遍，而且早就出现于15年或20年前。我们也看到在这个领域急需设立职业生涯的更高职位。现在，PDMA颁发了职业证书（New Product Development Professional，NPDP，新产品开发专业认证），并设立杰出创新企业奖以寻求最佳的产品开发的企业。协会做了很多新的尝试，把教授和从业者的思想和活动融合到一起。更多关于PDMA的信息，可登录官方网站www.pdma.org查询。

本书是如何理解新产品管理的

新产品管理的爆发式发展，意味着我们可以采取很多方法来开展以新产品为主题的教育（包括营销、技术、创新、设计等）。本书从市场的角度讲授新产品管理方法。在每个组织（工业、零售业、政府、教堂、任何其他形式的机构），总会有这样一个或一群人，他们或博学或平庸，他们的职责是把新产品和服务推到市场上去。如今，这个人群越来越大，他们可能是新产品经理、项目经理，也可能是团队负责人。他们以一个总经理的视野带领着一批跨职能人才，就像在一个公司内运作另一个公司。他们必须完成全部任务——战略、组织、概念生成、评估、技术开发、营销，等等。直到新产品实现了公司赋予这个团队的目标，他们的工作才算完成。这个目标，常常是某种形式的销售额或利润，也意味着即使新产品已经到了库房，团队工作仍需继续进行。

我们要尽可能避免以职能为中心的狭隘观点。如今，我们已经很少会听到“市场部告诉每个人应该做什么”或者“研发部负责我们的新产品活动”这种说法。当某位职能部门的专家被委任为一个新产品团队的负责人时，他必须具备总经理的视野。更重要的是，在成为一个好的团队负责人之前，他必须是这个新产品团队中能够成功发挥作用的职能成员。营销人员，无论是作为团队一员还是作为团队负责人，都需要本书的指导。

指导本书写作的一些基本理念

使用过本书前10版的读者，知道本书关于这个领域有一些独到的见解。这里先向新读者介绍一下本书的写作理念。

（1）产品创新是组织中一项独立的运作，可以分为几个部分（战略、团队、计划等），但产品创新不仅仅是某几个部分的组合，更是一个整体，任何部分如果单独开展就会失去整体的力量。

（2）本领域属于新兴领域，缺少一套系统的语言。对于学生来说，学起来会比较难，因为他们已经习惯于一个术语对应一件事情并仅代表该事情。本书中，我们努力保持新产品术语的一致性，并要求读者运用这些术语。当然，有的新术语一直使用至今，有的则消失了。

正因为术语问题是源于一个快速发展的领域，所以，每个需要定义的术语都是一次大胆的尝试。本书没有包含术语表，但是可以在 PDMA 网站上搜索到一份默尔教授总结的术语表，那张表对于学习很有帮助。

（3）一种思想如果只是学了而没有去实践，那么它将只是你大脑中一闪而过的念头。如果你想真正掌握，就要将其运用到实践中，不管是大事还是小事。基于此，本书提供了应用实践、小案例等很多应用这些学到的概念的机会。现实中的很多商业案例，都是本书所讨论的主题的最新参考。

（4）关于标准流程，尽管我们非常喜欢也一直想要找到这个标准流程，但不论是对于产品创新者，还是对于日用消费品、耐用消费品、工业品、服务等的制造商和供应商来说，都没有标准的流程可循。就像营销计划一样，每个具体情况都有相对应的最佳计划。管理者必须根据具体情境选择具体的方法并与适合该情境的运营手段结合起来。所有的大公司都运用了多种方法，而不止一种。

（5）接下来，我们要谈到新产品领域中的一个问题——光环效应。我们可以通过下列陈述来理解光环效应：“苹果公司这样做了，通用电气公司和本田公司也这样做了，那么这一定也是我们的最佳做法。”这些公司都非常卓越，但是它们之所以卓越，是因为它们花费了大量时间和金钱向他人学习；它们在产品创新方面有庞大的培训计划，向新产品管理领域有想法的各路专家学习；它们假设自己所做的每件事情都是错的并且是需要改进的。你也应该这样做。本书也是这样做的。本书引用这些公司的活动作为案例，但并不是作为建议。这些著名公司都有许多事业部，总是有数以百计的新产品正在开发。这些公司的管理者们按照规范行事，不知道甚至不在意其他管理者在做什么。当一个团队希望优化现状时，就会开始环顾周围，看看与其相似的其他团队们都在做些什么，然后选择适合自己的办法。这种情况达到一定程度，就会成为共性问题（比如必须制定一个战略），此时你学习本课程的价值就凸显出来了。但到底是什么战略，以及如何决策，则需要视情况而定。

（6）有这样一个说法：新产品战略的基础，或者是技术，或者是市场，必须二选一。到底选择哪一个，已经争论了很多年。大部分企业两者都要，即采取双轮驱动战略。根据上文所说的观点，公司应根据具体情况选择基于技术还是基于市场。比如，杜邦公司的平台项目是为它的超强材料 Kevlar 纤维寻找应用之处，而汽车零部件公司则通过工艺开发工程来更好地满足原始设备制造商的需求。因此，杜邦公司致力于提高技术水平，而汽车零部件公司则不断改进它的研发流程。

（7）建议读者们仔细思考他们在本书中接触到的那些概念。本书包括了各个不同时代的理论观点，之所以把这些理论观点列举出来，就是为了启发读者们思考。如果要做到上面所说的具体问题具体分析，最好的方法就是分析、思考、讨论并且运用。商业人士所采用的方法的多样性，不是证明了管理者无知，而是证明了需要先思考再行动。今天，当我们面临大量的问题时，我们先需要在众多观点面前冷静下来。决策也是一样，不在于那一刻所做的决策一定是绝对正确的或者绝对错误的，而在于管理者在做出决策后一定要付出加倍努力来证明这个决策是对的。执行的质量远胜于决策的质量。比如，当某位管理者说“我们正在寻找真正伟大的创意”时，我们反而会感到沮丧，因为，伟大的创意并不是某位产品创新经理创造的。

（8）最后，明确地说，要持续对两件事情进行开发——产品以及营销计划。这两个开发流程是串联的，首先开始的是营销战略与计划，之后其与技术工作同步进行，并在技术开发完成后继续进行。

第 11 版的改进之处

之前用过本书的读者会发现，这一版较之前几版做了很多改进。几乎每章都有一些改动，以下是主要改进之处：

（1）对案例进行了扩充和更新，删除了一些案例并加入了一些新案例，以便大家接触到更丰富和更有时代感的案例。新案例包括：乐高的公司战略（第 2 章）、Pillsbury 的开放式创新（第 4 章）、智能手机产业的定位和竞争（第 6、9、16 章）、达美乐比萨的转型（第 9 章）、Fisher & Paykel 的产品协议制定（第 12 章）、杜邦公司的商业产品开发（第 12 章）、Provo Craft 的企业文化（第 14 章）、福特公司富绅概念车的开发。我们对以下案例进行了完善：Rubbermaid（第 7 章），将 WiLife 的 A 和 B 部分放进了罗技（第 10、12 章）和吉列（第 13 章）。我们将 Palm Pilot 案例保留在了第 14 章中，尽管这个案例描述的是一个老产品，但它向我们展示了怎样通过优秀设计来应对竞争挑战并满足顾客的需求。和以往一样，我们旨在提供一系列包含高科技产品、消费品和服务的案例。

（2）更新了一些案例。我们努力用翔实的案例向读者展示应该具备哪些素质。比如，我们使用 Hapisfork（一种能够影响人们吃东西速度并且对身体健康有益的叉子）的案例来告诉大家，如何把一个产品概念转化成一种产品形式，如何在产品开发过程中进行权衡并做出产品开发协议决策（建议在学习这个案例的时候，可以讨论制造商的这个提议是否可信，并在产品使用测试时测试一下用前感受）。

（3）新产品研究不断有新进展，我们努力把新的相关主题加入本书。在本版书出版前不久，PDMA 的最新 CPAS 调查报告为我们提供了大量关于产品研发的新数据。读者们可能会注意到本书已经涵盖了这些新观点：连续创新者、螺旋式开发、组合管理、顾客声音、开放式创新、用户工具箱、社交媒体、众包、联合分析、设计驱动型创新、产品预测、概念测试、上市计划、上市后管理、已有市场的产品开发、可持续性设计等。

（4）我们持续从有关网站中收集资料，包括 PDMA 和消费品安全委员会的网站，以及提供失败产品或不良设计的网站，并添加了一些新的网站。我们将这些网站的网址在本书正文中的适当地方做了介绍，没有列出一个网站列表。

第10版出版后，读者反馈良好，所以本书依旧保持了由20章构成的基本框架。我们仍然使用分析模型来融合新产品流程的各个阶段。和之前的版本一样，我们在新产品流程早期的概念生成阶段就引入了感知图，其分析结果会影响联合分析中的属性选择，并影响之后的利益细分市场和产品定位。联合分析的结果还可用于概念生成和评估，并提供一组顾客期望的属性用于质量屋分析。本书的章后案例中，有一个3种智能手机的案例，展示了分析模型与新产品流程的有机融合。和以前的版本一样，本书的另一些概念——产品创新章程、A-T-A-R模型、评估技术、新产品的多职能管理等，也是贯穿全书的主题。

由于本书聚焦于产品管理，并不断再版，所以对正在一线的新产品经理十分有用。本书已被广泛用于各种高级管理教育项目中，是行业"最佳实践"的宝典。

本书从第1版起就没有在每章末尾设置问题清单栏目。我们从众多学生提问和商业经理的评论中遴选出一些重要内容放在章尾。我们将这些评论改编成与公司总裁对话的方式。详情见第1章的章尾。

长期以来，我们努力的目标就是要让本书与读者产生关联。我们将本书视为一种"新产品"，这有助于我们更好地去实现以顾客为导向。学术界同人们基于他们的实践，提出了许多建设性的意见，这是本书前几版以及本版改版的驱动力。我们十分感激所有提供评论与建议的审阅者，他们的意见在此次改版中非常有价值。同时，我们也向那些提供反馈意见并纠正错误的老师和学生们深表谢意。

我们对新版内容的改动感到非常兴奋，也真诚地期望你们能够喜欢。

献词

本版由密歇根大学名誉教授默尔·克劳福德（1924—2012）倾情创作，他是本书前5版的独立作者，是PDMA的共同创始人，也是著名的营销学教授和新产品开发顾问。在产品开发领域，为表彰其终生成就以及对产品开发领域的贡献，有一项PDMA授予的最高荣誉称号"克劳福德院士"。默尔·克劳福德是首位获此殊荣的学者。这足以证明PDMA的同事们对克劳福德教授的钦佩之情。同时，我个人对克劳福德教授为我提供合著本书的机会深表感激。谨以此篇献给克劳福德教授。

安东尼·迪·贝尼迪托

目　录

第Ⅰ篇　概述、机会识别与选择

第Ⅱ篇　概念生成

第Ⅳ篇 开发

第 I 篇

概述、机会识别与选择

本书分为 5 篇：第 I 篇　概述、机会识别与选择。第Ⅱ篇　概念生成。第Ⅲ篇　概念和项目评估。第Ⅳ篇　开发。第Ⅴ篇　上市。这个顺序与通常的新产品流程相吻合（见第 1 章的图 1.5），但稍后我们将看到，这些阶段并不是按顺序排列、各自独立的一个个步骤，这些阶段经常变动并相互交叉重叠。

本书在每篇的篇头，都有一个针对该篇的概述和一幅框图（见图 I.1）。概述简要地说明了接下来的章节中所包含的新产品流程的重点；框图则提供了新产品流程中各个阶段的详细信息，并展示各个阶段的前后衔接。例如，图 I.1 详细陈述了机会识别与选择的流程，并以产品创新章程作为结尾，这是第 3 章的主题。因此，本书 5 篇中的框图（见图 I.1、图 II.1、图 III.1、图 IV.1、图 V.1）实际上可以组成一个长而详尽的新产品流程（见图 1.5 中的简单说明）。

在讨论机会识别与选择之前，本书的第 I 篇安排了 2 章概述性的内容。第 1 章介绍了 3 个产品开发的战略要素：新产品流程、产品创新章程及产品组合。有关新产品流程的内容非常简单，可作为全书的一个导论。这一章还回答了本课程最基本的几个问题，并界定了全书最基本的几个概念，比如，到底什么才是一个新产品？新产品成功的概率到底有多大？公司如何实现产品开发的全球化？第 2 章进一步深入讨论新产品流程，并介绍了一些重要概念：突破性创新、新服务开发、加快上市速度，分析了这些概念是如何影响新产品流程的。

第 3 章是本书概述部分的收尾，主要讨论前面说到的第二个和第三个战略要素。首先讨论了机会识别与选择，这决定了战略规划是新产品工作的基石，战略规划对新产品团队的指导作用，与公司战略或事业部战略的整体指导作用是一样的。图 I.1 展示了机会识别的流程。第 3 章接下来讨论了产品创新章程。产品创新章程被视为指导新产品开发团队的一个战略陈述：指明新产品团队的工作领域、长期目标和短期目标，以及其他考虑因素。第 3 章的最后一部分讨论的是产品组合。能转化为高潜力新产品机会的创意，有很多种来源，但不论这个创意是怎么来的，都必须对这个创意与企业产品创新战略的一致性进行评估。这就是组合管理：评估任何一个潜在的新产品时，公司必须考虑它的技术可行性（我们能做出来吗？）、市场可行性（消费者会买吗？）。很多企业还有更多的评判标准，既包括财务方面的，也包括战略方面的。

正如图 I.1 所示，产品创新章程一旦得以确定，下一步就是生成产品概念，本书的第Ⅱ篇讨论概念生成。

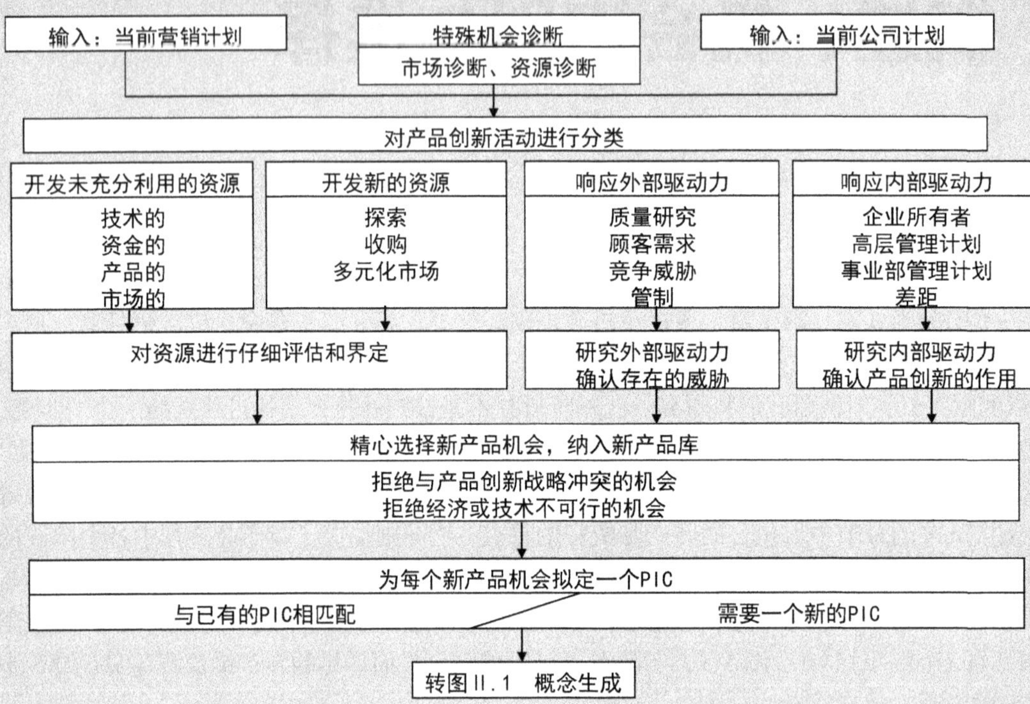

图Ⅰ.1 机会识别与选择

第 1 章

产品开发的战略要素

1.1 引言

提到新产品，人们总会想到技术——iPods、iPhones、YouTube、虚拟现实（virtual realities）、光纤（fiber optics）等，但大多数新产品都更简单——低卡路里可乐、新电影、新歌星、快餐、新口味冷冻酸奶等。新产品涵盖了从尖端科技到最新样式圆珠笔等几乎所有领域，既包括有形产品也包括服务，可以针对消费品市场、B2B 市场，或者两者兼备。

当你决定学习如何进行新产品开发和管理时，往往马上会想到这些新产品源于一个规范的流程，并由一批有经验的熟知产品创新的人来管理。但有时如此，有时并非那么简单。当年 Art Fry 因为 Post-it 便利贴的创意而名声大噪，就是因为他的圣歌集里的书签总是掉出来，但是当时他在劝说 3M 同事们这个创意值得市场化时也遇到了不少苦恼，即使后来这个产品迅速在办公用品行业成为出货量排名第二的商品。再看看 James Dyson，作为一名工业设计师，他对市场上的吸尘器性能不甚满意，决定开发出一款更好的。经过 5 年时间和大约 5 000 次原型设计之后，他发明了 Dual Cyclone 无滤网真空吸尘器。但是在之后的 8 年里，他的发明竟无法引起真空吸尘器制造商和风险投资人的兴趣！因为大家都认为他是一个设计师，怎么可能懂制造和营销。到了 1985 年，Dyson 几乎破产的时候，终于遇到了对此感兴趣的一位日本投资人，并于 1993 年在他的原籍英国设立了 Dyson Appliances。从那时起至今，Dyson Appliances 已经在全球创下了超过 20 亿美元的销售额。

读到这里，你可能会对本书提到的诸多不确定性产生了困惑。若是这样，欢迎来到这个探索创意的世界。我们将在这本书里讨论的活动，有人称为产品创新管理（product innovation management），有人称为产品规划（product planning），甚至有人偏颇地称为研发（Research & Development，R&D）和营销。本书采用了大家最常用的词——新产品管理（new product management），我们也采纳了营销经理们的观点，即营销在整个新产品开发任务中有特殊的作用。

1.2 新产品的重要性

新产品涉及的行业很多。每年仅投入技术开发阶段的资金就超过 1 000 亿美元。每年上市的新产品不止几千个，如果新网站也计入新产品，则数字将突破百万个。成千上万的人仰赖生产和销售新产品为生。大部分管理者已经意识到突破性创新（radical innovation）对于企业的生存和未来发展至关重要。在本书，我们将突破性创新定义为：一种取代或淘汰现有产品并且（或者）创造出全新产品类别的创新。产业研究院认为，“创新加速”、“创新驱动的增长”是技术领先企业最大的挑战。著名商业评论家加里·哈默尔认为突破性创新是“当今时代最重要的商业议题”。

企业之所以在新产品开发投入巨资，是因为新产品能够解决大多数企业面临的最大难题。竞争带来伤害往往是由于：① 产品差异性过小导致削价竞争而夺走了行业中每个企业的利润；② 竞争企业有令人期望的新产品而其他企业没有。因此，一个成功的新产品为企业带来的好处胜过其他一切。企业生存的核心理由，就在于为他人创造价值并获得回报。这意味着在竞争的世界，企业所提供的不论是实体商品还是服务，至少在一段时期内必须比竞争者优越。这适用于所有的组织，包括医院、教会、大学。考察一下那些在某个领域成功的组织，试着找出哪些组织受欢迎并具有成长性。

研究新产品开发的一个重要原因是新产品开发流程相当难。一个产品开发可能有数百人参加，但几乎每个人都来自不同的部门，如营销部、工程部、制造部等，每个人都有自己的日常工作。当一个产品轰然失败，不仅会让生产者十分懊恼，而且往往会引发很多公开报道。这有很多例子：New Coke、Premier 无烟香烟、电影《绝配杀手》（*Gigli*）和《猫女》（*Catwoman*）等。这些报道带来的结果是，人们认为新产品失败率相当高，超过了它的实际数字。新产品的确可能失败，但不论是实体产品还是服务，失败率大约在 40%，而不是经常传闻的 90%。优秀的产品开发企业可以大大提高这个概率：同样产出一个成功的新产品，它们只需要大约 4 个创意，而其他企业则需要 9 个乃至更多的创意。主要原因是这些优秀企业能更早地筛选掉较差的创意。经过多年研究，我们已经找出了产品失败的大部分原因：没有真正理解用户，研发经费不足，开发前准备工作不足（也称作 ready-fire-aim approach），不重视质量，缺少高管支持，目标不明确（第 3 章将讨论目标不明确，如产品规格不稳定、范围蔓延等）。

大部分企业的目标并不是将新产品失败率降到零。新产品失败率指标过低，可能意味着该企业在创新时过于保守，主要采用既有技术（close-to-home innovation），从而错失突破性创新的机会（尽管突破性创新有风险）。所谓失败率“过低”，可能也与所在行业以及产品本身的开发风险有关。本书的目标是降低新产品失败的财务损失（至少公司不能破产吧！）并从中获得经验。不论实际失败率是多少，新产品开发所下的赌注和失败风险的确很高。

多年来，新产品成功率一直引人关注。产品开发与管理协会（Product Development &

Management Association，PDMA）2012 年的“比较绩效评估研究”（Comparative Performance Assessment Study，CPAS）指出，每 100 个新产品创意只有不到 70 个能通过初始筛选，不到 50 个能通过概念评估和测试并进入开发阶段，30 多个能通过开发阶段，大约 30 个能通过测试，约 25 个能进入商业化阶段，约 15 个能开发成功（约 60%能上市）。有趣的是，各产品品类之间成功率的差距并不大，新产品开发的成功率从 51%（经常购买的消费型商品）到 65%（健康护理商品）。进一步将 CPAS 样本分为“最佳（前 25%最佳绩效企业）”和“其他”两组进行比较可以发现，2012 年最佳组的成功率超过 80%，远高于其他组的 50%成功率。

表 1.1 显示，最佳企业不只新产品成功率高，而且新产品销售额和利润几乎是其他企业的两倍（这里定义的新产品是上市时间小于等于 5 年）。同时最佳企业开发成功产品更有效率：仅需约 4.5 个创意就能产生一个成功产品，其他企业则需要这个数字 3 倍的创意。此外，每个成功项目的开发成本支出，最佳企业是其他企业的一半。

表 1.1　新产品开发绩效最佳企业与其他企业比较

指　标	最佳组（所有企业的前 25%）	其他组（所有企业的后 75%）
成功率（%）	82.2	52.9
新产品销售比率（%）	47.9	25.4
新产品利润比率（%）	48.5	25.0
成功新产品的创意数量（个）	4.5	11.4

资料来源：Stephen K.Markham and Hyunjung Lee, “Product Development and Management Association” 2012 Comparative Performance Assessment Study/*Journal of Product Management*/, 30(3), 2013, pp.408-429.

2012 年的 CPAS 研究也显示，最佳企业新产品开发的管理流程与其他企业不同。总体上，在实施本书后面提到的大量新产品流程的概念和原则等方面，最佳企业比其他企业好。包括：

- 更可能运用市场研究工具，如创意方法（creativity sessions，见第 5 章）、权衡分析（trade-off，见第 7 章）、概念测试（concept tests，见第 9 章）、客户声音（voice of the customer，见第 12 章）、阿尔法和贝塔测试（alpha beta，见第 15 章），以及市场测试（见第 18 章）。
- 更可能具备全球市场和运营战略（见第 3、14 章）。
- 更依赖组合分析来进行产品选择（见第 3 章）。
- 更倾向于选择社交媒体和在线社群来收集信息（见第 5 章）。
- 运用正式的流程来选择要开发的概念（见第 10 章）。
- 有效运用团队支持工具和团队激励方法（见第 14 章）。

总体上，本书采用的新产品管理的概念，已经被那些顶尖的创新型企业所广泛采用，这些企业也因新产品而成就卓越。

1.3 全球化和新产品开发

在全球化的推动下，新产品开发与现代商业的各个方面一样，越来越富有挑战性。为争取全球商机并提高创新的效率和效果，企业前所未有地把新产品开发拓展为一个全球性流程（global process）。根据博思咨询公司（Booz & Company）2007 年的研究，顶尖全球企业在海外的研发（R&D）支出已经占到 55%。美国前 80 名研发企业的 1 460 亿美元研发投入中 801 亿美元投资在海外，欧洲和日本的研发企业也是相似比例。博思公司的研究也表明，海外研发投入比例越高，投资回报率、整体股东回报等重要绩效指标越好。

此外，这份研究发现，企业致力于全球研发有很多原因。很多国家研发工程师的薪酬低于美国、西欧和日本。但是这个工资差距现在越来越小，尤其训练有素的工程师和科学家更是如此。如今，很多企业寻求海外发展并不是因为劳动力廉价，而是要挖掘这些市场区域的人才和创意。像印度、中国这样的巨大市场同样也是工程师人才的密集区，而且这两个区域的特点很不同：印度有众多的自动化工程师，而中国有众多的电子工程师。

研发全球化的另一个原因，是创新型企业的全球化。例如，汽车厂商为进入中国或印度等市场，就有必要把更多的设计业务就近布置而不是远在美国密歇根或者德国巴伐利亚进行设计。此外，由于面临越来越大的缩短产品开发周期以及强大市场竞争的压力，促使企业为妥善运用全球资源进行新产品开发。

很多跨国公司试着建立全球新产品团队（global new product team），以从不同子公司获得产品开发技术，并获得竞争优势。大型企业可能研发技术在德国，生产制造在亚洲，供应商在其他地区，但是这些企业未必知晓如何管理全球运营。有效地协调这么多国家的研发团队以成功推出新产品是一项巨大挑战。很多决策都会影响全球产品开发的成效：子公司应该拥有多大自主权？如何奖励子公司？子公司内部和子公司之间如何进行团队合作？此外，还有一种方式是，通过与全球伙伴建立战略联盟将某些新产品能力外包，这样，就要管理并协调全球供应商以及分销商网络，以改进全球性产品开发和全球性产品上市。全球产品团队因为需要考虑全体团队成员间的语言文化差异，在选择最佳组织架构时，比单一文化背景要困难很多。在产品上市时还需制定更多的决策：产品在全球各地适用一个产品定位吗？由当地决定产品的定位、品牌和包装吗？很多企业会依据清晰定义的、正式的流程来应对挑战，也有很多企业会让新产品流程尽量非结构化以根据产品或者环境进行调整。

有关这个议题，权威研究成果指出，具备全球创新文化的企业最能有效地执行新产品开发计划。所谓具备全球创新文化，指的是企业对于全球市场采取开放的态度，留意客户需求和偏好的差异，并尊重不同国家文化与商业环境。只有具备这种文化的公司，才有能力识别全球所有子公司拥有的专业化技术、资源和创意。事实上，这些公司的运营和战略（不仅仅是新产品开发）都是依据国际市场的实际情况来制定的。具备全球文化的企业更擅长整合全球知识，也能更好地管理新产品流程的相关任务，并在推动全球性新产品上市方面具有优势。所有这些因素都有助于改善全球新产品绩效。本书会介绍一些立足全球开展创新的企业，以及它们是如何管理虚拟且高度差异化的全球产品开发团队的。例 1.1 列出了一些高度重视全球产品开发的企业。

例 1.1　一个新产品开发流程

宝洁公司：根据宝洁公司网站资料，该公司以一种全球研发项目的方式进行产品开发。宝洁在全球 13 个国家有 22 个研发中心以获取专业知识。速易洁（Swiffer）静电除尘拖把就是一个全球产品的范例，宝洁在美国和法国的研发中心进行了这个产品的市场研究和测试。

苹果公司：iPod 开发过程中，苹果公司与全球数十家公司和独立外包商合作，在美国和日本同时进行产品设计和顾客需求定义工作。

宜家公司：这家瑞典家具零售商知道它的目标市场（中产阶级）遍布世界各国，因此其全球化经营依据简单时尚的原则。公司识别出一个未满足的顾客需求（比如某一既定价格下的特定风格的桌子）时，就会邀请内部和外部设计师竞标以获取最佳设计方案，由其全球制造商伙伴竞标生产权进行生产，卓越的全球物流体系完成了对客户的价值交付。

Bungie 游戏工作室：著名电子游戏软件制作商，现属于微软公司，在美国开发的 MS Halo 系列游戏软件，但产品测试在欧洲和亚洲进行。和前述的宜家案例一样，全球的游戏玩家越来越相似了。

现今，全球新产品团队已经成为很多企业的基本方式。第 14 章会介绍这些团队面临的挑战。该章重点介绍全球新产品开发团队，以及企业如何克服重重困难去利用那些隐藏于全球各个角落的产品知识。在第 16 章还会讨论产品的全球定位和品牌决策。

1.4　新产品开发的特点

你可能在商学院的营销系学过新产品开发，新产品开发也可能是工程教育或者技术创新管理课程的一部分。这里要强调，产品开发的基本原则是团队合作。新产品开发团队是跨职能的，由来自营销、研发、工程、制造、产品、设计等各个职能部门的人员组成。本书与其他书的不同之处，在于用大量篇幅介绍你如何与其他专业的人互动：团队成员如何一起协作、如何改善沟通、什么是共同的目标等。不论你是什么专业，不论你目前研究什么领域，需要牢记的是在产品开发流程中，你的大部分时间是与来自不同职能部门领域的人协同并密切合作。产品开发是共同努力的结果。

新产品团队的所有成员对新产品开发都有重大作用，因此我们必须清楚了解并避免狭隘的职能观。营销人员要学会与科学家、工程师、律师、产品部主管等一同工作。我们可能来自营销部门，并且在开发项目结束后就返回原来的工作岗位，但是现在既然已经成为新产品团队的一员，就应该与其他所有部门的人员一同工作并摒弃主观偏见。某位营销人员可能不欣赏某科学家的严谨，而该科学家可能也不欣赏这位营销人员的热情，有时会让科学家认为结论过于草率和不可靠，这时就需要像总经理那样去思考。

阅读本书需要倾注大量的创造力。我们不仅要创造新产品概念，这对很多公司来说相当容易。所谓创造力是指如何更好地开发并营销这些创意，包括如何制定可行的概念测试方法以筛选出公司全新的创意、如何使工程师齐心协力、如何定位以创造一个新品类、如何利用现有设备生产新产品、如何命名新产品以与客户沟通并避免困惑等。本书找不到这些问题的答案，我们也无从得知某个人的决策是否正确，只知道整个决策是否有效。

创造力就像在没有路标的道路上前进。大多数的决策是根据粗略且不充足的事实来确定的。我们并非不清楚事实或不清楚如何对其评估，只是我们没有充裕的时间或金钱。最糟的是，当我们准备新产品上市时，在 1 月看到的事情到了 6 月就全变了，这总是把别人搞得很紧张。比如，我们会运用启发法（heuristics）——企业过去发现的行之有效的经验法则（rules of thumb）：“30%的人在听说过新产品后会选择试用”或“研发部产品工程师与制造部流程工程师意见不一致时，应该听取制造部工程师的意见”。启发法有时让我们备受责难，但项目要是缺少经验法则也无法快速推进。另一种技术则是运用直觉（intuition）——预感，这也是为何上级要求新产品人员在着手进行新产品开发工作之前要将时间花在原本的例行工作上的原因。

本书与其他书的又一个重要区别是，讨论人们如何在高压下处理人际关系，在不可能的条件下做出艰难决策。经典案例：1980 年，个人电脑刚刚萌芽，IBM 派了 15 个人从阿蒙克市到波卡拉顿，用一年时间来开发一款新产品，也就是后来著名的 IBM PC。IBM 当时已投入数十亿美元，真是在赌：要么成为新市场的主导者，要么完全错失良机。事实上，每天团队成员都不得不面对进或退的抉择。在研究战略如何引导团队完成项目、企业如何缩短新产品市场测试时间并同步在各区域推出时，要承受上述决策压力。

如果你正在学习制造或运营创新的相关课程，会很想知道流程创新与产品创新有什么不同。流程创新通常用于职能，尤其是制造或分销流程，每个新产品均受益于此类创新。产品创新则指创造和销售一项新产品的全部运营，包含所有职能部门在流程上的创新。

最后一点不同就是应用。有时新产品流程几乎是偶然的或机缘凑巧的（见例 1.2），俗话说“机会总是垂青有准备的人”。在亚历山大·弗莱明（Alexander Fleming）发现盘尼西林（Penicillin）之前，至少有 24 位科学家已观察到微菌抑制细菌繁殖的现象。较新的案例就是，辉瑞公司（Pfizer）的研究人注意到在心绞痛新药测试中，新药对于受测的多位男性心绞痛症状的治疗效果并不好，但身体其他部位却出现意想不到的成效。很快辉瑞公司就推出了万艾可（Viagra）这个拳头产品，此产品具备足够大的市场潜力并引来很多竞争者。因此我们必须不断实践，而不能仅通过学习属性分析（attribute analysis）、缺口分析（gap analysis）来掌握如何开发新产品概念，而是要试着去做。产品使用测试、定位、应急计划（contingency planning）等也同样如此。本书每章最后都提供了简短的真实市场情境下的案例，以备思考。

例 1.2　并非所有新产品都是根据规划创造出来的

雷神公司（Raytheon Company）的一位工程师在进行雷达实验时，发现巧克力在他的衬衫口袋里融化了。然后，他依样“烹饪”了些爆米花。这家公司后来开发出了第一台商用微波炉。

医药企业 G.D.Searle 的一位化学家在看书翻页时会舔一下手指。一次他还感到了甜甜的味道，这使他想起可能做实验时溅出的一些液体留在了手指上。他继续验证这个发现，并最终发明了人造甜味剂——阿斯巴甜（NutraSweet）。

3M **公司**的一位研究员不小心弄倒一杯工业用混合液体，后来发现她的鞋子被溅到的部分依然相当干净，后来就开发出了思高洁织物保护剂［也称斯科奇加德防油防水剂（Scotch Gard fabric protector）］。

杜邦公司的一位化学家为一种实验冷却剂困扰着，因为这种冷却剂不溶于一般溶剂而且在高低温下都没有反应。公司为此又做了一系列实验，最终发明了特氟龙（Teflon）。

还有一位科学家在把塑料注塑成汽车部件时一直无法做到均匀混合。由于异常烦恼，晚上离开实验室时他随手把一块钢丝清洁刷丢入这堆部件中。他因此发现钢纤维（steel fibers）能迅速把液体的热度传导出来，使液体均匀冷却并依旧混合良好。Bendix 公司因为这个新材料发明了不少新产品，包括刹车片。

还有 Gore-Tex、炸药、小麦泡芙、麦芽糖、迷幻药 LSD、盘尼西林、晕船药、X 光、脉冲射电源等。

1.5　新产品的分类和新产品成功的因素

新产品一词对不同人有不同的含义。例 1.3 显示新产品可以包括新问世［new to the world，有时也称为全新（really new）］产品，也可以包括产品重新定位以及成本降低这些很小的变化。例 1.3 也包含一些你会忽略的要点，比如，可否通过重新定位一个旧产品而产生一个新产品（告知顾客那是一种别的商品）？Arm&Hammer 公司已经做到了很多次，该公司把小苏打（baking soda）开发成冰箱除臭剂、地毯清洁剂、排水管除臭剂等新产品，甚至采用同样的包装和同样的品牌。这些产品仅仅具备新用途，但是该公司仍然有一个新产品发现和开发的流程。新用途可能出现在另一个完全不同的部门，尤其是工业行业。比如，杜邦公司将纤维这个基础材料用在很多技术性和消费性产品上，财务公司也将其通用数据库用于不同市场中。同样，品牌名称也经常被作为产品线延伸的平台。联合利华公司的多芬（Dove）品牌名称已经延伸出至少 24 种香皂和沐浴乳产品。

例 1.3　新产品的分类

新产品可以依据它们的全新程度进行分类，这种“新”可以是相对于世界的，也可以是相对于公司本身的。

（1）新问世产品或全新产品（New to the world products，really new products）。这些产品往往是新发明的，可以创造一个全新的市场。比如，宝丽来相机、iPod 和 iPad、惠普的激光打印机等。

（2）公司新产品或新产品线（new to the firm，new product lines）。指公司导入新的产品品类的产品，不是新问世产品，但是对公司而言是全新的。比如，宝洁的第一款香波或者咖啡、Hallmark 公司的礼品系列、AT&T 公司的全球信用卡、佳能公司的激光打印机等。

（3）现有产品线的新增产品（Additions to existing product lines）。指副品牌或产品线延伸，以充实企业已有市场的产品线。比如，宝洁的汰渍液态洗洁剂。

（4）现有产品的改进和修正（Improvement and revisions to existing products）。指把现有产品改得更好。比如，宝洁的 Ivory 香皂和汰渍洗衣粉都曾经过很多次改进。

（5）重新定位（Repositionings）。指产品用于新用途或有新的应用方式。比如，阿司匹林重新定位为预防心脏病药，万宝路香烟从女士香烟重新定位为男士香烟。

（6）成本降低（Cost reductions）。指新产品以同等效果和较低价格提供，取代产品线现有产品。设计与生产“更多新产品”比营销更能降低成本。

例 1.3 中的所有类别均视为新产品，但可以很清楚地看出，各类别之间风险和不确定性都不一样，各类别的管理方式也不一样。一般而言，如果一项产品属于新问世或对公司而言是全新的（第 1、第 2 种产品类别），公司所面临的风险与不确定性较高，相应地开发与上市成本也随之提高。例如，吉列公司开发全新的剃须产品系列，比改进其之前的风速 3 系列（比如采用相同技术开发女性专用版，称为维纳斯）的花费要大得多。要将最具创新的产品成功上市，公司通常要投入更多的人力与财务资源。

也请注意，并非例 1.3 中所有的新产品类别都是必要的创新。就像上述多芬香皂或新口味奥利奥饼干一样，产品线延伸也有可能是公司想要增加陈列和货架展示空间的结果。正如食品行业咨询公司 Bob Golden of Techonomic 所说，许多进行产品线延伸的公司都是以蚕食现有品牌的方式来刺激该产品类别的销售。产品线延伸不应该与真正的创新混为一谈，而且高层管理者须意识到，那些真正能给顾客带来附加价值的创新，才是企业长期的竞争优势。

新问世产品是指革命性改变现有产品类别，或全新定义的一种产品。这种创新最需要消费者学习并接纳新科技。拥有文字处理软件的台式电脑就是一个新产品类别，彻底淘汰了电子和手动打字机，但同时也需要那些以打字为生的人重新学习。惠普的激光打印机也有相同经历。CD 机的上市需要零售店的店内布置和相关部件（如 CD 播放器）的分销都做出改变。其他例子还有混合动力汽车、iPod、Swatch 手表等，说明在新问世产品里都运用了新技术。制造商必须能战胜潜在风险、固有经验、消费者接受障碍（更多内容参见第 16 章）。

当然，新问世产品上市意味着风险——从高层管理者到整个企业都要有勇气去承担风险。在高创新企业，如英特尔公司和吉列公司（现在是宝洁的子公司），高层管理者取消了季度盈利预测，以确保事业部聚焦创新及其他长期战略目标。

例 1.3 中的新产品线类别导出的是模仿类产品，完全是抄袭。假设某企业推出一款淡啤酒，对于公司本身是新的但对于市场已有产品而言是相似的，它是新产品吗？是！对公司来说是新的，同样需要新产品流程。佳能公司不是首家激光打印机制造商，可口可乐公司不是首家橙汁罐装商，宝洁公司也不是咖啡行业的首家，但这些产品对于这些公司而言是新产品，也要以新产品来管理。

例 1.3 显示，很多新产品是现有产品线的新增产品，或已有产品的改进和修正的产物。许多产品线延伸产品很成功，比如汰渍液态洗洁剂、百威啤酒、苹果 iMac 电脑。但研究表明产业创新度越高，成功率越高。据统计，6 类中 2 类创新度最高的新产品类别虽然只占上市产品的 30%，却占最成功产品的 60%（行业不同此百分比也不同，高科技产业中新产品创新度都较高）。我们发现，创新度与成功率之间存在 U 形关系：创新度最高的产品类别和创新度最低的产品类别（如重新定位与成本降低类产品），在财务指标、投资回报率与市场占有率方面，都比创新度中等的产品类别要好！ 这是因为中度创新的产品既没有足够新以打动新客户，现有产品也没有足够差异以产生客户响应。这提示企业在项目决策时，须重新思考新产品的重要性和潜在贡献。在第 3 章我们将讨论如何在众多新产品类别中，建立平衡的产品战略组合。

即使最佳企业也有产品开发失败的案例。既然本书就是讲述成功开发新产品的，说明要解答“新产品成功有哪些因素”这个问题并不容易。不过近年很多研究结论都一致认为：成功的首要因素是有一个独特又卓越的产品，失败的原因则包括“产品没有需求” 或“有需求但产品没有满足这个需求”，也就是说产品既不独特也不卓越。相比产品购买和使用成本，新产品未提供充足的附加值（value added）。在新产品开发过程中附加值这个概念要牢记心中。

1.6　新产品领域的专业术语

新产品开发有很多术语，原因之一是这是一个正在扩大的领域，有很多新任务和新工作方式；原因之二是这是一个融合的领域，科学家、律师、营销人员、会计师、生产人员、企业战略规划师等各行各业词汇众多，用不同术语讨论同一个问题会带来很多沟通问题。

比如，对发明（invention）与创新（innovation）的不同理解。对管理者而言，发明是某事物独特的形式、结构与功能，通常能申请专利。创新则是将一项发明转换成能销售并获得利润的产品的整个过程。发明需要的时间可能较短，数量也比创新多。一般人会认为产品创意、产品概念、产品原型，甚至产品本身是同一个概念，而本书对上述名词给出了特殊明确的定义，这些词不能互相替代。

从全球看这个问题更严重。比如“设计”一词，在北美指的是工业设计和工程（制造前）设计，而在欧洲指的是从初始规格到出货都包含在内的整个技术创造职能。而对一些设计师该词指的是整个产品创新职能。

有问题时，你可以到 PDMA 的网站（www.pdma.org）去找完整的新产品术语集。

1.7 新产品领域的职业生涯发展

新产品管理领域有很多职业生涯的机会，尽管没有多少职位是提供给新毕业大学生的。一般高层管理者要求新产品开发人员了解产业（比如了解客户需求）以及企业各种运营活动（如多层面、协调的工作），因此，大多数负责新产品工作的新产品经理都是从某个职能部门岗位开始做起的。如科学家发现与营销和制造人员共事相当有趣，市场研究人员擅长利益细分，销售人员则能提出好的新产品概念，这些人都可能适合新产品的全职工作。

新产品开发有 3 类专门的岗位。其一是团队里的职能部门代表（functional representative），有些是全职的，大多则是兼职的，比如市场研究员或生产规划师，这些人可能在多个团队或一个团队担任代表；其二是项目经理（project manager）或团队负责人（team leader），这个角色作为团队负责人代表着所肩负的职能；其三是新产品流程经理（new products process manager），负责协助项目经理开发并使用新产品流程。

这些岗位的特点是：

- 应具备多职能而非局限于单一职能专长。换言之，应具备多个职能部门的经验（营销、制造等）。
- 应能够承担风险，愿意为推动产品上市做任何事情，包括面对同事的愤怒。
- 应能像总经理一样思考。科学家和营销经理只有摒弃单一的科学家与营销角色，才能领导新产品团队。
- 应同时具备乐观、务实、进取、合群的态度，既能领导也能服从。
- 应培养创造力技能，以生成新产品概念并创新地做事。
- 能在混乱与困境中自我调适。学会与抑郁的人、愉悦的人或没特别情绪的人共事。

幸好，有越来越多的主管已具备上述特质。希望各位也能成为一位出色的新产品管理人才。

1.8 产品开发的战略要素

本书涵盖了从机会识别到产品上市前后的主要内容，基础是 3 个战略要素（strategic

elements），这是本书的焦点。这些战略要素为管理层构建了一个指引产品开发的基础架构，并使管理层能够专注最重要之处。全球顶尖的产品开发顾问罗伯特·库珀先生（Robert Cooper）提出了一个任何规模的企业都可以采用的架构来指引产品开发。关键点就在于这 3 个战略要素必须真正到位，且彼此协同支持。这 3 个战略要素是：新产品流程（new products process）、产品创新章程（product innovation charter）、管理良好的产品组合（product portfolio）。

新产品流程是指从产品创意到概念评估、产品开发、上市及上市后的整个过程。通常这个过程被分为各个阶段性流程，每个阶段之间有评估，在本书的后面你会发现这个过程并不是直线向前的。产品创新章程本质上就是新产品战略，能确保新产品团队开发的产品与企业战略和目标保持一致并对准市场机会。产品组合管理有助于企业评估该新产品在既定财务和战略目标下是否最适合现有产品线。本章介绍第一个战略要素——新产品流程，并在第 2 章进一步深入讨论，本书后续内容将建立在这个基础架构上。第 3 章介绍另外两个要素——产品创新章程和产品组合管理。

1.9 基本的新产品流程

图 1.1 展示的是一个简单的产品开发流程，包括各阶段的名称和任务。研究表明，约有 70%的企业都在运用某种正式的、跨职能的、阶段化的新产品流程，而大约 47%的公司在完成各阶段后有明确的评估指标。至少有 40%的企业会安排一位流程经理来管理这些阶段化的新产品流程。许多进行新产品开发的企业都已建立这种阶段化的新产品流程。

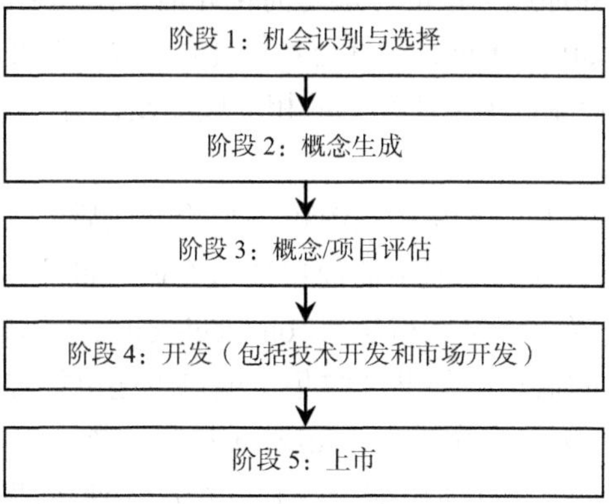

图 1.1　基本的新产品流程

阶段指的是新产品团队需要执行的各种活动。阶段之间是评估工作，也称为决策点。在这些决策点需要做出严格的通过/不通过决策（该项目是否有足够信心进入下一阶段）。本书通篇关注各种类型的测试（概念测试、产品使用测试、市场测试），这些测试的目的是收集信息以进行项目评估。

新产品流程的目标，就是通过管理降低新产品从概念生成到上市各阶段总体风险和不确定性，在这个过程中伴随着的是各种阶段性的评估。一家企业可能获得了数百个创意，不好的立刻被否掉，较好的则提炼成产品概念。随后，只有那些最佳的产品概念能够通过并进入开发阶段。产品在开发阶段继续被不断锤炼，但如果产品使用测试结果不佳，仍可能在上市前中止。产品直到上市阶段才有了较高的成功概率（前面提及过 60%的成功概率）。通过管理以降低总体不确定性十分重要，因为每增加一个阶段都意味着巨大的资金投入和人力投入。采用新产品流程的企业能够改进产品团队，减少重复工作，提高产品成功率，提早确认失败，改进产品上市，流程周期缩短 30%。但也不是说所有企业都很好地实施了流程，许多宣称拥有新产品流程的公司，不是流程制定得不好，就是执行不力，有很大改进空间。

必须强调，如图 1.1 的整齐、线性、依序的过程并非放之四海而皆准。实际情况是，工作并非依序的而是相互交叉重迭的。新产品流程并不像接力赛那样，在下一阶段工作开始前，前一阶段工作必须完成。实际上，交叉重叠是被鼓励的。企业有巨大压力要加快上市时间（accelerate time to market），而一定程度的交叉重迭是加快上市的重要工具。要做好这点，需要来自不同职能部门（营销、研发、制造、设计、工程）的产品开发团队成员高效率沟通。产品开发需要所有职能（甚至包括顾客）的人员工作在一个跨职能团队（cross-functional team）中以完成任务，具有鲜明的多职能（multifunctional）特征。本书第 14 章会深入讨论跨职能团队的组织和管理，虽然本书在后面才讨论这个问题，但在新产品开发流程中团队越早介入越好。团队负责人的职责是让正确的人做正确的事，加强团队内部、团队与高管、团队与顾客之间的沟通。有效的团队负责人必须知道如何处理好权力冲突，以及技术复杂性。

企业另一种避免延迟并加速上市的方法是简化评估工作。强生公司（Johnson & Johnson）的书面评估报告曾经长达 30 ~ 90 页，现在已经简化成一个标准的模板，只需一页简短摘要及几张幻灯片，足够向高管提示决策所须知的相关风险及评价。这种方式能减少好几个星期的准备时间。

进一步，企业还需要清理一下新产品流程各个阶段之后的评估工作。图 1.1 隐含着在每一阶段后都跟着通过/淘汰决策，但不能简单地这么做。如果决策时某种关键信息依然缺失，这时可以有第 3 种选择，就是“待决”（on decision），意味着项目可以继续进行（有条件的“通过”），但缺失的信息必须继续收集，项目也还可能在下一阶段中止。这种包含“有条件通过”的决策我们称为模糊关口（fuzzy gate）。比如，一种采用新包装的食品在概念测试时可能相当不错，但管理部门可能会等到进行产品使用测试（让顾客真正试吃产品）后，才会确认此产品是否能上市。“待决”意味着已核准进行开发的产品必须通过使用测试，否则该项目开发中止。因此，模糊关口加速了流程，因为没有把时间耗在决策制定之前的信息收集上。根据 CPAS 的研究，这种情况很普遍，大约有 50%的项目流程都是在“有条件通过”决策下进行的。此外，一旦取得所需信息，企业必须明确坚定地做出决策，换句话说，模糊关口最终还是需要一个强制决策。还有一种情况，团队虽然做出“通过”决策，却没办法再投入更多资源，这就是通常所说的虚设关口（hollow-gate）问题，这导致许多项目在途，导致成本超支、上市延迟。同样，执行官偏好的项目或幕后推手影响决策的项目，往往都无法接受严格的评估。缺乏强制决策的模糊关口、虚设关口、高管特殊关照或幕后推手，都会影响新产品流程的有效性，但这些状况都是可察觉并可避免的。

另一个要点是，渐进性新产品（incremental new product）与新问世或称突破性产品（breakthrough product）的新产品流程可能会截然不同。宝洁公司对于低风险项目（如新洗洁剂）会采用简化的新产品流程，即合并或甚至跳过流程中某些阶段。CPAS 研究指出，大约 40%的突破性项目会跳过或省略某个阶段，大约 59% 的渐进性新产品项目会整个跳过或完全省略某些阶段。宝洁公司对于新问世产品（如 Fetaeze 或 Dryel）会因为风险与成本均较高而细致地执行完整的流程。企业可以把图 1.1 所示流程作为一个基本框架或准则，但必须知道新产品流程具有很大弹性。实际上，前述特性（跳过某个阶段、模糊关口与弹性）是所谓第三代新产品流程（third-generation new products process）的特点，这是很多企业对图 1.1 流程的进一步解读。

还有一点很重要，不要被图 1.1 中的阶段名称误导。阶段名称不能直接与职能或部门画等号。虽然技术开发由技术人员负责，但是市场研究、设计等部门成员也会参与其中。上市听起来是营销的工作，但大部分营销工作在之前阶段已经完成。本书将在第 15 章详细讨论"营销提升"（marketing ramp-up）。此外，在上市阶段，制造人员会忙于设定产能，法务人员忙于厘清品牌名称，研发人员忙于测试第一批上市产品。如同前述，新产品开发有赖于组织完善、高效率的跨职能团队才能顺利完成。

企业新产品开发活动的组织方式各不相同。新产品流程没有绝对确定的阶段数量，企业不应将流程理解为一系列各不相关阶段的数量集合，而应该将眼光放在更大的、演进的、多用途流程的整体运作上。本书中将流程分解为 5 个阶段的原因是为了讨论新产品开发工作的细节。不同企业对于上述流程的分解大不相同。第 2 章将深入讨论新产品流程。

1.10　其他战略要素

图 1.1 所示流程是企业新产品战略的一部分，但流程并不能解决所有问题。企业新产品战略的基础是什么？企业寻求什么样的市场或技术机会？企业战略竞争的领域如何界定？管理层希望什么程度的创新？缺乏新产品战略，企业新产品开发将失去方向。没有清晰的边界，任何市场或技术机会看起来都是对的，从而导致一大批产品虽然在开发但缺乏资金支持。本书将新产品战略称为"产品创新章程"（Product Innovation Charter，PIC）。PIC 由高层管理者制定，是所有职能部门参与创新的指南，它界定新产品开发的工作范围，以便产品团队在边界内识别机会并明确工作重点。这种方式下项目数量会减少，但留下的都是对企业有价值的项目。PIC 的优点不言而喻：根据 Robert Cooper 的研究，产品定义明确的企业成功可能性约 85%，平均市场占有率约 37%；而产品定义不明确的企业成功可能性只有 26%，市场占有率约为 23%。

许多新产品概念在技术上和市场上看起来可行。企业管理层在权衡将稀缺的资金与人力资源投入哪里时，还须考虑该新产品是否符合企业整体战略：是为现有产品加分还是造成现有产品线失衡？这是产品组合管理关注的问题。所有企业在批准新产品开发项目时都会考虑财务指标如预期销售收入和利润，但最佳企业还会平衡财务指标与战略的关系，比如是否符合企业长期目标，未来能否形成可靠的新产品流。

产品创新章程、产品组合管理等相关议题将在第 3 章讨论。

1.11 产品开发行动

如果你想进一步了解商业界最好的新产品开发人员当前正在进行的努力，请登录产品开发与管理协会的网站 www.pdma.org。其中，PDMA 赞助了一项“杰出公司创新者奖”。这个奖项并不是为某个卓越的新产品而设置的，而是为了表彰促成过去 5 年新产品成功的持续项目集而设置的。项目要求超过 5 年，得奖者必须告诉协会的年度与会者自己是如何成功的。就像我们之前提到的，创新是可以传授的，来自顶尖公司的创新经理们就在扮演着指导老师的角色。在大多数案例中，他们在公司内部设计如本书所述的正确的新产品管理体系。获奖者来自 Corning，Royal DSM，Merck，Hewlett-Packard，Dow Chemical，Maytag，Bausch&Lomb，Harley-Davidson 等。

PDMA 网站还提供了其学术期刊《产品创新管理期刊》的链接，以及协会专门为实务界人士出版的新闻通讯刊物《视野》，还可以看到上面提到的专业术语。当你阅读本书时，你可以去查一下这些出版物，阅读新产品开发与创新领域的最新文章，你可以从中找到新产品开发专业人士当前所关心的问题。

本章小结

本章对新产品管理进行了总体介绍。你可以看到新产品管理在所有组织（不仅仅是商业组织）是如何运作的。你可以看到这门课程与其他课程之间的关系，到底什么是新产品，服务与商品包括的内容，而不仅仅是蛋糕、电话和汽车。你还了解到了新产品管理包括哪些领域、新产品活动的特征、新产品有关术语、职业生涯等。第 2 章将讨论新产品流程。

应用实践

本书每章的最末尾，都有一些“应用”问题，这些问题在求职面试时被一次又一次地提出来。求职者是一个学习新产品管理课程的学生，面试者则是一位公司高层管理者（这里假设是总裁）。这些问题都是在谈话中很自然地提出来的，并且有一定难度。通常，提问者并不希望这些问题能够在谈话中得到确切的答案。偶尔，他还会给出一些建议，然后观察求职者的反应。每个问题或建议，都与该章的内容相关。

现在，假设你是一位被面试的求职者。你不能对这些问题避而不谈，也不能说“我真的不知道”。事实上，如果你确实不知道的话，你可以浏览一下这一章的内容，重新阅读被你遗漏的内容。与学习这门课程的其他同学交换意见，也是一个好办法，因为大多数问题都需要思考或阐述，而不仅仅是事实的复述。

（1）“当你开始讨论风险这个问题之前，我想知道你谈的是谁的钱。我在加利福尼亚的一个朋友认为，所有的新产品团队成员都在花自己的钱来做项目。虽然 5 万美元不是什么大不了的事情，但我打赌你一定会选择规避风险，而不是发现风险。”

（2）“有件事有趣但的确是事实。我听说一位事业部经理的战略是：仿制其他公司的产品。现在，我知道很多企业都采用模仿的方法。你认为应该这样做吗？”

（3）“我认为，应该有更多的人来支持创新。但我知道，无论我们多么需要创新，公司里有些人就是对此不积极。告诉我，我应该如何找出这些守旧的家伙，并且如何应付他们呢？”

第2章

新产品流程

2.1 引言

第 1 章对新产品流程进行了总体的概括陈述，如果阶段与评估工作实施得好，就能生成大量组织需要的新产品。图 1.1 的流程是本书的基本架构。正如第 I 篇的概述中所描述的，本书的 5 个篇章就是图 1.1 中的 5 个阶段，每篇都详细说明了新产品流程每个阶段的工作。本章将深入讨论图 1.1 流程的各个阶段，包括每个阶段的任务和责任人。之后，讨论对产品经理至关重要的几个议题：如何加速新产品流程（在不牺牲产品质量或预算超支的前提下）？如何调整流程以适用于开发新服务？如何开发突破性创新？如何利用企业外部技术和资源来改善新产品流程？

本章先以一个简短的新产品故事说明新产品流程的关键活动，引导我们更深入探讨新产品流程及其管理。这个故事说明，新产品流程与产品创新章程和新产品组合是密不可分的，也说明跨职能团队与有效的团队管理在实施新产品流程中的重要作用。

2.2 宝洁进军化妆品行业的故事

1989 年，美国消费品领军企业宝洁公司收购了 Cover Girl 和 Clarion 两大化妆品品牌，开始构建自己的化妆品业务，1991 年宝洁公司又收购了 Max Factor。宝洁公司重新设立了新的化妆品战略事业部（SBU），并计划立足公司的清洁剂、食品和其他日常消费品等优势产品线来开发并推出新产品。但到 20 世纪 90 年代中期，宝洁公司的高层管理者又开始考虑这个化妆品战略事业部的去留。一些新产品业绩很差，Clarion 品牌被卖掉，管理层已经在考虑宝洁或许应该退出化妆品行业。

作为一家领先的全球化产品开发企业，宝洁公司深知新产品对于公司长期发展的重要性，这是公司的基本生命线。首席执行官雷富礼（A. G. Lafley）认为，创新是可持续发展的先决条件，要想长期获利别无他途。没有持续的创新，市场会萧条，产品将大众化，利润也必然衰减。公司高管意识到此刻不是退出化妆品行业的时机，相反，要勇于迎接挑战，扭转该事业部新产品开发的局面。有了企业高层的大力支持，化妆品事业部清楚地意识到面临的挑战：调整新产品流程，让新产品成为公司长期发展的支撑。

化妆品战略事业部的管理者了解公司新产品开发的弱点，该事业部始终没有明确的产品开发战略，随处都是产品创新：过多的产品优先级、过多的新产品类别、过多的产品细分客户群。简而言之，产品开发缺乏聚焦。

宝洁公司化妆品战略事业部通过采用上一章所说的 3 个战略要素，用短短几年就彻底扭转了局面。整个过程当然并不容易，公司高管必须意识到新产品是事业部的命脉、成功的关键，必须为新产品投入充足的资金、派遣得力的干将。现在这个转型故事已经成为教科书上的范例。它说明运用一两个战略要素不行，必须 3 个战略要素同时执行，才能达到相辅相成的效果。以下逐一检视。

2.2.1　产品创新章程（PIC）

转型的起点，是一个明确的产品创新章程，该章程始于一个客观的现状评估和机会识别。当时，化妆品战略事业部仍试图开发用于全身的一系列产品，却发现很难打开一个新的竞争空间。现状评估表明，存在尚未饱和的市场区，消费者需要高质量的脸部产品（如脸部清洁用品、眼或唇部的产品），同时还发现了供应链不协调的问题。由于生产端和出货端没有与市场需求高度同步，导致产品在供应链中耗时过长，一些新产品到上市的时候已经变得过时了（没有竞争优势了）。管理层意识到，必须控制好供应链，用市场需求预测来决定生产和出货时间表。如果能够成功改善供应链，新产品上市就不会延迟，并能够保持竞争优势。你在本书的第 3 章会学到更多的 PIC 的知识。这里需要强调，管理者制定新产品战略是一个系统的方法，需要考虑产品创新目标及其是否符合整体经营战略，包括识别战略重点（瞄准哪一个目标市场和目标技术）。在本案例中，市场定位在脸部产品，这陈述了该化妆品战略事业部将要进入的竞争领域，即任何新产品机会，如果无法清晰显示其有助于该部门实现在该领域的目标，都将不再予以考虑。

2.2.2　新产品流程

第 2 个战略要素是新产品流程，即新产品从创意到上市及上市后的执行过程。宝洁的化妆品战略事业部起初并没有有效的新产品流程，结果导致产品开发无法得到来自流程早期的客户的清晰反馈信息。该部门实施了一个与第 1 章的 5 阶段流程十分相似的新产品开发流程，即流程早期就成立项目团队，早期就开展消费者研究，使顾客洞察切实用于新产品的概念开发（后面章节会出现“顾客声音”一词，届时再讨论顾客声音如何用于新产品开发）。需要注意的是，有流程和正确执行流程是两回事。宝洁公司通过各阶段的严格评估来确保流程有效。每个阶段评估产品时，项目团队都用一组最佳实践来评估产品，有明确的终止点和期望值。评估包括两个步骤，一个是团队推荐，另一个是高管决策。以前由于评估执行得不谨慎，导致很多不好的创意蒙混过关。

2.2.3 新产品组合

除了要有运作良好的新产品流程，还需要确保企业依据产品组合去开发正确的产品。宝洁公司化妆品战略事业部制定了一个产品组合管理规划以便系统地增添新产品。在产品性质已经确定的情况下，新品上市需要创造话题并引发惊喜，因此选择最佳上市时机至关重要。宝洁公司在向现有产品组合中增加新产品时，是从产品选择和上市时机两个方面考虑的。例如，眼部化妆品产品组合，如果组合中已有好几个相似产品，或者刚上市类似新产品，则同类新产品不会被推出。该部门负责人说他们为新产品建立了一个“自发的节奏”，即新产品依次通过开发管道并为在最佳时机上市做好准备。本书第 3 章会详细阐述产品组合。

2.2.4 支持性战略要素：有效的团队管理

宝洁公司化妆品战略事业部的新产品团队管理非常卓越。首先，部门高管承诺扭转局面并正确实施新产品开发流程，当然这离不开宝洁公司首席执行官雷富礼的大力支持。事业部负责人需要在部门内营造积极的创新文化，确保部门成员在得到充分授权的跨职能团队中能高效发挥。其中一项重大变革，就是设立“倡议成功经理”（initiative success managers，ISMs）岗位，这个岗位的人可以直接向事业部高管汇报，负责领导战略发展会议、管理新产品评估会议、参与资源规划、负责培训员工，更重要的是，他还能够与其他事业部的同岗位管理者分享彼此的经验，并将这些经验快速传播给公司其他员工。事业部管理者还建立了一整套度量方法，每半年或一年就用关键绩效指标对开发团队进行一次客观评估。宝洁公司特别强调从各职能部门（营销、工程、研发）选拔优秀团队负责人，并根据绩效指标评估结果给予奖励。我们将在第 14 章继续讨论跨职能团队及相关的组织议题。

2.2.5 故事的结局

我们用几分钟时间看完了一个值得用几年时间去研究的新产品开发案例。故事从面临的运营困境开始，到管理者如何有效运用战略要素来解决问题。我们也看到，取得最高层管理者特别是首席执行官的支持是多么重要。

这个案例之所以典型，在于它说明了新产品流程并不是始于新产品创意。传说中的某人在某地半夜睡梦中突发奇思妙想这种事可能发生，但成功的新产品方案不能建立在这种渺茫的希望之上。正如故事所示，新产品开发流程是从战略开始的。在高层管理者的支持下，在 3 个战略要素的有效执行下，宝洁公司化妆品战略事业部起死回生了。

还应注意，新产品开发不是在实验室里闭门造车。跨职能团队成员要来自企业各个部门，不是只有产品工程师或研发人员。而且，营销也不能等到产品开发完成才开始，而是在流程开始的最早期就介入。故事中营销人员就为制定产品创新章程提供了关键信息。

最后，新产品流程在产品上市后并没有结束，而是要等到产品圆满成功时才告一段落。这中间往往需要经历好几次的产品修正。故事中，宝洁公司密切监测其新产品的销售、利润和市场份额，并在无法达成阶段目标时进行调整修正。

接下来，我们深入讨论新产品流程的各个阶段。

2.3 新产品流程的阶段

图 2.1 展示的是一个更详细的新产品流程（new products process）。下面对各个阶段逐一讨论，以了解其基本原理。

阶段 1：机会识别与选择（见表 I.1）

生成新产品机会，作为进行中的商业运作、新产品建议、营销计划变更、资源变更、市场新需求的一种溢出。将其作为机会而不是概念进行研究、评估、验证、排序。对重要机会提出初步的战略陈述以指导其开展下一步工作

↓

阶段 2：概念生成（见表 II.2）

选出一个高潜力/紧急的机会，让顾客参与进来。收集那些匹配这个机会的新产品概念并同时生成一些新的产品概念

↓

阶段 3：概念/项目评估（见表 III.1）

评估这些新产品概念，随进随评，评估依据是技术、营销、财务评判指标。排序并选出 2～3 个最好的概念。在明确产品定义、团队、预算、框架性开发计划并完成产品创新章程之后，申报项目建议书的获批

↓

阶段 4：开发（见表 IV.1）

A. 技术工作

详细列出开发流程及其交付物。进行原型设计，根据协议测试并验证原型，设计和验证产品流程以选出最佳原型，缓步进行产品规模化，并在必要时进行产品和市场测试

B. 营销工作

制订营销计划，明确战略、战术和上市营销细节，准备商业计划书并争取获批，确立产品附加要素（服务、包装、品牌）并为其做好准备

↓

阶段 5：上市（见表 V.1）

将开发阶段的计划和原型商业化。开始批发和零售新产品（可能是在一个有限的范围内）。管理上市计划以达成产品创新章程里提出的长期和短期目标（已在最终的商业计划中进行了修订）

图 2.1　新产流程的阶段

阶段 1：机会识别与选择

第 1 阶段本质上具有战略性，成功完成此阶段，可形成对新产品团队的战略指南，为创意生成及所有后续阶段提供指导。

新产品战略规划至少受 3 种主要活动流的影响：

- **进行中的营销计划**。比如，某 CD-ROM 产品线的年度营销计划要求产品线延伸，

以应对一个新竞争对手的价格竞争。

- **进行中的公司规划**。比如，公司高管采纳一种战略，即要么称霸市场（市场占有率第一或第二），要么放弃这个市场。这就要求新产品开发针对企业市场地位不高的所有领域进行。
- **特殊机会分析**。安排一人或多人（来自公司内或咨询公司）对公司资源（人员、设备、声誉等）进行清查时，比如某汽车零件企业在对制造生产线进行审计时，发现大家都忽视或不重视制造工艺工程，这一问题应作为新产品规划的基础。

基于上述 3 项活动，将可识别的机会分为 4 类：

- **未充分利用的资源**。一个瓶装生产线、一个很棒的特许经营权、一个制造工艺工程部门。
- **新资源**。杜邦发现一种叫 Surlyn 的材料，它有上百种潜在用途。
- **外部推动力**。市场萧条、竞争威胁、顾客需求变化等，这些挑战都会促使企业寻求新机会，参见章末 Tasty Baking 公司案例。
- **内部推动力**。企业长期规划确定的销售目标一般不少于 5 年，新产品人员的任务就是要补齐销售现况和销售目标之间的缺口。这个任务称为产品创新缺口（product innovation gap）。高层管理者的期望也是一种内部推动力。例如，史蒂夫·乔布斯在 iPhone 项目中陈述的“重新发明手机”的目标。

我们把创造性地认知这些机会的过程，称为机会识别（opportunity identification）。需要对机会进行仔细和全面的描绘，然后分析并确认销售潜力是否真实存在。前面故事里，宝洁化妆品事业部做的头几件事情之一就是识别出两个机会：一是事业部的新产品流程需要调整，二是化妆品这个产品类别继续作为事业部的经营方向。机会无处不在，康宁公司设立了专门的岗位，名称为 opportunity scout 及 tech scout，职责是对接外部技术专家和商业领袖，以发掘有价值的机会。

当然，并非所有机会都值得企业去搜索，有的机会明显好，有的机会与企业技术不匹配，有的机会风险太大，有的机会需要的资金超过了企业的投资能力。因此，大多数企业有一个包含产品创新的进行中的战略（ongoing strategies）。比如，沃特福德公司（Waterford）的战略就是不让新产品影响公司的伟大形象。吉列公司和索尼公司通常选择能保持领先优势的创新战略。

一旦某个机会获得批准，管理者就转向技术层面，以引导新产品人员进行技术搜索。这时我们就需要产品创新章程。在第 3 章中将详细讨论。

阶段 2：概念生成

在有些案例中，仅仅依靠机会识别就能搞清楚需求是什么（例如，某个机会是为旅行者提供小型除臭剂）。但大多数情况下，机会阶段的需求并不清晰，这时就需要有更多的创意生成工具。创造出的新产品创意，通常被新产品开发人员称为产品概念。这个过程看似有趣，但并不容易，甚至会让人产生挫折感。

最有效的创意生成方法是识别出个人或企业面临的问题并提出解决方案。比如，假设某个机会聚焦在“要长途搬家的人”，则创意生成的第 1 步，就是研究该人群并找出他们遇到的问题，这是一个问题—发现—解决的过程。

在这个基于问题的创意生成过程进行的同时，大量自发的创意也会涌入，它们来自老客户或潜在客户、销售员工、技术员工、运营员工的电话、邮件、信件等，以及可以想象到的其他任何来源。任何人收到创意后，首先要进行简单审阅，判断其与公司及其战略是否相关。之后将这些创意与问题解决活动的各种创意一起，纳入公司创意库。

概念的生成将在第Ⅱ篇（第 4 ~ 7 章）详细介绍。

阶段 3：概念/项目评估

新创意在进入开发阶段前，需要对其进行评估、筛选、分类整理。这个活动通常称为筛选（screening）或技术前评估（pretechnical evaluation）。很多企业采取的是快速浏览、计算现金流折现和净现值等一系列步骤。快速浏览法十分必要，因为生成的新产品概念数量往往十分庞大，很容易就达到几千个。

快速浏览之后，就是第一次正式评估。不同的创意采取不同的评估方法，可以是最终用户筛选，也可以是技术筛选，还可以两者都用。有时工作量很大很不容易完成，有时可能只需拨打几个电话、发几个电子邮件就大功告成。在宝洁公司化妆品的案例中，有些新产品创意是技术人员提出的，必须经过概念测试（concept test），看看潜在用户对这个创意的反应。最后，将各种观点汇总起来并进行全面筛选（full screen）。全面筛选采用某种评分模型方法来决定创意是否通过并实施开发。

如果通过了全面筛选，下一个评估就是项目评估（project evaluation），在这一阶段，评估对象不再是创意，而是该创意的投资计划书。该计划书要陈述顾客对这个新产品有什么要求。企业采用质量功能展开（Quality Function Deployment，QFD）方法在其第一列将顾客需求列出来，质量功能展开是一种项目管理和控制的方法，将在第 12 章讨论。更常用的术语是产品说明（product description）或产品定义（product definition），在本书中称为产品协议（product protocol）。所谓协议，是指在技术工作全面开展之前，各方意见达成一致。协议应强调该新产品能实现哪些利益，而不是强调该新产品应有哪些特性。

本阶段由于缺乏准确优质的信息，使得技术前评估复杂化。事实上，前 3 个阶段（战略规划、概念生成，尤其是概念/项目评估）构成了我们经常在新产品流程中提到的模糊前端（fuzzy front end）。虽然等到项目收尾大多数模糊都将消除，但此时此刻，我们不能因信息局限而裹足不前，必须大胆前行。技术前评估会在第Ⅲ篇的第 8 ~ 12 章讨论。

阶段 4：开发

在本阶段，产品有了一个限定的形式——有形的商品或无形的服务（资源和活动的特定排序）。本阶段还需要草拟并完成营销计划（marketing plan）。行业不同会导致不同企业开发活动差异巨大，但通常包含如下内容。

1．资源准备

新产品经理常常忽略资源准备（resource preparation）这个步骤。对那些改进类或产品线延伸类的产品来说，忽略资源准备不会造成大的影响，因为企业已经建立和运营的模式与该新产品是匹配的，企业文化是正确的，市场数据是可靠的，现任管理者已做好新工作的准备了。但如果某个创新章程与企业原有熟知领域偏离较远，就会引发匹配性问题。企业如果要推出那种全新的新问世产品（该术语有关内容见后文），团队就需要做好充分准备，包括相关培训、新奖励制度、企业项目审核机制的有关内容改版、特殊审批等。

2．开发工作的主体

完成前面所有步骤之后，实际上开发要完成 3 件事情：产品或服务本身、营销计划、需要得到批准的商业计划或财务计划。产品流（概念流）包含工业设计、车间作业（有形商品）或系统设计（服务）、原型（prototype）、产品规格等。最后抵达产品开发的终点，并实现了开发者的预期目标——制造出来了、测试过了，费用也花光了。

技术开发的同时，营销计划人员忙于进行定期的市场监测（追踪外部市场的变化）和营销决策，越早越好，先是战略决策，后是战术决策。营销决策与技术决策交叉密不可分，包括包装设计、品牌名称选择、估测营销预算等。如果后期出现技术失败，前期的包装设计、名称都将被舍弃。但我们必须接受这个代价，我们不能等每阶段都四脚落地后才进入下一阶段。

这一过程中，概念评估继续进行。之前说过，概念评估只有足够好才能进入开发阶段，我们还要持续评估技术工作和营销计划的结果。重点是产品原型评估，以确认正在开发的技术符合顾客的需求与期望并能为顾客创造价值，同时在商业化时有利润空间。在本阶段快结束时，我们还需要确认新产品是否真正解决了我们启动时的那些问题。

3．综合商业分析

如果新产品开发完毕并得到顾客青睐，某些公司会在产品上市前，进行一次综合商业分析（business analysis）。此时，财务分析虽然仍有不扎实的地方，却足以帮助管理层确认项目是否值得做。在上市阶段财务会逐渐吃紧，此时到了真正的通过/淘汰决策点，具体节点因行业而异。在食品行业，批准新产品可以等到电视广告合约签订前；在化学行业，新产品要提早批准，因为需要新的制造设备；在制药行业，则在新产品开发已经着手 10 年并投入 5 000 万美元研发费用之后，才决定是否批准。开发阶段将在第Ⅳ篇的第 13 章到第 15 章再做详细讨论。

阶段 5：上市

传统上，上市（launch）或商业化一词，指企业决定销售某个产品的时间或决策（通过/不通过）。上市决策影响最大，如建设一座新工厂，或者授权经销商进行几百万美元的广告活动。

实际上，上市远比上面所说的复杂。上市不是某一个时间点，不是所说的“发布之夜”，而是一个阶段，是产品发布前和发布后的邻近几周或几个月。在这个阶段，产品团队的日子就像进入快车道（或高压锅）一样。制造部门在不断提高产量，营销策划员则因为看好最终目标市场与机会，开始深入拟定许多上市战术。而本阶段最关键的步骤就是市场测试（market test），就像一次上市前的彩排，管理者希望在彩排时发现的问题能在发布前夜一定解决，否则发布只好延期。时间压力巨大，管理者必须找到新方法，快速完成可靠的市场测试，而不是去试销（test market），因为后者会消耗非常多的时间和成本。我们将在第 18 章讨论市场测试方法。

不论这些准备活动进行得快或慢，新产品迟早都会通过广告、推销电话等促销手段公开发布出去。发布通常称为上市，但是现今大多数企业会用至少几周的时间来逐步完成上市导入。这期间，供货商开始上线产品、培训销售队伍，分销商开始进货和培训，更多的相关市场支持人员开始接受教育（专栏作家、科学家与政府人员等）。

此时，有一件事常被忽略，即上市管理（launch management）计划。航天飞机发射前，早已备妥追踪计划。控制中心在发射过程中实施追踪计划，在发射中随时发现故障，随时解决故障。而新产品经理也会采用同样方法，只是有时正式些，有时非正式些。

上市阶段将在第 V 篇（第 16 章到第 19 章）再做详细介绍。

2.4　贯穿新产品流程的评估工作

图 2.2 展示了新产品开发流程中评估工作的具体内容。阶段不同提出的问题也不同。比如，在概念生成后进行初步审核时，需要提出的问题是：这个创意好吗？值得进一步细化吗？在概念评估阶段，需要进行仔细筛选，因为一旦概念通过，进入开发阶段就会产生大额成本支出。在开发阶段，需要提出的问题是：任务完成了吗？如果未完成还继续试吗？这些问题需要在进度报告中回答。在最后的上市阶段，主要考虑的问题是：产品是否应该上市？上市后比预期的好还是差？本书稍后将继续讨论图 2.2，并在第 8 章深入讨论每一个新产品流程点最有效的评估方法。

现在，你可能已经注意到，新产品流程的价值在于，将机会（真正的开始）转变为利润流（真正完成）。流程始于某件事，但不是产品（而是机会），终于另一件事，也不是产品（而是利润）。

再之后，会出现演进性产品（evolving product）。最好出现一个演进性的概念，因为一旦这个概念成功就会孵化出又一个新产品。实际上，发布一个新产品只是向世界告知一个新概念，即使幸运地成功了，产品实际上也只是一种临时的外在形态。在产品偏离预期时马上会有一种力量出来，推动它去改进。

新产品流程各阶段就是一个概念演进过程。图 2.3 以某脱脂牛奶新产品为例，展示了流程各阶段的概念。

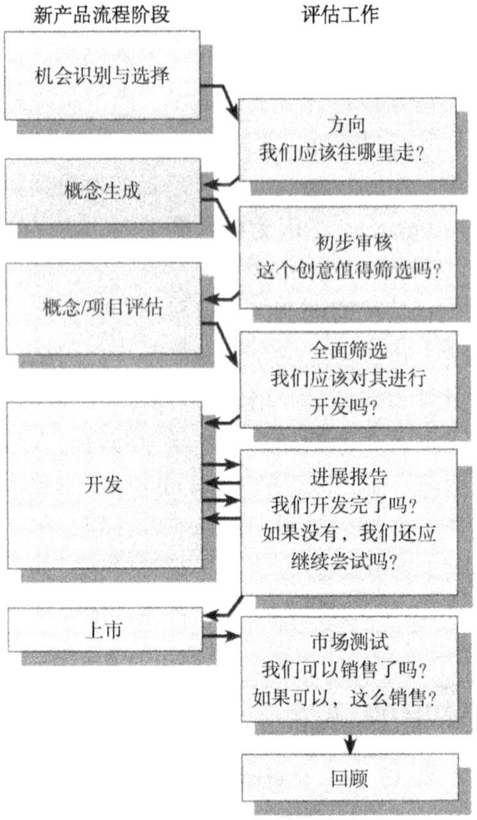

图 2.2　新产品流程中的评估工作

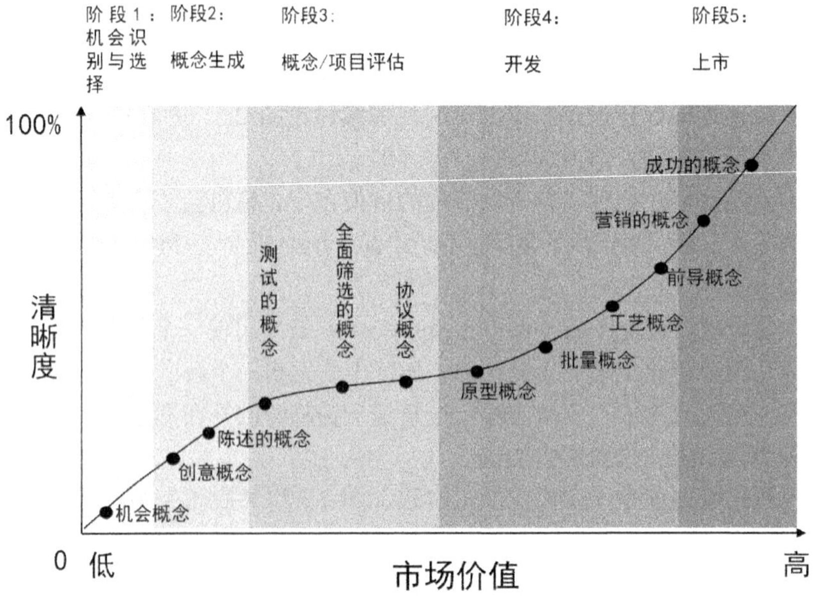

图 2.3　从概念到新产品的评估

阶段 1：机会识别与选择

- 机会概念：企业的某个技术或某个资源、顾客的某个问题。比如，脱脂牛奶消费者说，他们喜欢这款牛奶，但不喜欢那种水水的感觉。

阶段 2：概念生成

- 创意概念：新创意初次出现。比如，也许我们可以改变牛奶的外观……
- 陈述的概念：一个形式或一种技术，加上清楚的利益陈述（参见第 4 章）。比如，公司拥有的蛋白质破坏的专利，可能会使牛奶由稀变稠，注意这里强调的是“可能”。

阶段 3：概念/项目评估

- 测试的概念：产品已通过最终用户概念测试，需求得到确认。比如，顾客说他们非常喜欢这款牛奶产品，也觉得这项技术不错。
- 全面筛选的概念：通过了企业适配性测试的产品概念。
- 协议概念：该产品定义包括市场预期用户、感知到的问题、无水感脱脂牛奶应有的利益，以及必须有的其他产品特性。比如，新产品的口感必须与现有脱脂牛奶一样或者更好，营养价值必须完全相同）。

阶段 4：开发

- 原型概念：实验性的实体产品或系统程序，已具备产品特性和产品利益。比如，少量脱脂牛奶新产品样品，可供消费但尚未量产。
- 批量概念：可制造性的首次全面匹配性测试，形成的产品规格说明书能准确地描述该产品，包括特性、个性及标准。比如，脱脂牛奶成分包括维生素 A、脂肪、纤维等。
- 工艺概念：已经形成完整的制造流程。
- 前导概念：前导生产线量产的新产品，可供最终用户现场测试。

阶段 5：上市

- 营销的概念：小批量生产之后开始大规模生产的产出。比如，牛奶已经在市场上销售，在大规模上市的同时也进行市场测试。
- 成功概念：达到项目初始既定目标。比如，脱脂牛奶新产品的市场占有率达到 24%，获利颇丰，竞争者正在谈判获取技术授权。

新产品不可能像鸡从蛋中孵出那样横空出世。本书讨论在新产品流程中如何运用分析工具，从早期创意生成和概念评估，到筛选、定位、市场测试及上市管理。

2.5 加速产品进入市场

目前讨论最多的产品开发管理目标就是加速产品开发（Accelerated Product Development，APD）或加速产品进入市场。加速产品进入市场能带给企业许多好处，例如，产品市场生命周期较长，可以较早吸引顾客注意，阻止竞争者稍后推出类似产品，建立或提高企业商誉等。第 1 章曾提到，企业实施三大战略要素（产品创新章程、新产品流程及产品组合管理）有益于缩短开发周期。新产品开发专家 Robert Cooper 先生提出了 5 个加速产品进入市场的方法：

- 清晰的产品创新章程。做好机会识别，建立清晰的产品定义。效果是：产生好的产品设计规格，减少返工（返回流程的前期阶段以修正错误）造成的时间浪费。
- 运用第 3 代新产品流程，即允许各阶段交叉或并行，以在更短时间内完成更多工作，还可以精简评估工作以减少时间浪费。
- 运用组合管理。避免企业把有限资源分配到太多项目上，造成捉襟见肘。做好项目选择，确保企业高效利用有限资源。
- 高质量地完成每个阶段。这可以弥补产品创新章程的不足，遵循“第一次就把事情做对”的原则，避免不必要的返工。
- 对跨职能团队进行授权。在早期阶段就组建包括营销、研发、制造等职能部门人员的跨职能团队，开展项目工作，支持并行流程（Parallel Processing）、淘汰“骑墙”项目（over-the-wall）（如产品技术开发已完成，但营销或生产部门尚未介入该项目）。

注意，前 3 个方法就是三大战略要素，后 2 个（强调质量和跨职能开发团队）是企业执行战略要素的方法。

充足证据表明，这些方法有益于加速产品进入市场。软件开发的特点就是有一系列密集的“危急时刻”，因为经常要面临项目最后期限的挑战。这个行业的很多企业都依赖小型、高凝聚力的跨职能团队，在保证质量的前提下达成目标。并行流程常用于汽车制造业：驱动系统设计仅完成 70%或 80%（而非 100%），而车身设计工作尚未开始，此时早期的汽车原型（不是最终产品）可能已完成并做好试车准备。采用并行流程，是日本汽车制造商能在全球市场脱颖而出的最关键因素。例 2.1 给出了一些缩短项目周期时间的方法。

例 2.1 加快新产品项目速度的一些方法

组织层面

（1）使用专业的跨职能团队。

（2）采用小组模式或其他方法以杜绝官僚主义。

（3）授权团队，激励团队，奖励团队，保护团队。

（4）消除地盘划分与地域观念。

（5）确保支持部门随时应召。

（6）培养有效的团队负责人。

（7）鼓励组织学习，项目间加强知识转移。

有力的资源保证

（1）整合供应商，必要时减少供应商数量。

（2）整合其他技术资源。

（3）整合经销商，必要时减少经销商数量。

（4）让顾客早期参与，获取顾客之声。

（5）使用并行或同步工程。

（6）让供应商参与，通过联盟、合资等形式与其建立长期合作。

为了加速的设计

（1）采用计算机辅助设计等方法实现快速成形。

（2）设计辅助制造，减少零件数量，注意制造流程。

（3）在产品族之间使用通用零部件。

（4）产品要易于测试。

（5）设计时将质量纳入考虑，以快速试用，具有相对优势。

（6）运用有效设计，减少新产品流程后期成本高昂的设计变更。

做好加速制造的准备

（1）简化文档。

（2）采用标准化流程规划。

（3）采用计算机辅助制造。

（4）原材料和零部件供货的及时制（弹性制造）。

（5）整合并尽早启动产品使用测试。

做好加速营销的准备

（1）将试销改为渐进上市（rollouts）。

（2）营销前建立公司商誉。

（3）采取能快速取得市场知名度的促销方法。

（4）尽量让顾客能够方便地进行试用性购买。

（5）确保顾客服务能力在顾客产生需求之前到位，并加以测试。

周期时间度量（cycle time metric）是指管理层衡量新产品进入市场速度或进入市场时间（time to market）的方式，即如何更快地让创意变成可交付上市的产品，前提是技术开发（也就是研发中的研究）已顺利完成。但从技术开发的观点来看，进入市场速度不仅指产品达到交付上市所需的时间，还指交货给顾客之后提供技术服务的速度，例如，企业服务（如法律与环境）是否到位？相同地，如果企业衡量的是达到成功的时间，而不是达到交付上市的时间，营销对于缩短周期就更重要。营销能提高进入市场之前的速度（比如，快速测试营销计划，通过联盟加快市场覆盖的速度），也能提高上市发布后的速度（比如，加快赠券兑现或让销售代表更快进入市场）。

这里还需知道，第一印象份额（first to mindshare）的价值远比第一个进入市场更重要。企业在某特定产品类别采取第一印象份额战略，是指目标顾客看到该类别产品就会联想到该公司，并且建立了标准迫使竞争对手也得达到（比如，英特尔的微处理器或惠普的激光打印机）。那些致力于获得第一印象份额的企业，考虑的不是如何提高产品开发或进入市场的速度，而是如何在顾客心中占据重要位置。

最后，高层主管在加速产品进入市场中的作用也不可忽视。高层主管只是简单地说“现在要求缩短 50%的周期时间”是不够的，员工可能把这句空泛的话理解为一种主管要求员工付出双倍努力的命令。高层主管还须保证将资源真正用于缩短周期时间。缩短周期时间的专家 Preston Smith 指出，许多企业期望流程快速简单。执行官常常要求为缩短周期时间开设一到两天的培训课，认为这样就可以解决问题。缩短周期时间，并不是要跳过新产品流程的一些关键步骤，而是要在保证质量的前提下快速完成流程。

高层主管还知道战略联盟获得技术和营销资源以及相关支持的重要性。联盟的对象可能是上游供应商、下游经销商和顾客，甚至竞争对手。例如，苹果公司曾求助索尼公司帮助其加速开发 PowerBook 笔记本电脑。

加速进入市场的风险与准则

加快产品进入市场的速度能带来许多优势。如果产品推出得早，在其淘汰前就有较长的市场生命周期。如果产品延迟 6 个月才上市，企业不仅少赚 6 个月的钱，也给竞争对手产品抢先上市、建立正面商誉提供了机会。

相反，在加快进入市场速度的过程中会产生很多成本，虽然并不明显，但有时可能会带来致命影响。面对日趋激烈的竞争、日新月异的技术变革及快速改变的市场人口结构，企业可能会专注那些容易的、渐进式的产品开发项目，甚至砍掉新产品流程的关键步骤来缩短周期。技术类产品开发如果想图简便走近路，结果可能会牺牲产品质量，甚至触怒顾客和经销商。企业的早期流程如果仓促进行，在后期就会发现产品质量拙劣，延误进入市场时间，不仅会激怒经销商，更会促使顾客转而购买竞争对手的产品。另外，盲目加快产品营销速度，可能造成营销人员忽视关键营销工作，疏于做好产品进入市场的准备，公司虽然赢得了进入市场的速度，最后却全盘皆输。

企业必须抑制加速的冲动，以避免忽视新机会、错过关键顾客信息、开发劣质产品。面对高度动荡的环境，较好的办法就是尽量保持产品开发弹性：直到最后一刻都不要固化产品概念，让新产品流程后续阶段的工作与概念开发随时保持同步。这就是延迟原则（the principle of postponement），我们会在第 17 章深入讨论。

此外，加快进入市场速度也会导致尚有瑕疵的产品过早进入市场。需要权衡机会成本和开发风险。加快周期非常适合高机会成本加上低开发风险的情况（如新个人计算机）。而像波音公司开发并上市一款新飞机，机会成本就相对较低（直接竞争对手较少），但开发风险较高，这种情况下，确保产品“100%无差错”是其最合适的目标。加快进入市场速度的其他风险还有管理层过于专注快速、渐进式的创新，导致排挤全新产品的开发，使新产品开发活动缺乏战略层面的平衡。

加快开发周期的其他考虑事项简要列于例 2.2 中。

例 2.2　加快开发周期的其他考虑事项

- **在第一时间把工作做好。**早期阶段的少量时间可节省后续阶段的大量时间，避免返工。
- **追求白金 BBs 的积累，而不是寄望于一颗银弹。**关注每个步骤、每个行动、每次会议，将点滴节省积累起来。
- **对每位参与者进行培训。**对那些不熟悉自己的工作、缺乏岗位技能、不懂得如何加速的人进行培训。
- **沟通。**大量的延迟可以追溯到某个人、某地点、对某个片段信息的等待等方面。电子邮件和互联网使协作更容易、更快捷，使沟通加速。
- **保持弹性。**寻求可做多工种的设备、能适应岗位变化的员工、备选供应商等。还有就是心态，一个新产品离不开一个思想开放的设计师。
- **快速决策。**管理者知道，人们有时做得越多受到的批评越多。要想推动人们按理应的速度尽快做出决策、以不破坏意愿的方式进行管理，加速计划十分关键。
- **聪明地削减事项。**平均削减 10%的工作内容以实现削减 10%的预算目标，这是常用的官僚手法。最好的办法是削减 50%的非关键步骤，而关键步骤一点也不削减。既然风险无处不在，为什么不能多承担那些较小的风险呢？

宝洁公司通过采用上述方法，成功地缩短了一款药品 80%的开发时间，同时质量提高了 60%。公司新产品人员将产品开发中所有的工作活动记录成文档，并设定较高的压缩时间的目标，现状时间缩减 50%是一个不需要太多改进就能实现的目标，他们拉高目标，设定为缩减 75%，并设定第一年缩减目标为 50%，第二年进一步缩减 50%。他们还采用了许多方法，包括设定清晰目标以实现团队激励、授权、奖励机制、高层管理者承诺等。

第 16 章将介绍更多的加速产品进入市场的度量工具，比如现金回收矩阵（cash-to-cash metric）。这些工具不仅用来度量产品进入市场的速度，也能度量需要多长时间可达到盈亏平衡，不仅有助于管理上市那一刻，还有助于管理整个上市阶段。

2.6　什么是新服务

在结束新产品流程这个讨论之前，让我们先来看一个似乎不具备技术成分的产品开发类别——服务。服务和商品通常这样排列：① 纯粹的服务；② 服务为主，商品为辅；③ 商品为主，服务为辅；④ 纯粹的商品。举例来说，依照次序为咨询服务、保险、汽车、糖果，仅仅针对第一类，产品提供者没有需要进行研发的有形实体，这类情况很少。即使纯粹的或以服务为主的产品，也有有形的辅助形式，比如广告、保证书、保险单、说明书等。例如，智能手机是服务与商品的组合，它是有形商品，但提供服务：通讯、娱乐（如音乐、游戏）、信息（地图）等各种应用。

创造服务产品，可以参照实体商品开发体系。产品创新章程、新产品流程和平衡产品组合等战略要素都适用于服务产品开发。需要创造性地运用这些战略要素，它们的原理是相同的。研究表明，那些成功开发出新服务的企业，都采用系统的、全面的新服务开发流程，都具有定义明确的阶段和经常性的评估。根据 CPAS 的研究，新服务开发流程与本书前面讨论的新产品开发流程非常类似，仅有少量关键差异。套用图 2.1 的基本流程，不论是突破性还是渐进性服务创新，新服务开发所需的平均时间明显较少。例如，一项突破性创新的有形产品开发平均约需 122 周时间，但同样属于突破性创新的新服务开发可能约 55 周就可以完成。服务与实体产品在其他指标上的差异不大。

新产品流程需要做一些微调，才能在服务产品开发中发挥最大功效，这源于服务和实体商品本质上的差异。服务是个性化的，对应的是顾客的个性化需求；而实体商品是批量生产的。服务通过服务提供商与顾客个体之间的互动完成，因此成功的服务提供商往往是能提供个性化体验给每位顾客的企业。服务是无形的，这意味着服务的关键在于顾客接受服务的体验。因此，服务提供商与顾客之间最重要的是人际互动。服务提供商必须努力满足顾客的期望，并给顾客留下好印象。服务提供商与顾客互动时，顾客立刻并持续地对服务进行评估，因此服务提供商需要在获得顾客反馈后迅速行动以持续改进绩效。还需要进一步综合顾客反馈以得出服务评估结论。例如，一家人回顾主题乐园的体验时，会从机场接驳、停车是否便利、游乐设施与活动是否值这个票价、游乐园是否够清洁、园区服务人员是否亲切等各方面来考虑。其中任何让这家人些许不快的地方都可能降低对主题乐园的评估。服务和实体商品间的本质差异正是服务提供商面临的难题，不过他们仍可采用相同的新产品流程来解决问题。

想想 JetBlue 航空公司是如何设法在激烈竞争的市场中崛起，成为杰出的航空公司的。不同于其他对手的低成本战略，JetBlue 航空把重点放在提供个性化体验，为每位旅客提供专属电视、舒适的座椅、亲切的空服人员、简单好用的在线服务。JetBlue 航空还率先采用了一系列保证安全的措施，比如无纸化座舱（paperless cockpit）飞行技术、在客舱里安装摄像头等，这些对乘客十分重要的安全措施使 JetBlue 航空的服务与竞争对手有了显著的差异。另外，JetBlue 航空还设法收集顾客对整个服务过程的各种意见：顾客登录公司网站时、顾客在售票柜台时或顾客在飞机上时，公司根据这些顾客满意与否的信息，逐项改进找出的问题，进而提升顾客对公司整体服务的满意度。JetBlue 航空的创始人和执行官 David Nedeman 表示，该公司的原则是“找回飞行旅行中的人情味”。显然，JetBlue 航空相当清楚与顾客互动的重要性。

与顾客互动对服务成功如此重要，在新服务开发中确保顾客的早期参与无疑是十分必要的。服务是一对一提供的，服务员本人在实际与顾客接洽、取得顾客反馈、处理顾客抱怨过程中，往往最能够发现顾客未被满足的需求，他们是概念生成阶段最重要的角色。因此，新产品开发流程早期就让服务人员参与，可以激发他们对新服务的激情，并更热诚地向顾客提供更满意的服务。新服务通过开发阶段之后，就可以把最佳原型概念展示给顾客并进行产品使用测试。然而，服务提供商往往不去好好做原型测试，因为服务定义无法获得专利保护，很容易被竞争对手复制，所以企业只能在正式上市前尽量将新服务“调整”到顾客满意。原型测试是做这类“调整”的理想时机。

新服务在上市阶段特别具有挑战性。首先，服务提供商必须持续监测以确保新服务能有效满足顾客的需求和期望，因此卓越的服务提供商（不论是餐厅、饭店还是医院）要持续取得顾客反馈。其次，新服务的成功上市依赖于对服务人员的培训。例如，可口可乐公司的员工很少与最终用户互动，而银行柜员、饭店柜员、美发师、理财顾问则要直接服务顾客。好好培训服务人员，是每个服务企业留住顾客的关键。培训课程除了基础课程之外，要强调优质服务对公司的重要性，还应包括危机管理和问题排除等。

联邦快递公司是新服务开发的绝佳范例。联邦快递公司把客户体验作为新产品开发流程的中心环节，客户以合作创新者的身份很早就参与流程中，使公司能够较早发现顾客需求。公司还设立了由管理人员、业务员、推销员以及法律顾问等组成的市场委员会，负责拜访重要顾客并向其学习。公司采用人种学研究方法（ethnographic studies 或称民俗志研究方法，第 5 章会讨论其中的观察技术）以理解顾客新需求的精髓。其中，最经典的范例就是，联邦快递公司意识到，如果提供更广泛的渠道以及更多的数字化服务，将有助于提高顾客体验。于是，联邦快递公司在 2004 年收购了 Kinko’s 在线服务公司，在增加出货点的同时，也增加了影印、传真、装订和印刷等服务项目。随着顾客需求的持续演化（特别是小企业顾客的变化），联邦快递公司也与其保持着同步的成长。

联邦快递公司新产品成功的一个关键因素，就是建立了一个组合管理团队（Portfolio Management Team，PMT），由一群领导着事业部和职能部门的高层主管组成。组合管理团队负责战略方向、新产品流程中的评估等工作，并负责维持一个项目组合的平衡。联邦快递公司认为，分阶段执行新产品流程有助于控制风险，到了成本昂贵的开发和上市阶段就能大幅降低风险，从而公司有信心新服务会成功上市并取得预期投资回报。因其卓越的新服务开发计划，联邦快递公司获得了 2007 年 PDMA 颁发的杰出企业创新奖。

服务提供商可因其创造一项新服务带来的竞争优势获得巨大成功。Walgreen 公司注意到其客户使用多种语言，推出 Dial-A-Pharmacist 服务，让不说英语的客户能与会说相同语言的药剂师沟通。这项服务每个月接到大约 1 000 个电话，有效降低了病人沟通上的错误并提高了客户满意度。既然服务的核心利益是无形的，目标是改进客户整体体验，Netflx 公司推出 DVD 服务就是把提高客户体验放在第一位，客户非常喜欢其简单易用的网络服务及便利的邮件系统。亚马逊公司的 Kindle 产品能够脱颖而出，也是因为使用者买的不只是阅读器，而是买了 Amazon 的整套服务，这也是 Kindle 产品成功的原因。Kindle 不仅提供大量书籍供选择，还有简单易用的网络服务，并且可以无线同步计算机或其他装置。

2.7 什么是新问世产品

新产品可指新问世产品、现有产品延伸，或者介于这两者之间的产品。图 2.1 的分阶段流程可能无法适用于新问世产品。根据研究，最早将新问世产品上市的企业，其长期市场存活率比那些较晚上市的企业要低很多。不过，一个新问世产品的低存活率，可以被其高利润弥补，因为这类产品的市场空间往往较大，利润也比较高。管理者被吸引过来准备接受新问世产品的风险教育，他们受到了以下这些成功案例的鼓舞，比如康宁公司的光纤、通用电气公司的 CT 扫描仪、苹果公司的 iPhone 等。

新问世产品高失败率的部分原因，是它们的确很难管理。新问世产品（如第一款移动电话或第一部个人计算机）有时需要经历多次的不连续性才有可能成功。个人计算机上市的过程就是一个好例子。个人计算机之所以能迅速为市场所接受，要归功于科技的不连续性（计算机公司，包括新创立的计算机公司必须设计实质上全新的计算机）、市场的不连续性（个人、家庭与小企业会购买计算机，而非只有大型企业）、组织的不连续性（个人计算机可在电子产品商店和百货公司销售而不是通过专业的销售员），以及社会的不连续性（数以百万的人认为自己极需要电脑）。许多新研究就是针对如何适应高度不确定性、高度模糊性环境的管理流程。

然而，我们还有很多事情要做，最佳起点就是意识到新问世产品需要孵化。许多商机是自动涌现出来的，有的还很可靠，但效益并不确定。市场试验可以评估这些商机，甚至可能识别出新商机。目标是将创新与识别出的商机整合起来考虑，并基于此构建一个既提供高顾客价值又为公司赚钱的新商业模式。这可能是一个昂贵的价值主张，而且管理层不可能基于瞬时决策来规划，由于存在不确定性还需要开展尽职调查。这就像一个商业实验室的运作过程，也被称为孵化期（incubation stage）。知名研究者 Gina O’Connor 说：许多公司并没有意识到突破性技术如果没有巨额资金投入及在前沿领域的多方试验，是无法形成突破性事业的。

实现正确的孵化，首先要宽容失败，同时要能在失败中学习，这样才能确保企业不断前进直至产品顺利上市。曾任 Goolge 副总裁、现任 Yahoo 首席执行官的 Marissa Meyer 表示，Google 的创新产品失败率超过 60%，但这是从事尖端科技必须付出的代价。要注意的是，孵化并不是商业开发（寻找新顾客，处理并购等）。商业开发周期一般在 1 ~ 2 年，而且通常只需要营销或管理人员就能完成。孵化的重点是针对不确定性环境下突破性创新的商业模式开发，孵化周期需要 3 ~ 5 年，其间包含了技术开发、客户和市场的交互。

突破性创新需要一个能确认未知和不确定性的规划方法，这一方法被称为发现导向的规划（discovery-driven planning，或称探索性规划）。管理者对未来状况做出假设以进行预测、订立目标，这些假设可能并不正确。随着可获得的信息逐渐增加，会重新考虑目标，调整之前的预测，计划也随之变动。这与针对低不确定性市场采取的根据过去结果推测未来的方法十分不同。发现导向的规划中有一个原则就是“逆向损益表”，就是从表底部的预期利润反推预期的收入和成本支出。企业追求的也是实物期权的投资方向。企业可以进行低成本的测试性投资，来收集这项技术及其市场潜力的信息。这种测试性投资可以被视为购买了一个期权，以继续进行突破性创新的开发。如果这些小型投资测试出了巨大的市场潜力，该项目就可进入下一个阶段；如果不是，则终止该项目。

突破性创新与企业高层表达的战略愿景之间，必须要有明确的关联。如果没有高层的激励，从事产品开发的事业部往往只会专注于改善运营效率，并且会拒绝接受突破性创新的产品项目，因为在环境巨变乃至动荡的情况下新产品人员对公司战略规划有参与。为了推动有前景的突破性创新项目，有些企业高层会设立转型管理团队（transition management），负责将研发创新项目推进到运营上市状态。转型管理团队既得到资金支持，也得到企业高层的支持和关注。

显然，对新问世的产品而言，尤其重要的是将顾客声音（Voice of the Customer，VOC）。要尽早纳入新产品流程之中，最好在流程伊始。这里的重点是识别出正确的顾客。例如，一家医疗器具制造商计划开发下一代诊断机，可能会想要寻找某顶尖医学中心参与新产品开发，以确认新产品应具备何种性能。这些医院的研究人员对现有的产品不甚满意，所以也许已经开始自行开发了一个简单的原型产品。设备制造商从中能获得什么启示呢？识别这些顾客并与之合作是领先用户分析（lead user analysis）的核心，我们在第 5 章将深入讨论这个问题，并在第 12 章正式讨论顾客声音。

2.8　连续创新者的作用

有关新产品流程的最新研究认为，企业想要持续让新问世产品成功，就应该对传统流程进行重新思考。虽然许多企业能让突破性创新产品成功上市，但很少能长期持续地创新。而苹果、宝洁、卡特皮勒、英特尔等顶尖企业有一个共性——连续创新者（serial innovators）。这类创新多属于中层技术人员，其想法与工作方式与其他人不同，有自己的新产品流程。高层主管的挑战就是要能找出为数不多的连续创新者（约每 100 位甚至每 500 位技术人员才找得到一位），而一旦找到，就要适当管理并给予奖励。

多数企业进行突破性创新时会面临一个问题，技术导向的创新虽然从技术视角来看非常好，但无法真正解决顾客问题，因此无法将技术应用到市场上。在第 3 章我们提到的产品创新章程就是用来确保技术具有相匹配的市场价值，以避免这类问题。另一个案例，一项好的技术可能会缺乏组织内部的产品推动者来将技术导入产品开发流程（关于此角色的讨论参见第 14 章）。连续创新者擅长突破性创新的原因，就是因为他们知道如何在技术与市场之间的鸿沟上架起桥梁。他们以迭代的方式来解决问题。通常，连续创新者会先识别并理解顾客的问题，然后针对问题去寻找可行的技术解决方案，在顾客需求与技术解决方案间反复摇摆。随着时间的推进，连续创新者会逐渐了解到更多潜在的顾客解决方案，同时引入市场信息：这项技术走向市场时，有足够大的市场需求来支撑吗？

连续创新者所依循的“流程”不完全是通常意义上的流程，不是一系列步骤及固定的顺序。会有许多活动需要完成，但不是因循某个特别顺序，而是需要很多循环往复以及再思考，这包括：

- 发现一个对顾客重要的问题，估测潜在市场规模及收入流量。
- 理解这个问题，包括技术、现有可行的解决方案、竞争及顾客要求。
- 确定该解决方案是否足以让顾客愿意购买，是否符合公司产品战略。
- 针对这个问题生成一个解决方案，测试顾客对产品原型的接受度。
- 确保产品进入开发流程，然后让市场接受这项产品。

有很多方面需要循环往复：如果顾客不接受该产品原型，就需要更多工作来进一步理解这个问题，甚至进行再思考以确认打算解决的问题是否正确。

从上述讨论得知，连续创新者与其他技术人员有很大区别。他们深刻理解顾客、企业产品战略以及策略过程，他们非常适合担任产品推动者。他们不只专注在解决顾客问题，还要从不同角度去理解环境，然后找到解决顾客问题的最适当方法。连续创新者可以掌控发现，发明并上市新产品，因此对企业是无价之宝，帮助企业在突破性创新产品上持续成功。

所以，企业如何聘用或从现有员工中找出连续创新者呢？新产品研究者 Abbie Griffin 建议，企业可根据 5 项天生的特质来寻找：

- 系统思考（能找出将不连贯信息联结起来的方法）。
- 高创造力（当然，有意思的是并不是特别高）。
- 在很多兴趣领域保持好奇心。
- 基于专业的一种直觉本领。
- 真心希望解决顾客问题。

2.9 螺旋式开发与原型的作用

在进行突破性产品创新时，一个流畅的、敏捷的新产品流程可引发更有创造性的产品。如果尚不知道产品的最终形式，企业有必要连珠炮似地尝试许多原型，展示给顾客并征询意见回馈，然后反复这个过程，直到找出一个能接受的形式。这样的流程被称为螺旋式开发（spiral development），指企业与顾客间的反复迭代。螺旋式开发可以描述为“建构—测试—反馈—修改”的过程。

- 首先，建构一个焦点原型（focused prototype），即产品的非工作版本。比如，在初期用木头、发泡材料制成的一个新手机，或一个外形像真的但没有实际功能的塑料原型。
- 对该原型进行顾客测试，征询顾客是否喜欢、购买意愿等意见。
- 获得顾客关于该原型需要修改的反馈。
- 根据这些回馈，准备下一个原型并继续下一个循环。

需要注意的是，这个螺旋式开发流程允许新产品流程不必按照顺序进行，所以早期原型在顾客规格确定之前就做出来了！

1994 年，Iomega 公司内部开发出了第一个 Zip Drive 的产品原型，该产品是一个插入式笔记本电脑硬盘，有助于用户进行大容量存储。该原型是一个轻按即开、简朴外观的灰盒子（有点像 CD 播放器）。早期焦点小组的测试人群不喜欢顶部置入，希望产品更加个性化、便携化、功能强大。几天后，研发人员改为前部置入（类似软盘驱动器）。最终，建构了超过 50 种不同创意的原型进行测试，并从中挑选最能接受的设计。现在，Zip Drive 具备大家熟悉的前置式托盘，也有个性化外观设计（亮丽的蓝色塑料外壳），便于携带（能放到公文包中）且功能更强大（能够储存 100 MB 的数据）。

Iomega 公司采用的这种螺旋式开发流程，有时也称为探索与学习（probe-and-learn）：通过顾客交互，激发了设计师去探索、试验并即兴创作，结果很可能产生一款新问世产品。这种迭代过程有时也被称为 lickety-stick：开发团队基于众多新产品创意开发出各种原型（lickety），最终选定一个顾客喜欢的原型（stick）。正如国家仪器公司（National Instruments）的 Mike Santori 所说，早期阶段的目标并不是如何降低成本，而是去发现顾客要什么功能。迅速并高效地推出多个原型，“能让你在尝试不同创意、测试不同客户群上更有灵活性”。

通用电气公司的 CT 扫描仪案例，展示了在顾客声音的巨大帮助下新问世产品的开发过程。最早该设备是一个头部扫描仪，后来的版本陆续增加了胸部扫描仪和全身扫描仪，但医师认为该产品效果不好。通用电气公司进行第 4 次尝试时，开发出了 8800 全身扫描仪，上市后大获成功，市场占有率达到 68%。通用电气公司并不只针对一个问题提出一个解决方案，那意味着没有战略。通用电气公司有战略：开发一项突破性的医疗用扫描仪技术，在早期试用中了解哪些技术应用对医师客户最有价值。

2.10 对新产品流程的最后思考

如我们在第 1 章所讨论的，许多公司采用的新产品流程与本章所阐述的极为相似，当然细节部分有所不同。CPAS 研究表明，多数最佳企业执行新产品流程，开发的新产品也较为成功。

汽车制造行业有一些激动人心的产品开发案例。最近的一次调查显示，近半数汽车工程师认为他们的公司采用一个传统的新产品流程，大约 1/3 采用修正过的流程，使这些公司在不牺牲产品新颖性的前提下提高效率。使用修正过的流程在保持新产品质量和新颖性的同时缩短了 50%的进入市场时间。

高层主管的角色是不容忽视的，尤其是在突破性的新产品项目中。艾克森美孚公司的研发部前副总裁 A1 Lopez 在一场 PDMA 的演讲中提到，该公司有许多突破性新产品，包括用于石油管线的高强度钢、低硫燃料油处理工艺、改良过的催化剂等。高层主管大力支持通过多种方式提高研发生产率：认识并构建公司的核心技术能力，鼓励全公司的内部和外部知识流动，开发有效又精简的工作流程、基础研究和应用研究的清晰链接，建立奖励员工学习和成就的激动人心的工作环境等。

最后有人可能会问，一家公司能否做到左右开弓——同时擅长开发新问世产品和渐进式创新产品？左右开弓的障碍很多：担心品牌淡化、渠道冲突，甚至“我们一直是这样做的”文化。此外，还有资源配置问题：将投资用于针对突破性创新的开发能力上，会导致有限资源不再向提升已有能力倾斜。这些都是高创新性企业的管理层高度关注的问题。要避免产生这些问题，通常会分拆出一个高度项目化的新事业部作为一个独立的组织运作，以便进行突破性创新。我们将在第 14 章深入讨论这个问题。

本章小结

本章讨论了在开发和营销新产品流程中的各个阶段和活动的体系。我们以宝洁公司的化妆品事业部的一个简化的流程版本，分析了宝洁公司产品组合与产品创新章程之间的关系。接着，逐阶段介绍了这个基本流程。注意：新产品流程并非石头般僵硬，它是一个指南，也是一种融合，而不是一个束缚。

第 3 章我们将继续讨论另两个战略要素：产品创新章程和新产品组合管理。第 3 章会先介绍流程中的 5 个主要阶段的第一个——机会识别和选择，包含各种战略形式，用于指导对各种机会的评估。这将有助于我们为学习概念生成做好准备。

应用实践

（1）“下个月我们在达拉斯有个演讲，这个演讲是 SMU 会议的一部分，主题是机会识别。他们希望我们介绍一个问题：为什么有时候机会识别比头脑风暴或其他概念生成方法更重要？我并不这么认为。你对此有什么看法？”

（2）“我在一家金融服务公司工作。我们一直都在从事新产品开发工作，其中很多是改进型新产品。你明白，将信用卡与储蓄账户绑定在一起，将储蓄账户与资本市场账户绑定在一起，增加 ITA（个人退休账户）的投资选项、类似的产品等。你能解释一下在我们行业和我们公司，新产品流程是什么样的吗？这个流程似乎是为有形产品定制的，会不会带来误导？”

（3）“我们正在逐步增加对新产品的投入，我们把新产品看作公司未来的希望。你能再为我们解释一下新产品流程吗？我不确定你说的新产品流程是不是适用于我们的产品。看上去它好像可以生成很多改进型新产品，而不仅仅是一些大胆的创意。”

案例 乐高

深受全世界孩子们喜爱的乐高集团是奥尔·科克·克里斯蒂安森在 1932 年于丹麦创立的。乐高（Lego）这个名字源于丹麦文中的短语“leg goet”或“play well”，巧的是它在拉丁文中还意味着“我拼接”，作为这些小拼接方块的名字再恰当不过了。乐高在最初几年主要制造的是木制玩具，1947 年克里斯蒂安森买了一个注塑机。到了 1958 年，公司转而制造我们大多数人熟知的塑料方块。在 1958 年至 1978 年，公司的全球营业额稳定增长至 1.8 亿美元。到了 1978 年，乐高公司推出了城堡、太空和 Fabuland 主题及技术建造体系。在这些产品创新的支撑下，公司销售业绩大幅增长，营业额每 5 年翻一倍直到大约 1993 年。

为了应对 20 世纪 90 年代初期销售放缓的趋势，乐高开始进行产品线延伸，玩具库存量（Stock-Keeping Units，SKUs）扩大了 3 倍，但这只伤害到了已有产品的销售。公司的总销售额未受影响，只是产品开发蚕食了乐高公司的利润。1998 年乐高集团首次亏损，裁员 1 000 人。

顾客和行业研究指出了销售额和利润下降的几个原因。上一代儿童玩乐高的年龄可以达到 10 岁或 11 岁，但到 20 世纪 90 年代末期，儿童对乐高玩具失去兴趣的时间提前了。此外，很多儿童包括很小的孩子，就早早开始接触视频和电子游戏，与搭建方块相比，它们更被孩子们所喜爱。这种消费趋势不太可能在短期内改变。行业的变革也在发生，大部分行业竞争对手选择在中国制造，但乐高仍在成本高很多的欧洲地区制造。玩具和游戏行业的渠道话语权也逐渐从制造商转移到玩具反斗城这样的大型零售商。此时，乐高公司塑料积木的专利权也即将到期，这将乐高公司逼到“不变革就死亡”的境地。

2000 年，乐高公司提出了一个新的使命陈述：“2005 年成为全球有小孩家庭的最强大品牌。”乐高公司希望借使命陈述来促进全公司的创新。为了实施这一使命，激发创新过程，乐高公司邀请了最好的商业顾问和学者并采纳了其建议。其中几项最显著的活动是：

- 聘用来自世界各地（意大利、日本和美国）的富有创造力的人才加入公司“概念实验室”新产品中心，以增加多元化并激发创意。
- 打造各种创新形式的乐高乐园或乐高教育中心，同时设立乐高零售店。
- 首次采用开放式创新，与电影制片人合作推出哈利·波特系列和星球大战系列，以及史蒂文·斯皮尔伯格电影系列玩具。
- 推出新式电子玩具，如 Galidor、Bionicle 和 Mindstorms。Galidor 与同期的同名电视节目相互关联，Bionicle 则与一部电影相关联。此外，还专门为幼龄儿童设计了 Explore 电子玩具。
- 推出数码设计师，使儿童可以在电脑上运用虚拟乐高积木来设计创造。
- 重视并奖励所有创意，促使了新创意源源不绝地产生。

遗憾的是，这些努力都没有效果。到了 2003 年，乐高公司损失了 3 亿美元，濒临破产，公司很可能在一年内被卖掉。

在 2003 年年初开始的公司巨大转型拯救了公司。乐高卖掉了大部分的乐高乐园，甚至公司总部大楼，将积木生产外包到成本更便宜的墨西哥和捷克等国。由于大多数玩具种类几乎相同，SKUs 减少了一半。举例来说，有一次推出了 7 款不同的乐高人物，它们之间却只在面部有细微差别。乐高公司在一年内凑足了资金而避免了倒闭的危机，但公司此时需要一个长期计划。这个计划的制订需要围绕创新，或者说乐高公司如何定义和管理创新。

乐高公司似乎实施了所有正确的战略：激发创意，开放式创新，寻找突破式创新的机会，建立创新文化。所有的努力都投入在创新“引擎”上。有了“引擎”的推动，乐高有能力进行快速的新产品开发。然而这并不能保证新产品成功。“概念实验室”身负开发新产品的重任，但不负责产品是否足够创新或足够优秀（因此，在已有的产品线足够宽的乐高人物中又增加了第 7 系列）。

沃顿商学院的戴维·罗伯森教授认为，乐高公司缺乏一个指导系统：“乐高的创新引擎就像没有方向盘的火箭车一样，高速运行但无法通过路上的转弯，结局只能是灾难性的。”诚然，乐高也有如 Mindstorm 那样很知名的成功产品，可以使公司在其基础上继续创造，但如果想大幅提高成功率，乐高公司需要设立更有效的指导系统。罗伯森教授认为，这个系统必须回答 3 个问题：你现在在哪里？你打算去哪里？你如何到达那里？

你对乐高公司建立指导系统有什么建议？在你看来，乐高公司有哪些优势值得利用，又有哪些地方需要改进？乐高公司该如何运用本章学过的概念来回到正轨并制订一个围绕创新的长期计划？

案例 Tastykake Sensables

几代人了，Tastykakes 一直是费城地区和周边最著名的糕点之一。当地的 Tasty Baking 有限公司大约在 90 年前创立，每天大约生产 500 万个快餐饼、派、饼干和甜甜圈。然而，近年来销售额却呈现停滞状态。2001 年，Tasty Baking 创下最高销售额 1.66 亿美元，净利润 600 万美元。大约在这时，新任首席执行官查尔斯·皮齐向股东宣布，2004 年会推出新的产品线延伸产品。虽然这不是公司提升绩效的唯一行动，但新的产品线无疑是重要的一步。

在糕点行业，过去 10 年的一个主要趋势是健康食品。20 世纪 90 年代初期，Nabisco SnackWell 公司的低脂蛋糕和饼干便是一个代表性的例子。甚至 Tastykake 食品也在此时推出了一些低脂的产品。到了 20 世纪 90 年代末期，出现了推崇低碳食品的新餐饮趋势，低碳水化合物的 Atkins 食谱走红。到了 2003 年，几十家食品公司推出了大约 600 种低碳食品，而推崇健康低碳食物的趋势并没有任何衰退的迹象。所有关注的人都认为 Tasty Baking 公司的新产品线会是 Tastykakes 食品的低碳水化合物版本。正如首席营销官文斯·梅奥齐奥雷所说的：“这是一个风口，我们要跟着走。”如果成功了，低碳的 Tastykake 会成为众多新产品线中第一个针对各种健康的产品。

出任 Tastykake 的营销经理之前，凯伦·舒茨在 Campbell Soup 公司有过近 20 年的营销经验。2004 年 1 月，她开始负责生产 Tastykake 低碳食品。任务期限相当短：产品需要在秋季前推出。从过去的经验来看，舒茨意识到这个项目相当有挑战性：这类新的包装消费品大概需要 12～18 个月来进行产品配方、货架空间评估、市场测试和广告策划，还有附加限制——新产品线必须使用现有设备和人员进行生产。

到了 1 月中旬，Tasty Baking 公司的研发经理约翰·萨维基从原料供应商拿到了第一批试产的低碳饼干和甜甜圈，并在 Tasty Baking 公司总部让经理们（包括舒茨）进行非公开品尝。舒茨和同事们都喜欢这个味道（她害怕他的甜甜圈味道像“鼠食”），并且认同供应商的混合比例是一个好的开始。这时，这个依然保持着秘密的低碳项目的代号产生了：Greta（取自 Greta Carbo）。

萨维基及其团队在 2004 年 1 月 27 日开始开发低碳巧克力饼干棒。他们用麦芽糖醇（maltitol）作为糖的替代物，用改良的玉米淀粉来代替混合面粉。同时，梅奥齐奥雷问舒茨可否把 Greta 做成无糖的。他解释道：“我要让那些从小吃 Tastykakes 长大但因健康问题而无法再吃的顾客有另一项选择。这不仅对公司好，对顾客也有好处。”舒茨知道，糖存在于牛奶、浆果和其他原料中，所以无糖有些困难。于是，她发电子邮件给萨维基确认这是否可行。萨维基回应说：“有可能性，取决于产品种类。我们应该把它作为目标吧？”

对于舒茨和萨维基来说，事情即将变得更刺激。2 月，高层决定将 Greta 上市时间移到 6 月下旬——比预计的提早 3 个月。但从低碳产品角度来看，早期研发结果表明这是有希望达成的。与 Atkins 低碳饼干相比，初期的一批低碳巧克力饼干棒只含 7 种净碳类成分（低碳减肥用统计数值）。萨维基把它们连同巧克力饼干和蓝莓松饼带到一个舒茨和他的员工参加的品尝会上。他们喜欢这个味道，但是产品外观及上面的酱料仍有待决定。舒茨提醒团队，“消费者是用眼睛在吃”，所以产品外观必须好看才行。

她知道，要在即将到来的 3 月 10 日的董事会上介绍低碳饼干、松饼和甜甜圈产品。考虑到很多技术问题，比如，甜甜圈的混合比例还没准备好，蓝莓总是陷在松饼里，饼干棒需要糖粉，还有很多困难，但萨维基还是把糕点装到托盘里并在会议上展示了它们，与会董事对整个 Greta 团队的高效努力表示感谢。

那天的晚些时候，一个供货商对舒茨偶尔提到，他不想食用含有麦芽糖醇的产品，因为这些成分会让小肠不适。研究结果显示有些人会对麦芽糖醇敏感，于是舒茨第二天一早把这件事告诉了梅奥齐奥雷。他决定必须减少麦芽糖醇含量，因为他自己也对此感到不适。此外，在董事会后两天，美国联邦食品药物管理局（FDA）宣布将管理“无碳”或“低碳”等产品标签，违反者将面临制裁。

舒茨和萨维基打算快速解决这些问题，于是他们准备开发含有葡萄糖和甘油（比麦芽糖醇副作用少）的新饼干，食物分量也会减少。为了遵守联邦食品药物管理局对低碳的规定，舒茨决定把 Greta 定位为无糖产品，并把低碳作为第二属性。产品被命名为 Sensables，以唤起大众均衡饮食的概念，同时希望能将此名重复用于其他健康糕点产品上。

5 月 12 日，研发团队将 Sensables 介绍给 Tasty Baking 公司的各区域销售经理。由于无法解决蓝莓松饼糖分过多的问题，团队使用橘子和巧克力手指蛋糕来取代。产品存货只剩下原味和巧克力味甜甜圈及巧克力和巧克力饼干棒。舒茨和她的团队尝试生产无肠道副作用的新配方。舒茨在简报中强调，Sensables 是无糖 、低碳和控制分量的产品，同时宣布，产品会在 7 月 15 日上架。简报结束后，获得在销售管理会议很少见的满堂喝彩。宾州区销售经理吉米·罗奇说：“这个产品一定会成功。”

Sensables 被介绍给销售团队后，顾客试吃活动随即进行。据舒茨说，少量产品已经做了适度的修改，例如，巧克力手指蛋糕和饼干棒加入了更多碎屑，橘子手指蛋糕加重了橘子口味。由于顾客不喜欢巧克力甜甜圈的味道或外观，巧克力甜甜圈失败了。顾客测试让上市时间延后数周，等最终生产线调整完毕后，Sensables 在 8 月 10 日左右在费城地区上市。多个费城地区的报纸和广播报道了这个上市新闻。

与本章讨论的新产品流程相比较，你认为 Sensables 的开发流程如何？你是否会质疑 Tasty kake 所做的任何事情？你认为 Sensables 产品线会成功吗？为什么？

案例 Levacor 心脏起搏器

自从 1982 年第一颗人工心脏（Jarvik-7）成功移植到巴尼・克拉克身体里，许多医疗设备公司一直在努力改善心脏衰竭患者的健康，以期望患者能独立地正常生活。手术后，克拉克必须依靠一台大型机器来维持机械心脏运作，但这一切只让他的生命维持了 112 天。今天，医疗设备工程师的目标是让人工心脏尽可能轻薄，以便于移植入体内并让患者日后能够正常活动。鉴于超薄智能手机和其他类似产品已经投入市场，医疗设备工程师渴望使用类似的技术开发超薄设备，以支持心脏的功能。

根据美国心脏协会的资料，美国大约有 8 000 万名成人患有各种心血管疾病，而且约有 500 万人有心脏方面的毛病。市场上急需这种能辅助心脏的医疗装置，尤其不能忽略迈入老年化的婴儿潮一代。“这一代人享受富足生活……现在，他们是我们的医疗用户，这是一个 20 年前根本不存在的市场”，产品设计师阿兰・卡梅隆注意到，这一目标人群肯定会乐于接受一种能让人长期保持独立生活的医疗装置，即使心脏罢工。事实上，这促使了心脏起搏器行业持续地获利和发展。2005 年，心脏起搏器制造商拉特在 HeartMate XVE 这项产品的年销售额达 2.01 亿美元。市场分析师在医疗保险许可更多医院进行心脏起搏器植入手术后，看到了此市场的广阔发展前景。

近期的研究重点是，开发出能支持患者心脏的植入式心脏起搏器，而不是用人工设备替换心脏。其中前景最被看好的是位于加州奥克兰的 WorldHeart 公司在 2006 年下半年开发的 Levacor 心室辅助器。当时，Levacor 刚在欧洲进行可行性研究，因此要在美国进行临床试验并获得联邦食品药物管理局的批准还需努力。这个心室辅助器最受瞩目的特色是运用磁浮旋转的动力技术。

Levacor 心室辅助器的故事始于 20 世纪 90 年代初期一家名为 MedQuest 的公司（后来被 WorldHeart 并购）。Pratap Khanwilkar 与其团队在 MedQuest 公司研究使用心脏起搏器时的几个问题。产品的大小限制了其效用：适合一名大体形男人身体的心脏起搏器，未必能用在体形小的成人、青少年或孩童身上。另一个令人忧虑的问题是，心脏起搏器的寿命短，必须经常更换。这使病患不仅暴露在危险的处境下，还必须一再承受手术的压力。尤其对于年轻病患来说，这可能使他们不得不依赖心脏起搏器数 10 年。永久无须更换的医疗装置在医疗界被称为“目的治疗”（destination therapy）。另一个问题则是心脏起搏器实际工作要足够轻缓，以免造成血细胞破裂，运行能量要尽可能少。

MedQuest 团队最后决定采用磁浮技术，也就是运用一个平衡的磁场，悬置转子使其不会碰到其他地方，不会摩擦生热、磨损侵蚀，产品寿命比较长。这个技术曾经被用于一些如动力涡轮的大型机器中，但是从未在小型器械（尤其是心脏设备）上尝试过。MedQuest与LaunchPoint技术公司合力开发出一种小型的、有专利的磁浮系统，用来把血液从心脏输送到全身各处。这个悬置的转子原理应用在心脏起搏器上有一大优点，因为血液循环没有阻塞，就不会凝结血块。开发团队运用计算机辅助设计软件（CAD）设计出一个3D心脏起搏器，并运用快速成形技术制作一个实际尺寸的透明塑料原型，进一步利用液体来模拟血液在这个原型中的流动情形。

到了2006年年初，MedQuest已设计出冰球大小的钛合金产品原型，只有WorldHeart机型的1/4大小（当时并没有采用磁浮技术）。这个装置具有完整的机动性：泵本身植入患者的腹部，外接一个小型装置，使用电池组和控制器，绑在患者身上。第一位植入此装置的患者是一名67岁的希腊男子，手术后50天已能自己爬楼梯了，不久就出院过正常生活。此时，WorldHeart和LaunchPoint已着手开发婴儿专用的更小型装置。

在2007年年初，该公司尚无法确认此技术能否成为行业标准，不过汉威尔康（现在已是WorldHeart转子系统与事业开发部的副总裁）十分乐观。

请根据本案例的描述，讨论WorldHeart正在进行的新产品流程，并与本章所述的流程做比较。两者有哪些相似之处或不同之处？当然，本案例发生时，该产品距离上市阶段还有相当长一段时间。该公司在产品上市时可能面临哪些问题？就此案例发生的时间来说，哪些不确定因素仍然存在？该公司现在会如何处理这些不确定因素？

第 3 章

机会识别与选择：新产品战略规划

3.1 引言

我们在第 1 章讨论了新产品开发的战略要素以及其中的第一个要素——新产品流程。在第 2 章我们将这个流程展开，讨论了从机会生成到产品上市的各个阶段。在第 3 章我们将详细讨论新产品流程的第一阶段：机会分析和战略规划。本章我们还将介绍另两个战略要素：产品创新章程（PIC）和产品组合管理，因为这两个战略要素都是第一阶段的重要组成部分。

我们将详细讨论第 I 篇引言中图 I.1 中的流程。本章的第一部分我们主要讨论产品战略规划的重要性，特别是产品平台的角色和机会识别的过程。本章的第二部分我们讨论产品创新章程，它是产品团队最需要的新产品战略，也被视为新产品管理的基础，还是整合新产品开发中所有人力和资源的一个宽松的约束。我们首先看看团队需要一个什么样的战略陈述，再看看这个战略陈述需要有什么输入：公司战略，平台战略，以及其他各个方面的影响。接下来，我们讨论产品创新章程的组成：驱动因素、长期目标与短期目标、运作准则等。在本章最后一部分我们介绍新产品组合战略：组合战略的重要性，好的组合是由什么组成的，顶尖公司如何开发其产品组合。

3.2 “公司中的公司”产品战略

负责某一新产品开发的这组人可以被视为公司中的公司（a company within a company）。他们可能是在一次会议中随意组合起来的，也可能是臭鼬工厂（skunkworks）中的多位全职管理者被派遣去负责某项困难任务。不管其具体形式是怎样的，这组人扮演着相当重要的角色。领导这组人的是一个小组负责人，或者是一个团队经理，或者是一个项目经理，他们组成一个小组，做的基本上是一个公司整体在做的事情：设计并分配预算、分析与规划财务、分派并执行这些任务和责任，等等。

对这组人来说，新产品战略有几个作用。它规定了团队的方向：必须朝哪个方向走以及不能朝哪个方向走，确立了团队的长期目标、短期目标和运作规则。正如新产品专家 Peter Koen 所言，最佳产品创新企业的经理们往往会问：我到底在哪一个沙盒里面玩呢？因此，在考虑特定产品之前，优秀的风险投资人会先提问：新事业应该进入哪个市场区？我们首先讨论新产品战略的输入，我们将其定义为产品创新章程（Product Innovation Charter，PIC），然后再详细讨论产品创新章程由什么组成以及如何制定。

3.3 新产品战略的输入和机会识别

企业领导者们提出过很多种战略陈述。例 3.1 列举了一系列这类陈述。可以看出，这些陈述对新产品团队极其重要。高水平的战略陈述能够指引企业整体方向，有时又称为使命陈述（mission statement）。充分重视新产品的作用，对组织的成功至关重要。在 Robert Cooper 的研究中，卓越绩效企业中有 59%的管理者表示新产品是企业核心经营目标之一，而绩效差的公司只有 3%重视新产品战略。

例 3.1　公司优势

以下是公司管理者使自己的新产品差异化的例子。本章还会讨论其他例子。可以用下面的词句来完善这个句子：公司的新产品将会：

技术

HermanMiller：出于我们优秀的家具设计师之手

Braun：在每件产品中运用创新设计

OtisElevator：以一个新的服务水平建构公司关键利益

可口可乐：通过装瓶系统来获取价值

WhiteConsolidated：用自己的组装线制造

准则

Lexus：提供卓越的价值

Polaroid：创造几乎不可能的事

Cooper：不做市场先驱者

博士伦：仅仅采用内部研发

SealedAir：用更少的材料提供更多的保护

Argo：用更低的价格复制 Deere 的产品

市场

Gerber：用于婴儿并只用于婴儿

Nike：做所有服务于运动的产品，不只是鞋子

IBM：针对所有计算机用户，而非只是技术专家

Budd：专属创造以满足福特设计师的要求

3.3.1 产品平台规划

产品平台（product platform）的定义是构成一个通用结构的一组系统与接口。基于这个通用结构，产品家族或产品系列得以高效率地开发。简单地说，产品平台可以被视为一个产品家族（a family of products）中所有单个产品项目的基础。

在许多行业，公司战略影响着产品平台以及所有单个产品项目。而产品平台战略则影响着与通用平台相关的所有项目。因此，一个新产品团队的战略，有些来自公司，有些来自平台，有些来自企业其他职能，有些则来自团队自己。一个产品项目层面的产品创新章程包含了公司层和项目平台层的要求。

“平台”一词最早用于汽车行业。现在，平台可以是一项技术、一个设计、一个子系统，可以是由一个或多个产品家族共享的任何事物。由于市场变化越来越快、顾客对产品的要求越来越多样化，很多企业发现，仅仅开发一款产品的效率非常低。例如，开发一个新汽车平台的支出可能高达 30 亿美元，因此汽车制造商会想方设法把成本分摊在多款车型上。

对于汽车制造商和其他制造商来说，考虑产品家族（product families）是十分必要的，可以共享在设计、开发或生产流程中的相似性。看看下面的例子：

- 本田公司将相同的引擎与联合传动器用于 Civic、Accord 及 CR-V 运动旅行车，这些车形的外形与大小差异很大。
- 丰田公司基于美国的 Camry 平台，开发了至少 5 种不同的美国制造汽车。
- 波音公司基于同一设计、共享组件，制造了载客、运货、短程运输与长程运输机。
- 英特尔公司开发了一款微处理器（平台），接着致力于开发衍生产品，如 MMX 或速度加倍技术。

这些公司采用了模块化（modularization）技术，就是把复杂的系统分成子系统或模组。例如，一辆汽车可以细分成引擎、传动器、内装、车体、仪表板等零件。前述案例中本田公司与丰田公司都基于同一平台把子系统组合成模组产品（modular products），最终形成产品的架构。有关内容将在第 13 章详细讨论。

平台也可以用来获得全球竞争优势。一般而言，企业针对多国市场开发新产品比只针对本国市场开发的效果好。产品国际市场营销有许多战略。如果顾客需求差异不大，则在全球销售一种产品（如吉列刮胡刀或佳能照相机）。如果顾客需求有差异，企业就会借助平台战略。这样既能达到标准化并实现规模经济效益，也能满足个性化需求。企业可生产一款“全球本地化（glocal）”产品，即一个平台上有许多满足本地需求的不同产品，如福特平台，既用于为欧洲生产手动挡汽车，也用于为北美生产具有自动变速杆与标准空调配备的车型；还可生产多款“全球本地化（glocal）”产品，如大众汽车在欧洲与北美销售多款车，在亚洲则有另外的产品线。更多例子如下：

- 宝洁公司针对欧洲、美国及日本市场分别开发了液态碧浪、液态汰渍及液态 Cheer

等洗衣液，这些产品的成分是相同的。

- 本田公司的全球汽车平台用于针对北美、欧洲及日本市场雅阁的生产，仅根据市场偏好在车子大小上有细微差异。本田还利用同一个平台生产小型厢形车、SUV 以及豪华的 Acura 车型。

当然，选择哪种战略取决于具体情况，并以在每个海外市场进行的概念测试与产品测试作为依据。只在本国市场测试是有风险的，最好能在国际市场测试。同时，组建的全球化产品团队中的成员应由各个国家的代表组成。

许多公司采用平台规划取得了满意的结果。例如，Black&Decker 公司将电动工具组重新设计成为产品家族，从而可以采用更多的通用部件。过去的消费型电动工具使用了 120 种不同的马达，现在则使用一种通用的马达。结果是该公司的产品成本降低了 50%，产品市场占有率也成为行业最高。

这个案例说明，产品平台可以表现为不同的形式。Black&Decker 公司采取自下而上（bottom-up）的方法，在现有产品家族的基础上，设法使用通用的部件以取得规模经济。相反，索尼公司与本田公司采取自上而下（top-down）的方法，一开始就设计产品平台，并在未来很多年将其作为整个产品家族的基础。管理者应该采用自上而下的方法去开发产品平台，而不是开发单一产品。尽管会增加很多成本、花费更多时间，但好处也是显而易见的，成本和时间的节约将体现在未来基于统一平台开发的产品上，并将提高公司竞争优势。Black&Decker 公司成功转型为以平台为基础的设计之后，通过重复利用平台开发出了更多产品，产品设计也变为自上而下的方法。

平台在服务业与在制造业一样可行。基于一个健康护理服务的管理平台，服务提供商能衍生出一系列保险产品：个人险、团体险、额外险等。

这里有一个权衡：细分市场的消费者想要的是个性化的产品，但是通用产品最具有生产成本效益。制造商要找到一个最佳平衡点，就要决定通用性达到什么程度，即哪个设计或哪个流程需要标准化，哪个需要定制化。假定产品团队正在为一条新的汽车产品线设计仪表板，仪表板要具备什么属性无疑取决于所设计的汽车类型，运动型汽车购买者可能会喜欢像跑车那样的仪表板，但家庭房车购买者会倾向于功能性的外观。一旦确认了关键属性，团队就需要考虑仪表板零件，如 HVAC、电灯、操控系统、收音机、绝缘体等，有哪些通用性。可以共用电灯和收音机的设计，也可以共用某些 HVAC 零件（只有空调输送管的末端可能需要调整）。为了让两款新车有所差异，操控系统和隔音系统就需要完全不同。某种隔音系统是专门为跑车设计的，因为可以让这款车跑起来发出轰轰的声音！

产品平台规划是一项困难的工作，要确保所有的人都同意平台架构并同意该平台如何因细分市场的需求而调整，需要卓越的跨职能沟通以及高层主管的认真参与和支持。无疑，不同企业对于平台规划的观点不尽相同。在汽车行业，大众公司运用单一平台同时开发出低价的斯柯达明锐（Skoda Oktavia）和高档的奥迪跑车（Audi TT）；宝马公司认为，通用平台会降低品牌对消费者的吸引力，坚持独立开发每个车型。福特公司建立的通用平台可用于生产小型福特、马自达、沃尔沃等汽车；通用汽车公司通过与铃木公司的战略联盟，获得了小型汽车平台和低成本制造技术；铃木公司则获得了通用汽车的低成本全球汽车零件供货来源，以及通用公司的非传统能源动力系统技术。

品牌平台（brand platforms）因其战略重要性而被广泛运用。品牌可能是具有过亿元价值的资产，因此很多品牌平台由首席执行官自已负责运作。品牌可作为许多产品上市的跳板，所有产品共享同一品牌，所有战略也遵循该品牌。家乐氏（Kellogg）将公司名字作为品牌平台，并延伸出了 Special K 品牌，形成了一个完整的健康产品系列。还应注意，任何使用品牌平台的团队一定要符合该品牌的战略，沃特福德（Waterford）水晶玻璃公司要求，所有产品须保持高品质，无一例外。

一个已创立的品牌价值称为品牌资产（brand equity）。通过市场调查可以测算出任何品牌在任何市场的价值（例如，Duracell 金霸王电池，假设该品牌延伸至一条重工业用电池产品线，将会如何）。这种测算能真实地评估出该品牌资产能为使用该品牌的新产品带来多少免费促销及品牌增值的效益。但这样的价值评估有时会面临很大的挑战，产品概念不好而只依靠好的品牌名称是不会成功的，而且还会损害该品牌资产。我们会在第 16 章继续讨论品牌资产管理问题。

另一个通用平台是类别平台（category platform），涵盖产品类别和顾客类别。现在大部分营销工作是在类别层次上运作的：针对蛋糕组合、DIY 工具箱、大学财务课程的某个整合营销计划。例如，杜邦公司在汽车行业、船舶行业及家具行业，都有特定的完整平台。此类别的任何一个战略改变都会影响该类别下所有新产品的开发。奇怪的是，虽然英特尔公司将芯片（如 Pentium）作为公司战略平台（记得 Intel Inside 吗？），但这些芯片并不是新产品平台，因为每个芯片都是一个产品，不是一组产品。反而是英特尔公司的客户如 Gateway 公司使用最新的英特尔芯片作为平台，一条产品线的产品都采用同款芯片。

总而言之，新产品团队在开始制定产品创新章程并寻求管理者认可时，最好审视一下公司战略和平台战略，将其作为制定产品创新章程的基础。大多数人都希望像 Calvin Klein 化妆品团队那样幸运，该公司首席执行官的规则就是“没有规则”，他认为正是这样才能第一，如公司非常成功地推出了第一款中性香水。

3.3.2 机会识别

许多公司设立了专职岗位搜索新的机会，这个岗位的工作就是评估公司的状况及公司的环境。企业员工都会在工作过程中发现新机会，如销售人员得知消费者正在向某新市场转移，科学家发现复合物中有未料到的功能，财务高管留意到基础利率下跌，主管要求同事们关注政府环保部门的行动——某条新法规可能限制石化合成品使用，首席执行官要求所有部门搜寻新产品机会来主动规避这个法规。

如图 I.1 所示，新机会有很多来源：未充分利用的资源或新资源、外部要求（比如新法规的限制等）、内部要求（比如公司新领导的要求）。例 3.2 给出建议，当现有市场表现得越来越不可期待时，公司可以采取多种方式识别新的市场成长机会。

例 3.2　识别未开发的市场（绿地市场）

（1）发现一个新区位或新场地。虽然麦当劳公司在美国已占有传统快餐餐厅最佳地点，但它仍然继续在在沃尔玛、各运动场等地开店。星巴克公司则通过在超市卖咖啡豆和冰激凌来补充咖啡店的销售。

（2）借力公司优势进入新竞争领域。耐克公司最近进入高尔夫和曲棍球市场，霍尼韦尔公司正在寻找涉足赌场的机会。

（3）识别一个快速成长的需求，并调整产品来满足这个需求。惠普公司根据“全面的信息解决方案”开发出了可用于世界杯及其他赛事的计算机和通信产品。

（4）发现一个“对自己而言是新的”产业：宝洁公司的药品业务、通用电气公司的广播（NBC）业务、迪士尼公司的邮轮业务、Rubbermaid 公司的园艺产品——通过联盟、收购或内部开发来实现。

机会搜寻的建议

（1）发现新兴趋势。日益增长的全球化货物运输，对联邦快递公司来说意味着更多的全球化机会。

（2）发现那些正在变成主流的边缘市场。精致咖啡、极限运动、家用一氧化碳测试都是能为企业带来许多商机的新案例。

（3）发现交易流程中的瓶颈，并找出解决方法。对医院病例的检索使得 3M 公司开发的健康信息系统（Health Information Systems）。

（4）发现商机中的“波浪效应”（ripple effects）。市场针对“时效”需求开发出的产品，如电子银行和 24 小时营业的餐厅。对健康的关注也开启了减肥产品、维生素及座谈会等商机。

未来学家们主张研究社会新趋势，以及因为这些趋势衍生出来的产品机会。Social Technologies 咨询公司的专家们指出，有 6 个重要趋势：

- 及时的生活方式：人们喜欢根据实时信息做出冲动决定。
- 敏感的消费者：人们比以前更能觉察其环境，对某些人“过量”的信息对其他人却可能非常重要。
- 透明的自我：与以前相比，产品管理者能取得更丰富的消费者信息。
- 寻求知足常乐：越来越多的消费者愿意接受简单的生活方式，减少对物质的需求，重视生活质量。
- 虚拟变为现实：越来越多的人习惯于虚拟空间，虚拟空间和现实世界的边界越来越模糊。
- 共同创造：由于电子商务和在线社群的增加，消费者间更容易彼此沟通、合作并分享信息。

表 3.1 中的每个趋势都为新产品开发提供了商机。例如，Tremont Electric 公司开发出 nPower PEG，一种“个人能源产生器”（Personal Energy Generator），把人走路或跑步时产

生的动能直接转换成电力，用户可以把这项装置放在口袋里，直接插入移动电话或其他电子产品后即可充电。Tremont 公司的产品开发人员当时想到的应该就是“及时生活”趋势。如果有人在旅行的前一晚忘了给手机充电，这个产品马上能派上用场，无须再找插座。这项产品不仅能够节省成本，同时也是环保充电器。

表 3.1　6 个社会趋势中得出的产品机会

趋　势	相关产品机会
趋势 1：及时的生活方式	• PhillyCarShare 或 iZipSar：可计时的汽车共享租赁系统 • Twitter 或相关服务可立即更新友人信息 • 实时人口追踪服务，如 Loopt
趋势 2：敏感的消费者	• 可在家测试孩子的胆固醇、过敏源等 • 让父母随时掌握孩子位置的科技产品 • 消费者可参与的环境测试网
趋势 3：透明的自我	• GyPSil 能够展示朋友的位置 • 可提供个人数据如银行账户信息的服务 • 23andme，家用 DNA 测试（2009 年度最佳发明）
趋势 4：寻求知足常乐	• 有环保意识的产品 • “慢饮食”和“慢生活”等相关产品 • 支持休闲运动的产品
趋势 5：虚拟变为现实	• 与虚拟经济相关的产品和服务 • 提供虚拟城际社交的网站 • 虚拟夜店和相似活动
趋势 6：共同创造	• iPhone 的 App 已达数万并持续增长中 • 乐高建立了在线工厂让访问者自己制作乐高玩具 • 耐克 ID 用于鞋的定制，其他类似产品还有“配置器”

事实上，机会是无止境的，每个机会都将带来更多的新产品机会。当然，每种机会都需要花时间和金钱来研究，因此我们无法随心所欲地去尽情探索所有的机会。

3.3.3　非公司层级战略规划

战略规划主要是自上而下制定的（如公司战略和平台战略），大部分战略规划出自职能部门负责人之手——营销、技术、制造、财务等职能部门主管及供货商、顾客等，这个群体有能力影响新产品工作。例如，造纸需要大型而昂贵的机器，所以常有这样的战略陈述：与纸张有关的所有新产品，必须能用现有生产线制造出来。财务状况也会带来很多限制因素，例如，“新产品的资本投资不可超过 300 万美元”。大的原料供应商（如化学制品或金属制造商）会迫使那些较小的公司采购其产品。但对战略规划影响最大的职能部门是技术部门，特别是那些技术驱动或供应商驱动型的企业，还有营销部门，因为战略规划虽然包含了一系列新技术，但也需要明确的市场聚焦和定位。图 3.1 是传统的产品市场矩阵

（product-market matrix）的变形。当公司推出新产品类型或技术（最上排的运营模式改变）或在营销中需要改变用户的购买或使用模式（下排左），这些单元格显示出不同的创新风险。例如，简单的味道改变（产品改进）可能只涉及少数人或者根本没有风险，但在医疗领域运用电子交易取代面对面议价（电子商务企业的多元化），对服务提供者就有较大危险（技术和使用模式有重大改变）。

风　险		运营或营销模式的改变		
		没有	一些	很大
使用/用户模式的改变	没有	低	低	中
	一些	低	中	高
	很大	中	高	危险

应用：这个矩阵曾经有很多名称：产品/市场、技术/应用，市场新颖度/企业新颖度。在所有案例中，讨论主题是创新风险。我们对用户风险和企业风险的关心程度是一样的。每个新产品都能在这张图中找到定位，当产品被批准为项目时，这个定位相当重要。选择一个最适当的定位是拟定战略的重点。

图 3.1　不同创新程度的不同战略风险

3.3.4　其他来源

公司战略和平台战略采用的是自上而下的方法，职能战略采用的是水平的方法，与此不同，还有一些输入是自下而上产生影响的。尤其新产品相当成功时，就会促使整个公司改变战略。例如，某家良心药厂无意间热销了一个成功的新专利食品，之后便成立一个新的事业部（以便将消费性广告与其他部门的广告区分开）并制定有效利用这个机会的新战略。还有一点，几乎没有人意识到，缓慢渐进的企业业务重组会影响新产品战略。例如，服务产品经理在增加服务中的有形要素，同时实体产品经理也在增加服务要素。前者如联邦快递公司和 UPS 公司提供印有自己品牌的包装材料，甚至要求司机保持仪容整洁；后者如提供汽车的保修计划。

3.4　产品创新章程

上述的所有输入（公司使命、平台规划、战略匹配等）都将用于制定公司新产品战略。这个步骤驱动着后续的所有产品开发工作，因其重要性，我们将该战略定名为产品创新章程（Product Innovation Charter，PIC）。通常，产品创新章程是一份由高层管理者准备的文件，是业务单元（business units）进行创新的指南。产品创新章程提醒我们，战略是针对产品而非流程或其他活动的，是服务于创新的。作为一份章程，PIC 明确了企业运作的前提条件。产品创新章程也可作为一种使命陈述，但仅限于企业微观层面并结合新产品活动进行调整。在议定的活动范围内，PIC 进行授权、批准融资、安排员工任务（见图 3.2）。对于将踏入未知领域的新产品团队来说，这个章程是无价之宝。

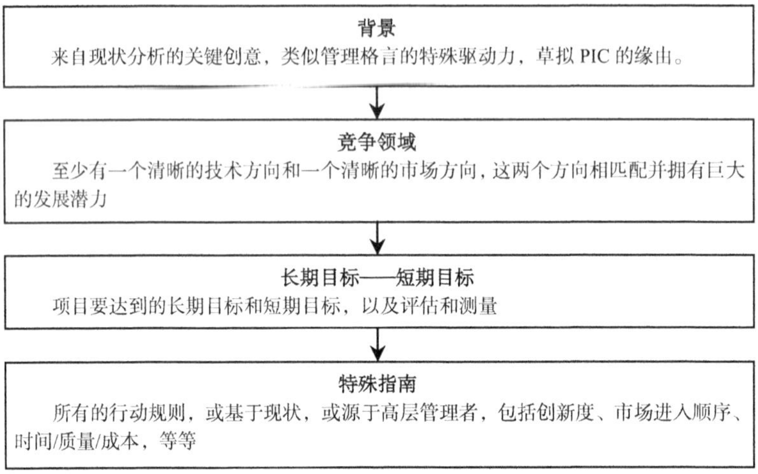

图 3.2　产品创新章程

大多数企业都有产品创新章程，尽管叫法不同。事实上，有的企业声称不制定战略，但依旧对项目的管理方法进行描绘，这就是战略！根据对 PDMA 会员中管理者的实证研究，75%的公司有某种形式的新产品政策（可视为部分的产品创新章程），29%的公司有正式的、书面的产品创新章程。一项针对高级执行官们的调查发现，如果产品创新章程详细、具体，并得到公司认可，其创新率会大幅提高。产品创新章程里的公司使命越具体、展示的高层管理者的战略方向越清晰，公司新产品开发的绩效就越好。产品创新章程的价值在第 1 章的 CPAS 研究中已提到，86%的最佳公司有产品创新章程，69%的一般公司有产品创新章程。

产品创新章程的组成内容（请见图 3.2）。在 PDMA 研究中，超过 80%的公司已将部分内容标准化。为确保产品创新章程的有效性，高层管理者应将其尽早排上日程，后续一直参与，同时不将其授权给他人。苹果 iPad 的产品创新章程如例 3.3 所示。

例 3.3　苹果 iPad 产品创新章程

竞争领域：苹果公司拥有的技术优势包括操作系统、硬件、应用程序、服务，公司还拥有设计和开发优势可以确保产品是直观的、简单的、有趣的。在市场方面，要求提供行业最前沿的产品，这意味着产品应该是无缝衔接的、集成的、高性能的、易用的。

长期目标：革命性新产品也是未来的产品线的平台，因为真正“全新”的产品需要产品开发的高额投入。新产品应该在市场上属于“标杆”性产品并占据“领军”地位。

特殊指南：苹果的目标是，在新产品类别中，成为最好的（best），而不仅是领先的

（first）。

我们可以看到，产品创新章程指导着 iPad 的开发，大部分技术在 Mac、Pod 或 iPhone 产品上已经开发出来。苹果的第一款平板电脑是一款革命性新产品，多次被视为计算机领域的“下一件大事”。有些人认为这款产品没什么大不了的，认为其还欠缺“杀手级应用”（killerapp），但 iPad 是平板计算机产品线中第一个能够持续更新功能和应用的产品，它上市的时候还没有任何一款平板电脑在业界能站得住脚。苹果公司的目标是使 iPad 成为平板电脑市场的标杆，正如 iPhone 成为音乐播放器的代名词一样。

稍后我们再继续探讨产品创新章程，这里首先讨论各种帮助管理者做出战略决策的输入。

有多少个制定战略的公司，就有多少种战略陈述的形式，战略陈述的结构，大部分都与图 3.2 中的相似。产品创新章程可以是针对整家公司的（如果公司非常小），也可以是针对大公司现有平台的（例如，Black&Decker 公司的工具品牌），还可以是针对一个特定项目的（例如，惠普的最新激光打印机）。总体上，产品创新章程告诉我们的是一个机会（竞争领域），而不是一个待开发的具体产品。Oscar Mayer 在开发“德式大香肠”之初，发现美国市场上需要 6 种不同的口味。当然，当产品非常复杂时（新车平台、亚洲区航空快递服务，或某个国家新的健康计划），就须由整个团队来处理。

产品创新章程应该书面化，但因为种种原因而常常做不到。产品创新章程应该让所有参与者知道，但也常常做不到。这很遗憾，如果把战略当成秘密暗藏心中，一个几十人的团队如何去执行它呢?

3.4.1 为什么要有产品创新章程

回想一下本章稍早提到的 Peter Koen 的“沙盒”。我们会发现，可以在很多地方找到新产品开发的机会，但如果没有战略，很容易丧失焦点，把时间和资源徒劳耗费在错误的机会上。产品创新章程指出了开发团队应该关注的一个或多个方向，界定了竞争领域——哪些领域团队已经在其内，哪些正打算进入，哪些不打算进入。如果没有界定好竞争领域的规模和类型，任何一个机会看着都像好机会。

假设某个团队在开发一种小型携带式计算机打印机，其中一名成员想采用一种以电池为电源的新技术，而其他成员则关注那些在墙壁插座环境中工作的潜在客户群。市场研究人员计划进行广泛的产品前测试，而制造工程师则认为时间紧迫，项目一开始就启动了最终产品的设计。选定的走纸齿轮组供应商几乎天天粘着团队负责人，因为团队尚未决定打印机的确切功能和目标用户！团队是按照销售部的要求在做开发，而销售部目前只拜访了小公司，实际上大公司和政府部门才是最大的潜在用户。流程如此混乱，全因为团队没有制定战略。

团队指南和公司或业务单元指南一样，都源于战略。目的都是聚焦、整合团队资源并授权。博士伦一度几乎把市场拱手让给对手，由于管理者长期过度专注老产品的改进，结果几乎错失了像长戴型隐形眼镜（extended wear contact lenses）这样的开发时机。该公司不得不重新审视其战略，发现并抓住了很多新的机会（如抛弃型隐形眼镜）。

新产品团队的工作如果缺乏聚焦和整合，很可能出现范围蔓延（scope creep）和产品规格紊乱（unstable product specification）问题。如果对竞争领域没有定义或定义模糊，就容易产生这两种问题。范围蔓延是指产品定义一改再改：项目究竟是针对特定用户、大众用户还是新产品线的平台？产品规格紊乱是指产品要求或性能要求随产品开发的推进一变再变。两者中的任一种情况，都会使团队追逐一个难以实现的目标（库珀先生称为“移动的球门”），陷入浪费时间和资源的无底洞。一个明确的产品创新章程能够统筹新产品流程，有助于减少成本并缩短开发时间。在流程中通力协作、共同制定产品创新章程，必能获得等值回报。通力协作还能促进参与者达成高水平的承诺，对长期目标和短期目标以及实现目标的路径都达成一致。研究表明，最具创新性的企业都有明确的产品创新章程，也都有令人满意的产品创新章程制定流程。70%的高绩效公司有具体的产品创新章程，而 51% 的低绩效公司有产品创新章程。

3.5 产品创新章程的内容

产品创新章程（PIC）是公司新产品开发中的一个初始倡议性的规划，该章程为所有参与新产品开发的人员提供了明确的目标和共同的语言，界定了所有参与者在整个新产品流程中的角色。一个有效的产品创新章程能让产品团队成员明白，他们的个人努力是如何纳入整个公司的蓝图中的。

3.5.1 PIC 的背景部分

PIC 在本部分主要回答这个问题：我们为什么制定这个战略？必要的话，在其后面有一个扼要分析。

3.5.2 PIC 的竞争领域部分

当今竞争市场，大家都关注创新所释放的能量。就像激光能用于无害的照明，也能转换成致命的射线一样，一项创新承诺，比如外送比萨业务或建立网站业务，也有如此效能，可以将有限的资源转变成强大的竞争力。正如某开发者曾说：我们希望抓住我们前方的风口。

这些年，我们时常听到一个词——核心能力（core competencies），这种能力也是界定章程中竞争领域的最佳研究起点。营销人员采用市场细分和锁定目标市场等方法来缩窄他们的聚焦点，技术人员则受制于时间、工具设备和资金而无法聚焦，而新产品领域或竞争领域的新创意层出不穷。要实现聚焦，可以通过借助 4 种优势或杠杆能力：技术（如金百利公司的纸处理技术）、产品经验（Stroh 公司专注于啤酒业）、顾客特许资产（Stanley 公司执着于木工工人），以及最终用户经验（Chase Manhattan 公司设立国际部）。通过授权

（licensing）或收购（acquisition）来获得技术或市场优势是战略选项中的一种公平游戏。《星球大战》导演乔治 · 卢卡斯在策划《星球大战 1：幽灵的威胁》时，让玩具制造商竞标该影片授权，授权金额高达 10 亿美元。

只依赖技术是有风险的，因为没有人知道技术性产品是否是顾客想要的。例如，宝丽来公司的 Polavision 实时电影、铱星系统电话等基于新技术的产品，都没有抓住顾客的需求。同样，根据顾客陈述的需求来创新产品也未必成功，除非市场上仍有众多尚未满足的需求，而且竞争对手尚未反应过来。最近一项报告指出了两个计算机制造商在新产品驱动力上的差异：富士通公司赌技术失败了，而 NEC 公司赌顾客需求就成功了。这样的赌注即使在现在也是代价高昂的。消费品巨头 Frito-Lay 与宝洁公司都没有实验室和一流的研究设备，一直是技术导向的惠普公司最近宣称一大批新产品计划将遵循需求导向，这都说明企业家们已经意识到最佳的选择是平衡的或双重驱动（dual-drive）的战略。下面分别讨论技术驱动和市场驱动以及两者结合的价值。

1．技术驱动力

最通行的技术优势源自实验室里。康宁公司曾经说，只开发那些采用本公司先进玻璃技术的产品。现今的全球竞争加上技术定义越来越宽泛，让康宁公司要维持现有技术优势地位更加困难。

很多时候，一个企业会发现自己拥有一项极具价值的非实验室技术。雅芳公司有一项高效处理小批量订单的技术。其他的运营方面的技术包括软饮料瓶装分销系统、统一高效的白色家电生产线。大型商业咨询公司根据其分析和财务信息解读能力而建立了新服务。具备卓越技术能力的公司，如果采用双重驱动战略，意味着需要根据市场需求把技术规格转变为产品特性。试想，一家制造半导体的公司已具备能制造更小、更高效、更高电阻的半导体（技术规格），这种规格本身对顾客或最终用户来说意义并不大，但的确可以提升相关产品的能力和特性，比如电池寿命更长，可在更低温环境下运行，生产与维护成本较低等，这能带给用户很大的利益。这家公司先必须思考的是，基于这项技术能开发出什么产品？例如，芯片可应用在智能手机、笔记本电脑或电动马达上等。接下来，还要思考哪些特定细分市场对这些产品有兴趣。这里，公司必须注意产品应当与细分市场的未满足需求相匹配，提供相关产品特性和产品利益，以满足市场需求。智能手机、笔记本电脑用户需要的是更长、更可靠的电池寿命，电动马达用户需要的是体型轻巧、花费更低并可以在更低温环境下运行的机型。将技术规格转换为产品特性和利益以满足市场需求的过程，我们称为技术—产品—市场链接（T-P-M linkage）。

很难看到有关营销领域的技术，比如，某商品包装企业将产品管理部门视为技术部门，另外，还有物理配送系统、顾客技术服务、广告创意部门等。

2．市场驱动力

双重驱动战略的另一半同样有两大市场来源：顾客群体（customer group）和最终用途（end-use）。最佳的新产品创意是基于顾客问题生成的，这些问题是概念生成流程的核心。

此部分内容将在第 4 章讨论。

Hoover 公司曾经针对已拥有真空吸尘器的顾客开发新真空吸尘器——家用双真空吸尘器的概念（现在，它推出了 5 种家用真空吸尘器！），其他企业聚焦于人口统计结构，例如，Toro 公司针对年轻夫妇、Olivetti 公司针对银行和律师事务所。更抽象的例子有，Hallmark 公司聚焦于“用心关怀才会得到最好的”。一家生产医师办公室与医院专用的高科技医疗仪器的制造商 Welch Allyn 公司曾说：“不开玩笑，你如果有蛀牙我们就治好它，你如果没有蛀牙但想要一颗我们也能满足你。”也正是因为这个战略的后一句话，使该公司开发出了无创胆囊癌细胞移除设备。

提供服务的企业发现，应该把重点放在如何让顾客舒适上，因为提供的服务需要顾客参与，顾客实际上成为服务的共同生产者（coproducer）。这种逻辑已经让许多服务型企业在新产品开发流程中将顾客发展成自己的合作伙伴。

有时，某些公司会把重心放在某个单一顾客上，例如，汽车零件企业可能只为福特公司或通用汽车公司制造新零件。以单一顾客为焦点的另一个形式是大规模定制（mass customization），也就是面向所有顾客提供针对个人选择的单件产品。例如，Marriott 连锁饭店旗下的 Courtyard 在汽车旅馆领域就相当成功。我们会在后续的章节进一步探讨大规模定制。

聚焦于市场端的第二种方法是针对某个特定的最终用途，如运动或滑雪。举例来说，针对滑雪顾客或滑雪运动所需可提供新装备，但滑雪运动可进一步衍生出新营地、新旅行服务或针对营地负责人（他可能不是一个滑雪爱好者）的服务项目。工业企业需要充分利用最终用途。你可能会说，我们怎么知道何时把重心放在顾客、何时放在最终用途上？你可以在前面进行的机会分析中找到答案——你研究过的市场、涉及的人以及他们的活动。如果你选择了一个已有机会，那是因为你认为该需求是与公司的能力相匹配的。

市场驱动力的其他来源是分销商——生产者开发新产品是为了满足零售商的需求或为了投资于零售商的特许权。例如，Hallmark 公司的小礼物产品线是用来帮助卡片零售店赚更多的钱。

3. 组合：双重驱动力

现在，将市场驱动力和技术驱动力结合在一起，产生出一个清晰而精准的竞争领域。如大学微胶卷国际公司（University Microfilms lnternational，UMI）曾经将微缩胶卷技术和市场教育活动作为其核心能力，但后来增加了针对学校的复印业务以及针对律师事务所的微缩胶卷读取业务。Penn Racquet Sports 转换市场，运用已有的网球生产技术，开辟出一条针对小狗的球玩具产品线；Toro 公司则在全球卫星技术与高尔夫球场监视设备两个项目上成功发展。

Signode 公司同时开创一系列共 7 项新产品事业，要求每个团队选择与公司战略相匹配的一项公司技术和一个市场机会。第一个团队选择了塑料压形技术（Signode 的主力业务）和食品制造市场，该团队的第一件新产品是微波炉加热用的食物塑料盘。

3.5.3　PIC 的长期目标和短期目标部分

任何从事产品创新的人都应该知道新产品开发的目的，因为一旦目的改变工作也随之改变。产品创新章程采用标准的定义，长期目标（goal）是指活动的远期的、总体的方向；短期目标（objective）是指短期的对成果的具体测度。因此，一个产品创新章程的长期目标是市场优势地位，短期目标是，第一年市场占有率为 25%。

长期目标和短期目标都有 3 种：① 利润，可以用一种或多种形式描述；② 增长，通常是控制性的，但有时会防御性地采用一个章程来让企业维持增长或减缓衰退趋势；③ 市场地位，通常指提高市场占有率。许多管理高层坚持让新产品团队要有计划地主导即将涉足的新市场。但 POS 机的销售商美国 Regitel 公司目标是成为业界第三名，即使母公司希望其成为第一名。虽然许多人抨击将市场占有率当作新产品目标，但该指标仍旧是业界普遍的目标。温迪公司、汉堡王公司、邓肯甜甜圈公司、星巴克公司等近年来都在渐进上市早餐服务，以抢占多年来由麦当劳主导的巨大的早餐市场。

3.5.4　PIC 的特殊指南部分

目前为止，我们已讲完产品创新章程的三大内容。我们知道团队的竞争领域，也知道了期待团队完成什么。但研究显示，几乎每一个新产品战略都有第四部分，一些实施指南或准则，或者是主管要求的，或者是团队成员的一致共识，这些也具有战略意义。并没有研究认为这类指南应该是什么样子的，但有很多研究认为这部分应该说什么，不论对还是错。

1．创新的程度

管理部门希望某个团队有多大程度的创新（innovative）呢？这个选项范围涵盖了从第一进入市场（无论是合成纤维还是飞盘）到完全模仿等。

第一进入市场（first-to-market）是一个风险型战略，还有很多其他名字，比如开拓者。有 3 种实现方式：第一种方式是先进技术的突破，制药企业多采取这种方式。其他产品还有记忆棉、心律调节器、光驱和电视等，但大部分第一进入市场的产品并不是简单采用最先进技术，而是对其进行了略微修正。第二种方式有时称为杠杆性创造（leveraged creativity），包括大部分第一进入市场的产品。例如，杜邦研究人员发现合成原料 Surlyn 和 Kevlar 的最新特性（耐久和抗油性）之后，将 Surlyn 的抗油性应用在肉类包装技术上。第三种方式是应用工程（applications engineering），技术没有任何改变，但技术应用是全新的。例如，Loctite 公司多次在电子和汽车零部件组装上运用黏结剂取代金属栓接材料。

比开拓者战略更普遍的是改良产品（adaptive product）开发战略。改良是指将自己拥有的或较有竞争力的产品进行某些改进。改进可能是技术方面的（个人计算机的光驱），也可能是非技术方面的（17 英尺的计算机屏幕）；可能非常有用，也可能微不足道。改良常用于公司缺少现金流时，这种方法见效很快。

有些改良者总是想寻找到任何改变以便用于广告上，有些则成为所谓的最佳跟随者。改进的目标是成为市场核心，而跟随者的目标是抢占全部市场。Maytag 公司实行了很多年的改良战略，Harris 公司正相反，跟随第一进入市场的企业，运用它们的技术诀窍仅需进行微小的改进，就可以创建一个利基市场。该公司的董事会主席说，Harris 公司努力增强技术优势并择机推出产品。

仅进行改良也有风险，因为开拓者往往能获得稳定优势。如果其他条件不变，新市场的第一个新产品的市场占有率平均约为 30%；但如果第二家企业的改良产品明显更好时，就能抢下整个产品市场。通常，第一进入市场的企业会追随成功进入模式，很少进行创新性改良或直接模仿，这就让竞争对手有机可乘。

第三种创新就是模仿（imitation）或仿效（emulation）。像 CooperTire&Rubber 公司、松下（Matsushita）公司等故意等待第一进入市场与改良产品的企业中出现赢家。模仿也有风险，因为企业无法长时间等待而不进入市场，那时，第一进入市场的企业已建立良好、忠诚的顾客基础，且与供货商、经销渠道配合默契，而且现有企业可能会以创新者身份控告后进企业侵害专利、商标或版权。我们将在第 16 章讨论商标保护。

2．时机

在时机选择方面，共有 4 种类型：第一名、快速跟随者、缓慢者和迟到者。成为第一名就是成为开拓者，刚刚已经讨论过。快速跟随者也许没有显著改进，只是靠营销手法取得市场份额的第二名。这一战略要求企业必须在创新者成功之前或即将进入市场前进入市场，所以需要很高的技巧，因此快速跟随者也是一名预测者，他们要预测创新者会有多成功，等候风险使跟随者变成有攻击性的竞争对手。选择成为缓慢者的企业相对较安全，因为已经知道开拓者努力的结果，所以有充足时间来改良产品，但市场良机可能也让快速跟随者抢走了。最后是迟到者，通常会凭借其制造技术和低价进入市场。

3．各种各样的指南

我们可从产品创新章程中发现很多想不到的特定指南。惠普公司曾经尝试把新数码照相技术运用在打印机和扫描仪上，但因为某个多年来的不成文禁忌，技术人员很难说服打印机部门与柯达竞争。

有的企业知道自己的不足之处，例如，某大型采矿设备企业要求产品创新人员开发不需要强有力营销的产品，因为它知道这是自己的弱项并且也不打算在这方面花钱。一家制药企业表示："新产品必须要有专利。"一家小型计算机公司认为新产品必须是系统的一部分，但一家更小型计算机公司表示："不一定要自成系统！"一家食品企业要求："不要把 Frito-Lay 袋装产品改成罐装。"另一项混合指南是产品完整性（product integrity），意味着该产品的各方面都要保持内在一致性。举例来说，本田汽车公司成功地把新 4 轮操控系统导入跑车型双门房车上，但在马自达公司把同样的系统导入强调安全、耐用的 5 门掀背车型上时，却在市场上失利了。

3.6 如何制定一个产品创新章程

制定产品创新章程的流程在于其内容。第一，我们总是在企业内部或外部寻找机会。每项战略都要能追溯到公司的某项优势上，没有哪家企业能在所有领域都强大；第二，我们必须对机会进行评估、评分和排序；第三，我们只需在 PIC 里填入竞争领域、长期目标、指南等。通常没有关于劣势的建议，这与营销环境分析不同。

第一个步骤是机会识别。技术或市场的潜在机会似乎很难发现，但通常就在我们身旁。表 3.2 展示了部分清单，每项都是一个团队开展新产品工作的基础。

表 3.2　市场机会和技术机会

市场机会	技术机会
用户（类别）	产品类型
用户（针对产品）	特殊产品
顾客（购买者）	初级包装
影响者	次级包装
潜在用户	设计流程
非用户	生产流程
人口统计	分销流程
心理描绘	包装流程
地理区域	专利
零售商	科学
批发商	材料
代理商	个人
用途	管理系统
应用	信息系统
活动	分析技能
经销权	专家系统
区位	项目控制
竞争对手	品质达成
法规	项目设计

第二个步骤是对机会进行评估和排序，这是一项十分困难的工作。事实上，产品创新中最有价值的创造方法就是观察能力，观察某栋建筑、某生产作业、某人或某部门，再进行视觉化构思，看其是否可以采取一种新的方式来工作。这种方法可以培养并实际操作。评估是没有现成的定量评价工具的，比如，评价一家小型制药厂的化学药品部门的优势，还需要考虑公司政策，因为有人的介入。很多人遗憾的是，等到看清事实后再去寻找潜在

技术或市场是很简单的。以亚马逊公司为例，许多人会说在网络卖书的想法大家都想得到，但在该公司 10 美元一股时，这些人又都在哪儿？

为了了结这些争议并形成一个具有共识的产品创新章程，企业需要进行一次客观的评估，包括公司长期目标、公司优势、公司的顾客等各个方面。例 3.4 展示了一个真实公司，Buffalo 创造性问题解决集团在制定产品创新章时的流程。后面的例 3.4 还展示了一系列评估问题，还有公司管理者在 PIC 工作坊上的回答，最后是制定出的产品创新章程。

例 3.4　Buffalo 创造性问题解决集团制定的产品创新章程

我们是谁，我们做什么？

- 我们提供专业服务和资源以帮助人们
- 激发创造潜能
- 引导创造性变革
- 实现创造性成果

谁是我们的顾客？

- 人力资源专家
- 事业部及产品线负责人
- 高级管理者
- 研发者（潜在）
- 教授（潜在）
- 新产品专家

这些人的人口统计结果是什么？

- 西欧及北美
- 锁定全球工业化国家
- 组织中的专家（营利性组织、非营利性组织、政府）

这些人的行为特点是什么？

- 用大脑工作
- 对研发有兴趣
- 重视个人承诺
- 开朗
- 正直诚实
- 有协作和合伙意愿

我们有什么技术/核心能力？

- 对创造性问题解决的理解、领导力，等等
- 对课程设计的理解
- 对评估技术的理解
- 人性化界面和高接触度

我们期望的增长率是多少？

- 每年 40%

我们的营销计划是什么？

- 瞄准一个新的分销渠道

我们希望完成什么？

- 对已有产品线填补空白
- 获得并改进市场形象
- 将已有产品带到新市场
- 强化品牌名称

我们希望承受多大风险？

- 力争对现有运营进行集成和综合

我们打算的进入市场时机是什么时候？

- 越快越好

需要考虑的其他重要事项是什么？

- 重视专利

根据以上的问题及回答，制定如下产品创新章程：

Buffalo 创造力问题解决集团提供专业的服务及资源，帮助人们激发创造潜能、引导创造性变革、实现创造性成果。这些服务和资源用于培训课程、学习计划，以及与创造力和变革相关的咨询。我们的顾客是组织中对影响改变和提高创造力有兴趣的成年专家。主要客户群分布在西欧、北美，全球工业化国家也在逐年增加，主要分销渠道是已有的和潜在的顾客与伙伴。

通过扩大及增加合作伙伴，我们期望每年增长至少 40%。新产品将弥补现有产品线的空白并改善形象与品牌识别。

我们会充分运用品牌和商誉，开拓已有的及新产品的新市场。整合当前运营是工作重心，在产品开发成熟后进入新市场。我们通过版权、专利、商业机密及商标来尽可能地保护新产品。

本章最后有两个例子：家乐氏和本田汽车。每个案例的任务都是写出产品创新章程。制定过程中会遇到我们之前讨论的一些问题，你需要重复这些知识和流程。

3.7 产品组合分析：新产品的战略匹配性

现在，新产品经理已经写出了一个产品创新章程，大功告成了吗？完全没有，它必须获得高层管理者的批准。重要的是，新纳入章程的新产品必须与公司整体经营战略相匹配，在为其配置稀缺的财务资源之前，还应与其他现有产品取得适当的平衡。许多公司使用产品组合方法，管理者根据战略和其他财务要素来配置研发和其他稀缺资源。

如第 1 章所述，所有企业在选择哪个产品加入产品组合时，事实上都会考虑到财务评判指标。有些最佳绩效企业在评估时还会考虑战略性评判指标。非常棘手的是：产品团队可以采用如投资回报率、回收期、净现值等标准的会计指标，但“没有唯一”正确的战略评估方法，因为这取决于在产品创新章程中的优先级。这里所说的“没有唯一”，意味着需要一个详尽的列表。一些通用的战略评判指标包括：

- 战略目标（是保护现有产品基础，还是延伸这个基础）。
- 项目类型（在基础研究、流程改进、维持型项目之间平衡）。
- 短期项目还是长期项目。
- 高风险项目还是低风险项目。
- 市场熟悉度（已有市场、已有市场延伸，还是全新市场）。
- 技术熟悉度（已有平台、已有平台延伸，还是全新平台）。
- 市场地理区（在北美、欧洲、亚洲平衡销售额或利润）。

下面的例子，显示出战略评判指标具有广泛的可能性。我们需要评估对各产品类别的当前支出，与预期支出进行比较（用总金额或百分比表示），再进行调整。因此，公司不会把资金分配给一个与原产品相似、低价值的产品项目，而会战略性地将具有风险但回报潜力巨大的项目纳入考虑中。

不论采用什么评判指标，制定产品组合都应遵循相同的目标。

- 战略一致性。最重要的是，要确保产品组合反映产品创新章程。任何新项目应该是“基于战略的”（组合要支持企业创新战略并且/或者对战略十分重要）。
- 评估组合价值。项目必须进行选择以保证管道中的产品商业价值最大化。可以采用熟悉的测量指标如净现值或投资回报率。
- 项目平衡。产品组合应确保更易于选择与现有产品线互补的项目。举例来说，高风险项目较多时，可通过选择一些低风险项目来加以平衡。新问世产品、改进与改版的产品、降低成本的创新等，也许能形成一个好的产品组合。
- 项目数量。企业应该考虑开发中产品的数量，因为一旦有限资源承诺过多的项目，必然出现资金不足和瓶颈问题。产品组合所需资源应当与可运用资源总量保持平衡。

现实中，在大多数行业都必须对战略性产品组合进行管理以维持一个稳定且持续的产品流。想想药品、农用化学品或其他高度管制的行业的情况，这些行业的产品管理者要面对诸多极困难的挑战：成功可能性极低、开发和管制成本高、财务和人力资源有限，甚至连产生好的新产品创意都很困难。再加上必须根据市场需求情况调整产品上市时机。由此我们不难了解，为何这些行业的管理者需要采取复杂的决策模型来管理产品组合。

艾克森化学公司的一个战略事业部使用战略组合方法进行资金分配，方法是采用两个维度：产品新颖度和市场新颖度（见表 3.3）。表中的百分比代表资源的配置。假如目前分配到现有产品改进的资金总量超过预定的 35%，则其他同类型项目就不太可能获得资金。这表明该战略事业部更想投资产品新颖度高和/或市场新颖度高的项目。伊士曼化工

（Eastman Chemical）及道康宁（Dow Coming）两家公司也使用相似的技术和市场新颖度的维度来定义其战略类别。另一个例子是，联合信号（Allied Signal）公司拥有 3 个战略类别：平台项目、新产品、次要项目，并且每个种类都有一个战略组合。宝洁公司采用分阶段的新产品流程（类似本书第 2 章的流程）并连带着产品组合，其组合包含了公司所有的新产品提议以确保产品组合保持均衡。这种产品组合方法使宝洁公司为每条产品线（如脸部、眼部、唇部用品）建立了一个新产品管道，以便在最佳时机推出新产品。其中近期获得成功的分别是 Prilosec OCT（胃酸抑制剂）及 Crest White Strips Premium Tooth Whiteners（牙齿美白用品）。

表 3.3　Exxon Chemical 公司某战略事业部的战略组合模型

	低市场新颖度	高市场新颖度
低产品新颖度	现有产品改进（35%）	现有产品线延伸（20%）
中产品新颖度	成本降低（20%）	新产品线（15%）
高产品新颖度	重新定位（6%）	新问世产品（4%）

管理高层也可以采用组合框图来审核是否处于战略性平衡。当有多个维度可以考虑时，如图 3.3（类似惠普公司使用的：产品变化程度、流程变化程度）所示，通过产品和流程这两个方面的小幅度改变就能产生增强型产品，如果产品大幅度改变就可能产生突破性（或全新）产品。下一代的产品和新产品平台也呈现在图中。如果太多的产品集中在图中的某个区，就代表着不均衡，必须加以修正。

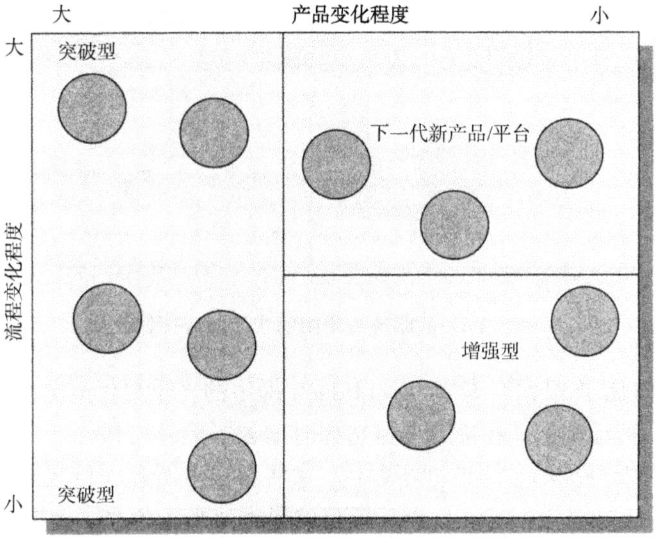

图 3.3　组合框图的示例

另一个例子如图 3.4 所示，这是战略决策集团（Strategic Decision Group，SDG）提出的一个产品组合评估模型。这个方法使用预期商业价值（Expected Commercial Value，ECV，类似净现值那样用来度量未来收益的现值）和技术成功可能性，建立了图 3.4 所示的方格图。这个图展示了 4 种项目类别，“牡蛎”与“珍珠”同属于预期商业价值高的项目。其中，珍珠具有较高的技术成功可能性，因此是最值得开发的项目类别。从目前的评估来看，虽然牡蛎的技术成功率较低，但获利的潜力很高，如果能够追加更多的投资，这家公司可以将一些牡蛎“培养”成珍珠。方格图的另一边，则是预期商业价值较低的项目。“奶油与面包”项目的技术风险低，而且预期商业价值也低，通常包括渐进式（只做小修改）的创新项目，如衍生型产品或改进型产品。“白象”的预期商业价值低，技术成功概率也低，因此属于应该避免的。这个产品组合模型着重在 3 种值得开发的新产品项目类别之间进行平衡。和其他产品组合模型一样，SDG 提醒企业注意是否过度投资“奶油与面包”这种渐进式产品项目，或者是否忽略了“牡蛎”项目的风险。

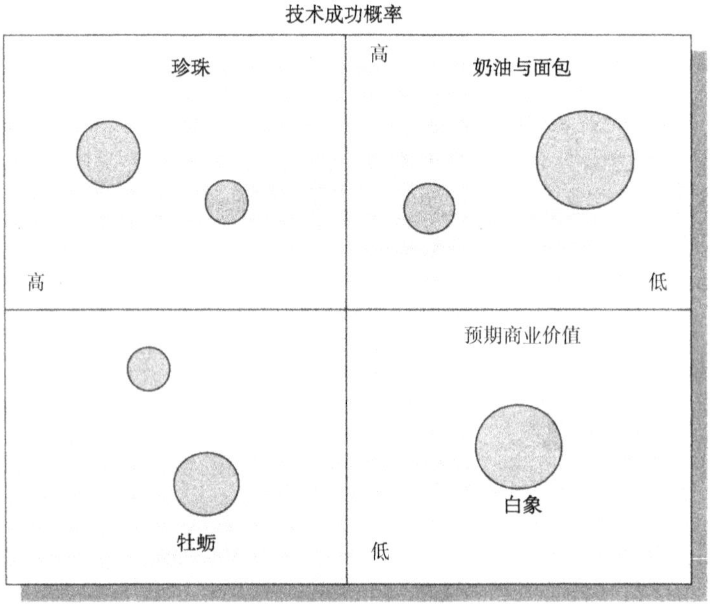

图 3.4　战略决策集团的产品组合评估模型

表 3.4 显示的是产品组合专家 Scott Edgett 提出的多重目标战略组合模型。这个模型是表 3.3 模型的一种延伸，并在进行项目选择时增加了额外的目标。在表 3.4 中，某战略事业部将 18%的资源分配给破坏性创新项目，这些项目占所有项目数量的 10%，可以增加约 22%的销售额。也就是说，破坏性创新项目的成本比平均值高，但同时销售利润也比平均值高。正如表 3.3 的解释：这些百分比是战略事业部在进行项目选择决策时的目标。如果进入开发流程的破坏性创新项目数量低于 10%，就应该优先选择破坏性创新项目。

表 3.4　产品组合类型

	破坏性创新（对世界或公司来说是全新的）	技术性更新（下一代产品）	产品线延伸（对产品线的补充）	渐进式创新（对现有产品的改进）
项目数量	10%	12%	32%	46%
资源配置	18%	22%	25%	35%
销售增量	22%	40%	15%	23%

坚持运用产品组合必定会得到回报，但许多公司因为没有实实在在地执行产品组合战略，而是错误地把重心放在渐进式产品上，从而无法有效分配资源。

本章小结

第 3 章是关于整个新产品流程中最重要且最困难的步骤：制定一个有力的战略，为公司中负责创造新产品的团队与资源提供指南。战略将一个小组变成一个小型公司，它就像整个公司的缩影。首先，我们讨论了这个战略指南是什么，这种指南我们称为产品创新章程；接着讨论了章程形成所需的机会和要求，以及各种章程可能存在的不同；最后讨论了新产品战略经常涉及的一些重要事项。

我们将在接下来的第Ⅱ篇的 4 章里讨论概念生成。

应用实践

（1）“我恐怕不能完全接受你的解释——创新意味着开拓者、改良者、快速跟随者，等等。看起来你总是能够提出一些新的东西，或者简单否定一些东西。我相信，我们都同意刚才讨论过的赢家的市场独特地位以及卓越产品的概念。再者，如果你得到了某个新的东西，为什么你会希望作为一个跟随者？这样你将失去你的独特地位。听起来好像实践太少，把问题复杂化了。”

（2）“有时，在整个业务链中，研发是最薄弱的一环。现在我已经了解了那些有关战略的争论。但是，我真的感到研发应该得到更多的重视，而非仅仅告诉研发人员该做什么或不该做什么。我们的一些顶尖人才就在研发部门，电子部门就拥有一群世界上最优秀的传真技术人员。如果我在做这样的工作，我想我会要求研发部门拟定一份 PIC 草案，至少是 PIC 中有关研发领域的部分，然后再让制造部门等其他一些部门来补充。当所有的内部职能部门完成了各自关心的内容后，我会要求营销部门使 PIC 更贴近市场。否则，它就落后于我们的新产品研发工作。”

（3）“前不久，我发现电影制片公司（大公司或者小公司）总是利用预算很低的电影来寻求利润。看起来它们寻找的是窄的某个细分市场（比如儿童），使用标准的电影制作技术。它们只用那些刚刚出道的演员和导演（因为便宜），尽力捕捉核心目标人群的兴趣所在，同时也实现了低预算。我还看到，它们在发现自己的所在领域内有一个赢家时，会迅速转移其目标人群——更小的孩子或更大的孩子。它们发现这样的模式可以获得最佳的投资回报。在这些低预算电影中，包括《美国派》、*There is Something About Mary*、*The Wedding Singer*。其中，最后一部电影关注的是男孩和男人，但是，它们通过加入 Drew Barrymore 的一个爱情故事把女性也请进了影院。现在，你能指出这些电影的 PIC 的全部内容吗？这种做法的不足之处是什么？”

案例 家乐氏公司的新产品战略

位于密歇根州巴特克里市的家乐氏公司，自 1906 年开始生产谷类脆片（cereals），年销售额约 90 亿美元，是谷类脆片和蛋糕、饼干、糕饼、冷冻华夫饼等便利食品的业界龙头。除了广为人知的家乐氏谷类脆片外，旗下品牌还包括 Keebler（2001 年并购）、Kashi（2000 年并购）、Pop-Tarts、Eggo、Famous Amos 及 Morningstar Farms。家乐氏公司的广告特色就是用卡通人物代言，如 Tony the Tiger、Toucan Sam 及 Snap、Crackle 与 Pop。家乐氏公司在 19 个国家生产、超过 150 个国家销售，其品牌花生、巧克力口味及原味谷类脆片在欧洲特别受欢迎。

长期位居谷类脆片龙头的家乐氏公司在 1999 年被通用磨坊公司超越。导致家乐氏在谷类脆片市场占有率下降（从超过 40%下降到 31%左右）的原因有：无法成功推出新产品，价格过高，以及大量削减广告预算。与此同时众多竞争对手正在思考新的竞争手法，通用磨坊公司成功延伸了产品线，如 Honey Nut Cheerios、Post 专注于成人市场，Quaker 通过换大包装来降低价格。

1999 年，家乐氏公司新的首席执行官 Carlos Gutierrez 上任，重新思考公司战略，以应对竞争对手的挑战。在他的领导下，家乐氏公司在不忽略其核心产品谷类脆片的前提下，将重心转向糕点产品上。通过加大广告投入和宣传，比如在 Special K 抽奖活动时提供消费者与名模 Cindy Crawford 见面的机会，巩固传统的谷类脆片事业。同时，利用其家喻户晓的谷类脆片与糕点产品来增加其在糕点食品市场的存在感，把新的休闲食品从大众熟悉的谷类脆片产品中分离出来（休闲食品 Ums 采用大包装，而果脆圈采用罐装），并不断尝试推出新口味的休闲食品（如奶油糖果米花糖 Rice Krispies Treats 和 S’Mores Nutri-Grain Bars）。2001 年家乐氏公司收购 Keebler 公司后快速增加了休闲食品产品组合，当公司以诸如 Nutri-Grain Bars 的产品逐渐攻占便利食品市场时，Gutierrez 预测谷类脆片占家乐氏总收入的比例将很快接近一半。Gutierrez 说：“休闲食品是全世界食品行业前进的方向。”

到 1999 年年底，家乐氏休闲食品产品线的销售额和利润都有了明显的增加。公司的新产品开发聚焦于新休闲食品上，有许多是公司已有的著名休闲食品的产品线延伸。做过测试的有韩国泡菜和海藻口味的 Rice Krispies Treats（两者都锁定海外市场，但都未上市）。另一个则是 Krave，作为午间休息食用的休闲营养棒。Krave 有 200 万～300 万美元的广告预算支持，Krave 包装上的“K”类似红色手写字家乐氏的 K。同时，家乐氏谷类脆片主力品牌(如 Special K)则有大量的广告和促销预算支持，一段时间内，公司将 Beanis Babies 放在家乐氏谷类脆片的纸盒中。

到 2002 年，家乐氏重新取得了市场领导地位，新产品的成功与精明的营销投资是其成功的主要原因。2003 年包括 E. L. Fudge in Butterfingers 及各种的 S’Mores 等更多的休闲食品上市。为了继续实施产品线延伸战略，新的谷类脆片食品有 Special K Red Berries 和 Special K Vanilla Almond 及 Maple Brown Sugar Frosted Mini Wheats 与 Tony’s Cinnamon Crunchers。2004 年，低糖的 Frosted Flakes、Froot Loops 及 Fruit Twistables（一种休闲食品）上市。家乐氏公司还充分利用授权，如最近取得海绵宝宝（SpongeBob SquarePants）肖像权，用于 Pop- Tarts、Eggo 华夫饼和 Cheez-lts。

到了 2006 年，家乐氏公司把 Special K 当作主力品牌经营并在该品牌下推出了数种新休闲产品（Snack Bites、K20 Protein Water 和 Protein Bars）及水果和优格口味的 Special K 谷类脆片。这些上市产品针对关注卡路里的人群进行积极的促销。在 2006 年，该公司推出一系列“Drop a Jeans Size”减肥广告，与英国的 David Lloyd 健身俱乐部联手促销，设立了“get-fit”网站，并提供 Special K 私人健身教练。同时，家乐氏还注意到北美和其他地区的健康饮食风潮，对公司有助消化功能的 All-Bran 谷类脆片进行促销。

就你对谷类脆片产业的了解及以上所提供的信息，选择一种家乐氏公司销售的产品或产品线（可以是旧品牌或新上市产品），试着写出其在 1999 年的产品创新章程。请遵循图 3.5 的格式完整写出产品创新章程的各个部分，必须包含制定产品创新章程前的高层战略规划，同时对家乐氏公司 1999 年至 2006 年产品创新章程的演变进行评价。另外，尝试去思考与你拟定的产品创新章程一致的未来产品及/或产品线。这对于家乐氏公司的新产品开发而言可能是相当吸引人的。

案例　本田公司的 Element

本田公司和大多数汽车制造商一样，是产品平台使用专家。本案例带你一起领略新产品流程的各个阶段，最精彩的部分是本田公司如何应用产品平台开发出一款经济型的新型卡车，车名是 Element，对于目标市场具有很高的吸引力。

Element 的开发始于 1998 年一个新款轻型卡车的创意。当时，本田汽车已经有多条轻型卡车和 SUV 产品线，包括 CR-V、Pilot SUV 和 Odyssey 休旅车。一个新的跨职能团队受委派负责开发一个新款轻型卡车来丰富产品线，锁定一个不同的顾客细分和使用场景，主要是年龄在 19～29 岁初次购车的 Y 代男性。Y 代是一个极具获利空间的潜在大市场，规模与婴儿潮一代（1946 年到 1964 年间出生）几乎相同，大约 52%初次购车者都属于这个消费群体。根据 CR-V 在北美年销售量 10 万辆的数字推测，Element 第一年的销售量应能达到 5 万辆。

本田公司高级销售人员意识到，该公司有好几款轿车和轻型卡车深受年轻女性和家庭消费者喜爱，但还没有吸引年轻男性的一款车。本田公司还知道，很多竞争对手针对这个细分市场都有价位在 2 万美元上下的 SUV。抓住年轻顾客的品牌忠诚度是汽车制造商的惯用战略，因为他们期望顾客在更富有时会换购同品牌更贵、更高档的车款。举例来说，一位 Element 的购买者可能会换购 Accord，然后再换成 Odyssey。显然，本田公司以人口结构统计变量为基础进行市场细分，识别出了一个具有高成长潜力的细分市场。

起初，这个产品团队的任务是开发出一款既能吸引目标用户眼球又价格经济实惠的全新设计车型。因此，首要工作就是去了解这个不熟悉的细分市场的核心价值观和信念。他们在极限运动赛上进行观察，描绘赛事中的极限项目，如 hot-dog 滑雪、单板滑雪、越野摩托车赛等。研究者用录像机录下观众和参赛者在赛前、赛中和赛后的情况。事后的录像分析勾勒出一个目标市场年轻男性的清晰画像：他们有着强烈的团体认同，支持社会和环保活动，教育程度相当高，事业心不如较年长消费群体那么强。这些观察为本田公司的汽车设计师提供了很多线索，从而知道需要哪些产品特性来吸引这个目标群体。比如，这个群体的典型用户需要的是一辆具有灵活性的车，这种车既可以轻易搭载运动装备和宿舍的家具，也能搭载多位好友，还能在周末旅行时充当睡觉的地方。

产品规划师发现，产品线已有的几款轻型卡车都有各自清晰的定位陈述：CR-V 针对单身、活跃的个人或小家庭；Pilot 适合大家庭；Odyssey 吸引的对象是稳定家庭。Element 填补了定位图上的一个缺口——针对单身、非传统生活方式者的轻型卡车。

设计师意识到，必须在 Element 的设计中充分考虑灵活性，该车需要有一个独特的外形并让车主体会到驾驶的乐趣。总体上，设计师为 Element 识别出了 4 个设计主题：适应性/模块化、真实性、功能性、态度/表达。本田公司所有的汽车开发都遵循 3 个基本设计主题：性能、安全和价格，将上面 4 个主题加入其中便产生了 7 个设计主题，指导设计师和工程师开发 Element。

接下来的一系列工作是并行实施的。设计师画出几个新颖又大胆的外观设计草图，同时工程师开始构建适应性，通过折叠式座椅确保了宽敞空间，并且在座椅折叠后还可用于睡觉。双侧门设计让乘客进出很方便，后门采用双扇门（clamshell）对开设计以便出入或装卸货物。可拆卸天窗设计让用户可以方便载运又长又高的家具。团队成员（工程师和营销人员一起）带着设计草图，拜访了很多大学的男学生，取得反馈后团队随即调整设计草图，迅速进行改良。

为了获得高层对 Element 的支持，产品团队邀请本田公司高管到加州的 San Onofre 海边，与 Y 代的大学生一起进行周末露营之旅，共同讨论 Y 代的生活方式以及汽车的议题。产品团队觉得如果高管们与目标消费者一起“生活一整天”，应该就会支持这个项目。这招确实有效了，高层主管认同 Element 对本田车系的价值，批准了此项目，并决定在 2003 年下半年推出 Element。

项目一经批准，造型师立即更新设计草图，建造了多个 1/4 实际车体大小的黏土模型，最后制作出实际车体大小的原型。同时，从目标年龄市场中挑选出 30 位住在本田在加州 Torrance 设计中心附近的男性，让大家看设计草图和原型，最终确立用户群最感兴趣的设计。

下面讨论本田公司采用汽车平台的经验。新汽车产品开发通常被分解为几个子系统，以 Element 为例，有 4 个子系统：外装、内装、悬架系统、传动系统。每个系统都要有个设计战略，由高层主管定期审查工作进度。外装子系统包含车架、保险杆、挡风玻璃、天窗和车尾门等。有许多零部件是专为 Element 目标顾客设计的，如对开侧门和对开双扇车尾门，外面板也设计得十分耐用。可以说，Element 的外装子系统因其独特设计而与大部分本田车都十分不一样，从底盘开始。同样，Element 的内装设计也十分独特，其中一个重要原则就是座舱的灵活性，座椅能轻易折叠收纳或整个拆除。因为预料到沙土或泥泞可能很容易跑进座舱区，因此设计必须考虑到容易清洁。同时，车内地板有防水的聚氨酯涂层，电子装置也都设在高处或放进防水护栏里，就连座椅也采用了防水材质。

另外，产品团队认为或许有一点必要为 Element 开发一个完全独一无二的悬架。驾驶需要兼具机动性、运动感和乐趣，已有的 CR-V 悬架系统无法满足要求。于是本田公司的工程师将基本的 CR-V 经典悬架系统使用在 CR-V、MDX 和 Pilot 上的助力转向齿轮箱结合起来，解决了这一问题，为 Element 设计出一个又宽又低的底盘，并采用了宽轮胎。至于传动系统部分，采用已有的 2.4 公升的 VTEC（可变气门电子控制系统）发动机，5 500 转时输出功率达到 160 马力（1 马力=0.7 千瓦），非常适合 Element，对目标用户来说也足够了。传动系统占每辆汽车生产成本的 20%～30%，由于本田公司早期投资并制造出了非常优秀的传动系统，因此 Element 等产品团队都被要求不再设计新的传动系统，而只需和本田公司的中央传动系统集团合作就行了。同样的传动系统还用在了 2002 年 CR-V、Acura RSX 及 2003 年 Accord 车型上。加上 Element，共有 4 款车型使用同一款发动机，当然，如果本田传动系统集团有任何新的研发改良，这 4 款车也会同步受益。

2003 年夏季开始生产并向各经销商提供 Element 的第一版车。营销部门根据用户圆桌座谈会、购买者感知调查，确定用户最喜欢的 Element 作为这款车的名字。因为 Y 代人厌恶传统广告，所以本田公司十分慎重，选择了一些比较草根的沟通方式，比如在车迷群体里、车展上和大学校园里炒热话题，公司还赞助了多所大学的冲浪活动和足球赛，这对一个汽车制造商是非同寻常的。此外，传统电视广告采用了一个生活方式的主题，展示了 Y 代年轻人在海滩或派对上的休闲生活。

由于产品团队的努力，Element 当选为《车主杂志》（*Automobile Magazine*）2003 年度小型 SUV 车，而且销售量也非常棒，2004 年达到 75 000 辆，远超过预期。最令人惊讶的是，Element 在所有年龄群体里都十分畅销：40%的购车者已到中年或 30 岁末期，婴儿潮一代也大量购买 Element。不过，购买者大部分仍然是男性，生活方式比典型的 Civic 购买者更热爱户外活动。年龄大的购买者喜爱此款车的原因，似乎是因为 Element 是辆年轻人的车。

评价 Element 的成功因素，包含本田的平台战略以及新产品流程的各个方面。试着描述 Element 的产品创新章程。企业从顾客声音中获得了哪些有形利益？汽车制造业以外其他行业的企业可以从这个案例中学到什么？

第Ⅱ篇

概念生成

在第 1 章和第 2 章，我们看到了整体的新产品流程，知道了第一个阶段的主要任务是战略规划，其基本原理是，企业必须找到最适合本公司的新产品。

创意生成是持续不断地进行的。每个企业都有很多员工在提出新产品创意。创造力是一种艺术，我们永远无法将其框进某个程式中。但创造力又有很多共性，我们要做的就是管理这些共性。

从上至下看图Ⅱ.1，我们先看到的是为创意生成做准备，这是第 4 章的主题。如果我们没有“准备”好，公司内部员工或者外部人员就无法把握住其想象力。当然，如果将任务分配给具有超强创造力的人，我们管理的创造力将事半功倍。接下来，我们需要聚焦于问题和需求。我们应运用一种或多种方法识别并厘清尽量多的具体问题，以使创造力活动有所聚焦。第 5 章我们将讨论问题识别以及如何找出创造性方法来解决这些问题。第Ⅱ篇的大部分内容都是围绕这个展开的，当然，我们知道，还有很多自由职业性的创意生成方法。

图Ⅱ.1 列出了 5 种活动。图的左边，是大部分公司都有的技术部门（研发部或工程部），这个部门负责开发全新技术，部门里的技术人员也会协助解决之前发现的问题。图的右边，最终用户（实际上，是指市场上的所有利益相关者）可以进行自由职业性的创意生成，他们中有些人甚至可以设计出自己的产品，制作出原型，并将它们投入使用。例如，某个牙医或 X 射线技术员用这种方式创造出了一种设备。最终用户也可以随时帮助解决我们识别出的问题。

图的中间，是公司内的项目团队或项目小组，他们执行着某个新产品开发项目，也称为他们自己的问题解决方案。他们也会参与那些创造“惊奇产品”的其他活动（见第 6 章、第 7 章），当然，这些活动都不是以问题为导向的，因此他们必须找出是否有人有一个问题恰好匹配该解决方案。这些活动进行的时候，所有的人都在向我们倾诉着他们的创意：组织内上上下下的员工、他们的家庭，甚至素昧平生的陌生人等，他们分布在图的下半部分的左右两边。而这带来的结果就是创意池，第 4 章至第 7 章主要讨论如何填满这个创意池。我们将在本书的第Ⅲ篇讨论如何评估并优化这些概念。

创意生成是个巨大的主题，涉及的方法多达上百种。这里我们讨论的是最好的方法，其他常用方法则放在了附录 B 中。当然，适用于比萨的方法可能并不适用于光纤传感器。世界上没有哪一种创新方法能够适用于所有的研发，大部分公司需要做的，就是选择适合它们的方法。

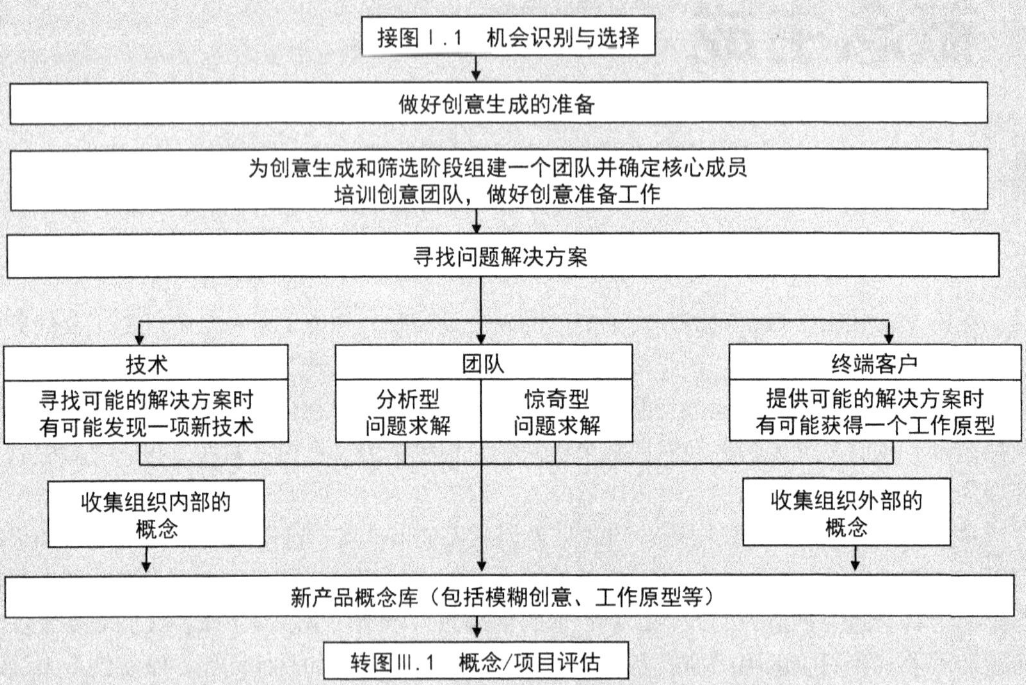

图Ⅱ.1　概念生成

第 4 章

创造力和产品概念

4.1 引言

在本章中我们将讨论多个主题。第一，管理者的任务是带领企业做好创意生成的准备，即图 II.1 的第一个步骤。在这个步骤中，我们要找到恰当的人员，将其安排在恰当的环境，使其做好准备以进入创意生成的流程。第二，一个创意人员需要知道他正在寻找什么，即知道什么叫做概念，以及如何发现概念和识别概念。第三，本章还会讲述一个主动的（而非被动的）概念生成体系，其中有各种有效的方法。这个体系中的一部分——通过员工和非员工去搜索已生成的创意将在本章讨论，体系里的其余部分会在第 5 章、第 6 章和第 7 章讨论。

4.2 概念生成的准备

许多人认为，产品创新是从新产品创意开始的，但在第 3 章我们已经指出，在这之前最好先选择一个竞争领域并制定一些规则（制定一个战略）。

4.2.1 产品创新章程

下面，是一个生产浴缸的企业的一个假想章程中的一些条款：

- 我们的新产品概念应该对身体残障人士和老年人有帮助。
- 基于这些概念产生的新产品，应该利用公司强大的设计能力并且必须是铜制品。

如果产品创新章程制定得很好，那么任何一个人，如果想为公司提出新的浴缸创意，就能很好地了解公司的战略，而不是产生出一批有问题的创意。与这个案例同理，产品创新战略是很有意义的。

4.2.2 找到正确的人

宝洁公司的一位高级经理 Craig Wynett 曾这样描述创造力：在日常工作中将看似没有联系的事物联系起来。像宝洁这样的公司，不仅以产品创新闻名，也因其雇用了一批极富创造力的人才而闻名，这些人能产生一批原创的并具有很高应用价值的点子。强力胶（氰基丙烯酸酯黏合剂）的发明人 Harry Coover 就是一位极富创造力的人。Coover 曾经一直在研究用来制造枪支精密瞄准器的塑料材料，他注意到自己制造出来的这些塑料可以粘在任何东西上，甚至毁坏了他用来做研究用的折射器。Coover 也是第一位想到医生可以将强力胶用于人体组织的人。这个例子表明，原创性和实用性是新创意的两大特征。

大多数人的思维具有重复性（再现性），他们往往用解决过去问题的方法来解决现在问题。有创造力的天才的思维则更讲求成效性，他们往往在反思如何将问题可视化。诺贝尔物理学奖得主 Richard Feyrnnan 将此称为“开创新的思维模式”。举例来说，13 的一半是多少？大部分人会说是 6.5，但在重新定义问题后，可以有其他答案：

- “thirteen”的一半是“thir”。
- “13”的一半是“1”。
- 将 XIII 水平地从中间切分，得到的是 VIII。

你还能想出更多方法吗？这里的关键，是持续不断地观察，即使你已经发现了一个解决方法！那些一生都在创造的创意天才们，普遍采用了一些思维策略（见例 4.1）。

通常，有创造力的人给我们的印象是古怪的，但这并不总是事实，这些有创造力的人通过其一生的创造性活动来展示自己。他们就像小孩子一样创意无穷。这是我们的最低要求，因为我们可以通过评价一个人过去的经历来考虑是否让其加入新产品开发团队。没有留下生命足迹的人，通常都会怪罪不公平的环境、无法忍受的老板、机会有限等因素。

例 4.1 天才的思维策略

（1）天才善于从不同角度看待问题。如爱因斯坦和达·芬奇在这方面就很出名。

（2）天才善于将他们的思想可视化。达·芬奇著名的绘画以及伽利略绘制的行星图都是信息的可视化，而不是仅依赖数字分析。

（3）天才勤于动手。爱迪生每 10 天就会有一项发明。莫扎特虽生命短暂，但作品众多。

（4）天才善于创造新组合。爱因斯坦发现了物质能量、质量和光速之间的关系（$E=mc^2$）

（5）天才善于关联。他们能在别人想不到的对象之间建立关联。科学家奥古斯特·凯库勒梦到一条蛇咬着自己的尾巴，于是受到启发推断出他正在研究的苯的分子形状是环形的。

（6）天才善于逆向思维。这通常会联想出一个新观点。物理学家波尔认为光线既是波束，也是粒子。

（7）天才善于类比思维。拜尔想到与耳朵构造类似的可动钢膜片，进而开发出耳机。

（8）天才善于为机会做好准备。佛莱明并不是第一个看见盆栽上霉菌的人，却是先研究霉菌且发明了盘尼西林的人。

我们可以使用标准的 MBTI®（Myers-Briggs Type Indicator，迈尔斯布里格斯类型指标）创造力指数来测量创造力。这个创造力指数根据 MBTI 个性测量工具，来评估一个人的 4 种个性特征（直觉—感觉、感知—判断、外向—内向、思考—情感）。MBTI 创造力指数采用个性特征的得分来评估其创造力：富有创造力的人比其他人更富有直觉、感知、外向和思考。研究发现，MBTI 创造力指数分数较高的人，完成的新产品项目也较多，而且这些新产品开发机会更能获利。这说明，选择正确的人让其在新产品流程的早期阶段就参与进来，与流程本身一样重要！

4.2.3　管理层对创造力的作用

管理层的作用，就是让公司的“创意人员”有最好的产出。通用电气等公司能够真诚地拥抱新创意，将其视为公司的首创精神，组织学习小组，更为重要的是，坚守住这个新创意，而不是跳到“下一个重大项目”。对创新的强调，使通用电气公司比那些只关注财务指标的公司获得了更大的竞争优势。有关大型公司创意生成的研究表明，高层管理者应持续关注创新项目，并放手让员工去尽可能地做。简言之，高层管理者必须持续参与创新，只有介入了创新设计的人，才有可能去采纳这些创意。

培训有助于激发员工的创造力。员工培训计划包括传统的头脑风暴的入门课程，以及游戏、恶作剧等精心设计的培训。但很显然，我们常常忽视有关公司产品、产品市场、竞争市场、科技使用等类型的培训。

新诞生的创意是极其脆弱的，与少数几个强有力的、无法遏止的产品概念不同，新产品流程中大约 80%的创意无法留下来。现实中，许多创意的背后都有一个或几个“有力度”的人。因此，如果我们对创意人员过于严苛，对其创意不赞赏或鼓励，这些人就会让创意不经意地溜掉，并发誓“不再将我的好点子浪费在这些呆子身上”。例 4.2 列出了公司内部影响新创意生成的一系列障碍：对顾客不了解，对顾客需求缺乏同理心，喜欢众人同意却并不真正具有创造力的创意等。

例 4.2　影响创意生成的障碍

（1）从众思维： 我们认为自己是有创造力的，但现实中，我们只去想那些大家都接受的创意。记住，我们不应该去寻找那些“保守的智慧”，而应该去寻找那些原创性的创意。

（2）选错目标市场： 我们总是又回到与之前相同的简单的人口统计目标（如 35 岁以下或 50 岁以下目标市场）。结果是，错过了大的产品机会。

（3）贫乏的顾客知识： 尽管大公司在市场调查上投入了很多钱，但其实它们对于潜在顾客还是一知半解。巨额调查费用并不意味着好结果。

（4）过于复杂：企业的创意人员，包括高管，都常认为创意越复杂越好（或点子越高明越容易获得接受）。然而，过于复杂是消费者接纳新产品的一个主要障碍（参见第 8 章的讨论）。

（5）缺乏同理心：管理者的一个共性是，受过良好教育、收入高，并习惯于高级生活方式，他们无法了解那些“典型”客户——销售的对象。

（6）人多嘴杂：一个小型新产品团队可以运作顺利，而大公司在忙于权力和影响力的内部竞争。这对于处于早期阶段的新产品开发来说，是一种很糟糕的氛围。

曾为喜剧演员的现任培训顾问 John Cleese 有句玩笑话：“不会再有错误了，因为你已经完蛋了。”正是这类玩笑话，激发了创意人的兴奋感，而没有什么比“兴奋感”更能推动创意活力持续萌发了。戴尔计算机公司首席执行官 Michael Dell 认为，让员工不畏惧失败十分重要，因为创新就包含了从失败中学习。

因此，管理层的工作有两方面，一方面是设计一套激励创意的机制，另一方面是移除那些影响创意的路障。

4.2.4 鼓励有创造力的行动

现在，管理者们已经意识到，创新者是与众不同的，需要特别对待，也就是“包容”。我们不足让创新者任性地去违反规则，相反，我们应该去了解他们的个性，容忍他们的某些异常，并在有压力时给予他们支持。同时，管理层应该给予创新者与从事相似工作的人交流的自由。这里所谓自由，不仅涉及公司内部的所有职能部门，也涉及公司的外部，要能打破封闭空间。管理层还应邀请创新者来帮助选择拟开发的项目，尽管这通常在操作上有困难。工作任务要具有挑战性。创意人员不缺自信，事实上，他们常认为手头的工作是在浪费时间。这就是说，创意者会自己判定工作是否值得，而不是等着别人告诉他们答案。

某些企业会有意识地创造出竞争性的团队，并让他们在规定期限内竞赛。Bell & Howell 公司的高管就曾经捏造一条“即将发生的、具有竞争力的科技突破”的假新闻，以催促公司的团队加快进度。另一种更普遍的方法是自由时间（free time）。举例来说，Google 公司的研发人员有 20%的自由时间，可以做任何自己想到的创意项目，该公司的 Gmail 服务就是一个产生于自由时间的新产品。另一个例子是 3M 公司的 Post-It Notes，该公司一直确信员工应该有自由时间。类似的工具还有弹性工时，对于创意员工而言，这意味着既可以把创意工作带回家，也可以按照个人意愿在办公室整夜工作。轮岗也是一个好办法，因为创意人员喜欢新奇的体验，会想要偶尔换一下环境。

下面，我们来看看一些企业为鼓励创造性活动，发明出来的许多特殊技巧，特别是那些产生了创意成就的招数。德州仪器公司（Texas Instruments）曾进行过一项名为 IDEA（identify 识别、develop 开发、expose 曝光、action 行动）的项目。德州仪器公司内部有 60 个 IDEA 代表，负责对那些没有足够影响力来通过正常渠道获得资金支持的人，申报的项目给予资金支持，而无须经过层层审批。Speak & Spell 和 Magic Wand 就是这项资金支持的成果。同样，对于那些与现有业务结构不匹配的创新项目，3M 也会给予高达 3 万美元的资助。宝丽来公司的 SX-70 系统也是以这种方式开始的，该项目实际上是该公司正式结构之外开发的第 70 号特殊实验项目。索尼公司和东芝公司给予团队 6 个月的预算，以小规模方式进行新产品概念开发并进入市场。这项投资不仅是为了给这些团队以资源支持，更有助于公司建立技术标准并找出市场早期采用者。

3M 公司具有悠久的创新历史。该公司的总裁曾经说：我们希望错误也成为事业的一部分，但愿这些错误也具有独创性。位于美国加州 Palo Alto 的一家非常有创造力的设计公司 IDEO，采取了一些特别方式来建立一种具有创造力和创新的文化。它招募热爱产品设计的创意人才，并在芝加哥、旧金山、波士顿和东京等能够吸引创意人才的城市设立办公室，允许员工自由变动岗位和工作地点。为了激发创意，IDEO 的设计师们会去拆解东西，参观诸如飞机废物堆积场或 Barbie 名人纪念馆等地，收集各式各样的零件与部件，放进技术盒子（Tech Boxes）中，并在公司内部网络上发布出来。技术盒子管理员每周会召开一次电话会议。

富有创造力的公司，常常使用电子数据库或“创意库”来储存或记录那些早期的、未进行的新产品项目创意，以便以后再次使用。这些创意，可能来自市场研究或市场测试的结果、项目审计、设计计划、工程记录等。为了有助于这些信息的转化，项目早期阶段的管理者会被指派去负责能重复使用这些创意的项目。Guinness Breweries 公司定期检查其创意库，并将其视为新产品流程中概念生成阶段的一个重要元素。一家计算机周边设备制造商 Oce 公司称这个数据库是他们“创意的冰箱”。通常，创造力活动应该在有益于交换创意的地方进行，办公室的布置应该让人感到舒适，并尽量减少分散注意力的因素。因特网公司 Idealab 及 IDEO 公司在进行办公室布置时，都考虑到员工能够听见彼此的问题，尽量产生互动。

很多企业积极鼓励员工间的创造力，也因此得到了期望的成果。举例来说，Design Continuum 公司设计了一个新的脉冲式清洗器（一个用盐水来清洁伤口的机器），电动喷射枪成为灵感来源。该公司在研究了用于玩具、汽车和医疗产品中的活栓后，创造了一个新式的厨房水龙头。在早期，Design Continuum 公司曾负责过 Reebok 公司 Pump 运动鞋的设计，并将该创意应用到充气垫、气囊以及气阀中。

另一家十分具有创造力的公司高通（Qualcomm）公司，曾经采用了一种创新引擎的方法来促进创意生成。该公司高级主管仔细选择了一批具备高度创造力和创新力的人员，组成了若干个 12 人小组。小组每位成员都接到了一个任务：准备 6 个自己认为高通公司未来会运作的创意。小组成员们离开座椅，召开头脑风暴会，讨论每位成员的创意，并将其进一步延伸，目标是找出新的伟大创意（而不是渐进性新产品）。每位成员都可以得到“高通基金”的资助，投资于他们自己认为最棒的新创意。通过这个过程，可以生成大约 12 个很棒的新创意，之后进入下一轮时则会缩减到 4 个，高通公司会在 3 个月内把这 4 个“大点子”转化成新产品。有一个比较著名的“大点子”是 Flo TV，这是一项服务，针对 iPhone 手机等移动用户，每月仅需支付适当的费用，就能用手机等移动设备收看高画质、高速的在线电视节目。

4.2.5 特别奖励

无疑，对创造力带来的成就表示认可是十分重要的。但是，创意人才常常不看重团体奖励，他们认为，团体内的贡献是永远不会均等的，尤其是当这个团体是公司全体员工时，因为他们的很多创意都被轻视了。这是不对的，因为现在很多成功的创造力都来自团体，而且我们已经掌握了很多种评估团体成员贡献的方法。但是，创造性活动的确有些像个人荣誉，最好以更直接的方式去奖励。IBM 公司著名的 Thomas Watson 先生常常随身带着一些现金，以便在听到好的创意时随时给予奖励。Campbell Soup（金宝汤）公司设立了卓越总裁奖。很多公司举办年度晚餐会表扬在该年度获得专利权的员工。IDEO 公司没有组织章程和岗位名称，该公司用合伙人或奖品而不是职位升迁来奖励优秀者。最激动人心的奖励制度，就是丰田汽车和本田汽车公司，让优胜者随着新产品一起离开原来的部门，接手并负责这项新产品的管理。

4.2.6 排除障碍

正如例 4.2 所示，很多企业的确有障碍，可能在不经意间，就阻碍了新产品创意活动。管理者会说，这个概念“是不可行的”，或者说“这和公司的政策不一致”，或者说“我们不用那种方式做事”。这些陈述虽然是善意的，虽然可能是对现实情形的精确描述，但的确会严重地打击那些脆弱的创意。管理者只有通过有意识的努力，才能避免把创意吓跑。

有些公司，采用一种叫作分项应答（itemized response）的方法，并让所有接受培训的人自己进行练习。当一个创意出现时，听到的人首先应说出这个创意的所有优点，然后再指出缺点，但只能以正面的、积极的方式指出缺点。比如采用这样的语句：好的，现在来看看，什么是这个问题的最佳解决方案。必须注意到，这是一种建设性的评价，是假设问题能解决，听众的作用就是帮助解决问题。为了鼓励创造性活动，有的企业故意把不同的员工放在同一个团队，并鼓励冲突，比如，把不切实际但有创意的人和务实的人放在同一组。这种方法也被称为创意摩擦（creative abrasion）。

这里，有一个底线，就是管理者必须清楚了解群体创造力面临哪些障碍。根据定义，新产品团队是跨职能团队，这意味着会有很多不同的观点，也意味着要得到一个所有人都接受的解决方案是很难的。此外，如果团队成员间的人际关系过于紧密，就可能导致缺乏创意摩擦，团队成员能轻易、不费力地达成共识。例 4.3 指出了在激发群体创造力时必须克服的一些障碍。

例 4.3 企业创造力的障碍

（1）跨职能的多样性：一个多元化的团队意味着有更广泛的观点并能激发更大的创造力，但也可能导致难以解决问题以及信息过载。

（2）对本职能部门的忠诚：团队成员必须要有团队归属感，并意识到自己与团队成功之间是利益攸关的，否则团队成员只会忠诚于自己的职能部门而不是团队。

（3）社会凝聚力：如果团队成员间关系过于密切，可能因碍于和谐而难以出现真诚的辩论，从而无法产生新颖的创意。

（4）高层管理者的作用：假如高层管理者强调持续改进，则团队可能执着于所熟悉的产品开发战略，仅能产生渐进式改变。高层管理者应鼓励团队勇于冒险，尝试新创意。

4.3 产品概念

在拥有了富有创意和激情的人才之后，一个新问题就出现了：我们希望团队创造出什么？如何用我们称之为概念的东西去描述它？概念与新产品有什么区别？概念在什么时候产生？

这里，我们从最后一个环节，即新产品的成功营销开始，倒过来考察。一个新产品真正成为事实，是在其成功之时。也就是说，只有完成了产品创新章程中确立的长期目标和短期目标，才真正称为新产品。

在产品上市时，它仍然只是一个暂定的形式，因为一个新产品要走向成功，仍然需要做非常多的改变。因此我们说，它仍然是一个概念，是一个尚未实现的创意。

进一步回溯，在技术性工作完成前，这个产品仅仅是一个概念。为了理解这一点，也为了知道技术是如何与创意生成流程相关联的，我们需要关注概念生成流程所需要的 3 个输入：

- **形式**。指创造出的物理性实体，或者从服务角度来说，是一连串服务步骤。例如，一种新的合金钢，形式是实体存在的材料棒或材料条。一种新的移动电话服务，形式包括了硬件、软件、人、作业程序等打出或接听一个电话所需要的元素。
- **技术**。指达成形式所需要的源泉。例如，一种新的合金钢，技术包括钢本身、其他用来铸成合金的化学原料、冶金技术、产品塑形机器、切割机器等。在产品创新中，技术被定义为工作的动力，第 3 章讲述过。大多数情况下，每项创新一定有一个明确的技术作为基础，这个技术就是 PIC 中重点领域的技术维度。有时，两者也会不一致。
- **需求/利益**。只有当一个产品能提供顾客需要或期望的利益时，该产品才有价值。

我们用以下方式将上述 3 个要素结合起来：技术使我们能开发出来一个能提供此利益的形式。如果上述 3 个要素缺少任何一个，便不可能有产品创新，除非购买现成产品，且未加改变就进行转售。即使如此，在服务维度仍会有所改变，比如销售地点、服务方式等。即使克隆（原样复制）的产品，除了价格之外没有任何变化，也有附加值。我们听到过计算机爱好者这样说：XYZ 制造的复制品比 PDQ 做的好多了！

需要特别指出的是，创新流程可以从上述 3 个维度中的任何一个开始，之后的顺序可能会不一样（见图 4.1）。这里是 3 种主要的方法（参见后面的低咖啡因咖啡案例）：

- 顾客有一项“需求”，公司发现后，利用“技术”生产出一种“形式”，销售给顾客。

- 公司拥有一项“技术”，适合某个特定市场群体，公司接着找出该群体的“需求”，并用一种特定产品“形式”来满足。
- 公司想象出一种产品“形式”，采用一项“技术”创造出来，并将其交付给顾客看看是否有任何“利益”。

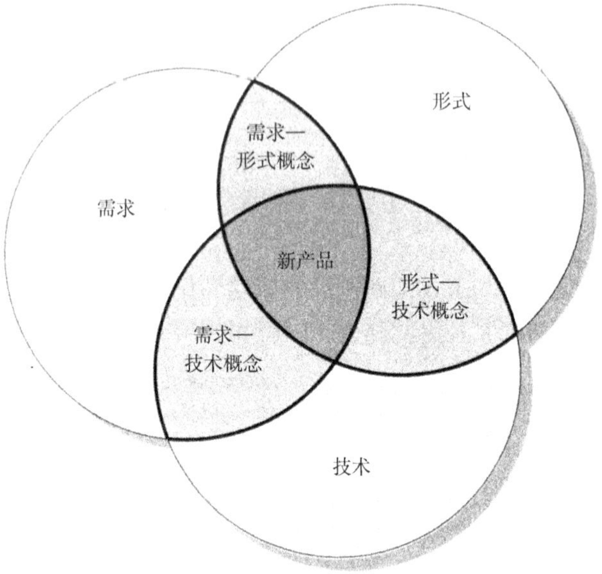

概念：满足计算机用户学习需求的最好方式是，利用在线系统让用户可以使用软件来看培训视频（这句陈述中，有一个大家都知道的需求/利益，界定了需要采用的几项技术，但很明显，这项服务将如何实行，尚有待开发）。

另一种概念陈述方式：XYZ 公司目前已经拥有全国性的通信网络，还拥有一系列的录像带出租连锁店。当然，我们可以用某种方式来发挥这些能力，以满足家用计算机用户对于培训的需求。这个概念，只是提出了市场需求和技术，但没有提出方法/流程，而这正是服务产品的形式（注意，新产品概念陈述与产品创新章程重点领域的陈述，十分接近）。

以下两种陈述，看起来比较像新产品概念，但肯定不是。任何陈述，若要成为可行的概念，必须加入前述的其他要素。

“让我们想办法满足个人计算机使用者在家中接受培训/教育的需求吧。”（只有需求而没有形式和技术，仅是一种期望，就像治愈癌症。）

“我想我们应该开发一系列教学辅导录像带。”（既没有明确的市场需求/利益，也没有形式，只有技术。）

图 4.1　新产品概念

上述 3 个要素的任何一个，都能启动新产品流程。而且，要素后面跟随的可以是任意一个要素。或许你会问：有什么区别呢？区别就在于成功或失败。把利益摆在最后是很危险的，因为其隐藏的含义是：有了解决方案之后再去发现问题。比如，杜邦公司就花了多年时间，去寻找 Kevlar 这项新产品的应用，以确保这是一项能够盈利的“利益”。

苹果公司的经验则源于其个人数字助理产品（PDA）——Newton，当把“利益”放在最后考虑时，公司就会遇到风险。苹果公司的研发部门开发出了一种技术，可以省去键盘，运用手写输入。基于这项技术，构想出一种形式：一种用笔的数字化记事板，以记录并处理构思和数据。然而，苹果公司当时并没有找顾客去确认该种形式是否真的满足了顾客的需求或解决了顾客的问题。很显然，顾客在捕捉构思和数据时，更喜欢自己尝试并验证的方式，也就是说，用纸、笔、便利贴、日历、电子词典等。实际情况是，Newton 的售价约为 800 美元，手写识别系统无法实现完美工作，对产品销售没多大帮助。这样的产品永远也不会卖得好。

因此，我们会把利益放在首位。而且，即使技术导向的科学家，在大部分情况下也是把利益放在首位，因为他们脑中的顾客需求意识将引导他们的工作。举例来说，一位药物化学家正在寻找一种新的降血压的复合药，他知道这是一个相当普遍的问题。在利益导向下，偏好顺序也会改变。有些人会想象什么类型的最终产品能够符合需求，并设计出这种形式；而有些人则会给予技术人员最基本的利益，并在不限制形式的情况下让技术人员使用可用的技术。本书遵循后者的方式叙述。在实践中我们必须承认，这些情况都存在，没有人会因为产生路径不对而放弃一个好创意，这种情况也适用于管理层。如果非要说出一个最佳的产品创新路径，那就是首先有了利益，接着有了技术，最后则是形式。

以马桶清洁刷为例。老式的刷子是能用的，但也许有某个人，比如一位愿意思考的顾客，或者一位清洁剂公司的首席化学家，有了一个新的、改进马桶刷的创意，能使马桶清洁更简单，在市场上还可能大卖。注意，我们这里说的是“创意”，而不是“概念”，因为到目前为止只有一个需求：一个新的使用更方便的刷子。这到底有什么含义呢？是长手把的吗？还是一次性的刷毛？可能都不是。如果这把刷子中附有可填充的、顾客易更换的清洁剂，会怎么样？至此，我们就有了一个和产品概念很类似的简单东西，我们有了一个需求（方便的刷子），并基于一项技术（适合擦洗马桶的清洁剂）。几年前，至少有 3 家公司在相同的时间内想到了相同的概念，但是这些公司开发并上市的产品形式非常不一样。Reckitt Benckiser 公司生产的 Lysol Ready 刷子，附有喷雾式清洁剂罐，当用完清洁剂时可以更换那个罐子，而刷子不是一次性的；庄臣（SC Johnson）公司的刷子，则是一种擦洗泡沫的新刷子，在末端有一块附有擦洗泡沫清洁剂的一次性衬垫；Clorox Toilet Wand 公司的刷子和庄臣公司的很像，区别是用圆形、一次性的海绵代替了那块衬垫。仔细想一想，这个过程有点像一个翻译的过程：在上面的案例中，创意生成了一个概念，但是这个概念被以 3 种方式进行了翻译，从而产生了 3 种不同的产品，而这 3 种产品提供给顾客的利益近乎相同。在市场上哪种产品会卖得最好呢？应该是向顾客提供了最大利益的那种产品。

在第 5 章，我们将讨论如何接触顾客并找出他们的问题所在。在第 12 章，将讨论产品描述（产品协议）的形式，这是在技术开发前要先写下来的东西，陈述的核心内容是利益。只有那些绝对必需的特性（形式），比如法律要求的，才会写进产品描述。

现在，我们将上述讨论归纳进一个简单的案例中，这样可以更清晰。

4.3.1　低咖啡因咖啡的案例

许多年前，咖啡就是咖啡。某人会在早餐或午餐时间，去最喜欢的餐厅、路边餐车，点一杯便宜的“普通”咖啡。通常，在北美销售的咖啡，都是那种混合着便宜咖啡豆的冲泡式咖啡，仅此而已。随着星巴克和更多竞争者的出现，北美咖啡文化突然发生了巨变。以意大利咖啡吧模式为基础的精致咖啡吧，如雨后春笋般地在各地出现，意大利式的浓缩咖啡突然间受到大家的喜爱，如卡布奇诺和拿铁这种调合式浓缩咖啡的售价，通常是普通餐厅咖啡的 3～4 倍，是销量最好的咖啡。想象一下，我们目前在一家大型咖啡烘焙公司中工作，再想象一下，一周内的不同时间，有 3 个不同的人走进新产品办公室，提出了各自的新产品创意，而且各自都不知道其他人曾经来过。

第一个人说，我们最新的顾客满意度报告指出，顾客想要一种尝起来和一般浓度咖啡口感一样的低咖啡因咖啡，而且这种咖啡还能做出香浓的卡布奇诺味道。当前的低咖啡因咖啡都没能提供这种利益。第二个人是产品经理，他说，上周我一直在思考我们的和竞争对手的产品，并且发现产品的颜色和浓度大致相同。我想是否我们可以大量生产一种倒出来比较浓、颜色比较深，就像土耳其咖啡那样（形式）的浓缩咖啡。第三个人是刚从技术研讨会回来的科学家，他说，我听到有一种新型萃取过程，这个新过程可以有效并低价地从食物中分离及提取出某些化学成分，或许可以应用到咖啡因萃取过程中来。

这当中，每个人都萌生了一个创意，但是作为概念，每个人的建议都并非真正有用。第一个人的创意，跟癌症治疗一样，有利益但没有确切的方法。产品经理不知道消费者是否喜欢颜色较深、较浓的咖啡，也不知道该如何制造。科学家并不清楚该项技术在咖啡上是否有效，或顾客是否想要这种改变。

如果第一个人遇到不管是第二个还是第三个人，一个新产品概念就会产生。如果遇到的是产品经理，他们就会去问实验室是否有一种技术能产出他们所想要的形式和利益。如果遇到的是科学家，他们就可能埋头于实验室，去找出这项新技术的准确的形式。比如，咖啡因应该全部萃取还是部分萃取？外观深一些还是浓一些？多深？多浓？一个概念从创造出来直到形成一个新产品的过程，最好的总结，就像一位经理人所说的，不要浪费你的时间去寻找一个伟大的新产品创意，我们的工作，是把一个非常普通的创意变成一个成功的新产品。

4.3.2 概念陈述

创意、概念、新产品等，这些字眼我们经常在使用。但是，就像所有学科一样，我们必须对其进行清晰的定义以便于理解。医学书籍上，感冒、鼻窦炎、上呼吸道感染有清楚的界限，尽管病人并不在意其中的差别。

图 4.1 显示，形式、需求、技术 3 个维度的任何两个，可以交叉形成一个概念，一个潜在的产品。3 个维度的交叉，可能会产生一个新产品，或许成功或许失败。往往，成与败之间的差别其实很小。举例而言，发明家经常会带着产品原型去拜访企业。这是一个实际已经形成的概念，有某种形式、基于某项技术，而且发明家一定知道能带来某种利益。当然，企业根据过去的经验很清楚，发明家夸大了其利益，技术也存在缺陷，难以在实际工厂中生产，在粗糙的、工具简陋的、布置凌乱的工作室中出来的形式，是非常脆弱的。

在另一个极端情况中，一个新产品最初的想法可能相当不完整，以至于无法做出任何东西。举例而言，科学家从研讨会带回来的只有能力，对于这家咖啡烘焙公司来说不具有任何价值。

一旦一个概念出现了，并具备了上述 3 个维度中的两个，我们必须对其进行筛选后再进入开发阶段。这部分流程在第 9 章讨论，这之前需要进行产品概念陈述（product concept statement）。技术人员和有购买意愿的顾客要告诉我们这个概念是否值得开发。只有当这个概念给予他们进行决断的充足信息时，他们对概念的评估就能做到决策。如果一个概念陈述只具备了 3 个必备要素的两个，概念陈述就必须经过筛选。

如果有人问你"你有多喜欢零卡路里冰淇淋？"你常常无法回答。你可能会想，那个冰淇淋是什么口味的？用什么做成的？有什么卖点？为了做概念测试，我们需要一个能满足这些信息要求的概念陈述。如果要设计一把叉子，能降低吃饭速度、减少胃食道逆流问题并（最重要的是）有助于减肥，会怎么样呢？此时，我们只有一个概念，当然，因为我们已经有了形式（叉子）和顾客利益（减肥、保健），如果再有一个顾客兴趣点，企业就可以进一步增加技术要素：研发人员去开发技术规格并开始制作原型。在这个案例中，需要开发一个软件，以追踪人的饮食习惯（还有其他指标，比如用于运动或睡眠的时间），并设置一盏提示灯，人一吃得快就闪亮。技术开发往往挑战巨大并成本昂贵，所以，必须早一点知道，这个概念是否会受到欢迎，以免浪费时间和精力。

概念，是一个产品原型的口语的表达，这个表达说的是将要发生什么改变，以及顾客如何从中获得利益（或者损失）。虽然新产品早期阶段信息相当不完整，但是当产品销售时概念已经（希望）是完整的。任何没有与未来购买者沟通利益与损失的产品，仍只是一个尚需加工的创意。

著名玩具发明家 Eddy Goldfer 先生趣味性地展示了 3 维概念的来源。当有人问他如何发明的时候，他说："留意你家的小孩子在玩什么，试着去发现还缺少什么。"他还说，他喜欢寻找新的制作方法和原料，以及"突破口——你知道，市场上正缺少某样东西"。这段陈述，谈到了利益、技术和形式，以及它们的顺序。

在不同行业，这 3 个维度的重要性是不一样的。3 个维度中的某一个，有时不需要特别关注，因为在行业内早已成为普遍共识。比如，制药行业的新产品开发人员并不需要去测试市场上是否有消除血管阻塞或治疗癌症的需求。此外，制造任何新药物的医学专家实际上都可以找到，因此，技术是唯一不明确及需要关注的重点。另外，食品行业的大企业认为，厨房和工厂能生产出顾客想要的产品，因此利益（如透过口味测试调查）成为主要变量。在汽车行业，制造商主导着新产品流程，所以，只要告知零部件供应商顾客想要的是什么，供应商就会开发出所需的技术或形式。

针对上述 3 种不同行业的情况，通过与新产品开发人员的讨论，就可以指出这些公司或行业的关键创新途径，而且，这之间的差别很有意义——为创意激发流程指明了方向。当然，这仍然涉及 3 个维度。如果一个项目终止了，错误可能源于那个肩负着简单任务的部门。例如，一家电视制造商通过市场研究发现，消费者想要一款能随着房间噪声升高而增加音量或随着房间噪声消失而降低音量的电视。这个市场研究为新产品开发提供了一个新创意，新产品流程也是需求导向的。但在实际执行中，3 个维度的技术这一端的任务最棘手了。

4.4 两个基本途径

现在，在对有关术语已经达成一致之后，我们回到最开始讨论的问题：如何开发一个新产品概念？本书第Ⅱ篇开始时的那张图，指出有技术、最终用户、团队、组织内部其他人、组织外部其他人五大路径。其中两个指的是接受其他人创造出的产品创意，另三个指的是开发团队自己的管理流程。两者的区别导致管理上的差异：依靠现成的还是自己动手做？本章讨论依靠现成的，第 5 章到第 7 章讨论自己动手做。

当然，大部分企业既采用现成的来源也采用自己动手做，但在每个行业对哪种来源的成功率较高都已经形成共识。例如，食品制造商通常不会去阅读顾客寄来的新产品建议，他们通常自己有足够的概念，而顾客的建议不是重复率过高就是太陈旧，每年对这些成千上万的建议，即使浏览一遍都是几乎不可能的。

然而，在某些行业内（如玩具和机械工具），发明家人气很旺，甚至会有发明家集会，邀请发明家们来展示他们个人的创意。例如，Haystack 玩具公司就定期举办美国玩具大会（Great American Toy Hunt），邀请全美各地的玩具发明家来展示自己的产品原型，每位发明家先用 15 分钟的时间展示自己的产品，然后由该公司进行评判，最后选出约 100 位参加决赛，Haystack 公司从中最多选择 10 项产品来开发和销售。Haystack 公司的共同创始人 Dan Lauer 认为，这家最大的玩具公司忽略了最好的和最创新的玩具创意，而偏好那些成功品牌（如芭比娃娃）的延伸，喜欢去争取电影的授权。事实上，无论其潜在价值多少，大多数大型玩具制造商常常会拒绝“送上门”的创意，忽略其潜在价值。Lauer 根据自己推销自创玩具创意的经验得出结论：我必须自己创立一家公司来生产我想要的东西。

有些制造商则会举办员工和顾客创意大赛。在食品行业，Pillsbury 公司通过每年举办烘焙竞赛的方式来获取数以千计的可能采用的新食谱。AkPharma 公司的负责人 Alan Klingerman 有一种本领，能产生减轻人们痛苦的产品创意，他开发了 Lactaid（低脂牛乳）和 Beano 胃胀气药丸，虽然他认为这些产品的成功应归因于幽默的名字。这两种产品最后都卖给了大型制药公司，并衍生出副产品 CatSip（猫咪的低脂牛奶）和 CurTail（某种狗使用的 Beauo 产品）。Klingerman 声称将继续萌发创意并将档案柜装满“创意和题材”。

毫无疑问，概念生成应该是一种积极主动的而不是消极反应的过程。没有多余的时间可以等到事情发生了才去想该怎么做。

4.5 已生成的新产品创意作为重要来源

附录 A 列出并讨论了已生成创意的最常用的来源。经验表明，产品创新有 40% ~ 50% 的创意都来自已生成的创意（见图 4.2）。许多企业利用正规的方法，从顾客及外部利益相关者如供应商那里去寻求创意。用户工具箱（user toolkit）、众包（crowdsourcing）、领先用户分析（leader user analysis）等都是获取顾客创意的很有价值的方式；许多公司建立了一个开放式创新（open innovation）的框架来获取广大外部伙伴的创意。下面我们逐一讨论这些方法。

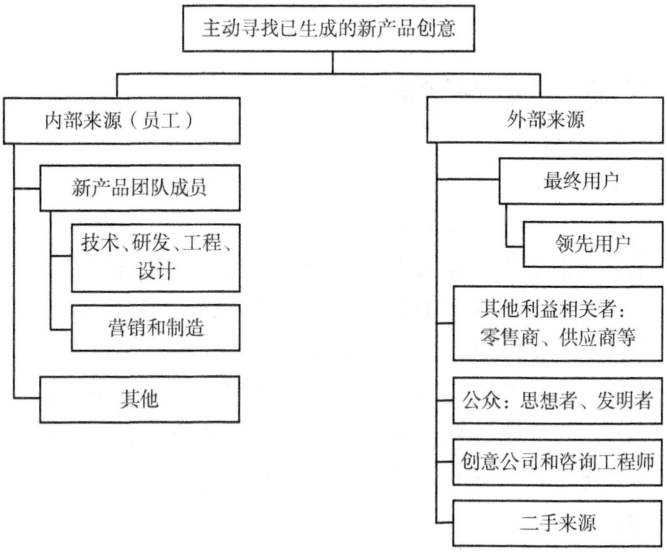

图 4.2 已生成的新产品创意的来源

4.5.1 用户工具箱

一些企业正逐渐开始使用用户工具箱，这是一种正式的方法，在某种程度上把创新任务变成用户自己的任务。工具箱是一套用户友好的设计工具，用户可以根据对自己需求的理解，设计一个最适合他们的定制化产品。这个定制化设计的产品可以随后直接进行制造或生产。

很多人都熟悉产品配置器（product configurators），这是一种简单的用户工具箱。你可以在 www.fiat500.com 网站上“制造”你自己的小汽车，或者在 www.dell.com 网站上“组装”你自己的笔记本电脑，或者在 www.nikeid.com 网站上设计你自己的跑鞋。这些产品配置器允许用户对一些组件自行组合与搭配（对于小汽车来说这个指的是发动机排量大小、内装与外装颜色、轮圈盖、音响系统等），并基于此形成最终的零售价格。耐克公司甚至允许用户自己选择印在鞋子侧面或正面的信息（当然，用户不能要求打上“阿迪达斯”）。

基本上，很多企业都开始运用大规模定制（mass customization）。在某种程度上，一位用户就是一个细分市场。菲亚特公司的网站上一度声称集中了超过 50 万种不同的组合品，几乎可以确保新订购的车与其他任何一辆都不同。可口可乐公司有数百个各种口味的苏打水，让顾客可以自由混合，尝试新组合。这不仅仅是一种大规模定制的形式（顾客可以调配独特的口味组合），可口可乐还在追踪顾客的选择，观察哪种组合更受欢迎，并从中获得未来的新产品创意。

用户工具箱不仅仅用来获取消费者的最终创意。例 4.4 显示了两家公司在 B2B 条件下如何运用用户工具箱：国际香料香精公司提供网络版用户工具箱来设计加工食品的特殊香料；3M 通信机箱部提供给客户计算机辅助设计（CAD）程序，自行设计通信机箱，然后在 3M 的协助下重新调整，直到完成理想的设计。

例 4.4　用户创新工具箱的两个案例

国际香料香精公司（IFF）

该公司生产食品加工的特殊香料。一般来说，用户会提出类似“添加于豆制品的肉味香料”的需求，然后 IFF 就会开始制作。可能会在一周内把样品送给顾客。问题是，用户对初期样品并不完全满意，却又很难准确描述出他到底想要什么。这就需要来来回回重复好多次用户才能满意。这对 IFF 来说相当困扰，它希望一次就能让用户满意。

为了解决这个问题，IFF 创造了一个网络版用户工具箱，有一个香精数据库，也有进行混合与修改的设计选项。在工具箱中并不提供真实的化学配方，以保护 IFF 的知识产权。用户现在可以自行设计香料，将设计输入之后几分钟就可以得到样品。用户可以通过计算机屏幕上简单易懂的操作界面，很容易地做出判断，直到满意为止。

3M 通信机箱部

3M 公司的该部门为通信公司制造机箱，如 Verizon，用于安装外部设备。过去，通信客户企业会把将装进定制化机箱的设备交给 3M 公司，3M 公司就可以用 CAD 程序设计出合适的机箱。客户在检查设计时，往往会重新构思设备需求以及其他规格要求。和上一个例子一样，会重复出现多次。

3M 公司的解决办法是，提供给客户一个易用版的 CAD 软件。（为保护知识产权，只提供部分用户界面的软件给客户），顾客输入需要的设备以及其他规格，然后运行程序，可以自行反复调整直到满意，之后将完整的设计寄回至 3M，3M 就可以马上生产产品了。

消费者喜欢自己去设计产品和服务吗？消费者愿意多付一点钱来购买自己设计的产品吗？如果工具箱使用起来有趣、简单，答案似乎是肯定的。产品研究者 Nik Franke 及其同事发现，顾客愿意多付钱买自己设计的手表（不一定是最好的设计），因为更适合自己独特的偏好。Franke 的另一个研究是针对用户自行设计的头巾。研究表明，如果顾客喜欢使用自己的设计，付款意愿就会高很多。此外，越来越多的顾客认为自己设计头巾很有成就感。但这些都是简单的消费性产品，对用户而言，利用用户工具箱定制 B2B 产品具有很大的挑战。比如，如果没有提供适当的训练，学习使用示例 4.4 的香料工具箱会相当困难，会为“压力很大”或“太困难”这样的负面情绪所影响。现在我们尚未找到解决办法，但企业产品制造商可以从消费性产品的案例中学习。

4.5.2　众包

很多企业最近开始通过互联网获取顾客的产品创意，这种方法很有效率。这种开放式的征求创意的方法被称为众包（crowdsourcing）。戴尔公司的创意风暴（Idea Storm）项目鼓励消费者在网络上提出新产品和现有产品改进的创意，并成功地从全球搜集到了超过一万个创意。据报道，苹果公司采用众包方式搜集 iPad 的创意，该公司对顾客的评论与博客进行监测，并从数据中找寻顾客心声，以理解潜在顾客最迫切的需求，不只是 iPad，还有 iPhone。

一个经典的众包案例是，Threadless 公司邀请用户在公司官网（www.threadless.com）上提交 T 恤衫的设计，鼓励用户投票选出自己喜爱的设计，之后公司就生产并销售这款设计。因为新产品的知名度完全是在网站上产生的，在线社群也成为这款 T 恤衫销售的重要渠道。另一个众包的案例是，荷兰 9292 旅游信息网络公司发现一个开发一款整合公共交通时刻表的 App 的商机，该公司决定利用应用程序开发社区（该社区的主体为大学生，他们手里有很多 App 的准正式版本），这对于一家以前一直在内部完成所有开发流程的公司来说，做到这一点相当不易。该公司在 2009 年举办了一场大学生软件开发大赛，竞赛主题为基于多个平台的公共交通时刻表 App，获胜的大学生除了获得奖金外，还得到该 App 销售收入的分成以及在该公司兼职的工作，条件是将这个 App 授权给该公司并作为 9292 公司的一个产品使用。

B2B 市场也有很多众包案例。Innocentive 为很多大型制药企业提供技术众包服务，比如礼来公司和众多消费产品企业通过 Innocentive 向能找出最佳解决方案的技术专家支付酬劳。当 Netflix 公司需要一个算法用于根据过去收视行为推荐电影时，就通过众包进行竞赛。我们在下一章将进一步讨论在线社区的使用。

值得注意的是，运用用户工具箱以及众包的方法，能生成一些适当改进的产品，但产生不了新问世产品。此外，典型用户很少产生企业很容易开发成为实质产品的创意，产品开发专家（或有经验的用户）对于是否可行的看法比较实际，最终用户的作用也会因行业不同而有所不同。比如，科学仪器和工厂加工设备制造商大多数成功的新产品最初都是来自顾客的，但聚合物及塑料化学添加剂行业的顾客则很少或根本不提供建议。

4.5.3　领先用户

许多公司从其领先用户（lead users）那里诱发新产品创意。领先用户是指那些代表着当前显著趋势（比如通信产业的光纤）的顾客。领先用户，不论是企业还是个人，都具有这样一些特征：站在趋势的最前沿，对所面临的问题有最好的理解，并期望从对这些问题的解决方案中获得显著利益。尽管领先用户较容易识别，但他们很可能只是门外汉，并非专业人员。而且，如果他们真的是领先了，他们认为自己已经把这些问题解决了，而从趋势演化的角度看，他们的解决方案未必持续有效，新产品开发人员需要与他们一同工作来发现下一个问题。

领先用户对于新产品创意的生成特别有帮助，因为他们的工作模式就是“问题—发现

—解决”这种类型，这种工作类型参见第 5 章。比如，假设你的企业是专门生产极限运动用的滑雪板的公司，X-Games 等公司是竞争对手，虽然足球或高尔夫球等运动装备总在改进，但在设计类似高性能滑雪板这样的产品时，却有许多不确定因素，因为顶尖运动员随时都有可能想出新动作，继续朝极限推进。因此，你认为下一代滑雪板应该是什么样子的呢？短些？长些？轻些？重些？宽些？多点空气动力？多点弹性？你如何得知？去询问谁？你应该去找顶尖运动员，他们就是你的领先用户。运动员们往往不太在乎滑雪板的外观，而比较关心这个装备是否具备高水平的性能。与这些运动员合作，就能开发出突破性创新的新滑雪板，以满足这些快速变化的需求。更为重要的是，与一般用户相比，这些运动员还能很快地适应新产品，因此，对于加速新产品在市场上的被接受度也将带来很大的推动。选择领先用户有一些通用的规则，研究发现，领先用户有两个能产生具有吸引力的商业创新的特质：期望利益高及位于趋势前沿。

不管企业寻求帮助的是典型最终用户还是领先用户，有一个重要的原则，就是询问顾客要什么样的产出：他们希望该产品或服务能为他们带来什么？但通常新产品开发人员询问顾客的是：对于新产品改进他们想要什么？注意这两者的区别。顾客说他们想要低脂快餐、低盐罐装浓汤、无尼古丁香烟，但他们不会买这些产品！新产品专家 Anthony Ulwick 说，新产品开发人员总是被顾客“提示”，他注意到川崎（Kawasaki）重工在改进它的第一代 Jet Skis 时，询问了当前的顾客他们想要什么，大多数顾客建议增加坐垫的填充物，或做一些增加长时间骑乘舒适度的改进。没有人建议增加座位，尽管这一定是顾客期望的结果（增加舒适感）。当川崎公司为 Jet Skis 增加座位时，其他竞争对手早就已经这么做了。这个曾经是业界领导者的企业变成竞争对手的追随者。具有讽刺意味的是，川崎公司其实当时可以通过参照自家摩托车改进的过程来得到这个创意。例 4.5 就是另一个例子。

例 4.5 Cordis 公司如何将用户意见变成创新成果

总部位于美国佛罗里达州的医疗设备制造商 Cordis 公司，想要改进血管修复手术使用的气球。于是他们与心脏科医师、护士、医院管理者、其他健康专业人士等进行了一系列的访谈，以确认手术的前、中、后期阶段的需求及预期结果。被访谈人大多数同意“减少血管阻塞复发的概率是最重要的”。这项陈述导致了后续的血管修复手术支架的开发，该产品成为历史上成长最快速的医疗装置，在第一年便赚了大约 10 亿美元，并赢得了更多的细分市场：医师高度评价的“精准定位的设备”的市场需求、还有一些医师“加速完成手术”的市场需求。

微软公司在推出了被认为不具有用户友好性的 Vista 产品之后，寄托于 Windows 7 操作系统的目标，就是“让个人电脑更简单”，软件工程师们与典型用户和合作厂商一起工作，力图开发一个比过去更简单也更好的新操作系统，提供兼容性更高、更佳的远程操控系统并具有其他优点。在开发期间，团队在潜在用户中对 Windows7 进行了广泛的贝塔测试（参见第 15 章），并把来自典型用户的很多新创意纳入最终产品。为了强调这是聆听顾客建议的结果，Windows 7 的广告中也采用了用户的语言：我是一台个人计算机，Windows

7 就是我的创意。

确定某个行业能否从与用户合作中受益并获得产品概念，方式之一就是看看这个行业的顾客是否属于“发烧客”。比如，牙医、内科专家和农夫等，他们不只是有好的创意，同时也有产品原型，甚至可能已经为他们的朋友着手制造产品原型。事实上，研究表明，要找出高度创新的产品创意，向具备广泛多元观点和体验的最终用户讨教，是相当重要的。

据报道，克莱斯勒公司通过观察发现，很多收割机的司机都要自行安装一个大尺寸的水杯搁架，于是，公司产生出在其 Ram 小卡车上增设 1 000 毫升杯架的创意。有时候，观察顾客可以发现顾客留给公司去寻找解决方案的问题。一位克莱斯勒公司的工程师注意到，妻子在小卡车上设置儿童安全座椅，这让他联想到把儿童座椅整合到小卡车座椅系统中。克莱斯勒公司的产品增加了这一设计功能后，非常受欢迎。同时，将你自己当作竞争对手，或者当作自家产品的顾客去考虑问题，你同样可以发现顾客的问题和需求。一家制造收款机扫描系统的公司，员工每年有几天的工作就是要扮成结账的顾客，以便获得产品的真实感觉并发现可能存在的问题。通用汽车公司要求他们的员工在洽谈公事时租用本公司的汽车，但是这样也会失去将自己产品与竞争对手产品在实际使用中进行比较的机会。

许多企业在新产品流程的早期阶段，便让最终用户参与到新产品团队中，以获取他们对新产品创意的输入（参见第 14 章），这样做就直接把用户的需求和问题搬上台面。但在有些公司不是等着顾客提出问题，而是让他们直接动手做，用原型表达他们的创意。现在，在 IT 领域，特别是计算机和通信行业，最终用户就是高手。

4.5.4　开放式创新

新产品开发领域中最值得兴奋的新进展，是许多企业采用了开放式创新（open innovation）的模式。开放式创新的定义是，公司向外部搜寻研究、创新、新技术、新产品的过程。开放式创新的第一位倡导者是 Henry Chesbrough，他认为这是一种创新的新范式，公司在战略层面运用外部的知识来提高创新的绩效。开放式创新已成为 21 世纪的主流创新模式。

长期以来，公司从外部获取自己欠缺的技术，是基于必要性的角度。外包十分普遍，比如制药行业，从新药发现、开发，到主管机关批准，再到上市，要花费巨大成本，礼来公司和葛兰素史克公司等顶尖制药大厂都把大量的新产品研究外包。在开放式创新政策下，公司开始了解到许多技术知识要从外部获得（也就是说，并不是所有聪明的人都在公司内），以弥补内部资源的不足，并加速创新。随着全球竞争愈发激烈，获得一个创新池是十分关键的。最终结果是，所有合作者的价值都得到了提升，而且，开放式创新并不阻碍知识的流通。企业往往难免会投资一些最终并未采用的创新，比如，有的创新并不符合其商业模式（business model）。有了开放式创新政策，公司可以将这个创新分拆出去（销售使用权给有意愿的买家），提供授权、成立合资公司，或者其他能从中获利的方式。

开放式创新并不意味着公司要把研发外包，相反，其目标是与不熟悉的研发伙伴接触，并且使研发全球化，以对内部开发的知识进行弥补。通过与外部公司合作，创新型公司能以小博大并对自己的研发项目及产品开发人员给予支持。在某种意义上，知识产权在开放式创新中，就像该公司建立并执行其商业模式的某个模块。公司能够从合作伙伴中获得知识产权来支持其商业模式，公司也可以从自己不使用的知识产权中获利（假设其他公司想使用的话）。除了这些明显的杠杆方面的优点外，公司也可拥有更多的创新创意供选取，还可以通过与掌握相关技术的企业合作，加速新产品流程，降低获取知识产权的风险。

有效的开放式创新，关键是选择最佳的合作伙伴。研究表明，创新型企业基于技术、战略和关系等对潜在的合作伙伴进行评估。合作伙伴之间的高度互信也是成功的关键。

与传统的封闭式创新相比，开放式创新是有价值的模式。封闭式创新模式允许内部（营销或战略规划的输入）及外部（顾客意见或市场信息）参与。开放式创新模式，在产品创新模糊前端，企业寻找外部资源已不只是为了解决输入——未满足的需求或未解决的问题，现在，投资人、初创企业、多元来源或技术（独立的、政府的、工业实验室的）都是企业寻求的可能的合作伙伴，或是撬动内部产品开发的基础。一个已经实现产品商业化的企业，也可通过开放式创新取得技术，更容易实现产品迭代。

虽然开放式创新源自高科技产业，但应用于非高科技产业的情况也越来越普遍了。两个最重要的开放式创新案例是宝洁公司和金佰利公司。宝洁公司在 2000 年经历了多次创新失败和股价低迷的困境。当时，接任的首席执行官雷富礼认为，问题出在宝洁的封闭式创新模式，于是他采取了联发（connect and develop）的开放式创新政策。这个政策是，超过 50%的新项目必须至少包括一个外部伙伴。这一变革很快就产生了成效：宝洁公司与法国的合作伙伴进行了伤口护理的研发，共同开发出了欧莱雅（Olay）新生焕肤霜。宝洁公司还将 Mr. Clean 商标授权给合作伙伴，制造清洁手套、拖把及汽车清洁品。例 4.6 描述了两个成功的开放式创新案例的细节。

例 4.6　开放式创新的成功案例

高乐氏公司与宝洁公司在清洁产品领域是强劲的竞争对手，但在其他方面，则是开放式创新的合作伙伴。宝洁公司在塑料技术上有专利权，其强力塑料薄膜技术应用于高乐氏公司的两项产品 Glad Pressh Seal 及 Glad ForceFlex 塑料垃圾袋上。宝洁公司带入其全球营销的专业技能，而高乐氏公司则贡献了其 Glad 的品牌权益、在塑料及树脂上的研发知识等。由于这个开放式创新的伙伴关系及宝洁在塑料技术的关键贡献，Glad 的销售额在 4 年内增长两倍，同时 Glad 变成高乐氏第二个达到 10 亿美元营业额的品牌。

卡夫食品公司为其规划的 Tassimo 饮料机寻求开放式创新的伙伴。虽然公司拥有食品知识、供货商及销售渠道，但在咖啡机开发与制造方面需要获得协助。它评估不同的家用电器制造商电器产品的制造与研发能力、品牌价值的兼容性、文化匹配性及事业部战略的一致性的同时寻求能认同卡夫公司对质量、责任等态度的合作伙伴，最后选择了博世公司及西门子家用电器公司。

联发式开放式创新已经帮助宝洁与外部合作伙伴达成了超过 1 000 项的合作协议。金佰利公司的开放式创新伙伴包括大学、医疗保健公司及包装产品制造商。实际上，联发（壳牌、卡夫公司也有类似项目）是众包与领先用户分析的混合形态，即邀请消费者、发明者及创业家在线上提出新创意。

在与新伙伴建立关系时，金佰利公司首先会仔细考察对方的战略匹配、愿景、使命和文化，以选出最佳合作伙伴。金佰利公司还建立了一支风险投资基金，这样就可以获得合作伙伴的股权。金佰利公司开放式创新产生的创意包括：SunHealth Solutions 公司生产的贴在 Huggies Little Swimmers®的 Swimpants 包装上的紫外线光敏标签，让家长注意避免孩子暴露在中波紫外线辐射下。

开放式创新的另一个应用案例是在制药行业。默克药厂设立了默克基因索引库（Merck Gene Index），资助大学进行基因标记的研究。后来证明，这对医药开发有重大的帮助。默克药厂公开了基因索引库，允许任何有兴趣的研究人员使用。默克药厂为什么要这样做呢？绝对出于战略考虑：表面上看，默克药厂失去了对这些基因标记的权利，但也因此阻挡了小型生命科技公司自己去注册这项专利。如果小型公司也注册了某个基因标记，会导致默克药厂无法进一步开发可销售的新药。默克药厂通过开放这些（基因标记）资源，能从基于这些基因标记的化合物的下游产品中获利。

丹麦玩具制造商乐高公司，实施了一个开放式创新系统，以从顾客那里产生创意。公司管理层认为，新型机器人积木系统是极具潜力的新产品。依靠乐高的品牌知名度及可靠、高质量的商誉，乐高能够识别并吸引有见识的领先用户，让其成为新机器人的共同创造者。这种方式比进行早期版本产品测试的成本低。乐高与领先用户社群保持着良好的互动：参与者在封闭的网络论坛和博客中，可以分享、改善甚至购买产品创意，公司也会邀请参与者实地参观生产设施，吸引大家关注、创造良好的口碑，最后产生出稳定的、高度参与的在线社群，帮助乐高机器人系统成为有史以来最成功的产品。

耐克公司运用开放式创新的架构，与合作伙伴苹果公司及顾客共同创造 Nike+。Nike+利用苹果公司的专业技术，让跑步者能监测表现、设定目标、检验达标率并挑战其他跑步者。某些 Nike+跑步者也成为领先用户，他们运用 Google 地图尝试追踪其跑步路径。随后，耐克公司就在 Nike+中加入了地图追踪功能来响应这个需求。耐克公司宣称，其跑鞋市场占有率提升了 10%，获利超过 5 亿美元。

荷兰飞利浦公司采用一个有趣的方式进行开放式创新。公司在新加坡开设了一个名为 InnoHub 的设施，提供公寓、时装店、医院及办公室和工作区域等仿真环境，最终用户、产品开发人员和合作伙伴在这个环境中共同开发新创意，以便获得突破性的创新。比如，从时装店的展示镜产生数个创意：购物者在家中通过网络观看产品的视频然后上网订购；通过多媒体分享自己穿不同衣服的视频给朋友看。这一项目前 4 年吸引了超过 4 000 人来到 InnoHub 参与这项创新，用户与所见的概念产品进行互动，产生了更多的创意。

最后，开放式创新的另一种形式是在线系统。其中之一是 InnoCreative——一个网络社群，让科学家应对全球化研究的挑战。

在开放式创新政策中，公司必须保护知识产权。如果没有仔细挑选合作伙伴，可能会让公司与合作伙伴陷入危机。更糟糕的是，会因竞争对手侵权而产生官司诉讼。产品顾问建议，公司要尽早对潜在的合作伙伴进行调查，仔细确认所有意向书、协议备忘录及详细的协议内容。关于开放式创新的优点和风险参见例 4.7。

例 4.7　开放式创新的优势与风险

- 输入新创意可增加创新模块——创意和专业技术，使新产品总销量增加。
- 输出创意可获得现金（IBM 每年专利授权收入约 20 亿美元），能够改善员工的留任状况，因为具有创造力的员工知道好的创意会被输出，而不会被埋没。
- 输出创新的真实价值的信息。礼来公司提供制药授权，但如果外部无人购买，则表明新药价值太低。
- 输出清晰的核心业务。波音公司坚持设计和系统整合能力，常常找合作伙伴制造和生产。
- 有一定风险：并不完全以财务价值评估创新。问问施乐吧！
- 专有商业秘密也有可能会泄露给合作伙伴，即便不是有意的。
- 偷窃技术或挖角高级研究人员也是一个问题。

像宝洁公司和金佰利公司这些从事开放式创新的企业，也会调整其新产品流程。简而言之，新产品流程必须将外部开发的创意、知识产权、技术及/或商品化产品纳入进来。为了实现这一目的，需要对新产品流程进行全面的或局部的改变。在概念生成和评估阶段，公司要积极接触投资人、初创企业、创业公司，以及其他可能的开放式创新合作伙伴，并评估合作进行产品开发的潜在价值。在开发阶段，公司要寻求外部科学家及其他技术协助，以取得外部开发的创新或知识产权，来推进项目。正如所预期的，这还是一个企业获得目前尚未采用的知识产权授权的机会。最后，在上市或商品化阶段，公司将销售或授权这些新的商业化的产品以获取利润，或者收购已在其他地方上市的产品，以实现更大的扩张。

本章小结

第 4 章介绍了新产品概念的生成。首先，讨论了管理层要为概念生成做好准备，包括运用产品创新章程的战略指南、寻找和培训有创造力的人员，以及创造一个激励的工作环境。

接下来，讨论了概念的定义、范围、生成方式。概念是由技术、形式和利益等组成的，而且包含了能否与潜在购买者沟通的产品本质、能否进行测试。

在讨论了两种获取高质量新产品概念的途径之后，讨论了寻找已生成的概念的方法。许多公司都已在使用这个方法，所有公司或多或少都应该利用这个方法。本章还涉及一些法律问题，概述了一些可遵循的步骤来管理最终用户、领先用户、新产品流程外部员工等的创意。

第 5 章将讨论创造新产品概念最困难的方法（但截至目前也是最佳的方法）——基于问题的创意生成。

应用实践

（1）“我们中有许多人尝试从外部得到优秀的创意，但是他们必须小心谨慎以保证其合法性。我回想起去年秋天的澳大利亚之行中发生的一些事情。当时我碰到了一个人，我们公司的职员称其为职业间谍代理人。他雇用了许多坐过飞机的人来搜集国际航班头等舱中的趣闻，然后卖掉这些信息，每年的收入都会超过 100 万美元！我想要知道，应该在员工备忘录中提出什么建议，以便把竞争对手偷窃我们新产品信息的几率降到最低。”

（2）“公司内部的发明家很难对付。我们公司现在有一名物理学博士，她是一个优秀的聪明人，但是创新能力却相当糟糕。自从她 4 年前加入公司后，只有不到 11 条创意得到应用。尽管她的薪水很高，与其他研发人共同分享年度红利，去年甚至还得到了一笔 5 000 美元的特别奖励，但是她仍然觉得我们没有给她合理的奖励。坦白地说，如果我们没有办法将她的创意与职位挂钩，我认为她会离开。你认为她会争论什么呢？如果我这样做，应该如何安排呢？”

（3）“在这个创意满天飞的年代，一个名叫 Reuben Ware 的人的事业确实令我非常吃惊。这个人是佐治亚州 Savannah 公司的家具室内装饰的退休工人，他重新激活了一个自己从未涉足过的商业领域——生产并销售具有特别配方的地毯香波。看上去，他已经发明了一种配方，能够清洁地毯、衣服甚至窗帘上的任何东西（血迹、口红、污渍等）。这种香波销售了一段时间后就停产了，但是人们强烈要求继续购买，因此，Rich 的超市便资助他开发了更多产品。他说，他已经给产品选好了名字，叫 Aunt Grace's，因为他要给商标代理人按小时发工资，所以就接受了这个推荐的名字。当人们质疑他并不是一个化学家时，他答道：爱迪生是电学专家吗？说真的，当今世界上，除了昂贵的研发实验室的人之外，一个来自这些实验室之外的人，能够发明出比这个行业的任何一个实验室更好的配方吗？从 Reuben Ware 的第一个配方在 1965 年问世以来，他是如何保持领先的呢？”

案例　Pillsbury Grands！夹心饼干

通用磨坊公司是全球最大和最知名的食品公司之一。2012 年其全球营业额高达 167 亿美元。该公司在美国的零售业务包括七大部门，负责一系列知名品牌，如脆谷乐（Cheerios）、优诺（Yoplait）、贝蒂妙厨（Betty Crocker）和皮尔斯百里（Pillsbury）。另外，通用磨坊公司还设有国际部及烘焙与食品服务部。

通用磨坊公司的全球创意网络总监杰夫·贝雷尔斯（Jeff Bellairs）说：“当人们仔细考察开放式创新时，我认为有一种人才对创新过程十分重要，那就是联系者（connector），或联系创新者（connected innovator）。他认为，联系创新者是一个有能力建立良好的人际关系，并能从同事、上级甚至外部合作者处轻松找到解决问题的方案的人。联系创新者善于接受最初的挑战并想象未来，能以此得出最终成果。最近几年，通用磨坊公司的新产品团队通过与开放式创新商业伙伴的联合，开发了许多新的美食产品，包括 Yoplait 奶昔、Fiber One 90-Calorie 巧克力蛋糕（布朗尼）和 Pillsbury Grands! 夹心饼干。通用磨坊公司通过其 G-WIN 开放式创新平台寻找新的创新伙伴，与此同时，从过去的合作关系中寻找对新项目拥有所需技术的潜在伙伴。

通用磨坊公司开放式创新的一个范例是 Grands! 夹心饼干的产品研发和上市。Grands! 是一个新的热门的早餐饼干的概念，制作过程简单并快速。负责这个产品的新团队从 2010 年 6 月开始投入研发此产品。虽然通用磨坊公司的 Pillsbury 部门有足够的能力全部由内部自行研发完成，但有些因素促使公司使用开放式创新的合作模式。首先，当时通用磨坊公司的烘焙厂没有剩余的烘焙能力，无法在不影响主要产品生产的前提下再增加一个新产品的生产。其次，饼干配料是产品的一个重要部分，而通用磨坊公司认为由内部专门研发配料既费时又耗资。更重要的是，由于这是通用磨坊公司的第一款冷冻早餐产品，高层管理者认为完全由内部开发的潜在风险过高。基于上述因素，为了更快地生产出配料，公司决定寻找具有必备的烘烤专长的合作伙伴。

一家宾夕法尼亚州的烘焙公司 Better Baked Foods 曾经与通用磨坊公司合作过几个项目，其中最为著名的是一种名为 Tonino 的新式比萨的开发。虽然合作的 Totino 比萨项目最终未能成功，但通用磨坊公司与 Better Baked Foods 公司建立了牢固的关系，并对两个公司未来的合作发展达成了共识。Grands! 项目的研究员皮尤许·马赫士瓦瑞（Peeyush Maheshvari）在到 Pillsbury 部门之前曾经为 Totino 品牌工作过，由于他从前有与 Better Baked Foods 合作的经历，他立刻想到该公司是 Pillsbury 新产品研发团队在 Grand! 项目上的最佳合作伙伴。2010 年 9 月，Grands! 项目团队与 Better Baked Foods 公司开始接触洽谈，并在 10 天内开始启动项目。Better Baked Foods 公司的技术专长与通用磨坊公司的内部技术相得益彰，使得新产品在上市后很短时间内就大获好评，原定的产品开发预算也未超支。

在 Grands! 夹心饼干项目中，联系创新者的角色是什么？总而言之，你认为联系创新者在开放式创新中的角色是什么？如果换成另一个产业，如 B2B 产品、医疗服务或汽车，这个角色又将发生什么改变？杰夫·贝尔（Jeff Bellairs）说过，对于联系创新者而言，最重要的性格特征之一就是不屈不挠的精神。在为产品难题寻求实用的解决方案时，联系创新者将会不可避免地几次三番地听到“我们试过了”，但他绝对不能放弃。你认为，还有什么性格特征对联系创新者是极为重要的？这当中，最重要的是哪个？

案例 宝洁公司的地毯清洁刷

宝洁公司 1999 年上市的 Swiffer 除尘拖把，附有覆盖在扫把长方形顶端、可丢弃式布料的产品。这款产品能确保黏住灰尘，是清洁用具生产技术的一大进步。但有一件事 Swiffer 除尘拖把无法完成，那就是清洁地毯。由于大约 3/4 的美国家用地板都铺着地毯，这对宝洁公司来说既是特殊挑战也是一大商机。2003 年下半年，宝洁公司决定开发相关新产品，并把上市日期设定为 2005 年中。

宝洁与 IDEO，一家位于美国加州帕罗奥图市的设计顾问公司，有长期的合作关系。多年以来，两家合作过许多一次性项目，如牙膏管的改良设计。不久前，两家公司有意在创新产品上有进一步密切的合作。到了 2003 年，合作已经逐渐步入正轨，如品客 Print（薯片）及 Mr. Clean Magic Reach（附有可移动洗涤垫的浴室清洁工具）。虽然富有创意，但这些产品并没有真正打开新市场。宝洁公司委托 IDEO 公司帮助设计新一代地毯专用除尘拖把，可以说是迄今为止最有野心的合作项目，这将为宝洁公司开启一个全新的市场。

负责这个项目的宝洁公司化学研究人员是鲍勃·戈德弗鲁瓦（Bob Godfroid）。他在 IDEO 总部的第一天十分有趣。IDEO 首先拜访用户，询问现有扫把的问题并拍照，最终发现了顾客真正的需求：一个有效率、不会发出很多噪声且能把任何东西都扫起来的扫把。随即，在 2003 年 11 月，IDEO 进入深潜（deep dive）模式。大约 15 名 IDEO 的设计师到当地五金店买来了清洁地毯可能用到的所有用具，然后铺好几块地毯，竭尽所能把它们弄脏。当鲍勃走进会议室时，他注意到一位设计师正在用吸枪把灰尘吸起来，其他好几个人正忙着用彩色黏土球把尘土黏起来。他发现，整间屋子“看起来就像炸弹爆炸过，我不晓得最后会不会一事无成，而剩下一个堆满垃圾的房间。”

第二天早上，鲍勃拿起一把橡胶刀片刮脏地毯。灰尘及碎纸出乎意料地飘散在空中。转动不同的刀片角度后，碎片飘得更高了。其中有人就想到利用静电吸碎片。很快，鲍勃和设计师迈克·斯特拉瑟（Mike Strasser）就做出了一个原型，那是一个普通盒子，底部有裂缝模仿刮刀的动作。他们当场将这个原型命名为 Shagilator。最后，虽然 IDEO 还产生了许多粗糙却实用的原型，也能用来吸、黏或刮起污垢，但 Shagilator 却被一致认为最棒的创意。鲍勃回到宝洁公司的俄亥俄州总部，将 Shagilator 示范给技术总监吉尔伯特·克洛伊德（Gilbert Cloyd）看。他把谷片碎片撒在地毯上，顺利地用 Shagilator 把碎片扫起。被深深打动的克洛伊德签了一张数十万美元支票作为种子资金，让这个项目继续进行下去。

IDEO 公司的“深潜”模式与 Lickety-stick 方式（参见第 3 章）类似，不同之处在于，由公司设计师和工程师（而非顾客）试验和评估原型。IDEO 员工尝试了各种创意。效仿宝洁公司，有人甚至用品客薯片桶做出一个 Shagilator，压碎后倒出薯片，试着让罐子把碎片重新“吃掉”。2004 年年初，IDEO 设计出了更为精巧的 Shagilator 版本。IDEO 同时进行另一种新尝试，即从箱子中弹出可抛式清洁条，但因制造成本过高而未被采纳。

2004 年 9 月底，设计方案确定下来，原型开始在 350 个家庭试用。试用家庭发现该地毯清洁刷一个缺陷：无法清理头发或棉絮。虽然宝洁公司预定在 2005 年 8 月上市，但却不愿在未解决头发和棉絮问题的情况下勉强上市。因此 IDEO 进行另一次“深潜”，买了棉绒滚轮、肥皂、钢丝球、胶水及能想到的所有物品。宝洁实验室的工程师同样也采取此了这个方法，他们认为使用胶纸是一种方法，但它会一直黏住地毯。最后，有人尝试着在胶纸上黏一根筷子（让胶纸不会碰到地毯）。这一次终于成功了：纸胶距离地毯有一定距离从而不至于黏住地毯，但足以黏起头发和棉絮。

接着，IDEO 又做了几个新的调整。地毯清洁刷颜色从 Swiffer 绿改为一种崭新的亮橘色，以强调新产品能清洁所有表面。此外，地毯清洁刷换上了“CarpetFlick”这个更为合适的名字。2005 年 7 月底，该地毯清洁刷准时在欧洲最先上市，接着销往世界各地。

IDEO 对于开发地毯清洁刷的贡献是什么？这其中有什么特殊贡献吗？宝洁公司采取了什么独特方式从中获益？宝洁公司如何运用其他方式产生符合此市场机会的概念？如果你将接任这个产品的开发创意顾问，你将如何进一步想出满足宝洁公司期望的新产品概念呢？

案例 Aquafresh 美白牙托

本案例详细说明了葛兰素史克公司如何与小型制造公司 Oratech LLC 建立开放式创新的关系，并推动 Aquafresh 强效美白牙托（White Trays）产品进入牙齿美白市场。从某种意义上讲，这个伙伴关系看起来是绝配，也是开放式创新的教科书式案例。葛兰素史克公司注意到牙齿美白产品市场的快速发展，并在产品营销、零售和分销方面很有经验。Oratech 公司同样意识到了这个品类的潜力，已经开始进行研发，拥有许多专利及自行制造能力，但产品开发之路并不像预期的那样顺利。

宝洁公司 2001 年上市的 Crest Whitestrips 是市场上第一个成功的牙齿美白产品，但紧接着出现了多个竞争对手。虽然这些产品在市场上的反响不错，但是仍有频繁的用户投诉。最值得注意的是，用户觉得产品刚开始使用有些不方便，味道难闻，而且不干净。这让葛兰素史克公司发现了基于用户价值的市场机会。通过提供更好的牙齿美白效果，同时让产品更易于使用，葛兰素史克公司攻占了部分市场。葛兰素史克公司已经以 Aquafresh 牙膏产品线立足于口腔保健市场。公司管理层认为，只有提供较高的用户价值的产品，才配得上 Aquafresh 这个名字。他们同时认为，进入市场最有效方式就是与具有技术优势的伙伴合作。

Oratech 公司是一个小型制造商，已经在生产美白牙托并将其卖给牙医和其他牙科人员。它也发现了消费市场的发展潜力，但需要一个具备营销能力和品牌价值的合作伙伴。Oratech 公司在研究了一些潜在合作伙伴后，很快选择葛兰素史克公司合作开拓市场，理由是葛兰素史克公司除了具备与主管机构交涉的能力外，还具有营销和研发能力。

因为两家公司存在文化差异，问题在合作初期就一一显现。葛兰素史克公司这类大型全球化公司，有复杂的研发及管理标准文化，让 Oratech 公司觉得非常讶异。更出乎意料的是，两家公司的新产品开发流程也不同，Oratech 公司的新产品开发流程比较简单且有效率，是小型制造公司的典型模式。

双方合作顺利，前后约 18 个月新产品就预备上市了。葛兰素史克公司面临着一些挑战，在研发后期须对一些典型问题做出关键决定，例如，是否牺牲质量或让产品延后上市等。这点小挫折并未让葛兰素史克公司退却，它竭力把为用户提供 Aquafresh 品牌名下的优质产品的承诺放在首位。Oratech 公司的经理对于葛兰素史克公司对于所做出承诺的严谨和顾问在开发过程中尝试解决问题而又不延误开发进度的认真，都留下了深刻的印象。Oratech 公司营销业务副总监考特·安德森（Scot Andersen）说：“葛兰素史克公司对待品牌产品的专业谨慎态度，也促使我们完善了自己的流程。”

Aquafresh 美白牙托在 2007 年年初上市，顺利突破预估的销售量并逐渐成为牙齿美白行业中的顶尖品牌。双方公司的总经理一致认为，新产品开发流程中双方开放性的沟通是成功的关键。开放性的沟通形成了这样的现象：如果一方遇到制造问题，另一方就能找到解决方法。例如，在牙托的制造过程中，葛兰素史克公司偏好使用单独齿模，但也清楚这样会增加制造时间和成本；另一种解决办法是中空成形再切割，但会造成牙托边缘有瑕疵。Oratech 公司则发挥其专业制造技术及知识，想出了修剪边缘的方法，最终生产出理想的成品。相应地，Oratech 公司对于葛兰素史克公司的员工（包括高层主管）清楚掌握整个新产品流程感到十分惊讶，以该公司的规模来说，很难彼此会有如此密切的关系。

Aquafresh 产品在市场上成功的原因是什么？请注意：宝洁公司和高露洁公司也拥有与葛兰素史克公司相当的规模和专业知识，也有类似的产品，而且也都能轻松应对 Aquafresh 品牌的竞争。总而言之，如果要进行开放式创新，我们该向葛兰素史克公司及 Oratech 公司学习什么？

第 5 章

发现并解决顾客问题

5.1 引言

第 5 章专门讨论目前所知的最有效的概念生成体系——基于问题的发现并解决顾客问题的方法。这种方法看上去简单容易，只要询问顾客的问题是什么，然后由一位科学家给出解决方案，但是，实际并非这样。

仅仅让顾客参与进来就十分困难，了解他们的问题中最不容易解决的部分就更加困难了。导致这种困难的部分原因是，顾客本身常常对他们的问题并不十分清楚。在这种情况下，企业的很多部门都需要参与进来，不只是技术部门。回顾一下第Ⅱ篇图Ⅱ.1 中有关基于问题的流程进行概念生成的内容，并思考一下，基于问题的创意生成与其他获取新产品概念的方法是如何相匹配的。

询问一下产品经理们，你就会发现他们相当积极地致力于识别顾客的问题，并想出如何用最好的方式解决问题。对他们来说，这是充满乐趣又令人兴奋的工作。以玩具公司为例，一个极富创新力的玩具公司意识到，它不能只询问孩子们觉得手里的玩具存在什么问题，更要观察孩子们在房间里如何玩各种玩具，观察对于孩子们来说游戏时还缺少什么、孩子们又是如何解决的（比如，用箱子当作玩具车的车库）。此时，你的点子就会随时迸发出来！

5.2 内部概念生成的整体系统

每个创意生成的场景都是不同的，会因紧迫性、企业的技术、针对的顾客、产品本身、可获得的资源等因素而异。不过，总体来说，最有效的方法是基于问题的创意生成，而且能够根据各种实际情况来完善（有关步骤见图 5.1）。

这个流程，开始于情境研究，采用各种方法进行问题识别、筛选产生的问题、进行概念陈述，然后进入评估阶段。整个体系需要那些拥有有价值的信息的相关方紧密参与，包括最终用户、建议者、金融家、咨询顾问，以及建筑师、医师等其他专业人群，还可能包括经销商，甚至一些非用户，他们都有可能为我们提供有价值的信息。

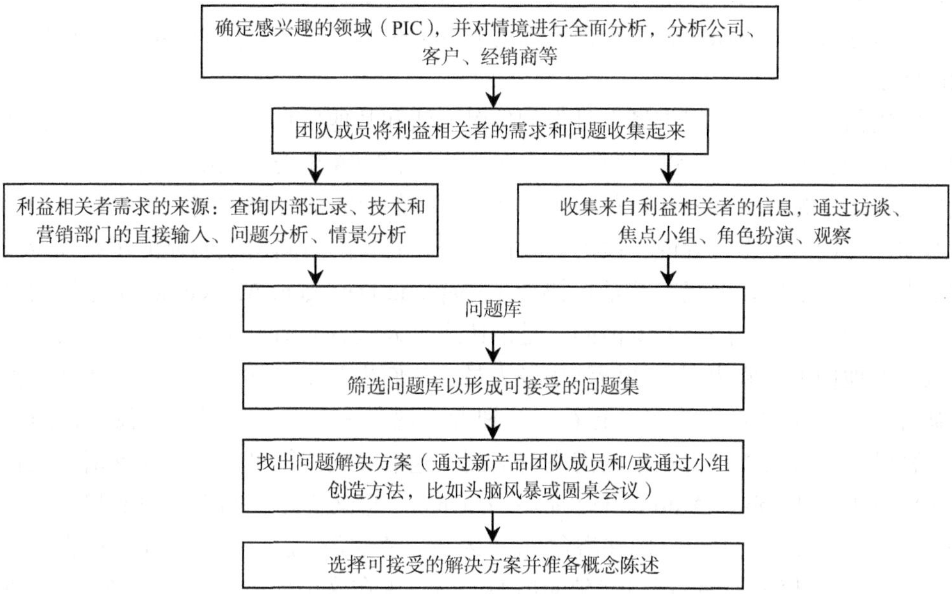

图 5.1　基于问题的概念生成

回顾一下第 2 章，新产品失败的首要原因是不了解潜在最终用户的感知和需求。如果我们的开发流程能从最终用户自身的问题/需求开始，更重要的是感同身受，那么我们就能找到最困难的问题的答案。幸运的是，现在的组织与利益相关者之间的距离已经越来越近了，但是对于高度机密的新产品，让利益相关者融进其中还是相当难的。因此，在这一点上，我们要像客户满意度经理那样去做。

5.3　收集问题

图 5.1 列出了利益相关者需求和问题的 4 个来源：内部记录、技术和营销部门的直接输入、问题分析、情景分析等。以下我们分别讨论这 4 个来源。

5.3.1　内部记录

需求和问题最常见的来源是组织在市场中与顾客及其他人的日常接触。比如，每日或每周的销售拜访报告、客户或技术服务部门的发现、经销商的提示等。销售文件中充满了顾客和经销商的建议和意见，质量保证文件会揭示问题所在。除了这些日常接触，企业还可以进行正式的市场调研来收集顾客满意度信息。这类研究意义很大，正如全面质量管理团队的工作文件那样。

工业品和家庭日用品的消费者有时对产品会产生一定的误解，并错误地将其所想的反映在产品使用中。因此，投诉文件成为一个反映用户心理的方法。处理好用户抱怨的方法之一，就是提供免费的客服电话或投诉网站，这有助于解决投诉问题，并促成新产品的产生。工程师等人员可以抓住为用户提供上门服务的机会，第一手地观察用户在使用产品时遇到的问题。

在收集信息时，如果将市场上日常的接触方法和其他信息收集方法相结合，比如问题解决方法或顾客调查方法，将会产生十分好的效果。2006 年美国庄臣公司的一份顾客研究发现，大概 1/3 的房主每个月只花一次、甚至更少的时间清理淋浴间，理由是打扫太难、太费时间。超过一半受访者说，他们只有在等到能看见淋浴间出现明显的污垢或垃圾时才会去清理。几年之后，肥皂与清洁剂协会（Soap and Detergent Association）进行的另一项调查发现，拥有一个“闪亮的淋浴间”是最让房主人满意的清理工作之一，因为调查时大部分人都说他们不会雇用管家或清洁服务人员，他们想要亲自动手完成这项工作。把内部顾客研究和行业协会研究放在一起看，管理者发现了一个有巨大潜力且没有被满足的需求：一种可以让清洁工作更轻松的浴室清洁剂。这个发现使得可擦洗泡沫淋浴头的自动清洁剂（Scrubbing Bubbles Automatic Shower Cleaner）应运而生：与淋浴蓬头接在一起，只要按下按钮，就可以毫不费力地在浴盆/淋浴区洒满清洁剂。这是庄臣公司之前在市场上受欢迎的可擦洗泡沫浴室清洁剂自然延伸出的产品，现在这个新产品已经很受大众欢迎。

5.3.2 技术和营销部门的直接输入

营销和技术人员的重要职责之一，就是了解最终用户和利益相关者的想法。他们中的很多人已经把时间花在消费者和最终用户身上，有的人所花费的时间甚至长达几年。营销和技术两个职能部门的代表，应该和他们的同事讨论并找出问题的每个症结，他们应该主动开展这个工作，因为大部分同事都相当忙碌，所以肯定是“你打电话给我”。

管理者需要知道，这里所说的技术人员可能存在于公司的任何地方，不只是研发或工程部门，他们可能在制造、技术服务和法律事务部门。销售人员也不只是在营销部门，这一点常常会被忽略。

采用公司内部人员来汇报顾客问题这一方法，存在的问题是：① 每个建议常常是员工个人对于顾客问题的感知；② 每个建议都会带来一个相应的解决方案。事实上，有时我们必须询问顾客想要什么样的新产品，并问为什么。在这里，我们最想知道的是“为什么”。

存在的问题还包括实际进行搜集工作的时间性和困难性，使我们更加依赖主动搜寻利益相关者的问题，也就是说，和所有利益相关者直接进行接触，询问他们所遇到的问题和需求分别是什么。虽然上述所有的市场接触和搜寻方法都能帮助我们收集到有用的问题，但我们通常所说的与用户直接接触的方法就是指问题分析。

5.3.3　问题分析

每个产业、每个企业、每位著名经营者的故事中，都会提及一些关键时刻，即某个新产品或新服务成功地抓住了当时其他人并没有意识到或不重视的关键问题。但是，问题分析并不是一种简单的用户问题汇编，尽管我们经常采用问题库（problem inventory）一词来描述这类方法，但问题入库仅仅是开始，分析才是关键。

正如一位广告公司高管所说，如果询问人们对一个新房子有什么需求，同时还询问他们现在的房子有什么问题，你会发现，回答这两个问题所罗列出来的清单有明显的差异。如果你继续观察他们的后续行为，就会更清楚地发现，问题清单的预见性要远远胜过需求清单。用户会从已有产品的视角表达他们的需求，而问题则不受产品本身的局限。因此，当你询问一个人需要或想要什么样的洗发水时，得到的回答会是“清洁秀发，柔顺头发”之类，这些回答反映的是最近市场上的方产品所宣传的突出功能。但如果换一种方法，你询问一个人“你的头发出现了什么问题？”，回答就可能会扩展到许多与洗发水无关的话题，比如发型或颜色。参见例 5.1 智能手机的例子，该案例列出了我们想要在问题分析中寻找的重点。

例 5.1　应用于智能手机的问题分析

以下是智能手机用户调研中的常见问题。试试看你能否将这些问题归纳为少数几个问题，并选择一个最大的问题，该问题对智能手机新产品开发人员最有建设性意义。

保持电话干净	电话号码很难查找
容易摔坏	其他杂音传进又传出
电池续航力不足	听说有健康隐患，是真的吗？
网络连接不好	没办法夹在耳朵和肩膀之间
网页的文字太小	我的手臂和耳朵疲倦
键盘太小，很难输入	有时铃声太大了，但有时我却听不到
网速太慢	手机是一件很干扰的工具
难以下载 App	我看不到对方的面部表情和肢体语言
屏幕上难以找到 App	打紧急电话时会慌张
在黑暗中无法找到	有人会在半夜打错电话
颜色或风格的选项太少	电话无法接到
通话到一半时没电	害怕铃声可能代表的意思
不确定对方能否听见我	避免听到“如果您想接通业务人员，请按 1”等
通话断线（突然掉线）	不知道何时打电话给别人是最佳时间

很多获奖的产品设计都源于运用问题分析这一方法。其中有这样一个案例，一些家庭提出关于烟雾和一氧化碳侦测器的几个问题：设计很丑陋，关闭很麻烦（要爬到椅子上）、警报很扰人，以及缺乏当遇到紧急情况该如何处理的说明等。为此，Coleman 公司研发出

了 Safe Keep Monitors 系列产品，具有美观且吸引人的外形及易触碰开关。Coleman 公司的一氧化碳侦测器有个盖子，当发生紧急情况时，打开盖子就会显示使用说明，这样在紧急情况下不必到处寻找使用手册。由于通过解决用户的真实问题来进行设计，Safe Keep 取得了很高的销售业绩。还有一个应用于 B2B 的案例，墨西哥一家大型水泥公司 Cemex 公司在进行客户调研时发现了一个之前一直隐藏着的问题：顾客会因为水泥没有准时送达项目地点而不高兴。于是，Cemex 公司抓住这一机遇，将自己重新定位成最准时的供应商——水泥行业的“达美乐比萨”。

James Dyson 公司非正式地将问题分析用于双气旋无滤网真空吸尘器的开发（见第 1 章）。现有的吸尘器在功效、可操作性、处理灰尘的容易性等方面，已经非常不令人满意，所以 Dyson 公司想要创造出一个更好的吸尘器。几年后，Dyson 公司制造出强劲的烘手机 Airblade，并进军商业市场，到 2009 年，它更进一步运用 Airblade 技术推出了风扇升级版。就像吸尘器一样，一般的家用风扇几十年来在设计上一直保持不变。Dyson 公司产品创新恰恰是通过快速且全面的问题分析实现的，Dyson 公司识别出了很多风扇的可改进之处。正如 Dyson 公司所说，传统风扇“旋转叶片会阻断空气流动，产生嘈杂的声音，不易清洗，而且小孩经常会想把手指伸进风扇中”。你还能发现更多的问题：风扇会翻倒，而且不节能。无叶片风扇，正如其名，目的就是要解决这些问题，它没有叶片，更安全、 更易清理，风流更顺畅。无叶片技术能有效降温，而且重心低、不易倾倒，这一功能特性以及“凉爽”的设计元素，可以与 Dyson 公司的其他产品结合起来。无叶片风扇在 2009 年年末顺利上市，虽然价格比传统风扇贵很多（大约 300 美元），但顾客非常喜欢这一款外观好和性能优良的产品。

注意，这个案例与之前的案例都需要高层管理者激励新产品团队在探索顾客问题时要能跳出他们的日常边界。

5.3.4 问题分析的步骤

问题分析方法有各种变形。但是通用的步骤是反向头脑风暴（reverse brainstorming）。在这一流程中，参与者列出一个当前在用的产品的关键问题清单，然后将这些问题汇集起来并排出优先级，以便新产品开发可以聚焦于最重要的问题。通常有如下步骤：

步骤 1

确定需进行探索的合适的产品或活动类型。如果产品创新章程的竞争领域中已经陈述清楚了用途、用户或产品类别等，这一个步骤就不需要了。

步骤 2

在所确定的产品或活动类型中，识别出一组重量级产品用户或活动参与者。重量级用户对问题有深入的了解，他们也代表了市场上大量的潜在销售对象。另一种方法是研究非用户，看看是否一个可解决的问题正在把他们驱出市场。

步骤 3

从这些重量级用户或活动参与者身上搜集与该类别相关的问题，并且研究产品使用或活动的整个体系。这就是前面提到的问题入库阶段，但比简单要求受访者列出他们的问题还包括了更多的活动。一个有效的方法是要求受访者打分：① 他们想从产品中获得什么利益；② 他们从产品中得到了什么利益。两者的差异就预示着问题。抱怨是正常的，而且人们对新产品总是有很多抱怨，这是因为用户倾向于追求完美，经常一遇到小问题，就会抱怨。一些企业已经成功地观察到了消费者或企业在既定情境下实际使用产品的情况，例如，观察正从山坡上滑下来的滑雪者，或正在处理邮件的办公室人员。

步骤 4

根据严重性和重要性，对问题进行分类与排序。虽然可采用的方法很多，但常用的方法如表 5.1 所示。采用的指标有：① 问题影响面，② 问题发生的频率。当用户对问题的当前解决方案知晓后，“困扰指标”（bothersomeness index）就得到了调整。本步骤可识别出对用户重要但尚未找到解决方案的问题。

表 5.1 对问题评分的困扰指标法

宠物产品制造商发现的宠物主人问题的简短清单。

	A 问题发生频率	B 问题困扰度	C A×B
需要经常喂食	98%	21%	0.21
有跳蚤	78%	53%	0.41
毛发脱落	70%	46%	0.32
产生噪声	66%	25%	0.17
计划之外的宠物繁殖	44%	48%	0.21

5.3.5 问题分析使用的方法

问题分析的通用结构，还包括如何搜集顾客问题清单。虽然有许多可以使用的方法，但这项工作仍然有很多困难。消费者/用户通常很难用语言把问题清楚地表达出来，因为对问题的了解不够深入，即使了解问题，用户也会因为害羞而不愿意说出来。人们研究出很多复杂的方法来处理这些问题，具体将在第 6 章讨论。

1. 专家

我们之前已经提到过向专家求助——基于他们对该产品类别的研究经验，把他们当作最终用户的代理人。专家可以是销售人员、零售和批发渠道的人员、支持产业的专家——建筑师、医生、会计师、政府官员、贸易协会人员等。比如，动物专家提出大象管理员在修剪大象等大型动物的指甲时，可能会在无意中被大象压死，所以现在 Elephant Hugger 在提供服务时，会先让大象侧身躺卧，加以固定，然后再开始修剪指甲。也有创新者将这个办法运用到长颈鹿束缚装置上。另一个例子，芬兰的诺基亚公司拥有 8 000 人的研发团队和管理者，他们搜集无线通信环境的信息并识别出主要的挑战，这有助于该公司通过引入成功的创新型产品来保持诺基亚公司的持续增长。

2. 出版物信息

如前所述，出版物信息包括产业研究、企业自己对相关主题的研究、政府报告、社会批评者进行的调查、大学科学研究等，它们通常是有用的。

3. 接触利益相关者

第三种是最有效的方法，就是倾听顾客声音，也就是通过访谈、焦点小组、直接观察、角色扮演等方法，直接询问家庭成员或企业客户。

（1）访谈。目前最常用的方法是直接的一对一访谈。既可以是一种大规模、非正式的、科学的调查，也可以是与领先用户进行讨论，这是一种概念生成方法（详见第 4 章）。领先用户通常先感觉到问题，而且有些人会自己响应这些问题。还有，访谈可能仅仅是在商业展会上与一些关键顾客交谈，虽然有些问题可能仅仅来自某一个人，却十分重要。电话访谈是取得新产品概念快速且有效的方式，并且能够确保目标受访者（比如专家或客户公司的一位高层主管）能认真回复，而不是一分钟草率地填答。许多最终用户对于他们所使用的产品并没有想得太多，通常只是将这些产品视为生活的一部分。所以在商业展会或电话交流中，即使一个很不正式的讨论，都能使我们重新思考，将那些通常不会想到的部分捡拾起来。

（2）焦点小组。焦点小组法（focus groups）是用来进行探索及深度讨论问题的一种方法，不但容易进行，而且不需花费昂贵成本。如果出现错误，也没有实质的影响。如果我们不是为了寻求事实或结论，而只是探讨问题是什么，那么焦点小组法就能有效地激励人们说出平常在一对一访谈中不愿意表达的意见。当小组中已经有人先认可存在这些问题，其他人再谈论这些问题就会变得很容易。

但是，即使只进行一次焦点小组会议，成本也还是有欺骗性的。通常一次焦点小组会议成本约为 3 000 ~ 10 000 美元。即使只花了 3 000 美元，在一次 2 小时的 10 人会议中，每位参与者都有 10 分钟的发言时间，平均需为每位参与者花 300 美元，也就是每分钟发言的成本是 30 美元，每小时发言成本高达 1 800 美元。如此高的成本，其效果必须要好！

虽然焦点小组法使用得相当普遍，但结果并不总是成功的，甚至很多是不成功的。焦点小组是一种定性研究（qualitative research）方法。与传统的调查不同，焦点小组依靠深度讨论而不是拼数量。在问题分析时，一个好的焦点小组应该问到如下问题：

- 真实的问题是什么？也就是说，如果这类产品不存在的话会怎么样？
- 焦点小组成员对这类产品当前的态度和行为是什么？
- 焦点小组成员所要求的产品属性和利益是什么？
- 他们的不满意、问题以及未满足的需求是什么？
- 他们的生活方式正在发生哪些与这类产品有关的变化？

在一个典型的案例中，日产公司组织一次 8 ~ 15 岁美国儿童的焦点小组会议，希望获得有关小型房车内部储存空间、置杯架及其他特别的创意以便纳入设计。

其他有助于确保焦点小组会议结果有效的建议，就是邀请科学家和高层主管参与到焦点小组中，同时要避免那些被称为“祈祷小组（prayer group）”的人参与：管理者坐在镜子后面祈祷听到他们想听的意见，而不是倾听用户到底说什么。必须保证焦点小组的人数规模，这样才能保证参与者之间的互动成功与协同。而且，别指望焦点小组的成员会喜欢你的产品！焦点小组的主持人知道，对待参与者要像舞会中对待陌生人那样，不能让会议冷场，要让参与者感觉舒适，并且让他们自我介绍。主持人必须真心地喜欢与人互动，问一些避免冷场的问题，分享自己的经验与做法，以便让参与者敞开心扉并产生信任感。

（3）观察。观察法源于社会科学研究，其中包含观察顾客（或非顾客）在他们所处的环境中如何使用产品。有时可以利用摄影或拍照来记录观察到的数据。新产品团队往往会仔细观察动作、肢体语言等，并试着识别顾客的需求和需要，让新产品的创意能够尽量满足这些顾客的需求。

在为化工行业开发一款新的革命性的手持设备时，Fluke 公司参加化工行业的商业展会，拜访顾客的工厂，与最终用户（设备工程师）直接进行非正式的交谈。这种研究方法在业内被称为“隐蔽的旁观者（a fly on the wall，墙上苍蝇）”或“共同生活一天”（a day in the life）研究。诺基亚公司将员工团队送到像乌干达这样的发展中国家，用大约 12 天时间了解手机的使用情况，发现在这些国家把手机共享出来是很普遍的，因此他们开始寻找使手机更容易共享的方法。

福特公司重新设计其热卖的运动旅行车 Explorer 时，曾经派设计师团队外出到停车场，观察车主如何使用他们的车。这些研究者的职责与观察动物自然栖息地的动物学家很像，在业内被称为“大猩猩研究”。在众多创意中，这项研究的提议是要更便于进入车内。同样，本田汽车公司的工程师和高层主管也曾经拜访过拥有福特休旅车的美国家庭，并发现许多车主把自己或邻居的小孩子放在前两排座位，而将狗放在第三排座位。如果这项研究在日本进行，研究者会因为不了解美国人对狗的热爱，而可能将乘坐空间设计得很小。

4. 角色扮演

虽然心理学长期以来倡导运用角色扮演法来增强创造力，但成功地运用该方法生成新产品创意的案例却很少。当产品用户无法将他们的反应用图像或语言表达出来时，角色扮演法的价值就凸显出来了。当消费者容易情绪化而不能或不愿表达其观点时，这个方法应该也比较有效，比如，在个人卫生领域。

遗憾的是，虽然用户是创意生成的最佳起点，这种或那种问题分析形式也在广泛应用，但大多数企业尚没有系统化的制度来充分利用这个来源。比如，Levi Strauss 关于铆钉牛仔裤的创意就是 1983 年从内华达州的某位用户身上得到的。所以，为什么不赶快建立制度呢？

另一种概念生成的方式是产品功能分析（product function analysis）法。产品能够用两个词来表达，一个是动词，另一个是宾词，比如，“清洁牙齿”的牙膏。用动词和宾词进行组合思考，就能产生新产品功能。利用这个方法，就可以产生数以百计的两个字的迷你概念，通过计算机展示给受访者，请受访者根据个人喜好进行评估。这样，就能识别出评价最高的概念，然后进行深度访谈，进一步探索当事人的感觉与创意。食品加工业在应用这个方法时，产生了很多新奇的迷你概念，比如欢乐食物、触摸食物等，但也产生了很多评价不好的概念，比如海绵食物、蒸发食物等。为了进一步发展这些概念，需要了解人们为什么喜欢这些概念。

5.3.6 问题分析法的实际运用

有一个很多年以来一直没有满足的需求，就是电影院里嘈杂的撕糖果包装纸声。电视名人 Gene Shdit 有一天早上在广播节目中抱怨撕糖果包装纸的声音，Hercules 公司的一位高层主管在坐地铁上班时无意中听到后，就请实验室开发出了无声的糖果包装纸。最后该公司没有使用什么特别的加热、防水及不透气技术，只用聚丙烯（polypropylene）就做出了此款包装纸。

丰田汽车公司、三菱汽车公司以及其他汽车公司，计划为抢占美国市场而重新设计运动型旅行车。通常，在前一款车的销售不如预期后就会开始进行改良。比如，丰田 T100 在美国销售不佳，研究发现，原因是车子太小了，之后公司研发出了配备 V8 引擎、乘坐空间大到足以让乘客“戴上超大牛仔帽”的 Tundra，其热销程度可想而知。

最后，问题分析的持续进行，对于识别全新的紧急问题和持续改进非常重要。达美乐比萨就是一个例子。几十年前，该公司创始人发现市场上有一个未满足的需求：快速、可靠的比萨外送服务。对于加夜班的顾客来说，只要比萨送来的速度够快并且是热的，比萨只要达到中等品质顾客就会很满意。好几代的顾客都知道达美乐公司的“30 分钟内送达，做不到免费”的服务承诺。但是到了 2009 年，外送服务竞争逐渐加剧，Papa John's 等竞争对手都取得了巨大成功，甚至传统的必胜客连锁店也开始外送服务，仅靠快速、热腾腾已无法满足消费者的需求。达美乐公司通过焦点小组发现，顾客对口味有很多意见，而且大部分是负面的。公司经理 Dan Boyle 决定安排一个新产品团队来开发全新的美味比萨。于是，营销部门的员工采用焦点小组和其他研究方法来获取顾客的意见，食品开发人员在这一过程中尝试了几十种的酱料、饼皮、奶酪，并推出了全新食谱来满足顾客的要求。尽管这种彻底改变战略的做法存在风险，就像新可乐（New Coke）事件那样，如果顾客在新产品上市后想要旧产品怎么办？但是，新口味比萨就是市场想要的产品。我们将在第 7 章再次讨论达美乐（Domino）的案例。

5.3.7 情景分析

到目前为止，我们已经讨论了企业内的技术和营销人员在顾客问题中寻找创意，也讨论了从众多的文档和记录中发现顾客关心的事情，还讨论了问题分析。第四种常用的利益相关者需求的来源（见图 5.1）是情景分析（scenario analysis）法，该方法之所以有效，是因为我们要发现的理想问题，是顾客或最终用户此时虽然有但自己都不知道的问题。就像曲棍球明星 Wayne Gretzky 所说：我不是滑向冰球所在的位置，而是滑向冰球将要在的位置。同样，我们也应该领先顾客一步，预料到他们的问题。

一个关于未来的问题，一定是一个好问题。因为在访谈和焦点小组中发现的大部分问题，也都已经告诉了竞争对手和任何一个想知道的人。商品和服务的供货商一直致力于发现未来的问题，比如，易碎的乐谱架和蒸汽盖满浴室镜子。我们应拿出一些时间去解决一个未来的问题，一旦时机成熟就可以将已有的解决方案推到市场上。

遗憾的是，最终用户通常并不知道他们未来的问题是什么，而且他们往往并不在意，至少目前不会在意。所以访谈并没有多大的帮助，这就是情景分析具有价值的地方。接下来，我们将讨论情景分析的基本原理。

如果我们要描述一下 20 年后的公寓生活，我们将看到，这个公寓将有许多窗户，阳光从窗户晒进来。如果家具制造商进行情景分析，就能够立即发现问题，比如，这些公寓的居民将需要：① 更防晒的新型室内装饰品，② 新型的椅子，能让住户在社交和饮食时，沐浴在阳光中。

情景分析的程序很清楚：第一，描绘一个情景；第二，研究情景以找出问题和需求；第三，评估这些问题，并开始尝试解决最重要的问题。理想的情景是一个“标准化的描述”，也就是该情景应该像一个故事：描绘未来状态的一个清晰画面，包含“情节”和一连串可信的事件。描绘一个情景，并不会直接产生一个新产品概念，它只是那些必须解决的问题的来源。实际上，如果能将若干个未来情景描述出来，对概念生成是极其有价值的。有创造力的人，能够将注意力放在最可能的情景，或可能尝试一个多重涵盖战略（multiple coverage strategy），对每个可能的情景都有一个专门的战略来应对。汽车制造商如果不清楚哪项发动机技术在未来将成为主流，就会同时开发汽油/电子混合、氢电池等多个不同的引擎技术。

情景（scenarios）有很多不同的形式。首先，我们必须将这两种情况区别开：① 通过当前情景的延伸，来了解未来可能会怎样；② 跳跃到未来，然后选择一个时间段并描述出来。两者都使用当前的趋势进行一些延伸，但跳跃法不受这些趋势的局限。比如，假设一个延伸研究可能是：目前，每年约有 0.9%的房主会把套房换成公寓。如果这一趋势持续 20 年，将需要 700 万套公寓，意味着将会产生供访客住宿的汽车旅馆的需求，因为这些访客无法留宿在亲友的小公寓中。这种乌托邦式的思考方式有时会被使用。相反，一个跳跃研究可能是：描述 2030 年德国某个主城区的生活状态，并与同样背景下法国的生活状态进行比较。

跳跃研究（leap studies）可以是静态的，也可以是动态的。动态跳跃研究的重点是，如果跳跃情景真的发生，现在和以后会发生什么改变，这段间隔期是最有意义的焦点。在静态跳跃中，我们并不关心如何到达那个情景。图 5.2 展示了一个和汽车经销商有关的动态跳跃期，在这之后，汽车经销商的服务不再出现问题。现在与以后之间的时间被逐步分解，以快速实现所需的技术突破，从而达到那个理想状态。再看另一个例子，一位专业预测者对 21 世纪的技术与生活方式进行了大胆预测（见例 5.2）。这些预测可以被视为在不久的未来的跳跃情景。如果不太牵强，这些情景可提供许多新产品的机会（哪个是给你的建议呢？）。

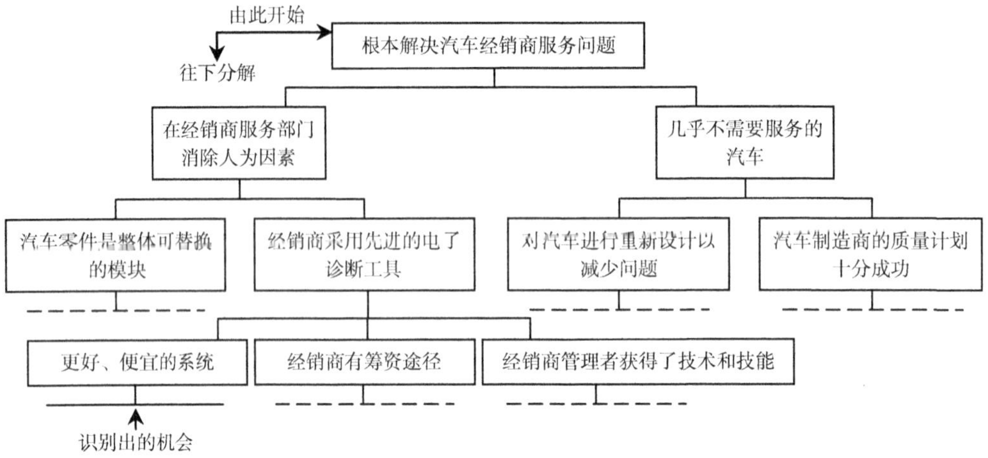

分析从这张图的顶端（预期未来的理想状况）开始。由此向下分解，每一层级展示的都是达到上一层级所需要的条件。关联树的各个分支可以根据已有条件向下再分解。在这个分析中，如果某个分支的条件并不存在，则意味着有产品创新的机会。在这张图中，只有几个分支是完整的，其中明显存在一些机会，企业可以开发一个更好、更便宜的诊断系统，为经销商使用（本分析只供展示使用）。

图 5.2　动态跳跃情景的关联树

例 5.2　一位专业预测者对未来的观点

Graham Molitor 是一位专业预测者，依靠普查文件、政府统计资料、贸易期刊和类似的出版物、周刊、新闻杂志及自己 40 年的经验进行预测。下面是他预期的 21 世纪的趋势：

对通信的投资会让更多人在家工作；到 2020 年，电话沟通和视频会议会大幅度取代面对面的商业会议。

因特网的使用会继续快速增长，美国人使用计算机的时间会远超过电视。手持可视电话会在 2025 年成为一匹商业黑马。

医学技术的突破会持续发生，改进的克隆技术会延长人类生命，计算机化的健康监测仪将被设计成可穿戴。

与健康和生活方式有关的伦理和社会问题将会继续盛行，包括安乐死、克隆、基因交换、生命工程。

传统的“核心家庭”会成为过去式，到 2020 年平均每户人数会下降到 2.35 人。

2050 年，1/4 以上的美国人会超过 65 岁。大字书、有声书，以及便于操控的汽车会变得更加普遍。

2100 年欧洲裔的美国人口会成为少数族群（低于总人口的 50%）。由于移民的持续增加，美国的多元性和多元文化会继续盛行。

2200—2500 年生物技术及相关生命科学产业会取代旅游业成为在美国的最大雇主。

制造业进一步全球化，资本密集型产业更多采用外包。有更多的电子商务，其将成为商业和工业的标志。

石油供应减少，价格上涨，到 2050 年电力需求将增加 4 倍。

这些预测，预示着将出现哪些新产品？新产品开发流程应做如何更改？其中有没有很难以置信的？

另一种方式是外卡（wild cards）研究，识别高影响力、低概率事件（见例 5.3，由 Arlington 研究所识别出的一个外卡集）。在一个外卡研究中，要评估这些识别出的事件发生的可能性，并讨论这些事件产生的威胁及可能带来的新产品机会。这些事件中，虽然每个事件都几乎不可能发生，但这并不表示你不用制订一个应急预案，特别是当这个事件可能会引发一系列影响创新的事件时。比如，一个自然灾害导致传染病暴发，造成国界封锁与隔离，从而严重影响航空产业。这里，关键在于要努力识别早期的外卡警告信号，通常这些信号可能存在于这个人的专业之外。

例 5.3　外卡事件及其结果

人类克隆：产生道德问题及可能因器官与组织克隆技术让人类生命延长。

碳排放政策：全球变暖可能会加大政府对石化燃料的征税，增加对其他替代能源的需求。这样就会改变替代能源研发投资的分配，促成新的“能源致富”国家的形成，为人们建造一个更加清洁的家园。

利他主义者的爆发：“普施善行”活动是解决社会问题，而不是把问题留给政府、学校和其他机构。学校及其他机构会因为社区行动而复兴，或许能让城市市中心重新获得活力。

低温核聚变：如果某个发展中国家能掌握这个免费能源，将会摇身一变成为能源输出国，从而获得更多优势。

其他外卡：美国内战 、大都市贫民区叛乱、计算机黑客勒索美国联邦储备，西方国家分裂、联合国瓦解等负面情况。所幸这些都尚未发生，但不应该忽视。

情景分析可以培养优秀的学习能力和洞察力，但是很难做得很好。一个良好的情景分析，应该遵循以下指导原则：

- 了解现状。参与者必须充分了解当前状况及其动态，否则他们想象的未来就是不切实际的，对创意生成也是没有意义的。
- 保持简单。参与者可能很难理解真正复杂的情景。
- 谨慎选择小组成员。一个小组大约由 6 人组成，既要有观点对立的人，也要有观点互补的人，还要有经验丰富的人，这样会产生最佳效果。
- 进行未来 8 ~ 10 年的预测。时间太长，会让参与者去凭空猜测。时间太短，参与者只会按照目前状况进行延伸。
- 定期对进展总结。这能够确保团队在正常轨道上，避免产生矛盾。

- 综合考虑变更因素。情景不是由任何单一因素决定的。
- 检查匹配性或连贯性。
- 一旦完成情景分析，就要做好计划多次使用它，因为情景分析的成本非常昂贵。
- 重新使用小组。小组进行情景分析的次数越多，越能乐在其中，做得也越好。

5.4 解决问题

一旦识别出一个重要的用户问题，就可以开始解决它了。新产品团队成员到现在为止，一直在主导概念生成工作，也将解决大部分的问题。他们一听到问题，就本能地开始去解决它。我们无法量化或描述他们使用的方法，这些方法大部分来自直觉。对于团队来说，一次解决一个问题大概是最好的方式，否则在现实世界中，如果涉及太多反而会造成困惑，并且使沟通变得更加困难。

很多问题可以交给技术部门处理，以便更系统化地去解决。这里，科学和直觉两个法则是相生相伴的。有些公司要求解决方案必须来自研发或工程部门，解决方案是在某个技术应用中找到的。一个公交公司希望通过调整线路来解决交通问题，一家银行则希望通过借款来解决问题。除了技术人员外，还应经常把营销部门那些有创造力的人找来。

要注意的是，必须找出具体的问题，才能找到一个完美、创新的解决方案。据传，宝洁公司的产品开发人员花了几个月时间解决这个问题：如何生产一种绿色条纹肥皂以从 Irish Spring 那里抢回市场？他们把注意力专注于这个问题上：如何生产一款在外观、造型及颜色上都优于对手 Irish Spring 的产品？最后，该公司开发出了一款蓝白色螺旋状并具有椭圆形外观的肥皂，取得了成功。

5.4.1 小组创造力

新产品人员用个人的努力来解决问题，但是大部分人认为，小组创造力（group creativity）更有效。也有科学家大声反对这种观点，他们认为团队的作用被过分夸大了。总体来说，个人比小组更能掌控真正的新创意，更能找到突破性解决方案。有些人认为，小公司比大公司更创新，是因为小公司通常不使用小组创造力。

1938 年，广告大师亚历克斯·奥斯本（Alex Osborn）写了一本有关头脑风暴（brainstorming）的书。从那时起，从他的流程中派生出了一系列小组创意生成（group ideation）技术，并且都有一个共同的思想：一个人表达出一个想法，另一个人响应此想法，再有另一个人对这个响应再次响应，以此类推。这种表达/响应的连续动作，指出了小组创造力的本质含义，据此开发出很多方法，其差别仅在于如何表达创意，或者如何做出响应。

5.4.2 头脑风暴

头脑风暴技术，已经存在相当长的时间了，但是常常被滥用甚至误用。识别出差的头脑风暴是十分必要的，因为差的头脑风暴没有任何效果。IDEO 设计公司的 Thomas Kelley 提出了几条让头脑风暴更有效的法则，包括守住规则（产生尽量多的创意，不要评判，不许讥笑），创意计数（你能每小时迸出 100 个创意吗？），跳跃和建构（当小组创意停滞时，引导者可提议一个新的方向），具象化（在 Carpet Flick 案例中，使用各种零碎物品来建立模型和原型）。

过去 20 年来，问题解决实践的最大变革，就是将头脑风暴法和其他创造方法结合起来使用。我们仍然在努力去避免"火箭筒效应"（bazooka effect，陈述一个只为了让某人认同的创意），也在避免把数以百计的创意草率地填在众多图表上。相反，我们小组讨论的目标是探索性的，评估也是建设性的，花几个小时而不是几十分钟，提出数量不多但确实可操作的解决方案。IDEO 公司就是采用头脑风暴法与"lickety-stick"方法相结合进行原型开发，以加速创新（详见第 2 章）。

现在，有很多方法都是在保持头脑风暴法基本理念的同时，做一些细微调整以克服头脑风暴法中存在的问题。在头脑风暴绘图法（brainsketching）中，参与者画出而不是用文字表达出他们的创意。一些证据显示，当出现新创意时，头脑风暴绘图法有助于参与者与以前创意建立更多的连接。另一种新的方法称为极速风暴法（speedstorming），采用一种循环的形式，类似速配那样将参与者分成两人一组（随机，或者要求两人必须来自不同的职能部门），在 3 ~ 5 分钟的回合中讨论一个主题，每个回合的目标是产生新产品团队感兴趣的创意。在每个回合后，参与者重新配对开始新的一轮。最终，会产生一大批新创意，而且参与者也能识别出谁是最擅长协作的伙伴。因此，主张采用极速风暴法的人认为，这个方法可以有效克服跨职能团队的沟通问题。在附录 B 中还有一些方法。

5.4.3　电子头脑风暴和计算机辅助创造技术

尽管头脑风暴很普遍，但还是有许多缺点。除了一次只能有一个人说话，还可能产生集体偷懒（social loafing）。再者，某些人可能担心提出不受欢迎的创意而受到批评。电子头脑风暴（electronic brainstorming）是一个由小组支持系统（Group Support Systems，GSS）辅助的头脑风暴，能克服传统头脑风暴的限制，因为它允许所有参与者同时回答，并且回答时可以匿名。

GSS 头脑风暴会议可在有网络的空间进行，参与者坐在计算机前回答由使用 GSS 软件的主持人提出的问题。GSS 软件搜集所有参与者的回答，然后将这些回答内容投射在房间前面的一个大型屏幕上，或显示在参与者的计算机屏幕上，这样参与者就可以看到回答并激发出更多创意和讨论。GSS 能自动记录所有的内容，不会发生任何遗漏或抄写错误。

GSS 不受单一地点限制，可以同时在多个地点进行（通过网络联机或视频会议），小组规模可以达到数百人。GSS 在促进讨论方面更加受欢迎，越来越多的证据表明，在生产力和独特创意产出方面，电子头脑风暴比传统头脑风暴表现得更好。

越来越多的企业都在使用计算机软件（如 Mindlink、Mindfisher、NamePro）辅助创意生成活动并进行管理，同时也帮助完成如品牌起名和选名这类任务。虽然形式各异，但主要工作是从字库、词库、图片库等大型数据库中挑选，鼓励使用者进行侧向思考（搜集不相关的想法，并与手头的问题相关联），操作上也简单容易，而且更适应在 GSS 环境下使用。

5.4.4 在线社群

在线社群（或虚拟社区）已经彻底改变了搜集顾客信息的方式。在线社群可以被定义为任一个交互小组，他们采用如社交网络这样的通信媒介。大量的公司，包括宝洁、卡夫、戴尔、惠普等，把在线小组作为其客户声音（VOC）工作的一项核心内容，并贯穿整个新产品流程。著名的在线社群 Facebook、Twitter 或 Linkedln 等对每个人开放并得到广泛使用，也有其他在线社群可供选择，有些并不是广为人知。如 tivocommunity.com 是由领先用户针对特定产品或服务所建立的，babycenter.com 是由强生公司建立的。除此之外，服务供应商（如 MarketTools 或 Vision Critical）精心挑选出 500 人（或更少的人），建立起私人在线社群（private online communities），搜集顾客大量独特的见解。企业还可以利用专属在线小组（proprietary online panels，POP），其包含了成千上万的参与者，统计量足以代表某目标市场，这种小组可以通过很多方式支持在线社群，比如，对从私人在线社群获得的新创意或洞察进行验证。

当公司启动建立一个在线社群时，有很多事需要准备。作为一种获得顾客声音的方法，在线社群提供了一个倾听的功能：允许公司从顾客那里获得新创意，并得到针对新概念的反馈。与服务供应商 MarketTools 合作，企业可以观察公共社群和博客，找出新的顾客潮流并发现机会。在线社群也是一种融洽顾客与公司关系、获得顾客支持、建立顾客和公司情感联系的方法。

Del Monte 宠物食品公司（旗下有 Kibbles'n Bits、Milk-Bone、Meow Mix 及 9 Lives 等品牌）广泛运用在线社群，以更好地理解市场的变化，快速地识别机会和开发产品。2006 年该公司和 MarketTools 共同参与了营销工具和品牌监测公司 Umbria 的"我爱我狗"（I Love My Dog）活动，在分析了数百万博客、用户论坛及留言板的数据后，Del Monte 公司识别出了宠物主人最关心的也是最常表达出来的问题，实际上识别出了一个新的细分市场——爱狗人士市场（也称为"待狗如人"的顾客）。接着，该公司创立了一个线上社群，鼓励这一细分人群的顾客提出创新的解决方案。由 500 位顾客组成了一个社群，该社群是一个非请勿入、有密码的社群，鼓励参与者互动并彼此了解。这个社群提出了一个新早餐产品的创意，Del Monte 公司立即投入新产品开发。在开发过程中，Del Monte 公司与社群成员进行了几十次联系。到了 2007 年夏天，新产品"咬一口早餐香肠"（Sausage Breakfast Bites）上市。从产生创意到上市仅仅用了短短 6 个月时间，是正常开发时间的一半。从那时起，Del Monte 公司尽力与此社群成员保持良好的互动。2008 年再次和 MarketTools 合作，快速识别出了养猫这一客户群体。Del Monte 公司运用新创建的养猫人社群"Meow Mixer"生成创意，开发概念，制作新产品样品，获得关于产品包装和营销的建议。

在线社群的确有效，但企业要建立在线这群还需要了解其缺点。建立和管理一个在线社群需要聘用主持人和引导者，并且需要时间——建成一个有一定规模并且成熟的社群，需要花一年以上的时间。此外，社群运作的时间越久，组织内容并让参与者轻松找到内容就越困难。同时，一些法律问题如成员隐私、陈述内容的保密性、内容所有权等也需要列入考虑范围。参与者通常应该签署一份服务协议书，这样赞助公司就能避免一些法律纠纷。不过，尽管有上述缺点，未来几年在线社群仍是获得顾客创意的主要来源。

5.4.5　专家小组

多家新产品咨询的领军企业认为，创新小组应该致力于解决问题，而不是停留在谈论问题，特别是在需要显著创新的情况下。他们的方法是，将所有相关领域的专家集中起来，共同讨论问题，就像专家小组（disciplines panel）法一样。一个研究新鲜蔬果包装新方法的小组，也许会纳入经济学、心理学、营养学、医学、生态学、罐头制造技术、营销、塑料制品、化学、生物学、产业工程、农业、植物及农业经营等方面的专家代表。专家小组也包括外部的专家。

一个洗发水研发小组原本将注意力放在顾客的一项需求上：如何让润发乳能够真正深度滋润并改善头发的分叉。其中一位研发人员发现，现在的所有产品都有此效果！这一惊人的发现，使团队开始把新产品重点放在其他被忽略的部分，最后这个新产品获得巨大成功。

5.5　概念生成方法的实际运用

本章提供了许多用来进行概念生成的创意激发方法（creativity-stimulating techniques）。附录 B 还有更多介绍。本章讨论了很多成功运用这些技术的企业案例，下面的案例介绍了一些已成功但还不太普遍的其他方法。

1．使用道具（Using Props）

Life Savers 公司想要开发新口味的产品，聘请的顾问将一间房间放满水果样本、各式香水以及数十种口味的冰淇淋，进而开发出 Fruit Juicers 产品线。宝洁公司的 Duncan Hines Pantastic 派对蛋糕，来自一场将贺卡作为道具的创意激发会议。

2．角色扮演（Role Playing）

博士伦公司的聚合物技术部门让一对高层主管分别扮演眼球和隐形眼镜，产生了将缓冲材料涂在镜片表面的创意。在进行这个角色扮演时，演员必须思考如何让隐形眼镜不伤害到眼球。

3．仿效自然（Imitating Nature）

山羊吃自己的排泄物，并且排出一颗颗小球状的大便，这个现象激发了惠而浦公司开发垃圾处理机的灵感。

本章小结

第 5 章我们开始讨论许多由概念创造者开发出来的具体方法。最通用的方式是基于“发现问题、解决问题”的范式。需要公司内许多人和利益相关者及公司外部其他人参与。然后，我们讨论了许多用来识别问题的方法，如① 技术和营销部门的输入；② 客户拜访、产品投诉、顾客满意度研究等内部记录；③ 最终用户和其他利益相关者的问题分析；④ 了解未来问题的情景分析法。要能发现问题，才能解决问题。不论在办公室还是在实验室，大多数都是通过个人思考和分析而来的。一个主要的群体方法称为小组创造法，包括了很多不同方式，但是大多是头脑风暴法的变形。

接下来，我们将介绍属性分析法。当营销经理等着接收“问题—发现—解决”方法的成果时，这些方法也在帮助营销经理寻求改进。这种概念生成方法是从形式开始的，接着看看这种形式是否有需求，然后再开发这种形式所需的技术。

应用实践

（1）“我最近碰到弗洛里达一所大学的校长，他曾经对硅谷一些公司的新产品运营进行过专门的研究。他对所研究的工作没有太多的印象。他说，销售代表们被反复告知要从用户那里得到建议，并把建议形成报告。但是结果却是什么事情都没有发生。很明显，负责销售和营销的上一级经理们很少和用户联系，也不利用销售人员和用户联系。我应该如何确信我们公司的众多分部中不存在这种情况？你对此有什么看法？”

（2）“我相信问题分析法，因为那是核心，但我却一点也不喜欢焦点小组法。去年我参加过一次这样的小组，所有的人都在聊天，看起来毫无作用。第二个人结束之后，我询问了主持人，她承认谈话过于发散，我想她确实说了可以说实话，那难道不是地地道道的鬼话吗？然而，她说她认为焦点小组在东欧特别有用，那里有很多商机，我们必须保证抓住最关键的机会。我在想，我们的瑞士卡车分部需要利用焦点小组来帮助它为东欧业务开发出新设备吗？”

（3）“我想，你对智能手机了解很多。你能否以智能手机为例，与我一起进行一次问题分析？我们的电子分部正打算进入智能手机市场，在这个市场上有两个直接竞争对手——苹果和三星，我非常急切地想请你看一看我们还有哪些问题没有得到解决。”

案例 金宝汤公司的 IQ Meals

1990 年，拥有 75%市场占有率的金宝汤公司毫无疑问是美国汤品制造业的龙头。然而，浓汤宝的销售量下滑，该公司的高层主管正在相关市场寻找增长机会。其竞争对手如

ConAgra（Healthy Choice 的品牌）和 H.J. Heinz（Weight Watchers 的品牌）在强调其冷冻食品健康的基础上，销售业绩相当好，这也是金汤宝公司孕育新产品创意的切入点。

当时，美国大众开始关注饮食与预防疾病的议题。似乎每天都有对健康有益的食品出现，如燕麦麸的流行。金汤宝公司的研发部门很快开始将注意力放在能预防糖尿病或心血管疾病（如高血压）的食物上。数据显示，5 800 万名美国人有心血管疾病，大约 1 600 万名美国人有糖尿病，所以将焦点放在该市场似乎很合理，因此很快产生了开发具有医疗功效的食品产品线的初步创意。但是该创意还需要进一步开发。

开发一条食品产品线的挑战不只在健康饮食及预防疾病层面上，还需要美国消费大众接受并埋单。金汤宝公司的首席技术官 R. David C. Macnair 博士建立了一个由优秀营养师、心脏疾病及糖尿病专家所组成的顾问团队，他们将以科学的方法来分析新产品。金汤宝公司的首席执行官 David W. Johnson 百分之百支持开发具有医疗功效的食物的创意，并认为这个创意有巨大的潜力。不久，他在顾问团的会议上说道：现在这个机会可以让我们跨出一大步，开发出一个能让世人改善健康与增进营养的产品，难道大家不觉得很振奋人心吗？

在金汤宝公司首席执行官的大力支持下，该项目开始朝着明确的目标发展：将这个健康的、富含维生素和矿物质的食物概念，转化为实际的产品上市。金汤宝公司的技术人员发现这是个具有挑战性的任务，其中一款纤维卷饼的产品原型可以“当作曲棍球来销售”。1994 年秋天，有 24 道通过初期口味测试的餐点，已准备进行临床试验以确定其保健疗效。超过 500 个实验对象食用这些餐点长达 10 周，且大部分受测者的胆固醇、血压和血糖指标都有改善。没有任何受测者产生副作用，许多受测者喜欢这些口味。同时约翰逊先生还在新泽西卡姆登成立了金汤宝营养和健康中心，雇用了 30 位营养科学家和专家。

接下来就是进行市场测试。金汤宝公司的营销人员将产品命名为“Intelligent Quisine”（或 IQ Meals），用蓝色的盒子或罐子来包装。这项计划是通过 UPS 每周将 21 份餐点（大部分是冷冻的，少数是罐装的）送至受测者家中。1997 年 1 月在俄亥俄州进行市场测试，同时推出平面广告活动和 10 分钟的购物频道广告，以刺激消费者拨打金汤宝公司的免费电话订购。另外还雇用了兼职药品业务人员将 IQ Meals 介绍给医生，并与知名的医院如克里夫兰诊所相互合作来推广 IQ Meals。

一切看起来进行得还不错，但出现了第一个问题：来电者发现一周的套餐组合要 80 美元，一个完整疗程（10 周）要价 700 美元，对固定收入的家庭来说定价过高。金汤宝公司赞助美国心脏学会午餐以推销 IQ Meals，却并未让与会的营养学者印象深刻。此外，华尔街分析专家也开始质疑并发表了文章，其中一篇题为《这样 UPS 递送的电视广告餐点可以刺激金汤宝公司的利润吗？》。

很快，金汤宝公司的主管也对 IQ Meals 同样感到怀疑，便招集顾问评估该方案的可行性，国际与专门食品部门主管 Dale Morrison 大幅缩减 IQ Meals 的预算。1997 年 5 月，俄亥俄州的市场测试销售量相当不好，另外原受测者有许多人厌倦一再重复食用这几种餐点。

1997 年 7 月金汤宝公司进行内部大改组，这决定了 IQ Meals 的命运。原本强力支持的首席执行官 Johnson 成为金汤宝公司的董事长。总裁和首席执行官由 Morrison 接任，他将重心放在国际销售量与主要品牌上，并逐渐独立分拆旗下 Swanson、Vlasic 等品牌。IQ

的营销就此终止，并调整了原来的营养与健康中心研究人员。1997 年秋天，金汤宝公司宣布出售 IQ Meals。

问题： IQ Meals 似乎成为经典案例。概念生成来自市场机会与相关的人口结构趋势，似乎是不争的事实。就公司的核心能力及其扩展新领域的意愿来说，金汤宝似乎是一家适合掌握此新产品概念的公司。这条产品线甚至在临床试验与早期顾客测试时都表现得很好，但不知道为什么过程中发生了状况。很明显这不是缘于单一的意外事件。是哪里出了问题？金汤宝的产品开发者或高层主管可能在哪些做法上有问题？还是说这从一开始就注定会失败呢？

案例 赢得组织的认同

在本案例中，你和同学将扮演某公司营销部的员工并参与新产品开发。公司正致力于设立新产品开发团队，在过去几个月中，有几位营销人员已与研发、设计、制造部门的人员组成了新产品团队。过去的经验表明，这对你与营销部门的同事并不是一件好事，你感觉到营销一直被排除在主要团队决策之外，而且当内部发生冲突时，高层主管似乎比较偏袒工程师。你认为部分原因是大部分高层主管都具有工程背景，更了解工程师的想法和决策模式，但你觉得营销对产品开发也有相当大的贡献。公司有一个卓越的营销研究部门，能够运用最先进的设备为顾客行为提供最快的反馈，营销团队也是业内首屈一指的，他们会定期搜集重要的市场信息和情报。同时有几位非常具有创意的人员负责生成极具潜力的创意，你的公司将这些创意转化为许多成功的新产品。

其中你的一位创意人员在产品开发上，建议采用基于问题的创意生成法，这是一种常用的新产品创意生成方法，期望能让高层主管更重视营销部门。理想情况下，你希望主管能认同你的技能、培训和经验，进而能赏识并采纳你为新产品流程提供的独到见解。你简洁陈述了你的问题："我们如何有效地把营销部门的价值和潜在的贡献告诉高层主管，使他们更重视我们？"

利用附件 B（或你喜欢的任何一个）介绍的创意技巧，寻找解决该问题的创新解决方案。首先，至少生成 6 个不同的创意。记住一条基本原则：创意没有好坏之分，越多越好。然后，让你的导师作为小组引导师，将创意提炼成 4～5 个最佳创意，通过小组讨论精练这些创意。你的目标就是在一或多个清晰的、深思熟虑的创意上达成共识，确保你能真正开始实施。另一个原则是运用想象力！这是个真正能让你尽情发挥才能的锻炼机会。你可以尝试附录 B 提到的任何技巧，但其中几个你会发现特别有用，如：

- 情景分析。识别出一个趋势集（流行的、生活/工作的热门地点、名人、令人兴奋的新产品等）。想想看，从这些趋势可以得到什么启发或可以联想到什么。
- 创造力激发。看看附录 B 中所提到的几组激励词语，随机选取其中的几组，问问自己这些文字能让你有什么启发以解决你的问题。请发挥创造力。
- 强迫关系法。暂时忘记你的所有问题，选本杂志，随机翻到一页，看该页图片（如果没有图片，翻到有图片为止)。这张图片给了你什么启发？迅速记下至少 6 种想法。现在回到你的问题，并用刚刚产生的想法帮助你进行创意思考，想出可能的解决方案。也可以用一本字典、百科全书或大电话簿，然后随机挑选一页、随机找一个单词。

- 利用荒谬：想出一个你能想到的最荒谬的创意。然后问自己，它是否提示出一个不那么荒谬的新创意。

第6章

属性分析方法：概述和感知图

6.1 引言

我们在第 5 章讨论了概念生成方法，即识别用户的问题并找到解决方案。这种问题导向的方法非常有效，因为遵循这个识别问题—解决方案路径所发现的产品概念，对用户是最有价值的。

本章介绍在识别问题—解决方案过程中常用到的另一种方法（参见第Ⅱ篇开篇的图Ⅱ.1）。每一个参与商品和服务的创造与销售的人，包括那些甚至不知道自己所从事的是正式的概念生成工作的人，都可以运用这种方法。这种方法就是为了创造出与普通商品不同的新视角，看似特异，但其实都是经过深思熟虑的。这些产品，当真正开发出来并销售良好时，看起来似乎是偶然的或幸运的，比如速干墨水、能上网的智能型手机等，但事实上，这些产品都是深思熟虑、有的放矢、引发探索的。那些看似偶然的发现只垂青那些知道自己在寻找什么的人。我们把这种方法称为属性分析法，我们在第 6 章和第 7 章讨论这种方法。

6.2 理解顾客购买产品的动机

6.2.1 产品是属性的集合

什么是产品属性（product attribute）？例 6.1 列出了一系列属性。一个产品的本质就是属性，任何产品（实体商品或服务）都能用它的属性来描述。属性分为 3 种类型：特性（feature，产品由什么组成）、功能（function，产品是用来做什么的，以及是如何发挥作用的）及利益（benefits，产品是如何让用户满意的）。利益还可以被无穷地细分为用途、用户、共用、用于……概念生成是一种创造性工作，因此，自由就成为这个工作的内涵中不可或缺的一部分。本书所用的分类体系仅仅是一种尝试，这样进行分类只是为了研究。这里，必须意识到，采用广义的属性定义是有道理的。例如，一双鞋可以被视为一组属性，人们买这双鞋，是因为喜爱其皮质的外表（特性），或者因为非常适合行走（功能），或者因为穿起来非常舒适（利益）。当然，如果你不同意将属性分成特性、功能或利益，也无可厚非！

例 6.1　属性的分类

A．产品属性（为了我们的目的）有 3 种类型

特性	功能	利益

特性可以是：

尺寸	美感	零部件
原料来源	制造工艺	材料
服务	性能	价格
结构	商标	其他

利益可以是：

用途	所感到的乐趣	经济收益
省时省力	非物质的幸福感	其他

利益或者是直接的（如洁净的牙齿），或者是间接的（如洁净牙齿带来的浪漫气氛）

功能指产品是如何发挥作用的（如一支笔如何将墨水印在纸张上），它们具有无限多样性，但却不像利益和特性那么常用

B．不同的属性分析方法适用不同的属性

多维分析法适用特性

检核表法适用所有属性

权衡分析法适用决定性属性

附件 B 中的很多方法适用功能和利益

一把汤匙，就是一个附有把手（特性）的、小的浅碗（另一特性）。这个浅碗，让汤匙具有装盛和运送液体的功能，而其利益，是能干净节约地饮用液态食物。当然，汤匙还有许多其他特性（包括形状、材质、反射亮度及样式）、功能（撬开、捅、搅拌等）和利益（比如，所有权和身份地位的象征，或餐桌礼仪）。

理论上，属性的这 3 种基本形式是有先后顺序的。某种特性产生某种功能，并因此带来某种利益。例如，一种洗发水可能含有某种蛋白质（特性），在洗发时涂抹于头发上（功能），洗完后头发闪亮动人（利益）。

6.2.2　为概念生成和评估进行产品属性分析

属性分析方法（analytical attribute technique）让我们能通过改变或增加现有产品的一种或多种属性，来创造新产品概念，并且能让我们评估将这些概念开发成产品的必要性有

多大。也就是说，这种方法能用于概念生成（本章稍后会提到），也能用于概念评估，甚至可用于新产品后续流程中。如果我们想尽办法去改变现有产品的属性，或考虑将许多额外的属性纳入产品中，我们最终会看到产品会发生的各种改变。其他方法则侧重于利用某一属性与另一属性的关联（或与环境中的其他事物的关联），强制形成某些关联，而不管这些关联要么正常且合理、要么奇怪且无法预料。你将看到它们都能发挥作用。这种方法曾经用于各种产品类别，不论是福特或丰田的新汽车产品线，还是新款眼镜或早餐谷片等。

属性分析方法在西方文化中似乎比在东方文化中更有效。西方（尤其是欧洲和北美）思维强调重新组织事情，而东方（亚洲）思维更倾向于重新开始一项新工作。大众商品类的产品是重点，因为极小的改变就能使产品与竞争对手产生差异化，并能有更高的价格。

现在，已经有了很多种定量和定性的属性分析方法。本章要讨论的是一种常用的定量方法——感知缺口分析（perceptual gap analysis）。在介绍了决定性缺口图之后，我们将继续讨论因子分析和多维尺度分析（MDS）等感知绘图方法，是如何用于生成感知缺口图的。这种方法常用于概念生成，而且实际上，能用于整个新产品开发流程，甚至上市以及更多。在我们的新产品开发流程不断推进时，我们会经常用到这种方法。我们将在第 7 章讨论第二种常用的定量方法——联合分析，以及一些定性方法，比如维度分析、检核表、关联分析、仿真等。还有更多的方法可以参见附录 B。

6.3 缺口分析

缺口分析（gap analysis）是一种在特定环境下功能十分强大的统计方法。这种方法中的市场图的用途是，根据产品在市场图中的定位来区分不同产品的不同感知。在一张普通地图上，纽约市到匹兹堡的距离比到洛杉矶近；但在另一张距海远近的图上，纽约市与洛杉矶的位置几乎一样。不管是什么样的图，产品在图上呈现出一种集群分布的态势，群与群之间有很多空白区域。这些空白区域就是缺口，无疑，显示缺口的图被称为缺口图（gap map）。

接下来，我们讨论不同复杂程度的缺口图，因为有些公司喜欢使用简单的缺口图，有些公司则使用复杂的缺口图来获得成功。缺口图有 3 种绘制方法：① 根据管理经验和判断，来描绘产品在图中的分布定位，可绘制出一种决定性缺口图（determinant gap map）；② 管理者从用户那里获得数据后，根据客户对属性的评分，可绘制出一种属性评分感知缺口图（AR perceptual gap map）；③ 管理者从用户那里获得数据后，根据总体相似度，可绘制出一种 OS 感知缺口图（OS perceptual gap map）。

6.3.1 决定性缺口图

图 6.1 是一张糕点缺口图，由寻求进入糕点市场的新产品团队成员绘制。这张图包含两个维度（他们认为酥脆性和营养价值性是糕点的两个重要因子），由低到高的分数表示

这两个因子的程度高低，产品经理对市场中每个品牌的这两个因子都进行了评分。

尽管这些评分看起来有些武断，而且受管理偏差影响，但决定性缺口图仍是个好的起始点。请记住，概念生成是在战略（产品创新章程）已选定某个目标市场或用户群之后才进行的。这时，公司要么在该市场已有经验（一种优势），要么已经调研过该市场。每个品牌都根据评分被标示在图上（见图 6.1），结果就形成了一张品牌图，该图显示出各品牌与其他品牌在两个因子上的关联性。如果我们变化这一对属性，还可以绘制出很多张这样的图。这种图还可以是三维的。但是，在这些产业中，由管理者输入数据并绘制决定性缺口图并不是新鲜事。管理者的价值观、有用的信念和判断，对于引导概念生成十分有帮助。（当然，他们也仍然会犯错。你对图 6.1 的产品定位有任何异议吗？仔细看一下！）

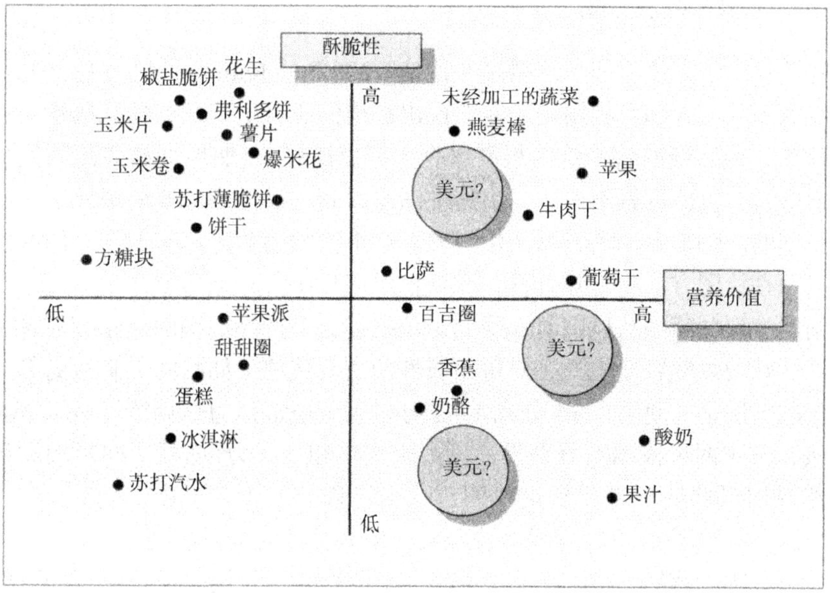

图 6.1 糕点产品的缺口图

通常，用于缺口分析的属性应该具有区分性和重要性。消费者能根据酥脆性和营养价值来区分糕点，这两个属性对购买糕点也十分重要。糕点也有不同的审美外形，但外形却很少用来区分糕点的差异，即使用来区分差异，大多数人也会认为这不重要。

因此，同时具备差区分与重要性的属性被称为决定性属性（determinant attributes），因为它们能帮助消费者决定要买何种糕点。在对乙烯外墙行业进行研究时，一些被识别出来的决定性属性是：外观/状态、维修保养/日晒雨淋程度、应用/经济，以及耐磨抗损程度。

绘制缺口图时，决定性属性之所以重要，是因为我们采用这个方法的目的，就是想在图上找出缺口点，这个点很可能就是一个潜在的新产品，而且这个新产品会让人们既觉得特别，又觉得有趣。

例如，图 6.1 的糕点图上标示出“美元？”的圆圈，就是所说的缺口，这就是企业的新产品机会。请注意，由于市面上已有许多商品，因此缺口很窄很小。例如，图中酥脆性和营养价值中等的缺口附近，就有燕麦棒、苹果派、牛肉干及苏打薄脆饼等产品。

决定性缺口图的绘制具有快速、成本低的优点，但其缺点是仅依据公司管理者的判断，这可能与消费者感知存在很大距离。另外，管理者很难对品牌感知做出正确的判断。以图 6.1 来说，我们可能都认为薯片的营养价值没有燕麦棒高，但顾客对不同品牌的燕麦棒又是如何看的呢？顾客真的认为 Nature Valley 是最有营养、味道最好或热量最低的产品吗？当顾客有个人偏好时，这些属性对顾客到底有多重要？用来搜集消费者感知的方法还可以用来绘制缺口图，这能给管理者提供重要的甚至惊异的洞察。接下来，我们讨论另两种常用的感知缺口图。

6.3.2 属性评分感知缺口图

与决定性缺口图方法不同，绘制属性评分（Attribute Ratings，AR）感知缺口图时，要求市场参与者（购买者和产品用户）能够说出在他们心目中产品有什么属性。比如，产品用户可能认为，棒棒糖的营养价值很高（令人匪夷所思），如果真是如此，把棒棒糖放在缺口图中的低营养价值区就不对了。决定性图是以新产品经理（或公司研发人员）观察到的事实为基础的。感知图，顾名思义是以顾客对事实的感知为基础的，可能准确也可能不准确。上述两种绘图方法具有互补性，在我们的工作中都相当重要。

在绘制属性评分感知缺口图时，我们是从描述这个产品类别的一系列属性（特性、利益或功能）开始的。然后搜集顾客对每项属性的现有选项（如品牌、制造商等）的感知和看法。通常的做法是，使用 1 ~ 5 分或 1 ~ 7 分量表（通常称为李克特量表）来对各个属性的陈述评级，其中两个极端点分别是“极力否定”和“极力赞同”。同时询问顾客，在购买这一类产品时哪些属性是非常重要的，这个过程会产生一个庞大的数据立方体（data cube）（见图 6.2），这个立方体规模也许很大，但对管理者却没有帮助。在图 6.2 中，对每个属性的现有选项的感知，被标示在品牌 1 ~ X 的横行上，同时，各属性的重要性被标示在“理想的”那一栏上。

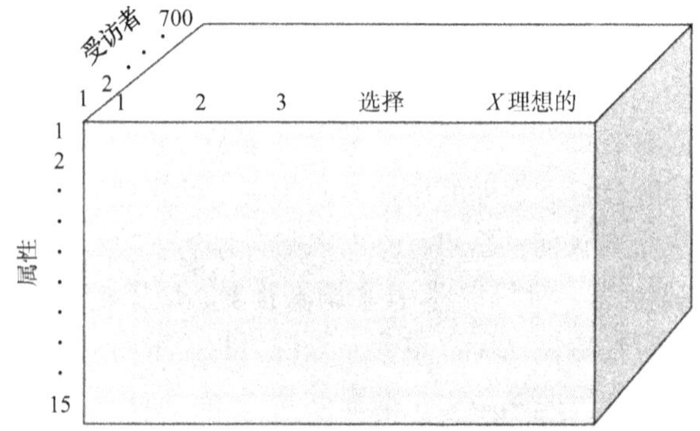

图 6.2 数据立方体

接下来的挑战是，我们要将数据立方体缩小为较易管理的感知图。用计算机统计软件中的因子分析（factor analysis）方法，将属性数量缩减到少数的几个基本维度（或称因子），然后再将这些因子作为感知图的坐标轴。本书之外还有很多方法，如多变量判别分析也可以使用。之后可以用聚类分析（cluster analysis）（后续章节会讨论），基于受测者的偏好，将相近受测者聚类在一起形成利益细分市场。

试想一下，如果你是一个女性泳装公司的产品经理，你根据自己对该行业和市场的经验和知识，开发出顾客用来评估和比较泳装的一组属性。你受委托做一个研究项目，要求女性对所有熟悉的泳装品牌进行识别，并使用 1 ~ 5 分的李克特量表，对每个品牌的每项属性进行评分（见表 6.1）。同样，还运用 1 ~ 5 分的李克特量表，找出在选择购买哪个品牌时，这些属性中哪个更重要。每个品牌的每项属性的平均评分，显示在图 6.3 的蛇形图中。

表 6.1　属性感知问卷

针对你所熟悉的每个品牌就下列叙述进行评分：					
	不同意				同意
1. 有吸引力的设计	1	2	3	4	5
2. 时髦	1	2	3	4	5
3. 穿着舒适	1	2	3	4	5
4. 时尚	1	2	3	4	5
5. 穿着时感觉良好	1	2	3	4	5
6. 游泳时很理想	1	2	3	4	5
7. 看起来像设计师的品牌	1	2	3	4	5
8. 易于游泳	1	2	3	4	5
9. 有风格	1	2	3	4	5
10. 外观出色	1	2	3	4	5
11. 穿着游泳相当舒适	1	2	3	4	5
12. 这是个令人向往的品牌	1	2	3	4	5
13. 我喜欢的外观	1	2	3	4	5
14. 我喜欢的颜色	1	2	3	4	5
15. 适合游泳时穿	1	2	3	4	5

蛇形图（snake plot）（指将各点连起来的线，形状像蛇一样）显示出一些有价值的信息。例如，受测者倾向于认为 Aqualine 泳装比 Sunflare 泳装穿起来更舒适、更方便游泳（属性 3 与 8）。Sunflare 又比 Aqualine 的设计更有吸引力、更时尚（属性 1 与 2）。不过，与图 6.1 中简单明了的表达相比，图 6.2 的内容太多了，对于要找出有利可图的缺口而言，太复杂了。

如果更仔细地观察图 6.3 就会发现，这些数据中潜藏着某些规律。例如，我们发现在“有吸引力的设计”上评分较高的品牌也会在“时尚”、“设计师品牌”得分较高。因此，我们认为，这些属性似乎可以整合在一起。同理，其他属性（如“穿着舒适”和“易于游泳”）似乎也可以整合在一起。可能存在少数的基本维度或因子能够解释图 6.3 中大部分的感知变化。如果能识别出这些因子，我们就可以用少数几个因子来呈现大部分顾客的感知。我们可用计算机统计软件中的因子分析法，对顾客感知数据进行处理，以识别出这些因子。

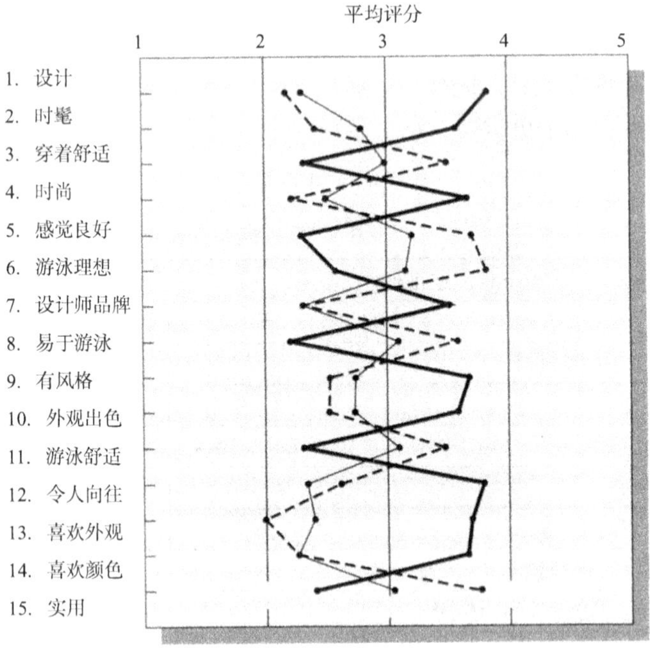

图 6.3　品牌评分蛇形图

我们所面对的第一个挑战是，需要决定在模型中保留几个基本因子，尽管这并不很明确。第一个经验法则是，绘出增量方差的百分比，如图 6.4 所示。图 6.4 中因子 1 和因子 2 解释了大多数的方差，而因子 2 和因子 3 对模型就几乎没有贡献。这证明前两个因子需要保留。这个过程叫作陡坡测试（scree test）。（scree，碎石坡，是指山脚下的一堆岩石，图 6.4 就像一座山的斜坡，截断点在陡坡上）。因子分析过程为每个因子提供了有价值的统计数据（特征值），从数学上来看这与总的方差量相关。第二个经验法是，保留特征值大于 1 的因子。图 6.4 显示前两个因子的特征值分别是 6.04 和 3.34，都大于 1。因此，陡坡测试和特征值法都认为，保留这两个因子是符合要求的。

因子分析过程计算出一个因子载荷量（或因子模型）矩阵，显示这组原始属性与其基本因子之间的关联性。表 6.2 显示了泳装因子的载荷矩阵数据。属性 1（“有吸引力的设计”）在因子 1 的载荷量就明显大于因子 2（分别是 0.796 和 0.061。在表 6.2 中，较大的载荷量以“粗体并带下划线”表示）。而属性 2、4、7 及其他 5 项属性在因子 1 的载荷量较大。同理，属性 3、5、6 等在因子 2 的载荷量较大。

因子	特征值	方差解释的百分比（%）
1	6.04	40.3
2	3.34	22.3
3	0.88	5.9
4	0.74	4.9
5	0.62	4.2
6	0.54	3.6
7	0.52	3.5
8	0.44	3.0
9	0.40	2.7

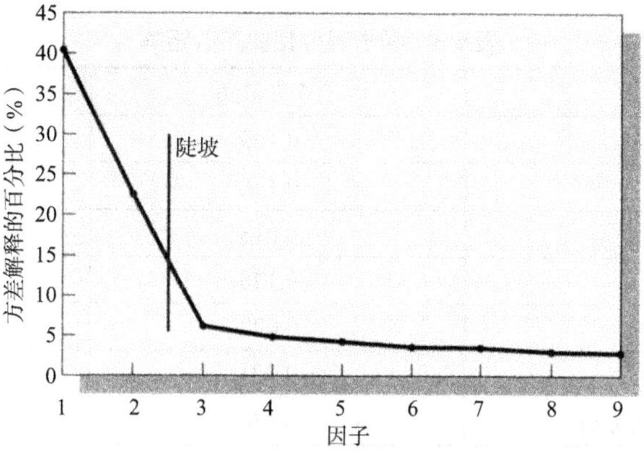

图 6.4　陡坡图和特征值测试

表 6.2　泳装相关数据因子载荷量矩阵

属　　性	因子 1“时尚”	因子 2“舒适度”
1. 有吸引力的设计	**0.796**	0.061
2. 时髦	**0.791**	0.029
3. 穿着舒适	0.108	**0.782**
4. 时尚	**0.803**	0.077
5. 穿着时感觉良好	0.039	**0.729**
6. 游泳时很理想	0.102	**0.833**
7. 看起来像设计师的品牌	**0.754**	0.059
8. 易于游泳	0.093	**0.793**
9. 有风格	**0.762**	0.123
10. 外观出色	**0.758**	0.208
11. 穿着游泳相当舒适	0.043	**0.756**
12. 这是个令人向往的品牌	**0.807**	0.082
13. 我喜欢的外观	**0.810**	0.055
14. 我喜欢的颜色	**0.800**	0.061
15. 适合游泳时穿	0.106	**0.798**

那么，我们应如何命名这两个因子呢？没有标准答案，这是分析员的技巧的一部分。但分析载荷量较大的因子的属性（有吸引力的设计、时髦、时尚、看起来像设计师的品牌、有风格等），我们能发现一个共同点，可将其称为“时尚”。因子 2 可被称作“舒适度”，因为其属性与穿着方便舒适有关。表 6.2 在每栏的最上面标注了因子的名称。顺便提一下，这两个因子容易解释，能进一步证明双因子模型是适当的。有时会发现许多表面上不相关的属性会归到同一个因子，也可能是因为选择的因子过少导致的。

因子得分的样本计算：蛇形图中，Aqualine 泳装的属性 1 至属性 15 的平均得分是 2.15, 2.4, 3.48, …, 3.77。与矩阵图中（见表 6.3）对应属性的因子系数相乘再求和，就得到 Aqualine 泳装对应因子的分值。

表 6.3　因子得分相关系数矩阵

属　性	因子 1“时尚”	因子 2“舒适度”
1. 有吸引力的设计	0.145	−0.022
2. 时髦	0.146	−0.030
3. 穿着舒适	−0.018	0.213
4. 时尚	0.146	−0.017
5. 穿着时感觉良好	−0.028	0.201
6. 游泳时很理想	−0.021	0.227
7. 看起来像设计师的品牌	0.138	−0.020
8. 易于游泳	0.131	0.216
9. 有风格	−0.021	0.003
10. 外观出色	0.146	0.021
11. 穿着游泳相当舒适	−0.029	0.208
12. 这是个令人向往的品牌	0.146	−0.016
13. 我喜欢的外观	0.148	−0.024
14. 我喜欢的颜色	0.146	−0.022
15. 适合游泳时穿	−0.019	0.217

这个程序还可计算出因子得分的系数矩阵（见表 6.3）。得到的结果是回归系数，它们把属性度量值与因子得分联系起来。因为，既然我们知道受测者对各个品牌属性的评分（可从蛇形图得知）的规律，可以用此因子得分系数矩阵计算出各个品牌在这些基本因子的得分。这些估计值即称为“因子分数”，据此可描绘出感知图，如图 6.5 所示。

感知图显示，Aqualine 泳装被认为是穿起来最为舒适的品牌（因子 2 的分数是 4.36），但时尚的分数则较低（因子 1 的分数是 2.48）。Sunflare 泳装被认为最具时尚感但舒适度极低。

Splash 泳装在时尚感和舒适度上得分均较低，而其他两个品牌（Islands 与 Molokai）则在感知图中占据中间位置。请记住，这是顾客感知产品的信息，可能与前面的管理者的认知有所不同。

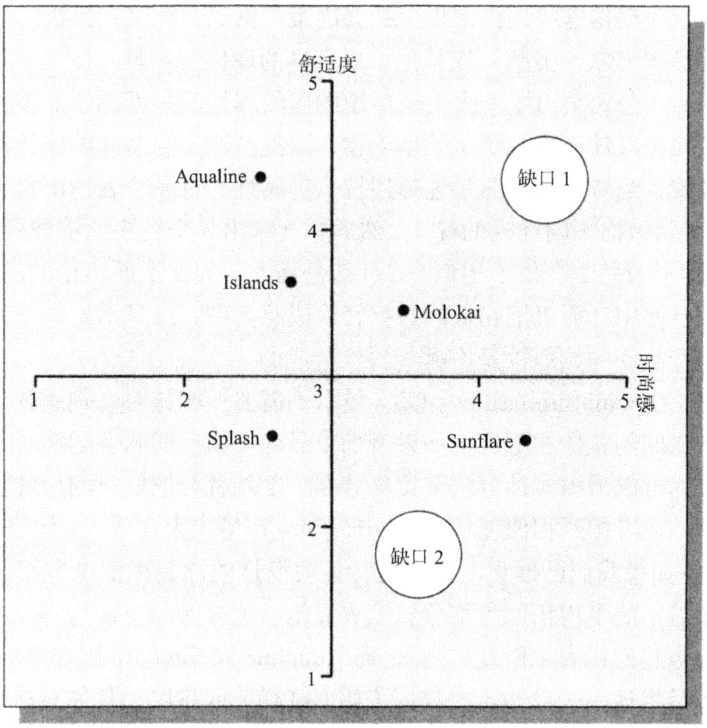

注：坐标轴上的数字代表因子分数。

图 6.5　泳装品牌的 AR 感知图

所以，我们已从较为复杂的图 6.3 的蛇形图，得到了图 6.5 的感知图。虽然图 6.5 并未包含蛇形图 6.3 中的所有信息，不过我们保留了最重要的两个因子（方差解释），它们隐含着顾客感知。因此我们获得了一个管理者比较直观易懂的图表，它包含了一开始时的大部分信息。

我们刚建立的感知图就像图 6.1，而找寻缺口的方式与之前一样。因为感知图是根据顾客的实际感知建立的，图上所发现的任何缺口，更可能引起潜在使用者的兴趣。比如，这个感知图提示我们，顾客认为有些泳装穿起来相当舒适，有些则较有时尚感，但还没有公司提供兼具舒适和时尚的泳装（图 6.5 的缺口 1）。祝贺你，你已经发现一个市场缺口了！

6.3.3　总体相似度感知缺口图

AR 感知缺口图在早期曾遭到一些批评，导致它根据一些产品创新者的偏好做了很多修正。当时的问题是，用户有时会用自己无法识别的属性作为购买决策的依据。这些虚幻的属性并不会出现在问卷上，也没有包含在感知图的维度里，从而造成分析结果的扭曲。而且，即使一些用户知道这些属性也还是很难给它们打分，因为他们不能或不想这样做。比如，在焦点小组中，有些参与者不愿意透露那些社会上普遍不喜欢的事情。本质上，AR 感知图法将产品视为一组属性的集合。为了保证 AR 方法的有效性，这组属性必须完整（如果上述分析中忽略了与舒适度相关的属性，那么结果会出现很大的差异，也会误导大家）。

总而言之，顾客也应根据这些属性来做出购买决策。例如，顾客在挑选古龙水的产品类别时，可能更会受品牌形象、美感，或其他难以言喻的属性所影响。

杜邦（DuPont）公司举出了一个上面所说的虚幻属性的早期例子。该公司销售枕头的填充材料，试图找出最佳样式与类型的填充物，以提高枕头制造商的销售额。但杜邦公司的市场分析师发现，消费者无法清楚地描述枕头的属性，也无法表达出自己想要的枕头的属性。因此，该公司做出不同样式的枕头，然后一次拿出 3 个枕头给消费者看，并询问“哪 2 个最相似，或哪个与另 2 个最不相似？”杜邦公司的研究比上面讨论的问题要复杂得多，事实上，该公司已使用计算机把相似的数据转换成感知图，以显示不同产品的相似性，但事先并不需知道产品间的相似性是由哪些属性造成的。

总体相似度（Overall Similarities，OS）技术不需要顾客针对个别属性进行评分，而是要评估配对品牌之间的整体相似度。如果有 5 个品牌（如上述泳装的例子），就会有 10 种不同配对组合。你可以采用多种方法来搜集数据。受测者会把成对的品牌加以排序，从最相似到最不相似，或者按照相似度从 1 ~ 9 分的李克特量表来评分（1 代表非常相似，9 代表非常不相似）。如果我们已搜集到以李克特量表衡量的泳装相似度数据，我们可能最后产生如表 6.4 中展示的平均相似度得分。该表显示，顾客倾向于认为 Sunflare 和 Molokai 间有些相似（分数越低代表相似度越高），而 Aqualine 和 Sunflare 则非常不相似。

下一个步骤是将这些来自顾客的数据（相似度得分或排序，具体看搜集到哪些数据）转换成一个感知图。例如，如果你认为可口可乐与百事可乐非常相似，且两者都与樱桃可乐（Dr.Pepper）差异很大，就能容易地在一条直线上绘出你的感知的图：将可口可乐与百事可乐放在左侧，将樱桃可乐放在右侧。同样，我们仔细看表 6.4 中的评分，这的确是个艰难的任务。或者我们可使用计算机程序，比如多维尺度分析（Multidimensional Scaling，MDS），根据相似度数据制作一张感知图。

表 6.4　差异性矩阵

	Aqualine	Islands	Sunflare	Molokai	Splash
Aqualine	×	3	9	5	7
Islands		×	8	3	4
Sunflare			×	5	7
Molokai				×	6
Splash					×

多维尺度分析将所有的得分绘制在一张图上，以使相似度被完整地保存下来（也就是说相似程度高的泳装会在图上聚集在一起）。图 6.6 显示的是根据相似度评分绘制的感知图。

基于多维尺度分析的感知图与基于因子分析的图 6.5 非常相似。事实上，这些泳装品牌的相对位置并没有太大的差异。然而，一个重要差异是：MDS 感知图没有定义坐标轴名称，只展示了各品牌的相对位置。之后的分析则需要明确定义坐标轴（因为有可能超过两个轴），并决定其相对位置的含义。一位熟悉某个产业的产品经理能够推测图上各点所在位置的含义。比如，受测者认为 Aqualine 是穿起来最舒适的泳装品牌，而 Splash 和

Srniflare 普遍被认为穿起来较不舒适，因此南北向可能代表“舒适度”（越往上越舒适）。同样，较为时尚的泳装品牌则会在偏右的位置，也就是东西向代表“时尚”。

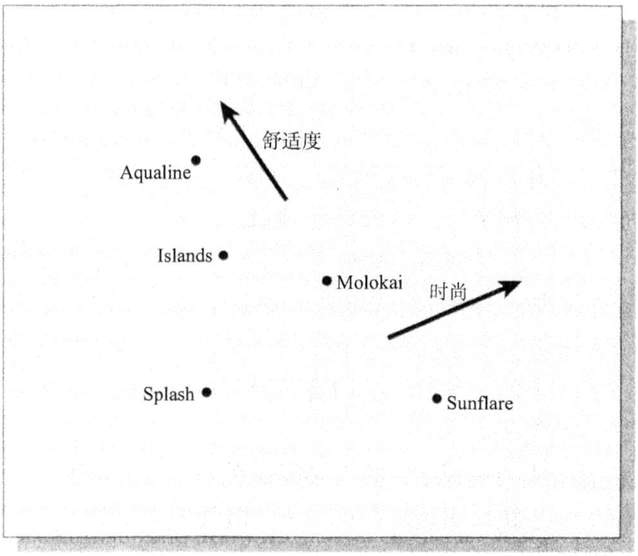

图 6.6　泳衣品牌的 OS 感知图

作为替代方案，如果已从受测者获得特定属性的测量值，计算机程序可以协助我们对坐标轴命名。其中最常用的是 PROFIT（PROperty FITting），它能找到与感知图中泳装位置最相符的向量。如果要求顾客对每个品牌的舒适度和时尚感进行评分，PROFIT 将找到符合图 6.6 属性的向量。最具时尚感的泳装会标示在与时尚向量的同一个方向上。

表 6.5 比较了 AR 感知图和 OS 感知图描绘方法的优缺点。这两种方法已经成为易于使用的商业软件包中的一部分，这样就能以非常低的成本获得很翔实的结果。

表 6.5　AR 感知图与 OS 感知图的比较

AR 感知图	OS 感知图
所需要的输入	
对特定属性评分 属性必须事先定义好	对整体相似度评分 受测者运用自己对相似度的判断
通常使用的分析流程	
因子分析	多维尺度分析（MDS）
坐标图的输出	
在坐标轴上显示产品位置 坐标轴是基本维度（因子）	展示产品相对于其他产品的位置 坐标轴通过后面的分析或并须由研究人员解释
使用场合	
用于属性容易方便清晰地表达或看见时	用于对受测者而言较难表达或看不见属性时

6.3.4 对缺口分析的评价

所有的缺口图的绘制都存在争议，尤其是感知图。所有输入的数都来自受测者对“为何有不同选择”这个问题的回答。并没有考虑到其中可能会有的交互关系或协同关系的细微差异，也忽略了认知上会发生跳跃的创造性活动的影响。例如，20 世纪初，缺口分析可能导致这样的现象：饲养跑得更快的马，或者为马车配备更大车轮，但可能不会出现汽车。

最大的问题是，缺口分析发现的是缺口，而不是需求。缺口的存在往往有其合理的原因（如有鱼腥味的空气净化器或阿司匹林口味的冰淇淋），因此，新产品开发人员必须到市场上去看看这些缺口是否代表了消费者想要的东西。

回到图 6.5 中的缺口 1，我们尚不知道市场是否需要一款穿着非常舒适又兼具时尚感的泳装。看图 6.5 也能发现，在中等时尚度和低舒适度的位置有一个缺口（缺口 2），或许这就是一个好的新产品概念。为了回答这个问题，我们必须借助搜集顾客感知时获得的那些属性重要性数据。在本书的第 9 章，我们将讨论分析顾客偏好并识别出利益细分市场，在那里还将继续讨论这个例子。

在所有新产品创意生成的过程中，我们必须避免被“现在不可能”的想法限制住。例如，几年前，止痛剂的一个缺口图显示存在一个“既强效又温和”的属性的缺口。在该图上，既强效又温和的位置一直是空的，而且人人都知道原因——非处方止痛剂不可能做到强效又不伤胃，市场上还没有这类产品。因此，制药公司研究这两大特性来开发新止痛剂就很有必要。当然，Extra-Strength Tylenol 及其之后开发出的 Aleve 等既强效又温和的止痛药，填补了此缺口。另一个例子是，最受欢迎的品牌的香皂被定位在要么只能除臭（如 Dial）、要么只能润肤（如多芬），这就存在一个能同时提供这两种属性的一个缺口。2000 年，兼具除臭与润肤功效的新香皂品牌 Lever 上市，成功填补了上述缺口。

本章小结

本章讨论了缺口图用于识别潜在的产品概念。正如我们之前提到的，这个方法将在新产品开发流程后期阶段，用于分析顾客偏好并定位（重新定位）产品。我们已经深入讨论了以属性和整体相似度为基础的感知图及其优缺点。

其他以属性为基础的方法也能运用在概念生成阶段。第 7 章会介绍联合分析（权衡分析）以及其他非定量的方法，都能运用于生成有获利潜能的产品概念。

应用实践

（1）“我对你提到的你在学习的一种研究方法非常感兴趣，但由于种种原因，我还无法使用。它就是缺口分析法，尤其是画图的方法。我们最好的几个事业部都在生产和销售服务产品，缺口图方法能运用于服务业吗？你能以高等教育市场为对象绘制一幅缺口图吗？我知道，我的经理能够在办公桌上完成它。尽管如此，即使我们拥有所有的技术数据，以及其他资源，它还是不可能近乎精确。但是你能试试吗？”

（2）“好吧，你已经在你的示例中看出泳装市场的某个缺口。有些顾客喜欢时尚型的泳装，有些则喜欢舒适型的，这些我们早已知道了。因此，应当把泳装设计得既时尚又舒适，难道这还不明显吗？然而，你能从缺口分析中获得哪些属于你自己的真知灼见呢？”

（3）“几年前，大部分花生酱的销售是建立在人们对产品质量和脆性的感知的基础上的，竞争者之间没有大的差别。在当时，Skippy 公司冲击了这个市场，公司宣称它的产品比其他品牌更健康，理由是它的产品用更少的盐。它并没有按照市场上的传统属性来定位自己的产品，你如何用缺口图解释这一点呢？”

案例 智能手机比较（A）

智能手机拥有强大的计算和连接功能，对越来越多的人来说已是不可或缺的日用品。早期智能手机主要作为移动电话和个人电子助手（比如掌上电脑）使用，后来，逐渐增加了便携数字播放器、数码相机、摄像机、GPS 导航等功能。如今的智能手机不但有触摸屏、能上网、有移动应用程序，还能使用电子商务，这些都是因为无线网络与移动宽带的普及。

在市面上的上百种智能手机中，有 5 款比较流行或者说功能比较强大。它们是由 5 家行业内较为知名的厂家生产的（不分先后顺序）：诺基亚 Lumia 920、索尼的 Xperia ZL、三星的 Galaxy S4、苹果的 iPhone 5 及 HTC One。每种都有自己的优势，无论购买哪种都要在其性能和价格上做出取舍。

表 6.6 列出了这几款机型常用属性的直接比较：重量、价格、屏幕尺寸（测量对角线）、分辨率（与画质有关）、待机时长、内存容量与 RAM、CPU 速度，以及前后摄像头质量等（以像素衡量）。

找出两个你在选择智能手机时除了价格之外认为最重要的因素。使用表中两种属性构建一个定位图（或者，你可以尝试画出一个性价比的定位图：画图前划分属性的评分。性价比图让你知道每一美元能得到的性能以及如何改进低价产品的定位。）。然后，找出其他两个属性，重复同样的步骤（这样你就能画出两个定位图）。

表 6.6 5 款手机的属性

	Nokia Lumla920	Sony Xperia ZL	Samsung Galaxy S4	iPhone 5	HTC One
价格（美元）	449	549	579	649	579
重量（克）	185	151	130	112	143
屏幕（英寸）	4.5	5	4.99	4	4.7
分辨率	332	441	441	326	468
通话时长	17	10	14	8	19
内存	32	16 +64GB 卡	16+64GB 卡	16	32

续表

	Nokia Lumla920	Sony Xperia ZL	Samsung Galaxy S4	iPhone 5	HTC One
RAM（MB）	1 024	2 048	2 048	1 024	2 048
CPU 速度（GHz）	1.5	1.5	1.6	1.2	1.7
前置摄像头（百万像素）	1.3	2	2	1.2	2.1
后置摄像头（百万像素）	8.7	13	13	8	4

注：1 英寸=2.54 厘米。

讨论 iPhone 5 与其主要竞争对手在这个图的相对位置。你认为，与其他竞争手机相比，iPhone5 有准确定位吗？竞争对手中对其有最大威胁的是哪一款？为什么？此时，你觉得还需要了解竞争对手哪些额外信息或市场地位？iPhone 持续成功的因素中，有哪些因素并未出现在此定位图中？相对弱势的对手要靠什么属性才能抢占 iPhone 的市场份额？

第 7 章

属性分析法：权衡分析和定性方法

7.1 引言

上一章讨论了为获得那些潜力大的产品概念、分析顾客感知并进行权衡的常用市场研究方法。本章开始介绍其他有用且常用的定量方法——权衡分析（或称联合分析），这些方法将运用在后续的新产品开发流程中。在某种程度上，这些方法将为开发流程提供指引（如所产生的顾客感知和偏好的数据可以作为产品协议规格的输入）。

本章我们还将讨论几种定性的属性分析方法。这些方法虽然不是面向数字的，但对于顾客及管理者运用创造性思维提出新产品概念十分有帮助。定性与定量方法在概念生成和开发过程中彼此互补。例如，量纲分析或关联分析就常用于识别 AR 缺口分析中的决定性属性，定性方法也有助于解释 AR 感知图或 0S 感知图。

7.2 权衡分析

权衡分析［trade-off analysis，有时也被称为联合分析（conjoint analysis）］是一种用于概念评估的常用方法，因此我们在第 9 章也会讨论权衡分析。因为权衡分析可以产生高度有潜力的概念，因此在本章着重介绍。有时，我们会同时遇到权衡分析和联合分析这两个词，但其实它们是不能互相替代的。权衡分析是指顾客根据品牌的属性或特性，对品牌进行比较和评估的分析过程。联合分析则是指一种用于对权衡进行估算的工具（类似因子分析用于开发感知图）。因此权衡分析是一个更广义的概念，本书使用“联合分析”特指对权衡进行估算的方法。

回顾一下上一章提到的，在找到决定性属性（形成现有产品差异的重要属性）后，我们会运用缺口分析将现有产品绘制于图中。使用联合分析时，我们假设能用一组属性来表达某个产品，联合分析将所有的决定性属性放进一组新的集合中，并且确定哪个属性集合是顾客最喜爱的。事实上，AR 缺口分析的结果可运用于联合分析中的属性选择。

7.2.1 使用权衡分析进行概念生成

假定咖啡有 3 个决定性属性：口味、浓度和香味强度。如图 7.1 所示，每项属性都有许多不同的等级。如果我们了解顾客对每项属性的偏好［或效用（utilities）］，就可以整合每项属性的最佳等级，生产出一个整体上受顾客喜爱的产品。如图 7.1 所示，顾客偏好浓度中等、无（添加）口味及正常香味的咖啡。如果这个特定组合还没有出现在市场上，就能作为一个新的产品概念。另外，其他高潜力的概念也会从图中分析得出，如浓的榛果咖啡可能也是一个不错的创意。

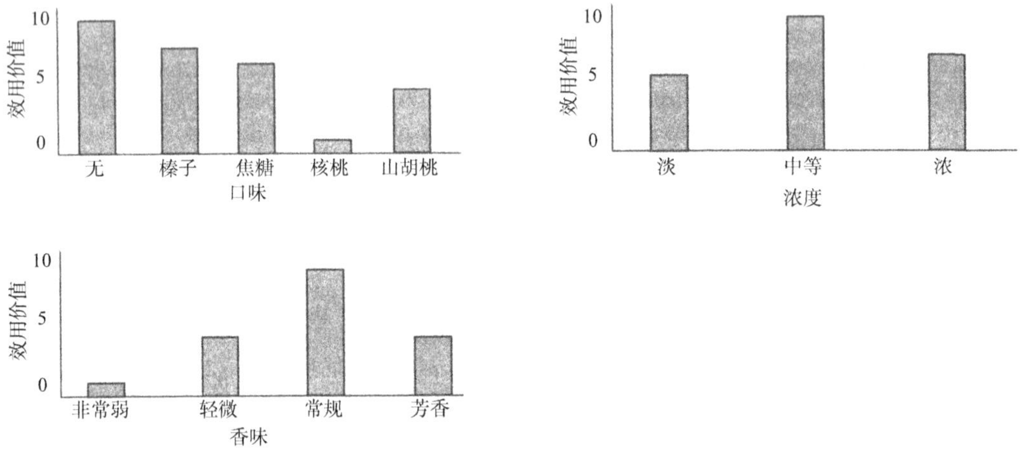

图 7.1 因子效用分值——以咖啡为例

Sunbeam公司尝试拓展其在全球不同国家的厨房搅拌用具市场时，便采用了权衡分析。它先定义外形、特性和利益 3 种属性，并确定各工具的决定性属性及其可选范围，如外形就有低或高、坚固或独特性等 10 种组合。

准备好卡片，上面写有新产品在外形、特性和利益上的特定组合。接着，根据不同国家消费者的偏好将卡片从头排到尾。如果某人想要坚固外形、多段调速、安静的马达及用于半流体的厨具，该卡片上可能描述出外形、速度、声响，但是不能用于流体的厨具。而另一张卡片上可能描述可用于流体且有相同外形与声响，但是只有 3 段速度的厨具。如果要选择其中一种，消费者就得从多段可调速度与可用于流体两者中取舍。当有数百位消费者都做这样的取舍时，就可对每项属性有更佳的认识，优化过程因而就此开始。

尽管以上两个例子都是消费性产品，但要记住，权衡分析方法是一项多功能的方法，在很多情况下都会使用到。实际上，企业买家会进行较理性的产品特性分析，故此方法对工业性产品创新就相当有价值，其应用范围包含雪地车、医疗保健系统、航空器、举重机、旅馆房间、计算机软件及各种商业服务。Marriott 公司在设计与发展其 Courtyard 连锁酒店时，便运用联合分析来建立同时满足商务和休闲旅客的需求与期望的服务。

7.2.2　联合分析的应用

首先我们讨论完整轮廓联合分析法（full-profile conjoint analysis），即分析所有产品各种可能情况的属性。后面会讨论其替代方法。

假定你管理着一家食品公司的调味酱生产线，正在尝试升级生产线并通过发掘一些新概念，来进一步评估和开发产品。根据你对市场的了解以及消费者研究，发现顾客在选择调味酱品牌时，会以① 辣度（微辣、中辣或特辣）、② 颜色（绿或红）及③ 浓稠度（一般、浓稠或非常浓稠）三大重要属性来判断。可能的组合为 3×2×3 = 18 种不同类型（如微辣、绿色且浓稠）的调味酱。

我们一开始设计了 18 张卡片，每张卡片附上照片与/或每种组合的文字描述。然后要求受访顾客把卡片从 1 到 18 进行排序，1 是指“最喜欢”，而 18 是指“最不喜欢”。这项任务相当有挑战性，我们建议受访者先将卡片分成 3 堆（喜欢、中等和不喜欢），每堆大约有 6 张会比较容易排序，然后每堆可合并，调整最后排序。我们将某位受访者的排序列于表 7.1 中（该表也呈现模型估计的排序，可暂且不看）。

表 7.1　一位受访顾客的偏好评分

浓稠度	辣　度	颜　色	实际评分	模型预测评分
常规	微辣	红色	4	4
常规	微辣	绿色	3	3
常规	中辣	红色	10	10
常规	中辣	绿色	6	8
常规	特辣	红色	15	16
常规	特辣	绿色	16	15
较浓	微辣	红色	2	2
较浓	微辣	绿色	1	1
较浓	中辣	红色	8	6
较浓	中辣	绿色	5	5
较浓	特辣	红色	13	13
较浓	特辣	绿色	11	11
特浓	微辣	红色	7	7
特浓	微辣	绿色	9	9
特浓	中辣	红色	14	14
特浓	中辣	绿色	12	12

注：1——最喜欢的；16——最不喜欢的。

假设某顾客喜欢特辣的调味酱。有一些卡片放在一起（精确地说是 6 张卡片），都描述特辣且结合其他属性的调味酱，这个顾客可能会把卡片列为喜欢（给排序的数字越小，也就代表越喜欢）。如果这个顾客喜欢特辣的调味酱，就能预期几乎所有特辣的调味酱卡片会归类在较小的排序数字中，即在排列顺序中将会清楚显示出一种特征。若顾客较不在乎调味酱是绿色或红色，即可预期红色调味酱和绿色调味酱的排列并无不同，也未能呈现某种特征。

联合分析使用的多元方差分析（monotone analysis of variance）是一种能发现排序数据中各种特征的数据分析方法。也可以说，能识别出顾客潜在的价值体系：什么属性较重要及什么重要属性标准受到顾客喜爱。为了进行此步骤，会使用排序去估计每位顾客在各项属性标准中的效用（有时候称为部分价值）。表 7.1 的联合分析结果呈现于图 7.2（a）中。

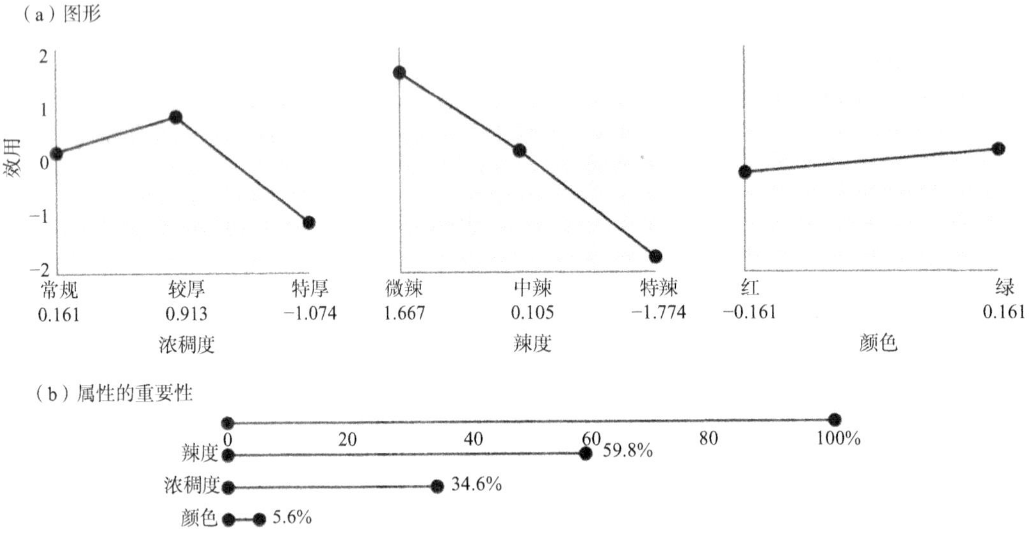

图 7.2　联合分析结果——调味酱数据

图 7.2（a）展示出各项属性的相对重要性。效用变动范围最大的是辣度，即微辣和特辣分别是 1.667 和−1.774，变动范围为 3.441，因此，辣度对这位消费者而言是影响对调味酱喜爱程度的最重要属性（运用相同的逻辑，颜色最不重要）。结果可以看出，各个属性哪种等级受到喜爱，如在其他条件相同的情况下，微辣的调味酱比中辣或特辣的受欢迎程度更高。这位消费者还比较偏好中度浓稠、绿色的调味酱。

图 7.2（b）以百分比形式来呈现这 3 个属性的相对重要性。对受测者而言，辣度的相对重要性几乎占 60%，浓稠度也相对重要（约占 34.6%），但几乎不在意颜色。需要注意的是，属性选择标准对分析结果的影响非常大，如果颜色的选项为红色、绿色和粉色，那么消费者对颜色的关注程度便会提升。

这个模型在预测顾客选择方面究竟如何？我们通过 18 种选项的属性效用分值来估算整体偏好，以检查此模型预测的正确性。例如，非常浓稠、微辣且红色的调味酱的效用得分为−1.074 + 1.667−0.161=+0.432。然后，我们可以对这个模型预测的偏好加以排序，并与受测者原本回答的实际顺序做比较。如表 7.1 所示的最后一列，此模型预测的排序与消费者实际偏好几乎完全吻合，并且可以轻易确认最受欢迎和最不受欢迎的组合。

权衡分析的典型应用，是帮助管理者识别出哪项属性是最重要的以及哪种等级最受欢迎。如果有许多人进行这样的取舍测验，就能汇集成一大样本。表 7.1 中显示的排序结果是样本中所有人的平均排序，而不是某个人的回答。在此个案中，我们可能会专注于开发一种适度浓稠、绿色且微辣的调味酱 [图 7.2（b）中具有最高效用的那种]。

当然，由于细分市场的存在，也许有一半的消费者喜欢微辣的调味酱，另一半则喜欢特辣的口味。如果只看平均值（尽管实际上可能没有人喜欢），我们可能会评断中辣是最好的选择！因此，接下来会讨论到以效用为基础，能辨认利益细分市场的分析法。这部分内容将在第 9 章中介绍。

在这个简单的案例中，因为只有 18 张卡片，排序是相对容易的。如果纳入更多的属性与/或标准，会变得如何？例如，除了上述 3 种属性，你可能还需要考虑容器种类（玻璃罐与塑料桶）、容器大小（10 盎司与 16 盎司）（1 盎司=2.84 毫升）、成分配料（有机与非有机）及 3 种不同的潜在品牌，即 3×2×3×2×2×2×3=432 种不同的卡片（相当于包含百搭牌的 8 副扑克牌！）。应该没有受测者愿意并有耐心去排序。

幸好全部卡片不需排序。通过运用部分因子设计，只使用一小部分卡片，我们仍然可以估计所有可能的产品的相对偏好。由于使用部分的卡片集合，大多数的受测者无法找到自己想要的确切组合，因此必须取舍较想要与较不想要的属性，选择最接近期待的组合。在购物时如果没有找到自己喜欢的品牌的产品，我们也会用这种方法找到最接近的替代品。

7.2.3　联合分析是正确方法吗

在新产品研究中，虽然联合分析是一种广泛使用的方法，但如果不注意的话可能被误用。首先，要能把产品细分成明确的属性（如调味酱的辣度、浓稠度及颜色）。联合分析假设顾客会理性地根据这些属性来评估品牌，但这个假设并不符合实际情况。在联合分析中，年轻消费者可能表示偏好浓稠、微辣及绿色的调味酱，实际却购买非常浓稠、中辣的品牌，因为这是她妈妈习惯购买的。或者，某个车主可能喜欢有大空间的后车厢及马力大的发动机，但最后却买了一辆 Smart 轿车，因为这辆车外表看起来很可爱或开起来很酷。分析汽车这种复杂的产品，可能会涉及成百乃至上千个属性，但在做联合分析时，最多只能处理其中 10 个，因此研究者必须确保所有重要的属性都包括在内。举例来说，如果研究者在进行汽车的联合分析时，不包括"容易停车"这个属性，那么 Smart 轿车的受欢迎程度将会被低估，尤其是在城市居民群体中。

其他无法仅由联合分析处理的议题包括：无法考虑购买的情境（年轻消费者自己可能买非常浓稠、中辣、红色调味酱，但买浓稠、微辣、绿色的调味酱给小孩或客人）；无法考虑寻求变化的想法（偶尔只是想尝试不一样的）；评估共同决策可能会有困难（丈夫可能在意脚能伸展的空间，而妻子关心后车厢空间，不知最终的购买决定如何做出）。

联合分析其他原则如下所示：

- 在进行联合分析前就知道有哪些关键属性。AR 缺口图及其定性方法可以帮助完成这一步骤。

- 受测者应该相当了解此产品类别和属性，才能针对偏好或购买可能性等提供有意义的数据。对于全新产品来说，该方法没有作用。
- 公司应能够按照结果实际开发出某产品，完成联合分析中偏好的属性组合。

最后，我们应强调，权衡分析（联合）分析最常用于概念评估，我们会在第 9 章中再次讨论此方法。

7.2.4 完整轮廓联合分析法的替代方法

有时决策的难题就在于产品属性太多，以致无法运用完整轮廓联合分析法来解决问题。完整轮廓法的另一个缺点是无法衡量属性间交互作用的效用。举例来说，顾客可能喜欢微辣的调味酱，也可能喜欢中度浓稠的调味酱，但实际上可能非常喜欢微辣、中度浓稠的调味酱，这种喜爱程度远超联合分析法分析的结果。不过，有一些方法可以弥补完整轮廓联合分析法的这些缺点。

适应性联合分析法（adaptive conjoint analysis）是由 Sawtooth 软件公司开发的一种方法，这种方法一次只让受测者关注几个属性，并随着测试的进展根据测试结果对产品进行调整。运用适应性联合分析法时，首先询问受测者哪些属性最重要，及哪个属性标准是最受欢迎和最不受欢迎的，然后将不同属性的配对组合提供给受测者，测试中只关注最重要的属性和最受欢迎或最不受欢迎的属性标准。以汽车设计为例，如果受测者认为车门数量和制造国家是极为重要的条件，则可能会问：偏好美制四门车还是日制双门车。在一连串的问题后，受访者会看到"校准概念"（calibration concept），即数个属性组合，都是可能购买的项目，而评分是从 0 到 100 分。（如果 100 分代表"绝对会买"，你有可能会买一辆红色、双门、后轮驱动、美国制、售价 1.6 万美元的车吗？）

另一个可运用的技巧是，以选项为基础的联合分析法（choice-based conjoint analysis），测试中会给受测者看许多其他产品选项，并询问偏好哪个选项（如果都不喜欢，则选"以上皆非"）。例如，可能会问受访者偏好下列哪种：

- 红色、双门、后轮驱动、美国制、价格为 1.6 万美元的汽车。
- 蓝色、四门、前轮驱动、日本制、价格为 1.8 万美元的汽车。
- 绿色、双门、全轮驱动、德国制、价格为 2 万美元的汽车。
- 以上皆非。

以上两种方法都是要让受测者关注尽可能少的属性和属性标准数量。但请注意，还有其他较简单的取舍方法可以用于产品概念开发，这些方法与联合分析法同样需要必要的信息，但无须用到任何专业软件。

7.2.5 联合分析的近期改进

其他方法有时用于处理大量的决定性属性与标准。以财产保险为例，分析师通过将成本和节约额加入各属性的取舍效用中，重整联合分析传统形式，又称 SIMALTO。然后给消费者一定的预算额度供其选择想要购买的项目，从而了解到不同的支付意愿。这种方法维持原先进行取舍的属性集合，无须使用联合分析的数据删减法。

近期的研究探讨了一些实际的困难与概念测试所关注的问题。通常，概念测试在新产品研发的早期进行，而且经常在提供原型给顾客试用之前。受测者是否能很好地理解产品概念及其作用？如果不能，测试得到的结论是否依然有效？最近一项简单产品线延伸研究（小苏打牙膏）说明，在消费者刚刚了解产品概念时测试与消费者实际试用产品后测试，两者的分析结果会非常类似。因此，对于产品最后是否成功，至少对产品线延伸来说，联合分析的结果是一项有效的早期指标。当然，联合分析、感知图以及产品试用都是新产品流程后期消费者信息的重要来源。

在重要创新的案例中（如新计算机或电信技术），未具备这类产品知识与经验的顾客可能无法评估创新的效用，因此概念测试的结果也可能无法有效预测产品的实际表现。已有些人建议，就算是渐进创新的产品也至少需要有中等专业知识的消费者参与测试。

7.2.6　概念测试中的虚拟原型

虚拟原型一样可应用于概念测试。这些既可是静态原型图片，也可以是模拟动态产品影像片段，通过因特网的方式呈现给受测者。当然这些虚拟原型的生产成本和测试成本较实际原型要低很多，这可以让公司能快速且便宜地测试许多概念。

虚拟现实（virtual reality）技术的提升，为市场提供了许多消费者概念测试的新方法。一项新的测试方法“信息加速”（Information Acceleration，IA）近期被应用于通用汽车公司的电子车概念测试上。IA 的特征是把受测者带进虚拟购物环境，通过模拟实际购买环境，消费者能通过视频播放器看到广告、阅读汽车杂志、听到销售业务员的产品介绍与顾客评价。消费者还可在虚拟展示间中走动，看到虚拟的汽车原型。

虽然 IA 技术成本高昂（花费可能在 10 万 ~ 30 万美元），但它是现有概念测试的重要组成部分。简单的概念图或描述也许无法为消费者提供足够的信息以帮助他们做出现实的购买决定，尤其像电动车这样非常复杂的产品。IA 也能测试许多概念相同但不同版本的虚拟产品，从而得出消费者偏好。随着影像技术的发展，IA 技术成本会逐渐降低，且应用范围也将进一步延伸（如受测者也许能体验驾驶虚拟汽车）。

7.3　定性分析

我们已了解了一些能够将消费者偏好纳入概念生成流程中的定量方法。然而，如本章开始时所介绍的，这些方法都有一个内在因素，即一系列的定性分析，我们将在这里进行讨论。

MDS 或因子分析所产生的结果多到让人晕头转向，特别是出现不相似的结果。然而，管理者应避免受到结果表象的影响而妄下决策。接下来介绍的定性方法是检测假设的有效方法（例如，如何确定决定性属性），并为管理者提供不同观点。虽然本节对这些方法的讨论篇幅较短，但并不代表这些方法在概念生成过程中不重要或没有用。

7.3.1 量纲分析

量纲分析（dimensional analysis，也称维度分析）涉及所有可能的特性，而不局限于长度、宽度等空间参数，还包含列出产品的所有物理特性。产品概念的创新就是从一系列上述特性中发现的，因为我们所考虑的就是如何改变各项特性。有时特性列表中列了很多特性，但依然没有发现有价值的信息，因此发现具体特性的工作量是很大的。

有些有趣的特性可能是产品看起来并不具备的。例如，汤匙如果以气味、声响、弹性、弯曲程度等描述，通常气味难以察觉，声响暂时为零，弹性可能只有用老虎钳测试才看得出来，但每种特性都可以提供一些改变。你认为当孩子们用汤匙把食物放入口中时响起音乐会怎么样？或者按压汤匙手柄可以发出声响呢？还是将汤匙制作成玫瑰味？

列出数百种属性很常见，例 7.1 列出的清单虽然简短，但也能说明问题。成功使用该方法的人反映，找到独特的特性有助于整个创意过程，因此这个方法是可信的。

例 7.1 手电筒的属性分析

利用量纲分析，列出其中 80 项属性。原本有 200 项属性，若改变其中任一项，可能产生新产品。

整体：

重量

抗锈蚀性

平衡

控制能力

抗干扰性

剪力

耐热性

隔热材料

自动闪光器

手动闪光器

可视距离

长度

投向

抗污性

抗寒性

灵活度

隔绝色

半透明

机身接缝数量

防水性

直径

水洗性

金属质量

曝光性

气味

标签数量

问题能力

密封材料

镜头：

材料

透明度

颜色

强度

质地

弹簧：

数量

材料

灯泡：

数量

形状

大小

气体类型

灯线长度

相干长度

灯丝形状

灯线大小

灯丝材料

破碎界值

灯线深度

安培数

电池：

数量

大小

终端类型

方向

替换性

光线焦点
关闭类型
里衬材料
浮力
可燃性
延展性
压缩性
反射
表面区域/颜色
封闭安全度
长度
强度
风格

开关：

数量
压力
噪声
风格
位置

反射镜：

深度
直径
形状
耐用性
表面
颜色
温度限制

7.3.2 检核表

量纲分析还使用了如今最广泛应用的方法——检核表（checklist）。著名的检核表是由头脑风暴法的创始人建立的。

- 可以调整用途吗？
- 可以做些修改吗？
- 可以反向进行吗？
- 可以与其他组合吗？
- 可以替代吗？
- 可以扩大吗？
- 可以缩小吗？
- 可以重新组合吗？

上述 8 个问题，能十分有效地引导整个创意的过程。

商业与工业品的分析人员运用能源、材料、操作难易程度、组装与替代零部件等特性作为检核表的组成元素（见例 7.2 工业产品的创意检核表）。

例 7.2 工业产品的创意检核表

能改变此材料的外形、热力、电气、化学和机械特性吗？
有新的电气、电子、光学、水力、机械或磁性技术吗？
找出与此问题相似的模拟
这是必备功能吗？
能制作新模型吗？
能改变动力模式让工作更顺畅吗？
标准零件可以更换吗？若改变流程的顺序会如何？
要怎样才能更精简呢？
若经过加热、硬化、铸成合金、修改、冻结、电镀会如何？

其他人可以使用这个装置或其结果吗？

每个步骤能被尽可能地计算机化吗？

产品检核表生成了许多潜在的新产品概念，但大部分都是无效的，因此在选择清单的内容时需要花费许多时间。许多新概念是通过改变现有产品属性来实现的。例如，某属性可能受另一属性的影响：儿童浴盆的指示条在水温过高时会变色。也可能移除某属性，形成完全不同的产品，如把个人计算机的软盘驱动器去掉，就可以制成超薄的计算机。例 7.3 呈现了运用这种方式产生新概念的 4 种策略。

例 7.3　创造力模板

戈登堡和马祖斯基提出了几种可以操作知识库的创造力模板，这些知识库包含产品属性，可以用以发现创新产品。过程：首先，找到决定性属性，根据以下 4 种创造力模板进行操作：

（1）属性相依模板：在两个独立变量属性间找到功能相依（functional dependency），相互影响后也许能形成具有创意的新产品。例如，咖啡杯颜色随盛装内容物温度而变化，如果太热就会显示警告信息。

（2）替代模板：移除产品的部分成分、零件，并以另一种配件替代原功能、特性。例如，随身听的天线由耳机接线替代。

（3）置换模板：移除某个基本成分、功能，而改变产品功能，也许能创造新产品并开拓新市场。例如，移除笔记本的软盘及光驱，就变成了超薄笔记本。

（4）成分控制模板：辨认与创造产品内外成分、零件间的新联系。例如，加入洁白剂的牙膏或增加保湿成分的防晒乳。

7.3.3　关联分析法

目前我们了解了许多用于比较的概念产生方法，比如，感知图是对属性进行比较，而小组创造力是根据已知推论未知的方式来激发创意，但这些方法的主要目的不是比较。现在我们来看看两个属性分析方法：二维矩阵（two-dimensional matrix）和形态矩阵（morphological matrix）。这两种方法都属于关联分析，之所以这样命名是因为受测者需要找到维度之间的关联，从而生成新产品概念。

7.3.4　关联分析法中的维度

回顾一下例 6.1 所展示的，属性包括特性（如长度）、功能（如以蛋白质覆盖在头发上）及利益（如经济、健康）等，但产品的其他方面并没有被包含在内，如不同的使用地点、用户职业以及需要与商品搭配使用的其他物品等。关联分析法也使用这些属性。我们可以利用任何有用处的维度，这些并无固定形式，所以希望本章所举的例子对大家制作矩阵有所启发。

7.3.5　二维矩阵

表 7.2 是研究关联最简单的形式，以保险的两种属性集合为例。这里只用到了两个维度（投保事件和被保人/动物）的部分清单，但即使这样也有 50 个项目。注意，只有因为迫于某种情况才能预设某类特殊保单，如提供年轻父母 “小孩走失”的保障，或提供新婚夫妻“蜜月费用超支”的保障。以此为例，我们分析结果时可以从第一项开始，思考过后再进行第二项，以此类推。

表 7.2　新型保险产品的二维矩阵

	被保险对象									
被保险事件	新生婴儿	天才	问题小孩	富翁	狗/猫	热带鱼	咸水鱼	新的从业人员	新婚夫妇	首次做父母者
被火烧伤	1	2	3	4	5	6	7	8	9	10
失踪	11	12	13	14	15	16	17	18	19	20
正常死亡	21	22	23	24	25	26	27	28	29	30
被侮辱	31	32	33	34	35	36	37	38	39	40
被绑架	41	42	43	44	45	46	47	48	49	50

新型产品概念的范例：如果孩子走失（20），那么父母会受到保险的保护。或者保护新婚夫妇，承担可能会在蜜月期间受到绑架而遭受的损失（49）。或者保护天才，承担他们受到侮辱的损失（32）。关联分析方法大多数是没有意义的，但是像其他方法一样，二维矩阵总会带来意想不到的结果。通过精心思考，可能会有意想不到的结果。

与目前所学到的其他方法不同，关联分析可直接形成新产品创意（如喷雾冰激凌罐），而二维矩阵几乎能产生无限的点子。持续寻找不同的矩阵直到发现新的可能清单，或直到方法“行不通”为止。

一种稍微不一样的关联分析是以产品的效用水平（产品如何影响消费者的生活）和购买者体验周期（产品什么时候影响消费者）作为维度。更改上述一个或者两个维度可以生成新的产品创意。例 7.4 是生产商通过改变“延伸”一个或者两个维度得到新产品创意的几个案例。

例 7.4　量纲分析的其他形式

W.C.Kim 和 R. Mauborgne 提到，企业能够以两个关键维度得出成功的新产品创意。

（1）效用杠杆：产品将如何影响顾客的生活（例如，简单、有趣/形象、环境友善、降低风险、方便及高效）。

（2）购买者的体验周期：产品影响顾客的时间和地点阶段（购买、配送、使用、补充、维护、弃置）。

企业通过改变一或两个维度产生好的新产品创意的案例：

- 典型的快餐餐厅提供便宜咖啡，重点是在购买阶段为顾客提供便利和高效。星巴克也以此为目标，但运用流行的咖啡吧台与独特的特调咖啡增加有趣/形象的效用。
- 计算机制造商在使用阶段提供生产力效用。戴尔计算机的创新就是在配送阶段和通过直接交货来提供生产力效用。
- Phillips Alto 可更换日光灯炮，在丢弃阶段提供环保的效用组合。

注意：除了效用和体验周期阶段的创新组合之外，还需要制定合理的定价策略以提升成功的可能性。

7.3.6 形态矩阵或多维矩阵

接下来我们讨论形态矩阵方法，即同时组合两个以上的维度，这种方法源自多年前科学家试图开发喷气式发动机的方法。

表 7.3 显示一款新咖啡机的开发，共有 5 个维度，但为了便于说明，各个维度仅列出了 3 个可行选项（在实际案例中，一般会发现更多的可行选项。）

新产品经理要将这些项目加以组合，通常的方法是用计算机列出所有可能的组合，然后搜寻有趣的组合。

其他分析人员仅采用简单的方法读取横栏上的信息。如最上面一列提到：有一款新咖啡机可以直接在咖啡壶中把水加热，人工用量匙把磨好的咖啡粉放入滤纸，也能隔热保温，打开壶底的开关就能倒出咖啡。这款咖啡机你觉得如何？你喜欢这个创意吗？在讨论完每列后，分析人员会系统地替换改变各列中的项目。所有经过属性分析技术挑选出的好创意，难免都会产生争议，但没有人能不靠矩阵来轻易得到好的新创意。

在任何情况下，都应该遵循表 7.3 的结构。本节开头就讨论了产生竖栏的方式。各栏中项目的数量或者是全部集合，或者是能够代表全部集合的一部分选择。如游戏车的研究，某一纵栏可能是轮子数量，纵栏中各横栏分别标识 2、3、4、5 和 6；另一纵栏可能是高度，而这一纵栏中就只有 6 英寸、8 英寸及 12 英寸 3 个横栏（低、中与高）。

表 7.3　用于新咖啡机的形态矩阵

维度				
加热	添加咖啡粉	过滤咖啡	咖啡保温	倒咖啡
1. 壶中有加热装置	1. 用量匙	1. 滤纸	1. 隔热保温技术	1. 壶底的阀门
2. 打开火	2. 用自带量杯	2. 多孔陶瓷过滤装置	2. 壶内有保温装置	2. 壶盖上的气孔
3. 微波装置	3. 自动添加	3. 离心分离法	3. 外部热源	3. 类似浓缩咖啡

7.4 类比

我们通常可以通过其他事物联想到新概念，这就是类比。类比是一种强大的、常用的方法，被大量应用于基于问题的方法中的问题解决步骤（见第 5 章）。计算机术语中就有许多类比的例子，如剪切与粘贴、回收站、浏览、搜寻、公文包、文件夹等许多非计算机领域中熟悉的名词。这对计算机使用者来说，是相当通俗易懂的。

一个很好的类比的例子，是某家厨房器具制造业公司进行的飞机配餐系统研究。飞机上准备、提供与享用餐点的流程明显是从家中厨房改良而来的，而且该公司同时为家庭厨房的新流程（与设备）创造出许多好的创意。游乐园设计者根据放牧而想出游园者排队游玩热门游乐设备的方法。

自行车和汽车就是类比法，因为两者都涉及操纵、移动、减速、转弯等步骤，但汽车能载运更多乘客、有稳定的 4 个轮子、可变换动力、内建通信系统、车载诊断设备和修复功能等，上述各项差异能让人发想出许多新形态的自行车。自行车也可以与飞机、滑冰、潜艇、游泳，以及和在迷宫尽头的老鼠做类比。

当然，要找出有用的类比情况并不容易。应把握以下 4 个准则：

（1）类比的事物本身应是鲜明且明确的实体。

（2）类比应有完全的具体形象。

（3）类比应是一事件、一种改变或活动的流程。

（4）类比应是广为人知的活动并易于想象和描述。

飞机配餐系统和汽车驾驶都符合上述条件。而令人惊讶的是，机枪弹链的类比有助于种子公司开发人员思考，把种子嵌在能自然分解的链带上，便于农夫的播种作业。

本章小结

本章与前一章讨论了很多属性分析方法。定性方法包含非常简单却具挑战性的维度分析以及更多先进的方法，如形态矩阵。定量方法包含缺口分析和权衡分析。这些分析方法可以互补，定性方法既可以在定量模型分析中使用（加以明确说明或再次检验分析中的属性），也可以在其之后使用（帮助解释结果）。

在每个案例中，属性分析让我们从不同角度来看待产品，以取得新的观点。人们通常习惯于根据长期的使用经验按照固定的方式去感知产品，因此脱离这种感知模式比较困难。需要进行一项创意生成活动的人，可以根据本书附录 B 的列表进行准备。

我们现在完成了创意的过程，希望大家在技术开发前可以有几个好的创意以供审核和评估。第Ⅲ篇概念/项目评估（第 8 章到第 12 章）会讨论评估，我们学到的分析方法也将有助于评估顾客偏好和设计产品特性，甚至对新产品开发后续流程也会有所帮助。

应用实践

（1）“我认为我最喜欢检核表的方法，这对我而言易于理解和使用。我从未见过简短的清单，通常都有 4 页。真的有必要那么多吗？如果只有 1 页的话，不是一样能做好吗？

我也会偶尔搞不懂清单中的一些名词。请告诉我，检核表和你们所说的维度分析有什么不同？”

（2）“你现在可能知道了，我是一名工程师培训员，我很喜欢使用一种属性分析方法，我们叫它属性延伸。我们用这种方法预测一种产品重要属性的未来变化。最近，我让有线电视部门的员工选出有线电视服务的 5 种属性，并对每种属性进行延伸。比如频道的数量、支付方式等，你能想出这样 5 种属性并进行延伸吗？这将有助于我的周四员工课程的准备工作。”

（3）“我们几个部门致力于研究女性服装市场。你知道，这个市场如今有很多独特的市场细分，所以找出一个有规模的细分市场是很困难的。因此，在你讲到形态矩阵时我便想到了女性服装。一种创新是想出一种新的场合或情形，从而设计相应的服饰。比如婚礼、赛马、野餐等，虽然我们已经知道这些场合并有了相应的服饰细分市场，但是一定还有一些我们所没有想到的场合。形态矩阵在这里能帮上忙吗？”

案例 乐柏美公司

纽威乐柏美公司（Newell Rubbermaid）是一家制造和销售包括工具（Lenox、Hilnior）、笔（Sharpie、Waterman、Paper Mate）、婴儿与育儿用品（Graco）、家用产品（Rubbermaid、Calphalon）、特殊用品（Mimio、Bulldog Hardware）及其他商业产品的全球性公司。其中的乐柏美公司在 1999 年被收购前，是一家每年推出多达 200 个新产品的创新公司。公司成功一部分源于创造与生产包括厨房、车库、洗衣间、浴室、壁橱整理架、汽车整理盒、垃圾桶、动力清洁器等各种高质量、功能性家用塑料产品。旗下的品牌有 TakeAlongsR、Lunch Blox ™、Closet Helper ™等。

该公司制造近 50 万种产品，新产品成功率 90%，且每年营业额至少有 30%来自 5 年内新上市产品。

该公司的新产品战略是满足消费者的需求。新产品比例高，朝多元化发展。即使该公司近年开发了“旧轮胎回收塑料”技术并持续寻找市场机会，但它依然是市场导向而非技术导向的公司。研发特定技术也是为了拓宽产品开发的方向。

在概念生成上，乐柏美公司主要发掘能进入战略规划流程的消费者问题。寻找消费者问题的方法很多，主要方法是焦点小组法，同时也会参考顾客使用评价和投诉。如首席执行官 Stanley C.Gault 听到一位曼哈顿大楼管理员在抱怨乐柏美公司的簸箕有问题。后续调查了解到，这位管理员希望簸箕的开口能薄一些，这样扫过的地方才不会留下灰尘。最后该公司生产出了改良后的新簸箕。

营销人员把客户投诉归纳成报告，公司鼓励高层主管阅读这些报告。例如，某个家庭的消费者抱怨传统碗盘架子体积太大而不便存放，于是公司改良生产了精简、单片式的碗盘晾干架。公司经常通过焦点小组进行问题分析以找到问题的根源，并从内部解决问题。虽然偶尔也会用情景分析去发现问题，但由于前期工作的时间太短，因此情景分析法不是很好用。较短的新产品周期促使其必须专注于眼前问题上。公司通过鼓励员工间的跨职能协作，不断创造新创意。发现并解决问题，在公司的各个层面都得到鼓励。

公司的其他新产品有：

- Bouncer 杯，是为了不想泳池旁用玻璃杯的人而设计的。
- 餐桌调味料旋转盘等家具，源于生活方式改变的研究。
- 在家里工作的人提出一些问题，引发出了家庭办公配件产品线，其中包含“汽车办公室”，可以安装在汽车座椅上并容纳办公用品。

总体来说，乐柏美公司不会大量使用属性列表和其他偶然扫描的方法进行创意生成，公司认为，产品生命周期模型十分有用，需要紧紧追踪竞争对手的新产品上市路径。

当然，乐柏美公司也一直在寻找能发现好的新产品概念的新方法。公司从经验中学习，比如，员工运用问题发现与解决的方法找出新方法。或许偶然扫描法可能比现有的方法更有用。

关于乐柏美公司的管理，你有什么建议？除了传统使用的方法外，他们还应使用本章讨论过的哪种方法？你建议使用哪种方法？为什么？

第Ⅲ篇

概念和项目评估

我们在第Ⅱ篇全面讨论了新产品概念生成的各种方法。下一步我们要做的就是评估这些概念。概念评估，在不同的时点、以不同的方式、由不同的人、因为不同的理由进行。因此，我们需要一个评估系统，这是第 8 章讨论的内容。

接下来在第 9 章，我们将先逐一讨论这个评估系统的各个阶段（见图Ⅲ.1）。概念测试是最主要的工具，也将在第 9 章讨论。第 10 章主要讨论全面筛选，在全面筛选阶段，我们将对这个概念与公司及其市场营销优势的匹配程度做出评判。项目一旦通过了全面筛选阶段的高门槛，就意味着被批准进行开发并做好进入下一阶段的准备。第 11 章和第 12 章集中讨论图Ⅲ.1 中最后一个图框中出现的具体议题：财务分析、确保项目与产品创新章程匹配的审查工作及协议制定。在这一步，我们可以启动开发工作，进行团队任务分配（如果还没分配任务的话），之后我们就进入本书的第Ⅳ篇。

我们在第Ⅲ篇提到的评估工具，指的是可以推进开发进程的工具。产品原型或服务配置一旦产生，就会再次启动评估。我们首先会采用产品使用测试的方式进行评估，之后，采用市场测试以及其他测试来进行评估。具体测试方法会在后面的章节中讨论。在评估时如何选择这些工具本身就是重要议题，所以我们的讨论必须具有选择性。当然，不同行业采用不同方式使用这些工具，所以这些工具之间其实是边界模糊并趋于融合的。比如，你是否看到过，一个原型概念测试变成一个产品使用测试呢？

企业有时会将 2 种甚至 3 种工具综合起来一起使用。比如，在某些行业，准备产品原型非常容易，所以这些公司会选择先做一个消费者问卷调查，其中包括部分市场分析、部分概念测试、部分原型测试，尤其是当概念首次以产品原型形式出现时。最后要说的是，标准的且完全被接受的术语尚不存在，因此，我们不得不做了一些术语标准化的工作，当然，未必所有人都会接受这些术语。

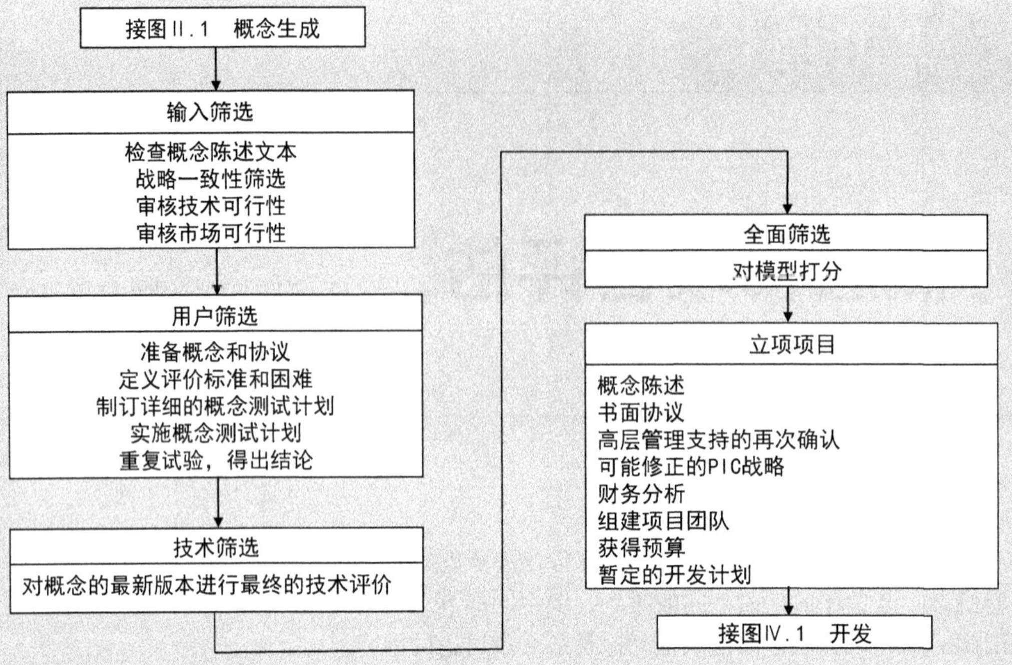
接图Ⅱ.1　概念生成
输入筛选
检查概念陈述文本
战略一致性筛选
审核技术可行性
审核市场可行性
用户筛选
准备概念和协议
定义评价标准和困难
制订详细的概念测试计划
实施概念测试计划
重复试验，得出结论
技术筛选
对概念的最新版本进行最终的技术评价
全面筛选
对模型打分
立项项目
概念陈述
书面协议
高层管理支持的再次确认
可能修正的PIC战略
财务分析
组建项目团队
获得预算
暂定的开发计划
接图Ⅳ.1　开发

图Ⅲ.1　概念/项目评估

第 8 章

概念评估系统

8.1 引言

在讨论各种用来评估新产品概念的具体方法之前，我们需要对其进行一下概览。评估贯穿于新产品开发的整个流程，而且在基本的新产品流程中，每个阶段都有相应的评估方法。没有任何一种方法适用于所有的阶段和案例。本章进行一下概览，讨论累计支出曲线以及 A-T-A-R 模型等，这些模型有助于帮助我们决定采用哪种评估方法。本章还涉及陷阱和替代指标等概念。在第 9 章和第 10 章，我们将深入讨论概念评估和全面筛选方法等，这些内容尤其适用于阶段 3（概念/项目评估）。第 11 章和第 12 章将讨论销售预测、财务和战略分析以及产品协议规格。

回顾一下第 2 章提到的新产品失败的原因：① 潜在用户没有对新产品的基本需求；② 新产品考虑到了所有的缺点，却无法满足需求；③ 新产品创意未能准确地传达（营销）给潜在用户。总而言之，潜在用户不需要这个新产品，新产品也无法发挥效用，用户更无法获得信息。当你思考如何构建一个评估系统时，要始终考虑这些因素。

8.2 新产品流程中的工作

新产品开发的方式就像河流一样，大河是由支流组成的系统，而支流之下还有更小的支流。看似复杂的实体商品，其实是金属外壳、包装原料、流程、价格等的组合。汽车生产就是一个很好的例子：遍布世界的二级组装线支撑着一条主要的组装线，每一条二级组装线生产汽车的一个零件，然后与另一个零件组成组件，最后在终端的组装线上组装成一辆汽车。

如果你能想象汽车零件工厂的质检人员在零件进行到下一阶段之前，对各个零件进行质量评估，那么就会理解新产品评估系统了。新产品最初诞生于一个由文字或图片形式来表达的概念或创意，我们会对其进行第一次评估。工作人员将这一概念转换成金属外壳、软件或准备提供新服务的新场地，接着便对其进行第二次评估。当营销策划人员开始制订营销计划时，则先逐个评估其细分小项（如同汽车零部件），在其纳入新产品之后，再进行整体评估。

正是将产品和产品营销计划视为一个个独立的可分割的部分来评估，才使得我们能进一步缩短开发的流程。在过去的时代，我们一步接一步地进行产品开发，没有哪个步骤能够提前进行。现在，在实际完成此产品开发之前，我们可以先开始进行包装设计；在商标被批准和确定之前，可以先拍出部分商业广告，或在电影完成最后的剪辑之前，可以拍摄即将上映的电影的预告片。

这种方式，虽然有时候会出现一些返工，但其造成的成本支出远低于延迟推出产品所造成的成本支出。然而，我们需要谨慎彻底地思考新产品的整体开发需求的，决定哪些需求是重要、哪些需求是不重要的。任何评估系统都必须涵盖重要的需求。

8.2.1 基本的新产品流程的评估系统

虽然评估的主要目的在于引导我们寻求并开发出有利可图的新产品，但每个单独的评估阶段都有其特定目的，这些特定目的为后续的工作定好了基调。回想一下图 2.2 中的描述，在新产品流程中，不同的评估任务对应不同的具体阶段。图 8.1 描述了相同的内容，但增加了应用在贯穿流程始终的最常用的评估方法。在进入下一步之前，这是一个将评估工作对新产品绩效的改善情况记录下来的最佳时点。CPAS 研究（第 1 章介绍过的）中包含一项关于最常用的评估方法的分析：在所有案例中，“最佳组”公司比“其他组”公司更有可能运用这些评估方法，而且最后从新产品中获得的销售和利润的结果也比较好。

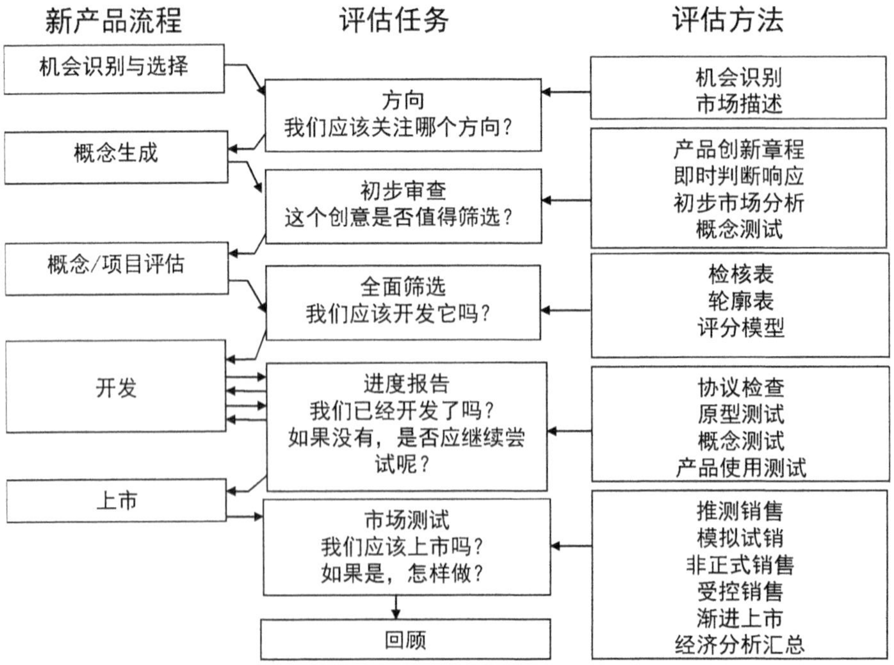

图 8.1 评估系统（包含常用方法）

在图 8.1 所示的流程中，创意变成概念；概念经过修改、评估、批准之后，开始执行项目开发；最后产品上市。在整个流程的不同阶段，需要回答不同的问题，而不同的评估方法提供了所需的不同答案。例如，最早的一次评估发生在产品概念产生之前，实际上是发生在阶段 1，是对一次机会或威胁的识别和评价，某个人就能决定公司是否拥有技术支持、绝佳市场机会、激烈竞争威胁等。正如在第 3 章讨论的战略那样，如果公司做出这样一个判断，即试图在某一领域开发一个新产品，那么它是有可能成功的。这一早期评估步骤（方向）如图 8.1 最上方所示，我们应该关注哪个方向？应尽力开发什么？应该解决什么问题？这个方法就是机会识别和评估（见第 3 章）。这一方法使得我们在成功概率不高时不会贸然进行开发，换言之，机会识别与评估能够帮助我们确认是否在占有优势的领域里开发新产品。产品创新章程提供了方向指引。

现在，继续沿图 8.1 向下看，当我们进行基本的新产品流程时，评估工作会有什么变化。在阶段 2（概念生成），开始出现创意，评估目的也发生改变：现在的目的是避免大量的损失或一定发生的损失。我们想要淘汰某些创意，也不会再投入更多的时间和资金在它们上面。当然，有时也会出错，但大多数时候我们的做法是正确的。如果我们要把有限的资源投入有价值的概念中，而不是被成堆的可能有价值的创意淹没，这一步骤是至关重要的。我们还将努力识别出那些具有巨大潜能并能带来巨大效益的创意。大部分好的概念差强人意，只有很一小部分概念是最优秀的，因此我们要尽可能地识别出它们。这就需要更加努力，制订一个非常完整的概念测试及开发计划。在初始阶段是没有筛选程序的，我们会按照下列准则评估创意：

- 独特性。这个创意具有原创性吗？竞争对手容易模仿吗？
- 需求满足性。这个创意能满足顾客的需求吗？
- 可行性。我们有能力将其开发出来并上市吗？
- 效果性。这个创意将给我们公司或组织带来什么效果？
- 规模经济性。当产量增加时生产会更有效率吗？
- 战略匹配性。这个创意很符合公司战略和文化吗？

许多企业应用了基于这个创意筛选方法的变形方法，如联合利华公司要求每个纳入考虑的新创意都需要撰写一份书面概要。这一概要应包括消费者需求，技术规格，创意的解决方案（标杆或标准），必需的规格（最低要求与规格），死项（引发必须淘汰的因素），对目前已知信息、预算及其时间轴的陈述。英国 Oakland 顾问公司剔除了评估市场机会及潜在价值的 3A 矩阵，包括如下评判准则：

- 适当性（Applicability）。这个机会是否满足战略需求？
- 可得性（Availability）。能否快速实现商业化？
- 负担性（Affordability）。相关成本是多少？

这项评估工作引导我们进入阶段 3（概念/项目评估），并决定是否让这个概念进入全面开发阶段。如果因经费原因使得该决定十分重要，那么我们十分需要应用一个非常有用的评分模型。我们需要吗？

决定进入开发阶段 4 之后，会导入在这一部分平行进行或同步进行的技术工作和营销工作（见图 2.1）。在这个阶段，我们不断自问："是否已取得想要的资源？此部分是否已经准备好了？是否清楚各个子系统的使用？此软件是否不仅可以运行还能进行产出，以满足客户的需求？"通过协议检查，我们可以知道是否准备好开发一个经得起实际测试的产品。

开发是一个自然而然不断反复的过程：一项新发现会导致另一项新发现；方向会产生改变；某一尝试如果失败了，我们得有备选方案。在 Hollingsworth &Vose 工业特殊纸公司，密封垫在这一阶段就进行了 5 次测试（内部实验测试、顾客实验测试、顾客引擎测试、汽车制造商引擎测试及车队测试）。

技术工作迟早会产出评估者认为能满足顾客要求的产品。我们接着进入阶段 5（上市阶段），并把重心转移到产品上市上。现在要评估的是，公司能否大规模制造和销售新产品，通常通过市场测试来解决。

在这之后，开发人员（及公司内其他人员）会问一些带有回顾性质的问题：我们是否已经完成了这一切？这样做的目的并不是追究谁的责任，而是为了研究评估流程以避免重蹈覆辙。

8.2.2 概念评估中的产品线考虑

要谨记，任何一个产品的评估都不是孤立的。大多数公司在同一时间开发多种产品，有时是数十个、甚至数百个。正如在第 3 章提到的，产品经理常以产品组合方式进行思考，并根据是否很好匹配了公司战略来评估新产品项目。在第 11 章中会更详尽地讨论如何依据战略（如战略组合）选择产品项目。

特别是在新产品流程早期阶段，即模糊前端阶段，项目选择决策存在着风险。依靠公司选择的评估机制，公司可能会批准许多不佳的创意或否定掉好的创意。实际上，并不存在一个绝对完美的项目评估方法，但有些经验能帮助公司或产业设定最佳的规则。例如，急需新产品的公司可能会跳过早期检查点，在开发阶段缩窄开发范围，只针对一或两个项目进行开发。它们倾向于在流程后期进行一次重要检查，来确保营销计划沟通和销售渠道到位。例如，制药公司可能批准两个或两个以上的创意进入开发阶段，有了较多的潜力产品，就有更大的机会开发出一个成功产品，而这一成功产品的丰厚获利足以弥补开发其他产品的额外成本。设置较高的门槛也许能降低失败率，但也会造成新产品价格昂贵且严重延后上市。如果一家公司正在开发生命周期非常短的产品（如计算机游戏），就必须控制好在同一周期内开发的产品的数量，以便让该产品能及时获得开发资金。

8.3 累计支出曲线

如同我们所见到的，新产品评估系统是与产品开发同步进行的。在什么时间做什么样的评估（有多严谨、成本多高），大部分跟接下来会发生什么事有关系。如图 8.2 显示了在任何评估系统设计中都需要的一个关键输入，在这个图的中间，是一条逐渐向上倾斜的曲线，代表典型新产品项目从开始到完整上市的累积成本或支出。

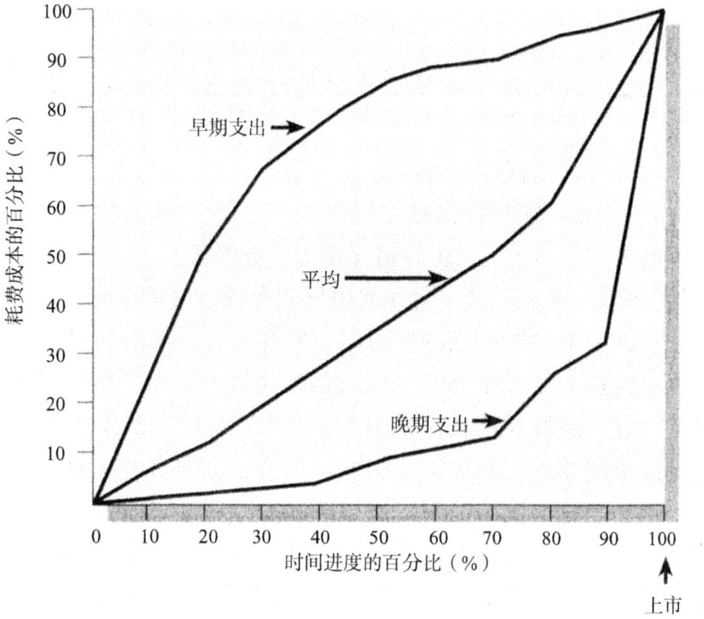

图 8.2 累积支出——行业平均水平与特殊情形的比较

这个曲线是基于多年研究得到的平均值，它并不代表任何一家公司，但却是许多耐用消费品、非技术性 B2B 产品、服务的典型代表。与平均曲线一起显示的有另两条线，其中早期支出曲线代表技术领域（如药物、光学、计算机等），研发是成本支出的主要部分，营销成本相对较小。下面那条曲线——晚期支出曲线则代表了相反类型的公司——包装消费性产品公司，这一类公司的技术性支出较少，但在营销时需要投入巨大的电视广告费用。

这些都是一般的情况，但也有例外。例如，美国宝洁公司投入多年开发一个名叫 Olestra 的代脂产品，或 Upjohn 的非专利药产品。无论哪一家开发的概念评估系统，重点是需要知道这个评估系统是针对什么状况的。任何评估决策都要考虑到接下来要执行什么、花多少钱，或何时会无利润回收等问题。中国有一句谚语："好钢用在刀刃上。"

8.3.1 风险/收益矩阵

表 8.1 将这些内容表述于风险/收益矩阵（risk/payoff matrix）中。对于新产品流程中任何一个独立评估点，新产品经理在评估时会面临 4 种情况。假设产品概念评估有两个最终结果——成功或失败，决策有两个最终选项——推动或放弃项目，这个矩阵就有 4 个象限。

AA 象限及 BB 象限表示情况不错，放弃最后会失败的概念，或继续实施最终会成功的概念。另两个象限会产生管理上的问题。AB 是一个"错误的放弃"：放弃一个赚钱的机会。而 BA 是"错误的进行"：将一个赔钱的项目推进到评估的下一个阶段。

表 8.1 单次评估的风险/收益矩阵

决策 假如产品上市	A 立即放弃项目	B 进入下一项评估
A 失败	AA（没有错误）	BA（错误的进行）
B 成功	AB（错误的放弃）	BB（没有错误）

说明：AA 及 BB 象限是正确的决定。BA 及 AB 象限是错误的决定，但成本和机会的错误不同。

产品经理最想避免哪种错误呢？答案取决于资金。首先，放弃会赚钱的创意，代价非常高，因为从成功的畅销产品中获得的最终利润一定会超过所有相关开发成本支出，更别说进行下一个流程的成本。因此，AB 的错误比 BA 更严重。

当然也有例外，那就是机会成本。当其他项目因等候资金而停顿时，会出现什么情况？当一个好的候选项目作为下一个投入的项目时，放弃前一个好的项目的损失就小得多，因为移转的资金会更可能进入另一个可以获取收益的项目中。当产品经理决定评估目的时，必须重点考虑这些问题。假如在任意情景中，下一个流程的净成本很低，即使信息非常有限，产品经理仍会做出继续进行的决定。例如，宝洁公司推出被视为有些冒险且对世界和对宝洁公司都是一项新事物的新产品时，比如 Febreze（除臭机）和 Dryel（干洗产品）等，会伴随着大规模市场测试，包含长期的试销。当新产品上市风险较小时，宝洁公司用较小规模的测试来推动清洁剂产品线的延伸（依赖第 18 章我们将要探讨的其他方法）。稍后将会探讨星巴克，在将 VIA 速溶咖啡视为一个存在潜在风险的上市产品并需要减缓相关风险冲击时，是如何对 VIA 速溶咖啡进行彻底测试的。试想：有谁比宝洁公司更了解清洁剂？有谁比星巴克更了解咖啡？但就是这些业界龙头都意识到，高风险的方案需要进行更全面、更充分的市场测试。

总体上，新产品团队应该考虑 4 个基本风险战略：

- **规避**（Avoidance）。完全排除具有风险的产品项目，即使会产生机会成本（如果推行此项目并成功了，会怎样呢？）。
- **减轻**（Mitigation）。把风险减轻至可接受的程度或水平，通过重新设计产品来纳入更多预备系统或增加产品可靠度。
- **转移**（Transfer）。以合资或转包等方式，将责任转嫁给其他具有更好的风险承担能力的公司和组织。
- **接受**（Acceptance）。立即建立一个应急预案（主动接受）或等风险发生时再处理（被动接受）。

8.3.2 衰减曲线

风险/收益矩阵衍生出了衰减曲线（decay curve）的观念，如图 8.3 所示。这个图描绘了公司的任何新产品概念在开发过程中存活的百分比，从概念测试前的 100%降至即将上市的 2%（基于许多研究的估计）。98%的创意会在流程的不同阶段被放弃，而这些创意何时放弃主要取决于风险矩阵分析。

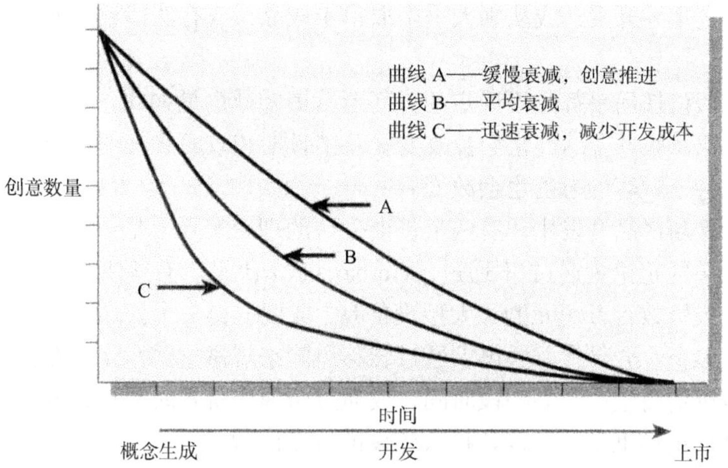

图 8.3　新产品创意的死亡率——衰减曲线

衰减曲线 C 描述的是某纸业龙头企业的衰减曲线，这家公司想尽早终止所有可能会失败的创意，只将时间花费在值得开发和营销的项目上。这就是它的战略，它的评估系统切实地执行了这项战略。衰减曲线 A 描绘的是某开发成本非常低的服务公司，该公司只在能充分证明项目存在问题时才会终止项目。上述纸业公司在开展技术工作前会进行谨慎的财务分析，而服务公司则持续开发项目，直到有具体反证出现才停止。

因此，衰减曲线一半反映的是计划，一半反映的是结果，这两者是同步的。从管理的角度看，它的价值在于帮助管理者认识到，对每个新产品从开始直到开发阶段，进行开发成本和风险/收益矩阵整体思考的必要性。当衰减曲线发挥作用时，会有如下陈述："对那个芯片要首先确定：如果我们制造出来的话，客户是否需要它？不要等到花了很多钱后才发现没有买家。"或者另一种陈述："现在不用担心这些疑虑，必要的话我们可以在最后一刻再来改变其定位。如果我们想的话，甚至可以改变一些关键属性。我们现在就开始进行吧！"

8.4　评估系统规划

之前的诸多思考，有助于针对任意特定的新产品概念做出适当的评估决策。以下是 4 个其他息息相关的、要求没有那么苛刻的观念，它们帮助我们决定：是否要进行概念测试？进行现场使用测试的时间有多长？是要渐进上市还是迅速在全国范围内上市？财务分析需要多详尽？

8.4.1　任何事物都存在不确定性

将创造一种新的产品，想象成建造一幢房子：先从地基开始，接着是架构，接着是第一层，再接着便是一楼一楼逐层递进。但是，产品开发很少采取这种类似建造房子的方式，只有当技术工艺主导开发，或从别人手中取得半成品，或有法律或产业要求时，才偶尔使用这类方式。

我们通常假设任何事都是不确定的，甚至营销领域也是如此。外形经常会被改变；成本、包装、定位及服务合约经常会被改变；营销日期和政府管理的反应也会改变；开发时间太久的话，甚至顾客的态度也会改变。

这意味着在新产品开发中，有两个长期公认的理念实际上是谬误的。谬误之一是，任何事物都可以单纯定论为通过/不通过（Go/No Go）决策。有些决策可能是十分重要的，如当公司必须投资数百万美元购买大型设备时，或要取得一个公司需要支付大笔费用的许可证时。但许多企业会寻找方法谋求通过转移风险来规避这些承诺：在承诺投入生产设备前，先由其他供货商生产产品一段时间，或通过协商取得暂时授权，或与潜在顾客达成协议来保证未来的销售批量，以确认投入建设的资金的数量。

谬误之二是，应该尽早完成财务分析以避免把金钱浪费在效果不佳的项目上。这个心理导致厂商在早期概念测试之后，立即进行复杂的财务分析，即使此时收集的数据并不完备准确。图 8.3 曲线 C 中展示了某纸类产品公司的衰减率，该公司意识到早期财务分析扼杀了许多创意，在这之前更是已经拒绝了成百上千的创意，而这些创意可能随着深入的开发会是非常不错的。财务分析最好逐个阶段地进行，就像产品本身一样。稍后会进一步探讨财务分析。

现实中存在的另一个不确定因素，就是产品上市日期。营销实际上开始于产品开发流程的早期（当在概念测试中询问采购人员其公司是否对新产品有兴趣时，营销就已开始了）。渐进上市（见第 18 章）现在非常普遍，这就很难说清楚全面营销是从什么时候开始的。营销不是某个人按下开关然后就会立即开始的事情，营销活动是逐步向前、不断演进、去粗取精的一个过程，并且它会明显影响评估系统。在某些案例中，会进行一种渐进式评估，持续性地反复评估计划，不断地草拟数据，避免不够成熟的决策，参与者也须避免预先设定产品的好坏。在某种程度上，这是以接受或减轻的方式来处理风险。我们知道，产品开发项目是有风险的，因此在授权进入一个阶段时我们要进行评估，并持续提高信息质量，这可以使我们将失败概率降至最低（减轻），并对可能发生的情况做出预期打算，在它们发生时予以解决（接受）。

8.4.2 陷阱

产品开发人员的一个关键技能是对重大困难（产品创新陷阱）进行预期。在驾车过程中，路面坑洼经常出现，但只有在我们没有及时看到它并来不及减速或绕过去时，才会付出大的代价。这个思考模式同样适用于新产品的开发。我们应仔细搜寻真正有害问题（深陷阱），并在决定进行什么样的评估时将这些问题牢记于心。如果陷阱太深，开发团队必须慎重考虑如何规避风险，甚至放弃项目！

例如，金汤宝公司在开发一款新浓汤罐头时，其胜算在于这款罐头的口味。公司非常了解这类产品的开发、制造、包装、分销及营销，但根据过去的经验，流程中有两个点可能面临失败；如果这两个失败点真的发生了，产品将面临零销售：一是制造成本而不是质量，因为这是公司的核心竞争力，但这一直是个问题，即对所选择的原料是否可以组合在一起以满足市场导向的成本目标；二是消费者是否认为这个新产品味道真的很好。公司评估系统的设定，永远不能忽略这两个点。

一家面粉厂曾提到，该公司最大的陷阱是通过降价迅速进入市场，因为面粉行业实际上是没有专利保护的，也没有其他壁垒以限制竞争对手。公司小心规划着每个新产品项目，没有答案不会前进半步。软件开发者面临的最大陷阱是消费者不愿意花时间学习使用复杂的新产品，致使一些有价值的产品成为废弃物（这点已经得到证明）。对于制药企业而言，它们面临的陷阱是美国食品药物管理局（FDA）获批的不确定性，鉴于此，公司可能让两个类似的产品同时进入申报流程，希望其中至少一个产品能够得到批准。

事实上，如果经理人谨慎思考所有可能会出现的陷阱（事先进行搜寻），其带来的益处将不仅仅局限于评估系统。

8.4.3　人的因素

产品开发人员必须牢记，他们需要和人打交道，而有些问题恰恰出在人上面。比如，开发人员在产品开发早期都充满热情，但在开发部门以外只有很少的此项活动支持者，新产品是极其脆弱易夭折的。在开发流程后期，会有更多人参与新产品项目，因为他们在新产品开发中扮演着重要的角色，会更加支持新产品项目。因此，产品建议书越来越成熟，中止的可能性会越来越小。

这意味着，评估系统应包含早期测试。事实上，概念测试有时称为概念开发，目的是强化并协助实现新的产品创意，而不是单纯的扼杀。在后期阶段，门槛越来越高，无法轻易置之不理。一家公司指派市场研究主管担任筛选主管，职责是全面推动筛选工作，如“新食品在本国测试时，要与该类市场主要热销产品相比，并且产品支持率必须达到 70%”。如果低于 70%，测试者就会终止此产品。这听起来似乎严厉而武断，但也显示出到了后期要中止某个产品是多么困难的一件事。其他有关人的问题则是与个人风险相关：工作风险、晋升、奖金等因素。最后，有些人会因为对新产品缺乏信心而退却。我们要一直承受来自多方的压力；如指令模棱不清的老板、找碴的政府主管、虎视眈眈的竞争对手、斤斤计较的经销商、公司里大权在握的批评者等。一个好的评估系统是建立在完全了解新产品的基础上，并在整个开发过程中贯彻执行下去，在开发过程中让相当多产品开发人员免于上述压力。这一系统应是人们广泛支持和信赖的，当遇到问题时能够向参与者提供应有的保障。

8.4.4 替代

获取真实信息的时间计划通常很难满足我们的要求。例如，我们想知道顾客对概念的早期反映，但是，直到产品完成并分发给顾客试用之前，我们无法真正知道他们的反映。因此，我们寻找替代问题（surrogate questions），以便顾客给我们提供一部分我们想要知道但无法得知的信息。表 8.2 是 4 个我们难以得知答案的问题，以及 4 个能提早知道答案的问题（为实际问题提供了线索）。

表 8.2　实际问题与替代问题

实际问题	替代问题
消费者会喜欢吗？	消费者保留了我们提供的原型产品吗？
成本具有竞争力吗？	成本与我们的生产能力相匹配吗？
竞争会更激烈吗？	上一次竞争对手做了什么？
卖得出去吗？	产品在现场测试中表现得好吗？

请注意，对于替代问题的回答，除了有助于回答那些无法直接回答的关键问题外，本身并不具备太高价值。

替代问题在评估流程不同阶段会有所不同。例如，“成本具有竞争力吗？”这个问题在项目的不同阶段，替代问题可能是：

- 阶段 1：它符合我们的技术吗？
- 阶段 2：技术是可获得的吗？
- 阶段 3：制作原型时，会有什么困难呢？
- 阶段 4：原型看起来如何？
- 阶段 5：制造流程有效率吗？
- 阶段 6：早期的生产成本如何消化？
- 阶段 7：现在有降低成本的办法吗？
- 阶段 8：产品成本包括了什么？
- 阶段 9：什么样的成本才有竞争力？

只有当我们了解了最终成本和竞争对手的成本后，才能回答最原始的问题，但替代问题有助于告诉我们后续工作是否会遇到困难。

最后一个我们用来设计评估系统的工具，是根据新产品销售和利润预测而设计的。这一工具很像预计损益报告——一系列数据，使我们能根据开发过程中的信息估算出可能的利润。

图 8.4 展示的基本公式是根据营销领域所知的 A-T-A-R 模型：知晓（Awareness）——试用（Trial）——可购买到（Availability）——重复购买（Repeat）来构造的。

利润=售出单位×单位利润

售出单位=购买单位的数量
×知晓该产品的百分比
×如果能拿到，打算试用的人的百分比
×将可购买到的因素纳入考虑后，潜在使用者的百分比
×重购率：1+（喜欢本产品并愿意再次购买者百分比×一年内重购者购买的额外单位的数量）

单位利润=单位收入（减去贸易利润、促销费用、运费等）
−单位成本（通常指产品成本加上直接营销成本）

因此：

利润=购买单位×知晓百分比×试用百分比×可购买到的百分比×重购率×（单位收入−单位成本）

图 8.4　A-T-A-R 模型

8.5　A-T-A-R 模型

这个模型由创新扩散（Diffusion of Innovation）理论延伸而来，可描述为：个人或公司要想成为创新的固定购买者/用户，首先他必须知晓创新的存在，接着必须决定试用这个创新，然后这个人必须发现这个新产品能购买得到，最后必须喜欢这个产品，并导致采纳这个产品或者重复购买这个产品。

我们使用此公式来估计获利的所有方式，因此将这一模型扩大到包括目标市场规模（潜在采用者）、每个采用者的购买单位及运营经济性。计算的核心是 A-T-A-R 模型。本章使用此模型来预测第一年的获利能力，第 11 章会再次使用 A-T-A-R 模型来预测市场占有率，第 18 章关于模拟试销的内容会再次涉及这一工具。

举一个简单的例子来解释公式如何运用。假设我们正在开发新一代智能手机，此产品与现在市场上可看视频的智能手机相似（新产品与这些手机有很多相似的地方：相似的售价、相似的目标市场、相似的利益）。接着，粗略估计现有类似产品的市场规模（详见第 11 章）。

为了应用 A-T-A-R 模型，我们需要以下数据（或假设）：

- 智能手机人数（新产品的潜在购买单位）1 000 万人。
- 我们认为在第一年让市场上知晓我们新一代智能手机的人数比例 40%　。
- 知晓我们的新产品，第一年决定试用并开始寻找该新手机的人数比例 20%。
- 在市场导入期，我们能说服引进此款新手机的零售商的比例 70%（为方便数据收集，假设潜在购买者在某家店没买到手机，不会再去另一家寻找。）。
- 第一年的实际试用者中喜欢此产品并重复购买的比例 20%。
- 重复购买者所购买的额外单位的平均数量为 1（换言之，每人购买两部手机，一部家用，另一部办公用）。
- 扣除经销商利润和促销折扣后，制造商每部手机可获得收入 100 美元。

- 预期销售量下的单位成本 50 美元。

根据图 8.5 所显示的 A-T-A-R 模型，预测利润贡献为：

利润贡献=潜在顾客数量×AW×T×AV×R×边际利润

=10 000 000×0.4×0.2×0.7×1.2×（\$100−\$50）

=\$33 600 000

式中 AW——知晓；

AV——可购买到。

重购率 R 的计算如图 8.4 所示：

R=1+（重复购买者的百分比×购买额外单位的数量）=1+（0.2×1）=1.2

我们的做法是，构造一个数学公式，采用一组数据进行运算。由于进行计算时开发工作已经完成，预测是相当可靠的。这个公式还可以应用于产品开发刚启动阶段，尽管在刚开始时我们只知道少量数据（如潜在采纳者数量）。我们可以将估算值嵌入各个时点，并运用本公式在各个阶段进行数据修正。

与本章的其他部分一起，A-T-A-R 模型为我们提供了设计一个评估系统的指南。我们可以立即理解“知晓”和“试用”等的重要性。这就意味着我们需要测试顾客的使用兴趣、试用后的反应（再试用的可能性有多大）等以获得更多有助于评估的信息。

这个公式并没有什么特别神奇之处，只是简单说出了关键因素并展示出这些因素相互之间以及这些因素与销售额和利润预测之间的关系。

用于新手机销售和利润预测时，使用 A-T-A-R 模型要注意两点：

（1）每个因素都是估算出来的，在各开发阶段，都应努力强化我们的估算能力。例如，我们检验导入期促销引起顾客知晓的能力，或者需要打多少折扣才能刺激顾客对新产品的首次购买。我们还应关注我们提供什么样的分销系统，才能确保潜在市场顾客寻找此产品时能够找得到。

（2）一个不合理的利润预测只能靠改变其中一个因素来补救。例如，假设 3 360 万美元的利润预测指标不够，我们观察模型中哪个因素可以被改变、改变的成本是多少。也许，我们可以增加 5%的零售商利润，以实现新增 10%的零售商进货。另外，我们还可以增加对广告的投入，以提高消费者对该商品的知晓度。

除了定量的改变之外，定性的改变（如新广告题材）也可以进行。所提出的改变，可以代入公式重新计算，产生不同结果并带来更多的改变。有时，所提出的议题都是非常基础层面的，这时，回到开发的早期阶段可能更有效。模型中的数字是以电子表格形式呈现的，以便进行简单的模拟和测试。

A-T-A-R 是一个源自消费性产品营销的术语。工业产品会使用稍微不同的术语，因此自然就会产生这样一个问题：“这个模型适用于包括工业和服务等所有类型的新产品吗？”答案是肯定的，虽然在不同的情况下，定义会稍微有所不同。

如例 8.1 所示，定义会有所不同。消费者购买单位（consumer buying unit）可能是指一个人或一个家庭。对办公室用品而言，购买单位也许是一位设备经理；对工业产品而言，购买单位大致会是一个采购或工程人员；对个人银行贷款而言，购买单位仍是个人或家庭。产品开发者应该了解消费者购买单位的定义到底是什么，因为我们相当了解市场情况，所以我们锁定了这些产品的目标用户。

例 8.1 A-T-A-R 模型所使用的定义

购买单位（buying unit）：指购买点，可能是某个人、家庭或参与决策的部门

知晓（aware）：指购买单位的某人听说存在一个与其他产品特征不同的新产品，这种差异是产业层面或开发者层面的

可购买到（available）：指假设购买者想要试用此产品并最终成功找到此产品的机会的百分比，往往是"引进此产品的商店的百分比"。直销人员具有百分之百的可购买到概率

试用（trial）：定义不尽相同。在工业领域，指样品的使用，而样品的使用会产生成本；在大多数情况下，指实际购买使用或者至少进行了消费

重复购买（repeat）：也有多种定义。对于包装性产品，指至少购买一次以上（2~3 次）；对于耐用品，指使用满意并/或至少推荐给一个人等。

如果没有准确的定义，就没有有价值的测量。在每个案例中，都有关于某个术语如何定义的说明，会告诉你如何定义它。我们使用"知晓"一词，是想要知道是否已向购买单位充分传达了相关信息，以刺激该购买单位进一步考察并考虑试用。如果购买单位只听说过产品名称，则可能考虑不购买。我们使用新产品"试用"一词，我们可以想象一个商店的场景，一位潜在客户试用手机并看看这个产品是否满意。对于其他种类的新产品（如装置在汽车里的新电子安全装置），你可能会考虑潜在购买者在什么情况下需要此产品，比如一个冒险的场景、一个小偷正虎视眈眈看着汽车的场景。我们尽可能取得完美的答案，但有时需要缘分。例如，奥的斯电梯公司并不销售顾客可以自行挑选的产品，而是把潜在顾客带去搭乘电梯体验产品。虽然试用并非完美，但足以让顾客获得需要的信息。有时企业使用代理试用（vicarious trial）的方法，让已经试用过的个人或公司与不具备试用条件的人分享使用心得。但试用是必要的，克莱斯勒公司曾经想让顾客试用某款新车，于是支付 50 美元给试驾者（后来试驾者一个月后就选择购买该新车）。这类试用就该进行。试用时有两个重点：

（1）购买单位要以一定的代价取得新产品的试用权。如果没有代价，我们无法确定他对于产品信息的评估和是否有兴趣。任何人都可以在超级市场试吃香肠，但那不代表真正的试用。

（2）购买单位要试用足够多的新产品，这是他们判定此产品好坏的基础。

我们使用"可购买到"一词，是想要知道，如果购买者已经决定试用这个产品，是否能轻易取得该新产品。这个因素可以更标准化，对消费性产品而言，通常是指目标顾客在已经进货企业进行购物的零售店的比例。如果该公司采用直接销售，产品一定购买得到（除

非工厂有大量未出货的订单）。另一个常用指标为商品总量（All Commodity Volume，ACV），指市场可从当地分销商买到某个产品的比例。B2B 企业常使用某类型的分销商，通常以经销权或半经销协议的方式确保能买到产品。但许多小企业无法确保产品能顺利在某渠道销售，会花费大笔的营销经费来扩展销售渠道。

重复购买（repeat）对于包装消费品而言，是很容易的（通常会重复购买），但的确代表着试用是成功的——购买单位非常满意。对于一次性购买品（工业品或消费品），则须判别统计数字的实际含义。有些人会直接问："您满意吗？"但有时用间接询问法更好，如"你曾向其他人推荐过这个产品吗？"以照相手机为例，购买第二部手机会是一个很好的比较方法。在任何案例中，公司应确定某些可接受的定义并坚持下去，以累积一些评估重复购买的经验。

8.5.1 A-T-A-R 模型的数据来源

图 8.1 显示的评估技术（主要用于概念测试、产品使用测试和市场测试）将为 A-T-A-R 模型提供所需数据。尽管你还没有熟悉各种类型的测试，但这些测试一出现便就与 A-T-A-R 模型紧密相关。虽然各种评估有助于识别关键因素，我们通常会对能产生最大贡献的评估感兴趣，注意图中的"最佳"。此外，我们应该知道要优先进行哪些测试，这样，把有限资金花费在"最佳"的阶段，资金足够时再进行其他测试。而且，如果我们必须跳过某个阶段（如概念测试），我们会立即知道我们留下了一个问题，即使用者在产品可获得时是否愿意试用。如果我们正在进行产品使用测试，则需要先进行概念测试，在这个过程中请参与者签约试用。虽然这比设想的要晚，但现在做了总比完全没做要好。

8.5.2 A-T-A-R 模型的进一步应用

本章我们讨论了 A-T-A-R 的用途，在概念评估中作为一个早期粗略的预测工具（例如，此产品的潜在利润贡献是什么？这样的利润是否满意？如何提高利润？）。A-T-A-R 模型在概念评估的早期阶段非常有用，它根据新产品的具体估计（知晓、试用、可购买到、重复购买）预测早期的销售和利润，这一模型中的数据也可以被研究并应用于管理中。新产品流程后期会再次使用 A-T-A-R，因此我们将会不时地提到它。在第 11 章中，我们将利用 A-T-A-R 作为更详细的销售预测模型的基础。在讨论上市规划时，A-T-A-R 贯穿始终（第 16 章和第 17 章）。对于营销工作来说，有什么比让消费者知晓、试用、可购买到、重复购买还重要？最后，第 19 章会再次运用 A-T-A-R 模型，将其作为一种上市评估的工具，识别相关问题，纠正错误，以按照计划前进。

本章小结

本章讨论了有助于设计基本的新产品流程评估系统的各项因素，目的是提供指引新产品项目进入市场的信息。首先介绍了累积支出曲线、风险/收益矩阵、衰减曲线；接着，探讨了一种在大多数场合都适用的情形：大多数流程都存在着不确定性，直到实现成功销售前产品仍在不断演进；于是企业采用有限的营销策略，让真正的营销时点逐渐变得模糊；评估是在创意生成之前伴随着创新章程开始的；产品是由许多组件组合起来的，每个组件都需要属于自己的评估。

最后，我们介绍了 A-T-A-R 模型，从中我们了解到许多关键步骤，知道了如何运用信息来对销售和利润进行预测，以及如何据此设计相应的评估系统。

有哪些特殊工具？它们能做什么？各自有哪些缺点？在进入开发阶段以前，基本流程阶段 3 所使用的工具会陆续在接下来的两章探讨，其他内容将会陆续展开。

应用实践

（1）“在近期的一次管理会议中，两个在英国的分区经理就他们评估新产品创意的程序展开了争论。其中一位说，他认为评估非常重要，他希望把评估工作完成得彻底些，除非项目的前景已经十分明确地被看好，否则他绝对不允许任何人进一步推进该项目；另一位经理的想法与之完全相反，她说她希望产品能够迅速投产，缩减严谨的评估使产品开发能够及时完成。每个人的观点似乎都有论据，所以我允许这两种观点并存。你认为我应该说些什么呢？”

（2）“我不清楚商学院的教授说些什么，但对于我而言，即使没有对新产品做任何评估，我们也会过得很好。我们只生产我们信任的产品，这些产品卖得好也支持我们的观点。让我们面对这个现象——我们从未有过可靠的数据，每个人都在不停地改变想法和主意。我从不知道如此多的人在说，你应该这么做。”

（3）“让我告诉你们另一个关于评估的有趣的事情。似乎是这样的，人们通常不会使用事实或真实的数据，而是用那些替代数据取而代之。我不明白为什么要拐弯抹角，为什么不在第一现场收集事实而非要用那些替代数据呢？”

案例 Chipotle 墨西哥烧烤店

1993 年，Steve Ells 在丹佛大学（University of Denver）校园不远处开设了一家墨西哥卷饼店，备受学生欢迎。他将店命名为 Chipotle Mexican Grill，因为 chipotle 是墨西哥料理常用的一种烟熏干辣椒。Steve 曾在美国烹饪学院（Culinary Institute of America）接受过厨师培训，希望此店能帮他赚大钱，并使他有资金开设一家“真正的”高级餐厅。不久后他便开始扩张规模，先在丹佛地区开了数家分店，最后遍布全国各地。1998 年麦当劳购买 Chipotle 餐厅 91 %的股权；随后在 2006 年，Chipotle 餐厅公开募股上市时，麦当劳保留了 69%的股权和 88%的投票权。截至 2005 年，Chipotle 约有 500 家分店，年销售额达 6 亿美元。目前 Chipotle 员工总数大约 15 000 人，Steve 仍担任董事长兼首席执行官。

成功需要什么？首先是一份简单的菜单、好厨艺、新鲜的食材、上菜速度快，且店内陈设很“酷”。菜单是快速休闲（fast casual）风格，菜品有限并且一目了然：只卖炸玉米饼和墨西哥卷饼（最近才增加了几种沙拉）。Steve 表示，虽然菜单很简单，但口味有非常多的选择。正因为专注在几样东西上，Chipotle 才能确保每样餐点都做得极好。Steve 认为，如果菜单项目太多，会增加太多前置准备时间，增加食材的加工量。他还表示，Chipotle 从开店以来一直都采取客人现点现做的方式。他很欣赏并尝试效法 In-N-Out Burger ——一家有 50 多年历史的连锁汉堡店，只卖高质量炸薯条、汉堡和奶昔，顾客也都愿意支付较高的费用。同时他也很钦佩苹果的创办人史蒂夫·乔布斯，并从“绝不接受平庸之物”的理念中获益良多。

Chipotle 的成功还有其他因素。他仅使用家庭农场自然饲养的、没有注射过激素的猪。自 2005 年起，Chipotle 甚至改变了乳制产品的购买政策，其餐厅所使用的酸奶油都来自没有注射荷尔蒙 rBGH 的牛，只采用新鲜酪梨、西红柿和蔬菜，所有菜色和酱料等都是自家挑选。此外，Chipotle 相信“开放式厨房”定律：让顾客亲眼看到所有食物都是新鲜的。

Steve 赋予 Chipotle 的理念是“良心食品”。他很喜欢高中生来就餐，在这儿用餐比在别处要多花费一两美元，可能高中生们仅仅是买一瓶水，而不是碳酸饮料。事实上，Chipotle 很少为餐厅打广告来吸引孩子和青年人。Steve 觉得打广告说自己卖的是“良心食品”太像在“传道说教”，没有广告效果，而是凭借食物质量、价值和便捷性为自己打造好口碑。开放式厨房也有助于宣传 Chipotle 食物的新鲜度和质量。他预计，了解“良心食品”这一主张的顾客不到 5%，其他来店里的顾客都是因为喜爱食物的口味或价值，或仅仅因为这家店看起来很酷。

但 Steve 认为“良心食品”可以代表更多。他看到有机食品商店十分受欢迎（如 Whole Foods 超市），许多人积极响应购买有机蔬菜、天然养殖的肉品，并少用防腐剂。在 Chipotle，他也考虑改为全面使用有机蔬果，但又不想让顾客花太多钱。据估算，如果 Chipotle 全面采用有机食材，一份墨西哥卷饼售价就会涨到 15 美元。不过，尽管改用天然猪肉让卷饼的定价从 4.5 美元涨到 5.5 美元，但销售量依然持续上扬。

或许，全面有机化是一个长远目标，而且一定要有过渡期措施。Chipotle 使用的豆子大约有 30%为有机的，而其他蔬果都还不是。60%～70%的鸡肉和 40%的牛肉是天然养殖，而猪肉则全部都是。酸奶油仍不是有机的，但绝对不含激素。还有一点需要我们记住的就是，随着 Chipotle 规模的扩大，对供应商的影响力也越来越大。当过去还是小型连锁店时，没有能力从高级供货商 Bell and Evans 进天然鸡肉，但以目前的规模来说，这已不成问题。

尽管现在 Chipotle 已是向群众供应健康快餐的领军企业之一，Steve 仍觉得发展得慢。他的目标是，所有的 Chipotle 餐厅都只供应有机、无农药的食材，完全不含防腐剂、人工色素，并且使用天然养殖的肉品。如果每家餐厅都有相同的愿景，他一定会更加满意。我们称此为“全有机概念”，有机仅是一部分目标。

如果让你为 Steve 提出建议，你觉得他应做些什么来优化评估“全有机概念”呢？这个概念真的可行吗？他该如何估算价格弹性（价格多高时会开始大量流失顾客）呢？考虑到市场竞争的激烈性，这个概念是否太美好而不切实际呢？或者，有机的概念能让 Chipotle 持续具有竞争优势吗？具体地说，需要考虑来自类似 Taco Bell 公司等的竞争挑战。Taco Bell 公司尝试生产鲜活产品，并尝试向健康的墨西哥视频领域扩展。不管是现在还是将来，怎样在各种竞争中保护好 Chipotle?

案例　概念开发公司

2012 年，3 位在美国南部某大学城打桥牌的朋友决定自己创业。Bob Stark 在通用汽车当地工厂里担任策划经理，Betsy Momingside 在大学教授演讲和戏剧，Myron Hite 则曾是大型会计事务所的会计师。

他们都极具创意又特别喜欢玩桥牌，因为他们认为这是与别人分享、夸耀个人新创作的机会。原本这一切都只是好玩而已，直到有一天晚上，他们认为到了不是将这些创意用于娱乐而是拿来赚钱的时候了。3 人辞掉了原来的工作，拿出所有的积蓄，租下一个只有 3 个房间的小办公室，雇用 2 名员工，创立了概念开发公司，并开始工作。

他们以“为当地的创业做贡献”为由，邀请了某大学的一位教授设计一套系统来评估他们的创意。他们 3 个人都非常了解自己——善于产生新创意却并不擅长对其评估，他们也察觉到自己的劣势——员工少、资本额小、对于他们要开发的产品经验不够、可能在短时间内就会花完积蓄等。

公司从 2 个产品领域开始。一个是玩具，宽泛地定义为孩童所玩乐的东西，特别是有教育意义的东西；另一个是写作服务，虽然原本不打算进行该项业务，但公司有这方面能力的员工，就暂时先进入这个领域。写作服务主要包括为当地公司设计和撰写说明文件（培训手册、文案、指南等——任意一种用文字描述应该做什么的文体）。由于员工具有相关工作背景且有写作和排版经验，因此他们决定在这项服务上再发展新业务。

他们的战略是发展独特却不需要预先支付太多费用（如模具和包装设备）的玩具。因为 3 位创业者都具有极强的创意，所以无法接受模仿。他们创造的东西大部分都有游戏或比赛的意味，不仅具有教育意义，并且包括纸张、颜色、数字等内容。他们知道，大部分玩具是给 12 岁以下小孩使用的。当然，还需要能够快速上市并热卖的产品。

写作服务部分反映了顾客的需求，但为了更具有创造性，他们计划开发一些创新服务，如一些可以满足产业和企业需求的新服务。举例来说，额外提供特别的测试/培训服务，也就是在培训手册或说明书撰写好后，找一些内部员工到一个特别的房间里，阅读这个手册并进行一些操作，以测试这个手册或说明书等。在提交给客户前需要证明他们的成果是可行的。他们有很多这类的想法。

这位教授回到学校后决定让其新产品班级协助完成这个任务，要求这门课的学生针对这家新公司情况，根据图 8.1 的评估系统，及结合第 8 章中所讨论的各种目的和特殊情况进行思考，然后为该公司的玩具创意和新服务发展提出一个评估政策的一般指导方针。学生还没学习过具体的方法（如概念测试），但是能清楚指出图 8.1 中哪个是最关键的部分、哪个是最棘手的部分等。由于这位教授对于商品和服务的差异性特别感兴趣，他要求学生尽可能具体说明实体商品（如玩具）和服务的评估有什么差异，以及利用这些评估方法结果会如何?

第 9 章

概念测试

9.1 引言

在进行技术开发之前，会使用多种工具对新产品（商品和服务）进行评估。我们将分两部分来讨论这些工具，本章为其中的第一部分。本章包含创意产生之前的产品创新章程和市场分析及在创意产生之后立即进行的初期反应和概念测试。我们会研究图 III.1 全面筛选之外的各种不同的评估步骤。第 10 章将详细讨论全面筛选。本章和第 10 章中所有的评估步骤都可看作一种投资，因为它们提供的额外信息的价值远高于其成本。相反，想通过走捷径获取顾客早期重要信息的人，从长远来看都要付出惨痛的代价。

回顾一下，我们在第 6 章的最后留下了一个未解决的问题，即顾客是否真的会购买我们识别出缺口的产品。我们需要将顾客需求和偏好与这些缺口联系起来，以确保不会开发出“错误”的产品。本章中，我们将讨论如何使用感知图与组合分析来分析市场需求和偏好，如何依据预期利益进行市场细分，如何测试我们的概念被市场接受的程度。

9.2 预评估的重要性

近几年，产品开发前的工作越来越得到重视。虽仍显不足，但正在不断扩大，因为产品经理持续面临着提高质量、缩短上市时间又不能让成本超支的压力。此外，还有一个理由：此时此刻的重点，是确定新产品定位，这是新产品整体营销战略的基础。

新产品失败的最重要原因，是潜在购买者对这个新产品没有意识到有需求，缺乏目的、没有价值、不值得那个价格。本章的核心内容——概念测试就是要确认该产品能否成为一个高质量的产品。我们可以节省时间，因为通过收集信息和制定决策，可以确保产品快速通过开发阶段，并用最少的反复检查次数来修正其中的问题。在这个阶段花一点时间就可以节省整个流程的时间，何乐而不为？我们还可以节省成本，有很多方法，其中之一就是避免在第 8 章提到的累积支出曲线上升：成本曲线随着时间延伸而不断上升，避免这个问题的最佳时间点就是曲线的起点。另一个节省成本的方法是在概念生成时，剔除那些现在会采用但未来可能会失败的新产品概念。在这个时点叫停是很困难的事，但我们必须这样做，所以我们要采用正确的方法来做。最后，在成本方面，收集信息有助于我们进行成本预测——我们开发的产品将面临怎样的竞争以及我们将需要多高的效率。

质量、时间和成本——这是我们在这个阶段采取行动的最佳理由。但与此紧密相关的是，这个阶段也是我们在企业层面建立基本营销战略的阶段。我们确定目标市场（发现和解决用户需求）并选定产品定位陈述（如何胜过其他市面上现存的产品），指引其他营销工作的进行。

本章将考察在这个流程中有哪些阶段、公司需要做什么，以及如何着手进行最有效的方法——概念测试。

9.3　产品创新章程

企业最早进行的评估是对企业自身及其所处情境的评估。该评估针对新产品建议得出一个早期的结论。这个结论是公司在进行基本战略决策时得出的，我们曾在第 3 章的产品创新章程中讨论过。这些决策可确定哪种新产品类型最具有战略匹配性。我们之前也看到，家乐氏公司就是在现有的食品技术、熟悉的品牌名称和商标中，发现了休闲食品市场。

产品创新章程能过滤掉许多新产品的创意。在最初并不知道概念的情况下，公司可剔除违反产品创新章程的创意，如下所示：

- 公司没有创意所需的技术。
- 公司对该创意针对的客户不太了解。
- 提出的创意不够恰当（不切实际或不够有创意！）。
- 该创意在某些方面有错误，如不是低成本，与某些竞争者太相似等。

与其他评估方式相比，产品创新章程可以让新产品管理者剔除更多的新产品创意。新产品流程如果一开始就遵循产品创新章程，就能在早期剔除那些消耗公司宝贵的开发资金的提议。

9.4　市场分析

在概念出现之前的第二个评估方法，则是深入调查产品创新章程所选定的重点市场。这项调查应在产品创新章程被批准后立即开展，而调查深度则取决于公司对于该选定市场的了解程度。现行产品创新章程中会持续产生支撑现有产品线的创意，而且不需要特殊研究（假设目前的产品经理已经确实尽责）。

9.5 初期反应

市场分析之后就是概念生成。概念通常会非常快速地涌入，关于这些概念的意见也会立即形成。但是大多数公司已经演化出一些特殊技巧以便更加系统化地把握这些概念，我们称为初期反应（initial reaction）。

快速且低成本的初期反应必须避免“火箭筒效应”（bazooka effect）（在短期内迅速爆发出一大堆提议），因此可应用以下附加条件：

（1）提出创意者不参与初期反应。提出创意的人可能会解释该创意或为该创意做辩护，因此不应该在推动或放弃该创意的决策中有决定权。

（2）任何一个否决决策都应由两个或两个以上的人决定，原因是“新创意的脆弱性”，我们在第 8 章讨论过这个概念。在这个阶段，创意的否决比例比其他任何阶段都高，因此至少需有两位或两位以上成员否决，才能削弱个人偏见引起的错误。

（3）初期反应虽然快速，但不能仅仅建立在纯粹直觉的基础上。评估者必须受过训练并且很有经验，所有评估记录都应该保存下来并且不断复审，同时可以寻求客观的协助。

初期反应中运用的诸多技巧之一，就是产品创新章程。进行初期反应时，以下一些问题是通常要考虑的：公司属于最先进入还是最后进入市场者？项目是高风险的还是低风险的？项目是内部开发还是外部开发？对创意是搁置还是立即着手进行？以此来引领快速且决定性的决策。

许多公司也会利用启发法（经验法则）进行粗略筛选。举例来说，经理人要考虑所需规模（是否在我们的能力范围内？）、必须面对的竞争对手、创意所需要的技术能力，以及与制造和市场运作的匹配程度等。有人提出，公司在进行粗略的初期反应时，主要评估以下 3 个因素：

- **市场价值**。新产品对于目标顾客群的吸引之处是什么？
- **公司价值**。管理者是否正面看待这个新产品项目？新产品能否提高公司的竞争力？
- **抵御竞争**。遭遇竞争报复行为时，该产品的优势能否继续维持？

在做出初期反应时，某些管理者偏好使用小规模的非正式调查，特别是当某些观点超出评估者的经验时，但是这个调查往往仅局限于与专业人士进行电话讨论。

9.6 概念测试及其发展

多年以前，当 Alan Ladd Jr.还是 20 世纪福克斯影片公司新电影剧本的高层决策者时，他透露，公司的产品建议评估系统在开始运作时就失败了。他基本上在读完一本剧本后就可以决定是否该将其拍成电影。他和他的小团队相当了解市场行情，他们拥有一个指南性的产品创新章程，并能以个人判断结合他们的知识和章程做出决策。他们并未使用概念测试、全面筛选或产品使用测试。Ladd 说："主要是依据我的直觉和经验，并不需要用图表或系统化表达出来。"

或许有些人同意 Ladd 的说法，但是大多数人并不这样认为。多数大型公司经常使用概念测试（concept testing）。这在包装消费品的新产品流程中已经成为强制执行的部分。真正发明概念测试的是工业领域，其中有越来越多的公司使用该方法。B2B 公司经常投入许多时间与用户沟通，了解用户的需求和问题、建议及对创意的不同想法等，它们只是未将这种方式称为概念测试而已。

那么，让我们来讨论一些有关概念测试的观点：在有些情况下概念测试没有什么用处。

第一，当主要利益是一种个人感觉时，如一种新食品的香味或口味，概念测试通常会失败。当缺少实际产品的展示时，概念测试的沟通是无法进行的。20 世纪 90 年代早期流行一种儿童口香糖（名叫 Cry Baby and Warhead 的酸口香糖），很难吃，产品进行测试时孩子们都讨厌它。但是当产品上市后，孩子们很愿意"自讨苦吃"，产品年销量达近 1 亿美元。

第二，呈现新艺术和娱乐性质的概念很难测试。画家惠斯特（Whistler）就无法使用概念测试来测试其对母亲画像的创意。摩天轮的发明者无法事先调查群众对于该产品的想法，乘坐的兴奋感只能够亲身体验。电视试播节目的观众测试研究显示，测试有可能不准确。某些经典节目在测试中的结果都不好，而在测试中观众反应好的节目结果收视率却不好、不受欢迎。结果，某些电视台的主管发现最好的方式就是"跟着感觉走"。

第三，当概念呈现出用户都无法想象的新技术时，概念测试是一种不具备说服力的工具。当 Alberto-Culver 第一次测试发型摩丝的概念时就了解到这一点。习惯使用喷雾发胶的女性无法想象将"那种东西"放到头发上会怎么样。直到该公司开发出产品，并在美发沙龙开设培训课程后，女性才愿意尝试使用摩丝。另一个例子则是医生会拒绝心脏起搏器的概念，因为多数医生在手术完成前，并不知道这种产品的全部特性以及风险。

第四，有时候公司对概念测试管理不善，却怪罪是这个工具误导了它们。比如，可口可乐公司要求顾客尝试 New Coke 的新口味，并与正常口味的可口可乐及百事可乐做比较，结果新口味得到好评。但之后公司将该口味测试结果解读为顾客会买此产品是因为有了新名字。这实际上与心脏起搏器的问题一样：在顾客不知道事实真相的情况下进行测试并预测他们的行为。此时，顾客自己都不知道怎么想的，但如果被问到时也会很愿意回答，从而迷惑了那些粗心的开发人员。另一个管理不善的例子：有些快餐连锁店会询问顾客是否想要低卡汉堡。这时就不是未知口味这种情况了，人们会很容易地回答这种汉堡是值得的，但实际去做时情况则相反。

第五，消费者有时不知道自己遇到的问题是什么。我们在"以问题为基础的创意生成"那一章中已经讨论过这个问题。举例而言，Steelcase 公司发现自己无法对团队使用的特殊设备进行概念测试。团队成员对于自己所缺少的东西缺乏感知，因此 Steelcase 在观察了他们的实际活动后，成功地推出了新设备：一种既能让团队协作工作又能让成员单独工作的家具。微波炉则是另一个类似的例子。即使在上市后，消费者仍不清楚微波炉能用来烹调什么，而对研究人员来说，这却是没有多大用处的回答。最近，某些顾客想知道他们到底可以用 iPad 做些什么，据推测这些人中的大部分在天天使用 iPad，无法想象失去 iPad 的生活。

奇怪的是，尽管有许多相反的证据，但新产品人员对于概念测试是否适用于工商业产品或服务上仍心存疑虑。对于前者，如果一家公司坚持顾客有能力做判断，那么这些意见就是值得收集的；但如果是重大技术突破就不符合这个假设，我们不得不承担风险。对于服务来说，毫无疑问，如果顾客能看到就一定能告诉我们到底有没有用（但注意，服务是无形的）。的确，他们做到了，但因为很少有技术开发，概念测试的需求也相对较少。如果从概念到完整服务的描述（一种原型形式）是简单明了的，那么提供服务的公司就能进行所谓的原型概念测试（prototype concept testing）。当然，这种测试会更加可靠，因为将尽量以一个实体原型的形式呈现出来。

在大多数案例中，概念测试通常是有用的。而现在争论的焦点是有些人想要跳过概念测试。遗憾的是，我们将一直听到有些企业不做测试。比如 CalFare 公司没有进行概念测试，而开发了一款有“特殊的第五个轮子”的购物手推车，该手推车在将其推出限定场地（或粗糙路面上）时会自动锁在原地，但是，多数商场经理声称他们不感兴趣，他们担心会产生负面影响，会吓跑顾客。再加上其竞争对手对外界说，此款购物手推车常常无法控制方向，会让使用者在原地打转。但开发者对于这些负面反应则毫无心理准备。

9.6.1 什么是新产品概念

韦氏字典上说，概念是指一个创意或者抽象的想法。商业人士使用“概念”一词代表产品承诺、顾客主张，以及人们会购买该产品的真正原因。在第 4 章，我们将概念描述为一种在产品特性（形式或技术）和消费者利益（需求）间的特定关系。这就是说，产品概念是关于所提出的满意度的一种承诺。

这个承诺有下列 4 种解释：

（1）生产者对新产品特性的感知。

（2）消费者对新产品特性的感知。

（3）生产者对该组产品特性所提供的利益的估计。

（4）消费者对该组产品特性所提供的利益的估计。

此时，这些概念仅仅是预测或猜测，即使手中有了原型，仍不是事实，他们依赖于预期。

因此，一个完整的新产品概念是预期的产品特性（形式或技术）的陈述，它将产生不同于现有产品或问题解决方案的特定利益。例如，“这把新式电动刮胡刀的刀网是如此的薄，比市面上任何一款电动刮胡刀都刮得更彻底。”

有时候，可以对概念的某个部分做假设，例如，“速度比现有的复印机快两倍”就是假设速度不言而喻一定能带来利益。

9.6.2 概念测试的目的

我们之前讨论过，概念测试是预筛选流程的一部分。即通过组建一个管理团队，为全面筛选提供输入，并在开始正式的技术研发工作之前对创意进行全面筛选。我们会看到这些信息有助于筛选者使用评分模型并完成第 10 章提到的产品协议。

因此，概念测试的第一个目的，是识别出非常差劲的概念并将其剔除。举例来说，如果音乐爱好者不在乎一种新的光盘可以永久使用（因为他们从线上下载音乐）而将其随手扔掉，那么这个概念就可能不是一个好概念。

如果概念通过了第一道关卡，那么概念测试的第二个目的，是估计（即使是粗略的）该产品的销售量或试用率，也就是市场占有率感觉上是多少，或收益大致在什么范围。一些人认为，这种购买预测是没有意义的；另一些人则认为，购买意愿和购买行为之间有着明确且正面的相关性。一位长期从事市场研究的人认为，有可靠的数据表明上述两者的相关系数大于等于 0.6。

有关购买意愿的问题几乎出现在每个概念测试中。最常见的购买意愿调查形式是经典的 5 点（five point）问题：

如果我们制造这个产品，你有多大可能性会购买这个产品？

（1）绝对会买。

（2）可能会买。

（3）不确定会买或不买。

（4）可能不会买。

（5）绝对不会买。

绝对会买和可能会买的人数或者比例通常合并在一起计算，并作为小组反应的一个指标。我们称为前两选项分值法，因为这是调查问卷里勾选最前面两个选项（绝对或可能）的人数的总和。附带一提，Nabisco 公司使用“试用”一词（不是“购买”一词），因为实际上购买者在这个时候仍然非常犹豫。

这些人是否会真正购买该产品并不是重点。研究人员通常会调整他们的数据。比如，假定最前面两个选项合计数值为 60%，那么实际数据就大约是 25%。他们会凭借过去的经验，剔除人们在访谈背景下倾向于回答“买”的这种情况。一线的市场人员可以做到最好的调整，因为他们事后会把用于测试的产品卖给他们所调查的市场群体；他们可以准确地说明顾客的实际行为是否与其陈述的意愿相一致。BASES 集团是一家数据银行，现在已经成为 A.C.Nielsen 旗下的公司，作为概念测试领域最大的服务商，它能依照产品类别精确调整客户公司的所有概念测试问题。向该公司支付一定费用，公司可以将原始的顾客购买意愿的数据转化为可能购买意愿的数据。

有时候，根据经验调整的顾客购买意愿数值，会高于受测者当时回答的数值。比如，对于复杂的产品（参见心脏起搏器的案例），受测者在概念测试时通常会十分小心，但当他们有机会看见最终产品并得知所有信息时，就会购买该产品。

很显然，一个概念的销售潜力与概念能在多大程度上满足顾客需求或提供顾客所需利益息息相关。本章的后面内容会讨论更高级的分析方法，这种分析方法可以根据顾客所寻求的利益来进行顾客市场细分。如果能够了解市场中存在的利益细分，公司就能够识别出那些吸引特定细分市场或利基市场的概念。

概念测试的第三个目的，是有助于创意开发，而不是仅仅测试这个创意。概念很少从测试这种形式中产生。此外，一个概念陈述并不足以指引研发方向。科学家们需要知道，新产品具备什么样的属性（尤其是利益）才能符合概念陈述，因为属性之间经常是相反的甚至是相冲突的，因此必须做出许多取舍。当进行属性取舍时，最好与目标顾客群讨论。本章的最后，我们会看到第 7 章所讨论的联合分析技术经常用于解决这个问题。

9.7 概念测试研究中需要考虑的事项

9.7.1 准备概念陈述

一个概念陈述表达的是一种差异性，以及这种差异性是如何为顾客和最终用户带来利益的。“这款新冰箱是用模块化组件制作而成的，因此，消费者可以根据最适合目前厨房布局的方式来进行组装，还能拆开后在其他地方再次组装起来。”如果你认为这听起来有点像定位陈述，那就对了。如果这个访谈是针对当地潜在目标客户群的，那营销战略的主要内容——目标市场和产品定位必须到位。这与基本的新产品流程是一致的，即产品和营销计划是要同步进行的。

1. 形式

实际工作人员强调，任何一个概念陈述都应该高度清晰地明确新产品的差异性；提出决定性属性（其将带来购买决策的差异性）；与顾客熟悉的事物建立一种连接，使其感同身受。另外，还要尽可能简短明了。当然，在技术复杂的情况下，也有长达 3 ~ 5 页的概念陈述，同样有效。

给潜在购买者的信息常常以一种或几种形式呈现出来：叙事的（口语的）形式、绘图或图表、模型或原型及虚拟现实形式。在概念测试初期，采用哪种形式并没有太大区别，因为受测者的回答几乎相同。我们在这里讨论的所有测试技术，通常用在 B2B 产品开发上，因此要获得顾客有意义而且客观的回应，提供概念草图、模型以及概念解释就非常重要了。

例 9.1 展示的是一个叙事形式的例子。有的人喜欢非常简短的表达，仅仅提供最少的属性，并引导受测者提出更多的属性；有的人则喜欢完整的描述，就像图表或原型所能描述的那样。

例 9.1　概念测试的形式——产品及其主要利益完全以文字描述

一家大型软饮料生产商想要了解您对一种新上市的低热量饮料的创意的看法。在回答问题前请先阅读以下描述。

新型低热量软饮

这是一种美味的碳酸饮料，解渴、新鲜，你可以品尝到橙子、薄荷和西柚混合在一起那令人愉快的味道。

它降低了对甜食和餐间零食的渴望，有助于成年人（也包括孩子）控制体重。而且它的最大优点是，完全不含卡路里。

上市产品是 12 盎司的听装或瓶装饮料，每听（瓶）售价 60 美分。

1．你认为这个低热量软饮与现在市场上的产品相比，差异有多大？

□非常不同

□有些不同

□轻微不同

□完全相同

2．如果你已经品尝过上述产品而且很喜欢，你认为自己的购买频次是？（单选）

□每周一次以上

□大约每周一次

□大约每月两次

□大约每月一次

□很少购买

□不会购买

资料来源：NFO Research, Inc., Toledo, Ohio, now part of TNS, a worldwide market information company. See mvw.tns-global.com.

绘图、图表和草图是向受测者展示概念的第二种方法。图 9.1 是使用绘图的例子。绘图等类似方法必须用概念的叙事性陈述来加以补充。图 9.1 还展示了调查结果可能的趋势。5%的受测者表示绝对会买该产品，36%的受访者表示可能会买，因此最前两个选项合计为 5%+36%=41%。注意，例 9.1 和图 9.1 介绍的都是用邮寄方式进行的典型的概念测试方法，显然，这些概念陈述都可以很容易地转换成计算机在线测试。

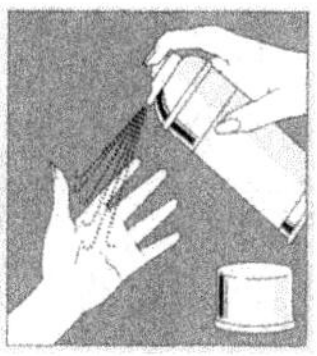

喷雾式洗手液

大听装的喷雾式洗手液能够完全清除处理鱼、洋葱、大蒜等所带来的经久不散的令人不愉快的气味。它并不是遮盖臭味。只需按下按钮就能直接喷到手上，搓洗几下，然后在水龙头下冲洗干净。24 盎司装的喷雾式洗手液可使用数月，易于储藏。售价 2.25 美元。

如果在超市中可以买到，你对购买上述产品有多大兴趣？

	选择一个	样本回答的比率（%）
我绝对会买	□	5%
我可能会买	□	36%
我不确定买不买	□	33%
我可能不会买	□	16%
我绝对不会买	□	10%
		合计 100%

图 9.1　概念测试的形式——带有草图的文字描述

原型或模型是第三种概念陈述形式，也是比较昂贵的一种，因为要形成一个新产品原型需要做出很多决策。无论是谁，在制作这个早期原型时都会做出很多决策，并在这个早期阶段保持开放的态度。原型只有在某些特殊情况下才有用，比如，容易准备的食品，或新产品概念相当复杂，以至于简单的描述无法让购买者有更多的了解从而无法回应时。一家加拿大公司试着得到购买者对车载医疗设备概念的反应，该车可以行驶到各个公司的办公室进行健康检查。得到的答案是，需要建造出这个装置的小型模型，并展出内部陈列、设备等。

第四种概念陈述的形式是 “虚拟现实”，它能够最大限度地发挥产品原型的优势。办公设备供货商 Steelcase 就拥有一套可以虚拟建构办公室概念的 3D 影像软件。受访者可以“真实地”在房间中走动，从任何一个角度进行观看。概念测试的本质问题是“企业应如何与消费者沟通他们已有的想法？”就此而言，问题就变为，在更清楚地展现新产品概念所需的成本，与获得预测购买意愿所需的信息之间，进行取舍。对办公家具而言，大多数的购买者都想要知道很多细节，但对酸奶产品来说，大概一句话就够了。

2. 商业性与非商业性的概念陈述

在这里，还需要决定一件事：是展示一个商业性的概念陈述，还是展示一个非商业性的概念陈述。对以下概念陈述进行比较：

（1）Light Peanut Butter 是一种新的低卡路里的天然花生酱，能为很多保健食品增加味道。

（2）General Mills 的科学家已经发现了一种追寻美味的不可思议的新方法：一种非常受欢迎的低卡路里花生酱，提供了从未尝过的美味并且经由天然过程制造，它就是 Light Peanut Butter，最适合控制体重的人享用。

第一个是非商业性的概念陈述（或直白的描述），只呈现事实（甚至只列出要点）；第二个是商业性的概念陈述（美化的描述），听起来像推销广告。很难说哪种概念陈述形式更好。由于商业性的概念陈述比较类似广告文案，有人说它会产生较真实的评价（较高的接受度）；然而，广告文案的好坏也会带来结果的偏差。也有人喜欢非商业性的概念陈述的形式。在这里我们想要的是对概念的回应，为什么还要去评估广告的效果呢？

没有哪种绝对比另一种好，许多管理者追求的是一种妥协：一种温和的销售，即用利益相关者惯用的语言去陈述产品优点。有些人认为，最重要的是保持创意的纯粹，即清晰并且真实，切忌吹嘘。如果你正在测试某个概念，不要将商业性的概念陈述与非商业性的概念陈述混在一起，也不要把全新概念与微小改进概念混在一起。

3. 提供竞争信息

顾客对于当前产品和其他替代品的了解比我们希望的少很多。一个新的概念将向顾客提供一个他们还没意识到的新的利益。一个解决方法就是提供一个完整的列出每个竞争产品的数据表格。然而，许多新产品经理不愿意过细地陈述概念，认为这样可能会混淆信息，迷惑顾客。

4．价格

另一个议题是，是否要将价格信息放入概念陈述中。例 9.1 和图 9.1 的例子都提到了价格。有的人则持反对意见，他们说我们想要的是顾客对概念的反应而不是对价格的反应。然而价格是产品的一部分（实际上，对消费者来说是一个产品属性），而且无法期望购买者在不知道价格的情况下会告知购买意愿。有一个例外是那些复杂的概念（如前面说到的车载医疗检验装置），因为在知道成本以前需要制定许多决策。

9.7.2　定义受测者群体

我们希望访谈到所有的对决定是否购买该产品、如何改进该产品有影响力的人。当新西兰羊毛检验局有了一个新的羊毛测试服务的创意时，他们必须要对流程中的 3 个层次的角色做概念测试——销售未加工羊毛的中间商、搜寻羊毛来源并为装船做准备的中介者、销售羊毛给制造商的出口商。一家水泥制造厂如果想创造一个建筑用水泥的新概念，就必须向砖块制造商、模板制造商、建筑师、施工人员、设计人员、政府官员等人寻求建议，除此之外甚至还要询问建筑物的买主。某些工业产品在每个购买点可能要选择 5 ~ 10 位不同人员进行测试，而耐用消费品通常会选择不止一个人进行测试。例如，花生酱有可能在一个家庭只测试一个人（实际购买的家庭主妇），它能达到目的吗？

这就是我们为什么提到利益相关者——他们是在提议的产品中有利益关系的个人或组织。我们的新产品垃圾桶充满了对最终用户有意义却不能给他们的产品，例如，专业的公共卫生工程师拒绝批准新的废水处理系统。

满足全部有影响力的人，这听起来很简单，但实际却很复杂而且代价昂贵。有些人试着找出少数领先用户（详见第 4 章）、有影响力的人或大客户，这个方法成本较低，而且可以同时获得更多专家的建议，但通常无法反映市场上的关键差异（以及误解）。在顾客有正确的理解、认知或偏好的情况，这可以被视为一种好方法。当然，我们还应该寻找概念的批评者，寻找那些由于某个原因对这个概念持反对意见的人。一个想制造出能够解读心电图的机器的发明家，需要心脏病科医师的响应，但是明确的利益冲突却让这种访谈很棘手。

有的新产品人员意识到，他们必须先吸引创新者和市场上的早期采用者，将概念测试完全专注于这些人上面。如果这个群体有兴趣，我们就可以假定其他人也会有兴趣。

9.7.3　选择受测情境

关于受测情境，有两个议题：① 接触受测者的方法；② 如果对象是个人，要选择是单个接触还是在团体中接触。

大部分的概念测试通过个人接触，即直接访谈。调查样本常常会多达 100 ~ 400 人，然而工业品样本通常会少得多。个人接触方式让受访者可以直接回答问题，并且能表达新创意或其中不清楚的地方。本章前面的例子也表明，通过邮件进行概念测试比个人直接访谈使用得更频繁，企业还会使用较便宜的电话和网络来进行测试。

一些市场调研供应商提供一种访谈的服务，在访谈中客户可以提出在成本共享基础上的产品概念。在 Moskowitz Jacob 的 Omnibus 计划中，拥有一套中央测试设备，能够进行定期访谈，该计划对每个概念进行 100 个访谈的成本大约为 3 000 美元。有些调研公司则会在购物中心的闲置区域采用模拟商店的方式。

第二个关注的问题是，概念测试的受测者是个人还是小组。两种方法都被广泛使用。如果想要使受测者听到其他人的意见并做出响应，以及讨论如何使用该产品，焦点小组是非常好的方式。

一种比较新的方法是考虑大量产品概念的直接评价。这种方法之一被称为实时响应调查（real-time response survey），该方法汇集了焦点小组和问卷调查方法的最好的特点，经验证在筛选新的消费者产品概念时确实有效。简单地说，约 100 名参与者通过模拟广告观看概念的价格、定位及属性等信息。主持人引导受测者在计算机上进行测试，输入个人的购买意愿、对于所提出价格的反应，以及其他类似的数据。使用的是 11 点分度的量表，主持人和客户立即进行解读。根据这些初步结果，主持人开发出原始的开放式问题，当场询问受测者的答案。开放式问题的回答，可能提示了全新的概念或者属性集合，并在之后接受受测者的进一步评估。我们可以确保实际的回答率。在一场 3 小时的会谈中，利用键盘的方式可以轻易地询问并回答数以百计的问题，减少了概念测试所需的时间。另一个概念测试中的类似方法，是在焦点小组情境下采用小组决策支持系统软件（GSS，详见第 5 章），并且让参与者对不同版本的产品做出响应。以图 9.1 的喷雾式洗手液为例，不同的喷雾器、包装尺寸、有效程度、价格都能被试验。小组的响应可以被加以平均且立刻显示出来，从而选出好的概念，甚至进行直接改进。

9.7.4 为有序进行访谈做好准备

简单的访谈情境可以陈述新产品概念并询问有关可信度、购买意愿以及其他想得到的信息。如果该产品是全新包装商品，每个产品概念的完整访谈可能只有 2～3 分钟，而我们真正想要知道的是有关购买意愿的答案。

通常，我们想获得更多的信息。在这种情况下，我们首先应针对所关心的领域探索受测者的实践活动，询问他们：目前一般是怎么解决他们的问题的？使用竞争对手的哪一类产品？对这些产品的看法是什么？更换品牌的意愿有多强烈？想要得到什么样的特殊利益？他们现在的花费是多少？曾经使用过的产品是否是系统的一部分？

这些背景信息，有助于我们了解并理解对接下来会问到的那个新概念的看法。有一个应该立即想到的重要问题是：受测者了解这个概念吗？为了获得理解，我们接着寻找其他回应：

概念的独特性	是否解决了问题？
概念的可信度	有多喜欢这个概念。
问题的重要性	购买的可能性？
在这个概念中他们的利益	对价格的反应

是否现实、实用、有帮助? 使用中发现的问题

我们应特别注意受测者在概念中可能会做的改变、被确切使用的用途以及原因、什么产品和过程会被取代，以及使用中牵涉的各种事情。

在这里，你可以看见服务面临的一个问题。一项服务提供一种形象、一种感觉或难以测量的便利性，这使得受测者难以回答与上述列出问题相关的有用信息。

在所有访谈中，要记住我们并不是在做民意调查，而是在探究受测者在做什么和想什么。只有一小部分问题会使用标准形式以便制表，每个新概念都在解决一个非常特殊的问题，而我们需要知道在这个新概念的背景下，人们对该特定问题的想法是什么。在询问的过程中，不需要太过拘泥于形式，除非进行了大量概念测试并形成了数据库可以进行比较。

9.7.5 变动

所有这些流程都存在变动的可能。上述流程都假定与潜在购买者是一对一接触的。实时响应调查采用小组决策支持系统，根据顾客小组对产品概念的响应，能有效提供购买意愿的信息。另一个例子是，雅芳公司在 3 个月的新产品开发周期内，每 60 天营销 50 种新产品。公司每两周与其 150 个被称为测试银行的销售代表开会，通过投影仪展示一系列概念以获得快速响应。得出的概念评分排序与销售量非常一致，有时甚至比消费者概念现场测试更精确。人的体形各不相同，必须注重量体裁衣。

值得注意的是，有很多市场调研公司把概念评估当作其产品开发服务的套装组合提供给顾客。如 TNS 市场调研公司（参见 www.tns-global.com）的产品 Inno Suite Concept Screener。

9.8 分析研究结果

许多公司在进行概念测试时仅依靠前两选项的分数（或前两选项加上 30%，须视产业经验而定），但偶尔也会需要更多的信息。我们不能假定所有的顾客在做购买决策时，都会有相同的需求或追求相同的利益。事实上，公司可以通过利益细分（benefit segmentation）来识别尚未满足的细分市场，并专注于开发符合这些细分的需求的概念。现在的重点是，识别我们所期待的市场中的利益细分，并开发最关键的利益细分所最喜好的产品。

9.8.1 识别利益细分市场

我们回顾一下第 6 章的泳装案例，当我们在收集受测者对现有泳装品牌的感知时，同时要求他们对影响他们品牌偏好的众多属性进行重要性评分。这些重要性评分（importance rating）能用来塑造现有品牌的偏好，并且能预测新概念可能的偏好。

假设只考虑两项属性：舒适度和时尚感。在如图 9.2 的重要性感知图上，识别利益细分就会变得非常简单。每位顾客都可依据自己对这两个属性重要性的认知，在这张图上以

一个点来表示。在此简单的案例中，出现 3 个大小差不多的明显利益细分市场：认为只有舒适度是最重要的顾客、认为只有时尚感是最重要的顾客，以及认为两者都重要的顾客。

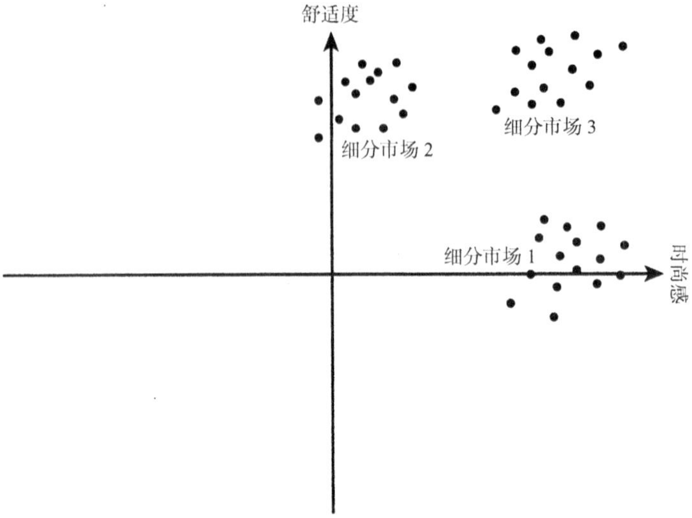

图 9.2　重要性感知图显示出利益细分市场

然而，很难找到如此容易发现的利益细分。本案例中顾客在形成个人偏好时，重要的属性其实不只这两项。我们需要求助一种能够做到聚类分析（cluster analysis）的程序，该分析可以在图上将各观测值（本案例中是个人）归类到相对较为同质的小组内。聚类分析和因子分析法一样，也是一种浓缩数据的方法。第 6 章提到的因子分析可以将很多属性浓缩为少数的基本因素，来简化数据立方体；聚类分析则将许多个体集聚成少数利益细分。

由于没有正确的解答，所以可以使用不同的指标和经验法则来选择市场中存在的最佳聚类数（利益细分）。一般而言，这需要靠实践或经验判断。举例来说，在本案例中我们可能会觉得不可能存在 5 个或 6 个利益细分。在用聚类方法分析泳装属性重要性的数据时，可以找到 3 个利益细分的解。从概念上来说，尽管我们考虑了更多的属性，这与图 9.2 并没有多大的差异：我们所获得的 3 个类别多少与图中所描绘的内容有关联。

9.8.2　联合空间图

现在，我们将利益细分重迭在感知图上（见第 6 章），这就形成了所谓的联合空间图（joint space map），该图可以让我们评估每个利益细分市场对于不同产品概念的偏好。我们可以通过使用理想品牌评分或偏好回归方法来绘制联合空间图。

1. 理想品牌

最直接的方式是让顾客根据各个属性来评估理想品牌（ideal brand）的分数。在使用因子评分矩阵（见第 6 章，我们由现有品牌的感知得到）时，我们将理想品牌的评分转为因子得分，并直接在感知图上点出理想品牌的位置。由这张图可观察出每个个体属于哪个聚类，而每个聚类代表一个细分市场，每个聚类的中心点就是其理想品牌。如果如图 9.2 所示有 3 个分区存在，则图 9.3 显示了一幅可能的联合空间图。

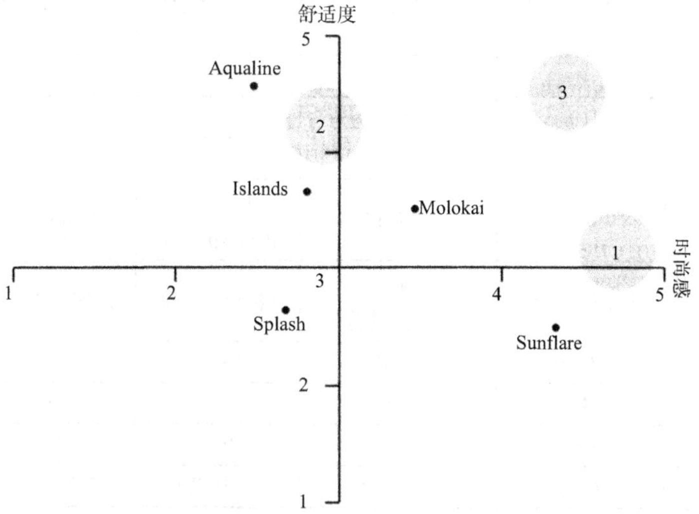

注：横轴上的数字代表因子分值。

图 9.3　显示理想点的联合空间图

每个细分市场的偏好可以由图 9.3 看出。我们认为最接近某个细分市场理想品牌的品牌，会体现该细分市场的喜好。市场占有率评估模型通常假设每个细分市场中品牌的市场占有率与该品牌到理想品牌间距离的平方成反比，这使非常接近理想品牌的产品受到高度喜爱。

在图 9.3 中，细分市场 1 可能偏好 Sunflare，细分市场 2 可能偏好 Aqualine 或 Islands，而最接近细分市场 3 的理想点是 Molokai，却没有一个品牌真正接近此细分市场。因此，一个时尚感和舒适度都很高的品牌，就有机会从竞争对手手中抢下大的市场份额。

表 9.1 提供了一份汽车市场的利益细分市场表格。左边前 4 项是通过因子分析确认的 4 个利益：搭载人员和物品、良好的性能、实用性和安全性。此图显示有 5 个识别出的细分市场：

（1）**追求体验者**：尽管性能和安全都很重要，但非常在意能搭载更多的人和物品。

（2）**务实者**：最在意实际的交通性能。

（3）**追求性能者**：只寻求高性能的汽车。

（4）**经济实惠者**：在意性能与实用性。

（5）**安全敏感者**：安全是唯一重要的利益。

表 9.1　利益细分市场

利　　益	细分市场				
	追求体验者	务实者	追求性能者	经济实惠者	安全敏感者
搭载人员和物品	**				
良好的性能	*		**	*	
实用性		**		*	
安全性	*				**
偏好的车款	SUV	Hybrid	Luxury Performance	Performance	Sedan
获得汽车信息的习惯方式	拜访经销商	阅读《消费者报道》	拜访经销商	网络和经销商	网络
男性/女性	50/50	35/65	75/25	65/35	35/65
平均年龄	40	49	42	33	40
有小孩	80%	60%	30%	20%	50%
平均收入	7 万美元	6 万美元	8.5 万美元	3.5 万美元	6 万美元

表 9.1 的后半部分展示了管理者如何运用这些信息。图中后面几行暗示每个细分市场可能偏好的车款、取得汽车购买信息的方式，并提供重要的细分市场人口统计资料。这类信息对于管理者在开发适合目标细分市场的理想的新产品时非常有用，并有助于做出定位决策（参见第 16 章）。

9.8.3　偏好回归

偏好回归（preference regression）是另一种用来识别市场上所期待的最佳属性组合的方法，这种方法通常依靠不同形式的数据输入——品牌的评级得分（成对比较也适用）。在偏好回归中，我们利用回归分析将每个品牌的因素分数与品牌评级得分联系起来，将得到的回归系数相对大小作为每个因素相对重要性的指标。偏好回归也可使用属性评分来取代因子分数。

不再使用前面我们讨论的重要性分数，而是要求顾客对 5 个现有品牌的喜好进行排序，1=最喜爱，5=最不喜爱。首先，我们把评分顺序颠倒一下，用较高的数字代表比较喜爱的品牌。接着，就可以解出回归式：

（颠倒过来的）偏好排序=b_0+（b_1×时尚感得分）+（b_2×舒适度得分）+误差项 e

假如我们忽略利益细分市场并将所有的受测者放在一起，可以得出 b_1 和 b_2 的值是 0.28 和 0.21。因此，时尚感对顾客的相对重要性是 0.28/（0.28 + 0.21）或 57%，而舒适度的相对重要性是 43%。由此可见，虽然时尚感是较重要的因素，但是我们不能忽略顾客在评估产品概念时也会考虑舒适度的重要性。我们将回归线画在感知图上（见图 9.4），这条线也被称为理想向量（ideal vector），因为它具体显示出市场上期待的最优属性组合。在图中位于回归线附近的产品概念 X 点，就是这个市场上期望的定位。

我们也可针对不同聚类的排序进行分析以获得利益细分市场的偏好回归。在这个案例中，我们可以发现市场上存在两个利益细分市场，如图 9.4 中两条比较细的线。其中之一只考虑时尚感（相对重要性是 94%），而另一个考虑的则是时尚感和舒适度的综合（相对重要性分别是 30%和 70%）。上述此两者可能比 X 点有更好的表现，因为 X 点的概念可能无法直接吸引任何一个细分市场的顾客。

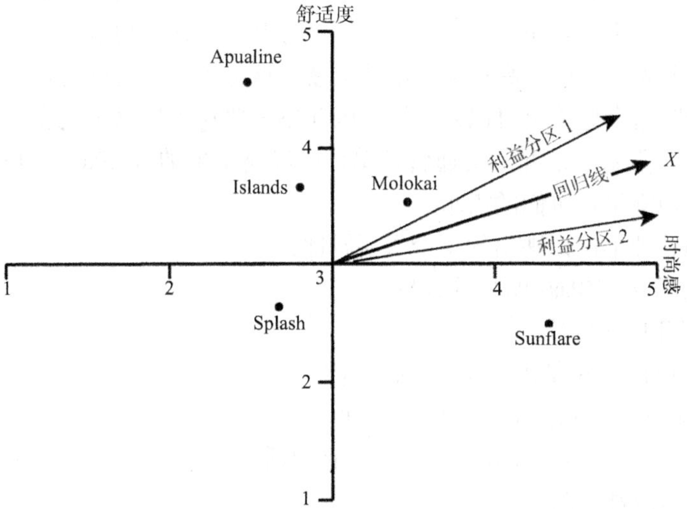

注：横纵轴上的数字代表因子分值。

图 9.4　理想向量的联合空间图显示

9.9　概念测试中的联合分析

我们在概念生成的章节中曾经介绍过联合分析。在现实生活中，联合分析对于概念测试相当有帮助，而且经常用于这个阶段。

在第 7 章的联合分析中，假设你是负责 Salsa 酱产品线的经理，要选定 3 个 Salsa 酱的重要属性，每个属性有 2～3 个等级，并且使用联合分析找出具有高潜力的缺口：① 顾客喜欢的属性组合；② 市场上尚未出现过的产品。

在没有再次进行量化分析前，在概念测试中如何使用联合分析，应该是很明确的。该模型识别出顾客所偏好的重要属性的等级，并确认从最喜爱到最不喜爱的可能的评分排序组合。这些组合中的每个都可被视为一个概念，而排序得分最高的一个或多个概念就拥有最高的潜力，应该考虑进一步开发。当然，同时也识别出那些会真正赔钱、失败的概念！

正如前面所讨论的那样，在联合分析中，可以利用部分卡片组合对许多属性和等级做最合理的测试。最喜爱的概念仍然会排在最前面，即使它们不包括在原始卡片组合中。总而言之，联合分析在概念测试中非常有用，因为其能揭示属性（特性、功能、利益）和顾客偏好两者间的关联程度。

因为目前处在新产品流程中较早期阶段，我们使用一套产品描述卡片作为概念测试的引子（stimuli）。然而需注意到，联合分析能轻易地使用其他形式的概念陈述作为引子。在产品测试阶段，我们可能会用文字叙述、图表、草图、模型或产品原型，甚至虚拟现实的方式。不管使用何种引子，分析方法都是一样的。

这里举一个例子：联合分析用于评估纽约和新泽西的司机对于 EZPass 电子通行费收费系统的反应。在装上 EZPass 系统后，司机要将电子标签贴到他们的汽车挡风玻璃上。当汽车通过电子收费车道时，高速无线电波会读取该标签，从司机的预付账户中扣除通行费。汽车在移动时这个标签也可以被读取，因此不需要司机把汽车完全停下来缴费，从而减少了收费站交通阻塞的情况。交通管理单位已经决定采纳 EZPass，但仍需要外部的协助以使系统更好地满足司机们的需求。

以下是交通管理单位识别出的 7 个重要属性：

- 用户需要开立 EZPass 账户的数量。
- 如何申请开户和付款。
- 各收费站应设置的安装 EZPass 的车道数。
- 将 EZPass 标签移到其他车辆的可能性。
- 标签的取得成本及/或服务收费（假如有的话）。
- EZPass 的收费标准。
- EZPass 的其他用途，如机场停车或加油。

当时，在调研阶段（1992 年），EZPass 对大多数司机来说都是一个新的概念，产品概念描述采用了一个长达 11 分钟《真实操作》影片的形式，展示收费站免于排长队的效果。受测者收到一份录像带与一份问卷，以及 8 张情境卡片（每张卡片有上述属性的不同组合）。联合分析的结果是，最重要的属性是车道的数量以及车道的管控方式，通行费价格、申请程序、取得成本相对也重要。联合分析还指出了司机偏好每个属性的程度。如 4 个取得成本的选项排列顺序如下：

（1）10 美元押金，加上每年 15 美元的服务费（最受喜爱）。

（2）每个月 2 美元的服务费。

（3）10 美元押金，加上每个月 1.5 美元的服务费。

（4）40 美元的信用卡收费，如果没有退回标签，再加收年费 20 美元。

联合分析的结果用来设计 EZPass 系统的执行计划，纽约和新泽西的司机很快接受了该系统。到 1999 年，高峰时段 EZPass 系统的使用率已达到 60%，这两个州大约有 200 万名司机使用，大约发出了 310 万张标签。

在联合分析中也可以识别出利益细分市场。回想一下，联合分析识别每位顾客的价值体系，也就是每位顾客对属性认知的相对重要性，及每个属性的偏好标准。我们在第 7 章先假设所有顾客都有相同的价值体系，因此识别出中辣的绿色 Salsa 酱为最佳组合。

然而，如前所述，或许会有某些潜在的利益细分市场。第 7 章曾提到，将所有顾客意见汇总，可能会掩盖掉市场上半数顾客喜欢超辣 Salsa 酱，以及半数喜欢微辣 Salsa 酱的事实。我们可以对联合分析收集到的重要性和偏好资料采用聚类分析技术，以识别出类似价值系统顾客的利益细分市场。举例而言，在第 7 章的工业服务案例中，当所有的受测者加总起来时，价格变成最重要的变量（占 27%的相对重要性）；而聚类分析指出，最多会有 5 个利益细分市场，每个细分市场对于价格重要性的认知差异甚大。其中一个细分市场较关注绩效质量，而价格的相对重要性则下降 9%；在第二个价格导向的细分市场中，其价格相对重要性的数值大约是 35%。

对 Mobility Technologies 公司的 TrafficPulse 系统来说，潜在用户所寻求的利益可以使用另一种联合分析来评估。该系统让用户能获得交通状况、交通时刻，以及偏好的旅行路线的信息。这个分析依据个性化系统、语音/无线系统、单一网络系统中喜好程度的不同，识别出了 5 个利益细分市场。

9.10 支持概念测试的市场研究

有几家知名的市场研究公司支持概念测试阶段的工作，其中最著名的是 BASES 公司，该公司帮助企业评估与优化新产品概念、预测销售，业务遍及全球，每年进行超过 1 万个新产品创意的研究。BASES 公司提供 3 个层次的概念测试研究。Pre-BASES 是进行销售预估的概念测试。BASES I 是高层级的概念测试，结合媒体选择决策、多层次消费者和贸易促销、分销范围等，评估产品的知晓度和可获得性，其预测误差在 25%的范围内。BASES II 将概念测试与顾客口味测试、口味测试后的顾客反应结合起来，其误差则在 20%的范围内。

雀巢冷冻食品公司在开发 Contadina 冷藏意大利面和比萨这些产品概念时，委托 BASES 公司采用 BASES I 方法对冷藏意大利面和酱料产品线进行概念测试。初期研究评估的是冷藏意大利面概念的吸引力和顾客目前的满意程度。接下来，再对 300 位成年女性受测者进行概念测试，每位受测者各自陈述一个购买意愿，并评估自己对该项产品是喜欢还是不喜欢和所发现的独特之处，研究结果摘要如表 9.2 所示。

表 9.2　概念测试结果总结——冷藏意大利面

	总计（%）	赞同（%）	不赞同（%）
喜欢			
一般种类选择	28	28	28
馅料种类选择	16	16	16
天然的/非人工	28	30	23
快速/省时	20	22	16
易准备/已备妥	17	20	11
良好/合理的价位	8	9	4

续表

	总计（%）	赞同（%）	不赞同（%）
喜欢			
新鲜/新鲜生产并有生产日期	26	27	21
不喜欢			
太贵	8	3	23
不喜欢绿色/菠菜色	6	5	11
不喜欢菠菜口味	3	2	5
概念独特性			
极度新颖和不同	15	17	8
非常新颖和不同	38	41	32
有点新颖和不同	35	32	41

说明：这是冷藏意大利面的产品概念测试结果。数字代表认同相应陈述的受测者百分比，然后再分为①总计百分比；② 赞同百分比；③ 不赞同百分比。例如，赞同的受测者中有 20%认为这个产品很容易准备；但不赞同的受测者中只有 11%认为这个产品容易准备（整体平均为 17%）。陈述区分为喜欢、不喜欢及独特性 3 类。

这种冷藏意大利面前两个选项的比例为 75%（24%的受测者表示“绝对会买”，51%的受测者表示“可能会买”）。使用 BASES 有个优点：可以将数据库中的类似产品作为概略基准，将这些数字与其进行比较。在这个案例中，其类似产品的前两个选项为 61%，因此到目前为止此意大利面的产品测试结果都是很令人高兴的。接着将这些受测者分为两组：赞同（表示会购买的 75%受测者）、不赞同（其余的受测者）。这两组人对这个新产品的喜欢之处相同：天然、多样化、新鲜、省时和容易准备。至于不赞同这个产品的受测者最常提到的是价格。

还有未显示在图表中的内容。BASES 为这个产品概念进行了 3 个不同定位陈述的测试：自家制（媲美自家制的口味与质量）、意大利面晚餐（丰盛的晚餐，可以满足想吃到肉和马铃薯的渴望）和优越（有一系列口味，胜过你吃过的任何意大利面和酱料）。表 9.2 显示的属性中，优越这个定位比其他两个定位受到的偏好略高于其他两个（喜欢的多，不喜欢的少），因此被选为进一步考虑的对象。

接下来，前两选项的原始结果被转换成 A-T-A-R 销售额预测。BASES 把资料库中对“会买”与“可能会买”的陈述转换成实际购买行为。由于这份资料的专有性再加上数据会因产业而改变，因此采用了一个简单的经验法则：预期“绝对会买”的人中有 80%真的购买，而“可能会买”的人中只有 30%真的购买，调整后为：

$$(0.8\times\text{绝对会买})+(0.3\times\text{可能会买})=(0.8\times 24\%)+(0.3\times 51\%)=34.5\%$$

A-T-A-R 模型的另两个部分（知晓度和可获得程度）则使用管理层的投入来做评估。举一个简单的例子。假定雀巢打算投入 1 300 万美元广告费用，让 48%的人知晓此品牌，而且计划投资一个密集的经销战略，让 70%的人都能买到这个产品。现在我们已经有

A-T-A-R 模型的前 3 个部分：

（知晓×试用×能买到）=0.48×34.5%×0.7=11.6 %

目标用户共 7 740 万户，因此试用户为 11.6%×77 400 000=9 000 000（户）。

最后，这个产品的重购率估计 39%，这是根据相似产品的数据，其顾客平均重购 2.5 次，每个购买情况的购买单位为 1.4 个（这与稍早几个例子的重购率计算方式有点不同，但对购买次数频繁的小型包装商品较合理）。因此重购率的计算为：

39%×2.5×1.4=136.5%

合并计算，BASES 预估销售额就是：

9 000 000×136.5%=12 300 000（个）

雀巢对于 39%的重购率有很大怀疑，因此 BASES 用最差和最佳情况重新计算。即使以中间值即 27%重购率来计算，销售预测仍有 850 万个。

为了支持后续产品 Contadirm 冷藏比萨与组合口味的推出，采用 BASES II 方法来进行测试。这个情况有点不同，因为顾客已熟悉其他两种替代产品：冷冻比萨和餐厅外卖比萨。这里，主要判定顾客是否认为这个新产品相当特别，或者与已经相当熟悉的产品有所不同。首先，从抽样的 600 位受测者中取得前两选项的比例，结果比萨与口味组合获得 76%，而单单只有比萨的概念则只是 58%，因此选择比萨与口味组合的概念继续开发。BASES II 有一大特征，即顾客真实地试吃了这个产品（在此案例中，在家里测试使用）。在这一点上，测试结果值得关注。受测者被问的问题是：与外卖比萨和冷冻比萨相比较，比萨与口味组合的产品概念有多大程度的"新颖和不同"？在使用前，前两选项（"极度新颖和不同"和"非常新颖和不同"）的受测者达到 59%，但在使用后，则下滑到 49%。这意味着其中有些顾客感到失望。根据受测者的意见，使用后属性测试识别出了改进清单：主要改进整体口味和降低价格。有了基于 BASES II 方法所得到的信息，雀巢就能决定是批准这个产品上市，还是进行更大规模的测试，或放弃整个产品概念。

9.11 结论

在全面性筛选前，进行概念测试和开发有许多优点。这个方法可以快速且简单地完成，可以向筛选者提供宝贵的信息以找出没有价值的概念。它采用了已经过验证的市场调研技术，因此具有合理的可信度；它有助于我们了解购买者的想法，在概念开发的同时进行细分和定位。然而，有些开发人员（特别是工业设计者）仍然拒绝概念测试。举例而言，Herman Miller 公司无法成功地将集厕所、水池、浴盆为一体的 Hygien 系列卫浴设备推向市场，因为该产品没有做概念测试。设计师在失败后宣称，业界人士还不了解该产品。

除此之外，概念测试还是有点问题——容易发生错误而且成本很高，它还不是一个成熟的工具。有一些很典型的失败产品，如干肥皂、白威士忌、透明苏打水等，也大多通过了概念测试。咀嚼式抗酸片失败的原因是，概念测试没有考虑到服用制酸剂时会配水的情况。某家公司进行一项单一的新产品创意，分别由 3 位文案撰写人承担。后来在概念测试中得到最高分的重要决定因素，竟是文案撰写人的编写技能。

人们发现，在没有学习阶段时，作为引子的概念陈述很简短，产品销售时很多情境变量会发生改变，以及在概念测试中无法衡量某些属性，因此对全新概念做出回应是很困难的（如毛毯材质、淋浴喷嘴的冲击力，以及下个季节会流行什么颜色等）。或许最令人困扰的是，技术具有很高的不确定性，但坚持不懈的产品开发人员经常能顺利地为产品概念辩护。

本章小结

本章是讨论对新产品建议进行评估的工具的第一个章节。实际上，由于评估在创意生成前（也就是说决定该在哪里寻找创意时）就开始了，所以我们首先讨论的是产品创新章程。通过把创造性活动聚焦于一个方向，章程可自动剔除其他方向，其效果是评估并否定它们。

一旦战略方向明确，大多数公司会就产品创新章程所描述的机会进行市场分析。顾客应该是任何产品创新计划的主要输入，在战略方向制定后紧接着就应该去寻找这个输入。之后，随着创意不断出现，需要做出初步决策——高度评判性的、快速的，清除没有价值的创意。一旦创意通过这个测试，更多的、更严谨的评估就开始了。这时采用的方法是概念测试或概念开发，这些方法已经有了很成熟的应用。本章给出了概念测试的整体流程，包括目的、概念形式的选择、受测者的选择，以及访谈流程。概念测试的直接效果就是向管理者提供了下一阶段做决策必备的评分模型所需要的信息。下一个阶段就是概念的全面筛选，这是第 10 章要探讨的主题。

应用实践

（1）“你知道，我们的大多数新产品开发人员做了大量的市场调研——概念测试、态度调查等。还是让我读一段一位汽车设计人员对市场调研的看法吧。”（她接着从桌子上拿起一个黄色文件夹，读了起来。）

“市场调研可能是现代商业中阻碍企业走向卓越的最大的幻象，它是那些没有远见、没有信心的经理们的拐杖。表面上看，它是最明智的：在你着手设计前，发现购买者确切需要的对象。但是，在实践中这是不可能的。公众在没有获得可供选择的对象前，根本就不知道想要什么，甚至他们的偏好背离了 Kmart 所引导的方向。市场调研需要一辆 Malibus，它是装有 Mercedes 金属护栏、鳄梨色的包括所有东西的 Big Macs。然而，你无法用这种方法生产出具有伟大创意的产品。”

你可以对这段陈述发表自己的评论。

（2）“一个化妆品行业的竞争者正在加速口红的新品开发，通过采用如下系统：① 采用头脑风暴法以生成创意（最近一次有 392 个创意）；② 用同一组人对这些创意进行评估，选出最佳的 50 个；③ 采用焦点小组法对这些创意进行概念测试，选出可以快速开发的几个创意。你能看出这个系统的缺陷吗？”

（3）“我非常好奇地想试一试，你能否对我们最近一次创意会议产生的创意做出个人评判。这些创意全部通过了最近那次消费者概念测试，这是我所担心的。继续进行这些创意的开发，是安全的吗？

a. 以汽油为动力的弹簧单腿高跷。

b. 衣物架和电熨斗的组合产品。

c. 安装有晶体管的高尔夫球和电子搜寻器。

d. 印度式角力装置，使你能自己进行角力训练。

e. 电加热的浴室垫子。

f. 将巧克力糖放在用巧克力做的盒子中。

案例　达美乐比萨

直到 2009 年，达美乐比萨在 50 年来一直以提供快速的比萨外送服务著称，并以“全球比萨外送领先者”这一称号自豪。公司开始于汤姆·莫纳翰 1960 年在密歇根创立的一家小店，到 2006 年已发展成拥有 8 000 多家分店的大型企业，其中约 10%为直营店，还有分布在 70 个国家的 3 000 家分店。达美乐公司 2007 年引进在线订单系统后，成为全球最大的在线交易商之一。达美乐公司在 2008 年推出全新的炉烤三明治产品，很快顺利地树立了三明治外送的市场领导地位。

但是好景不长。达美乐“30 分钟内送到”的口号或许在早年让公司尝到了成功的滋味，但消费者很明显需要有更多服务、更美味的比萨。蒙眼测试的结果让管理阶层吓了一跳。测试者对达美乐比萨的评语多为“吃起来像啃纸板”或“湿软无味”。针对流失客户所做的调查分析显示，达美乐客户的流失源于其菜单以及比萨的独特性。2008 年，达美乐曾经尝试进行了一次口号为“30 分钟送到”的广告活动，强化多年来一直坚持的 30 分钟送到的承诺，但广告的结果却并不理想。显然，达美乐需要另寻改善之道。

达美乐公司的高层管理者帕特里克·多伊勒将客户的负面评价以及失败的口号视为一个新产品挑战。与另两位高层管理者罗素·威纳和布兰登·索拉诺一起推动“比萨大反击”计划，其目的不仅仅是改进比萨的口味。时任首席执行官戴维·布兰登说“逐步地好转”是远远不够的。多伊勒认为，要彻底改造其旗舰产品，才能在口味上打败其他竞争对手。

首先，新产品团队重新思考达美乐在良好品质与外送速度间的取舍。多伊勒认为，公司应该同时能兼顾两者。为了达到这一目标，达美乐因此需要重新思考目前的比萨创新平台。传统上，比萨的创新非常有限，以渐进式为主，顶多增加一些新配料。但这一次，前一年烤炉三明治的成功仍在新产品团队心中念念不忘。该产品对达美乐来说是公司的一个全新的创新，而且开发非常快速，相当成功。这个新产品的成功，激励着新产品团队在比萨产品上也开始考虑突破性创新。

于是团队决定接受挑战，全方位重新思考公司的比萨产品。基于公司早期的顾客调研，布兰登·索拉诺说，他们开始提出这个问题："能让奶酪更美味吗？面团呢？酱料呢？""什么能让酱料更美味？""奶酪的什么特点使其更美味？"针对这些属性开展了一系列的消费者调研。索拉诺对这个过程是这样解释的：

"我们有 3 种原料（3 种饼皮、3 种酱料、2 种奶酪），能组合成 18 种比萨。我们对这些组合大部分进行了测试，同时，也模仿了一些没做测试的组合。结果是，我们赢了，我们有了一种全新原料组合的新产品。我们做到了！"

进一步的测试证实，这个最佳组合比以前的产品好很多，也有很大的差异化。在考虑到成本因素时，威纳说："比萨既要高品质，又要低成本，店内制作时间还不能过长。要控制好财务和运营参数。"

新产品团队此时需要向公司高管汇报。他们知道，一定会遇到一些较老派经理的反对，因为他们认为目前的已经足够好了。因此，索拉诺决定，团队要做好面对高层管理者的准备，但不能像其他公司那样，而是尽量采取非正式的方式。"我们径直走过去，告诉大家我们已经弄明白了。"研发人员已经了解了顾客的抱怨，并且意识到这一次新产品开发不能再像以往那样做了。同时，威纳还要求大家一一去说服各个分店，他说："在研发时我们把自己就当作分店的一员……比如，像分店人员那样去问，酱料如果辣一些，客人吃多了会不会拉肚子？……我们到各个分店去行演示，在分店举行蒙眼口味测试，结果，大部分人都更喜欢新产品。"

上市活动有一个重要环节，就是在 www.pizzaturnaround.com 网站以及 YouTube 上播放一段 4.5 分钟长的"比萨大反击"新产品宣传短片。该影片中播出了客户很多负面评价和公司举办焦点小组活动的片段，然后非常详细地说明公司如何从饼皮、酱料、佐料等原料开始重新打造设计一款全新的比萨。影片强调，达美乐不会像很多公司那样将负面评价掩盖起来，而是勇敢面对、磨砺自己并使之成为产品改进的动力。多伊勒注意到，在产品逐步的市场活动中这样做有风险，但威纳说："我们做了很多测试——如何将负面评价转为正面评价，并找到其中的平衡点。如果太负面，结果一定会很糟；但如果太正面，结果也一定会很糟。"

"比萨大反击"的效果非常好，新产品因而大受欢迎。达美乐甚至宣称每 5 人中会有 3 人选择达美乐比萨产品。达美乐新产品上市后不久，新的客户群增长了 30%，重复购买率更增长了 65%，预示着顾客忠诚度的大幅度提高。即使在美国经济萧条的那段时间，达美乐的单店季度营业额也增加了 14.3%。

你认为，是什么原因导致了达美乐内部危机，并促使其决定实施"比萨大反击"计划？评价达美乐的新产品团队是如何运用属性分析来测试各种新的比萨概念的。你认为，在团队说服内部管理阶层采纳"比萨大反击"概念时，这个分析起了多大作用？新产品团队还做了哪些事情来增加成功的机会？从这个案例中，我们对于概念测试的属性分析方法获得什么新启示？本章的其他概念测试方法是否也能用来帮助这个新产品团队？

案例　智能手机比较（B）

回顾一下第 6 章的智能手机比较（A）案例。除了已经提供的有关竞争性信息之外，假设你还另外做了更多的消费者调查。你收集到了很多消费者偏好的数据，能据此识别出“理想品牌”并能估计出市场上顾客利益细分市场的数量和规模。（这里我们只将屏幕尺寸和通话时间作为最重要的属性）。你识别出了 3 个细分市场。细分市场 1（约占 20%的市场）偏好大屏幕但不在乎通话时间；细分市场 2（约占 30%的市场）偏好通话时间但不在乎屏幕大小；细分市场 3（约占 50%的市场）对两种属性都在乎。

使用案例（A）提供的数据，绘制这两种属性的定位图。在各分区中，哪一个是最重要的竞争品？它对我们有什么启发？

第 10 章

全面筛选

10.1 引言

几年前，打印机制造商利盟国际（Lexmark International）制定了一个新产品流程，并报告了流程的有关成果：公司按照预算准时并成功上市产品的能力不断增强，同时也使业务流程和技术流程保持了一致。尽管如此，管理层认为还有很大改善空间。总体上说，最常见的问题是：尽管没有充足资源，但仍有太多项目顺利过关，管理层并不能有效识别出产品项目的优先级顺序。这个问题十分普遍，管理者常常会说，概念选择已经成为他们最大的挑战之一。不管哪个产品项目，能进展到流程的现在这一步，都表明其已经清除了所有障碍，并且项目前景一片美好。但如果没有足够的财力资源或人力资源来支撑，又怎么能做下去呢？更常见的是，管理者没有一个好的选择流程，而仅仅是从两中结果中选择一个：要么猜测（很可能选择了错误的项目），要么全部批准（结果是每个项目都资金不足）。

我们知道，即使最优秀的产品开发企业，项目选择都是充满挑战的。最近的一个有关产品经理的标杆研究显示，超过一半的产品经理认为，相较于可用的资源，组合中有太多的项目。而接近一半的产品经理指出，他们管理的组合中有超过 50 个项目。这些结果说明，产品经理在概念选择上出现了困难，导致过多的项目进入了新产品管道。

我们将在本章解决这个概念选择的难题，向你介绍全面筛选方法。在本章中，我们不会说任何特定企业应该怎么做，这是由新产品经理决定的。但我们可以提出可供选择的范围和实际操作中适用于大多数企业的中间观点，并很容易进行修改。参见图 10.1，可以看到筛选与后续的概念测试和协议步骤存在什么样的关联。

10.2 全面筛选的目的

想一想我们处在产品创新流程中的哪个阶段。初始创意出现后，我们将创意变成概念形式，然后将一个简短的陈述提供给关键人员，以观察他们的反应。接下来，通过概念测试，我们可以纳入市场中的潜在用户的想法，还可以纳入收集到的各种数据。循着这种方式，我们将企业关键职能部门——技术、营销、财务、运营等的意见收集到了一起。

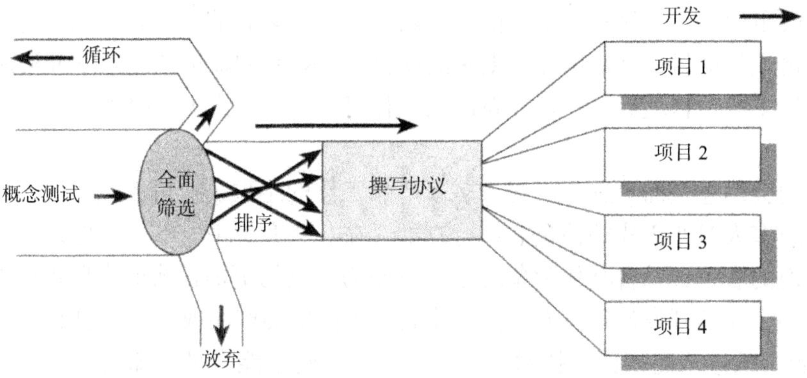

图 10.1 新产品概念通过筛选和协议的流程

这些工作将一直持续，可能因不同情形而需要几天到几个月时间，并在全面筛选（full screen）这一步骤结束。“全面”一词，指的是我们在启动产品技术性工作之前，已经收集到足够多的信息。全面筛选通常涉及评分模型（scoring model）的使用，评分模型是一种带权重（重要度）因素的检核表的编排。本章我们会看到这个模型的一些变形。

为什么要进行全面筛选？实际上，全面筛选要完成 3 个目标。第一，帮助企业决定是继续进行这个概念还是停止。记住，如果概念通过了全面筛选，下一个阶段就是开发。概念将会变成一个新产品开发项目，并且将会需要大量的财力和人力资源的保障。全面筛选帮助我们决定这些资源（研发人员、服务系统设计、工程等资源）是否应该投入该项目中？如果应该，那么需要投入多少？这个决策取决于我们是否能进行这项工作，以及我们是否想要去做。“能做”意味着可行性——技术能达到这项任务的要求。我们拥有这项技术吗？能负担起这项技术吗？“想做”意味着我们能从项目中获得利润、市场份额或者其他我们进行产品创新想要达到的目标？有时，我们称为技术可行性（feasibility of technical accomplishment）和商业可行性（feasibility of commercial accomplishment）。我们通常通过一个评分模型评估这两类可行性，这是大多数全面筛选的核心。

第二，全面筛选有助于管理流程，方法是通过对概念进行分类排序并识别出最好的概念。最好的概念是排序或者优先级在前的概念，当某个在研项目拖延或被取消时，我们会有一些项目在待命。这虽然并不令人满意，却很值得。概念会回到概念开发阶段，并完成更多工作以使它们变得可被接受。其次，将被拒绝概念记录在案，可以避免类似的概念再次重复出现。后者看似微不足道，但对一年要筛选数百、甚至数千个新产品概念的经理而言，却相当重要。一个好的公司备忘录有助于事后争议的解决。古语曾说：“一个成功的新产品背后可以找到一批人给它提过建议；然而，失败的新产品却总是无人问津。”在那些喜欢奖励创造力的企业中，这样的备忘录有助于了解谁在什么时候提出了什么建议。

第三，全面筛选有助于促进跨职能的沟通。在打分阶段人们会爆发出激烈的争论，争论“为什么你在这个创意的这些因素上打这么低的分”等问题。筛选流程也是一个学习过程，特别是让管理者掌握其他职能部门的想法，而且会让所有对于某个项目的基本争论（包括经常存在的异见）浮现出来并加以讨论。这些争论将焦点放在概念在开发过程中所面临的“陷阱”或阻碍上，以显示哪里可能需要新人员。许多企业在进行全面筛选时有困难，不是选择了错误的项目，就是选择了太多的项目。无效率的筛选意味着财务资源和新产品项目人员在过多的项目上展开。批准新产品项目时，应牢记人力、财务资源和各种约束条件。

某些公司会跳过全面筛选。没有太多新产品工作的小型企业可能偏好民意调查形式，也就是一人或多人对非正式的检核表进行判断。在—些案例中，参与者也许会得到一份印制了评估分值的表单，并将其作为备忘录，以便为后续的更加正式的表单提供相关数据。一些包装商品企业的开发流程没有多高技术含量（模仿类产品或市场上已有产品的简单改进），则可能会跳过全面筛选。技术可行性和企业的营销能力是已知的，剩下的问题就是产品上市时是否会获得消费者的青睐。为了弥补没进行全面筛选的缺陷，这些企业可能会进行更完整的概念测试（参见第 9 章）以及被称为销售前测试（premarket testing）的销售预测模型，这些我们将会在第 11 章讨论。当技术可行性是主要议题时（大多数情况下都是），即使包装商品企业也不会只依靠概念测试，而将会采用下面所看到的评分模型进行全面筛选。

10.3 评分模型

评分模型是一个简单但非常有效的方法。让我们从一位正在做决策的学生的角度来理解这个模型。

10.3.1 评分模型简介

假定有位学生正在决策本周末打算进行什么社交活动。这位学生有很多选择，他列出了个人认为重要的决策标准，具体如下：

（1）必须有趣。

（2）必须有两人以上参与。

（3）必须负担得起。

（4）必须有能力完成。

表 10.2 列出了这 4 个标准（通常称为因素，但不要与因素分析中讨论的因素相混淆）。当然，在这位学生的周末社交活动决策中，可能包含 20 种或 30 种因素，但是在这里我们只锁定 4 种。这些因素不是绝对的，它们都有一定的等级程度，比如有趣、很有趣等。表 10.1 显示了每个因素的 4 分制。

接着，每个因素等级程度都需要填入数字，这样我们才能将选项排序。排序之后，学生便可以开始评估每个选项了（见表 10.1），并将每个选项得分加总求和。最后决定去划船，虽然划船并不是非常有趣，但因为划船能够多人参与、价格划算，而且这名学生是一名优秀的划船手。

表 10.1　学生活动决策的评分模型

因　素	分　值						
	4 分		3 分		2 分		1 分
有趣程度	很多		一些		很少		没有
人数	5 人以上		4～5 人		2～3 人		2 人以下
支付能力	容易		可能		或许		不能
学生能力	优异		不错		一般		较差
学生打分		滑雪		划船		爬山	
有趣程度		4		3		4	
人数		4		4		2	
支付能力		2		4		4	
学生能力		1		4		3	
总计		11		15		13	
结论：划船							

但是，假定这位学生反对划船，并且说“除此之外，我仍有其他选择，如果我去爬山，就可得到更多的锻炼；如果我去滑雪，也有人陪我去”；或者这位学生可能认为支付能力因素比其他因素更重要，因为如果没有足够的钱，就不需要再考虑其他选择；或者这位学生可能说“有趣要比技能更重要，因此乐趣的分值要加倍”。（这只是一种简单的加权体系，在加总前要先将有趣因素分值加倍。检验一下：在最后的决策建议上会有差别吗？为什么有或者为什么没有）可能也会有许多反对意见，如“滑雪实在不够好玩，划船比你想象的还要贵”。

不管我们是否意识到，实际决策中使用的评分过程就是这样的。这位学生的异议包含了新产品评分模型的基本问题，接下来，我们看看如何处理这些评分，以让这个评分系统更好地发挥作用。

10.3.2　筛选步骤

开发一个评分系统需要占用一定的时间，但一旦系统开始运作，微调就很容易。

1．评估什么

上述学生案例中，我们把模型建立在主观选择的 4 个因素基础之上。在现实生活中，选择因素并不容易，同时我们对因素的选择也不能仅凭偶然。首先，如果可能的话，我们会使用单一因素。有的单一因素同时涵盖技术和商业目标，用财务专业术语来说，是该产品概念所有的收入流，减去所有的直接和间接成本与收益之后，折现（the discounted stream of earnings）的净现值（net present value）。确切的财务说法是“这项产品损益表的最后一行，已经减去了所有的成本（技术、营销等），然后将获利折算为现值。”这个因素显示于图 10.2 中的第一层次的文本框中。如果我们能对净现值进行非常好的估计，就不需要其他因素了。但是，我们几乎永远也做不到，因为在这个早期阶段，所有的财务估计值都是相当不可靠的。

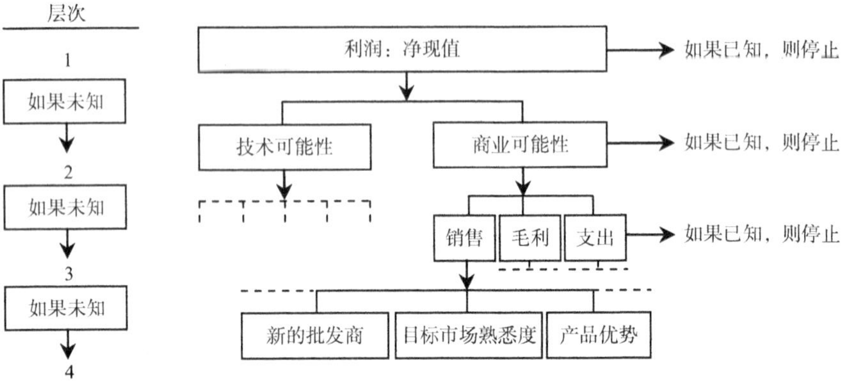

图 10.2　评分模型因素的来源

在这个情况下，可以使用替代指标（surrogates）。图 10.2 的第二层次清楚地显示出两个替代指标：技术可能性（是否能够创造顾客想要的东西）和商业可能性（销售是否能获利），但我们依然无法进行评估。如果这两项指标能够成功预测第一层次的财务指标,我们才算完成了评估工作。

遗憾的是，经验表明我们通常不能够进行这两者的估计，因此要尽力取得更多的替代指标，这次是在第三层次。为节省空间，图 10.2 只显示了 3 个代表商业可能性的替代指标。如果我们知道销售额、销售的边际利润以及营销和管理费用，我们就获得了商业可能性一半的答案。

不过，我们还是无法达成目标，因为在这个早期阶段，我们并没有足够好的数据理解力。然而，值得注意的是，包装商品企业开发了许多有细微差异的新产品，如上所述，在预测模型上，便能估计这些数字。多数企业必须寻找第三层次因素的替代指标，这引领我们进入第四层次。第四层次的因素已有答案，或至少这些答案比前几层因素有更好的估计答案，图 10.2 只列出这个层次诸多因素中的 3 个。

推理过程如下：如果新产品进入一个大家非常熟悉的市场，我们也许可以和这个市场的买家沟通，这将使产品得到好的销售机会（达到第三层次）。产品销售情况良好更有可能实现商业目标（达到第二层次），并产生利润（第一层次，我们的目标）。因此，诀窍在于，找出这家公司在这个特定产品概念上有助于技术和商业运营的第四层次因素。第四层次因素构成了表 10.2 中显示的评分模型。一些企业会把利润、销售额等包括进去，即使它们的替代指标早已存在。

一般来说，企业应该从表 10.2 所列的因素清单开始，剔除那些明显不适用的因素，再加入那些明显遗漏的因素，然后实际使用几次看看相关人员如何评分。随着时间的推移，应该尽可能精简清单并使之保持可变更的状态。这个系统中没有任何事情是一成不变的，毕竟这只是用来辅助决策的。

本章末的罗技公司案例显示，每种情况下都有些不同。产业研究协会（Industrial Research Institute，IRI）最近开发出一个新的评分模型，该模型能最有效地识别某个技术项目的成功。这个模型包含两个部分：一部分是技术成功因素，另一部分是商业成功因素。每个项目的每个因素按照 1 ~ 5 个等级进行评分，同时确定每个成功因素的重要性权重。计算技术成功因素和商业成功因素的加权总分，其中总分最高的项目最有可能成功。IRI 的模型因素如表 10.2 所示。

表 10.2　新产品概念全面筛选的评分模型

类别	因　素	等级 1	2	3	4	5	得分（分）	权重	加权得分（分）
技术可能性	技术工作的难度	非常困难				容易	4	4	16
	所需研究技能	没有任何要求				完全符合	5	3	15
	所需开发技能	没有任何要求				完全符合	2	5	10
	技术设备/流程	没有任何要求				已拥有			
	技术变化速度	高/不稳定				稳定			
	设计优势保证	没有				非常高			
	设计（专利）安全性	没有				有专利			
	所需的技术服务	没有任何要求				全部拥有			
	制造设备/流程	没有任何要求				已经拥有			
	可获取的供应商合作	没有				已经有关系			
	竞争性成本的可能性	强于竞争对手				超过 20%			
	优质产品的可能性	低于目前水平				领先地位			
	加快上市的可能性	两年或更久				低于 6 个月			
	可用的团队成员	一个也没有				有所有关键人员			
	所需的资金投入	超过 2 000 万美元				低于 100 万美元			
	法律问题	主要问题				没有			
									总分 210
商业可能性	市场的变动性	高/不稳定				非常稳定	2	3	6
	可能的市场份额	最好排第四				第一	5	5	25
	可能的产品生命周期	少于 1 年				超过 10 年			
	产品生命周期的相似性	没有关系				非常接近			
	销售人员的要求	没有经验				非常熟悉			
	促销的要求	没有经验				非常熟悉			
	目标顾客	完全陌生				密切接触/已有			

续表

类别	因　　素	等　　级					得分（分）	权重	加权得分（分）
		1	2	3	4	5			
商业可能性	分销商	没有关系				已有/牢固			
	零售商/经销商	不重要				重要			
	用户工作的重要性	没有关系				已有/牢固			
	未满足需求的程度	没有/以满足				完全未满足			
	满足需求的可能性	非常低				非常高			
	面临的竞争	艰难/具有攻击性				弱			
	现场服务的要求	目前没有能力				现已准备好			
	环境影响	只有负面影响				只有正面影响			
	全球应用性	限于国内				适用于全球			
	市场扩散性	没有其他用途				许多其他领域			
	顾客整合	非常不可能				顾客在寻找			
	可能的利润	最佳盈亏平衡				投资回报率大于 40%			
									总分 240

全部总分 450

概念：________________

筛选日期：______________

行动：________________

2．评分

基于表 10.2 或例 10.1 所示的评分形式，评分团队成员首先会有一个熟悉的过程，在这个过程中，他们将了解每个建议书（市场、概念、概念测试结果）。然后，每位评分者从第一个因素（在本案例中第一个因素是技术工作的难度）开始评分，并根据第三列中的语义陈述及其对应的分值，选择最合适的分数为每个因素打分。评分会被乘上指定的重要性权重，这样就得到了该因素的加权分数。接着为其他因素评分，然后加起来得到每位成员对这个概念的整体评分。

例 10.1　IRI 评分模型

技术成功因素

- 专利地位：在被研究的技术上，开发一个强大、可防御的专利技术
- 竞争力/技能：现有的技术资源有能力承担研究项目
- 技术复杂度：技术复杂度对产品成功的影响
- 外部技术的获取和有效使用：外部技术的可用性和公司成功运用的能力
- 制造能力：公司是否具有内部或外部能力来制造产品或将过程融入运营中

商业成功因素

- 顾客/市场需求：是否存在一个现成的、与这个项目相关联的、为所产生的产品

或流程准备好的市场
- 市场/品牌认知度：由于公司优势和（或）形象，产品被市场接受的可能性
- 进入市场的渠道：产品上市和销售的容易程度
- 顾客的力量：产品成功或失败的可能性，建立在该商业利益领域的顾客的力量
- 原材料/零部件供给：主要零部件和材料的可得性的影响
- 安全、健康和环境风险：其中的任何因素的发生，都将阻碍项目的成功

通常，有许多方法用来综合每个团队成员的评分，而平均值是最常用的。有些公司采用奥林匹克竞赛的计分方法，即在进行平均之前，去掉最高分数和最低分数。有些公司在公布平均分数后，进行公开讨论，个人可以发表与团队不一致的观点。许多公司已经发现，群组软件（groupware）（如 Lotus Notes）非常有助于这个过程。

3. 异常因素

对于一些因素来说，分值过低就很容易将其否决。例如，在学生周末娱乐活动的决策案例中，如果资金不够就不能进行任何成本超过 30 美元的计划。这个问题要在一开始就讨论，以免把时间浪费在超过 30 美元的选择上。产业也是一样，产品创新章程的一个关键内容，就是指出这些排除因素，这些因素有时称为淘汰因素（culling factors）。

另一个问题，就是因素被评分时出现“全部或没有（all-or-nothing）”、“ 是或不是（yes-or-no）”的答案。例如，“这个概念是否需要建立独立销售团队”这种类型的因素只有是或不是两个选项，中间没有其他选项可供勾选。如果可能的话，对于这种因素的评分模型应当这样设计，例如，“为这个概念建立销售储备需要多少额外的销售成本？”对应的选项可能是零、低于 10 万美元、10 万 ~ 30 万美元等。

4. 评分员或评判人

选择评分团队成员与选择一个新产品团队成员类似。公司的 4 个主要职能（营销、技术、运营和财务）应当包含在内，其他还有新产品经理以及来自信息技术、配销、采购、公关、人力资源等的专业人员，具体组成取决于公司开发新产品的流程。

高层业务单元经理（总裁、总经理）不应该包括在评分团队内，当然小公司例外。因为高层管理人员在评估公司能力（如营销或制造）时，他们在场会抑制所需要的坦诚讨论。有些 CEO 对此有其独特直觉，因此也不能把他们排除在外。

筛选中积累的经验是非常有价值的。在公司积累的经验与个人专长的经验都是。技术人员通常对可能的技术成功会更感到乐观，而营销人员则表现得较悲观。

涉及个人问题时就更加特别。研究指出：① 有些人总是乐观；② 有些人有时乐观，有时悲观；③ 有些人是“中立者”，总是给中间分数；④ 有些人比其他人更可靠和精确；④ 有些人容易受群体影响而动摇；⑥ 有些人有能力，但是个性古怪。评分团队需要一位管理者来处理这种问题。一些公司实际上会根据过去每位评分员的准确性（与整个团队分数的一致程度）对每位评分员的分数给予不同的权重。Dow Brands 公司采用了计算机群组软件方法，因为它喜欢匿名评分方法。

5．权重

对评分模型最严厉的批评是权重的使用，因为权重一定是由主观判断决定的（稍后讨论的一项新研究除外）。我们回到学生决策周末活动的例子。对一个谨慎使用金钱的学生来说，金钱的支付能力应该比其他因素赋予更多权重。但是要给多少权重？金钱支付能力权重给 2，而其他因素则给 1 吗？因为权重的重要性，一些公司使用敏感度测试（sensitivity testing）来衡量其效果。评分模型实际上只是数学模型或方程式，因此分析员能够改变评分或权重，来了解不同的改变在最后分数中的差异。电子表格软件很轻易就能进行这样的工作，很多的群组软件也可以做到这一点。

10.3.3 剖面图

图 10.3 展示的是因具备图示能力而被某些公司偏好的一种图示方法。剖面图（profile sheet）利用绘图的方式表达出在不同因素上 5 个评级分数的表现。如果评分是由鉴定人组成的团队完成的，则使用平均分数绘制剖面图。这个方法的确让我们注意到这样的机制，接近剖面图底部的因素分数比接近顶端的高。

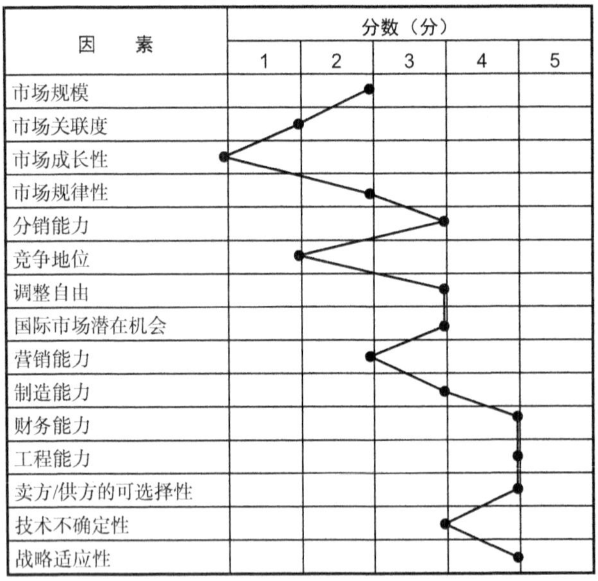

图 10.3　新产品建议书剖面图

10.4　基于 NewProd 项目的筛选模型

NewProd 项目是 Robert Cooper 先生在 20 世纪 70 年代晚期对新产品成功和失败进行的一个研究项目。在原始的 NewProd 研究中，有 100 家加拿大工业公司参与合作，这些公司的产品经理识别出近期成功和失败的产品，受访者提供许多可能与产品成功或失败有关的变量信息。这项研究开发出了与上述评分模型相似的一个原始 NewProd 筛选模型，该模型可用于预测产品成功和失败的可能性，同时还能识别出新产品项目在批准前应该改正的一些缺点。

从那以后，来自更多公司的数据的加入和更多新产品经理的投入，使得原始的 NewProd 模型得以延伸和扩大。最近，Cooper 先生和他的合作者已经提出一个两层次的筛选模型，该模型结合了评分模型的检查清单。两层准则是“必须满足”和“应当满足”准则，“必须满足”准则涉及项目与战略之间具有良好的战略一致性和可接受的风险回报率；“应当满足”准则包含战略重要性、对顾客而言的产品优势和市场吸引力。全部准则都列在例 10.2 中。正如预期，“必须满足”准则被设计用于剔除不好的项目并提高新产品项目的筛选门槛。事实上，作者建议使用简单的“是—否”（yes-no）检查表，仅一个“否”的回答就足以筛选掉这个项目。“应当满足”准则用来评估良好的商业建议书。没有一个项目在每一个因素上都能获得高分，因此作者建议使用评分模型来综合全部的准则，用总分来排出最好的新产品项目。例 10.2 中需要注意的是，必须满足和应当满足准则都应同时综合考虑财务和战略因素。好的产品开发公司在进行新产品项目选择时，不会单纯仅考虑财务因素。在第 11 章财务分析部分，我们会再次讨论这个重要问题。

例 10.2 NewProd 研究的必须满足和应当满足准则

必须满足准则：用是/否来评价

（1）战略一致性：产品符合公司战略吗？

（2）市场需求的存在性：超过最低需求规模吗？

（3）技术可行性：技术可行吗？

（4）产品优势：该产品能给用户带来与众不同的利益或良好价值吗？

（5）环境健康和安全政策：产品符合这些标准吗？

（6）收益与风险：这个比率可以接受吗？

（7）项目终止者：有杀手（killer）变量吗？

应当满足准则：按评分进行排序（类似评分模型）

1．战略：
- 项目与公司战略的一致性程度如何？
- 项目对于公司有什么样的战略重要性？

2．产品优势：
- 产品提供什么程度的独特利益？
- 产品比其他竞争产品更能满足用户需求吗？
- 产品性价比如何？

3．市场吸引力：
- 市场规模有多大？
- 市场增长率是多少？

- 竞争状况是什么样的？（竞争越激烈，评分越低）

4. 协同效应：
   - 产品能将公司的营销、渠道或零售优势发挥到什么程度？
   - 产品能在多大程度上使用公司的 know-how 技术或专门技能？
   - 产品能在多大程度上使用公司的生产能力或运营技能？
5. 技术可行性：
   - 与其他产品相比技术缺口有多大？（差距越小，评分越高）
   - 产品的技术复杂性有多高？（复杂性越小，评分越高）
   - 技术不确定因素有多高？（确定性越高，评分越高）
6. 风险与回报：
   - 预期利润（净现值）是多少？
   - 回报率是多少？
   - 回报周期是多长？首次投资有多快能回收？
   - 利润或销售估计的准确性有多高（纯粹猜测还是高度可预测）？
   - 产品成本降低的幅度和速度怎样？

10.5 层次分析法

另一种产品项目筛选和评估的方法是层次分析法（AHP）。AHP 由 Thomas Saaty 于 20 世纪 70 年代开发出来，是一种系统收集专家判断并据此做出最佳决策的通用技术。AHP 在许多商业和非商业领域已使用多年，可应用于全面筛选，作为排列优先级和选择新产品项目的方法。当作为全面筛选方法使用时，AHP 搜集管理者的判断和专门知识，来确认筛选决策中的关键准则，根据这些准则对每个待评估项目进行评分，并能按照符合程度将项目排序。商业软件如 Expert Choice 可以很方便地完成 AHP 操作。

首先，产品经理建立一个层次决策树，把管理者的最终目标（本例中是选择最佳的新产品项目）放在层次决策树的最顶端。下一层包含管理者认为在达到目标过程中的全部主要准则。在决策树的主要准则之下，可能还会有几层准则（第二层、第三层等）。最后，将所有选择方案（拟考虑的新产品项目）放在决策树的最底端。

接下来，产品经理为决策树中的每个要素提供比较数据，这些数据应是关于上一个（高一级）层次准则的比较数据。就是说，根据准则对实现目标的重要度来对其进行比较和排序，同时根据每个准则的评分排序来对项目进行比较和选择。AHP 软件从这里开始介入。软件将比较数据转变为一组相对权重，然后加总得到各层级各要素的综合排序。最后，这些可能的选择（新产品项目）会以产品经理的偏好来排列。

图 10.4 展示了一个运用 AHP 进行新汽车项目筛选的真实例子。在这个例子中，美国三大汽车制造厂之一的某个产品经理，用 4 个主要准则来筛选项目，这 4 个准则是：核心营销能力的适应性、核心技术能力的适应性、项目的全部资金风险、项目管理结果的不确

定性。这非常像在以 NewProd 为基础的模型中，我们同时考虑财务准则和战略准则。具体准则不同，这里的准则更适用于汽车行业。如图 10.4 所示，每个主要准则根据下一层的多项准则来进行评估。例如，市场匹配性考虑新产品与现有产品线、销售渠道、物流配送、市场时机战略、价格和销售团队间的预期匹配性。最后，决策树的最下方，有 4 个待考虑的新汽车项目（小轿车、微型汽车、双人座汽车、多功能运动车）。

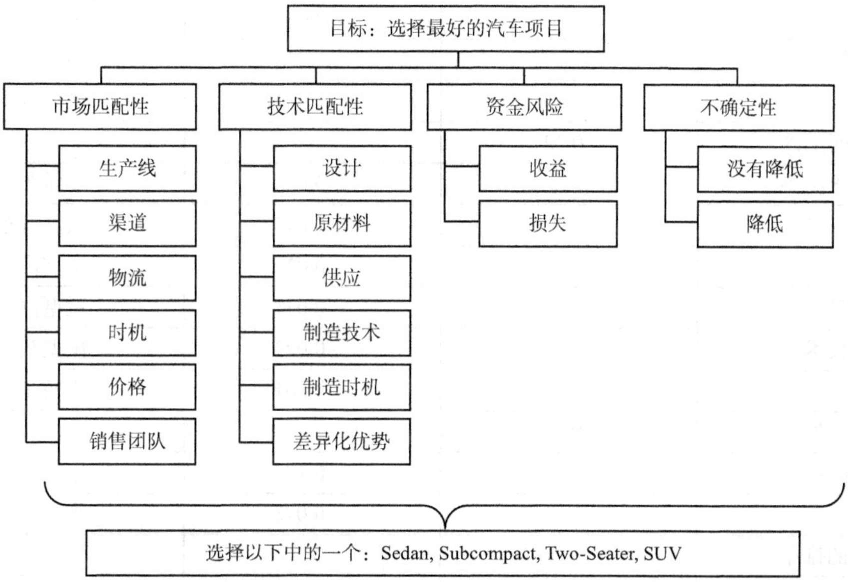

图 10.4 层次分析法（AHP）的应用

在决策树建立后，就能成对进行比较了。一般来说，这项工作先由产品经理评估主要准则之间的相对重要性，通常会采用 1 ~ 9 的等级进行成对比较（例如，“营销能力的匹配性和技术能力的匹配性相比，哪一个比较重要或不重要？”）。Expert Choice 提供了许多其他方式，让受测者进行成对比较。接着，要取得第二层准则的相对重要性数据（例如，“产品线匹配性和销售渠道匹配性相比，哪一个比较重要或不重要？”）。最后，每个新产品项目有关的第二层每个准则的成对比较就完成了。

使用这些数据，AHP 软件能为每个新产品项目计算出整体的总权重，这些权重表明了每个选择方案对总体目标的相对贡献度。AHP 的输出结果显示于表 10.3 的底部，清楚地显示出小轿车是首选项目，获得最高的整体总权重（0.381）。微型汽车是次优的，权重为 0.275，双人座汽车、多功能运动车是落选方案。

表 10.3 AHP 结果和总体的项目选择

	第一层次权重	第二层次权重	排序最高的项目
资金风险	0.307		
收益		0.153	小轿车
损失		0.153	小轿车

续表

	第一层次权重	第二层次权重	排序最高的项目
市场匹配性	0.285		
时机		0.094	小轿车
价格		0.064	微型汽车
物流		0.063	小轿车
渠道		0.036	微型汽车
生产线		0.014	小轿车
销售人员		0.014	微型汽车
技术匹配性	0.227		
差异化优势		0.088	小轿车
制造时机		0.047	微型汽车
设计		0.032	微型汽车
原材料		0.027	微型汽车
制造技术		0.023	微型汽车
供应		0.01	小轿车
不确定性	0.182		
没有降低		0.104	小轿车
降低		0.078	小轿车
可选方案的排序			
项目	**整体权重**		
小轿车	0.381	××××××××××××	
微型汽车	0.275	×××××××××	
双人座汽车	0.175	×××××××	
多功能运动车	0.17	××××××	

虽然在这里没有办法将 AHP 的全部结果呈现出来，表 10.3 概括出了一些重要的发现，并提供了轿车如何成为最佳选择的洞见。第一层次的权重，指出了主要准则的相对重要性，产品经理将财务风险看成最重要的标准。接着是市场匹配性、技术匹配性和不确定性。类似地，第二层次的权重，也指出了每个第二层次标准对产品经理有多重要。例如，在市场匹配性下，时机和价格比销售团队或产品线匹配性更重要。最后一栏列出了根据第二层准则评估后得分排序最高的项目。在大多数的第二层次准则上，几乎是所有真正重要的准则上（可由第二层次的权重判断准则的重要性），小轿车的排序最高。微型汽车在技术匹配性准则上表现较佳，但产品经理认为财务风险或市场匹配性比技术匹配性更重要。因此结果并不令人感到惊讶，即小轿车排序第一，微型汽车排第二。

10.6 其他特殊事项

关于评分模型，我们还需要讨论一些其他方面，其中一个是产品推动者（product champion，第 14 章将详细讨论）。我们需要产品推动者去化解过去常见的变革阻力，并希望一个概念能在所有方面得到公正的聆听。产品推动者试着给予评分者所有有利的信息，并主张公司的这些标准化表格不适用所面临的特殊情况。

有些开发人员试图使用带有专家系统（通常称为基于知识的系统）的计算机技术，这样的系统实际上是基于专家经验而开发的一个评分模型。

最后，经验表明，管理层常常会误用评分模型。一个消费性产品制造商不采用评分模型系统，因为它有如下缺点：

（1）拒绝了本来有助于产品线的产品。

（2）拒绝了能抢在竞争对手之前进入市场的产品。

（3）销售部门认为它否决了太多的产品。

造成前两个问题的原因，要么是因素选择错误，要么是因素权重错误，这两个问题都比较容易解决。第三个问题则因为临界分值设定得太高。评分模型需要有能力的管理者来运用。

本章小结

当一个创意通过了早期的概念测试，且已发展成一个完善的概念并需要进入技术开发时，就必须进行全面筛选。筛选通常都采用评分模型来完成，此时必须评估企业是否具备成功开发与营销这个产品的能力。如果概念评分良好，不论企业使用的标准是什么，它都会进入技术开发阶段。

但在此之前，一些企业会尝试详细说明一个协议。协议是一系列共同认可的事项，包括在技术开发与营销阶段必须交付的利益和需求。一旦团队认为这个协议中产品部分的约定已经完成，那么概念就会转换为产品原型的形式，我们可以将原型带到现场进行进一步的概念测试。当概念以产品原型形式出现，概念测试会更有效率，也许成本更高，因为技术开发已投入了大量的技术成本。协议和产品原型测试等主题会在第 12 章介绍。

应用实践

（1）“我们有一个小型电子发动机事业部，该部门最近放弃了一个他们认为相当完备的基于评分模型的筛选系统。看起来，这个模型一直在拒绝众多的产品创意。在他们看来，有些创意将会成功，我也认为偶尔会成功。在他们的新系统下，高层管理委员会亲自审核这些创意，不用做那么多的文书工作，这样看起来事情将会更好。你对此有什么看法吗？”

（2）“几年前，我们曾试验过一个数字化评分模型，但这个模型并不奏效。我们引入所有的高层管理人员，有你所说的销售经理和产品经理。我们选取了与技术可行性和商业可行性相关的几个维度，与你们展示的评分模型没有太大差异。我们给所有因素划分 5 个等级，用 1～5 分来打分。你猜结果怎样？高层经理所喜欢的项目全部得了 5 分，他们不关心的项目只得了 1 分，缺乏好的信息的那些项目得了 3 分。这就是我们得到的帮助！你认为出了什么问题？”

（3）“如果碰巧，我们的一个事业部必须使用你提到的评分模型，我更偏向于我所在公司使用的模型。该模型只需要回答 4 个问题：消费者在乎吗？我们在乎吗？我们能做到吗？如果我们做了我们能保持领先地位吗？没有什么其他更相关事项需要考虑了。这份清单同时包含了技术可行性和商业可行性，难道不是吗？”

案例 罗技公司（A）

罗技公司生产与电脑相关的产品，其产品范围十分广泛，如鼠标、键盘、音箱和摄像头，还有平板电脑和智能手机的多种附属配件。罗技公司通过收购 WiLife 公司进入了居家安全领域，WiLife 由两位创办人在 2002 年创业成立。WiLife 的产品在收购后更名为 Logitech Alert 产品。在罗技旗下，居家安全产品线不断得到改善和扩张，现在产品包括最先进的室内与室外高像素夜视监视器系统。本案例介绍的是 WiLife 当初两位创办人如何识别机会，将一个好的创意变成一个市场巨大的产品。

艾文·特里在 2002 年创立 WiLife 时，已在视频监视产业有大约 20 年的设备安装经验。他的合伙人安德鲁·哈斯菲尔德有创业经验，最近的经验是在瓶酒行业。艾文在当地经营一个居家安全分销店，将 Double Tree Security 产品用了大约 10 年时间推向全国。艾文在视频监视产业的经验使他意识到，这个市场有一个很大的缺口。当时，市场上一套最基本的监视器系统需要花费高达 4 000 美元，而且通常通过像 Double Tree 这样的分销运营店卖给像 Honeywell 或 ADT 这样的大型安全系统公司。不仅价格昂贵，组线和安装摄像头也非常复杂，而且还需要一台固定的计算机来监控。只有大客户、珠宝店以及有特殊监控需求的药厂才做这种大投资。大多数小企业主认为视频监控成本太高了。艾文和安德鲁都认为，小型且便宜的视频监视系统将满足小企业主的需求，于是两人开始思考这个商业机会。技术和商业因素对成功都非常重要。

从技术面来看，他们先从目前系统的缺点开始着手。当时的系统使用模拟式摄影机，因此，他们希望尝试使用数字摄影机。数字摄影机的价格不会太高，而且录下的影片可以传送至计算机或带有视频能力的智能手机上。他们也探索用以太网络把摄影机与计算机连接起来。这种技术已经相当成熟，能够避免重新拉线的麻烦，因此可以使用现有建筑物内的电源线。另一个需要考虑的问题是视频存储，视频存储是为了让企业主或警察回看（如在入室偷窃案中）。当前的模拟摄影机录取的视频用磁带存储，数周后磁带会重复使用。数字摄影的画质很好，还能加入时间戳，以便于日后回看和查询。虽然两人原来只是想着室内的安全监控系统，但其实这个概念还可用于室外，当然会带来额外的技术问题（例如，使摄影机防水或用红外线技术以使摄影机在夜晚也能监控）。

同时，他们也要考虑一些商业性因素，首先和最重要的就是价格。只要价格不那么高，他们坚信一定有很多小商家会购买视频监控系统。当然，也要考虑非价格因素。如上指出，将数字录像传送到用户电脑或手机上具有技术可行性，消费者应该会喜欢这种形式，因为可以减少一台专用电脑。而且系统应该更智能，可以发送一条警告信息到用户的电脑或手机上，以让使用者警惕任何不寻常的状况（如果系统真的足够智能的话，应该能辨别小偷打破窗户和猫坐在窗台上）。另外，请工作人员安装视频摄影机既浪费时间也具有破坏性。应该考虑用易于安装的摄影机，同样，电脑下载所需软件应该很方便。

你没有足够的信息来构建一个全新的评分模型以评估本案例所讨论的新产品概念，不过，你可以从本章的每个模型中找出 5 个最重要的因素（技术因素和商业因素）。本案例已说明了应该考虑的一些技术与商业因素，请试着想想可以加入哪些因素，给予它们权重，然后将你的模型运用在艾文和安德鲁最近思考的新产品概念（新的低价数字视频监视器系统）上。除了为这个产品概念开发一个评分模型外，也想想操作这个评分模型系统会遇到什么问题。评分结果会造成什么严重问题吗？为什么？

第 11 章

销售预测和财务分析

11.1 引言

截至目前，我们已经完成了全面筛选，并已经知道这个产品概念不仅符合我们的技术能力（已有能力或可获得能力），而且也符合我们在制造、财务及营销方面的能力。同时我们也知道这个产品也不会产生繁杂的法律纠纷等。因此，我们准备好继续往前迈进。

但是，我们真的准备好了吗？大多数管理者并不这么认为，他们对这一主张中的财务问题十分关注。事实上，他们从项目一开始就在关注资金问题。回顾一下产品创新章程，我们曾经谈到潜在市场规模、市场占有率和利润等目标。当管理者评估整个项目是否值得进行时，他们仍会关注财务方面。而且，很多懂行的管理者知道，仅仅从财务预测角度来评估是不够的，如果想要从所有备选项目中挑选出最合适的，必须考虑每个项目与组织战略目标和能力的匹配性。确实，公司在这一阶段面临的最大问题之一，就是投资了过多的项目，使得人力资源和财务资源过于分散。所以公司必须改善其项目选择的程序，而对于大部分公司来说，这意味着它们要比以前更多地考虑项目的战略匹配性。

现在，是从管理角度进行更深入分析的一个好时机。我们应如何选择并管理一个新产品项目，使其既能够达到合理的财务目标，也能够遵循产品创新章程呢？在本章，我们把重点放在财务分析，特别是放在销售预测上，通常这是营销对财务分析最重要的贡献之一。我们将重新考虑产品创新章程，然后再决定所考察的项目是否与公司的创新战略一致。上述活动组成了图 III.I 中的最后一个模块，这也是项目批准程序的组成部分。下一章，我们将介绍项目书面协议的有关内容，到那时我们才准备好迈向产品开发阶段。

11.2 新产品销售预测

财务分析是从销售预测开始的。正如之前所说，一般由新产品团队中的营销人员负责。销售情况涉及后续几个阶段，一旦预测出来，就能用于评估成本、预测利润，并计算出主要财务指标，例如净现值、内部收益率等。团队中的其他参与者（例如制造工程师、研发人员、财务和会计专业人员）可以为财务分析提供成本费用等大量数据。

财务分析中最艰难的挑战之一，就是进行合理的销售预测，尤其是对一个基于快速技术进步的新产品进行销售预测。2000 年未来学家曾预测：到 2007 年卫星广播用户将达到 3 600 万户，一年后这个预测数降至大约 1 600 万户。而真实的数据是，2006 年年底卫星广播用户仅有 1 100 万户，并且 Sirius 和 XM 卫星广播公司的收益也远远低于预期。例 11.1 是一群专业的未来预测家在 1967 年对现在的社会与产品做出的预测，包括好的和不好的预测。该表显示，在预测技术进步如何影响新产品问世方面，专家的确做出了非凡的贡献。即使未来的 30 年甚至更长时间，其预测仍有一定的准确性。

例 11.1　1967 年所预测的未来

1967 年，科学、计算机及政治界的知名权威都对未来的 30 年做了一系列的长期预测。事实证明，其中的许多预测都高度准确：

- 到 1982 年，人造塑料与电子替代物将可以替换人体器官。到 1987 年，人体器官移植手术将会取得成功。
- 到 1986 年，信用卡将取代现金的使用。
- 到 1986 年，激光技术将被普遍使用。
- 到 20 世纪 80 年代，很多人将会待在家里工作，通过远程计算机终端机与办公室连接起来。
- 到 1970 年，人类会踏上月球。
- 到 1986 年，休闲娱乐方面的支出将会有爆炸性增长。

有大约 2/3 的预测非常准确，也有约 1/3 的预测是完全错误的。例如：

- 到 1980 年，人类将登陆行星，且在 1987 年，在月球上建立永久性基地。
- 到 1986 年，市中心将禁止行驶私人汽车。
- 3D 立体电视将很快在全球上市。
- 到 1986 年，原始生物将在实验室创造出来。

我们能从正确与错误的预测中学习到什么呢？第一，将预测用于制订计划时，不需要绝对的精确。回想一下，古代的船长就算是使用了错误的航海地图，也依然能够到达目的地。第二，不正确的预测大概分成两类：一些基本因素让预测结果改变了，或预测者对于发展速度过于乐观。在 1969 年登陆月球后，太空探索经费就逐年大幅削减了，从而大大影响了对未来太空探索的预测。就跟 20 世纪 20 年代预测影音电话会普及一样，3D 立体电视确实问世了并将在一段时期内热销。

我们进行销售预测时，必须牢记以下几点。第一，某产品的销售潜力可能相当大，但由于营销努力不足导致无法达到销售预期。比如，广告没能引起足够的关注，或者分销做得不够好使消费者无法在市场上买到该产品。我们在第 8 章谈到的 A-T-A-R 模型，将有助于我们基于“知晓度”和“可获得性”这两点，对销售预测进行调整。第二，如果我们成功地让顾客来试用产品，并将这些顾客转化为重复购买者，然后他们能够口耳相传推广给朋友，进一步，更大的需求会刺激更多的经销商引进该产品等，如此一来，销售额必定会随着时间延伸而同步成长。但过了这段成长期后，销售额最终将稳定下来。因此，我们应更加注重长期销售预测或市场占有率。第三，我们应意识到，产品销售状况取决于竞争对手和我们自身的营销战略和计划。

11.3 用传统方法预测销售

在新产品流程的早期，许多如表 11.1 所显示的标准方法都可以用来预测新产品销售额。选择最适合的预测模型时，除了考虑时间与成本，还应考虑产品与市场的新颖度，如表 11.2 所示。最直接的产品预测方法是一种销售分析方法，它针对现有市场的现有技术进行销售预测（如家乐氏公司的预测：假设每包麦片成本减少 5%的话，下一年会卖多少盒）。在这种情形下，时间序列与回归分析的预测也很有用。销售一项新技术到现有市场（如惠普新打印机要取代旧的产品）的情形，建议使用产品线分析或生命周期分析。还有一些新技术，尽管其存在不确定性，但可以通过类推来获得合理的预测：新一代产品的生命周期曲线可能会与旧产品的生命周期曲线相类似。例如，现有打印机的销售额在最初两三个月会比较低，但在第七、八个月会达到高峰。这个销售曲线可能会在新一代打印机上重演。

表 11.1　常用的预测技术

技　　术	时间长短	成　　本	评　　价
简单回归	短期	低	易于学习
多元回归	短中期	中等	较难学习与解释
计量经济分析	短中期	中等偏高	复杂
简单时间序列分析	短期	非常低	易于学习
高级时间序列分析（如平滑法）	短中期	低到高，视所用方法而定	难以学习但结果易于解释
部门主管集体讨论法	中期	低	谨慎解释
情景描写	中长期	较高	有点复杂
德尔菲估算法	长期	较高	难以学习与解释

表 11.2　新产品预测战略

	现有的产品技术	新的产品技术
现有市场	创新类型：成本降低和流程改进 预测类型：销售分析	创新类型：产品线延伸 预测类型：产品线分析、生命周期分析
新的市场	创新类型：新市场或新产品用途 预测类型：顾客分析、市场分析	创新类型：新问世产品或公司新产品 预测类型：情景分析或 what-if 分析

如果是已有技术应用于国外市场，例如，现有的惠普打印机被卖到国外市场，情况就会相反。在这种情况下，可以用顾客分析和市场分析来减少新市场环境的不确定性。最后，对于新问世产品或者公司新产品，最好的预测方法是 what-if 分析或者情景分析法。没有以往的销售额数据，甚至新技术能否被接受也是未知的，这种情况需要更客观的技术，预测任务明显比之前的案例更难。甚至有人认为几乎不可能预测。然而，Kahn 教授指出，一般情况下，对新问世产品大约 36 个月内的预测有 40%的准确率，以此类推，相对简单的预测任务，比如对成本降低、产品改进、产品线延伸等类型产品的销售预测，如果预测时间在 21 个月以内，准确率可保持在 63% ~ 72%范围内。

11.4 用购买意愿法预测销售

回顾一下第 9 章的概念测试，我们从受测者那里收集了购买意愿的信息。我们向受测者陈述产品概念，并问他们（通常采用 5 分制来衡量）：如果这个产品正式上市，他们购买的可能性有多大。通常是看前两个选项的总和（在表中选择绝对会买和可能会买的顾客的数量）。根据使用经验可以对这种衡量标尺进行调整与校正。

例如，回顾一下，我们在概念测试的章节中图 9.1 所示的喷雾式洁手液，我们发现有 5%的受测者绝对会买，36%的人可能会买。根据所收集的过去已上市类似产品的数据的平均数，标识绝对会买的人约有 80%实际上会买，标识可能会买的人有 33%实际上会买。由此算出，潜在购买者百分比的初步估计是（0.05）×（0.8）+（0.36）×（0.33）=16%。这个估计是假设产品有 100%的知晓度和 100%的可获得性，所以这个估值还需要下调。如果预计市场知晓度为 60%，而且附近的零售商店能买到，则可以算出实际购买者的百分比是（0.16）×（0.6）=9.6%。进一步改进这个方法，我们可以使用不同的概念，了解顾客在不同概念下的购买意愿。例如，我们可以询问受测者，让他们陈述自己对具有杀菌和清洁效果的喷雾式手部清洁剂的购买意愿，同样使用 5 分制来衡量。我们再来看一个卫星广播的例子。2000 年全美国大约有 2.13 亿辆车。假设可购买到的比率为 95%（因为到处都有销售卫星广播服务的商店），知晓度为 40%（因为 Sirius 和 XM 卫星广播公司的大力促销）。依据知晓度和可购买到比率调整后的市场潜力为 2.13 亿辆×0.40×0.95=8 100 万辆。市场调查结果显示，市场中有一半的消费者负担得起卫星广播服务，因此现在预测为 8 100 万×0.5=4 050 万辆。其中确实有意愿订购卫星广播的顾客比例有多少？有一个方法可以估算出最有意愿试用新科技的顾客比例，假设估算出来的比例为 16%，则销售预测的计算结果就是 4 050 万辆×16%，计算出来的数字比 640 万辆稍微多一点。我们假定以此作为第一年（如 2001 年）的预订量，而这个项目的年度有效增长率为 10%（有效增长率指我们同时考虑新订户与不续订户）。预测出到 2006 年年底订户略多于 1 000 万户。虽然低于实际预订量，但与之前估算的 3 600 万辆相比较，我们的数字更接近实际数字。真实情况是，Sirius 和 XM 卫星这两大竞争对手在 2007 年年初合并。

11.5 用 A-R-A-R 模型预测销售

我们在第 8 章讨论了 A-T-A-R 模型的一个简单应用案例，简要提到了一些可以获得的数据。这个简易的模型能用来进行销售预测和利润预测，而且市场研究者在很久以前就已经将这个早期简易的模型转化为更有效的预测方法。这些先进的研究模型大多应用于包装消费品，企业累积了很多的新产品经验，用以开发模型的参数，并且修正他们从消费者那里获得的原始数据。

A-T-A-R 模型是模拟试销方法（见第 18 章）的基础，该方法是新产品流程中的虚拟销售市场测试方法之一，用于当实体产品可提供给消费者带回家试用时。在此时可以收集消费者试用后的数据，作为 A-T-A-R 模型的输入。在新产品流程早期阶段，即产品设计和原型制作之前，可根据其他来源的数据、甚至假设的数据来运用 A-T-A-R 模型。随着产品向后续阶段迈进，可以获得更多的信息，应尽早对使用率或者重复购买率进行估算和调整，以满足销售预测或利润预测的需要。

我们常用 A-T-A-R 模型来预测市场占有率。采用上述购买意愿法来估算产品的首次试用率。对于经常购买的包装消费品而言，做好重复购买率和试用率的估算十分重要，长期市场占有率（M）可以用下列算式来表示：

$$MS=T\times R\times AW\times AV$$

式中 T——最终长期试用率（至少试用过一次该产品的人占所有购买者的百分比）；

R——最终长期重复购买率（在试用过该产品的购买者中购买该产品的比率）；

AW——知晓度的百分比；

AV——可购买到的百分比。

只要能取得类似产品的重购数据，重复购买率 R 就可通过类推的方式得到，也可以通过转换模型计算出来。我们可将 Rs 定义为，当市场上买得到这个新产品时那些愿意转向购买该新产品的顾客的比例；将 Rr 定义为重复购买该产品的顾客的比例。转换模型估计长期的重复购买率 $R=R$s/（1+Rs−Rr）。如果 Rs 与 Rr 分别为 0.7 和 0.6，则重复购买率应为 0.7/（1+0.7−0.6）= 0.636。如果知晓度和可购买到比率分别为 90%与 67%，最终长期试用率为 16%，则长期市场占有率为：

$$MS=0.16\times 0.636\times 0.9\times 0\ 0.67=6.14\%$$

此外，如果该产品类别的购买总数是已知的，那么市场占有率可转换成长期销售量。例如，如果购买总数是 100 万单位，那么长期销售量即 1 000 000×6.14%=61 400 单位。市场占有率的计算过程显示于图 11.1 的直方图中。Y 轴代表总市场（100%）。此图显示，市场上有 90%的顾客知晓这个产品，67%的知晓顾客（67%×90%=60.3%） 同时也能买得到这项新产品，16%“知晓”且能买得到这项产品的顾客至少试用一次，其中，这些至少试用过一次的顾客有 63.6% 成为重购者。

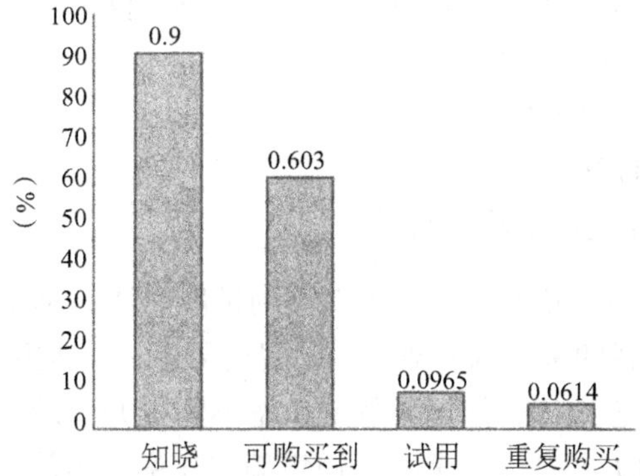

图 11.1 A-T-A-R 模型——以直方图来表示结果

如上所述，使用这些方法得出的预测数字，其精确度取决于选用什么测量指标。在建立预测模型时，必须考虑数据的可获得性和准确度。在上述例子中，我们假设可购买到的百分比为 67%，但这可能不太准确，实际上可购买到比率可能低至 40%，也可能高达 80%。在这种情况下，合理的做法是采用 what-if 分析。把这些数值带进市场占有率公式，我们看到，市场占有率预测值为 3.66% ~ 7.33%，分别是最糟情况和最佳情况。

在新产品开发稍后一点的阶段，有了产品原型并准备好进行顾客测试时，我们再回到这个 A- T-A-R 模型。

11.6 预测产品扩散的方法

创新扩散是指随着时间推移，创新在一个市场内的不同类别采用者之间扩散的过程。采用者类型包括创新者、早期采用者、早期大多数、晚期大多数、迟钝者，我们将在 16 章对其进行具体介绍。理论上，早期采用者经由口耳相传和其他方面对后期阶段采用者的购买行为带来影响。产品扩散率比较难以估计，特别是在新产品流程的早期，因为我们不知道早期采用者的影响力有多大。从卫星广播的例子，我们发现，准确估算创新者和早期采用者（愿意率先尝试新产品的用户）的人数非常重要。

为了管理好创新性产品的成长潜力，可以参照类似产品。如果我们要评估一款新型汽车轮胎（比如这款新型轮胎可以在被扎后仍能跑 100 公里）的市场潜力，可以使用一般的子午线轮胎来类推。因为这些轮胎卖给相同的人群（汽车制造商和维修服务中心），而且基本上提供相同的利益。因此，经过粗略估计，新型轮胎的长期市场潜力，与子午线轮胎所取得的销售水平可能基本相似。新产品管理层的判断显示，实际的市场潜力会比最初估计的还要稍微高或低一点。

定量的创新扩散模型，还能根据历史产品销售水平来预测未来产品类别的销售额。Bass 模型（Bass model）是普遍运用于耐用商品的扩散模型，用来估计未来某个时间该产品类别的销售额：

$$S(t)=pm+[q-p]Y(t)-(q/m)[Y(t)]^2$$

式中　p——最初的试用率（创新率）；

q——扩散率参数（模仿率）；

m——潜在购买者的总数；

$Y(t)$——在时点 t 之前的购买总数。

这个 Bass 扩散模型是以新产品在某个人群的扩散曲线为基础的。最初的扩散率（购买总数的增长）则以创新者的采用为基础。在早期购买后，口耳相传有助于新产品的促销，并推动愈来愈多的市场顾客采用，使销售额增长率不断提升。最后，当市场上剩余的尚未尝试购买此产品的潜在购买者已经不多时，销售额增长率开始放缓。

管理层的判断或市场潜力评估的标准流程，可以用来估计潜在购买者的数目 m。假设该产品类别在市场上已有一段时间，并且已累积了几期的销售数据，就可以运用这些过去的销售状况来估计 p 与 q 的大小。为了设定近期创新产品的数值，可参照已知的类似（模拟）产品的数值，或者依据对这类模型的判断或者之前的经验来决定。研究显示，P 通常在 0.04 范围内，q 基本上接近于 0.3，这些数值会依实际情况不同而变动。

这个增长模型有一个值得探讨的特征是，一旦估计出 P 与 q，就能预测出达到销售最高峰所需的时间（t^*）及销售高峰当时的销售水平（S^*）。公式是：

$$t^*=(1/(p+g))\,\mathrm{In}(q/p)$$

$$s^*=(\mathrm{m})(p+q)\,2/4q$$

例如，你正在评估某新产品类别的可行性：一种将卡布奇诺咖啡机与小型烤箱组合起来的新机型。你认为这个产品在一个拥有 2 500 万户家庭的区域拥有长期潜力（m）。你过去曾经销售过类似的小家电，该地区的创新率与模仿率分别约为 2%和 12%。图 11.2 显示，将上述各参数估计值代入 Bass 模型，可得到该新产品类别的销售预测结果。这个初步的预测结果显示，销售高峰出现在第四年，那一年的产品总销售量会超过 400 万个单位。如果这个销售预测能结合售价、成本及市场份额的预测，就能够评估出该产品的潜力预测对公司利润的贡献是多少。本章最后的 Bay City Electronics 案例显示了一组新产品（运用 Bass 或其他类似模型）的销售预测，指导你按步骤运用这些方法，直到最后可以进行净现值分析。

虽然 Bass 模型非常简单，但用于预测耐用消费品包括衣物烘干机、电视机、咖啡制造机、电熨斗等的销售最高峰的时间和数量时相当准确。后来，研究者用这个模型来预测许多高科技产品的扩散，如卫星电视或音乐光碟。有趣的是，这个模型也可被用来预测社交网络 Facebook 的增长。Facebook 的扩散与耐用品之间有着惊人的相似性：某人是不是 Facebook 会员；此外，有些人是创新者并立即成为 Facebook 会员。这些创新者鼓励他人加入的影响力越大，则该社群的成长也就越快。其他 Bass 模型的延伸模型也表明，可将其应用于非耐用商品上，这些商品需要考虑重新购买因素。其他的延伸模型包括了更多的变量及更好的估算技术，使我们对销售额的预测更加准确。

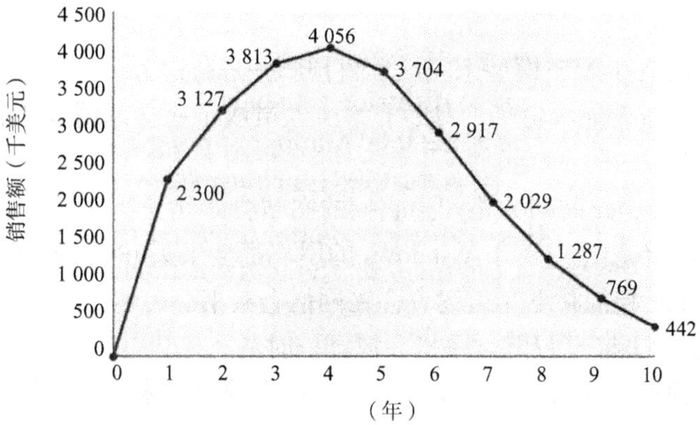

图 11.2　产品扩散的 Bass 模型预测

11.7　对预测模型的观察

模型建构者们正在快速地累积经验，以使预测更为准确。这些预测模型早已被包装消费品的创新者所采用，比试销和渐进上市成本低，还能够提供诊断性分析结果并进行敏感度测试。

遗憾的是，这些模型要得到成功运用，需要大量的数据，而且需要建立在一些假设条件基础上。这些模型如此复杂以至于管理者不得不对其格外谨慎。因为这些模型是在 1950—1960 年开发出来的，其中包括的一些假设已不适用于当今社会，如对获得大众媒体广告及分销渠道的依赖。但这些模型现在已经是成熟、规模庞大且能获利的产业了。

有趣的是，最为成功的公司常使用最简易的、需要最少数据的方法。在 BASES II，Burke（尼尔森公司的一个部门）结合了概念测试和产品使用测试，通过其过去研究中的大量档案来校正试用率与重复购买率，并运用经验法则，将那些比例数字转变成市场占有率。

但包装消费品以外的产品创新者，如果想要使用预测模型的话，仍然大部分使用第 8 章的简易版 A-T-A-R 模型。关于销售预测模型的改进研究在持续进行中。

11.8　销售预测存在的问题

销售预测看似没有什么问题。我们现在已经有了相当丰富的预测方法（见表 11.1）。在第 8 章讨论的 A-T-A-R 模型，主要是用来预测销售额的，这也是一些新产品营销专家常用的高级运算的基础。每个公司都有这样的专业人员，他们以损益表为基础来估算净现值或内部收益率（使用折现的现金流量方式），本章末的 Bay City 案例就有相关的说明。真正的问题在于，考虑新产品项目时，我们必须取得所需的信息才能做财务分析，同时也不能忽略战略问题。

我们可以运用 A-T-A-R 模型来完成销售预测并进行财务分析。然而，A-T-A-R 模型需要预估有多少人员或企业知道新产品、有多少人员或企业会试用该产品等。这些数字都相当难以估计。例如，

- Google 和 Twitter 起初并不知道它们的网站会如此受欢迎。
- 苹果起初并不知道忠实于 Windows 的用户都会来买 iPod 或 iPhone。
- Amazon.com 起初并不知道读者会在网络上买书。
- 三星不知道 Galaxy 智能型手机会风靡一时。

另外，财务模型需要有产品成本、价格、资金现值、未来收入的可能纳税额，以及未来对该产品的投资额等信息。

即使在产品生命周期结束后，这些信息也不一定能够确定。我们可能会知道销售额，但可能已经有了更好的营销战略。而成本往往只能是估计值。我们无法得知新产品冲击另一个产品销售额的程度究竟有多大。如果我们不再推出此新产品，竞争对手或许推出同类产品。事实上，我们都依赖于估计值。管理层的工作就是使估值尽可能符合实际状况，妥善控制相关不确定性，避免风险过高。

例如，新型 Troy- Bilt 除草机等小幅度改进型产品，销售预测做得相当不错，而且这绝对不是随便猜测的结果。类似的产品线延伸型产品，销售预测也做得相当不错，但仍忽略了某些环节。实际上，以前从未在全新问世产品上使用过预测技术，这才是一个纯粹凭运气猜测的过程。一些商学院常用 Polaroid 公司的定价案例，Edwin Land 试着确定顾客是否愿意付 15 美元或 25 美元甚至 50 美元来买第一台拍立得相机。结果，有相当多的顾客愿意掏出大笔钞票购买高价拍立得，这使得 Land 成为富有的“财务和技术天才”。

问题小结

是什么原因使预测变得如此困难？首先，目标用户常常对新产品不太了解、不知道新产品的用途、新产品的成本及新产品的缺点，甚至不知道自己是否真的需要该新产品。即使他们知道这些，他们也会向我们隐瞒一些信息或者提供一些不真实的信息。更加复杂的是，我们对潜在用户的市场调查工作做得并不完善，比如，不恰当运用焦点小组法的案例并不少见。

与此同时，竞争对手并不会静静等待，会想尽办法破坏我们的数据，就像我们也想破坏他们的数据一样。此外，零售商、政府部门及市场专家也在不断改变中。

我们可能缺少营销支持方面的信息，如公司有哪些可用的服务等。没有哪位销售经理会提前一年对销售时间和支持做出承诺。公司内部的态度可能有所偏颇，而且一直充满了算计权谋。许多新产品经理未能及时准备好展示新产品，因此他们试图延后官方预测。

在新产品上市过程中，新产品管理者有时会因为太过于兴奋而快速推出新产品，但忽

略了停下来进行新产品现场测试，从而让自己陷入了困境。有鉴于此，Steelcase 公司管理层的做法是，要求对新办公家具系统在最终用户的办公室进行全面测试。

最后，用于在现有产品的最常用也很有效的预测方法是外推法（extrapolations）。这种方法对现有产品很有效，而新产品没有历史，即使预测方法无需历史数据（运用领先指标和因果模型）也会使用历史的关联关系。

11.9 管理者解决这些问题的措施

如果我们非常需要财务分析，但好的分析却很难完成，此时管理者该怎么办？

11.9.1 对当前采用的新产品流程进行改进

前面提到的那些来自商业杂志的失败案例，让身在其中的管理者十分尴尬。大多数管理者都忽视了一个重要环节，在紧急情况下，或为了刻意要实现公司某个人的想法，会做出一个糟糕的假设。例如，新可乐已开始进行深度口味测试，但并没有进行市场测试，也就是说，没有任何顾客被问到他们是否会购买这个新名字的产品，而且在测试中也没有任何顾客被告知，新可乐一上市经典可乐会立即停售。从而完全没有考虑到消费者失去经典可口可乐时的情绪冲击。克莱斯勒公司于 20 世纪 80 年代早期在市场上首次发布一款迷你房车，该公司比较有头脑，它们了解到消费者对迷你房车的印象是消极的——消费者只有实际驾驶过一段时间后才会了解迷你房车的价值所在。因此，克莱斯勒公司需要确保顾客驾驶一下这款车，从而实际感受到，车虽然小了点但操控起来跟一般的轿车一样（毕竟它一直都是在汽车平台上制造的）。顶尖的新产品专家知道什么才是好的新产品流程，但还有许多人并不知道，他们缺乏信息，也意识不到。任何标准的形式都不能弥补关键数据的缺失。

11.9.2 将生命周期理念用于财务分析

公司有时会因为过度专注某个特定节点（一个阶段性系统的某个阶段）上的财务分析而出错。这一特定节点经常是全面筛选阶段；另一个节点则经常是后来的必须做出某个重要财务承诺的时候，比如建造一座工厂或批准一个昂贵的营销上市计划。管理者在一个尚没有回报的时点进行讨论。这确实是一个阶段、一道门槛，而新产品经理可能要花费数周来准备这个会议。

但是我们夸大了上述两个节点。技术性工作可以展开，而不是等到公司做出大量技术性支出的承诺。建造一座工厂通常也可以避免，方法是将早期生产外包出去，或是建立大型前导系统以进行限制性渐进上市的试营销。

对管理者而言，最好把项目当成一个生命体——底线是在项目生命周期中逐渐建立起来的，即使在产品上市后底线也不可能完全精确（见图 11.3）。管理层接受产品创新章程，是因为他确信技术和市场机会相互匹配，而且符合公司战略。产品创新章程描述的环境，是一个我们从未确信过最终分数但我们必须赢的环境。概念测试的结果也不能确保财务没问题，但可以说我们更进了一步——有购买意愿的用户对这个概念有需求并想试用。早期产品原型的现场实地使用测试也不能确保成功，但可以说，有购买意愿的用户喜欢他们看到的实物。广告代理商或销售经理也不能确保成功，但能评估该项新产品是否能吸引潜在最终用户的关注并试用。产品如果能够买得到，就能销售出去。如果制造环节有能力造出消费者所想要的产品，那么该产品就将获利。在任何一个节点，我们能做的最好的事情就是自问，新产品迄今的进展是否与成功的生命周期一致。

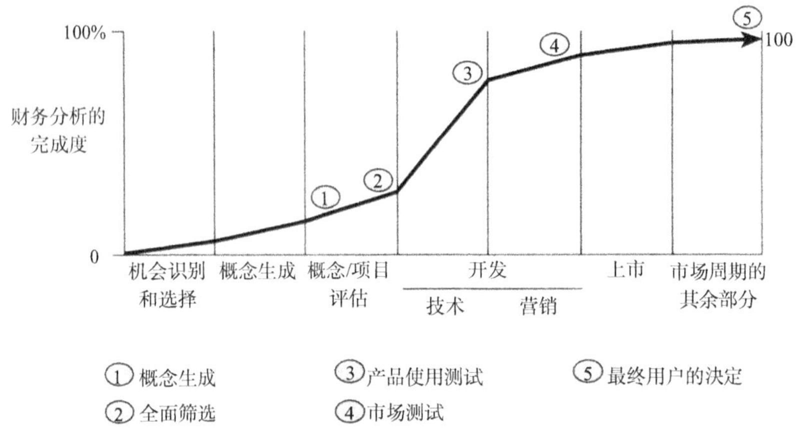

图 11.3　财务分析作为一个生命体：评估的生命周期

财务分析也是这个道理，我们今天处于哪个节点，我们今天对利润目标的所知也就处于这个节点，有必要改变我们过去做的预测吗？有些财务分析一开始就建立完整的财务报表，然后与项目进度相比较。起初有许多表格是空白的，但随后在我们了解情况后就能将数据填入。报表底部的利润额并不是当前的预测，只能算是当前的目标。只要进展与这些目标是相符的，就能继续进行下去。尽管新可乐的口味测试成功了，但这不是消费者最终试用产品的可靠标志。如果我们让消费者试用该产品，口味测试可以告诉我们消费者重复购买该产品的可能性有多大。

财务分析的生命周期理念，使我们避免单凭一次销售预测或成本预测就做出决策。

11.9.3　减少对粗糙预测的依赖

做销售预测和利润预测都是相当困难的，那么有不做预测的方法吗？有，但必须相当谨慎，也有很多公司使用这些方法。

1. 预测你所知道的

这实际上是对预测的一种态度。如果没有合理的预测路径，为什么非得尝试去预测市场？在财务报表中的空格内填入某个范围的估计值，看看有没有失败点。如果认为这个方法也是无效的，就继续向前走。

2．关注情境而不是数字

这是我们之前提到过的另一种选择。分析找出什么是成功的因素，然后看该情境是否符合这些因素。如果符合，则继续进行，要意识到虽然我们不清楚结果，但应该会成功。有一个极端的例子是某营销副总裁被要求预测新产品，假定他能取得可口可乐的商标使用许可用于新产品线上，销售预测会如何。他的回答是：现在我不知道，但取得该商标使用权只解决了赚多少的问题，而无法解决是否赚钱的问题。

对某一个情境打赌，就像赛马一样；有些赌注赌的是骑手而不是马，虽然对骑手的了解相当有限。有很多公司赌的是顶尖科学家、销售团队、商标或声誉。

另一个情境的变量是领导力。一些公司鼓励采用推动者制度，期望推动者能让新产品通过严格的财务评估。这对评估团队及其负责人来说，是一个不可思议但相当有效的方法。这些公司不追求卓越新产品；而是追求能“管理”卓越新产品的概念。你可能听说过，某个电影制片组有一群杰出的、富有创造力的人，能把普通剧本变成精彩的电影。而竞争对手却把钱投资在顶尖剧本上。两者都在避免依赖复杂的预测和财务分析。

喜欢钓鱼的人会一直花钱寻找有大鳟鱼的溪流。一位管理者说：如果某条溪流中有很多鳟鱼，垂钓者的技术不错而且配备精良，就不用会计告诉我们会钓到几条鱼，因为结果肯定是好的。但战略并不像这里说得这么随性。公司必须知道任何情境下的成功因素。那两位制片其中一位可能是错误的。值得注意的是，这位管理者如何才能既拥有鳟鱼溪流和技术好的垂钓者，又拥有精良的配备。

回顾一下第 8 章的 Campbell 公司的案例，我们发现，两个成功诀窍是汤的味道和制造成本。依靠该公司原有的声誉与技术能克服所有的限制。因此并不需要精确的预测，只需要确定汤的味道和成本。

3．承诺采取低成本开发和营销战略

有的公司会开发众多与市场现有产品差异不大的暂时性新产品，并让这些新产品低调上市。同时关注哪些最终用户会再次购买，然后放弃其中顾客不喜爱的产品。日本与韩国的电器制造商经常使用这类方法（如索尼与三星一年内会发布数百个新产品）；甚至有些企业会在日本各大城市推出大量食品，因为如果能让消费者知道这些产品，就可以成功压低营销成本。

4．预测正确就前进，同步做好风险管理准备

这个办法，对于“受够了财务分析荼毒”的管理者来说特别有用。有许多方法可以让风险回归到产品创新上，同时可以管理得很好。方法之一是隔绝或消弭内部批评，这是设立项目型矩阵组织和分拆出新事业部的最重要原因。

方法之二是把财务分析延缓至开发流程的晚期进行。如果在概念筛选阶段要求精确的财务分析，可能会扼杀好的新产品概念。另一个策略是运用逐步上市的市场测试方法（见第 18 章）。如果财务分析看起来不理想，但该创意似乎不错，则可以小规模尝试，看看是

否有解决方案。这可能跟某些管理理论（如团队授权）有些不一样，但有时可能是很有必要的做法。

我们知道，企业只有承担风险才能有获利空间，因此在今天，风险管理本身就是一个相当重要的议题。图 11.4 显示新产品经理在评估中所面临的风险状况，他们知道产品风险超过公司的平均风险，但到底风险多大呢？理论上，图 11.4 说明了项目预期风险越大，**期望收益率**就应该越高，不过实际上，很难把真实数据填进报表中。

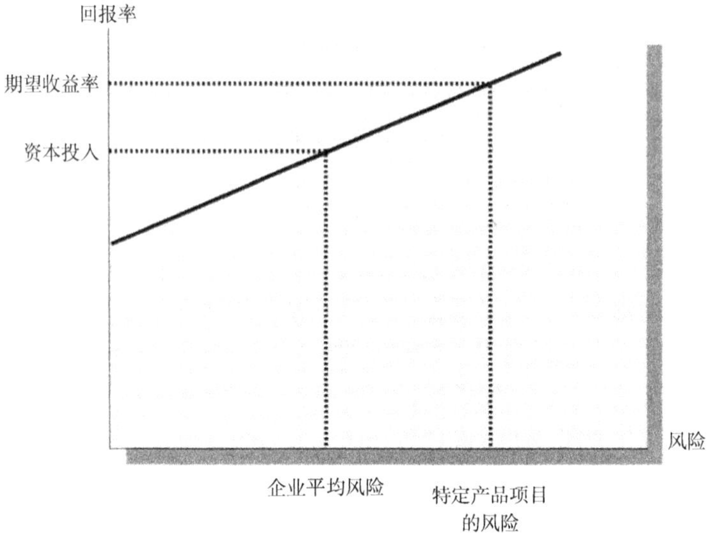

注：期望基准收益率=资本投入+新产品的最低风险

图 11.4　计算新产品期望收益率

产品经理可以采用期权定价（options-pricing）理论对产品概念做出早期决策。当新产品尚在概念阶段时，或许可用实物期权分析法（real-options analysis）来估算新产品的净现值。实物期权分析法可说明某项新产品在初期仍有许多未知数，等到未来公司取得更多信息、降低不确定性时，可能在某个时机必须放弃这个项目。研究一下例 11.2 的细节：某个正在考虑的产品概念需要 7 万美元的起始成本。需求是未知的，因此我们假设未来 4 年中，根据需求高低每年可能产生的现金流是 4 万美元或 1 万美元，有 50%的概率。如果需求低，公司在第一年年底就可能选择放弃此项目，然后将设备以 38 000 美元出售。假设折现率为 12%。

例 11.2　产品概念的实物期权分析

数据：

第零年的起始成本：7 万美元。

第一年到第四年的现金流预估，在高需求情况下为 4 万美元，在低需求情况下为 1

万美元。高需求或低需求的可能性都是 50%。

可能在第一年后放弃此产品概念，设备以 8 000 美元出售。

折现率：12%。

步骤：

首先评估第一年各种需求情况下的现金流。

单位：美元

需求	第一年	第二年	第三年	第四年	合计
高	40 000	40 000/（1.12）=35 714	40 000/（1.12）^{2} =31 888	40 000/（1.12）^{3} =28 471	136 073
低	10 000	10 000/（1.12）=8 929	10 000/（1.12）^{2} -7 972	10 000/（1.12）^{3} =7 118	34 018

接着，评估第一年的现金流，假设公司已选择放弃此项目而且设备也已售出：

需求	第一年	选择放弃并已售出设备	合计
低	10 000	38 000	48 000

由于 48 000 > 34 018，管理层选择在第一年之后放弃此项目。

接下来，回到现在（第零年）并评估每一种需求情况下的净现值，假设已知是需求，管理层已决定放弃此项目。

单位：美元

需求	第零年	第一年	第二年	第三年	第四年	合计
高	−70 000	40 000/（1.12）-35 714	40 000/（1.12）^{2} =31 888	40 000/（1.12）^{3} =28 471	40 000/（1.12）^{4} = 25 421	51 494
低	−70 000	48 000/（1.12）-42 857				−27 143

因为每种情况的发生可能性相等，这项投资期望值为：（0.5）（51 494）+（0.5）（−27.143）= 12 176（美元），因为期望值大于 0，该公司应进行这项投资。

如例 11.2 所示，一开始就计算第一年年底净现值的做法，便是在考虑期权。此图显示，第一年年底在需求高的情况下，净现值超过 136 000 美元，但如果需求低，则净现值只有约 34 000 美元。假设该公司考虑期权并放弃此项目，净现值会提高到 48 000 美元，因此如果需求低，该公司确实会在一年后选择放弃此项目。

有了这些信息，现在我们可以回头计算一下该家公司对此产品概念的期望值。例 11.2 的最后一部分显示需求高的可能性有 50%，因此该产品将能产生一个超过 51 000 美元的净现值。然而需求低的概率也有 50%，在此情况会放弃项目，而目前的净现值也会损失大约 27 000 美元。因此产品的净现值的期望值会比 12 000 美元多一些。因为所得结果是正的，这家公司应该进行投资。万一最后放弃这个项目，公司收回部分投资就能避免财务亏损。

5. 视情况采用不同的新产品财务分析方法

大多数的产品创新都是一垒打（就产品数量而言），而不是全垒打——产品改进和相近产品线延伸。这种创新是由持续性运营来管理的，没有授权团队、没有突破性技术。这类产品的需求通常来自特定顾客或关键渠道，开发决策也不是基于产品获利能力。开发风险相对较小；有时候，这类产品的开发是建立在与顾客的伙伴关系上，顾客会大量采购而让公司有利可图。

而全垒打的创新又是另一回事。这是一场存在着高风险、高报酬的豪赌。我们需要付出相当多的心血，前面所讨论的预测方法都未必能轻易管理产品创新。因此，最好的方法就是同时拥有两套财务分析系统，一套适用于一垒打的创新，另一套适用于全垒打的创新。有些公司并无标准的系统，每个项目都有一套财务分析，这就是该项目真正存在风险和不确定因素等信息的地方。

6．改进现有的财务预测方法

例如，营销人员有时会利用数学销售预测模型（如 A-T-A-R 或其他类似模型）。尽管其中有许多模型当初是专门为包装消费品开发的。但经过持续改进，这些模型也适用于耐用品。一些公司也用其分析过去的努力。当公司系统研究了最近 50 项（或 25 项）新产品的销售记录后，明显有助于公司决定采取何种财务分析方法，以及何种方法比较能够准确预测实际销售结果。这就是我们现在所说的成功/失败分析，并且可以产生最佳实践。这在新产品工作的其他阶段也十分常见，回顾一下第 10 章 Cooper 先生的 NewProd 筛选模型。会计核算方法已有一些改进。最近，有一些新产品经理共同呼吁，所有的财务分析应该是建议性的而不是设立门槛性的或强制性的，能对公司或其他人提出潜在问题的警告。当然，基准收益率能依情境的不同而做适当调整（见表 11.3）。

表 11.3　基准收益率与其他衡量指标

单位：美元

产品	战略性角色或目的	基准收益率		
		销售额	投资回报率	市场份额增加幅度
A	对抗竞争对手的进入	3 000 000	10%	0 点
B	在新市场建立立足点	2 000 000	17%	15 点
C	维持现有市场的投资	1 000 000	12%	1 点

说明：此图显示，基准收益率应该考虑到产品的目的或负有的任务。例如，对抗竞争者的进入将比在新市场建立立足点需要更多的销售额。而且，对于只是要维持我们现有市场定位的投资而言，则只要该产品的市场份额增加幅度比较低的情况下就会接受这个产品。

11.10 回到产品创新章程

目前为止，我们把本章的重点放在新产品项目的财务分析上。在离开这个主题之前，应该注意，许多成功开发新产品的公司都清楚，只进行财务分析是不够的，必须重新考虑产品创新章程及其包含的战略准则：新产品项目的技术会创造新的市场机会或改善现有的机会吗？当要决定投入哪个新产品项目时，企业应将财务分析和产品创新章程结合起来考虑，还应仔细考虑项目与公司创新战略是否匹配。

如前述，许多企业提到有太多新产品项目获得批准，但人力资源和财务资源相当分散而无法集中。造成该现象的原因有许多，比如，财务门槛太低（如最低净现值）导致过多的项目过关；未把资源限制纳入净现值的计算中从而无法做出权衡；模糊前端的低质量工作降低了提供给管理者的信息质量，从而无法做出通过/淘汰决策。进一步，执行了错误的项目组合：管理层批准了许多小型和快速产生效果的项目，却拒绝了一个重要的新产品平台或技术机会开发项目。问题可能是公司仅仅依靠财务预测来选择项目。这些预测可能不可靠（尤其是在产品开发早期），而且明显没有提供此项目是否匹配产品创新章程的信息。同时使用战略准则与财务准则选择开发项目的企业，会比大多数仅依靠财务预测选择项目的企业表现得更好。

我们在第 3 章讨论过组合管理的战略组合模型，是典型的自上而下的战略方法，即公司或战略事业部先制定战略，然后再分配资金给不同类型的项目。这种方法用于项目选择上时十分清晰。如果该公司已经有了许多很快就产生绩效的项目，战略组合就会考虑把新资金分配在长期的主要技术开发项目上。

管理层还可以通过自下而上的方法进行战略制定，即在项目选择工具上建立战略评判标准。事实上，高绩效公司在选择项目时，通常都是自上而下和自下而上两种方法的结合，并考虑到战略及财务方面的评判标准。然而，绩效最差的公司往往只会考虑到财务评判标准。

Robert Cooper 先生与其同事运用 Hoechst-U.S.的评分模型来平衡战略和财务上的考虑（见表 11.4）。图中的 5 种因素中，前两个因素明显是全面筛选可行性因子（技术和商业成功的可能性），与例 10.1 模型中的相似，第三个因素是财务评判标准（收入），最后两个因素是公司产品创新章程（业务与战略匹配性和战略杠杆）。同样，辉瑞公司的子公司 Specialty Minerals 也运用一个 7 分量表的评分模型，表现出类似的财务与战略考虑的组合：

- 管理层的兴趣
- 顾客的兴趣
- 竞争优势的持续性
- 技术可行性
- 商业论证优势
- 与核心竞争力的匹配性
- 获利能力与影响

表 11.4 Hoechst-U.S.的评分模型

关键因素		评分量表（从 1 到 10）	
	1…4	…	7…10
技术成功的可能性	< 20%的可能性		>90%的可能性
业务成功的可能性	< 25%的可能性		> 90%的可能性

续表

关键因素		评分量表（从 1 到 10）	
	1…4	…	7…10
收入	小		回本<3 年
商业与战略匹配性	研发与经营战略无关		研发强烈支持经营战略
战略杠杆	独一无二/尽头		许多专属机会：

另一个案例是一个真实制造企业的筛选评判标准，如下：

- 净现值
- 内部收益率
- 项目的战略重要性（项目与战略的一致性）
- 技术成功的可能性

第三个标准无疑是对产品创新章程匹配性的度量（名称稍微不同），其他则是与技术可行性或财务预期目标相关的准则。关于这个议题的研究在持续进行，在评估新产品项目时，战略和财务准则都相当重要。

最后，表 11.5 介绍的是 Kuczmarski and Associates 工作的 Erika Seamon 的建议。企业在决定哪个产品概念可进入原型开发阶段时，应同时考虑战略评判标准和财务评判标准。它们的概念评估工具包括许多评估战略匹配性及市场吸引力同时也考虑到财务绩效的方法。

表 11.5　概念评估工具

维　　度	问题范例
战略匹配性	与企业愿景匹配吗？ 与销售团队匹配吗
顾客匹配性	概念能更好满足顾客的需求吗？ 概念能让顾客感知到良好价值吗？
消费者匹配性	概念能满足未达到的或潜在的消费者需求吗？ 顾客忠诚度将会提升吗？
市场吸引力	与竞争产品相比这个概念独特吗？ 公司能成为市场上数一数二的领导者吗？
技术可行性	概念可行吗？ 概念能受到保护吗？
财务回报	项目能很快达到盈亏平衡吗？ 能在预期时间内获得预期收益吗？

本章小结

本章讨论了如何对新产品的财务绩效进行判断，也深入讨论了销售预测的相关议题，这是新产品团队需要常常依赖营销部门的代表提供专业知识的领域。此外，也运用折现现金流量来计算净现值，以完成财务分析和销售预测。大部分公司每天都在运用这些分析和预测方法。然而，新产品经理常常不能取得这些复杂方法所需要的数据。因此，可能需要运用降低风险的措施才有可能成功。

财务分析方法在本章文末 Bay City 案例中会有说明。这个案例提供了新电子产品的数据，你还有机会观察财务分析中的非数据性问题。

接下来，我们将迈进阶段 4（开发）。

应用实践

（1）“你还是一个学生，但当你谈起新产品经理面对的财务报表合并中的一系列问题时，你就像我们的一名员工。新产品经理抱怨财务数据不可靠，是估计值、猜测值。其实他们真正想得到的，不是财务评价，而是让他们放手去干，并且他们最终将给予利益回报，很大的利益。显而易见，那是不正确的。我们的财务评估的确有一些弱点，但是如果没有它，我们又如何保证对重要的企业资源的使用进行合理的管理控制呢？”

（2）“我确切知道的一件事是，我不需要任何的销售经理或技术研究人员进行新产品测试。当我们从这些人那里得到预测时，我感到从未有过的郁闷。销售经理要么是如此地热爱新产品，以至于他们认为新产品对所有人来说都是畅销的；要么认为新产品是无用之物，不用预测也知道结果会很糟糕。他们绝对没有客观性。再说说技术人员，他们是如此倾心于自己的发明，以至于几乎丧失了所有的客观性。我所喜欢的是由独立人员来进行预测，也就是那些相互独立部门的项目经理或新产品经理。你有什么好的方法来把销售经理和技术人员排除在预测之外吗？你赞成他们被排除在外吗？”

（3）“实际上，我同意你刚才所说的其中一件事，它与人们喜欢在最低限度基础上进行财务分析有关。我觉得，在新产品开发中有许多未知的事情。作为公司总裁，我也意识到我所看到的大部分财务计划都是虚无缥缈的。如果新产品团队能够使我信服，它至少要能卖出去 *X* 件，如果成本是 *Y* 或更低，我就倾向于继续开发。但在我内心深处，我并不喜欢。那些最低限度更加容易受操作的影响，更像结构化的 NPV 计划一样。你同意吗？”

案例　Bay City 电子公司

Bay City 电子公司的新产品财务分析一般都不是很正式。Bill Roberts 在 1970 年创立了这家公司。由于他曾经在一家专业的家庭安全系统公司的工作将近 7 年，所以对家用电子产品相当熟悉，但是财务分析却一窍不通。他只知道去银行贷款时要准备什么资料。Bay City 电子公司大约有 45 名全职员工，在当地的销售额约 1 800 万美元。所有的产品都与居家安全有关，它虽然发过一些广告，但主要是由销售经理来销售，销售经理与制造商业务代表一起，轮流拜访批发商、五金和百货连锁商店及其他大型零售商。

Bill 善于发明，主要通过开发新技术来开拓自己的业务。其中一项最新发明是能应用于家中任何一扇门的遥控电子门锁。这个电子门锁可通过特殊的电话铃声启动，例如，如果用户想让自家后门在晚上 9 点关起来，只要在晚上 9 点打电话回家，让电话响 10 次后，门就会自动关上。用同样的方法也能把门打开。

银行很喜欢这个创意，但是要求 Bill 把财务分析做得更好一点，承办贷款的银行人员要求他填写如图 11.5 和表 11.16 的数据。到目前为止，Bay City 已花费 8.5 万美元，用于电子门锁供应商和人力费用以开发闭门器，已投资 1.5 万美元购买机器（资产）。如果公司决定继续下去，还需要投资购买超过 5 万美元的新设备，继续研发以验证并改进该产品。如果开发进程和 Bill 预期的一样，在第三年则需要再投资 4.5 万美元以扩大产能。

在填写表 11.6 的财务报表时，Bill 请一位大学主修财务分析的家庭成员帮忙，依照填写说明完成，同时提醒他在计算时会有许多主观判断，并不需要跟银行讨论细节。

财务分析者：BayCity 电子公司 分析日期：________ 上一次分析日期：________	
1. 相关经济状态： 良好	
2. 市场（类别）： 稳定：5%增长率	3. 产品寿命：5 年
4. 标价：90 美元 分销商折扣价：36 美元 工厂净价：54 美元	其他折扣： 促销：1 美元 批发：1 美元 每件平均售价：52 美元
5. 生产成本： 用于特殊流程的成本支出的解释： 没有。经验影响。	间接制造成本的费率： 直接成本的 20%
6. 未来支出，其他资本投入，或是超额支出： 建造生产设备：50 000 美元 持续的研发：未来四年内分别投入 15 000 美元、10 000 美元、15 000 美元、10 000 美元，其中在第二年有 5 000 美元用于特别产品测试。 在第三年扩大产能：45 000 美元	
7. 运营资本：销售额的 35% 10%用于库存：在阶段 5 补偿 80% 15%用于销售：在阶段 5 全部返还 10%现金：全部返还	
8. 设定的管理费用： 公司：销售额的 10% 部门：销售额的–%	
9. 影响销售额的净损失，占新产品销售额百分比：10%	
10. 未来在被否决项目上花费的成本/收入，如果在上市以前被否决： 销售电子设备的收入净值 3 000 美元	
11. 新投资或支出的税收抵扣： 1%税收来自国家和州，用于环境保护。	
12. 折旧资产的折旧率：厂房、机器等：25% 延伸设备：33%	
13. 州和国家的所得税率：34% 注释：	
14. 资产成本率：16% +/–最小值、罚款：高风险项目的 8% 产品生命周期内预估资产价值的任何改变：没有	

图 11.5　财务分析的关键数据表格 A

15. NPV 的基本总体风险曲线图：　　　　　　　　　　是否标准：合格

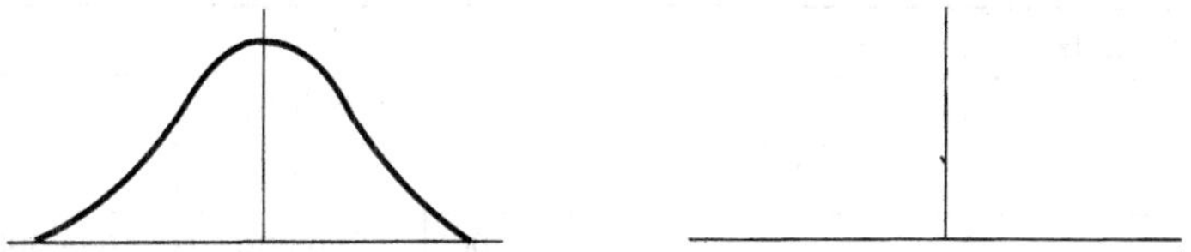

16. 敏感测试的关键因素：如销售额、削价等，如下

17. 沉没成本；
过期花费：
过期资产投入：15.000 美元

18. 与本提案相关的新产品战略要素：例如，多元化命令或现金风险等
在多元化市场上加强公司的相关战略，这正是产品要做的

19. 基本销售和成本：

年份	单位销售额	每单位直接生产成本	营销支出
1	4 000	16	100.000
2	10.000	12	80.000
3	18.000	11	50.000
4	24.000	9	60.000
5	5.000	14	10.00

20. 基准收益率
减去生产成本后应有 40%毛利润

21. 任何重要的应急因素
没有

22. 其他特殊预测或指南：
1. 在生产结束后，设备和工具的总额 110.000 美元会有 10.000 美元的返还
2. 工厂有其他的收入来减少在这个产品上的税额
3. 发明的税收抵扣

敏感性测试
1. 我们必须在第三年将定价减到 34 美元
2. 直接生产成本在最后预测是乐观的，即便我们的成本从没低于 16 美元
3. 激烈的市场竞争会导致营销成本支出加大，如果在今年开始阶段 2 我们会花费两倍的成本。
4. 上述三点都同时测试的情况下，如何处理最坏结果？

注：这个关键信息表用于分析 BayCity 电子公司。

图 11.5　财务分析的关键数据表格 A（续）

表 11.6　Bay City 电子公司财务报表　　　　单位：美元

产品建议：电子闭门器	日期：				
	上市年份				
	0	1	2	3	4
销售量	0	4 000	10 000	18 000	24 000
销售单价	0	52	52	52	52
销售收入	0	208 000	520 000	936 000	1 248 000
生产成本：直接成本	0	64 000	120 000	198 000	216 000
间接成本	0	12 800	24 000	396 000	43 200
合计	0	76 800	144 000	237 600	259 200
毛利	0	131 200	376 000	648 400	988 000
直接营销成本	0	100 000	80 000	50 000	60 000

续表

产品建议：电子闭门器	日期：				
	上市年份				
	0	1	2	3	4
利润贡献	0	31 200	296 000	648 400	928 800
管理费用（不含研发支出）					
事业部	0	0	0	0	0
公司	0	20 800	52 000	93 600	124 800
合计：	0	20 800	52 000	93 600	124 800
其他费用：折旧	16 250	16 250	16 250	31 250	15 000
设备维修	0	20 800	52 000	93 600	124 800
研发费用	0	15 000	10 000	15 000	10 000
特别支出	0	0	5 000	0	0
放弃项目	3 000	0	0	0	0
合计	19 250	52 050	83 250	139 850	149 800
管理费用与支出	19 250	72 850	135 250	233 450	274 600
税前收入	（19 250）	（41 650）	160 750	414 950	654 200
纳税：					
所得税	（6 545）	（14 161）	54 655	141 083	222 428
扣抵税额	（65）	（142）	547	1 411	2 224
总纳税	（6 480）	（14 019）	54 108	139 672	220 204
现金流					
税后收入	（12 770）	（27 631）	106 642	275 278	433 996
折旧	16 250	16 250	16 250	31 250	15 000
生产设备	50 000	0	0	45 000	0
营运资金：现金	0	20 800	31 200	41 600	31 200
营运资金：存货	0	20 800	31 200	41 600	31 200
营运资金：应收账款	0	31 200	46 800	62 400	46 800
净现金流量	（46 520）	（84 181）	13 692	115 928	339 796
折现现金流	（46 520）	（67 888）	8 904	60 803	143 725
净现值	267 025				
内部收益率	73.7				
回收期	第三年的 11 月				

测试 1：净现值=88 885

测试 2：净现值=149 453

测试 3：净现值=196 013

全部 3 个：净现值=（99 699）

最坏的情况是不希望发生的，这里，间接效果、沉没成本和残值被省略掉了。

Bill 在银行等待办理业务的时候，花了一些时间思考自己的情况：数字看起来还不错？有哪些不可靠的数字会让银行发现而挑刺？他好奇，他在 Monroe LazyBoy 椅子公司的朋友是否也要准备这些资料呢？还有 3M 公司是否会要求在该公司工作的女儿填写同样的表格吗？坦白地说，他不觉得自己了解贷款的过程，同时也在思考：如果要说服银行贷款给他，是否还有什么好的建议。

Bay City 附录：新产品财务分析

新产品财务分析需要分别进行两项活动：① 收集全面的数据与在此情况下的“前提”；② 使用上述数据进行计算，以得到最后想要的任何数字，并分别显示在图 11.5（关键数据表格）及表 11.6（财务报表）。

关键数据编纂

- 经济情况：大多数公司都会持续预测经济走向，但有时会与团队成员的期望有所不同。如果如此，就应注意这些差异。
- 市场或产品类别：要小心定义新产品“市场”，注意增长率预测。此外，现状总体销售量和销售额也要记录下来。
- 产品寿命：新产品经济分析采用的年数通常由公司政策决定，特定项目例外。
- 定价：从最终用户的标价开始，通过扣掉各式贸易折扣，得到工厂出货价格，然后再扣除任何预期特别折让和折扣。单位产品的平均售价即计算财务报表使用的定价。
- 生产成本：本项目有什么特殊的制造项目吗？实际预期成本直接填入财务报表。注明工厂能负担的百分比。
- 未来特别支出：通常包括工厂设备、许可费用、一次性进入市场的营销成本、供货商预付款、产品改进与产品线延伸的研发费用，当销售量增长时的工厂扩充支出。上述都是投资资金流出。
- 运营资本：包括现金、存货和支持销售所需的应收账款。这些资金要怎么收回？
- 设定的管理费用：有些公司只分摊“直接”管理费用，通常是因新产品引起的，比如扩充销售团队或增加一个新的质量部门。有的公司则认为管理费用是销售量的函数，会随着销售量的增加而增加，这部分应该包括在内。
- 影响销售的净损失：当新产品开始上市销售时，会削减原有产品的销售量，造成销售损失。这个损失必须从收入中扣除。部分专家认为如果我们不做，其他竞争对手也会抢进，因此予以忽略。
- 放弃项目的未来成本/收益：项目持续进行可能累积设备、人员、专利权、存货等。如果现在放弃，处置这些资产会产生收入，这是放弃此项目的真正成本。但如果处置的是放射性化学品则可能非常昂贵。
- 税收抵扣：联邦或州政府提供税收优惠鼓励符合大众利益的投资活动。
- 设定的折旧率：根据管理者所制定的政策来决定。

- 联邦与州政府的所得税率：公司提供的数字，由法令规定。
- 期望收益率：使用现金流的折现率来计算，具有复杂性和政策性。理论上，此数字是加权平均的资金成本，包括负债、优先股及留存收益等三种资金来源。通常这仅是公司的当期借款利率，也可能是当期运营的收益率。新产品经理希望这个数字低一些，而保守的财务人员可能希望越高越好。实际上这个数值通常是一个自由裁量的决策。不论期望收益率是高或低，下一步要做的是将该项目风险与公司其他运营风险进行比较。图 11.4 显示出每项生意的风险和回报率之间的关系。假定已知目前平均资金成本以及这条线的截距和斜率，管理者在 X 轴可以标示出特定新产品的风险，垂直向上平移，移到风险/回报曲线的一个点，可得到期望收益率的数值。除了一些特殊的情况，这个期望收益率水平必须超过目前的资金成本。这项额外费用将填入关键数据表格中的第 14 条。
- 风险曲线：表 11.3 显示的是某特定新产品项目可能利润结果的典型风险曲线（risk curve）。如 B 形态的次数分配图，该项目的获利有可能较低，不过也可能有非常高的获利。模仿竞争在所难免；如果没有模仿利润会更可观。在进行财务分析时，值得留意这个风险形态的信息，很少有公司会进行概率调整的风险分析。
- 敏感性测试：使用原始数据完成一项分析后，对一些敏感性因素，分析者回到开始再使用其他数值重新计算利润。
- 战略要素：评估新产品计划时，要记住，促成开发这项新产品背后的战略是很重要的。在特定战略考虑之下，可能会准许开发低利润的产品。
- 基本销售额和成本预测：这部分提供原始输入数据：销售量、每单位的直接生产成本、营销总支出等。
- 基准收益率：一个公司可能为很多变量设定基准比率。
- 重要的应急因素：一家公司可能设定一项或多项的应急因素来进行每次的分析工作，不是随意指定。
- 其他特别的假设或指南：这是一个典型的混合栏目，需要考虑具体情况。
- 关键数据表格以外的沉没成本：沉没成本不应该纳入这项分析。沉没的资金就是一去不回。在此时，不论项目是继续进行还是放弃，这些投入的资金都无法回收。
- 残值：净现值公式有时要提供产品生命周期结束时，销售废弃设备所获得的资金。这些资金通常很小，建议忽略不计。
- 组合：如果这项新产品是整个项目组合中的重要部分，则应考虑到其角色的价值。新项目可能有高风险，但是为了要平衡公司内大量的低风险项目，仍然值得进行，否则，则相反。

第 12 章

产品协议

12.1 引言

当新产品团队完成了全面筛选和相关的财务分析之后，我们就进入新产品周期中最重要的一个环节——比上市导入重要，甚至比构建生产能力还重要。这一环节，一个对全公司来说的重大事项的起点。

有些管理者还在使用接力赛方式，也就是说，在一个部门做完后，再将产品概念交给下一个部门去做，如此进行下去。但是，领先的产品创新者不会采用这种接力赛模式，而是采用同步系统（concurrent system）模式，即随着项目向前方的逐步推进，所有参与者均同步启动工作，并尽量多地完成他们能完成的工作。当技术性工作开始时，工艺工程师不会坐着等待最终原型摆到他们面前。当工艺工程师布置制造系统时，采购人员不会等到某些零部件确定要被使用时才开始采购。而且，当所有这些技术/运营工作持续进行时，营销人员也不会坐着等待交接之后才去激发他们对广告和顾客技术服务的想法。

在最具创新性的企业，产品团队的所有成员同时启动工作，同时，很多人都会持续关注概念测试和筛选，看看早期信息的正确程度。如果某一概念看起来将是市场上的赢家，即使财务筛选在几个月内还不会进行，但下游的工艺人员就已经开始启动他们最终必须进行的工作。事实上，某些成员提前一年就开始启动，特别是在他们自己的工作有可能会延时的情况下。

比如，工艺工程师在等待产品规格说明，以便他们能开始订购划算的零部件并开发适当的制造系统时，包装人员就要开始思考该产品的包装问题。许多产品要求包装具有耐久性、能创造价值、印象深刻，并有助于摆放在零售货架销售。包装之后，就要对产品命名。因此，除非品牌已经确定，否则采购不能订购新的包装；而且，除非产品内容已经知道并且营销战略已经确定，才能确定品牌。营销战略牵涉价格决策，价格则需要等成本确定下来，而成本的确定又必须等最终制造系统和零部件成本的确定，这又回到了最开始提到的工艺工程师的工作。将所有参与开发的部门工作协调好，对新产品项目的成败有绝对重要的意义，弄不好事情就会变得很糟糕。

12.2 产品协议

我们能做什么呢？我们一起做所有的事情，从能做的做起，要一步一步地做，从能开始的时间开始，在有风险时做最小的承诺，少做高成本的承诺。所有工作都是有风险的，如果没有一个东西能使团队走到一起共同努力并理性地工作，那么这项工作就无法做好。

这个事情，目前并没有标准的形式、没有公认的名称，也没有已经建立好的实操方法。大部分企业在做的，都是这个任务中的一小部分，并需要将这些活动整合起来。本书将该活动称为协议准备（protocol preparation），准备的结果，就是一项产品协议（product protocol），其他的提法还有产品要求、产品定义、交付物等。所有这些名称，指的都是相同的事情开发体系所获得成果的最终集合，也就是产品将带给顾客的利益或性能，以及营销计划将给市场带来怎样的改变。

"协议"的定义是，协商各方之间签署的一个一致意见。在产品协议中，协商各方指的是营销、技术、运营等各职能部门。签署的这个一致意见具有一定的正式性，尽管此时所进行的财务分析仍然需要基于某些假设：产品质量和成本、某些支持设备、某些专利及某些在市场上的成绩。如果这些都无法提供，管理者所付出的努力和资金都会浪费掉。由于现在大部分项目都采用了某种形式的多职能团队，那么整个团队就有责任拟订一项协议。虽然新产品需要取舍，但它们是使用一种非常正面的术语协商出来的。即使多职能团队一起工作得很愉快，技术上的局限也会使快速达成一致变得困难。例 12.1 以幽默的观点呈现了在这个过程中遇到的挑战。

例 12.1　营销与研发部门之间的对话

营销：我们在短时间内急需一种太阳能的车库开启装置。

研发：这个装置的可靠性要达到什么程度？要能在室内操作吗？要使用新的电子技术吗？要与原本已经安装的集电器系统分开吗？

营销：好吧，你们是技术人员，给些建议吧！

研发：原来你不知道要什么。

营销：天啊！我们什么事都要告诉你吗？你们研发是做什么的？我们怎么会知道集电器要装在哪里？

研发：如果我们用电子式的，你们说太贵。如果用电动的，你们又说我们活在 20 世纪 30 年代。不论我们把集电器装在哪里，你们都会说我们是错的。如果我们自行决定，你们又会事后批评。

营销：好吧！把集电器放在车库屋顶。

研发：这个做不到。

丰田公司采用了一种方法，来促进跨职能领域的合作，并加速整合和聚焦团队，这种方法称为“大部屋”（Oobeya Room），详见例 12.2。“大部屋”在概念上与产品协议的思想非常接近：让团队成员只能携手合作，别无选择，以有效地克服例 12.1 中的挑战。

例 12.2　大部屋

丰田用来加速产品开发的一个工具是大部屋（Oobeya Room）。Oobeya 是日语，指的是一个“大房间”，专门为容纳整个新产品团队（通常包括市场、销售、工程、物流、规划、设计和生产部的人员）所设。大部屋的中央放置的是产品原型（模型、实体模型或样图），用来激发团队成员之间的对话，并协助彼此想象该产品、及早识别出潜在问题。这个房间内的周边，放有引导产品项目讨论的板子，包括：

- 目标板（包含丰田版本的产品创新章程：背景、目标、技术规格及项目组织）
- 度量板（显示目前项目的状态，让团队成员判定他们已达到阶段目标或是进度落后）
- 行动板（显示团队所有成员希望达成短期目标的必要行动，并指出哪些行动已完成）
- 分解板（指出最需要关注的子项目）
- 议题板（显示已产生的最重要问题，用以激发团队领导者和成员之间的讨论及分配由谁来承担责任）

大部屋概念有一个很重要的组成部分，就是所有参与者的作用。团队负责人负责设定目标、评估团队成员的计划，在目标不切实际时与团队成员或公司管理者协商，以及管控会议的进行。团队成员的责任包括提供有助于团队达成预期目标的解决方法、报告进度（如期达成或落后）、提出克服障碍的建议，了解其他团队成员的活动，以及解决关键议题。概括地说，在每次会议上，团队成员都应该就自己的工作领域做简要汇报。团队成员经验越丰富，就越容易控制在三分钟内。整个会议时间，包括审核主题和各议题板，通常在一小时内结束。

大部屋的概念看似相当简单，但其实是非常实用的工具，其效益来自这个流程需要整合所有团队成员，以非常有效率和结构化的方式合作。这样一来，不仅能产生更多的信息，而且能缩短时间。因为能快速洞察并解决问题，因此也提升了每一次会议的价值。由于严格限制时间，没有人会在私底下偷看报告或发电子邮件。团队成员必须全心投入、共同合作与互动，才能在预订时间内把工作做好。

协议准备是本章的主题。在本书的前面各章中，你有机会以更全面的观点来了解新产品流程，如何从战略到市场成功，战略是如何让流程更聚焦的、概念是如何创造和搜集的、生成概念之后又如何做测试和评估，以及评估流程又如何使用全面筛选与财务分析以得出一个临时的结论。

图 12.1 显示了现在发生的情形。环绕靶心的圆圈代表附加产品概念（augmented product concept），产品的核心是最终用户的利益，这是创造产品的真正目的。

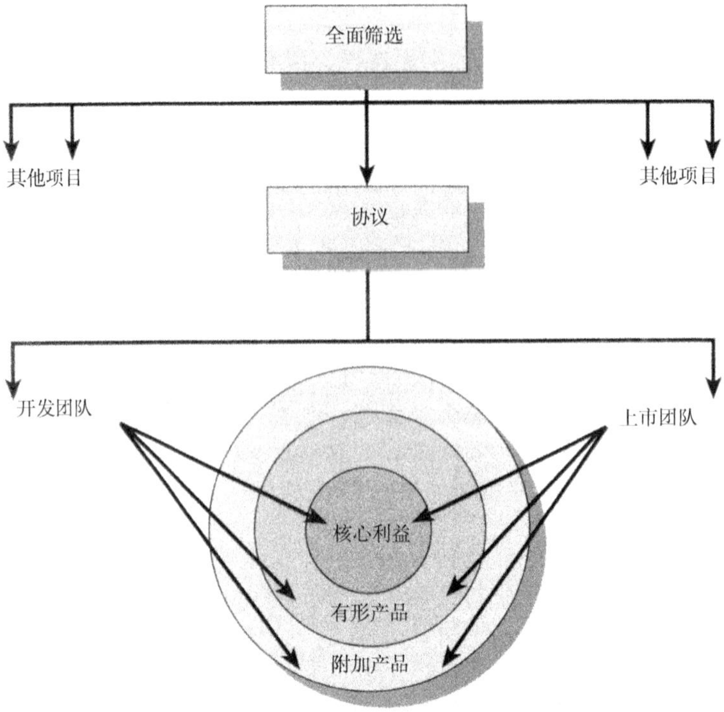

图 12.1　协议的整合和聚焦的作用

12.3 协议的目的

协议的目的，因不同的细分市场和不同的时间而有所不同。顾客真正要买的，是一项或多项核心利益、一种有形的产品（实体形式或服务顺序），以及一些附加服务，包括从销售前的技术服务到退款保证等。这里的要点是，顾客和最终用户购买的是完整的包含附加的产品，而且核心利益可能也有一部分来自产品附加。新产品经理不能只聚焦于有形产品，靶上的三个同心圆都必须设计和执行，并且有两个职能小组在这三者上扮演重要的角色，如同图中箭头在圆圈的指向。图 12.1 也显示，技术部门（获得制造、质量、采购等方面的协助）的运作就像一个业务单元，而图表右方的营销部门（获得销售伙伴、市场研究、推广、渠道管理等方面的协助）在进行相同的事情。两个小组之间保持非常紧密的接触。

问题是这两个小组需要做的工作是什么呢？答案会因公司、产业和情境的不同而有所不同，但无论如何，都应整合成一项协议陈述。事实上，协议是概念生命周期中的一个步骤，如同你在第 2 章图 2.3 所看到的一样。其内容比筛选阶段中被批准的简单陈述要多一些，但比第一个原型所呈现的要少一些。但它是我们现在所需要的，也是所有部门在开始进行工作时所需要的。

其他人将如何使用协议？这就引出了产品交付物（product deliverables）这个概念。实际上，协议的第一个目的，就是要明确每个部门需要为这个顾客即将购买的最终产品提供什么。比如，一双新型的高尔夫球鞋，技术部门的交付物是"这双鞋可用于所有的天气情况和各类型的草皮吗"。营销部门的交付物是"至少 80%的欧洲、美国、澳洲与南非的高尔夫职业选手都曾经试用过"。IT 部门的交付物是"消费者拨打 800 免付费电话的等候时间在五分钟之内，并在年内能满足 80%的美国来电顾客的服务，在第二年年底能满足其余市场的来电顾客的服务"。

在此时，我们当然不可能知道所有的交付物信息，却应该了解关键部分。否则，我们就还没有准备好进入一个并行（或同步）开发的体系。就像刚才的高尔夫球鞋例子中，如果我们不知道坏的天气和草皮带来的影响，不知道职业高尔夫球员对打高尔夫球的富裕人士的影响（他们需要我们生产的是高档产品）、不知道试用的重要性（关键利益将被隐藏），也不知道像这样复杂的产品在技术上的确切问题，那么我们其实还没有完成准备工作。实际上，协议会陈述要求，并督促我们无论如何都要去做该做的事，比如，好的市场研究。

在第 3 章产品创新章程中，你知道了产品创新章程可以为新产品团队提供清晰的方向。协议陈述也有同样的作用。其第二个目的，就是与所有新产品开发中的参与者沟通必要的信息，有助于他们一致行动，有助于让直接结果与全面筛选、财务分析相互一致，并告知所有参与者一个共同的目标。有的新产品人员认为，仅仅依靠这份协议陈述，就去接触早期顾客，这是应该做的，却经常没做到。

协议的第三个目的，是流程的历时或周期时间。正如第 2 章所看到的，很多企业非常强调加快上市时间，而较好的产品定义有助于缩短开发时间。假设，一款新的便携式 MP3 已经完成规划设计并正在进行原型生产，有意夺取 iPod 的市场份额，当有人注意到这个产品比一般的随身听更重时，这会浪费多少开发时间，必须付出多少高昂的代价重做多少步骤。在着手进行开发前，最好详细指出其所希望的和可接受的重量上限。在产品定义阶段，像这些看起来小小的决策，如果做错了，就可能导致后期付出高昂的修改成本。

第四个目的，协议如果正确完成，将以文字方式给出要求，而且这些要求通常是可测量的，从而确保开发流程是可管理的。协议告诉我们做什么、何时做、为什么做、如何做、谁来做，以及是否做。也就是说，我们知道在任何时候这些要求是否已被满足。如果仍然有一项要求未达成，除非明确决定放弃这项要求，否则这将自动提醒我们，还没准备好去销售这项产品。在前面各章中学到的方法（感知缺口分析、偏好图、联合分析）都可作为协议的所需信息。

12.4 协议的具体内容

刚才你知道了协议大致包括的内容，实际上协议的细节可以有很多种变化，而且有时直到我们的工作进行到那一步时才知道怎么做。但是，我们必须为新产品开发设定一个准则。协议可能会包括一些物理属性，至少应包括顾客属性和期望的利益（有时我们称为需求列表）。回顾一下第 4 章 Hapifork 的例子，什么样的产品设计能让人们吃得更慢呢？这里的需求列表包括：

- 常用叉子那样的形状和重量；手把小于常用叉子。
- 吃得太快时会发出信号。
- 可水洗、可用洗碗机洗。
- 坚固、不易碎。
- 有多种颜色，可与任何装饰搭配。
- 可通过蓝牙或 USB 与其他装置连接，以记录和追踪变化。
- 易用性。
- 可显示节食和运动信息。

要注意的是，有些顾客需求似乎容易陈述，但需要在技术上多下功夫。这支叉子的能源从哪里来？如果将三号电池装在手把上，手把会不会太大？什么信号最好——哗哗声，还是振动？还是两者都要？如果能用洗碗机正常清洗，那还得能防水。这些是挑战，也说明在设计新叉子时，需要更多的研发工作。但研发时不能再猜测产品规格，研发人员知道只要能达到目标，就能生产出顾客想要的产品。而且，并不是我们要求的每一件事情都必须达到。有些公司会采用“必须”（Musts）和“想要”（Wants）等术语，也就是说，有一些要求是我们“必须”要有的，而有一些要求是我们在技术、成本、时间上是可行和可实现的背景下“乐于”有的。接下来的各节将列出在协议中常看到的项目。例 12.3 的例子呈现了目标顾客的利益或新系统的属性，营销、技术、财务、企业的要求，以及其他在协议中通常需要说明的项目。

例 12.3　家用垃圾回收系统的简单协议

1．目标市场

最终客户：在超过 10 万人的城市中，收入前 30%的人群，享受高档生活方式。

中间客户：收入超过 30 万美元的建筑行业利益相关者，特别是开发商、建筑师、建筑商、银行家与执法者。

2．产品定位

一种便利的、不杂乱的回收家中物品的方法。

3．产品属性（可能的利益）

该系统必须是家用的自动垃圾丢弃装置，并具有回收功能（垃圾分类、压缩垃圾、放置袋子、在空垃圾桶上重新放置袋子、袋子用完时会告知使用者），生产成本不超过 800 美元。

系统必须清洁、通风且无异味。使用者会想要容易清洁的用具。如果有异味，老鼠、宠物及惹恼邻居会是问题。

装置必须要简单，必须让经销商与其他安装人员便于安装。

系统必须能够让学龄儿童安全操作。

整个系统不可超过 22 立方英尺（1 立方英尺=0.028 立方米）体积冰箱的两倍大。

4．竞争力比较

无：这类产品的第一个。

5．附加维度

有必要的话，必须纳入财务安排。完善的保修、合格的安装服务、快速/合格的安装后服务。教育用户让其了解产品知识及如何回收。

6．时机

掌握正确时机比快速上市重要。机会窗口将在两年后关闭。

7．营销要求

- 营销发布会必须在国家建筑展与环境/生态展举行。
- 中间商客户将需要新渠道，但最终回归正常渠道。
- 为了新产品上市，需要一个小型的销售团队。
- 为实现发布价值，在前 4 个月需要安装 50 个产品。

8．财务要求

- 开发期与导入期的损失不超过 2 000 万美元。预期上市第二年年底达到盈亏平衡。
- 最终，基于资金成本为 35%，项目必须达到五年净现值为零。

9．生产要求

- 一旦投产，就不能中断供应。
- 无任何例外，必须完全达成质量标准。

10．法律要求

因地区法令有所不同。这个地区有各种各样的准利益相关者，需要好好了解他们。这项开发不允许上市后突然出现明显延迟。

11．企业战略要求

企业战略驱动本项目，在总部管理层级中也有个人领导。我们寻求市场多元化、提升创新力，比市场中现有产品的利润要高。

12．陷阱

该项目因其创新性而存在大量潜在陷阱。最令人担忧的是健康事项的法规核准；确保 800 美元成本上限；早期安装产品快速获得市场认可。

12.4.1　目标市场

大部分企业在管理大多数的新产品项目时，使用我们介绍过的方法：产品创新章程、概念测试、筛选模型及协议等。管理其他项目则是采取冒险的方法——下赌注于一项尚未证实可行的技术，下赌注于一项某些最终用户愿意和我们合作的新应用上，下赌注于一位具有推出成功新产品记录的科学家身上。这些，对于一份协议来说，都是不适合的。我们只是不知道如何写协议，而且协议能影响的那些开发者也会将其完全忽略。

但在很多案例中，我们非常了解目标市场：先是发现需要解决的问题，然后是考虑我们的新产品概念是否能符合他们的需要、是否能符合最后的筛选因素（例如，我们是否有一组销售人员能够接触他们，或是否要组织新的销售团队）。当我们识别出利益细分市场，并了解了他们的具体需求时，前面章节里讨论的感知和偏好图方法在这里就会特别有帮助。

在这里，特别需要将目标市场定义清楚。有些企业喜欢根据市场大小、增长率、需求迫切性、购买力、预计打败竞争对手的难度等特性来设定一个主要的目标市场。通常在产品成功导入市场后，会移向一个或多个次要的（较小的）目标市场。如果企业在开发过程中由于技术失败、管制、竞争或其他原因而放弃这个主要目标市场时，公司至少有其他的目标市场作为后路。

12.4.2 定位

定位，对许多企业来说都是具有挑战性的。产品定位（product positioning）的概念来自 20 世纪 70 年代早期的广告界，即“X 产品比你使用过的其他产品更好，因为……”。它以新的方式宣传产品，并给予最终用户使用它的真正理由。在这一过程中，让最终用户看到了产品所要解决的问题是什么，并告诉最终用户使用这项产品会带来什么更好的利益。这个概念将在第 16 章进行更完整的阐述，现在只要能描述目标市场并完成前述的句子就足够了。这应该是比较容易做到的，因为绘制联合分析空间图和其他概念测试活动，为我们在产品定位上提供了关键信息。实际上，概念测试使我们确信，利益相关者将对产品的试用与定位感兴趣。

通常情况下，公司不会告知技术人员新产品的定位是什么，正如我们常说的，以顾客喜欢的方式开发新产品。但那不是管理，而是放弃。甚至在现今拥有很多优秀员工的大型包装商品企业，也经常忽略一个问题，即产品稍微偏离预订轨道时，这些公司的研发人员必须开展市场研究以对他们所创造的产品进行概念测试。定位上的误解可能是造成技术/营销部门间争执的主要原因。

12.4.3 产品属性

我们之前讨论过，产品属性定义了产品，有三大属性：特性、功能和利益，利益包含用途。协议可以列出这些项目并据此加以执行。“新的散装泻药在 10 秒内完全溶解于 4 盎司的水中”（Merrill-Dow 药厂），这是功能，即产品如何发挥作用，而不是产品是什么（特性）也不是多快溶解（利益）。值得注意的是，在追求速度时，会允许技术人员选择任何想要的化学原料（并加以制作，这就是现在市场上仅次于 Metamucil 的产品）。

1．利益

利益是协议最希望使用的形式，比功能和特性重要。从联合（权衡）分析和概念测试方法获得的信息，对于决定将什么样的特性、功能、规格纳入产品，有很重要的意义。采用利益来陈述产品协议有一个好处：其对研发人员几乎没有施加束缚，他们可以自由发挥，从而设计出最符合所需利益的产品。以一家小型设计公司 Built NY 为例，该公司老板的朋友提出了一个新产品创意：一款可以带进 BYOB 餐厅并可以装两瓶酒的方便袋。设计师立即针对理想的双瓶酒提袋提出一份顾客利益清单：保护性（酒瓶不会打破）、隔热性（保持温度）、符合人体工学（容易携带）、总量轻、可重复使用、价格不高、弹性（不用时容易储存）。接下来面临的挑战是，如何选择最符合上述所有利益的材料。他们最终选择的是尼奥普林（neoprene）一种普遍用于潜水衣的合成橡胶材质，它满足了所有顾客的利益，而且容易剪裁和染色。后来，这款"双瓶酒包"（Two-Bottle Tote）不仅赢得了产品设计奖，而且促成了一系列相关产品的开发，比如啤酒携带包和奶瓶包等。

2. 功能

功能属性有时会产生混淆。营销人员倾向于大量使用功能属性，因此也常被称为性能规格、性能参数或设计参数。每个人都知道，"这款车必须在 8 秒内从时速 0 加速到 100 公里"，这个需求并不是告诉我们什么特性能达到这种性能，而实际上是在回答这个问题：顾客如何获得这个利益——车辆启动时的刺激或安全。

有些人认为，性能参数（某项功能）是以参数形式来表达的。比如，上述汽车发动的陈述，可能就是"使用新的德国 11-Z4 发动机"，这个新发动机，是一个新技术，对于需求来说是一项解决方案，但不是一个陈述。可能有很多汽车发动时就实现高速的方法。汽车产品平台就有很多这种陈述。

服务的协议，很可能会采用性能的词汇来表达，因为服务产品就是一种性能，而不是商品。对于服务来说，协议也不是十分必要，因为几乎没有技术开发投资。在许多案例中，服务生产者可以非常快速地获得原型，这样，通过原型概念测试乃至产品使用测试，就可以验证是否满足顾客需求。

3. 特性

特性，同样也是一个问题。技术人员常常是基于自己拥有的技术提出特性。一家玻璃制造企业的科学家想出一种让船舱甲板不会残留生产过程造成的细小毛玻璃的方法，这个想法进行了几个月的时间，但该公司为了减轻船体重量而排除了这个想法。一个完整的协议陈述，就可以避免这种浪费时间的情况。在其他案例中，科学家想出一种消除儿童身上某种寄生虫的方法，但后来才知道这种寄生虫只出现在太平洋的小岛上，而对制药公司来说市场不够大。这就是为什么有些企业会要求科学家让其他人知道他们目前正在进行的想法、计划，同时还要让科学家知道他们在为什么市场而工作。

特性描述存在的最大问题是，剥夺了企业中大部分创意和发明人员使用技能的自由。一家大型计算机公司，多年前就因拥有强大的技术研究人员而闻名，但是公司却从来没有因为对市场不断变化的需求做出恰当反应而获得更大的成功。有些内部人员认为，这是制度造成的结果，即公司的核心工程人员在掌控局面，他们提出特性和规格，研发人员只需做出来就行。这样的规格说明书有时可达 13 页。当科学家拿到这样的文件时，都会觉得自己像新进公司的书记员，而往往会想着越早离开公司越好。

一家制药公司提出了一份相当极端的协议版本，新产品经理将其完整的广告设计交给研发部门的技术人员，并留言"请研发一款能充分符合此广告要求的产品"。一开始的反应是负面的，直到技术人员意识到他们能全权决定想要的东西，最后的结果还是满足了经理所提出的要求。

有时候，在长期的市场接触中，企业会了解到什么特性要与什么功能（绩效）及利益相关联。有时他们会提出这样的工作要求："一台有电子阀的新泵，当底部阻塞时能迅速反应，以免爆裂。"假设阀是标准的，那么协议陈述就给出泵的特性、功能和利益。

4．详细规格

有时，顾客做出这样的决策并且要求产品具备很具体的特性，这是很危险的。如果顾客具备这个能力并有足够理由比我们更了解这些为他们提供的特性，我们最好的办法是倾听。第 4 章我们讨论过从领先用户那里获得已生成产品概念（有时甚至已完成原型）。

另外，当某公司以竞争对手的产品为标杆时，就需要特性描述了。制定战略是为了达到最好的最好。找出市场中那些最好的特性，然后将所有这些特性集合并入你的新产品中。这听起来不错，却意味着我们的产品设计受竞争主导，而不是受最终用户主导。

遇到以下情况时，特性描述就会出现在协议中：① 法规规定的一种具体特性，如处方药容器。② 最终用户拥有的设备是受限制的。比如，碟片播放器的空间限制。③ 某行业的用户习惯过于强大使得供应商无法改变。比如，多年来软件业者别无选择地将 MS-DOS 作为必备特性。④ 高层管理者存在个人偏好。

总体上，本节有关属性的结论是，撰写协议的最佳方式是采用利益的描述，如果有助于解释且不会产生太多约束，还应采用性能或具体特性的描述。以 Hapifork 为例，顾客可能并不在意叉子是用金属做的，还是用高强度塑料做的，只要耐用并能用洗碗机洗净，就是好产品。

12.4.4 竞争对手比较和附加维度

前面提到了标杆，但还有很多其他的竞争性标准可以放进协议中：符合重要政策要求、需达到的差异化程度、营销计划相关内容（比如，销售团队规模、定价、可利用的分销渠道等）。我们可以根据感知图对竞争对手进行比较，感知图中的缺口，为我们选择一个恰当的竞争定位提供了依据。

和上述的产品进行属性描述一样，附加产品那一圈层也需要描述。有时候，产品可能是模仿的，但仍旧是一个合理的竞争性产品，因为它能给顾客提供新的服务水平、更好的保修、更好的经销商支持。完整延伸的产品有三个圈层：第一个圈层是核心利益层，涉及定位陈述；第二个圈层是有形产品层，涉及属性要求；第三个圈层是附加产品层，涉及刚才所说的。

12.4.5 产品协议的其他部分

协议还有很多其他部分，我们通过例 12.3，来做出简短的说明。

- **时间指标**：现在，大部分新产品都要求尽快上市，但不是所有产品都能做到。有些产品牵涉重大技术突破，无法用时间来计量。对所有产品来说，这项区别必须很清楚。而且，如果必须在某期限内完成，就应该在这里明确地列出。

- **财务指标**：一般来说，协议包含价格水平、折扣、销售数量、销售金额、市场占有率、利润、净现值，以及其他财务数据。
- **生产指标**：这与营销要求有许多相似之处，有些着重陈述要准备什么、要完成什么。比如，厂房建设、达产、达到质量标准。
- **监管要求**：这一项存在千差万别，但是管理层现在需要高度重视对监管法规的了解。
- **企业战略要求**：关键创意（如核心能力）已包括在产品创新章程中。此外，高层管理者的支持是非常重要的。
- **陷阱**：如前所述，产品创新是有陷阱的，正如夜间行车也会遇到陷阱，陷阱会造成新产品的失败。管理层如果不进行很好的前瞻洞察，就会陷入陷阱中。我们通常不会把车开进已知陷阱，因此，将其列出是有帮助的。

12.5 协议与顾客声音

聆听顾客声音

第 2 章我们介绍了顾客声音（VOC）的概念。这个概念对于制定产品协议有重要的作用，这里我们再一次讨论这个概念。

顾客声音的定义，就是以顾客自己的语言表达的一组完整的期望与需求，体现出顾客的思考、使用及其与产品的互动方式……可以由顾客根据重要性、性能两个因素进行优先级排序；换句话说，就是对已有选项的当前满意度。定义中所说的“顾客自己的语言”，意味着不能用科学术语。打印机用户不会用边缘分辨率及像素这类词，而是会说，打出的字清不清楚、印出的图片好不好看。不能因为表达方式听起来不专业，就说这些意见不重要！而且顾客也会对自己的需求，按照他们所认为的标准进行整理和排序，当然这与从公司角度看到的是截然不同的。

第 5 章我们曾介绍了多种获取顾客声音的方法：直接访谈法、焦点小组法等。顾客一对一访谈可以提供非常丰富且详尽的信息，但十分耗时而且成本很高。因此，究竟要进行多少次访谈，才足以确信已经获得了顾客声音？Abbie Griffin 和 John Hauser 的研究指出，访谈的合理原则是：一对一访谈大约 30 人，每次访谈大约 45 分钟，即可获得接近 100%的顾客需求；一对一访谈 20 人，可以获得大约 90%的需求信息。一个 VOC 流程要做好逐字逐句的录音，这比用一个人做笔录更严格和更细致。要询问受访者是否允许记录，几乎每个受访者都会抱怨，但一会儿就忘了正在录音。

如果获取顾客声音的流程是成功的，新产品团队应能从访谈中获得 70 ~ 140 个顾客需求陈述。顾客需求陈述应随后被组合成 15 ~ 25 个群组，称为关系群组（最好是由顾客自己而不是由市场研究者去组合），对这些群组可以按照对顾客的重要性进行优先级排序。

这是一个漫长并需要投入进去的过程，走捷径就会丧失宝贵的洞察，结果是产生错误的顾客需求优先级排序。

访谈必须准备好准确的问题。引发 VOC 的糟糕问法是：直接问“你的需求是什么”或者问“你需要什么”。顾客太愿意提供一份“必须有”的愿望列表了，表里几乎都是已有的、已提供的解决方案。创新专家 Guy Kawasaki 说：“如果你询问顾客他们想要什么，他们会说更好、更快、更便宜，也就是更好的相同产品，而不是什么重大改变。”苹果联合创始人乔布斯曾经说：“不能只依靠焦点小组来设计产品。大部分情况下顾客不知道他们想要什么，直到你把东西摆在他们面前……你不能只问顾客他们想要什么然后就按照这个要求去做产品。等你把他们想要的产品做出来时他们会提出新的要求。”从上述观点中我们能学到什么呢？我们是否应该放弃焦点小组或访谈来倾听顾客声音呢？

这里的真正议题是，你期望从焦点小组或访谈中得到什么样的信息？避免“更好的相同产品”的方法是聚焦于顾客的经验或所期待的结果，比如问“要让产品更完美，你觉得最困难的工作是什么”，或者问“你喜欢这项产品的哪个部分？不喜欢哪个部分”，或者问“这项产品带给你最好和最糟糕的经验是什么”。试想你在某家饭店投宿一晚，如果饭店请你提出你的需求，你会怎么说？可能是一间干净的房间、一张舒服的床、淋浴设备、电视，或有网络。但如果问你曾有过的最差经验，你会如何回答？是找不到电动刮胡刀可用的插座？头撞到淋浴间的莲蓬头？毛巾不干净？柜台服务人员态度很差？这样的提问方式往往能让访问者获得更多改善产品的创意。

我们再回到乔布斯那段话，苹果公司的确是问对了问题并认真倾听顾客。乔布斯先生提到 iPod Touch 营销时是这样说的：

> “原本我们并不太清楚如何销售 iPod Touch……是没有电话功能的 iPhone 吗？是口袋型计算机？……顾客告诉我们的是，他们最初是把它当作一台游戏机。我们以这种方式开始营销，还恰好就成功了。现在，我们真正意识到，iPod Touch 是进入 App Store 的最低成本的入口，这是其一大优点。所以……我们致力于降低这个产品的价格，以使每个人都能买得起。”

苹果公司是真的在倾听，绝对的：听到了顾客想要的结果是什么，听到了产品应该以什么最佳方式来实现这个结果！毫无疑问，苹果一系列成功产品主要是靠技术推动的；如同 Guy Kawasaki 所说，“对技术创业者来说，最富饶的矿脉就是创造出你都想用的产品，这就是苹果公司做的”。但回想一下 PIC，技术维度必须与切实可行的潜在市场维度相符合。iPod Touch 的例子巧妙地提醒我们，顾客声音的价值不是让顾客告诉你他们想要什么。这虽然显而易见，但很容易被忽视，往往是仅仅因为执行不到位，导致顾客声音听着好却没有成功的价值。

在获取顾客声音时，得到一个大致的答案是不够的。比如，“我希望智能手机可灵活使用”或者“我希望我的网络服务商始终如一”。通常接下来要问的是“你所说的灵活使用是什么意思”及“请问始终如一指的是什么”，这样便可确保清晰地听到了顾客声音并避免了理解错误。基本原则是，持续提问“为什么”：为什么你会那样说？为什么你会有这样的感觉？为什么那样做会比较好？……切记，在这里，我们的目的并不是获得问题的技术解决方案，而是尽可能地获得顾客的欲望、需求、喜好、厌恶等。这一点，必须尽可能地表达出来。

市场研究顾问 Gerry Katz 归纳出了使用顾客声音时的误区，下列导致误用的误区应尽量避免：

（1）许多公司只把顾客声音视为定性研究。然而其真正价值在于，将陈述的需求进行整理与分组，并根据相对重要性进行优先级排序，这是一个定量过程，但经常被忽略。

（2）企业经常专注于从主要顾客身上获得 VOC，然而更重要的信息可能来自非顾客、一般顾客及偏爱竞争对手产品的顾客。

（3）产品经理可能认为顾客不知道自己要什么。事实上，顾客非常擅长表达需求。由于不是专业的工程师或研发人员，顾客通常无法明白说出为满足这个需求，需要开发什么新技术。企业的任务就是使工程特性与顾客的需求相匹配，这可以通过本章后面讨论的质量功能展开（Quality Function Deployment，QFD）来实现。

（4）最后再说一遍，仅仅询问顾客他们的期望是什么、需求是什么，这虽然吸引人，但通常不能带来什么新的洞见。最好是询问顾客，对现有产品他们喜欢什么？不喜欢什么？未来想要什么样的结果？

12.6　协议与质量功能展开

12.6.1　质量功能展开与质量屋

要理解产品协议在新产品流程中的作用，请仔细思考图 12.2 的流程。该图强调了顾客的作用，始于顾客声音，终于产品满足顾客需求。通过市场研究、销售员拜访，以及各种形式的顾客接触，我们有能力识别出顾客的期望。下一个步骤十分复杂但很必要，我们需要把顾客的期望转换成某种蓝图，比如一张工程简图或一个详细的服务计划，从而将顾客希望的这些利益以一种产品开发团队有用的形式展示出来。一旦我们完成了这一步，我们就可以把它拿给顾客看，然后进行适当的测试以调整产品设计。产品协议，即本章的主题的目的就是帮助企业通过图 12.2 中的“弯道”，通过产品协议的谨慎规划，帮助企业把顾客的期望翻译成恰当的产品形式。

接下来，我们介绍一种源自日本、目前全球已经普遍采用的方法，这种方法使顾客声音成为新产品流程后续步骤的一个驱动力。

质量功能展开是多年前由日本汽车行业开发出的一种项目控制方法，用于高度复杂项目的行业。这种方法能降低设计时间和成本，并让来自不同职能部门的项目团队成员实现有效沟通。事实上，质量功能展开对美国汽车行业回归与日本汽车行业的竞争具有重要贡献。我们将其放在这里讨论，是因为很多企业将其作为在产品协议强制要求下，培养跨职能团队互动的一种方法。质量功能展开也已成功用于新产品流程的早期，用于模糊前端的概念生成阶段，因为它能帮助新产品团队去构思满足顾客需求的新概念。

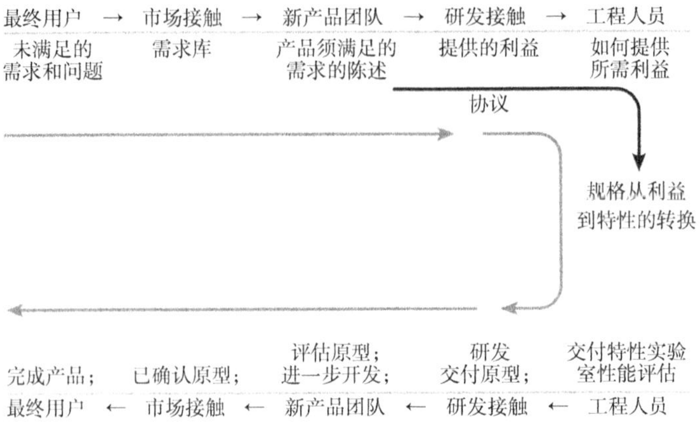

图 12.2　新产品流程中协议的作用

理论上，质量功能展开用于确认顾客需求在新产品项目中已全部得到聚焦：产品工程、零件展开、工艺规划、生产。实践中，质量功能展开的第一步是质量屋（House Of Quality，HOQ），这一步已得到了大多数企业的重视并产生了效果。质量屋对企业的价值在于，同时将产品的多个特征汇总在一起，并展示其相互关系。图 12.3 是一个新款计算机打印机的质量屋的案例。

质量屋要求来自营销部门和技术部门的每个人的输入，并鼓励这些职能部门的沟通与合作。图的左下角，呈现的是顾客属性（CAs）包括需求、什么、需要，这需要严格的营销对质量屋的输入。本案例中，识别出兼容性、打印质量、易用性、生产力是打印机最重要的顾客属性。可通过市场研究来识别顾客属性，如焦点小组、访谈等方法。质量屋的本部分对应产品协议中的"最终用户将从产品中得到什么"部分。这部分通常会填入利益，有时，强制性的特性或功能（功能性利益）也填在该处（如前所述）。案例中的顾客属性似乎是主要属性，有些较复杂的应用会在下面列出第二级或第三级属性。比如，易用性可能包含"容易学会操作"、"容易连接"、"容易更换纸张"，等等。顾客属性也经常会根据重要性赋予权重。

质量屋的最右边，是对拟议新产品和其主要竞争品的每一项顾客属性进行评分，这里，0 代表"差"，5 代表"优秀"，这部分可以用十分相似的顾客感知蛇形图来解释（参见第 6 章），可以识别出新产品的最强点和需要改进的领域。

质量屋的上方，显示的是工程特征（ECs）：边缘清晰程度、分辨率等。工程特征经常是技术性的，但也可以用绩效参数或设计参数来表达。在这里，顾客的需求被翻译成技术规格。项目团队讨论质量屋的中心的方格，识别出对一个或多个顾客属性有正面或负面影响的工程特征。本案例中，"所需培训时数"与易用性正相关（强），与生产力正相关（弱）；"打印速度"与生产力强相关。显然，这一步骤需要营销和技术人员真正做到密切合作。之后，对每一个工程特征设定客观的度量指标（通常由工程师完成）。现在，团队可以开始根据顾客需求和竞争产品为顾客属性设定目标值，比如，文字打印速度用每分钟页数

（ppm）来度量。案例中的目标设定为 10 ppm。

在之前的汽车快速启动的案例中，某个顾客属性可能是“青少年在同龄人中引以为傲”。相对应的工程特征可能是一款新发动机（技术）、0～60 公里所需时间（绩效参数）、在轮子驱动接触点上给予更大力（设计参数）。由于这部分的实际变化颇多，在此我们无法一一说明，可参见其他相关资料。

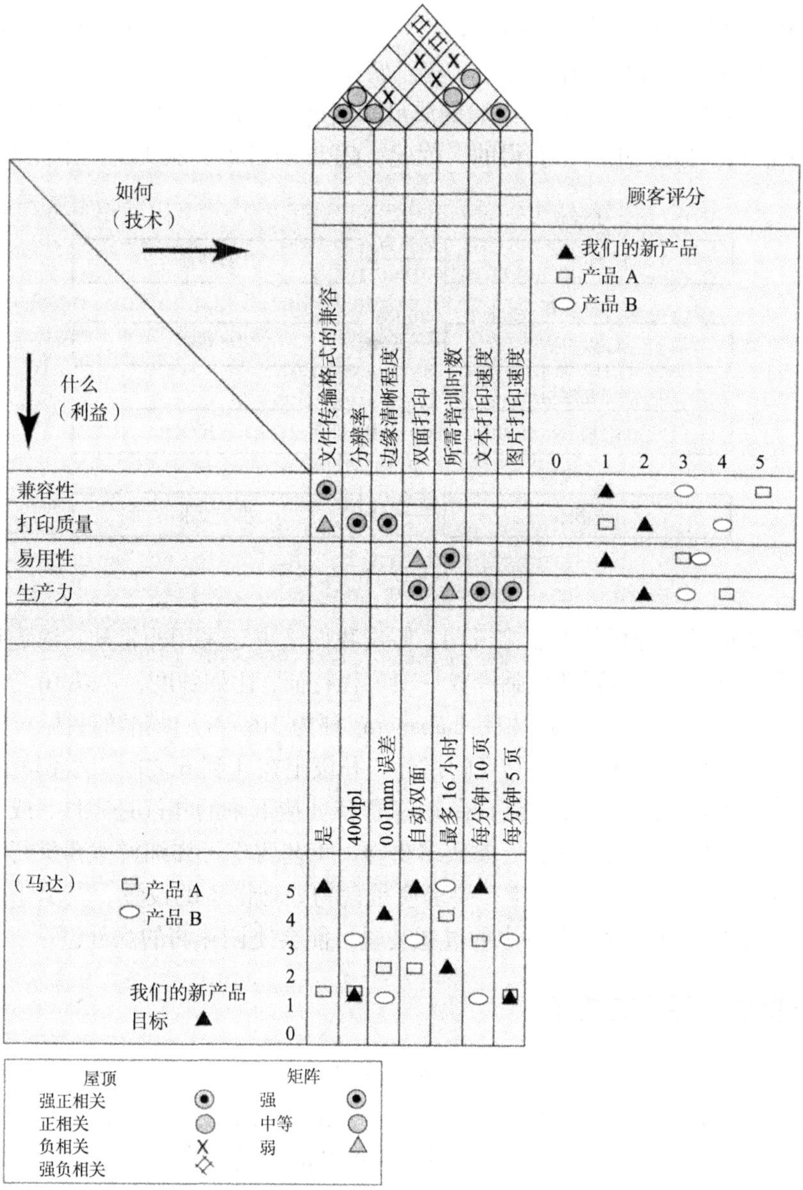

注：这个案例展现的是，如何利用产品使用测试的结果，基于竞争，可与潜在的结果进行比较。根据顾客评分，说明潜在用户认为该公司并没有完成产品目标。

图 12.3　QFD 和质量屋

最后，屋子最上面的部分（尖的"屋顶"）显示技术人员必须考虑的工程特征间的取舍。屋顶中的每一个菱形代表每一组工程特征间的相互关系，技术人员必须识别出显著的关系，如"分辨率"和"图形打印速度" 的交叉位置上标为强负相关的符号，就是指如果提高打印机分辨率，图片打印速度可能会下降。不过，有些关系是正相关的：一个设计变更可能会同时增加文字打印速度和图片打印速度。

如同前述，质量屋只是整个质量功能展开流程中的第一步。图 12.4 说明了接下来的步骤。质量屋将顾客属性转换为工程特征，再与零件展开屋（parts deployment house）连接起来，零件展开屋将工程特征作为输入，将其转换为零件特征。随后的质量屋详细说明了关键工艺操作和生产要求。然而，有经验的质量功能展开执行人员发现，质量功能展开 80% 的价值是在第一个质量屋矩阵中获得的，因此，QFD 项目很少从头到尾走完整个流程。

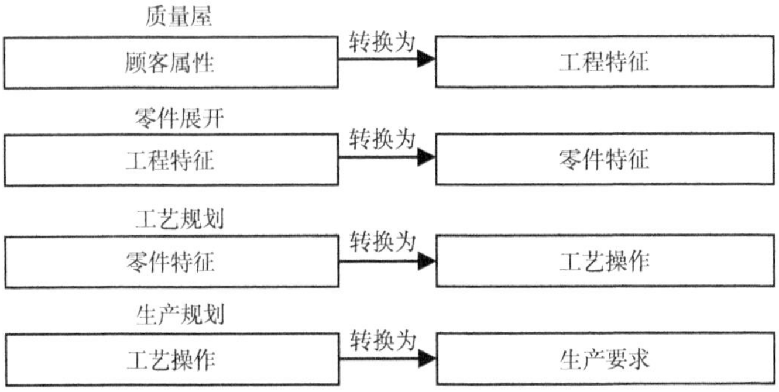

图 12.4　QFD 的后续步骤

我们用第 7 章联合分析的例子来说明，假设我们已决定采用非常辣、浓稠且绿色调味酱的概念。非常辣这一顾客属性被翻译成一项工程特征，比如辣度，并以 10 分制量尺（斯科维尔辣椒量表）测量，最辣的辣椒粉 habaneras 评为 10。我们瞄准的目标可能介于 7 与 8 之间。浓稠度也可以转换成测量黏度的指标，并设定在 4 到 6 之间（浓稠度为 7 或高于 7 可能会太浓，为 3 与低于 3 又可能不够）。工程特征接下来的建议是零件，或者在本案例中是成分：哪种辣椒、番茄、大蒜，要放多少等。工艺要求可详细说明要进行哪种食物处理流程（切碎、煮等）。相对的，生产要求便是食物处理设备的设置，其给予的是期望的浓度和外观。比如，使用搅碎设备中的过滤装置可能会使调味酱的水分过多。

12.6.2　质量功能展开的结果

运用质量功能展开有许多好处。第一，从产品工程到设计生产工艺都是以顾客需求（具体地说是以陈述的顾客属性）为导向。如果要开发的产品是没有市场的最佳捕鼠器，开发的可能性会降到最低。第二，为了获得质量功能展开的效益，不同职能部门必须一起合作，这对于某些工业产品的开发来说尤其重要。生产消费性商品的企业会固定时间搜集市场数据并用于质量屋，工业产品开发者经常怀疑为什么需要进行顾客需求评估（或甚至与营销部门人员交谈）。对于这样的企业，质量功能展开有助于不同团队间的对话，同时还能鼓励具有技术背景的产品开发者看到评估顾客需求的优点。结论是，质量功能展开促进了技术开发过程中跨职能团队的对话与互动，而这种一致恰恰就是产品协议所要求的。

当质量功能展开首次在美国使用后，虽然结果不一，但超过 80%使用质量功能展开的团队认为，能产生长期的战略效益和改善跨职能团队的运作。一项在美国和日本开展的针对质量功能展开的调查发现，两个国家的企业都能顺利使用质量功能展开，但使用的方式有所差异。美国企业把重点放在质量屋矩阵，并从顾客搜集新的原始资料（如通过焦点小组）。日本企业使用较多质量功能展开下游阶段的矩阵，较依赖现有的产品数据（如抱怨信息和保修数据）。有趣的是，报告指出，在通过质量功能展开进行跨职能整合和决策制定上，美国企业比日本企业获得了更大的效益，这可能是因为美国企业投入更多时间学习倾听顾客需求！

质量功能展开在某些应用中效果有限，但由于在倾听顾客声音阶段广泛搜集资料，因此对节约成本和员工时间都有深远含义。质量功能展开或许最适合运用在重大项目上，如一个新平台的开发或企业关键流程再造。

使用质量功能展开的企业，其财务绩效与顾客满意度都比较好。然而，许多企业只是偶尔使用，而不持续使用，特别是探索性产品（除非顾客支持，否则会放弃的产品）。除此之外，数据要求可能是必要的。矩阵困境（matrix hell）这个词已用于描述高度训练的技术人员可能无法解决运用质量功能展开所引起的冲突。如某些企业可能不知道想要什么，因此要详细说明“是什么”可能困难。然而，质量功能展开近来开始复苏，可能是因为它能客观、彻底地把顾客需求转换成工程规格。支持者认为，这是发掘顾客需求和促进跨职能领域合作的最佳方法，然而反对者却认为，这既耗时又无趣。总体而言，团队越优秀，质量功能展开越有效率。例 12.4 给出了选择团队成员的原则。此外，采取下列方法也能改善质量功能展开的效率：

- 只专注某些工程特征：或者是明显最重要的，或者是经过改善容易完成的。
- 将工程特征整理成群组，并指派特定职能部门负责各群组（如制造、产品设计，甚至营销）。
- 对每项工程特征进行成本—效益分析，根据特征带来的成本改进，识别出哪项工程特征能带来最大效益。

例 12.4　优团队的选择标准

确保团队是跨职能的：指设计、生产、研发、营销、财务、技术支持，以及任何与这项产品成功有利害关系的人。

为顾客声音指派一个管理者与支持者：该人应当很熟悉所有顾客，当顾客表达出需求时能准确解读出顾客要的是什么。

团队成员对新产品结果应负起最终责任：如果关键部门的主管也在团队中，就不用再特地说明分析结果与行动的必要性。

其他标准：团队成员应当具备当前的实践知识和历史观，应受到伙伴、高层主管、公司内各层级人员的尊重；不要避开愿意尝试“创造性摩擦”的人（creative abrasion）来延展思考（但不要把破坏者留在团队）。

12.7 有关协议流程难题的注意事项

协议流程非常复杂，其 ，它伴随着政策，就像政府部门之间在权力和预算上存在竞争一样，作为科学家、营销人员、会计人员及工厂经理等各部门关键人员，他们之间的竞争和差别就像白天与夜晚一样。这种情况是流动和不断变化的，但看起来永远不能固定。管理层意识到不同项目的重要性，并肩负沉重的压力。成为产品先锋的最大胜点是能创造一种职业，并且免除总经理的失望，若能顺利达成此项目任务，就能获得大笔奖金；当然，一项重大的失败也可能会让与之相关的所有事情一团糟。

这意味着每个人都想要把自己的议程纳入（或不纳入）协议，但大部分人都要求其他人确定完成特定事项（清楚附上金额和日期），却不要求自己完成。

考虑到协议需要提早开始，在开始大规模工作前就开始，许多人尚未就位。因为有其他更迫切、更急迫的问题要处理，因此他们通过不参加的方式耽搁或弱化协议流程。

但除了政策和压力外，我们也看到协议要求的严格性。多数人在制定协议时，都认为自己很聪明，并且认为协议的所有内容设定都是具体的。但是，协议不应该被那样看待。协议是管理层的辅助工具，而不是替代管理层思考。所有的协议都将会更改，有些甚至要更改好几次。证明协议需要改善的重担，则落在那些想要改变协议的人的身上。

遗憾的是，在某些情况下，协议被忽略了，因此聪明的新产品团队主要负责人准备协议成果表（见表 12.1）。这是有必要的，特别是产品要求（如顾客利益），而且关于每项要求将由谁去负责做，应提前制定进一步的协议。其中有些由团队制定，有些则是由负责此产品的人员制定的。

表 12.1 协议成果表

要　求	公司的要求	顾客的要求
1. 减少启动时间	已做好	已做好
2. 降低初始成本	已做好	不需要
3. 在生产过程中较容易替换	已做好	已做好
4. 顾客计划中的安全性	有疑问	以后定
5. 最终产品容易取得政府许可	?	不需要
6. 调整配置的成本较低	供货商	以后定
日期		

解释：这样的表格列出所有的协议要求，可以作为这个团队一项好的练习。我将如何衡量每项要求？我们必须向外求助吗？我们何时去做这些？是否足以下判断？或者我们还需要资料吗？

如果照着这个方式去做，会形成僵硬的官僚思维。某计算机公司提出一份产品要求的口头简报，其中必须包含至少 25 个缩写字（听起来就像法规一样）。

最后，如果是由多职能新产品团队准备协议，则大部分的问题都会消失。技术人员不需要自己写一份协议，营销人员也不需要。更确定的是，高层经理更不需要自己写一份。

本章小结

本章讨论了一个重要概念——产品协议，某个特定新产品规划中，各职能部门必须就所需要的输出达成一致，协议为其设定了标准。目的是利用产品的利益和其他维度等陈述，来沟通各职能部门的所需输出、整合团队使之步调一致、理清流程中重要时间点，并针对特定目标让流程易于管理。

你看到一个典型协议的精简版本。此刻，我们已经准备好要进入开发活动。正如第 1 章的新产品流程所述，营销和技术工作会同时进行，因此需要营销、研发、生产、设计和其他职能部门之间良好沟通，方能顺利通过下一个阶段。

应用实践

（1）“让我们把协议的右半部分砍掉。我理解利益优先于特性的理论，但对我来说它仅仅是理论。我认识一位计算机公司的高层人员，你的书中也讨论过这家公司——该公司在技术工作获得资金之前，新产品开发团队要清楚地说明每一种新产品的规格。我听到你的书的作者做出同样的批评，因此我给这位作者打电话问了问具体情况。她说，事实是这样，但含义是错的——员工确实清楚地说明了大部分特性，但仅仅是为了推动产品往前走。她说，如果给研发人员的仅仅是一些顾客利益或需求，这些梦想家永远做不出原型。每一个产品将会是 Taj Mahal 工程。我想她说得对。你怎么想的？”

（2）“我真的认为，你没有理解并行或同步新产品开发。你说，你在课堂上已经研究过了，所有的职能部门都加入开发过程中。不是这样，并行开发仅仅意味着技术开发阶段的设计工程。他们全都在做着非常相似的工作，彼此间一起工作，他们能够感受到工作是如何进行的，以及他们应该能在什么时候把握机会并提前做出承诺。营销人员做不了这些事情，甚至工艺流程人员和生产人员也做不了。”

（3）“我两周前听到一个有趣的事情，你可能也会感兴趣。好像我们的一位研发人员参加了一次关于新产品管理的研讨会，在会上他听说了一个叫作‘协议’的术语。人们告诉他，借助于这个方法，所有的新产品经理能够与研发人员准确沟通，以掌握他们想要的。研发人员甚至必须用‘虚线做标记’，并发誓这个项目能够做好。我们的这位研发人员生气了，他说，没有人能够事前告诉研发人员他们会遇到什么。研发人员只对高层管理者负责，而不是对新产品经理负责，因此，研发人员不会做出任何承诺。这位研发人员还说，他认为概念是想象所及最沉闷的一个活动。你将如何回答这位科学家？或者说，你会回答吗？”

案例 费雪派克公司

新西兰的费雪派克公司有家电部门与医疗部门，不仅在新西兰享有盛名，在国际上也因新颖设计及创新医疗产品闻名。公司医疗部门注意到一个新的市场机会，就是可治疗阻塞性睡眠呼吸中止症的家用式持续正压（CPAP）呼吸器。

新 CPAP 呼吸器的开发过程充分展现了家用医疗用品设计所需要的多重考虑。这种机器通常都很复杂，对受过专业训练的医疗人员不是问题，但如果要患者自行操作则很可能会出问题，并造成严重的伤害。因此简单的用户界面是设计时绝对必要的考虑因素，新产品设计及测试阶段也必须要有医疗专家的参与。用户能力和缺乏医疗训练是在界面设计时需要考虑的因素之一。另外，还需要考虑光线、湿度、噪声等环境因素。例如，患者往往会在黑暗中使用 CPAP 呼吸器，而且常常是躺在床上时使用。因此 CPAP 呼吸器的控制器一定要容易在黑暗中操作，也要让平躺的病患容易拿取。对于医疗专业人士而言，操作控制器不难，但对于非医疗专业使用者，操作还需要简化。毫无疑问，还需要落实严密的产品测试，以确保产品没有任何被忽略的瑕疵，比如很难够到开关。

CPAP 呼吸器的外观和一般的医疗器材很像，又大又笨重，所以不适合家用。首先，CPAP 呼吸器通常会放在病患床边，相当占空间。最后，一般人也不喜欢在家里放一台医疗机器，好像无时无刻在提醒自己病情。根据以上这些原因，公司决定设计一款没有任何威胁感，放在家里感到开心的 CPAP 呼吸器。

设计一开始，设计团队根据客户反馈，列出了以下特征：

- 富有装饰性设计美学
- 可用性：设备易于操作
- 适合在卧室使用，平躺用户在黑暗中可以使用
- 体积小，可放在床头柜上
- 适合卧室的颜色
- 使用符合设计美学的材质
- 设计出的呼吸管可提供更好的湿度，同时不易凝结
- 内置闹钟与 MP3 播放器，能让患者在音乐中醒来

公司首先研究尺寸（现有产品太大，不适合床头柜）和设计问题（开关位置不适合躺在床上的病患操作、外观太像医疗机器）。仅在前期调查和深入研究上就花费了数月时间，是业界平均的 3~6 倍，包括花费大量时间调查睡眠实验室和医院的用户，以获得关于产品可用性和合意性的构思。

接着，研发团队先用硬纸板造出了原型，找出最受欢迎的机器外观及适合床头柜的尺寸，另外，进一步的原型测试使公司选择大的控制按钮，便于平躺病患在黑暗中定位和操作开关。设计者创造了模拟环境并角色扮演睡眠状态的用户，以确保控制开关尽最大可能被触摸到。

团队根据前期研究的结果，使用计算机辅助设计打造实际尺寸的 CPAP 呼吸器模型，以了解它是否适合用户的环境。整个设计阶段历经 3 次大幅度外形重新设计及 80 次细部修改迭代。之后，采用 CAD 进行快速成型以确定产品特性。最终的新产品设计分别在新西兰、澳洲和美国进行用户调查，以便做最后的外形设计调整。用户调查包含了 30 分钟的深度访谈，访谈使用真实的非运转的物理原型，以讨论对颜色、型号和展示地点的偏好。鉴于睡眠环境是产品使用中需要考虑的重要因素，这些调查都在睡眠实验室进行，以最大可能模拟家庭卧室体验。

设计一接近尾声，新产品就开始开发。此时要考虑的是工程上的所有问题，包括机械、电子及软件工程方面需要尽早开发，以保证真实环境下的室内测试。设计一确定，就开始小批量生产产品，产品需求的最终测试也开始了。由于生产和设计职能就在邻近的地方办公，很容易也很便捷就能实现产品迭代。沟通很顺畅，跨职能团队共享合作项目的所有权。公司和供货商合作，应用了许多新技术，而公司的知识产权律师也全程投入，保护新创意或技术的权益。

最终，新产品开发的成果是公司推出了 ICON CPAP 呼吸器产品线，全新的设计被业界视为一次革命。其外观类似收音机闹钟，也有收音机和闹钟的功能，内置静音且省电的加湿机，减少并加大按键开关，让使用或清理都非常方便。ICON 系列非常成功，用一句话归纳就是较高的患者合意性和极低的用户错误。

请说明团队产品特征列表是如何制定并如何运用的。这种方法与本章曾经讨论过的简化产品协议及“必要和需要”清单方法有什么不同？在 ICON CPAP 呼吸器产品线的整个开发过程中，还用到了哪些好的产品开发准则？

案例 杜邦公司

成立于 1802 年的杜邦是全球最大的化学公司，长久以来在产品开发方面享有盛名。杜邦公司的产品涵盖食品、建筑、通信、运输等多种产业。杜邦公司在全球超过 70 个国家经营，员工超过 58 000 人，杜邦公司在产品创新方面有一系列成就，最熟知的有尼龙、特氟龙、芳纶、莱卡等。

然而，2007 年，杜邦公司的高层意识到公司新产品开发流程少了些什么。经过深入研究，公司发现了很多问题。第一，公司缺乏对客户的深入洞察，尤其是顾客细分层次。公司正纠缠于一个熟知的细分问题：为某个客户开发一款产品则在一个很宽的市场上没有销量保证。但开发一款适合所有人的产品则每个人都有不满意之处。对目标市场细分层次的顾客洞察是缺失的。第二，公司在纸面上有“顾客声音”的流程，但后来似乎变成“顾客聊天”，产生不出来任何突破性创意。第三，杜邦的销售代表会与直接客户见面，但是和客户的客户从未联系。虽然是直接客户付的钱，但是客户的客户才是新产品要满足需求的对象。结果，杜邦公司提出的价值主张往往只是凭自己的想象，没有顾客需求数据，因此也达不到激发客户的作用。

意识到新产品开发流程的前端需要新奇和创新的方法后，杜邦公司找到商业市场研究会（ISBM）并见到了 AIM 顾问公司，决定采用适合 B2B 产品开发的“新产品蓝图”（New Product Blueprinting）。B2B 产品开发与 B2C 有很多不同，从而新产品蓝图也不一样。第一，B2B 的客户都比较专业也很有经验，能为供货商提供新产品建议。第二，B2B 的客户大多愿意帮助自己的供货商，因为这么做等于是在帮自己，而且有可能降低成本并提高绩效。第三，B2B 客户会做出理性且坚定的决定。第四，B2B 的客户群相对较少，有关决策会受到供货商的影响。

“新产品蓝图”强调“深入”客户群。最常用的方式是访谈，而不用调查问卷，因为“与访谈相比，调查问卷不会获得更多信息”。较好的替代方法是进行一项创意生成访谈，取下“数字便笺”，把它们在大屏幕上展示以完全吸引顾客，以获得顾客的评论和反馈。在这个同步过程中，供货商和客户会有许多互动；客户能修正供货商的说法，而供货商也能挖掘客户的评论。在“新产品蓝图”中，焦点是找出客户最希望看到的产品，让供货商据此找出可行的解决方案。“新产品蓝图”也会使用量化指标，特别是市场满意度缺口（Market Satisfaction Gap，MSG）。MSG 的计算方式是重要度×（10−满意度），对现有产品的重要度与满意度是以 1～10 分来评分。MSG 大于 30 即标识存在一个显著的市场机会。

杜邦公司“新产品蓝图”的初始试用相当成功。当时有三个新项目。第一个是针对亚洲市场的展示用产品，通过客户互动发现，市场对任何新产品的渴望并不高，该市场细分价值不大。第二个是针对全球电子市场的产品。产品大部分的内部开发已经完成。在适当摸清楚了顾客期望的结果后，发现至少还需要五年的产品开发时间。第三个是一个全球性的太阳能产品，公司的能力恰好能满足大客户的需求。因此“新产品蓝图”的结果是：终止第一个和第二个项目，避免了两个昂贵的失败，批准第三个项目，第三个项目后来也证明十分成功。

“新产品蓝图”和传统的“顾客声音”分析有何不同？它对顾客声音分析有什么补充？你觉得“新产品蓝图”适用于像金宝汤这样的消费性公司吗？适用于医院或银行等服务业吗？请说明原因。对于杜邦公司这类高科技制造企业，新产品蓝图有何缺点？

案例 罗技公司（B）

回顾一下第 10 章末的案例罗技公司（A）。开发时间又往前进行了几个月，全面筛选已经完成了，而低价的数字监视器系统的产品概念也轻易过了关。艾文和安德鲁都非常兴奋，甚至已经给新产品取名为 LukWerks（音同 look works）。

现在我们对技术层面已经了解很多。数字技术已成熟，并且有效。有可能生产出一种摄像机用于动态监测；实际上，把用于动态监测、数字处理与数据压缩的软件都直接内置在摄像机中，也是可能的。数据可以经由以太网络传至任何计算机，完全不需要特别的专用计算机，不需要拉一大堆不必要的线，甚至在墙上打洞。用户可以用自己的计算机直接下载 LukWerks 软件，并储存影像。

以上描述的摄像机可以很容易生产出来，而且能在室内安全使用。需要克服几个其他的技术难题来生产户外版本的摄像机（如前所述，户外摄像机关注部件防护能力和红外线夜视能力）。这些难题不是不能战胜的，但是需要另外的技术，也许需要一些额外的开发时间。

最后要考虑的是价格。现在，艾文和安德鲁认为，他们头脑中的产品一旦商业化，一台摄像机包含软件可以定价为大约 300 美元，他们也想向那些想要多功能摄像机的用户销售更多的摄像机，多一台的定价或许只要 250 美元。

首先，想想协议的想法是否适合 LukWerks 的情况。然后写下客户被访谈时可能强调的五种产品利益。然后去决定当用户使用 LukWerks 时如何衡量这些利益。

其次，检查协议中的清单内容，想想对你刚刚写下来的利益点，是否还可以补充更多。在这种简单的状况下，要补充的东西并不多，但应该还是有一些的。要特别留意营销的要求。

最后，虽然你可能并不从事数字摄像机监测行业，本案例已提供足够的技术信息，让你可以尝试使用基本的“质量屋”进行分析。考虑客户的每一项利益，并将其转化为工程特征。举一个简单的例子，顾客的需求是安装便利性，工程特征就是删除那些安装摄像机需要的任何特殊技能或特殊工具。如果这款摄影机能放在桌上或像一幅画挂在墙上，就不需要任何挂画的技巧。

第Ⅳ篇

开发

在创意流程和早期评估的推进过程中，我们需要决定开发哪一个概念。决定可能很快就能做出，因为一个关键顾客想要这个产品并且准备协助我们开发；也可能很慢才能做出，因为需要进行概念测试并对投资和运营成本支出进行审核。此时，产品协议已经写好，之前的财务规划也为产品开发准备好了资金。

现在的任务，就是要去执行这个产品协议。这时，可能需要进行广泛的技术搜索（如针对一个新药品），也可能根本不需要技术搜索（如针对一个新服务）。最关键的问题，可能在于工业设计，也可能在于最新计算机芯片的技术性能。执行产品协议可能并没有更多内容，而仅仅是确认一下新曲奇产品的配方以进行概念测试。有的时候，比如吉列公司开发一款新刀片时，技术开发可能会进行几年时间。

此时，需要更高的创造力、更强的艺术形式，即使一个科技产品也应如此。不仅是研发人员，各部门的管理者都十分关注开发的进展情况。产品协议一旦写好，团队中来自其他部门的人员就不能再撤回坐等工程师生产出最终产品原型。最好的办法是，我们将开发阶段视作市场所需的所有创造性元素的集大成，包括融资、分销、推广、技术服务。如图Ⅳ.1 所示，图中左下角展示的是技术工作（包括设计、工程和制造），右下角展示的是测试、市场营销、法律等因素。两者并进直到上市。

在这个框图中，有一些令你惊讶的内容。

（1）注意，我们通常认为的技术创新任务，仅是图左侧的技术流的 15 个图框中的其中之一。实践中，这个图框可以被分解成上千个其他图框。许多公司常采用一种项目控制系统，即所谓的计划评审技术（PERT）或网络图，该图最初开发出来是用于 20 世纪 50 年代的第一艘核潜艇 Polaris 的研发。网络图使用图框（“节点”）和连接线表示某一项目中的任务流，以及这些任务之间是如何关联的。在汽车行业，仅一个部件（如仪表盘）的网络图都会很复杂，以至于无法打印在一张纸上。

（2）还要注意该图顶部的大图框。有时候，一项技术开发的准备工作可能需要花上好几个月找出人员，获得某一材料的权利，创造一项特殊的文化，进行团队培训，以及建立支持各种复杂活动的信息系统。

（3）通常，产品原型可能不止一个，有时候可能会有几十个甚至上百个，这取决于这个团队的运气。假定一个新型 Frisbee 飞盘的边缘形状可以很容易让狗的牙齿咬住，那么这个对于飞盘行业的竞争者来说，可能已经是一个飞跃了，但对于设计师来说，这绝非是一个慵懒的午后工作就能实现的。据说，爱迪生是在经历了上百次的失败之后才找到可以做灯丝的材料。

（4）开发人员必须不断停下来检查他们的工作——评估、检查、筛选、测试以及清空。总体上看这是必要的。因为将一个有瑕疵的设计实施下去是一种浪费，但如果在每个节点都叫停，也会渐渐消磨某些东西，比如士气。

（5）框图的技术一侧，是一种渐进评估。即使这个原型早期看上去不错，它仍需发展成测试原型，然后依次经历试验产品、大规模生产产品、市场销售产品这几个阶段，最终推向市场。原型演进的路径，与第 2 章图表解释的概念生命周期是一个道理。实际上，一件产品的开发从来不可能一次做完所有的工作，发生意外的情形比人们想象的要少。制作原型不是一件容易的工作，需要循序渐进。

（6）还需注意的是框图右边要素与框图左边要素之间的关联性。制作一个原型，需要同步启动包装的设计，批量化生产也将刺激技术性顾客服务活动的启动，生产一个即将开始销售的产品意味着销售网络已经就绪。

但是，我们不会同时讨论这两种流程图。我们会在第Ⅳ篇讨论技术性工作中营销的角色，在第Ⅴ篇讨论其他流程工作中营销的角色。实际上，我们从第Ⅲ篇开始就一直在讨论营销流，比如我们在拟定 PIC 时就需要明确目标市场，在概念测试时使用新产品定位陈述。

因此，本书的第 13 章，我们将讨论开发流程中包含的各种参与者、设计的本质以及生产力。在第 14 章主要讨论跨职能团队的形成和管理。在第 15 章主要讨论团队如何判别这个最终的产品原型是否真的做好了上市的准备，这部分内容我们在本书的第Ⅴ篇还将继续讨论。

在我们深入讨论之前，首先要明确，在技术部门开展工作时，营销的角色到底是什么。以下从 9 个方面来分析。

（1）确保每个人完全清楚协议的要求。终点是什么？技术小组如何知道他们什么时候完成工作？

（2）确保协议中的任务具有技术可行性，并且其时间和资金都符合开发预算。也就是说，该协议是否能获得所有技术人员的同意？

（3）提供一个开放性窗口，使工业设计师和系统设计了解市场上所有的影响力。营销人员不应只充当看门人的角色，更应是一名富有激情的导游。所有的开发工作（无论是技术层面还是营销层面）都应该以市场知识为基础，这是真正符合市场以及公司利益的。

（4）提供一个持续的过渡性机会，以对新产品的各种版本进行测试，就是说，把早期的内部测试和后期的客户使用测试结合起来。

（5）确保在任何合理时间技术人员都能够找到营销人员。因为营销人员常常会忘记技术工作正在进行中。实验室里一个常见的笑话是，科学家在离开实验室准备去吃午饭时，总会告诉他的助手："如果我的产品经理打电话找我，就留下他的名字！"

（6）通过小组会议、实验室参观、社会交流等活动，确保了解最新技术进展的消息。这不是监视，而是寻找机会将一些技术人员不知道的市场信息传递出来。在今天，一些团队拥有优秀的领导者，他们帮助缓和了这一问题，营销人员需要做的就是学习如何做一名好的团队成员。

（7）确保技术人员参与开发流程的营销一侧的决策中，尤其在开发阶段启动后，原先给定的条件如目标市场发生变化时。同样，团队之间要互帮互助。但是营销人员有时会分心，技术人员有时也会分心，所以我们就要告诉技术人员，为什么我们需要他们的投入，特别是在他们认为没有其手中技术工作那么重要的事情上投入。

（8）随时留意项目进度，创造性地寻找问题解决办法。例如，在第 14 章中，你会看到跨职能团队的好处，其中之一就是加速新产品的开发。在市场营销上节省一天和在技术上节省一天同样重要。

（9）将非市场营销部门使用的工作方式标记出来，可直接影响市场营销计划。这一行为通常被称为内部营销，包括技术部门（如推销手册中的技术信息）、制造部门（如成本降低和备用生产能力）、包装部门（如销售手册上的促销口号），以及人力资源部门（如上市时所需要的新人的挑选）。

第Ⅳ篇这些内容的目的，就是为了帮助你扮演这些角色。但你必须清楚，开发流程的技术一侧的复杂性超出大多数局外人的想象。千万不要轻视这些角色。

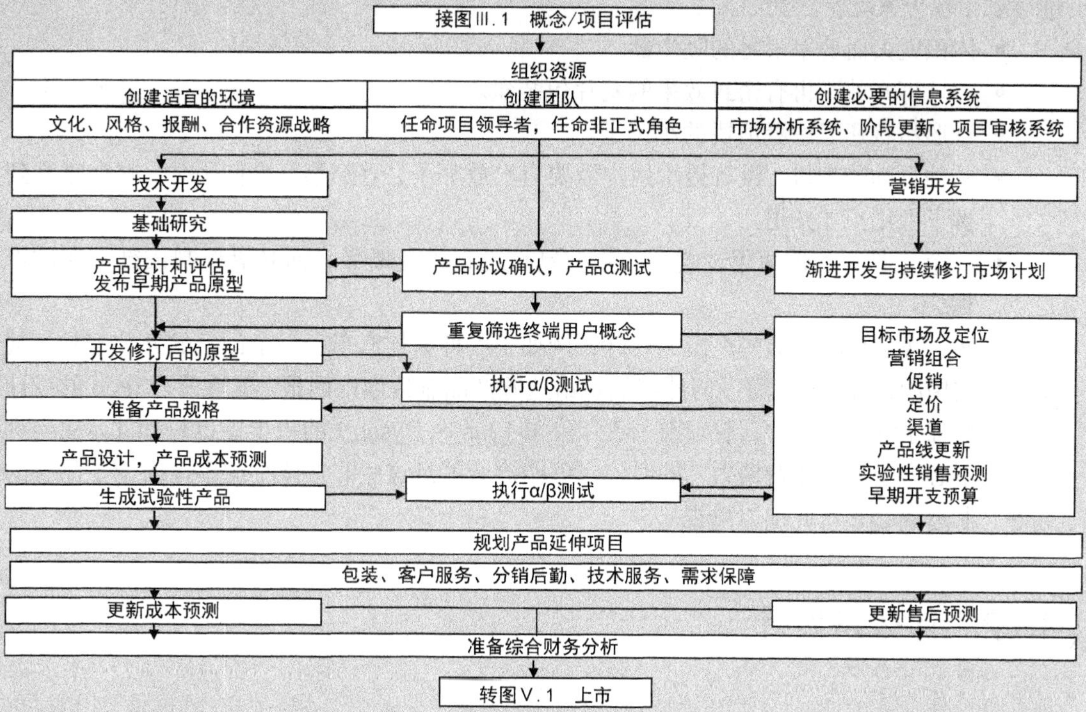

图Ⅳ.1　开发

第 13 章

设计

13.1 引言

本书的第Ⅳ篇讨论开发阶段的所有方面，包括产品设计、产品架构、原型开发、产品使用测试，以及组织和团队管理等。本章我们仅讨论开发阶段对于不同公司的意义，介绍设计及其作为战略资源的用途。本章还将讨论产品设计者的角色、新产品流程中设计与其他职能间的接口。

作为消费者，我们对设计不佳的产品都感到非常失望，并常常迷惑：这种产品怎么也能拿到市场上来卖？！例如：

- 体积庞大而功率不足的吸尘器。
- 一旦打开就不再有密封效果的麦片包装盒。
- 奇形怪状还无法翻煎饼的小铲子。
- 一种自助咖啡机，没有提示用户需要自己放杯子，直到第一次使用时，热咖啡溅到裤子上用户才知道。
- 一个光盘—磁带两用音响，磁带控制按键在光盘槽旁，而光盘控制按键却在磁带槽旁。

当然，我们也欣赏那些杰出的设计，例如，一种新款汽车、一个创新的办公家具，甚至一把实用的万能螺丝起子，当然我们也给这些产品制造商以回报。苹果公司 iPod 的设计和外观增强了它的吸引力，詹姆斯 · 戴森公司（James Dyson）的吸尘器也是如此。在当今这个“不必为小事去耗费精力”的时代，可能恰恰就是这些非常微小的事情决定了品牌的偏好，制造商必须对此加以重视。

13.2 什么是设计

有一位专家将设计定义为“将技术和人类需求加以综合，使之成为可制造的产品”。

但在实践中，“设计”作为一个术语，有很多种用法。对于汽车公司而言，设计指的是定型设计部门；对集装箱公司而言，设计指的是它的客户的包装设计师；对于制造部门而言，设计指的是设定最终产品规格的工程师。卓越的设计有助于提高产品的基线。设计出众的企业，拥有更好的销售利润率和资产报酬率、更高的净收入和现金流，同时也有更高的股票市场的回报。以苹果公司为例，在过去几年，苹果公司的 iPad、iPhone 和其他产品的设计，线条优美、现代感十足，获得了许多赞赏。这类产品干净、简单的线条设计，可以追溯到 20 世纪 60 年代著名的德国设计大师迪特·拉姆斯（Dieter Rams）设计的电唱机与收音机。在任何情况下，设计都不应被视为事后的工作，不应在已经准备制造产品的时候，再要求工业设计师对其进行美化。管理者有关设计的狭隘观点，会使组织丧失在内部进行设计创新的潜力。

13.3 设计驱动的创新

一些专家已经指出，传统的双重驱动的产品创新战略（技术驱动或市场驱动），忽视了设计的潜在力量。不管是技术驱动的创新还是市场驱动的创新，设计都是次要角色。技术驱动的创新始于技术，设计的作用只是对产品进行改进以纳入性能特征；而市场驱动的创新则始于顾客，设计的作用也只是对产品进行改进以满足顾客期望。设计学者罗伯托·韦尔甘蒂（Roberto Verganti）提出了第三种路径：设计驱动的创新（design-driven innovation），让设计本身发挥主导作用。他说：

> 设计引进了大胆而创新的竞争方式。设计驱动的创新不是源于市场，而是创造新的市场；不是推动新技术的产生，而是推出新的内涵。顾客还未曾要求过这些新内涵，但一旦体验过，就会爱不释手。

韦尔甘蒂举了一个茶壶设计的例子。这个茶壶由艺术家迈克尔·格雷夫斯（Michael Graves）设计，由意大利制造商艾烈希公司（Alessi）进行销售。大部分茶壶都属于实用型的用来煮开水相当有效率，或许一天只用 5 分钟，但其他时间却占据着厨房的空间。格拉夫的设计则能让人感到“愉悦”，吃早餐时心情更加舒畅。茶壶的外观很有吸引力，圆锥体设计，底部面积大，不会在炉面上产生晃动；茶壶的把手上安装有拱形垫料，避免倒开水时烫伤手；壶嘴采用小鸟造型，水开了时就会发出汽笛叫声。这款茶壶不但不会占用空间，还成了家庭装饰的一部分，拥有这款茶壶的人可以向人们展示它并引以为傲。实际上，与这款同样的产品在大批量生产，并以很低的价格在目标商店销售，这意味着大众对这款高水平设计产品的认可。这个案例清楚地表明，产品功能与其卓越设计（产品外观或美感）一样重要。正如赫曼米勒公司（Herman Miller）的新产品事业开发主管肯恩·蒙茨（Ken Munsch）所说：“醒目的形象源于优美的造型、现代的风格，只有美是不够的，产品必须实用。设计包括了人类的所有接触界面。”

13.4 新产品流程中设计的作用

在新产品流程中，设计的潜在作用有时会被低估，这可能是因为其他职能领域的管理者们对设计师、设计管理及设计功能缺乏了解。设计师经历了严格的训练，学习如何设计出机械功能良好、结实耐用、安全简便、材料易得、外表美观的产品。显然，这些要求之间会有许多冲突，因此需要熟练的设计师来同时满足所有的要求。

13.4.1 设计对新产品目标的贡献

为了证实设计的重要性，以下有许多种优秀的设计方法，能够帮助公司达成广泛的新产品目标，如图 13.1 所示。

加速上市的设计
易制造性的设计
差异化的设计
满足顾客需求的设计
建立企业形象的设计
环保的设计

图 13.1 设计对新产品流程的贡献

1. 加速上市的设计

英格索兰公司（Ingersoll-Rand）在创纪录的时间内开发出了气旋刻磨机（Cyclone Grinder，一种气动刻磨工具），这要归功于一个有效率的跨职能团队和优秀的设计。这个团队由营销、制造、工程人员组成，并与 Group Four Design 公司紧密合作，以识别顾客需求。用户在使用传统刻磨机时，经常抱怨机器难以掌握，而且这个装置在使用过程中变得冰凉，双手也因此常常冻僵。新的刻磨机更加符合人体工学（通常指造型符合人体，这里指易于拿握）、重量更轻，而且是由更耐用、更舒适的新合成材料做成，使用时会产生一些热能，因此双手不会冻僵。再者，之前版本的设计需要将 7 种不同的零部件组合在一起，而新设计的外壳一体成形，成本更低。

2. 易制造性的设计

这里有一个经典的例子，是 20 世纪 80 年代中期 IBM 公司的点阵打印机 Proprinter 的开发。当时，日本以其低档打印机占领了全球市场，但是，日本的打印机极易失去市场竞争力，因为它的设计并不完善，尤其是它零件繁杂，有数百个零部件、许多种铆钉和紧固件等。于是，IBM 公司设定了一个性能目标，即每秒打印 200 个质量优良的字符（这不是当时的标准，而是未来 4 年的预期标准），并且希望做到“无扣件”，即每个零件必须能轻易扣在一起。另外，开发时间也必须从标准的 4 年压缩到 2.5 年。IBM 公司实现了以上所有目标：最初的 Proprinter 只有 61 个零件，3 分钟内就能组装完毕。同样，Swatch 手表的设计也是为了易制造性。它的设计特征包括，采用约 1/3 的传统瑞士手表的运转部件、无法拆卸表背的塑料外壳、外壳与塑料表带一体成形等。因此，Swatch 手表的零售价比传统瑞士手表便宜得多。

3．差异化的设计

办公家具设计公司 Haworth 委托 Ideation Group 负责发现和评估顾客对概念性产品（没有明确市场的高风险产品）的接受程度。Haworth 公司认为，“非标准”的产品开发是概念性产品的必要条件。少数由 Ideation 开发的原型可能会上市销售，而且投入市场的这些原型（如 Crossing 产品线）上市后可能看起来与原来的概念设计相当不同。来自 Ideation Group 的好创意也可以成功进入现有的生产线或其他未来的产品，更重要的是，当 Haworth 公司在设计上更具原创性时，便可成功实现产品的差异化。而且，优秀的设计对于办公家具产业尤为重要，办公家具制造商 Steelcase 公司正是 IDEO 设计公司的大股东。

4．满足顾客需求的设计

深入了解顾客需求是必要的，只有这样的企业才能将具有巨大潜能的技术转化为产品，给顾客提供利益。要深入理解顾客需求，就要与最终用户合作（详见第 4 章）并听取顾客的意见（详见第 12 章），有时我们称为用户导向设计（user-oriented design）。

在英菲尼迪公司 QX4 运动型多功能车（SUV）的设计中，就广泛采纳了顾客声音的方法。营销主管史蒂夫・凯特（Steve Kight）当时说“QX4 设计是专为顾客而生”。在对纽约英菲尼迪的车主进行访谈和调查后，发现了这些车主对 SUV 的偏好：驾驶感觉要如轿车一般，上车要容易，价格要低于 4 万美元。英菲尼迪的目标市场是年龄 35 ~ 64 岁、家庭收入超过 12.5 万美元并愿意购买一辆豪车的人群，该公司向英菲尼迪的车主及非英菲尼迪的车主展示了 5 种不同的设计，其中最受欢迎的设计是一款以黏土和玻璃纤维塑造并加入了经销商建议的模型。这辆 SUV 开展了强有力的营销，在 *Smart Money* 等杂志上大量刊登广告，最终销量远超预期。

科朗（Crown）设备公司是一家铲车制造厂，公司开发了自己的 RC 铲车，并于 2008 年上市。铲车司机多年来一直抱怨的一个问题是，无法看清前方的状况，尤其当抬起装满货物的铲板时，视线完全被前方的货物挡住了。在这种情况下，必须有第二个人协助引导作业。而 RC 铲车巧妙运用了平衡系统，将铲板从前方改在侧边，如此一来就不会挡住司机的视线。RC 铲车不仅解决了司机经常抱怨的问题，还满足了司机的一些其他需求，如加大了铲车内的操作者区域，较大的桌面能够让驾驶员就近放置文件和工具，新设计的减震系统让行驶更平稳，以及外观更优美且更符合人体工学。RC 铲车使 Crown 设备公司的市场占有率大幅提高，并赢得了多项设计大奖。

通用设计（universal design）是指符合任何年龄或能力的人使用的产品设计。基于未被满足的顾客需求，通用设计原则可以用来开发产品的新市场。设计师运用通用设计原则时，往往会考虑实际情况下人们的能力。例如，有些人视力不佳，另一些人由于眼疲劳、手术复原或光线不充足而暂时有视力障碍问题，这时特大号按键的电话就能解决永久或短暂视力问题，并且任何人都能使用。全字幕电视、车库门自动开启装置、商店自动门，都是通用设计的例子。表 13.1 是对通用设计原则的说明。

表 13.1 通用设计原则

原　　则	举　　例
公平使用：产品的设计可以让所有具有不同能力的人都公平使用	公共场所可调节音量大小的付费电话；杂货店的自动门，以方便残疾人士和推着婴儿车或购物车的顾客进入
灵活使用：设计能够迎合各种不同的个人喜好和能力	带有大号按键的电话，以及左右手均可使用的剪子或刀
简单直观：设计应该易于被任何人理解和使用	咳嗽药上的彩色标签；宜家家居的使用说明尽量使用图示，缩减文字，以减少语言障碍；新款的 DVD 和 DVR 播放器都带有屏幕上的指示，便于操作
可感知的信息：无论四周的情况或使用者是否有感官缺陷，设计都应该把必要的信息有效传递给使用者	连接 DVD 和其他电子设备到电视的插头和插座都是彩色的，霍尼韦尔恒温器有数值显示，并且当开关启动时会有伴随着音响的光圈
容错能力：设计应该让错误操作所造成的负面结果减到最少	熨斗或咖啡机若超过 5 分钟未使用就会自动关闭；需要给手把上的杠杆施力才可以使用的剪草机
减少体力付出：设计应该尽可能让使用者毫不费力地有效使用	行李箱上的滑轮和手把；有一定倾斜角度的电脑键盘，以便于使用
足够的空间和尺寸：无论使用者的体积大小或移动能力强弱，使用者都能够就近操控和使用设计的产品	惠尔浦双开门冰箱有着标准长度把手；Copco 厨具制造公司设计的菜刀把手适于任何手掌大小的人使用；宽阔的车门让使用学步车或轮椅的人更容易上下车

5．建立企业形象的设计

许多企业通过自己的产品来建立视觉资产——一种企业持续展示的可识别的外观或感觉。产品设计有助于建立公司在大众中的形象，并最终建立公司在企业中的形象。苹果公司的计算机及各种产品设计一直在强调外观的用户友好；劳力士的所有手表都有经典、高贵的外观；Braun 家电的设计则通过线条和颜色传递出简单和高品质的信息；诺基亚手机的设计都有共性元素，使产品显得独特而又相似，这些共性元素被称为“诺基亚 DNA”（Nokia DNA）；宝马的全新设计车款（如 Z4）与其经典车款仍有相似的设计属性，如独特的车头格栅。

6．环保的设计

可拆卸设计是指产品在使用后，能拆解下金属、玻璃、塑料等零件并循环利用的技术。

在汽车制造商中，宝马公司已经在其汽车产品中采用了可拆卸设计和循环利用。对使用过的塑料零件进行分类、回收，再制成新零件，其他零件也进行回收或再制造，而无法使用的零件则当成燃料来制造能源。

事实上，绿色设计现已成为许多公司的推动力。斯巴鲁汽车就是一个好例子。斯巴鲁公司美国印第安纳厂的资深副总裁托马斯说，斯巴鲁“已采纳节约、回收、再利用的环保理念”，并已达到“零废弃”状态，其回收利用率达到 99.8%（剩余的 0.2%为有害废料，根据环保法规必须销毁）。斯巴鲁公司与供货商合作使用可回收的包装，同时与当地负责搜集和回收材料的公司合作，为回收材料寻找市场。回收再利用使得斯巴鲁公司减少了废弃物并节省了成本。苹果公司也为其产品 iPad 在官网上做了一些环保声明：面板显示器绝不含汞。绝不使用 PVC 塑料，铝制和玻璃制的外壳也是可回收的。

表 13.2 根据设计目的和设计元素两个准则，展示了多个设计维度。设计不是简简单单地画出一个新型微波炉图像，而是兼顾外形和功能、质量和风格、艺术和工程等各个方面。简而言之，一个好的设计应该具有美感，讨人喜欢，易于正确制造和使用，可靠可信，并且在操作和服务上具有经济性，还要符合回收标准。人体工学（Ergonomic）也是一项重要考虑因素，这一因素可被定义为研究人体特征以进行适当的设计。在本章的开篇所提到的那些疏于设计的产品，如果多注意人体工学，或许就能大大改善其质量。一个杰出的设计决定着新产品是如何满足顾客、零售商及其他利益相关者的需求的，因此它是产品成功与否的一项重要决定性因素。

表 13.2 引导设计应用的范围

设计目的	设计元素
美学	商品
人体工学	服务
功能性	建筑
可制造性	平面艺术
服务性	办公室
可拆卸性	包装

注：设计是一个很大的词汇，覆盖了许多人类活动的领域，尤其是新产品领域。新产品领域对设计元素中的 2 类（商品、服务）和设计目的所包含的 6 类做出了很大贡献。有些人认为，即使设计元素中余下的四类，对于生产这四类元素的组织来说也是产品。

举一个创新设计产品的例子：吉列公司的 Oral B 部门的电动牙刷 Cross Action 产品。研究人员把人们使用牙刷刷牙的过程拍成视频，以确定人们真实的刷牙模式，然后使用机器手模拟刷牙动作。使用高速摄影机和计算机影像对不同的产品原型进行测试，从而找出了清洁牙齿最有效的硬刷毛结构。

在考虑顾客对产品的最终接受程度时，设计的作用就容易理解了。以一款新车型的设计为例，如果新款的风格与现有车款没什么差别，顾客可能会觉得乏味或太过保守。但另一方面，如果这个新的设计看起像从外星球来的，多数顾客可能又会觉得太过前卫甚至丑陋。如果一家汽车公司投资 20 亿美元进行新款车型的设计，那么我们不难理解为什么公司花费 100 万美元仅仅用来研究如何使新车的风格和外形保持适当平衡。通常，新车开发团队会用焦点小组法来获取人们对产品的最初反应，接着向许多潜在购买者展现真实尺寸的模型，或在计算机屏幕上展现汽车外形。尽管经过了谨慎研究，但也可能得到错误的结果，因为顾客自己也常常不知道想要什么样的风格。

13.5 产品架构

产品架构（product architecture）是指将顾客的需求转换成产品设计的过程，这是通向产品设计的一个关键步骤，因为一个坚实的产品架构有助于提高产品的最终性能，降低生产过程中产品变化的成本，加快产品的上市速度。

要了解产品架构的开发，可以以一个包含许多部件（components）的产品来讨论，比如，一个便携式 CD 录放机有底架、马达、光盘驱动器、喇叭等部件，这些部件组合成各种组件（chunks），如底座、光盘处理系统、录音系统、放音系统等。同样，一个产品也是由许多功能元素（functional elements）所组成的，比如 CD 录放机就包含光盘读取、录音、放音、调整音质等功能元素。产品架构指的就是功能元素是如何被分配给组件的，以及组件之间是如何相互关联的。

13.5.1 产品架构的开发流程

产品架构开发是一个分步骤进行的过程，这可以确保产品设计与顾客需求保持一致，并最终与产品创新章程保持一致。图 13.2 是这一流程的简化形式。草率的产品架构会导致产品出现像先前提及的 CD 播放器那样的控制键不协调的情况：虽然每个部件都完美地运作，但从产品用户的观点来看，这些部件组合的方式就令人费解了，其实，只要小幅修改就能获得一个易懂的，易用的产品。

（1）创建产品草图。草图显示的是产品的部件和功能元素以及它们之间的相互关联。在这个步骤中，需要开发出多套供讨论的备选草图。对 CD 录放机而言，这家公司可能开发出不同的版本，如一个带有标准立体音响系统的版本，一个带有小型单独扩音器的版本，以及一个只能使用耳机的版本。此外，CD 录放机包含了与光盘驱动器、录音功能、放音（录放或扩音）功能、电源供给等功能相关联的部件。

（2）组合草图中的元素。这里，要完成对组件（模组）的定义。在图中，输入、光盘、输出及电源等组件都会被分别识别。这些组件之间的相互关联应该是简单的，以便容易进行更换，并确保尽可能地利用制造能力。如果希望产品中的某一部分能迅速更换，那么这一部分就必须做成一个独立的组件。比如，如果预计新的光盘驱动技术带来的是录音容量比之前储存多 10 倍且大小只有原来的 1/4，则现有的组件就应该设计成能够在必要时可更换的。

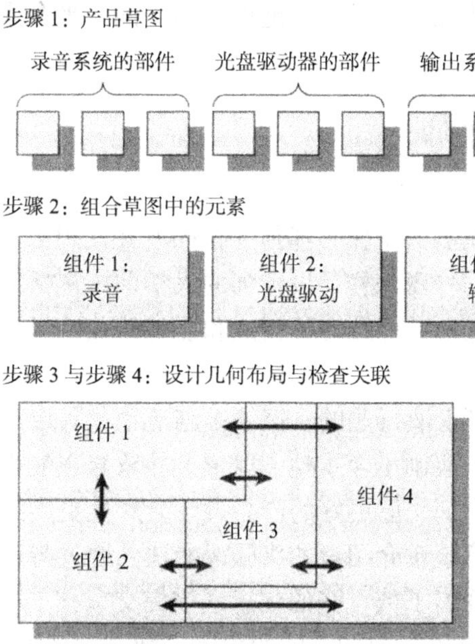

图 13.2　产品架构图示

（3）设计几何布局。这里，采用仿真、计算机辅助设计或其他技术，对产品进行各种不同的配置，以确定最佳的解决方案。例如，光盘的托盘应放置在 CD 播放器的前面还是侧面？扩音器（若有的话）应放置在何处？可能的几何布局如图 13.2 所示。

（4）检查组件间的关联。就是要理解各个组件之间的接口上发生了什么。在 CD 播放器中，录音时的声流会以数字信号的形式输向光盘，放音时的声流便是来自光盘的这些数字信号。

13.5.2　产品架构与产品平台

显然，认真进行产品架构开发，对于公司建立产品平台十分重要。如第 3 章所说，汽车制造商便是以设计平台的方式思考，而不是以单个产品的方式思考，极少有例外。一个成功的平台，既能在一开始就引导出一辆成功的汽车，也会在未来引导出更多的车型，例如，大众新甲壳虫车型（New Beetle）就是在现有大众高尔夫车型平台上制造的。

如果该架构允许设计师可以较容易地更换组件或模块，那么当技术改进、市场定位改变或制造技能提升时，他们就能设计出许多新产品。这就是百得公司为什么能够开发出这么多不同的电动工具产品，而仅仅有几个基本发动机平台的原因！

以大众汽车为例，新甲壳虫车型被称为衍生产品（derivative produce）。衍生产品是指一系列产品是基于一个现有产品的平台，但在技术上以及满足顾客需求方面进行了渐进性的改进（如经典的金龟车的外观）。根据加入特性的多少，衍生产品的制造成本几乎相同（如 Swatch 手表的新款设计），也可能即便成本更高但提供的价值也更大。一些特性可能被剔除以生产出低成本的衍生产品。此外，如果要节省更多成本，还可以通过不同产品间采用标准化零部件的方法。无论哪种情况，关键是要能做到基于同一平台来更换模块。

13.6 工业设计和工业设计师

工业设计师是一类创造性人才，他们的工作是抓住一个问题并设想出一个解决方案，他们关注产品是如何运作的以及产品的外观怎样。设计师的大学训练包括艺术设计、机械工程、原料与工艺、美术或制图等，正是这种结合了技能和能力的独特组合，决定了设计师在新产品流程中具有特殊作用。

现实生活中，有这样一个例子：修正液行业的一家领军制造企业聘请了一位工业设计师。一位用户的问题被识别出来：修正液刷子会干掉、变形，导致修正液难以使用。一些明显的解决办法是：扩大瓶口或改良涂剂，但更好的产品设计会产生更多的创造性解决方案。为完成这项任务，设计师采用了第 5 章介绍过的头脑风暴法。通过与产品团队里的营销人员和工程人员共同合作，设计师画出了数百张的创意素描提交审核。这些创意素描包括装有白色修正液的笔、各种不同的笔尖（包括不同的角度、弹簧承载方式等）、不同类型的笔帽，甚至还有像胶带座一样的笔帽。除了使用创意素描之外，这些创意也可以使用 Photoshop 等软件来进行计算机生成。产品团队依据外观和可制造性对创意逐一评估，并选择其中最好的一个，再由设计师做出更具体的效果图。

没有哪个单个创意能成为最终的设计概念，并用其进行原型开发。每个创意的最佳部分会通过一个步骤组合成一个单一设计，这一步骤就是设计合并（design consolidation）。此时，要尽量多地将细节充实进来，包括装饰图形、品牌名称与商标标识（如果已知的话）等，因为这是在对该产品投入大量资金和人力资源之前的最后一次评估。一般来说，此时最好用计算机生成效果图。新产品团队的其他成员会提供信息，以决定该产品是否可以制造和上市销售。

采用这些步骤，该公司设计出两种新的修正液并上市。第一种是将修正液放入圆珠笔的容器里，挤压笔时，可在打算修正之处挤出平滑流畅的修正液。第二种是修正带，它能在打算修正之处覆盖上一条干的白色带子，让使用者可以立即修正，而不需等待修正液变干，但这需要额外两年的时间开发。

工业设计师在决定一个设计的适合性时，会考虑许多因素，包括用户界面的质量、情感上的满足、保养与维修、资源的合理利用以及产品的差异化等（见图 13.3）。比如，情感上的满足包括手机盖关上时发出的声音，“咚”声比“咔嗒”声更吸引人。诺基亚公司了解到这一点，工程师就对弹簧架构和滚珠轴承设计进行了改进，让声音听起来更顺耳。

除了这些因素，工业设计师还必须在因素之间做出取舍。使用明亮的颜色，或许增加了人们对电话答录机的情感满足，却降低了感知质量。而且，这些美学因素常因人而异，使得设计师的工作更为艰难。

用户界面的质量
用户是否理解产品以及它的使用方式？使用起来安全吗？例如，汽车仪表盘的设计，按钮是否清楚？灯光、雨刷、喇叭的开关是否容易找到与操作？

情感上的满足
这项设计吸引人吗？令人兴奋吗？预期的用户为拥有该产品而自豪吗？当启动发动机时，汽车会发出令人满意的轰鸣声吗？

保养与维修
保养的程序清晰并且简单吗？所有的液体容易更换吗？容易识别液体流往何处吗？

资源的合理使用
该产品包含不必要的性能吗？或者，缺乏关键性能吗？选择最好的材料时，考虑环境和生态因素了吗？比如，汽车的烤漆类型。

产品的差异化
设计凸显了产品的差异性吗？值得纪念吗？与公司的形象匹配吗？当未来的豪华汽车拥有者在展示中心观看时，他们会说汽车的样式很出众吗？

图 13.3　工业设计的评价因素（以汽车为例）

13.7 原型开发

对于大多数人而言，原型（prototype）这个词会令人浮现出一个图像：一个功能完整、尺寸真实、已准备好给潜在顾客检查的产品。但工业设计师对原型的定义更为广泛。一个综合原型（comprehensive prototype）是所有这些已完成的原型中的一个。工业设计师也使用所谓的焦点原型（focused prototype），用于对产品的个别属性或特性的表现进行检测。自行车或汽车制造商可以建立焦点原型来检验顾客对于产品形式的反应。焦点原型可以是用泡沫塑料或木材做的自行车，或是大略模拟新车内装的座椅、方向盘及仪表板等配置的木制架构。自行车制造商可以进一步开发粗略但可操作的原型进行实验，以决定产品如何运作。回想一下第 2 章 Iomega 磁盘驱动器（Iomega Zip Drive）开发的例子，在产生顾客喜欢的原型前，曾有许多许多无法运作的原型被制作出来，其中包括一些盖板轻弹即开的原型。

实际工作中，应该制作哪种或哪类原型呢？答案是，取决于下列因素：

首先，取决于该原型打算的用途。焦点原型可用于探索和学习类的产品开发，开发出新问世产品，如 Zip 磁盘驱动器；焦点原型也可用于并非世界首创的新产品，以了解产品是如何工作的、能在多大程度上满足顾客的需求。例如，宝马公司的设计师为宝马 3 系列的新车设计了黏土模型，并将这些模型送往法国南部，远距离观察在阳光下的效果，以确定是否有线条或外形的缺点。现在就做出必要的改变，比在之后的开发流程中进行改变花费要少得多。

其次，当要确定所有零部件是否能够组合在一起时，就需要有一个更完整的综合原型。这还有一个好处，就是新产品团队各种成员们都会通力合作来完成这个综合原型。

最后，更多的不断进步的原型，可以作为里程碑。追踪这些原型的绩效，可以发现原型是否在朝着预期的水平迈进。

当然，如果存在一个综合原型，就可以将其拿给潜在用户，进行实际使用测试，以做出改进。这就是众所周知的产品使用测试（见第 15 章）。

13.8 设计流程中的接口管理

新产品经理必须牢记，产品设计不只是设计师的责任！历史上，在那个职能部门山头林立、产品开发缓慢、直线式、阶段式的产品开发时代，工业设计师主导了大部分生产有形产品的企业的行为。但到了今天，工业设计师必须与其他职能人员共同合作。有些讽刺的是，设计师加入团队，表面上似乎失去了主导权，但实际上提高了设计的影响力。当然，新产品经理的任务就是将这一思想实现。

在产品设计任务中，有很多参与者，某些参与者的作用比其他人更直接，如同在图 13.4 中显示的。该图是一个描述参与者如何协作的模型。模型多少有些线性化，实际上开发工作是重叠的或平行的。

可以看出，这个模型是描述如何将问题提供给参与者、特别是带给设计师的。工业设计师接受过美学（造型）的、结构完整性的、功能的（产品如何运作）等方面的训练，这些是与设计工程师相交叉的，而设计工程师的工作就是将造型转换成为产品尺寸或产品规格。技术人员并不缺乏对造型的见解，设计师也不缺乏机械运作的概念。对于双方都有经验与想法的一般产品来说（像鞋子或餐具），更是如此。

图中有一个复杂的地方，就是支持性参与者。供货商通常比顾客更了解他们的材料，这就是为什么百得公司（Black & Decker）在设计完成前就选择了 Snake Lite 作为供应商的原因。像飞利浦这种大企业，会投资创建大规模的造型设计中心，中心的设计技能均优于一般的工厂设计师的设计技能。顾客几乎总是贡献一些出人意料的好创意。结果，这个造型中心就成为一个观点综合体，汇集了远远不止直接参与者的想法。如果我们将公司所有的其他人员列入支持性参与者，那我们在第 14 章讨论新产品团队组成时，就要回到这张职能列表上。

上述这些带来的结果就是混乱。为什么一些国家的产品会被日本和德国的新产品打得落花流水呢？上述问题正中要害。比如，在日本，产品设计的含义远远不止用户对产品的外观和感受，而是意味着各种工程上的应用。一位观察者认为，设计在日本是指“一个全面的企业流程，包括确定顾客需求，把顾客需求转换成概念、详细设计、工艺计划、工厂设计、产品交付及支持性服务”。这个思想将最终用户需求的整体观以及满足这些需求的整体结构融合在一起。设计被视为是满足顾客需求的一系列垂直性方法，个人技能并非其核心内涵。

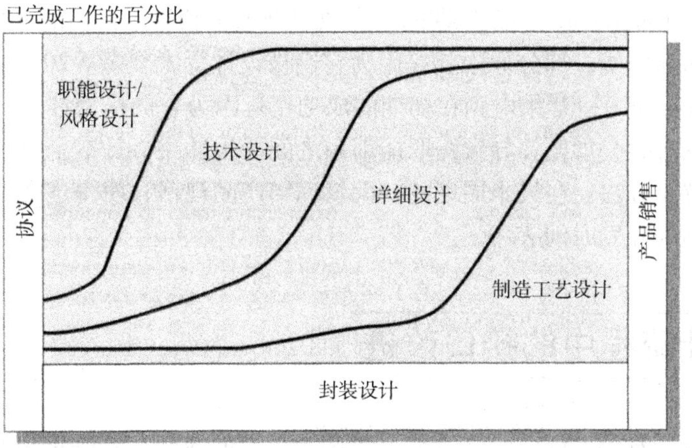

开发时间范围：

核心团队的成员要全部参与 4 个阶段的工作，不过第一个阶段的领导权一般赋予工业设计师，中间两个阶段的领导权归工程设计，最后则归程序设计和制造工艺设计。这些术语在实际应用中有多种变化。在化学和制药行业，设计和工程职能被研究和开发取代。有的企业产品工程取代了工程设计，它们还进行产品工程师和工艺工程师的对比。

对于服务业，这些步骤是一样的，但不是开发一个实物而是开发一个服务顺序或一个技术能力，如金融业的投资服务、有线电视系统、办公室设计服务等。

与产品（或服务）开发同步进行的还有产品的附加因素——售前与售后的服务、质量保证及公司形象等。这些工作通常由营销人员领导，称为封装设计，跨越图中的各个阶段。

设计过程中的参与者

直接参与者	**支持性参与者**
研究与开发	设计顾问
工业设计师和造型设计师	营销人员
工程设计师/产品设计师	零售商
制造工程师和系统工程师	卖主/供应商
生产操作	政府
	顾客
	公司法律代理人
	技术服务

图 13.4　产品设计流程的模型

而在美国和欧洲，参与者从一个项目到下一个项目，像“走马灯”一样不停地变换角色。尽管工业设计师被高看一眼，从早期阶段开始就成为新产品团队的称职成员，但一些设计领域的纯粹主义者和传统主义者拒绝这种改变。设计和营销的运作有着完全不同的文化，并且这种文化差异很难磨灭。

在某些情况下，设计师承担了一个扩展的角色——成为最终用户和高层管理者之间的纽带。与最终用户结合得越紧密，就越能给期望的设计带来越多有用的信息，从而了解哪些设计变更是所需的。同时，设计师还充当着产业中信息管道的角色，比如，给产品开发团队推荐新材料等。

设计工程师和造型师经常遭到指责，说他们仅仅考虑产品的不断改进，而拒绝让产品投入生产。在汽车行业曾经有一个说法：工程师们从不主动交出任何东西，新车主管只好自己跑过去拿走。太多的设计变更，结果是太多的产品特性或零件，以及上市不断推迟。

苹果公司的牛顿（Newton，一款早期的个人数字助理）和施乐公司的 S200 复印机，其表现从来都没有达到期望，部分原因就是因为它们被设计得太复杂。20 世纪 80 年代的个人计算机也可归于此类——苹果电脑在初期的成功正是因为它的易用性。

这样的反感有时会加剧，导致跨职能部门之间产生冲突。日本企业针对这个问题为世界提供了一个解决方法：在技术周期的初期就冻结产品规格，使得这之后想到的创意只能纳入下一代模型的开发时间表中。

13.9 设计流程中的接口改进

大部分与设计有关的问题，在开发过程中是并发的或者与步骤重叠的。从第 12 章中的讨论我们可以清晰地认识到，预先的产品定义（产品协议和企业原型）是相当重要的。目前在开发阶段所使用的一些技术，不仅可确保设计与其他职能在开发阶段的精确整合，还可以确保所设计的产品以低成本的方式制造。

这些技术当中较重要的，是联合办公（colocation，将不同的职员或职能部门布置于相近的地点）。开发阶段的沟通相当混乱，如果这些不同的小组不经常联络并合作，就一定会有信息遗失或隐藏，从而导致无效工作，甚至延迟整个运作的执行。另外，在大型企业中，由于研发中心距离营销部门办公室以及制造生产线甚远，这个问题更加严重。许多公司都已尝试用联合办公的方式，来缩短沟通过程和提升团队凝聚力。例如，摩托罗拉公司在开发 Bandit 寻呼机时，便让其开发团队联合办公，结果 18 个月就完成了这个项目，比正常的开发时间少了一半。福特、本田、美国电话电报公司（AT&T）、约翰迪尔（John Deere）等其他公司也都有相同的成功案例。

联合办公有助于整合个各部门，改善信息流，让团队成员更快地识别和解决产品开发的问题。但是，联合办公必须谨慎规划和处理。为使团队成员在联合办公而将技术卓越中心解散，这可能不是个好主意，因为如果联合办公地点与原工作地相距过远，非但无法立刻解决问题，反而增加了团队成员的问题，而且还可能存在一种主场优势。如果会议在营销部门举行，就会认为营销人员更具影响力，所以，团队成员必须愿意拆除职能围墙，改变与其他职能部门成员共同工作的态度。否则，联合办公虽方便了交流，但并不能真正实现跨职能整合。

许多企业使用 Lotus Notes 邮件系统或 WedEX 视频会议系统等通信技术，即使不进行真正接触，也能达成联合办公的效果，这称为数字联合办公（digital colocation）。有趣的是，有关研究建议，为方便知识传播，数字联合办公和面对面联合办公可互为补充，相得益彰。

近年来，全球团队（global team，团队成员至少来自两个不同国家）逐渐增加。信息技术的发展，如视频会议、电话会议、电子邮件、公司数据与电话沟通的结合、定期信函等，让全球团队有更多可行的选择。全球团队在新产品开发中越来越流行，我们将在下一章讨论全球团队管理。

有时，公司也会应用一些其他技术。一些公司通过设置可生产性工程师（produceability engineer）岗位来解决问题，他们作为独立的第三方人员，既了解设计也了解生产，同时还能够在设计部门中工作，验证设计决策是否符合生产需求。因为是第三方，所以可避免一些不同部门之间的争斗，但这不是一个令人满意的解决办法，因为很少有公司希望因此而增加一位工作人员。如同第 12 章所述，质量功能展开（QFD）也有助于新产品团队不同部门成员间的合作，并有助于持续聚焦顾客的需求和利益。顾客需求（协议中相对应部分）是该方法的一个固定部分，不容忽略。

此外，与上游供货商合作也是一个可能的选项。当然，这么做会有安全风险、专利的不确定性、突发事件中无法下达指示等顾虑。但多数企业还是通过使用技术搜寻、要求供货商量身定做产品或将供货商纳入新产品团队等方式与供货商合作。例如，克莱斯勒公司就裁减了供货商的数量，与供货商建立更长期的关系，并要求保证供货商的质量以提升全球竞争力。

提供给最终用户真正需求的产品，是任何供货商的最佳利益，因此双方可以从整合活动中获益。

13.10 计算机辅助设计和可制造性设计

计算机技术的进展，不但有助于成员团结在一起，也凸显了所有参与者的重要性。计算机辅助设计（Computer-Aided Design，CAD）、计算机辅助制造（Computer-Aided Manufacturing，CAM）、计算机辅助工程（Computer-Aided Engineering，CAE）、可制造性设计（Design For Manufacturability，DFM）等，使得产品设计和开发工作极有效率。

这些技术有很多优点。团队成员必须共同工作以了解和使用这些技术，强制性将所有需求整合成一个分析性集合，效率很高，比人工能做的工作更多。此外，这些技术也改善了那些缺乏地位的团队参与者的形象。例如，过去制造必须跟在设计和营销后，甚至很少有企业邀请工厂人员参加会议，工厂人员总是按照给的设计进行制造。但在很多企业中，这种模式早已过时，所有企业都不应再按照这种模式进行生产。

产品设计者经常使用可制造性设计（Design For Manufacturability，DFM）技术，寻找让成本降至最低的方法。平均高达 80%的产品成本是在产品设计时决定的。在设计阶段，某个看似不重要的细节可能会造成之后巨大的制造成本，因此早在产品设计时就需要考虑制造上的影响。另一个偶尔会听到的术语是问题前置（front-loading），指的是在新产品流程的初期就要识别并解决设计中的问题。

最重要的可制造性设计流程是面向装配的设计（Design For Assembly，DFA），即考虑并检验设计的易装配性和易制造性，以及鼓励产品简化。如前文提到的 Proprinter 打印机案例，易装配性设计能减少零部件，降低材料成本，节省装配时间。有很多 DFA 软件，首先要介绍的就是位于美国罗德岛的 Boothroyd & Dewhurs 软件公司的软件，通过编排制造条件以及有关特定的装配操作的信息（如汽车装配线），DFA 软件能反映任何设计方案所需要的时间和成本结果，也能指出造成时间推迟或成本提高的主要设计要素，所以设计师能据此直接完善设计。可惜的是，设计师没有面向营销的设计（Design For Marketing，DFM）的相对应软件。除非开发者非常清楚并接受此协议，或者在设计期间销售人员或顾客在场，否则开发人员的行为可能只有利于工厂时间或成本，而不利于顾客的价值和效益。

3D 计算机辅助设计已成功地应用于问题前置时对设计问题的识别上。例如，飞机或汽车的设计师在有限空间条件下进行设计。传统的 2D 工程图可能无法了解到所设计的冷气机管并不适合新飞机的结构；汽车仪表板设计人员可能也无法知道音响系统的位置太接近发动机，这些情况都可以立即使用 CAD 进行修正。Iomega 公司在设计 Zip 磁盘驱动器中，同样运用了 CAM，即原型完全由计算机产生 3D 影像来建立。同样，波音 777 的设计也使用了 CAM，并利用计算机仿真人员爬进新设计的飞机中进行保养工作，结果发现地勤人员难以触碰到其中一个导航灯。企业无须制作昂贵的原型来发现这一缺陷，何况这种设计修改很容易完成。

汽车制造商也使用 CAD 技术来改善底板流程（decking process），即把汽车的动力系统装配到车身上方（类似于制作一个三明治时，所有原料的形状大小必须完全相符）。如克莱斯勒公司就可以在真正开始进行实体底板装配之前，使用 CAD 图样模型找出并解决装配是否相匹配的问题。现在，在头一两次实验中，底板装配不到 15 分钟就完成了，而不用费力地进行多次试误调整过程。

另一种 CAD 的应用是关于汽车防撞的。宝马公司使用撞击模拟装置，仿真“撞毁”了许多汽车设计，结果汽车的防撞性能提高了 30%。在测试过程中，实际上只制作了两个实体原型进行撞击测试和分析，节省了不少原型实体制作、实际撞毁和时间消耗的成本。总而言之，数字化预先组装和仿真分析是 3D 计算机辅助设计对于新产品开发的最大利益，避免了新产品流程中成本和时间的浪费。

到目前为止，有关的进展还有立体平版成形（stereolithograohy）和机械计算机辅助工程（Mechanical Computer-Aided Engineering，MCAE）。立体平版成形就是利用 3D 计算机模型的自由成形技术，又称快速成形（rapid prototyping）。只要 1 ~ 3 天，便能够根据 3D 计算机设计模型，将流体容器转换为硬塑料原型。此过程是将强化电子光束射入该容器中，一次一小点地让液体结晶成固体，从而产生精确的模型。过去，制作这样一个精细的模型，要耗费制作者数星期的时间来完成 MCAE 能够让工程师在制作前考虑所有标准并进行测试，同时它也是改善设计的模拟工具。

13.11 设计的持续改进

如何进一步改善产品的设计呢？这需要再一次讨论新产品开发中我们已熟知的概念——顾客心声。我们经常可以见到，初始产品已设计好，但产品的用户界面却没有考虑到顾客想要什么。更严重的是，如果不对基础产品进行大幅度的变更，则很难满足顾客的需求。以顾客需求为出发点，一开始就可设计出较佳的初始产品。这一过程有时被称为交互设计（interaction design）。如果自动提款机的使用者总是要求英文服务并索要收据，为什么不能追踪这位用户的使用行为，然后让 ATM 机不再询问这位消费者呢？这是非常简单的概念，但为了满足顾客的需求，还须大幅修改初始产品。

本章小结

本章讨论了设计的流程、人员及活动。我们讨论了设计流程里的元素，比如，设计架构和原型开发，讨论了对许多公司的设计都非常重要的计算机辅助技术，但设计是多面向的，各个产业千差万别。营销人员会发现，保持灵活性十分重要，这会有助于让设计符合每种具体情境和每个公司的政策。在大部分企业，设计与制造以及其他职能结合起来，构成一个可以运作的跨职能团队（我们在第 14 章讨论其结构和管理）。

应用实践

（1）“我们的一个分公司制造了一种电动滑板车。它的起因是一位立志于寻找极端轻便的交通工具的设计师，他想到了滑板车，并给它装上了电动能源。人们说他疯了，孩子们祈求他们的父母不要骑那个东西，因为那是一种耻辱。有个警察甚至说，它既不是机动脚踏两用车，又不是摩托车，它是个四不像。在我搞明白它到底是什么之前，是不会碰它的。这是一个很典型的例子，设计者之所以能够毫无约束地干活，原因就在于市场调研人员没有对他们发现市场趋势的工作负起责任。你怎么看这件事？”

（2）“我们大多数分公司相信用户整合的价值，即把用户融入新产品开发的过程中。我个人对此也深信不疑，但是，有些人想要我们在技术设计的初期阶段就这么做，这就危险了。我们所做的大量事情都是保密的，我们不可能把所有的想法都拿去一一申请专利，时间就是一切。这也是我们为什么如此重视开发速度的原因，现在我仍然提倡大家这么做。那么，请你告诉我，我们如何做才能够做到既实施用户整合，又最大限度地减少泄密的风险？”

（3）“有关设计问题，我一直备受困扰。我同意也很支持如今设计是关键的说法。但是，你不得不承认，工业设计师会经常陷入与工程师的争论中，后者总是强调产品应该尽可能地功能化。例如，我曾经见过一只设计得非常漂亮但不具备环境保护价值的计算机鼠标。如果你是一位高层管理者，你觉得我们应该如何评估这类事件呢？我们如何去发现过分的个性化设计并终止它，以便让工程师多发挥点作用呢？”

案例　宝马公司的 Mini 车

1990 年，马自达公司在美国推出新车 Miata，市场对此表现出了无比的惊喜和愉悦。

这款车是一款以 20 世纪 60 年代英国的敞篷小客车为基础的怀旧车型。车的设计相当注意成本，上市售价仅定为 1.5 万美元，甚至年轻人或第一次购车的人都可以买得起。那一年之后，许多其他汽车制造商也都仿效怀旧风设计车款以求大卖。当然，大众公司的新甲壳虫（New Beetle）在市场上也相当成功。在推出新甲壳虫车款之前，评论家斩钉截铁地认为它只能吸引 20 世纪 50 年代到 60 年代的爱好者的目光。在此期间，汽车市场发生了很多变化，非常棒的日本制造和美国制造的小型车数不胜数。但是，大众公司在高尔夫车款平台上设计了新甲壳虫，并且保持了众人所熟悉的甲壳虫外形，同时在性能、舒适感和价格上完全可以和 20 世纪 90 年代的小型车款竞争。克莱斯勒公司推出的漫步者(PT Cruiser）类似 20 世纪 30 年代风格的车，福特汽车也凭借 50 年代著名的雷鸟车型（Thunderbird）在短期内重回市场，日产公司则携 70 年代最受欢迎的车型日产 240Z 的升级版尼桑 350Z 车款迎战。

宝马公司的董事会主席赫尔穆特·庞克，对宝马的使命有着清晰的认识，即坚持在现有市场销售现有的车款，同时利用新车款开辟新市场。宝马公司在 20 世纪 90 年代中期成功推出了 Z3 敞篷车，保持了其在高级轿车市场的地位，这无疑是企业使命的证明。在收购英国汽车制造商路虎（Rover Group Ltd.）之后，宝马取得设计和使用 Mini（或 Mini Cooper）品牌的权利，这完全符合宝马的使命，让 Mini 复苏进而拓展至全球市场。从新甲壳虫在美国市场受欢迎的程度来看，似乎可以预见，如果 Mini 以一个合理的价格切入，市场对其的接受程度也会非常高。

当然，推出任何新车型都有风险。20 世纪 90 年代中期，梅赛德斯·奔驰（Mercedes）和斯沃琪（Swatch）合作开发了 Smart 车型，如今在欧洲它已成为知名的 Smart Car。这款超小型的迷你车风靡许多欧洲国家，因为它极为适合在城市中驾驶和停靠，但奔驰公司的形象是否会因推出便宜的车型而受损呢？同样，宝马公司在营销 Mini 时也要决定，是否在营销时强调宝马这个品牌。很明显，宝马的工程设计对潜在购买者来说是正面的。但是，宝马不希望遭到那些花了 5 万美元购买宝马其他车的车主的抵制，也不希望遭到那些从宝马这个品牌威望中受益的人的反弹。最终，该公司决定在促销 Mini 时不强调是宝马品牌，而着重强调 Mini 的卓越工艺和设计。

2002 年，Mini 上市，获得巨大的成功。它的售价在 1.5 万～2 万美元，让许多人都买得起；同时具有低油耗特性，1 加仑可跑 37 英里（1 加仑=3.8 升，1 英里=1.6 千米）。潜在的购买者可翻看流行汽车杂志，有了定制个人 Mini 的想法后，登录 www.miniusa.com 网站，在线设计个人化的 Mini。车迷俱乐部也纷纷出现，如北美 Mini 车主独立社团（Independent North American Community of Mini Owners）和迷车团（Enthusiasts）等。宝马公司在美国小型车市场已给过大众一次赚钱的机会，未来就不会给了。

在你看来，当宝马公司为美国汽车市场重新设计 Mini 时，考虑什么样的设计是最重要的？在为目标细分市场设计此款车时，什么利益最为重要？为了使一款车能够达到预期利益，宝马公司内部在讨论设计和其他职能领域时，关键点是什么？更广泛地说，为迎合现代车主的需求，如果要将甲壳虫或雷鸟重新设计或改装，在设计上有哪些缺陷和考虑？特别需要进行哪种市场调查以确保避免这些缺陷？

案例 掌上电脑

本案例是关于两项产品的开发的：1996 年 3 月上市的第一代 Palm Pilot 掌上电脑，以及随后不到 3 年便推出的 Palm V 掌上电脑。尽管大多数用户已经不再使用个人数字助理（Personal Digital Assistant，PDA），开始使用智能手机处理工作任务，但是这两个产品的开发依然具有重大意义，因为这两个产品的设计，完美地诠释了如何将消费者的需求和已有技术进行结合。该案例也给了我们一个重要启示，即产品的设计不仅对产品自身的成果具有重要意义，同时对整个企业战略也会产生重大影响。

一切要从 Palm Computing 公司推出的第一代 Palm Pilot（第一部 PDA）前的几个月开始说起。这项产品的发明人杰夫·霍金斯（Jeff Hawkins）相信，"简单"就是掌上电脑的关键，推进产品研发的信念就是"只做一件事，并做好这件事"。当然，当年没有人确切知道掌上电脑能做什么、如何使用及机身的大小和重量等。为了把自己的创意可视化，杰夫把一个粗略的原型放在口袋里随身携带，它看起来像一块跟现在的智能手机大小差不多的木头，并想象一天里他会如何使用它。在数次的商务会议中，他在这个原型的"屏幕"上写下奇思妙想。这个过程让杰夫领悟到产品的使用模式，以及它需要具备哪些特性。大约就是在那时候他有了突破性的想法，即掌上电脑的竞争产品不是体型更大的计算机，反而是传统的笔记本和备忘录。这项新产品应该能够储存地址和电话，具备日程表和购物清单的备忘功能，基本上就是能快速便利地随手写在一张纸上的东西。杰夫根据自己的经验，为 Palm Pilot 提出了 4 条设计标准：体形小巧到便于放在衬衫口袋里携带，价格低廉到目标零售价为 299 美元，能与个人计算机数据实现同步化（这是核心应用），且记录速度能与纸张式笔记本或备忘录相媲美。

Palm Pilot 投入市场后不久，公司便对产品进行进一步的优化。在此期间，微软和其他厂商也陆续推出了具有竞争力的 PDA 产品，因此 Palm 提出了更有竞争力的发展战略，以保住产品的市场占有率。一如往常，杰夫一贯坚持简单原则。当竞争者开发出扩大了 4 倍内存功能的产品时，杰夫认为这是错误的竞争方式，并说："谁在乎啊……我不需要 8MB 的容量，我甚至连 2MB 都用不完。我们要让大家知道，重点不在于速度和内存容量，而是简单。"

这家公司很快领悟到，早期消费群体主要以喜爱新颖精巧的电子商品的男性为基础，而新生代产品同样要能够吸引女性。杰夫更加相信这个方向是正确的：新的 Palm Pilot 在外观和感觉上要更像一个配饰，而不是一个计算机。

为了实现这个期望，杰夫在 1996 年的下半年和 IDEO 公司商议产品的设计理念。IDEO 公司资深项目经理丹尼斯·波义尔（Dennis Boyle）是负责 Palm V 产品的高级项目主管。丹尼斯为了激发产品的设计灵感，收集了好几款当时刚上市的全新电子产品，包括索尼的 Mini-Disk 播放器、佳能的 Elph 照相机、摩托罗拉的 StarTac 手机，以及松下的迷你录音机。与第一代 Palm Pilot 四四方方的盒形外观相比较，这些新产品的外观更具有现代感和吸引力。如同杰夫所说："StarTac 手机的外形设计十分具有冲击感，小巧精美，真能俘获人心。"杰夫为之惊艳，希望 IDEO 公司能提出同样饱含情感的产品设计理念。

IDEO 公司对于 Palm V（当时内部代号为"Razor"）最初的计划是着重于厚度和重量的改变。新一代 Palm 的厚度应当只有第一代 Palm Pilot 的一半，并且重量大约减少 1/3。为了修改这些计划，IDEO 公司团队去拜访同事、朋友、忠实的 Palm Pilot 粉丝，并分发了 200 多台 Palm Pilot 给自己公司的员工。根据非正式的意见回馈和电子邮件追踪，发现使用者基本上都很满意，但同时也发现 Palm Pilot 很容易一摔就破，外壳太过呆板，电池后盖难以打开，以及有些使用者不喜欢手写笔（触控笔）的存放座，有些人甚至设计自己的触控笔座。

丹尼斯特别注意女性用户的意见，并聘用两位女性设计工程师艾米·韩（Amy Han）与 Trae Niest，负责项目并轮流征求 15 位女性同人的意见，而这些发现非常具有启发性。女性用户觉得这项产品的设计四四方方又是灰色的，一点也不优美。有趣的是，她们还挑剔 Palm Pilot 的分销模式和促销计划。其中有一个人很纳闷，为何 PDA 产品一定得在电子产品专卖店销售，她说："这是男人混的地方……为何不是在女人喜欢逛的地方卖？"此外，Palm Pilot 的广告喜欢用男演员。丹尼斯意识到，Palm V 的设计必须能够同时吸引男性和女性。

这些设计创意对技术提出了挑战。首先，触控笔和其他配件应该能够在 PDA 上易于存放，而且整体外观必须有焕然一新的感觉。IDEO 公司采用快速成形技术，制作了数十种不同的粗制原型，征求顾客的意见，并且进行改善。丹尼斯坚持"与客户见面一定要带原型"，他每周固定和 Palm 开会商讨，每周都会展示一项新特性，如新的开关按钮设计、新的 LCD 面板创意，或一种新型触控笔。丹尼斯喜欢这样不断获得 Palm 的意见反馈。例如，触控笔的存放问题在试了几种粗制原型（口袋式、铰链等）后终于解决了，最后以双轨系统为解决方案。

其他两个技术难题更麻烦。首先，新的轻薄机身设计就不能像第一代 Palm Pilot 那样使用 AAA 电池为电源，而可充电的锂离子电池在 1996—1997 年时还是新技术。某电池厂商起初并不愿意，但后来终于同意开发一种 PDA 适用的锂离子电池。其次，必须替换塑料外壳，因为塑料外壳既增加了重量又提高了易碎性。IDEO 公司从日本制造照相机和望远镜得到启发，决定尝试用纤薄的阳极氧化铝替代塑料。尽管具备了 IDEO 公司所期望的质轻、不易破的特性，但铝制外壳却产生了一个美观上的问题：需要用螺丝钉连接在一起，而这是无法被接受的。经过反复试验，IDEO 公司终于找到一种可接受而且是所有 PDA 或类似产品从未尝试过的做法：使用黏结剂。结果令人满意，螺丝的问题便解决了。

Palm V 原计划在 1998 年发行上市，但当时公司在组织机构方面发生了剧变。先是 Palm 被美国机器人技术公司（U.S. Robotics）收购，之后美国机器人技术公司又被 3Com 公司收购。2000 年，3Com 公司又让 Palm 成为独立公司。在此同时，杰夫离开 3Com 公司并开始设计 Handspring——一款获得 Palm 操作系统授权的 PDA。然而，这些都没有影响到 Palm V 的发行上市，一切按照 1998 年的规划进行，开发时间不到 3 年。

Palm V 是一个无可争议的成功产品。虽然较便宜的 Palm Ⅲ仍活跃在市场上，Palm V

的热度在消费者中却经久不衰。让购买者夸赞不已的，正是杰夫与丹尼斯煞费苦心寻求和确认的几个设计重点：超酷的设计、铝制外壳、可充电电池，还有不可思议的小巧轻薄机身。广告强调，这是时尚配饰，不是电子商品，这在过去的 PDA 产品广告中几乎看不到。在平面广告中，则同时雇用男性和女性模特儿，并印上标语“简单上手（Simply Palm）”，有力传达了杰夫的理念。

如丹尼斯所说：“科技正和产品设计融为一体，无论是我们用的、穿的还是乘坐的……已经与内部有着非常成熟的机械装置的手表一样，进化到一个大家视为理所当然的阶段。人们喜欢买外观精美、好用的手表，现在期望电脑装置也能达到如此的境界。”

请思考：设计在第一代 Palm Pilot 产品中扮演着什么样的角色？产品设计如何使 Palm V 一直处于不败地位？阐述消费者需求和技术是如何促进产品设计不断提升的？这个产品为什么是双重驱动战略（见第 3 章产品创新章程）的典范？很明显，设计是 Palm 战略的关键要素。你能想出同样是以设计作为其重大竞争优势的其他企业吗？（请举苹果公司以外的例子）

案例 吉列锋速和吉列锋隐

几十年来，吉列公司（现为宝洁公司旗下一个事业部）一直遵循着一个简单却成功的战略，即不断在刀片技术上弃旧换新。在这些年里，吉列已推出蓝吉列刀片（Blue Blade）、白金剃须刀（Platinum Plus）、威风剃须刀（Trac H）、旋转双层剃须刀（Atra）、感应剃须刀（Sensor）及超级感应剃须刀（Sensor Excel）等产品。1998 年 4 月，吉列发布了锋速 3（Mach3），刀头系统含有 3 层刀片。在 2006 年年初，5 层刀片系统锋隐（Fusion）也进入市场。本案例将讨论吉列公司最新两代产品的开发。

20 世纪 90 年代初期，让三刀头系统陷入泥沼的设计问题已经克服。吉列公司开发出了三刀头剃须刀的原型（代号 Manx），并且在内部测试时显示出比感应剃须刀（Sensor）更好的性能。

Manx 的一项关键设计是 3 个刀片的位置：每一片刀片都比前片刀片更接近脸部，这项专利设计减少了第三片刀片给肌肤所带来的疼痛。除此之外，支撑点也移到了刀片组的下方（Sensor 的支撑点设在刀片组的中心）。这一新的支撑点设计，让使用刮胡刀时的感觉有点像在用油漆刷子，提升了刀片组的稳定性，并确保了刀片组下方刀口总是能在第一时间接触到脸部，以确保胡须被适当提起。同时，Manx 也包含了其他设计特性。

当 Sensor 的白色润滑物脱落，蓝色的指示物也逐渐褪色，就表示刀片该换了。吉列从半导体制造上取得的新金属材料技术，让工程师可以制造出更薄、更硬的刀片。另外，消费者研究发现了一个有关 Sensor 使用者的有趣问题：有 18%的男性将刀片组装入刮胡刀时总是方向颠倒。这可以作为产品改进的创意，吉列公司因此开发出新卡槽，让使用者不会装错。

但新卡槽的设计制造成本过高，吉列内部的管理阶层对此颇有异议。有些经理认为公司应该稳妥地进行三刀头 Sensor Excel 的开发，拒绝高成本和高风险的全新产品。尽管如此，这项新设计（现在代号为 225）仍在 1995 年 4 月拍板定案。在接下来的 3 年中，吉列在新刀片组设备的设计和生产上花费了大量人力物力。同时，针对消费者所做的产品使用测试显示，锋速 3 比 Sensor Excel 的效果更好，甚至比竞争品牌更优异。消费者测试还发现，使用者对于价格的反应并不这么敏感，因为此测试中，锋速 3 的价格比 Sensor Excel 高出 45%。

吉列公司计划在 1998 年 4 月上市新产品。据说，锋速 3 的开发花了 6 年时间，斥资 7.5 亿美元，大约是开发 Sensor 成本的 4 倍，而且第一年的全球营销预算就高达 3 亿美元，因此这些先前的投资成本已超过 10 亿美元。锋速 3 于 1998 年 7 月开始滚动上市，首先在美国、加拿大和以色列销售，接着 9 月在西欧和东欧部分地区销售。这项滚动上市的计划是希望在 1999 年之前，让锋速 3 能在 100 个国家销售。为了配合这项计划，公司确定的目标是在 1998 年年底提高产能到年产刀架 12 亿组。锋速 3 的定位是高价位，每个刀片都比 Sensor Excel 高出 35%，即贵了大约 1 美元。同时，减少每包刀片数量，以减少高定价的冲击。

8 年后，吉列公司重复相同流程，发布了锋隐（Fusion），一个五刀头系统，并在两侧加有润滑条，在背面附有精修刀。除了有更多的刀片外，锋隐在刀匣中的刀片排列得更紧密，提供更紧致、舒适的刮胡感受。同时它还有以电池为动力的机型（锋隐勤力），会产生微震动，提高刮胡的舒适度。

锋隐的发布时间，大约是主要竞争对手威尔金森刀具公司（Wilkinson Sword，劲量“Energizer”的旗下事业部门）推出名为卡特罗（Quattro）的四刀头刮胡刀的时间。卡特罗的成功，表示顾客愿意接受三刀头以上的刮胡刀，这更激励了吉列快速发布锋隐。事实上，吉列从未发布过四刀头，但利用锋隐跳过竞争者，直接移到五层刀片系统。

锋隐是吉列被宝洁公司收购后发布的第一个产品，迅速成功。尽管每个刀组都比锋速 3 贵了 1 美元，但在刚开始上市的两个月内，就销售出 400 万组剃须刀。锋隐的营销计划中最重要的就是进行世界性的大量电视广告宣传，邀请全球知名运动员老虎·伍兹（Tiger Woods）、蒂埃里·亨利（Thierry Henry）和罗杰·费德勒（Roger Federer）等人作为广告代言人，并把营销重心完全转移到锋隐。同时，在亚洲特定市场同时营销锋速 3 及锋隐。

然而，锋隐上市时，吉列受到了一些批评与质疑。在消费者报告中的一篇报告指出，锋隐在性能上并没有比锋速 3 更好，并且质疑为什么刮好胡子会需要五刀头。有些人甚至讽刺和挖苦吉列的电视广告，打趣吉列将来会产生 20 刀头系统。虽然锋隐剃须刀卖得很好，但补充刀片的销售却停滞不前，吉列高层主管对此也相当困扰。这是一个值得忧虑的问题，因为，第一，补充刀片销售差，可能表示顾客仅将锋隐视为一个新奇产品，并未建立忠诚度；第二，在剃须刀产业，补充刀片的利润会高于便宜的含刀架剃须刀。尽管锋隐在最初受到了质疑，但它仍是吉列销量第一、利润最多的产品。

根据以上的案例，请问设计在吉列公司扮演了什么样的战略角色？相对于对老技术进行渐进式的设计改进，这项进行全新取代性技术开发的决定涉及哪些风险？针对吉列积极利用营销的方式来执行产品滚动上市计划，你有什么想法？你会建议他们放慢脚步吗？这么做有什么得与失？

第 14 章

开发团队管理

14.1 引言

本章重点讨论跨职能团队（cross-functional team），一种非常规的新产品开发管理方式。美国生产力与质量中心（American Productivity Quality Center，APQC）的研究显示，约有 3/4 的受访者表示其公司采用跨职能团队进行产品开发；大约同样比例的受访者还表示，需要确定一名团队负责人来从头到尾推动整个新产品开发流程。然而，这些团队在构成、汇报对象、团队成员合作效率以及生产力等方面各不相同，团队的个体成员们分散居住在千里之外，组织和管理产品团队的确是一个巨大的挑战。正如前几章所提及的，建立一个功能完善的产品团队是至关重要的，只有这样，才能有效地获得并采用顾客声音、制定新产品协议、确保在预算内加速产品上市等。本章讨论关于产品团队的组成和管理方式的问题。

14.2 什么是团队

团队的种类十分多样，所以用一种通用的模式来解释、建立和管理一个团队是不切实际的。德鲁克先生在谈及运动员团队时，就着重对这种难题做了阐释。

- 棒球团队：就像装配流水线上的团队，成员通常单独工作，但会互相配合，且缺一不可。双杀显然是一个例外。棒球队的工作通常是序列式的。
- 足球团队：足球员有固定的位置，但仍以团队方式踢球。每位球员知道自己在每场比赛的特定角色。日本汽车团队就是这种运作方式。工作是并行的，而不是序列式的。
- 网球双打团队：两人一起工作并互相支持。只有当本方团队得分或赢得一局后，结果才有意义。搭档都是固定的。爵士乐三重奏也是类似的例子，每位表演者轮流上前演奏，后面的两名表演者负责配合与支持。

棒球队和足球队的管理者相当有权威，但网球双打队却没有队长。一些培训师认为，排球团队与现在的团队最相似：球员较多，每人都要学会所有位置上的技巧，队长扮演的特殊角色与新产品开发团队经理的角色相似。

新产品开发团队与传统的、安逸的、层次清晰的组织有很大的不同，很多地方需要学习，懂得如何管好团队的人十分缺乏，绩效评价也很难，因为只有团队整体绩效才有价值。对于高层管理者而言，这存在很大的风险。因为团队成员各自有着不同的背景，扮演着不同的角色，没有人能直接对成员“评分”。

14.3 团队的组织结构

新产品开发团队的组织结构有很多种形式。表 14.1 给出了一个组织结构选择方案（organizational structure options）的实用列表，从表中的项目可以看出连续性：选项越靠右边，代表着公司员工对新产品项目的承诺越高。有时，我们会用“项目化”（projectization）一词来表示：选项越靠右，项目化程度越高。或者，还可以用轻量级（lightweight）或重量级（heavyweight）来描述，其中重量级就等同于高度项目化。在表 14.1 中，越靠右代表着团队越重。

表 14.1　新产品组织结构选择方案

选择方案				
职能型	职能型矩阵	平衡型矩阵	项目型矩阵	新事业
有（无） 委员会				内部的 外部的
0%——20%	——40%	——60%	——80%	——100%
项目化程度				

最左边的职能型（functional）是指工作由多个部门完成，不以项目为重点。通常需要一个新产品委员会或产品规划委员会。一般工作风险较低，主要针对现有的产品线进行改进和设计出新规格等。长期在部门内工作的人员了解市场和企业，他们聚在一起就可以做出必要的决策，简单而有效率。轻量级团队也有其优点，因为团队负责人通常很容易确信成员们都已了解关键问题，沟通上也比较容易。缺点是会导致职能经理比较强势，甚至支配项目团队负责人，从而降低其办事效率。

为了解决这些问题，并赋予产品团队及其领导者更大的权力，我们有其他 4 个选项（见例 14.1），其中有 3 个是矩阵式结构（matrix structures）的变形。如果矩阵式结构中的人一起做决策，影响力可能是 50/50，也可能倾向于职能部门主管，还可能倾向于项目经理。如表 14.1 所示，项目化程度越高，项目经理的影响力越大。举例来说，项目化程度越高，越可能促使研发人员与顾客及营销专员交流。一旦去掉他们的职能“帽子”，团队成员就能开发出新观点，同时也更能在成功的创新中扮演新角色。

例 14.1 选择团队组织形式时需考虑的因素

高度项目化可促进跨职能整合

如果项目成功的关键是最先进的职能型技术专家（例如，科学领域中的流体动力学），则职能型组织形式更好，因为它可以促进高水平专业技术能力的发展。

如果个体仅在项目中工作较短一段时间，那么采用职能型组织形式就可以更有效地利用他们的时间。例如，工业设计师只能在一个特定项目中待很短时间，所以不同项目可以单纯抽调相关技能的设计师。

如果快速上市是最关键的，则应优先选择项目化水平高的组织形式。这是因为项目型团队擅长协同作战，这样能够更快地解决冲突，也很少出现官僚作风。例如，电脑制造商就经常选用项目团队，因为他们能承受严重的时间压力。

不同类型的矩阵式结构有不同的名称，如表 14.1 所示。职能型矩阵是选项中最轻量级的，团队由来自多个部门（制造、研发、营销、财务等）的人员组成，但这些人员仍与已有业务密切相关。团队成员以类似各职能部门专家的方式思考，他们背后的部门主管仍有较大的话语权。在平衡型矩阵（balanced matrix）中，职能的和项目的观点都很重要，已有业务和新产品都有主导力量。最重量级的选项是项目型矩阵（project matrix），可以这样认为，偶然的需求需要强有力的项目来推动，这时的项目化程度很高，团队成员中项目成员优先、职能人员其次。

新事业（venture）组织形式将项目化扩张至极限，对于新问世产品或公司新产品的开发最有效用。团队成员调离他们所在的部门，将全部时间投注在项目上。智库（think-tank）就是新事业组织形式的一种，主要负责识别与新产品问题有关的新创意或新解决方案。新事业可以存在于正常组织中，也可以在现有部门或公司编制之外——拆分出来的新事业（spinout venture）。洛克希德公司的 Skunworks 小组将一批研究人员调离其原来熟悉的部门和日常活动，全神贯注于特定的创新目标。宝马公司在收购了劳斯莱斯品牌后，将美国加州和德国慕尼黑的多位设计师调到伦敦的设计中心“The Bank”（原来是一家银行的建筑）学习劳斯莱斯文化，并联合开发出了 2003 年上市的劳斯莱斯 Phantom 车款。同样，2004 年上市的 BMWZ4 敞篷跑车也是其汽车工程项目团队花费约 10 个月开发出来的。上述两个都是高度项目化的绝佳范例。

虽然常规观念认为，新事业的组织形式特别适合新问世产品的开发，但仍存在如何管理团队的问题，特别是该团队主要在组织之外运作。许多企业发现，这些项目团队难以建立和/或管理，认为新事业形式不适合它们，因而采取比较轻量级的组织形式。从企业的角度来说，矩阵式结构难管理是出名的，常常演变成不可理喻的复杂化，并造成过高的管理费用。任何一个矩阵型组织都无可避免地存在角色冲突问题：团队成员到底应该把项目摆在第一位，还是所属的职能部门放在第一位？在某些极度复杂的案例中，矩阵式结构确实可能会不利于创新。过去数年来，惠普一直缺乏创新表现，是因为其严密的组织结构造成的困难。这些企业发现，激励团队成员间的合作，可能比团队组织结构更为重要，因为你不能仅仅把一群人凑在一块，就说这是个团队。

此外，还会出现其他组织问题。如果某个新事业团队正在“孵化”一个突破式创新，是否只有等到获得一定的市场接受时才能整合到企业中？一项针对 12 家大型企业及它们正在进行的创新的研究指出，最佳做法就是，管理好新事业管理层和母公司管理层之间的关系，包括领导力的所有方面以及管理变革。以下是与突破式创新相关的 3 项能力：

- 发现。创造、认识到并表达出突破式创新机会。
- 孵化。把突破性机会变成一项业务建议书。
- 加速。迅速扩大该业务，使之与母公司其他业务并驾齐驱。

项目化的其他观点

尽管执行上存在重重困难，企业确实必须考虑采用项目化的方法，让团队成员能有效率地一起工作。无论何时，一旦有两个或更多来自不同职能部门的人员共事于一个项目中，便会产生冲突。举例来说，当一位销售经理参加新产品委员会的会议时，很少会有优先级的质疑，因为第一优先级是工程师和市场营销人员，其次才是委员会成员。销售经理是“职能化的”，而不是“项目化的”。委员会成员想让公司获利，他们是忠诚于公司的，但对于一个特定新产品如何对公司利润产生贡献，则会有不同的观点。销售经理会认为新产品的包装尺寸符合顾客需求并能增加销售量；工程师会认为相比销售量，产品成本增加过多；财务人员也不赞成新产品，他们认为这会分流购买现有产品的顾客并增加成本；研发人员认为新包装尺寸的研发需要调用另一个关键项目的员工，这样可能会影响明年的一个更重要项目。

这些考虑，都不是毫无根据的，都是新产品开发实际存在的问题，而且都是合理的。提高项目化将有助于解决这些问题。如果一个项目很重要，那么面对刚才所说的众多反对意见时，则必须提高项目化。如果反对呼声很高，就可能需要成立一个新事业组织。另一方面，如果产品开发只需要对标准产品或平台进行小幅修改，可能更适合较低程度的项目化。

不同的企业会采用不同的方式解决这些问题。例如，丰田汽车就在保留以职能为基础的组织的同时，成功地使产品创新与其相协调。可以采用下列方法达成这一目标：

（1）强调不同职能部门员工之间书面交流，并强调报告的简洁（一页或两页），最小化超载的文书工作量。

（2）在每个职能部门内，管理者要对新进员工进行严密指导与监督，建立类似师徒的关系。

（3）在一个新的汽车项目中，总工程师是首席设计师，负责设计总体路径，并管理好庞大的工程师团队以使其完成所有细节工作。

（4）强调工程师进行内部培训。工程师会在全公司内大规模地轮岗，以避免“职能墙”（functional chimneys）的产生。

（5）使用相对简单、标准化的工作流程来保证每位员工都不脱离轨道。

（6）建立一套设计标准，以提高新产品流程的可预测性。

我们需要通过对具体情境的研究，来决定赋予团队多少权力。其他影响项目化程度的因素还包括鼓励跨职能整合的要求、需要职能专业知识的程度、个人隶属于团队的时间长短，以及上市速度的要求等（见例 14.1）。

14.4 组建团队

大多数管理者和几乎所有的研究者都认为，新产品开发团队的组建必须与其具体的工作情境相匹配。在这里，没有绝对正确的方法或典范，就像没有绝对正确的概念测试方法或没有绝对正确的产品创新章程那样。当然，也没有绝对正确的人。大多数团队成员和团队负责人都说，自己在执行任务过程中有所成长。销售经理和科学家同样也必须转换自己的角色，以适合团队的任务。

14.4.1 建构一种协作型文化

很少有人否认企业文化的重要性，甚至有人说："每家公司都应拥有一种文化，即使不好的文化。对于产品改进和产品线延伸而言，新产品开发人员必须融入现有的企业文化。"例如，在亨氏（Heinz）公司，Big Red 品牌团队（负责番茄酱和相关产品）将主导新产品工作。但是随着任务变得越来越困难，公司需要培养一种协作型（collaboration）文化，来帮助团队成员在新产品开发中发挥创意、促进部门间信息共享、鼓励知识资本的积累，并提高新产品开发效率。

协作是一种职能部门之间（如营销、研发、制造等）密切且复杂的整合形式。每个职能部门对于新产品的成功都有同等的利害关系，没有自己隐藏的时间表，而且都注重团队的共同目标。理想中，协作能够产生价值的增值：团队的能力比单个参与者能力的加总要大得多。虽然跨职能团队能够大大促进职能间的整合，却更需要确认适当的协作程度，尤其要求参与者必须以开放的心态接受变革、愿意合作、信任他人。高层管理者对新产品的承诺以及对团队成员的需要和期望的反应，都有助于增进协作。

据说，管理风格可以创造文化。但是，文化不是一朝一夕能形成的，而管理却可以突然做出改变。文化可能会被过度强调。企业文化需要去执行和实践，其自身不会在新产品开发中自行产生任何产品。然而，团队运作如果没有明确的文化（或错误文化）就会有很大风险。下面，通过阐释团队的建立和管理的问题，来讨论如何培养出协作型文化。

14.4.2 团队的任务分派和责任感

每个加入团队的成员，都必须清楚地了解团队的目的、使命及战略。一家采取适度技术战略的医疗保健产品制造商，如果只想承担适度的创新性模仿的风险，公司的研发部门只需回应营销部门的指示即可。新项目来自营销部门，重要的产品属性在研发开始前便已决定好，营销经理负责整个项目的运作。相关行业的另一家企业，则希望采取积极的技术创新战略，但等到管理层发现起主导作用的营销部门完全误导了团队的方向时，已经有两位有能力的研发经理离职了。新产品团队如果缺乏战略，会出现一些可笑的事情，因为他们会采取自己认为正确的战略，比如技术人员认为技术性能是衡量团队是否成功的标准。然而，顾客往往有不同的看法。

"接纳"团队中的每位成员也是一件大事，这就是说，让成员们产生对项目的责任感（ownership）。责任感会引发热忱、承诺、精力和荣耀。责任感并不是创业精神，"白马骑士"只绕着公司骑马舞剑是变不出新产品的，新产品不是由个人英雄创造的，而是由训练有素的专家团队创造的。某些公司用产品推动者（product champion）一词，来形容那些自己有责任感并希望团队所有成员都有责任感的人。

具备责任感需要做到 3 件事：培训、授权和激励。培训有助于确保团队成员获得完成任务所需的技术和知识，否则就谈不上什么责任感。授权（Empowerment）是指将一个人"松绑"，它比使员工愉悦更加彻底些（使员工愉悦通常还有一些附加条件，如预算、政策、程序等）。来自高层管理者的授权十分必要，这表明他们已经准备好并愿意信任这个人的判断了。激励则指对人进行鼓舞，使其渴望成功。我们稍后对此进行详细讨论。

职能型人员有时候并不想要有责任感，他们想要的是权力，而不是责任。但是他们通常都做不到，因为上述条件并没有得到满足。一位花旗银行的经理曾经说，银行不得不把零售产品的创新任务交给另一个新产品小组，就是因为直线部门拒绝承担责任，不肯做这份工作。

必须谨慎管理团队授权。举例来说，一个团队可能被赋予制定重要决策的权力，但当该团队遇到困难时，高层管理者就需要介入并协助解决困难，或仅修正团队已经制定的决策。另外，该团队也可能在上述情形下向上级寻求协助。在其他案例中，团队可能会超越职权、引发问题并影响公司内部团队的运作，这时高层管理者不要急于干预，相反，应尽量支持团队的决策。如果团队的目标和权限在一开始就详细地制定出来，事情就会好一些。否则，团队要么自行创造（从公司角度看，可能合适，也可能不合适），要么无所适从。

14.4.3 选择团队负责人

当公司整体战略已经确定并已决定应该设立几个团队之后，就应开始选择团队负责人。有时，团队负责人是自动产生的，比如这种情况：某公司实行产品经理制度，而这个新产品恰恰与某位产品经理的产品线相关。3M 公司的便利贴项目就出自某位特定人员的技术。

团队负责人必须像"总经理"那样，能够发现变革的需求，并且说服其他人接受变革，还能够说服潜在的团队成员加入团队，确保他们投入工作，鼓励信息共享，增进互动，并且能够与其他职能部门的人员愉快地共事。由于他们没有直接的管理权，因此必须赢得成员的支持。团队负责人必须具有强烈的自信心（基于其知识和经验而非仅是自尊），具备同理心（能设身处地从他人的角度看问题），有自知之明（知道别人是如何看自己的），擅长人际沟通。但具有讽刺意味的是，即使满足上述所有条件可能还是不够。有人说新产品项目实际上需要两位负责人：早期，需要有创造力并能激励人心的人；晚期，需要严格执行纪律的人。很少有人能兼具两种能力。

有时人们好奇，究竟负责人应该先被选定，还是由团队成员自己决定。后者是一个很有吸引力的想法，偶尔也会用到。然而，高层管理者通常喜欢自己选定负责人，然后让该负责人选择团队成员。这有利于团队间的良好互动和对团队的投入，也能确认该负责人是可以胜任的。高层管理者可以通过提供适当的资源，并授予团队负责人制定重要决策的权利，以协助负责人增加成功的机会。此外，团队负责人应全身心投入团队中！许多公司意识到，找到有能力的负责人很困难，因此高度重视所找到的人员。例如，丰田和本田就在汽车上市后将负责人留任，指派他们负责开发另一个新车项目，而不是升任高级管理职位。

14.4.4 选择团队成员

选择新产品团队成员时，必须要记住：每位团队成员都代表了他们那个职能部门，这是他们的"靠山"。研发团队成员无法完成所有的技术工作，有的甚至一点技术工作也不做，但可以激励、引导和鼓励其他研发人员做技术工作。这样可以在代表不同项目的团队研发人员之间产生竞争，这是因为每个团队的研发人员都在为自己的项目争取时间。同样的情况也发生在其他职能的团队成员上。克莱斯勒公司想要团队成员成为变革推动者，博士伦公司想要团队成员拥有实质的职能影响力以及宽广的企业视野。由于博士伦公司充分信任团队的力量，该公司的一位会议发言人为其团队吸引了 5 位核心成员。

因此，我们希望寻找精通自己专业领域、在部门有威，并且愿意加入团队的人。如果必须要经过劝说才能加入团队，那么这种人往往无法在团队中有好的表现。

在大多数企业，员工在处理与其他部门人员的互动关系时，可分为 3 种类型：① 融入者（integrators）。他们喜欢与其他部门或其他公司的人交流；付出，也获得尊重。② 接受者（receptor）。尊敬他人，并且欣然接受他人的建议，但并不太渴望人际关系。这类成员交际能力强，但不见得是好的团队成员。③ 孤独者（isolate）。通常喜欢单独行事，是自己领域的资深专家，不愿与其他职能部门的人员有什么来往，因此他们很难在新产品团队中担当合适的角色。

一个团队究竟应该有多少位成员？首先，我们要区分核心团队（core team）、临时团队（ad hoc team）和延伸团队（extended team）。核心团队是由各职能部门的管理者组成的，因此，团队中的一名营销人员可能代表、代言并指导 10～12 位销售和营销部门的人。核心团队成员应全程主动参与项目，并得到临时团队成员的支持。临时团队成员来自包装、法律、物流等重要部门，只在短时间内具有重要作用，因此不需要加入核心团队。

延伸团队成员可能来自公司的其他部门、总公司或其他公司。虽然延伸团队成员可能来自任何地方，但公司逐渐发现，有必要将关键供货商纳入团队，相关制造公司和供应商之间关于产品信息的共享，能够降低技术的风险，并且协助双方参与者达到长期目标。公司的采购部门可以是核心团队或临时团队的成员，并成为供货商的联络人。此外，加强与外部企业协作，可以促进内部各职能部门间的合作。

与供货商互动有很多优点。举例如下：戴尔计算机公司与其处理器、接口设备和软件的外部供货商紧密联系，从而能快速响应顾客所需的定制产品。欧洲小型卡车制造商 DAF 公司相当依赖其喷射系统供货商 Bosch 公司提供的专业建议，尽管彼此存在着规模大小的差异，但两家公司将彼此视为合作伙伴。Bosch 公司为 DAF 公司提供喷射系统，DAF 公司则将可靠的顾客反馈及时提供给 Bosch 公司。

14.4.5 团队中的角色和参与者

从事新产品工作的人员，有时并非只是自身职能部门的代表，可能还被赋予其他一些熟悉并必要的角色。表 14.2 显示了所有的人员角色，很多是非正式的。虽然这些角色并非一直存在（比如，有时可能不需要发明家），但通常都会存在。有时由谁扮演这些角色并不明确，但实际上参与人员可能会争取自己想要的角色。

表 14.2　新产品开发团队中的角色和参与者

参与者	活　　动
1. 项目经理	领导者、融入者、翻译者、监控者、评判者、仲裁者、协调者
2. 产品推动者	支持者、发言人、推进者，不认输
3. 赞助者	高层管理者、支持者、担保者，确保倾听、成为智囊、提高产出
4. 战略家	长期规划、管理，关注整个项目
5. 发明家	富有创造力的科学家、主要发明者、创新源
6. 理性主义者	客观性、现实性、理性
7. 协调者	提高生产力

人们最熟知的角色，就是产品推动者（product champion，也称流程推动者或简称推动者）。项目有时会因为外部的支持性基础设施团队的变动而搁浅，比如人们对产品失去兴趣、产生政治冲突、产量和成本预测失去时效、达不到技术突破点等。推动者在组织中的角色与创业者非常相似，主要任务就是消除绊脚石（roadblocks），超越企业层级并说服公司的其他人（包括一些职能部门的人）支持创新。推动者不能每战必胜，却不能不战而降。产品推动者在组织内和其外部网络的接触中，还扮演着为新产品团队提供信息的关键角色。

大多数案例中，项目经理会扮演推动者的角色。但其他时候，推动者都是自动请缨的，通常是与启动该项目的相关的技术人员。现在，许多公司把核心团队当成推动者，因为其成员应该都有强烈的责任感。某些公司认为，推动者制度的想法太过理想，难以实行，因为应该考虑到组织内部的政治角力，而不像许多案例那样由一个能以小博大、单打独斗的厉害人物来担任。新研究成果发现，产品推动者有利于提高整体新产品流程的绩效。

关于产品推动者的角色，仍然有许多待了解的地方。最近一项研究检测了一般人对于推动者的看法，发现大部分人都对其存在误解，只有少部分人基本正确（见例 14.2）。举例而言，大型和小型公司都可能有产品推动者，技术导向的公司和市场导向的公司同样也会有。如果推动者能尝试去努力建立良好的人际关系，并且抱着合作的态度去争取人员而不是采取对抗性的策略，就最有可能发挥其功效。研究也发现，推动者有助于渐进性新产品和突破性新产品的开发。显然，这是一个可以更深入研究的领域。

例 14.2　有关产品推动者的误解

神话：推动者与市场成功有关。

反思：推动者有可能造成产品失败与成功。推动者行为与更好的市场成功没有必然联系。

神话：推动者对于创意很疯狂。

反思：营销推动者产生创新，生产推动者负责创新过程。动机因素可能是自身的兴趣，并不是唯心的冲动。

神话：推动者与引发突破性变革有关。

反思：未必。推动者参与突破性产品的同时也参与了渐进性产品。

神话：推动者只会产生于公司高层或低层中。

反思：在许多知名的故事中，通常包含较低层级的个人（如 3M 公司发明便利贴 Post-It Notes 的弗里先生）或资深主管（如索尼的执行总裁就是随身听的推动者）。实际上，推动者可能出现在公司的所有层级。

神话：推动者大多出自营销领域。

反思：实际上，推动者可以来自各部门，营销、研发、一般经理、生产和作业及其他部门等。

同时，这项研究也确认了一些关于推动者的通常看法：推动者获得资源并确保项目运作，他们有热情和说服力，敢于冒风险，不论是否有正式的新产品流程，公司都有推动者。他必须对公司内部政策敏感，他可能会支持与公司创新战略一致的项目。

表 14.2 中的第三个重要角色是赞助者（sponsor）。这个角色并不会促进任何事，但由于位于公司的较高层级，属于支持性质，其工作就是对推动者进行鼓励和赞同。找到一位赞助者（或称为教练、导师）对于一个团队来说是明智的做法。

为了引起赞助者对于新产品项目的兴趣，必须清楚地定义项目及其目标，说明项目将如何影响赞助者及其组织，阐明收益、成本和利润的期望效果。同时也要考虑从公司的哪个层级去寻找赞助者，如果项目有可能在组织内的职能部门被否决，则建议从高层管理者中寻找赞助者。此外，别忘了保持赞助者的兴趣和热忱，邀请他们加入团队会议，并向他们提供进度报告。

表 14.2 详细列出了其他角色的活动。

14.4.6　建构网络

截至目前，我们讨论的重点都放在团队负责人和团队成员上，但有时候并没有团队存在。如第 1 章所述，许多新产品只是产品改进或产品线延伸，而这些产品只需要在现有职能组织中开发即可，不需要建立特殊的团队来负责。此外，延伸团队可能包含核心团队和临时团队以外的人员。在这些情况下，执行新产品工作的参与者实际上会构成一个网络。

网络（network）由节点（node）、连接（link）及运作关系（operating relationship）组成。节点是指对这个项目在某种程度上重要的人员；连接是他们彼此如何形成联系，与网络中的其他人有何重要的关系。运作关系是这些人员如何联系，以及在项目中如何激励人员合作。

节点都包括谁？这是最困难的部分。任何一个项目名单上可能有数以百计（甚至数以千计）的人员。只有通过判断，才能决定应将多少成员纳入管理。

画在纸上的或计算机网络并不意味着可以取代集约的、现场的管理风格，因为这个网络在项目周期内会随时间改变，或在不同的项目中会随着职能重要性而有所消长。举例来说，采购部门在网络中被长期忽略或边缘化，但随着对速度、质量、成本及价值的日益重视，采购的重要性不断提高。

网络建构者认为，描绘节点和连接线比建构它们容易多了。但我们别无选择，因为网络是一种助力，即使是非正式的或只是心里的想法。也许网络最大的危机就是容易官僚化。在一次培训中，产品经理拒绝描绘出一个即将管理的项目的网络，他说他不想看到所有东西都列在一张表中，这样过于复杂，同时也不想让老板觉得项目会产生大量间接成本。

14.4.7 团队培训

一个刚被任命的团队还没办法运作，仍需要高层管理者的支持（top management support），并在公司内树立起良好的形象。其他经理有时候会怀疑或害怕团队，从而加以孤立或排斥。

但此时真正最需要的是培训。我们最好拥有一大批具有经验的新产品团队成员和负责人，但事情却并非如此。一般而言，公司会对团队成员进行 2 ~ 3 天的集中培训，将其作为建立团队的起始点。在许多公司中，预先培训相当重要，可能需要耗费数个月的时间来进行。除非原本就具备相应的技能，否则训练课程无法提升团队成员的水平。

14.5 管理团队

要管理一个为了开发重要新产品而组建的团队是非常困难的。最近几个研究发现，大多数公司都有定义明确的新产品流程，但执行时通常并不是很成功。新产品较为成功的公司通常会制定通用准则来指导实施，包括角色和责任的明确定义、承诺和负责、合作观念、出色的领导力，以及团队适应性（图 14.1 提供了更多详细信息）。高绩效团队还具备活力行为（charged behavior）：除了承诺和合作之外，团队成员从共同合作当中找到乐趣。其他因素，比如鼓励承担风险、重视质量、部门间的交流、顾客投入的接受度，以及竞争的本质等，都与活力行为有关。下面还有一些管理和执行的特殊想法。

清晰的长期目标和短期目标。要向团队全体成员清楚地说明，新产品开发过程的所有阶段都需要做什么、由谁来做以及什么时候做。准备材料，进行培训制定规范以协调新产品冲击带来的影响。确保团队有共享的愿景、共同的关注点和方向，以及团队成员间保持良好沟通

责任意识。承诺是为了让项目成功愿意做任何需要做的事情的一种渴望，十分重要。责任意识也是如此，甚至在某种程度上比承诺更重要。责任意识是指团队成员意识到他们自己的重要性，并愿意为此工作。他们的团结合作是与项目的成果息息相关的。要提供多种奖励和表扬，来鼓励团队所有成员分担新产品开发任务，付出额外努力，并在成员间建立信任

高层和团队层次的领导力。高层管理者对新产品开发的支持应该有具体的行动，并且要通过自己的示范扮演好领导角色。最终，高层领导者应承担责任，即使决策权已被不同程度且恰当地下放到各个管理层。在团队管理中，领导者要发挥支持、促进和鼓励的作用

企业流程的一体化。指与上游关联且能影响新产品开发的具体行动。他们的投入和产出需要与新产品开发联系起来。一个一体化的企业业务流程可以促进新产品开发

灵活性。指随着环境和近期目标的改变来调整新产品开发流程，其长远目标是保持一个世界一流的新产品开发团队。这就要求公司允许每个项目或团队有足够的灵活性，例如，适应当前运作的项目总数的变化，或每个阶段投入时间上的变化。

图 14.1 新产品流程实施中的指导原则

14.5.1 跨职能团队的接口管理

产品创新包含许多不同职能部门和背景的人员：销售和营销、研发、设计、工程、制造、运营部门等。新产品的挑战之一就是跨职能部门的接口（interfaces）管理，关键职能必须经常并有效率地合作，产品开发绩效才能改善。大多数新产品开发人员能够识别像“那些营销人员如果没有在城里最贵的餐厅花两小时吃午餐，恐怕熬不过一天”这种传统的抱怨，还有“曾试着让科学家明确说是或不是吗？”“为什么制造人员从不承认自己搞砸了？”等，这些都属于以偏概全。事实上，跨职能问题通常比上面描述的情况好得多，这些接口人员通常相处得很好。但是，每个人对于某件事的时间架构的理解是不同的，对于成功的衡量标准也不相同。同时，职能部门间的摩擦也会威胁项目，包括管理高层在内的参与者都必须认识到这些摩擦并加以处理，将负面效果降到最低。

大多数接口管理都很明确，有经验的经理通常都知道该做什么。许多研究均着重于职能部门间摩擦的管理，结果可以概括为以下 3 个方面：

- 高层经理应给他们留出接口，这样，无论何时他们都能将大多数问题排除掉。
- 接口管理的核心问题是消耗时间，并不是管理技巧。一位新产品开发经理说，他至少花了 40%的时间观察重要人员与其他人的相处情况，来解决团队问题，无论上下班。
- 新产品开发团队应该排除那些持续带来麻烦并以此为乐的参与者。

大多数有实际的跨职能关系的创新公司，不只有结构化的工作指派。例如，3M 公司

鼓励营销、技术及制造人员进行早期的、非正式的沟通（3M 公司称之为三脚凳）。团队成员一方面响应对方的想法，同时以非正式方式向提供对方资源和信息。员工工作环境设计有助于刺激跨职能间的整合。许多新办公大楼在每个楼层都设有咖啡吧，以鼓励跨职能的交谈（如 Hoffman-LaRoche 在新泽西州的研究和销售大楼，以及 Glaxo-Wellcome 在英国的研究室），而且这些工作站还被设计成能够轻易移动的（促进团队的流程重组）。索尼等日本企业让经理在销售、产品开发、制造及财务部门间轮岗，以造就全能经理。

然而必须记住的是，即使有这些新方法，冲突仍旧会发生。事实上，存在小规模的冲突也是好事。在职能部门中，合理的不同意见可以激发更多的重要分析，而且能促进新产品开发的多样化。不过，管理冲突是最重要的。综合式的冲突管理，如正视（协作解决问题并达成相互一致认同的解决方案）和妥协（达成都能接受的折中方案）等，与回避（回避问题）、安抚（寻求表面上过得去的解决方法）、强制等解决方法相比较，更有利于为创新创造一个积极的环境（见表 14.3），而且，没有一个职能部门应该主导这一流程。

表 14.3　5 种冲突管理类型

冲突管理风格	定　　义	示　　例
正视	协作解决问题并达成一个各参与方一致认同的解决方案	对问题进行辩论，通过用户访谈，提出可能的解决方案，找到一个最受用户欢迎的方案
妥协	达成一个各参与方都能够接受的折中方案	通过磋商将一系列特性融入产品设计中，确保项目继续进行
回避	回避冲突，或者让不一致的人群回避	地位不高的成员认为不值得惹麻烦，退出决策
安抚	使分歧最小化，寻求表面上过得去的解决方案	为了组织的融洽，顺应那些对某个产品特性意志坚定的团队成员的意见
强制	强制制订一个方案	项目经理介入并制定决策

如果将营销、生产或研发部门看作实际负责人，就不可能促成良好的跨职能部门协同合作，也不可能产生更好的新产品绩效。最佳的运作方式是地位平等。

14.5.2　克服通向市场的障碍

我们仍然发现，许多新产品开发企业内存在意见分歧，职能部门倾向于更看重自己的目标，导致信息或者无法在部门间有效传递，或者被不同部门解读成不同含义。这个问题是可以解决的，可以通过建立授权的跨职能团队（本章重点），并实施质量屋来把顾客的输入转换为产品特性（见第 12 章）。另一个不明显的相关问题是惰性：如果市场信息与原订计划不符，就不会被采用。如本章前面所述，对高层管理者而言，创造一个所有职能部门员工间相互信任的环境相当重要。高度信任是指管理者会以开放的态度对待那些可能会改变“事情做法”的建议。近年来，尽管这些问题有了明显的改进，但是问题仍然存在，还需要更多的努力。

14.5.3　团队的持续管理

新产品开发团队面临的一个迫切问题就是如何保持团队的热忱。当工作持续进行却无法满足创新需求、当努力全付诸东流、当成员间发生冲突时，管理者的持续激励非常必要。精力耗尽是一个实际存在且普遍的问题，新产品开发中还会面临一些不可预期的、几乎难以置信的新变化。有的团队负责人会采取一些措施来规避那些善意的建议——关于产品新版本，关于一项新技术，关于一个新广告手法。团队如果受到这些建议的干扰，很容易分散注意力。

相比较之下，团队管理的另一个问题就显得微不足道了，即召开有效率会议的能力。新产品开发人员似乎一直在开会，有些产品创新者已认识到这一点，正在学习各种方法以提升会议效率并改善决策。

在项目期内更换团队成员也会引发问题。团队失去关键人员会流失重要的信息，也会出现工作保障的问题。在许多公司中，相比进入新团队，在各自的职能部门晋升反而更有保障（如从低级营销人员升至高级营销人员，或从资历浅的研究员升至资历深的研究员）。对于科学家而言，明确的职业生涯似乎特别重要。研究指出，多数创新公司内存在“双重阶梯”系统：科学家有两种升职选择，或者升至管理层，或选择留在实验室；而绩效较差的公司则通常认为科学家必须离开研究岗位才能升职。

14.5.4　团队的报酬和激励

团队管理的另一个棘手问题是报酬。团队负责人和团队成员通常领固定薪水或薪水加上奖金。奖金是根据公司绩效、个人绩效和项目完成度来均分的，很少会根据新产品绩效来分配。这有充分的理由：应该平等对待员工，团队成员无须承担创业的财务风险，而且如果报酬相同，团队经理也便于调进调出。然而，必须找到甘冒职业风险并为新产品团队效力的优秀人才，激励其努力付出以及承受压力。硅谷的很多小企业实行股权激励，如股票分配和产品利润分红。

许多公司会把金钱和非金钱激励结合起来，如奖励、官方认可、允许在工作时间做自己喜爱的事等。根据 CPAS 的研究，最常采用的奖励方式是项目庆功宴，参与更大型、更有意义的项目的机会，以及刊登在组织特刊、接受表扬、表彰晚宴等。

只用奖金奖励通常会引发问题。有些人或许觉得身为成功团队的一员就够满足了，并不一定需要奖金。有些人则可能抱怨，所有的团队成员都可以拿到奖金了（即使最懒惰的人！）。如果给团队所有人都发放相同的奖金，这个问题会更严重；如果一个数百万元的创意，只被奖赏 1 000 美元，这些人会感到愤愤不平！

有人建议，公司应该使奖励结构与项目特性相一致。如果项目时间相对较长或较不复杂，奖励与项目利润相关联可以提升绩效；但对于风险较高的项目，根据产品开发过程中的表现（程序、行为、新产品流程阶段的完成等）来奖励是比较好的。对于第二类项目，如果根据结果来奖励，项目团队会因为风险太大或执行太难而退却。此外，企业也可考虑采用里程碑奖励的方式（类似于登山者庆祝到达第一个营地，之后在登顶时庆祝），这样有助于激励团队士气，对组织文化也有正面影响。

美国 TRW 公司的克里夫兰汽车团队便建立了 ELITE（Earnings Leadership in Tomorrow's Environment）计划来激励和奖励团队，这个计划为每个项目团队和个人设定具体的目标，薪资的 10%～25%与个人和团队的目标完成度挂钩。杜邦公司使用 360 度评估流程，每位团队成员都要接受同事、下级和上级的评估。摩托罗拉公司则奖励团队所做的努力而不是团队的结果，因为公司认为团队的进步是需要冒险的，只奖励结果会使他们回避风险。让团队成员获得非金钱的表扬是有意义的，因此应该经常修正非金钱奖励计划，以确保激励效果。

14.5.5 关闭团队

在什么时点关闭新产品团队并将产品交付给公司，存在许多不同的观点。有些公司会在产品上市前关闭团队，并逐步让日常营销人员接手。第二种做法则是让团队准备产品销售（编制计划或培训人员），到最后由营销人员接手。采取这种方式时，关键团队人员通常保持密切联络以协助解决问题。第三种方式较为少见，是让团队人员来实际销售产品，并成为新部门管理层的核心，或在该产品成功销售之后将团队转变为日常组织。例如，本田汽车公司会让团队负责人继续作为新产品的营销经理，以进行 2～3 次的设计大改造（6～9 年），之后再将其派到另一个新开发计划中。

不论营销人员何时接管，都应该与新产品开发团队保持密切联系。就像一位产品经理所说："这就像一个正在转动的齿轮必须与另一闲置的齿轮啮合，尽早将部分人员带入日常组织当中，以加速闲置齿轮的转动，使其接受新工作的速度。"

14.6 虚拟团队

现在很多企业利用现代技术组建虚拟团队，通过电子装置开会并进行信息共享，以取代传统团队或同地协作团队。虚拟团队有助于企业将当地专家加入全球性新产品流程中，以开发全球性销售的产品。虚拟团队（virtual team）指的是团队成员通过电子装置（如计算机网络）联络彼此或合作伙伴（包括顾客承包商等）。其最大的优势是，尽管人员分散在各地，但并不影响沟通。此外，虚拟团队可通过同步模式（通过计算机或电话同步沟通）或异步模式（参与者可个别进入该网站）进行开会。同步的沟通方法包括，视频或音频会议、即时通信、实时应用分享等；电子邮件和共享档案库则属于异步沟通方法。两者都经常使用，不过，异步沟通可以避免时差问题，并可在假期中进行。近年来，虚拟项目团队越来越流行。Gartner 咨询公司调查显示，团队协作软件的市场需求 2008 年已超过 10 亿美元。

虚拟团队可以根据地域分散程度，即对成员间的距离加以定义。但还应考虑的是，团队组成结构到底分散到什么程度：所有成员都独自工作并只通过虚拟方式连接吗？或是说，新轿车开发的核心团队在底特律，其他由许多单独工作的虚拟参与者组成？还是说，一个团队在底特律、一个在东京、一个在慕尼黑？上述所有团队都有着不同的结构形态，形成了不同的工作风格。这里还有一个时差问题：团队成员在什么时区？他们的工作时间是否重叠？等等。团队负责人应该努力去解决团队成员在不同时区工作的问题，例如，澳大利亚的团队成员不应该认为每次团队会议都在当地时间下午两点开吧！

虚拟团队成员发现操作上也存在很多难题和挑战。首先，团队成员必须对这种技术熟悉并且感到自在。绩效衡量和管理控制也较为困难，处理权力冲突时会比传统的面对面方式更具有挑战性。其次，虚拟团队也许并不适合许多公司的价值和文化，甚至全球各地的团队成员都不一定采用。如果企业的指挥链非常层级化，或整体团队的合作情况不是很好，虚拟团队往往很难有效落地。企业通常采用虚拟团队与传统团队并行的方式来实现目标。事实上，在美国和荷兰所做的研究发现，传统的和虚拟的沟通渠道可以相辅相成，因此，企业应当根据成员的需要来分享知识，同时寻求运用合作工作地点和信息科技方式，来支持虚拟团队。然而，有经验的虚拟团队参与者承认，只要能保持承诺和信任，最新的沟通技术能让虚拟团队和传统团队达到同一个水平。

尽管虚拟团队主要解决的是团队成员分散在各地的问题，但虚拟团队在跨国企业公司中的确日益重要。考虑到现有的信息科技，团队负责人可将虚拟团队视为将专业知识带进该企业分散于在世界各地的研发单位的绝佳机会。然而，全球性虚拟团队面临的挑战更大，因为必须克服文化和沟通上的障碍。我们在下一节继续讨论全球性团队的管理。

14.7 管理全球性团队

越来越多的公司会从全球化的视角来看待新产品开发，并且建立由来自不同国家的人员组成团队。图 14.2 列出了一些对资深经理的访谈结果。在一项最近的产品经理调查中，超过半数的受访公司提到，他们至少在某些新产品项目中使用全球分布型团队（Globally Dispersed Teams，GDTs，简称全球性团队），而且预期这类团队将会持续增加。

为什么全球分布型团队在显著地增加？其实不难理解。产品日趋复杂，产品生命周期也越来越短，种种压力都促使新产品团队必须搜集世界各地的专门知识和技术。例如，如果博朗公司要开发适合淋浴使用的电动剃须刀，那么该公司必须获得材料、零件、机械和剃须乳液等专业知识。此外，还必须因情况针对电池和其他零件做必要的改变。由于现今已具备使用 IT 来协调团队运作的能力，博朗公司早已取得相关专业知识，即使远在地球另一端也不成问题。

全球新产品团队在沟通及文化上的差异，会给管理者带来挑战。全球商业会议通常以英语为通用语言，但就算所有团队成员都会说英语，其英语水平也是参差不齐的。理论上，多元文化、异质的团队包括了许多不同的观点及思考方式，应该能带来更高的创造力以及更好的问题解决能力。但沟通问题会时常发生，甚至有可能引起文化的误解。

所以，高层管理者与团队负责人是实现预期目标的跨文化综合绩效的关键。由于成员实际分处各地，所以通常召开远程会议，但很少举行面对面会议会产生更多的沟通问题。尽管存在这些难题，研究发现，全球分布型团队只要有良好的沟通的凝聚力、有奋斗精神和相互支持等，在效能和效率方面仍然会胜过一般本地工作的团队。

在概念生成上：

运用全球的知识很重要。

新概念可能来自顾客、员工、竞争者、供货商等

在产品开发上：

美国企业倾向于做出“全垒打”式的突破，而日本公司专注在连续性、渐进式的改进。在上市阶段这种方法可能是对的，在该阶段产品原型可能已经上市。如果做得不好，可以作为教训加以汲取。

当新技术开发成本非常高时，开发成本可能需要被分担，这就引发技术授权或交易。

标准化逐渐用于管理全球性公司，不需要回应类似的顾客需求。

对于影像产品或儿童产品这一类，以标准化方式可能比较简单

在商业化上：

许多公司认识到早期进入市场的成本和风险，而且实际上在某些市场中更喜欢成为晚期进入者。举例而言，日本公司有明确的等级制度，某些人是领导者，其他人则是跟随者。

决定产品该在什么地方进入市场时，当地的大力支持是个重要因素。对于耐用消费品来说，各国顾客的需求可能较为一致，因此在全球上市能快速弥补开发成本。尽管也有些例外，但大多数非耐用产品仍在当地上市。美国市场的成功对于进入其他市场有“信号价值”，但美国市场失败的代价同样很昂贵。相对来说，进军欧洲市场则要以一次一个国家的方式进行。

在国外市场引入创新时，最好要有当地伙伴的协助。这样可以降低成本，利用当地伙伴的制造和营销能力，来克服文化障碍

图 14.2　资深管理者对全球创新的洞察

全球分布型团队面临的另一个艰巨任务，是如何对已完成的设计进行评审，因为要集中在同一地点举行定期会议几乎不可能。全球分布型团队大多使用视频会议、语音会议、电子邮件和电话讨论设计变更，但沟通仍存在很多限制，因为团队成员无法方便地在 3D 模型上工作，因此许多跨国企业开始采用可视化管理（Visual Issue Management）软件，让所有参与者都能将设计立体可视化，并可以标记重点和问题，追踪修改。设计师、工程师和其他专家在新产品流程初期便参与进来，这样就能轻易识别出潜在问题，避免了后续调整需要的高额成本。总的来说，使用这类工具可降低工程和再造工程的成本，并加速产品上市时间。

目前已经有了很多虚拟全球分布型团队成功克服沟通问题的案例。例如，波音公司使用在线新产品开发系统，整合分布在全球各地的火箭发动机设计师和伙伴公司，大大减少了产品设计时间，降低了开发成本，也减少了零部件的数量。此外，施乐公司用网络将位于纽约罗彻斯特的产品设计师、上海的工程师，以及香港的厂房整合在一起。福特公司通过其全球产品开发系统及全球车辆计划（Global Product Development System and Global Vehicle programs），来协调该公司的全球新车开发计划。在全球平台上，其中一组团队负责排气系统，另一组团队则负责转向系统等，期望能因此大幅度降低工程成本，并让新车

上市更加成功（见本章末福特公司的富绅（Fusion）案例）。显然，鼓励全球分布型研究和开发活动的跨国企业，往往更有凝聚力和有效运用知识，从而产生更大的创新能力。总之，成功的国际新产品团队的最主要动力，就是具备创新的全球化文化、承诺提供研发部门充分的资源，以及取得管理高层的支持。

数字设备公司的全球分布型团队同样运作得相当成功（它将其命名为“哥伦布团队”），该团队成员来自美国 5 个地区以及瑞士、法国和日本等国。不过，他们必须实行许多有效的方法来克服与全球分布型团队的相关障碍。主要的问题就是团队激励：传统团队成员对于自己在当地的网络有很大的忠诚度，但是哥伦布团队却并非如此，要达成团队目标一致并不容易。为了克服这个问题，数字设备公司授予团队成员执行任务的决定权，这样在为团队项目出力的同时，也能得到当地网络中其他人的认同。为了克服沟通障碍，数字设备公司发现团队成员在项目初期喜欢进行视频会议（因为可以随意评论），但到了项目后期，当团队成员以自己的步调进行更多的工作时，发现采用计算机开会和 E-mail 比较好，逐渐形成保留对话记录的重要工具。

许多公司，如飞利浦公司、美国电话电报公司（AT&T）和国际商用机器公司（IBM）等都主动支持多元化团队。飞利浦公司使用工作轮岗的方式，把员工外派到国外据点 5 ~ 7 年的时间，而且通常是在不同的职能部门工作。先灵（Schering）制药公司在柏林和维吉尼亚州的 Richmond 市研究中心之间轮调技术人员。还有一些公司，则使用“客座研究员”让国外技术专家到研发总部交流。例如，日本花王公司在发现各个国家护发需求的差异后，利用客座研究员在德国和日本间的频繁往来，开发护发产品。产品预开发的地点在东京，而开发工作则集中在德国的达姆施塔特（Darmstadt）。

很多公司目前坚持采用全球分布型团队，因为这是把员工和研究设备集中到某地之外的一个实际可行且具有成本效益的替代方案。在国外市场的全球分布型团队成员可以针对特定市场的新产品开发，提供当地的专业知识。到目前为止，全球分布型团队的运作不如当地团队运作好，部分原因是因为对很多公司而言这还是一个新的尝试。此外，与面对面的会议相比，使用电子邮件和企业网络可能更难以讨论或解释非常复杂的问题。研究人员发现，“中间型”团队在距离和沟通模式上更灵活，因此比传统的“人人型”团队或虚拟团队更具有创造力。不过，在积累了较多全球分布型团队管理经验后，团队的绩效会大幅度提升。

本章小结

本章讨论了团队是什么、选择什么样的团队形式、如何建立并管理团队直至关闭，它包括选择团队负责人、选择团队成员、培训团队成员等。归纳来说，目前有两种新产品团队，其中之一是高级别的跨职能小组（由关键职能部门负责人组成），其任务是管理项目团队，团队的不断发展需要某种形式的汇报载体。另一种是新兴团队，由一群有经验的新产品开发人员组成，其任务是协助项目团队开发适当的流程以执行。后者，可能仅仅是一个人，职位名称是新产品流程经理。流程是关键，公司必须有一个能持续进行组织学习（organization-learning）的载体。

应用实践

（1）“实际上，我并不确信某种组织形式一定比另一种组织形式好。我们对其寄予了太多的期望。比如，伟大的索尼公司的随身听 Walkman，是由索尼公司的董事会主席 Akio Mortia 构思并推动的。他看到其前任主席在办公室里戴着耳机，由此产生了这个创意。他自己亲自指挥这个团队的全过程，面对来自制造和销售部门的反对，他力排众议，甚至把他自己也命名为项目经理。我敢打赌这种方式不适用于学术上的任何一种组织形式。我同样打赌你将无法打垮它。”

（2）“你提到了文化！现在，有一种人际关系崇拜。人力资源和组织设计人员虽然伟大，但是在他们的工作之外，最近 15 年产生了一些新的有价值的商业方法。文化是其中之一，但从未对其下过定义，内涵十分模糊，用的都是很软性的词汇，比如快乐、平等、坦诚。生活也大致就是这样。别误会，管理者必须尊重他的员工，而且不能在提高生产力上采用过于强硬的观点。好的员工希望有诚心的激励，而不是游戏或者操纵。的确，这里用的词是‘操纵’，这的确是一种文化。讨论一下，你们在教室里教这本书时希望有哪一种类型的文化？是那种和我们多少年来一直在普遍使用的管理文化一样的吗？”

（3）“很多部门说，他们在进行新产品开发时从其供应商那里获得了巨大的帮助，但其中的真相是，这意味着他们太懒了。他们部门里有优秀的员工，优秀得过头了，只知道让那些供应商从我们的创新收益中分得更多。大部分供应商是不会从这种可笑的合作关系中分利的，动议人是他们而不是我们。他们愿意从一体化运营和协作中获得利益。”

案例 Provo Craft 公司

美国犹他州的 Provo Craft 公司，是一家专门为全球手工艺人和爱好者生产并销售产品和工具的企业。多年来，公司已经成为贴纸、纸张、图章等产品的优秀生产商，并为顾客提供优秀的顾客教育和顾客服务，以激发顾客的创意。但是最近，公司的发展似乎有些停滞不前。

2006 年，首席执行官吉姆·索顿带领一个新的管理团队，决定把公司重心从传统的手工艺产品，转移到采用现代科技的工艺产品上来。但是索顿很清楚，公司必须至少进行 3 项大的变革：培育新的公司文化，吸引新的人才，建立新的创意流程。

要改变公司文化并不是一件易事。多年来，Provo Craft 公司依赖外界开发的技术来运营，但现在这一点必须改变。公司开始寻求客户反馈、留意技术市场的风吹草动，并开始在内部自己设计特定的产品。这是自 Provo Craft 公司创建以来，第一次真正在内部进行完整的新产品开发，从概念提出到最后的营销、上市，全都是自己完成。为此，公司需要招募相关人才，比如来自惠普公司的资深产品开发副总裁吉姆·科尔比。他的首要任务就是找出适合参与内部产品开发的员工，并招募认同公司理念的新人。新人不但要拥有足够的技术能力，也要能了解项目管理，并对工作有高度的热忱。

除了有新文化与新团队以外，Provo Craft 公司还建立了新的创意流程。科尔比表示，我们内部的头脑风暴会议，其实就是将许多聪明人集中在一个有白板、充足的比萨、许多便利贴的会议室内。我们会邀请营销、财务、法律、人力资源、销售等不同部门的人参加。我们会反复讨论有关市场需求和竞争地位的各种不同的想法，最重要的是，我们决不会说“做不到”。没有什么是不可能的，也没有什么是糟糕的点子。此外，如果员工的想法最后变成了实际的产品，员工会得到一笔奖金。

头脑风暴会议之后，紧接着是正式的市场调查，主要目的是找出：① 客户热衷于什么？② 提供什么样的最佳价值主张？③ 产品该如何开发，才既不造成客户负担，又能为公司获取最大利润？此时常用的是焦点小组法。比尔·盖茨曾说过：“对你最不满意的客户正是你最好的学习对象。”其实，不论是客户还是非客户，都会在这个阶段参与进来；Provo Craft 公司会收集所有的评论或回馈，不论是来自 Facebook 还是 Twitter 的。科尔比说：“社交媒体为我们提供了直接接触目标客户的渠道。”同时，Provo Craft 公司全力保护公司知识产权。考虑到法律的风险，公司不会直接采用客户的概念。一旦公司识别出某种新产品的概念有潜力，会将该产品纳入 5 年期的产品路线图中，同时启动开发流程。

科尔比承认，自行开发新产品一般而言会比较贵，而且对于相关负责人来说，可能不是一战成名，就是身败名裂。但是只要根据流程进行并配备合适的团队，应该可以将所有不必要的风险降到最低。他还认为，产品创新是个永无止境的学习过程，一旦松懈就是打包走人的时候。不过 Provo Craft 公司的转型显然十分成功，因为自从公司开始转型后，该公司已陆续推出了数个获奖的创新产品，既叫好又叫座。

讨论一下，在 Provo Craft 公司文化所扮演的角色。有哪些主要的公司文化的改变让产品开发得以成功？你能为科尔比提出一些建议，帮助他在未来更进一步地改善公司文化吗？

案例 福特公司的富绅（Fusion）

20 世纪 80 年代中期，福特公司和其他汽车制造商一样，开始注意到世界各地对于汽车的需求逐渐趋同。例如，向来偏好大车的北美客户现在要小车，而欧洲反而开始需要更大、更舒适、动力更强的车。这让福特公司意识到，公司可利用其分别位于欧洲和美国的研发中心，开发出一辆适用于全球的新产品，这就是后来的福特蒙迪欧（Mondeo）。

蒙迪欧项目是由福特欧洲公司主导的，因为其比较类似一款欧洲车型。福特公司选择位于比利时的车厂作为项目中心，并将具体技术问题分派给全球数个技术小组。公司分别成立了由不同小组负责人组成计划控制组，以及由福特欧洲公司总裁负责的产品小组，另外还有一个协调小组专门负责通过网络、视频等方式协调各组的活动。供应商也来自全球各地，其中 47 家为欧洲供应商，20 家为美洲供应商。蒙迪欧 1993 年首次在日内瓦车展亮相，并在第二年在美国推出。而在日本，则是通过与马自达的合资公司进行销售。

蒙迪欧是福特公司的第一辆全球性车型，之后，福特公司持续改进公司的全球汽车开发计划，如开发更省油的新车。和其他公司一样，福特使用全球平台来支持公司旗下的各种品牌。不过，全球产品开发资深经理戴瑞克·库扎克认为，全球化平台更加包罗万象，他说："考虑一下一个产品开发系统，能让新产品早上市，汽车复杂性不同，比其他公司早上市时间在 25%～40%。考虑一下一个专门的工程技术团队在一个系统上为全球的车型工作。"过去，每个新产品计划都有专门的工程师，比如专属的排气工程师。现在有专门团队在同一个平台上为全球销售的每辆车提供排气系统，这就是福特公司的所谓 "汽车 DNA"。由于同一个团队负责所有方向盘的设计及技术，任何福特车款的方向盘都会有特殊但熟悉的把握感，这种熟悉感贯穿在福特汽车的各种部件上，甚至连发动机的声音也是如此。福特宣称，由于其全球产品开发计划，新车的技术开发费用从 2005—2008 年降低了 60%，而成功的新产品源源不断，甚至旧车款也都得以重新问世。

福特公司的全球产品开发副总裁拉吉·奈尔表示，汽车市场有相同的"全球性要求"：不同国家的客户对车辆操控、省油、安全性与设计都有类似的要求，而富绅的设计理念就是要将这些属性都涵盖在内：驾驶畅快并且十分节省燃料（插电式混合动力车每加仑可跑 100 英里）。

富绅使用最新科技来提高行车安全，如路径偏移监控系统、停车辅助系统、盲点感应系统等。此外，声控设计的 SYNC 通信娱乐系统、福特车载多媒体系统（MyFord Touch）允许驾驶员通过声控或触摸屏与众多汽车系统互动。这些功能可以减少驾驶员分心，使驾驶更安全。富绅的流线外形设计显示出简洁、矫健的特性。很多人认为，富绅的设计会带动新一轮全球设计浪潮，成为全球小型车的标杆。负责富绅的总工程师亚德里安·威透表示，富绅的设计目标是让客户了解"富绅不仅赏心悦目，还可以提升整体质感"。

设计中的一大挑战是前端架构的设计。富绅必须符合不同市场规范，有时这些规范会相互抵触。最终的设计不但符合北美法规，还能符合欧盟标准。计算机仿真以及 180 次冲撞测试确保所有安全指标都能符合全球规范，福特富绅的安全标准在全球名列前茅。

富绅在墨西哥和密歇根州生产制造，234 家供货商来自全球五大洲的 32 个国家。福特公司宣称，高达 80%的零部件是通用的。

福特公司首席执行官艾伦·穆拉利认为，福特的全球合作在于：建造好车，改善效率，坚持以客户为中心的福特文化。这表明福特公司善于利用全球技术与资源、完全投入打造顶尖车款的决心，也表示永续不断地精进设计，力求更省油、更安全、更易操控、及设计更好。

请对福特公司的全球团队管理进行评价，包括其全球汽车开发是如何从一开始的蒙迪欧进步到现在的富绅的。富绅的产品开发过程有什么优点或者缺点？你会建议福特采取不同的方式吗？福特公司是否可以采用本章所描述的全球开发团队方式呢？如果可以的话，该如何进行？

第 15 章

产品使用测试

15.1 引言

技术开发的第一个产出，是由产品协议所引导和确认的一个原型，这个原型也有可能被送到市场上进行概念测试。原型概念测试和原始概念测试的方法在本质上是相同的，唯一不同的是，现在我们有了一个能够体现创意的有形物体。通常，最终用户对于这样的原型并不满意，因此还需要进行更多的开发工作。这个循环会持续下去，直到出现一个与最终产品相似的完美产品——一个利益相关者喜欢的原型。

在这个过程中，大多数公司都喜欢制作大量的原型，无论是在工作台上（例如，由设计师制作的新的远程操控运作单元），还是在一些小规模的试验生产线上。它们能够在第一时间给予最终用户一个可以延伸使用的产品概念，因为有内部实验室或工作台的测试作为基础，所以不用再去猜测这个产品能否满足需求。我们的任务是，设计一种可以用来测试最终用户体验新产品的方法，我们称这个方法为产品使用测试（Product Use Testing，PUT）或现场测试（field testing）或用户测试（user testing），有时还会被称为市场接受度测试（market acceptance testing），后者也被称为市场测试（见第 18 章）。

本章的开头，我们讨论了贯穿整个阶段 4（开发阶段）的营销的角色。虽然实际的原型设计不是出自营销人员之手，但营销在这一阶段的整个过程都有重要贡献，而且这种贡献越接近阶段 4 的末尾就越重要，直到阶段 5（上市阶段）。接下来，我们将带着这个思路讨论产品使用测试流程的细节。

显而易见，产品使用测试十分重要。因为它出现于推进整个新产品流程的几个重要的概念中：独特且优越的产品、A-T-A-R 模型中的重复购买比例、产品协议中的要求等。如果这 3 个重要概念中有一个失败，便会致使产品无法满足最终用户的需求。

另一个需要提醒的是：本章的内容既适用于服务也适用于产品。在 www.baddesigns.com 网站上，有很多营销得差的公路、高速公路、公园等一些标识的例子，几乎可以肯定的是，这些标识从来没有测试过所标注的信息是否清晰。

15.2 营销在开发阶段的角色

15.2.1 营销在新产品流程的开始就已介入

随着产品逐步接近开发的末期和趋近上市阶段，营销人员的角色也逐渐改变和加速发展。几年前，当企业界还在盛行“卖”（我们造什么就卖什么）这一理念时，营销的角色很简单：把企业生产出来的东西卖掉。在技术人员基本完成工作前，营销并不需要介入产品开发。但是经过前面我们对于团队以及加速上市的各种讨论，我们清楚地认识到，公司如果要保持竞争力，就不能遵循这个理念。现在，营销人员在新产品流程的很早期就开始介入。在整个流程中，营销人员不断向新产品团队提供关于产品开发应如何与公司营销能力（如销售和销售培训、服务能力、分销实力等）及市场需求相匹配的建议。营销人员代表了该产品在营销时不得不考虑的议题和关注，他们的早期介入将提高产品的成功率。

营销的角色，简单地说，就是从市场中收集信息。通常，营销人员扮演着看门人的角色，从市场中筛选他们认为重要的、可能被遗漏的以及关键的信息给新产品团队。而整个新产品开发团队都需要聚焦市场，不只是营销人员。所有团队成员，包括技术人员、设计工程师和营销人员，都要收集信息。事实上，领先用户分析（见第 4 章）透出的含义是，关键用户是新产品团队的一员并可直接提供信息。一个真正市场导向的公司会认为，营销工作的重点，不是信息收集，而是信息协调——决定哪些来源（顾客、领先用户、分销商等）提供哪些信息，以及新产品团队需要什么信息。

杜邦公司在 20 世纪 60 年代开发的乙烯聚合物 Surlyn 就是一个很好的例子。起初，它一直被当作一个纯粹技术导向型的产品，而且具有很多有趣的特性：结构强、有韧性，透明有弹性。在比较了很多材料后，开发人员设想它可以作为高尔夫球外壳的材料，在经过高尔夫球制造商的多次拒绝后，Surlyn 最终成为高尔夫球原来的外壳材料——橡胶的替代物。营销人员最后发现，Surlyn 还有更大的市场，但这个市场并不感兴趣其原先认为重要的那些特性。Surlyn 拥有特殊的抗油和耐油脂性，这使得 Surlyn 成为出色的肉品行业密封材料。后来，还陆续发现了 Surlyn 的更多用途：果汁包装盒的黏结剂、纸类的涂层。只要能搜集到更多的市场信息，研发人员就能够修改流程并为新的应用开发出相关的聚合物，比如保龄球瓶和滑雪靴。显然，原来由技术推动的创新已经发生了逆转，现在是由需求拉动更深层次的技术开发。

制造人员的角色近年来也在发生类似的演变。他们在新产品流程的开始阶段就开始介入，并建议新产品团队将产品的可制造性纳入考虑。和营销人员一样，制造人员理解其早期介入的必要性，并代表了这个阶段不得不考虑的一些议题。例如，惠普公司的 DeskJet 打印机代表了惠普公司的新方向：新产品、新市场、新顾客，以及新的产品开发流程。制造人员在很早就介入了流程，事实上，制造工程师转移至了研发岗位并全流程成为设计工程师的一个新资源。流程进行得如此之好，设计工程师游说上司提供更多的制造工程师。项目的最终结果是，惠普公司的制造工程师地位大大提升。

15.2.2　营销提升或"我确信我们做出来了"阶段

虽然营销和制造对整个流程都有贡献，但随着流程的向前推进，营销和制造的角色也都在发生着转变。通常，重要的转折点发生在做出早期原型并通过性能测试之后。例如，一种对抗高血压的新药，在早期动物测试时显示出有希望的结果，此时我们称为"我确信我们做出来了"阶段，这时，团队对于项目的整个态度都会发生改变。在这一刻之前，团队中技术人员一直扮演着主导角色，营销和制造人员则主要发挥咨询功能。而从这一刻开始，营销人员的地位开始提高，同时制造人员也在加快他们的操作。他们必须对新产品开始计划实地销售、服务准备、包装调研和品牌选择，并且让广告代理商参与等。简而言之，"我确信我们做出来了"阶段，就是为上市做准备的营销工作启动的阶段。

同时，这个阶段也是制造人员开始负起责任的时候。在新产品开发中，我们常听到"制造提升"（manufacturing ramp-up），即制造人员进行产品全规模（full-scale）生产（在这之前只进行过足以供原型评估的小批量生产）。与制造提升是指从原型准备到全规模生产一样，营销提升就是指从现在开始到产品上市。

15.3　产品使用测试的原因

原型一旦准备好，营销人员就会开始进行提升阶段的重要工作：邀请真实的顾客对实体原型进行评估。这里需注意的是，正如第 3 章所述，原型既可以是粗糙的雏形，也可以是已完成或接近完成的产品。使用测试（use testing）的含义是指在正常操作的状况下对原型进行测试。例如，消费者将轮胎安装在车上然后驾驶汽车，技术人员将笔记本电脑放在库管人员的手中，银行在 3 个分支点安装某个新的支票兑换服务等。设计儿童积木的制造人员会把小朋友集中在一个焦点小组的房间里，观察他们怎么玩积木（他们喜不喜欢？会不会按照说明书或运用自己的想象力来玩？会不会很快就厌倦了？），同时调查家长愿意接受的价格（你愿意付 70 美元买一组 100 块的积木，还是愿意付 50 美元买一组 75 块的积木？）。之前，我们在第 2 章 Tastykake Sensables 案例中了解到，产品使用测试是测试的一部分。产品在这个时期并不完美，这不仅仅是因为设计不好。这里有一个案例讲的是制造难题。

Weyerhaeuser 公司的新产品 UltraSofts 一次性尿布成效非常好，并以促销价格销售，但试验工厂对大批量生产的预测出现了失误，结果导致生产线就像救火一样，并且出现了其他障碍，供应商拒绝与公司签订关键部件（尿布衬里）的长期合同。测试必须持续地进行，直到新产品团队满意地看到产品确实解决了存在的问题，或者满足了之前产品协议的要求。

15.4 产品使用测试的必要性

我们经常在产品使用测试时听到以下陈述：

“我们已经在这个项目上花了好几个月（或好几年）的时间，也花了很多钱，必要的时候也会请教专家，而且市场研究已经显示最终用户想要这样的产品。那么为什么还要浪费时间？高层管理者一直紧盯着我们承诺的收益，而我们不断地听到主要竞争对手也在开发相似的产品。现在，我们箭在弦上，停下来去做测试好像对管理层表示我们对产品并没有信心。此外，顾客不能只拿着新产品自行试用，他们必须学会如何使用，并将其融入自己的生活，看广告（或听销售代表） 的宣传，知道使用结果会有多好。但最糟糕的是，竞争者可能剽窃我们的创意，在市场上把我们一举击败！是的，不值得花时间和金钱去做产品使用测试。”

有时，上述陈述并不是争论而是事实。例如，历史上发明的第一台传真机无法通过最终测试，只因为当时没有线路可用，影像电话也是一样。第一台彩色电视也面临过同样的问题，因为当时没有任何彩色节目。因特网如何进行使用测试？但愿这不会像某个知名卡通画里描述的那样尴尬，画中某位科学家手持烧瓶，告诉另一位科学家说：“成功会带来不朽，但要一直做测试才行。”

15.4.1 关于产品使用测试不必要的争论正确吗

这些争论是有一定道理的，尤其当这些争论是由提供项目资金的高层提出的时候。但是，除了个别类似传真机那样的案例之外，这些陈述是不正确的。尽管我们已经取得了一些进展，但是还有大量内容是未知的并需要学习的。来自用户的问题使这个项目得以启动，但现在用户并没有告诉我们，新产品已经解决了这些问题。

此外，如图 15.1 所示，产品使用测试的风险和成本，与成功产品的利润损失相比是很少的。唯一有分量的争论是关于竞争，即测试导致竞争者快速地复制和销售我们的新产品。许多食品类新产品就是这样的，那些没有技术研发的新产品也是一样。如果使用测试很明显将导致我们在上市时排在第二位甚至第三位，那么大部分企业都会选择不做测试、立即上市。当然，他们也能预料到经常性的失败。食品类新产品的失败率往往会达到 80%～90%，就是因为产品改进很小，只能获得很小的零售商铺货率，在概念测试中善变的消费者无法预测其行为。

但是，即使在包装消费品行业，也必须对是否做使用测试的那些反面争论进行认真考虑。包括如下几个方面。

1. 评估竞争对手的反应

给那些开发新产品的企业提一个好的建议，将其创新建立在技术基础上，以避免竞争对手的复制（参见第 3 章战略部分的讨论）。第二个建议是，如今竞争者们发现，复制其他企业产品的获益并不大，因为其他企业也将复制它们的，价格竞争将侵蚀利润，模仿者通常也会复制创新者的错误。还有，必须担忧并关注那些也在进行基础技术开发的竞争对手，它们的工作往往并不引人注目。

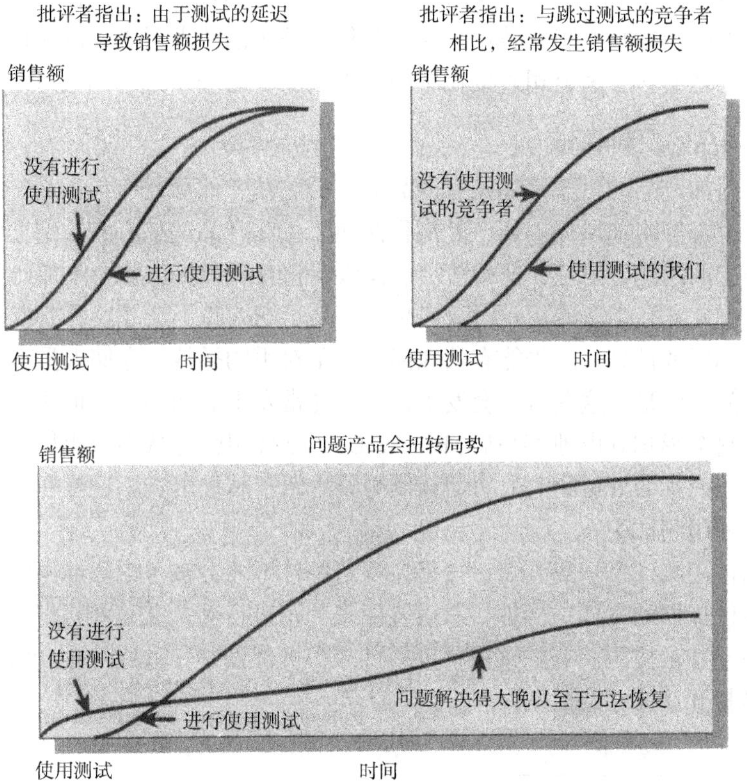

答案：不同的案例需个别分析，以找到上述因素发生的可能性与影响。问题产品花费的金钱和时间成本可能相当高。

图 15.1　产品使用测试计划中变量的增加和减少

2．顾客需求的复杂性

在任何一个行业，最终用户的需求都不是单一的、简单的。任何新产品对于最终用户来说都是一条学习曲线，有时是取舍，有时则是“包袱”——新产品引发的事情往往会连开发人员都感到惊讶。例如，想象一下你正在研发 GTE 传话筒，该技术可以让地面的人给正在班机上的乘客打电话。虽然起初航空公司对这个产品有兴趣，但采用率却非常低。究其原因，是飞行员们不希望他们稀有的安静时刻被打扰，而乘客就没有想这么多了。最终用户的确十分复杂，在实验室中，我们无法去模拟，无法发现用户错误对使用的影响，看不到竞争对手如何修改这个概念，也不会看到用户因这个改变干扰工作或生活而受到公司或家庭的反对。进一步看，如果正在开发的是新问世产品，企业则需要进行多次的产品使用测试，才能让新产品更符合用户需求，其重要性在于：从错误中学习（见第 2 章 GE 公司 CT 全身扫描仪流程）。

3. 顾客需求的沟通

如果没有拿到已完成产品，最终用户很难说清楚他们的需求和满意度。例如，有两家公司（Mars 和 Hershey）销售含有新的人造脂肪的食品（分别来自 NutraSweet 和宝洁），两家公司都因为一个意料不到的困难而产生动摇：消费者到底真正是想要甜点还是糖棒呢？甜度是乐趣的指标吗？脂肪替代品这个名称会破坏消费者对美味的预期吗？等等，在搞清楚这些困惑之前，一家公司直接在全国上市产品，另一家公司则进行昂贵的试销。

4. 优质产品的交付保证

回顾一下附加产品的概念，先是有产品的核心利益，然后是有形产品，最后是服务、保修、外观、融资等附加层面。新产品流程倾向于关注产品的核心利益层面和有形层面，甚至关注实施中的问题。但是，公司常常仅仅假定它有能力提供这个附加产品外环上的所有特性——销售人员有能力清楚介绍新产品，产品早期故障不会吓跑那些潜在买家，财务部门能批准大额财务计划，广告能有效地回应竞争对手的挑战，仓储人员不会犯简单错误并损害半件产品。但是，这些事情会发生，而且经常发生。例如，在柯达公司，发现一个没预料到的材料会影响到电池寿命后，Black&Decker 公司曾经从零售店货架上撤下数千个手电筒，并停止内含 Ultralife 电池的烟雾侦测器的新产品线出货。这是在营销过程中发现的，而不是在使用测试中。

跳过产品使用测试是一场豪赌，只是在特定条件下才会被考虑。谁主张省略这个步骤谁就要承担提供证据的责任。例如，假设宝丽来公司进行新款儿童相机的完整使用测试，就会发现小孩子喜欢按压所有的按钮，包括打开相机背盖并导致底片曝光的按钮。有谁会想到，太容易打开反而会造成问题？

15.5 从产品使用测试中获得知识

从前面的例子中可以发现，公司有很多机会从产品使用测试中学习并运用这些知识，以便让产品更符合市场需求（见图 15.2）。

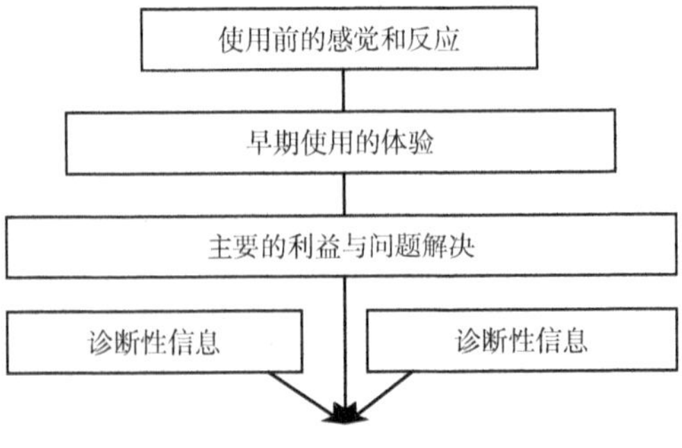

图 15.2 产品使用测试获得新知识

15.5.1　使用前的感觉和反应

几乎每个产品都会给用户一个机会，对每个产品的颜色、速度、耐用性和操作适合度等产生反应。最初的反应很重要，尤其是对服务。例如，汽车制造商很清楚，一个潜在的新车买主最重要的反应，是首次进入代销店的留下的印象。所以在营销一款新车时，代销店需要精心设计展示中心，塑造好印象；接下来可以通过研究确认能否达到预期的效果。

15.5.2　早期使用的体验

这个知识是关于“这个产品好用吗？”的问题。主要内容包括：是否容易使用、外观是否要变化、能否驾驭、是不是还有缺陷，以及有无证据表明产品真的好用等。

15.5.3　Alpha 测试和 Beta 测试

最后这一点是个特殊的问题。例如，计算机硬件和软件公司面临巨大的竞争压力，偏好进行 Beta 测试，即短期的使用测试，对筛选过的外部客户在现场进行。有时会进行 Alpha 测试，在内部员工之间进行。这些测试旨在告诉生产商：这个产品能正常运作吗？没有缺陷了吗？事实上，有些公司会让员工开展比赛，看谁能够从新产品中找到最多毛病，现在找到总比以后找到好。Beta 测试不是用来了解产品是否符合消费者需求以及能否解决问题的，那样的测试一般需要比数周更长的时间，常用于计算机产品测试。

Beta 测试起初用于计算机产业，现在也经常应用到其他产业，但计算机行业仍然是 Beta 测试应用最主要的行业。例如，微软公司最早开发网络搜索引擎的故事。1996 年 1 月，Netscape 公司的 Navigator2.0 版本发布。2 月，公司将 3.0 版本放在内部网站上进行 Alpha 测试。从数百个员工中获得早期反馈后，第二个 Alpha 测试版本两周后就出现了。3 月初用于 Beta 测试的第三个版本也开始向公众提供。这一过程一直持续，在进行了多次 Beta 测试之后，直到 8 月正式发行 3.0 版。这期间，微软公司一直在开发它自己的搜索引擎竞争产品，1996 年 3 月开始其内部的 Alpha 测试，是在 18 000 名员工中进行的，虽然当时只实现了其 30%的功能，却足以获得早期反馈以进行设计改善。之后的外部 Beta 测试是这样进行的：1996 年 4 月第一个 Beta 测试版本发出，到 6 月，其 Beta 测试版本已经能实现 90%的功能了。这期间，Netscape 公司也在紧盯着 Explorer 的 Beta 版进度。

大多数 Alpha 测试和微软公司对 Explorer 的测试类似，即在员工中对早期产品版本进行快速测试，而这些产品往往还没有准备好给消费者使用，甚至还未形成一个 Beta 版本。但凡事总有例外。Triarc 公司从 Quaker 公司手中接管了 Snapple 饮料产品线之后，公司取消了所有大规模的顾客测试，由 Triarc 公司的高层主管来选定新口味并自己测试，也就是新产品在 Alpha 测试通过后就已上市了。高层管理者很清楚，如果产品最后出现滞销，最坏的情况就是通过打折将存货卖出去。尽管对消费性产品来说这是一种冒险，但 Triarc 公司却成功地将 Snapple Elements 产品线（有 Rain、Sun 和 Fire 3 款产品）上市。你认为像 Quaker 这样的大公司愿意冒这种风险吗？

在如此紧张的时间压力下进行 Beta 测试，管理者必须确认没有忽略危险信号。NCR

公司开发的仓储管理计算机软件包（Warehouse Manager Computer Package）就是一个经典案例。NCR 公司为了尽快让产品上市犯下了许多错误：

- 在还没经过足够的测试时间以找出关键缺陷之前，就结束了 Beta 测试。该软件实际上会破坏顾客的会计和成本系统。
- 完全忽略测试其大软件包中获得 Taylor Management 公司授权的那部分软件包。
- 在得知可怕的产品问题后，仍然持续销售和安装这套售价 18 万美元的软件包。甚至在 NCR 公司下令停止销售后，还完成了很多大型的软件安装。
- 对技术问题实施"单一来源解决方案"的承诺，而实际上，NCR 公司却依赖 Taylor 公司负责处理软件包中该公司那部分软件的问题。
- 对个别顾客坚持声称产品完好没问题，有问题也是顾客造成的。

需要注意的是，不恰当地使用测试，会产生比产品修正更多的问题。例如，NCR 公司的法律诉讼费用支出，是进行适当的产品测试成本的好几倍。Beta 测试的执行还需要有更多的考虑：新产品过程中，如果 Beta 测试做得太晚，设计可能已经基本定型，而此时如果进行设计变更，就会延迟上市。新计算机软件如果在关键缺陷发现之前，Beta 版本就已经发行了，有关结果可能会被某个知名计算机杂志报道出去，从而破坏了产品名声。这就是为什么微软公司选择只发布 2 个或 3 个 Explorer 的 Beta 版本，而不像 Netscape 公司那样发布 6 个或 7 个版本的 Navigator3.0 版。再者，公司测试新产品可能需要从顾客的 Bata 测试地点获得信息（例如，经济价值），这样可能使供应商和顾客的关系变得紧张。例 15.1 总结了 Beta 测试的常见陷阱。

例 15.1　Beta 测试的常见陷阱

- 进行 Beta 测试的公司缺乏足够的内部能力完成高水平的测试，也缺乏资金聘请外部公司进行测试。
- 开发人员往往提出不清晰的性能要求，比如"用户友好"，这是毫无意义的，因为缺乏可测量的指标。
- 太晚才进行测试，会导致开发时间延长以及产品生产延迟。可采用逐步测试来避免这种陷阱。
- 开发人员试图自己对自己的产品进行 Beta 测试。很显然，他们与产品关系太密切了，以至于无法批判性地进行测试并发现问题。
- 开发人员忽视早期测试的负面结果，寄希望于产品在流程中自我改进。所有 Beta 测试结果，不管是正面还是负面的，都需要诚实地评估。

15.5.4　Gamma 测试

Beta 测试可能无法满足开发人员的所有需求。在 Beta 测试中，用户没有足够的时间来评判新产品是否符合自己的需求，或者是否有成本效益。苹果公司对 PowerBook 笔记本电脑进行过现场测试，却在上市之后才发现硬盘有问题。因此，第三种测试 Gamma 测试出现了。它提出了理想的产品使用测试的概念，要求新产品完成所有的测试环节并接受用户的全面评估。为了通过测试，新产品必须解决顾客提出的所有问题，不论花费多长时间。美国政府要求，新药和新医疗器械都必须严格进行 Gamma 测试，这种测试有可能会花上 10 年时间。

虽然 Gamma 测试是十分理想的测试，但有的公司希望节省时间和金钱、或希望领先于竞争对手，那么它们毫无疑问仍然会选择 Beta 测试，例如，一些汽车制造商。Saturn 这款非常成功的汽车就是采用了用户使用测试，让用户在准备好的轨道上进行驾驶，让经销商在亚利桑那州的试驾场上试驾，让汽车杂志主编和测试司机等人进行 Beta 测试。但是在这段期间，并没有进行能真正判断这款新车能否满足家庭需求的测试。

15.5.5　诊断性信息

新产品经理一直在设法了解产品是如何被使用的，以及这个过程中会产生什么样的错误。但是，产品使用测试通常的建议是，提高性能或降低成本。General Foods 公司针对 Meilo Roast 的产品进行速溶咖啡和烘焙豆比例的最后测试时，必须在低成本烘焙豆和风味效果之间做出取舍。新产品开发人员也在寻找支持他们观点的有关信息。营销人员则想要确认目标市场和产品定位。在使用测试过程中，也会针对产品的整体性进行测试，因为只有用户的感知可以告诉我们，所有的零部件是否已组合成一个有意义的整体，以及产品是否适合使用。最后，开发人员会观察是否还有用户不了解新产品或减缓接受结果的信号。

苹果和其他软件制造商可能使用案例研究作为广泛的产品使用测试形式，在软件开发的流程（从最早的概念到产品完成）中同步进行。第一阶段是调查：开发者通过采访用户来了解使用经验，以及可能会如何使用产品。在开发阶段，鼓励使用者尝试新软件的早期原型、操作功能和特色。在产品使用过程中，如果发生令人关注的意外，会反馈遇到的问题。这个阶段是紧接在最终用户的初步 Beta 测试后进行的。这个阶段会识别产品使用问题，并且在软件使用手册中提供所有问题的解答，这些都会在标准的 Beta 测试后进行。

15.6　产品使用测试的有关决策

任何产品使用测试，无论是一组测试中的一个条目还是单独一个测试，无论工业品还是消费品，无论本地市场还是全球市场，都需要小心谨慎地进行，并必须做出几个重要决策。其中首要的是，管理者必须决定在产品使用测试中需要学到什么。虽然我们需要学习的内容完全取决于特定的情境，但目标仍然应该要清楚，并且要包括产品协议中列出的那些详细要求（见第 12 章）。在这时候，一些管理者喜欢进行所谓的潜在问题分析。本章节主要讨论的是产品使用测试中会面临的几个关键问题。

15.6.1 选择测试对象

有些使用测试是在产品首次制造的工厂由实验室人员自己完成测试的。当亚历山大·贝尔打电话给他的助理时，他自己就成为第一位电话用户。

第二个测试用户群体是专家（比如在厨房测试的烹饪人员）。汽车公司有造型设计专家，红酒公司有品酒员。专家能提供更仔细的思考，而且能更准确地表达其感受。然而，能吸引消费者感兴趣的事物，专家却不见得感兴趣。

第三个测试用户群体是员工，尽管这常常遭到批评，却被广泛采用。员工对公司的忠诚度、所承受的压力以及生活风格和习惯，都可能扭曲意见和态度。不过，通过隐藏产品标识并谨慎培训与激励受测员工，在一定程度上还是能克服明显的偏差的。

第四个测试用户群体是利益相关者，包括顾客和非顾客、用户和非用户、 经销商、最终用户顾问（如建筑师）、竞争产品的用户、维修组织、技术支持专家等。

SmarterKids.com 是一家在网站上销售教育玩具的公司，该公司选择有教育价值的新玩具和游戏，请一群小学生进行产品使用测试。员工将玩具散落在桌子上，让小孩散坐在各处，观察他们如何玩（或不玩）游戏。一个类似大富翁的新游戏在偏远的阿拉斯加推出时，就以“去吃午餐”代替了“去坐牢”。二年级学生似乎很喜爱这个游戏，但是也有学生因为不能够让同学去坐牢而感到失望。

市场研究人员进行使用测试时，要十分小心地确定合适的受测人数。样本的大小，可能是 3 ~ 6 名专家、30 名或更多的员工及 20 到数千名最终用户。例如，之前 Netscape 和微软的案例就是在数千个内部和外部测试地点进行的。样本大小还取决于测试什么样的产品。不管选择什么样本，都应该能够代表产品目标市场的整体，而且结果应该正确（有效）并可复制（可靠）。一家美发产品公司在测试后开始销售一种新的男士生发水，但由于该使用测试是在潮湿地区进行的，产品最终宣告失败，因为这个产品在干燥地区挥发得太快，从而对使用者没有任何价值。

15.6.2 如何联系测试对象

有许多方式可供选择。第一，我们必须选择联络方式，常见的是通过邮寄联络或和通过个人联络。通过邮寄联络比通过个人联络更灵活、更迅速，成本更低，当然在产品类别和问卷深度等方面也有很多限制。Burlington Industries 公司在评估新的布料时，曾经通过电话邀请人们加入即时邮寄联络组。B2B 类型的公司则坚持通过个人进行联络，因为这些公司与大多数消费型产品公司相比，更需要与顾客紧密接触。

第二，选择个体联络还是小组联络。多数公司偏好采用个体联络，尤其在开发生命周期的关键点，但采用小组联络方式成本会比较低。

第三，个体联络方式引发地点选择的问题。测试应该在使用地点（家庭、办公室或工厂）进行，还是应该在集中地点（测试厨房、购物中心、电影院或货车）进行呢？在使用地点进行测试会更逼真，实际操作上也允许有更多变化。但这种方式不能对实验进行有效的控制，容易被误用。与此相反，在集中地点测试则有非常齐全的设备（如厨房、双面镜、用餐地点、模拟商店），可以对实验进行良好控制，速度快，成本也较低。这样比较下来，集中地点测试较好。但尽管如此，工业企业还是几乎会坚持选择在顾客使用地点进行测试。有时候，这个地点可能选得很有创意，例如，TV networks 公司经常在拉斯维加斯测试新的试播节目，这个地点虽然完全不具备代表性，甚至有些奇异，但这里的来自各地的各式各样的人，在赌博机和牌桌的空余时间恰恰可能有兴致去观看试播节目。其他可作为产品使用测试的集中地点还包括市场调研公司的场所、贸易展、高速公路休息站（道理与拉斯维加斯相同：可以遇到各色人等），甚至是工业旅游目的地，比如，在 Ben&Jerry 公司的 Vermont 总部。

15.6.3　可否透露产品的标识

标识透露（identity disclosure）是一个关键的问题，即在多大程度上向用户告知测试产品的品牌或制造者的信息。个别测试者认为应该公开透露，而大部分测试者则认为应该保密。有时，品牌是无法隐藏的，例如，汽车、鞋子等产品，因为消费者对大部分的厂家和品牌都有一定的认知。我们知道，新产品品牌产生的晕轮效应会扭曲消费者的反应，这有助于我们考虑测试的目的到底是什么。当开发人员进行的是竞争对手产品比较时，需要进行蒙眼测试。当开发人员需要了解用户到底是否感觉到了新产品更好时，即测试感知忠诚度时，则离不开品牌。较好的折中方案是，两者都做，先进行蒙眼测试，再进行有品牌标识的测试，这样就可以涵盖大多数测试议题。不过，服务产品很少采用蒙眼测试。

15.6.4　提供什么程度的受测产品说明

在进行使用测试时，有些企业对受测产品不做任何说明，只是让用户“试试看”。但这样的测试也存在着一些风险，因为会忽略一些特殊的测试需求。有的企业对受测产品进行商业性说明，即提供消费者正常购买产品后能够得到的那些信息。有的企业则对受测产品进行完整说明，说明里包含了大量信息，以确保顾客能够正确使用该产品。制药公司在进行新处方的使用测试时，会给销售人员做好几个星期的培训。有些企业会在进行一次简短的商业性说明的测试后，接着再进行一次完整说明的测试。

15.6.5　对产品使用施加多大程度的控制

大多数新药只有在医生的控制下才能进行合法的测试。当需要精确的数据并需要考虑患者的安全时，这样的完全控制是十分必要的。许多工业产品也需要完全控制以避免发生误用危险。

但是，大多数测试人员希望使用者可以体验、也可以自由地犯些错误，并且希望使用者能表现出将来产品实际上市购买使用的那种反应。例如，一个新的调和咖啡可以在完美水质、精确测量、最适当滤煮的情况下进行测试，也可以在厨房中以普通人的方式来测试，不去管做得对还是错。通过提供这样的自由，公司会了解到产品存在哪些误用的可能。例如，如果 Heublein 公司针对其 20 世纪 70 年代 Wine & Dine 套餐（内含意大利面、酱汁和一瓶佐餐酒）进行充分的产品使用测试，就能发现日后出现的那些问题：许多顾客仅仅喝了那瓶咸味佐餐酒，就吐出来并发誓以后再也不买这个产品了！

基于此，已经开发出两种控制模式——监督和不监督。如果传送带制造商想要测试一种新的传送带材料，当安装该新材料时，公司的技术和销售人员（以及供货商人员）会去用户的车间（监督模式），经过试运转，如果显示没有问题，传送带公司的人员会回到他们的公司，材料会留在用户工厂，以不监督模式进行全面测试（开发人员并没有"离太远"）。

然而，服务测试则几乎都是在监督下的，因为没有办法被"带回家"使用。通常，餐馆会在某些地点测试新菜单（监督模式），如果多数人接受该菜单，就将菜单推出。

15.6.6 如何实施测试

产品测试有很多组合的方法，其中有 4 种标准的方式（见表 15.1）：

（1）单一测试（monadic test）。受测者在一段时间内只测试一个单一产品。服务通常必须进行单一测试，当然也有例外。

（2）依序单一测试（sequential monadic test）。针对相同的受测者，进行逐一的单一测试，也称为交错成对比较（staggered paired comparison）。

（3）成对比较测试（paired comparison test）。在产品使用时，插进竞争对手的产品进行比较。

（4）三者间比较测试（triangular comparison test）。类似成对比较，但不同于与两个竞争对手的产品（或两个测试产品与一个竞争对手产品）的比较。

表 15.1 产品使用测试的类型（以新牙刷为例）

类　型	产　品	说　明
单一测试	单独的新产品	试试看这款新牙刷，并告诉我喜不喜欢
依序单一测试	背对背的单一测试	与单一测试相同
成对比较测试	新产品和另一个牙刷比较，可以是① 市场领先品牌；② 被认为最佳牙刷；③ 新产品某一区间的领先品牌；④ 测试者目前使用的品牌	试试看这款新牙刷，并告诉我喜不喜欢，以及更喜欢哪种
三者间比较测试	新产品和其他两种产品比较，这种比较是使用两个不同类型的新产品及一个其他品牌的产品	与成对比较测试相同

还有更复杂的测试设计，但只用于特殊情况。单一测试最简单，代表了正常产品的使用，是这些测试方法中最有效的。也就是说，这种方法最能代表正常产品的使用情况，但是结果比较不敏感，因为价格或其他属性的变化会显著影响顾客的偏好。成对比较测试中的并行或同步方法，是最不贴近实际的，但却是最敏感的。依序单一测试可能是理想的，但需要花费较长时间。交错测试中，使用者可以试用某支牙刷一周，第二周换另一支，之后再回来使用第一种牙刷。

单一测试，实际上也存在一个隐藏的竞争品，即在新产品出现前使用的那个产品。当对一个已有的产品类别（如复印机）进行测试时，必然要求将新产品与该品类的领导商品进行比较。但如果不是已有产品类别，如第一台传真机或第一部 PDA，开发者怎么做？举例来说，第一部手机应该先与传统接线电话进行对比。如果没有直接对应的前身产品，开发人员通常只进行单一测试，然后要求用户将新产品与任何以前遵循的程序进行比较。

15.6.7 测试持续多长时间

有些产品的使用测试，只需要一次产品体验，味觉测试往往就是这样的。有些测试则时间较短，不超过一周；有些则时间较长，长达 6 个月。测试时间较长是因为必须学习一些实质性的知识（范式的改变），必须克服最初的偏见，需要后天养成习惯。其他原因是，产品面临一个使用上的全新改变，如一款新的智能手机发现可用于最终消费者、小型企业主、跨国组织、医院或其他机构。研究者通常使用许多模型。早期的、快速的测试可以预测的那个早期反应的人群，我们称为创新者。如果这个阶段的测试失败，即便感知是不公正的，也经常会导致一个好的产品被淘汰掉。反过来，这个阶段是一个新奇阶段，讨人喜欢的第一印象必须持续保持并通过这个阶段。许多产品仅仅昙花一现。

消费性产品的测试，很少有超过一个月的，也很难管理。但是如果一些新设备将其定位在低成本优势上，最好让使用者有足够时间去测试能否显著降低成本。附带说明，在高速公路两侧进行彩色油漆嵌板的长时间测试，属于实验室测试，而不是产品使用测试，因为没有去测试用户粗心使用、没有测试漆膜的厚与薄、没有测试在真实家庭中使用的各种情况。苹果公司对新产品进行了很多特别的测试，如溅上苏打水、模拟汽车行李箱里颠簸等。但再一次提醒，这并不是真实的使用测试，顾客可能有对产品更有破坏力的行为，比如，甚至出现过计算机用户突然把 CD 光盘托盘当作咖啡杯垫来使用。

15.6.8 受测产品的来源

一般来看，用于测试的产品取自 3 个不同的来源：批次、试生产、最终量产。如果公司只进行一种使用测试，那么选用最终量产产品进行测试无疑是下下之选。批次产品应该只有当生产流程非常昂贵时，才会被单独使用。

和许多其他产品开发阶段一样，决定从哪里取得测试产品，是一种成本和信息价值之间的权衡。在这里省小钱，已经被一再证明会因小失大。

在测试结束时，往往会忽略留在用户手上的产品。在很多案例中，产品应该回收并检视，以发掘测试期间使用者的问题和行为。如果接下来要申请专利权，将与产品有关的所有信息回收就非常重要了，否则，开发者将会面临专利申请过程中原创性要求的风险。

15.6.9 受测产品的形式

一种主张是对企业开发的概念测试和市场分析所确认的最佳单一产品进行测试。对立观点则主张，在测试情境中设置许多不同版本的产品，包括颜色、速度、大小等。后者的方式更具有启发意义，但也会花费更多的成本。服务几乎总是对多个版本进行测试，因为服务通常比较容易做出改变。

决定选择哪种形式取决于许多因素，首先是第一个版本测试失败的可能性。没有人希望特地只测试一种版本的产品，然后却发现失败了。

其次是增加更多版本。用户对测试的理解会带来什么影响？用户经历的测试越多，就了解越多，能告诉我们的也就越多。例如，无菌包装果汁制造商知道，果汁和包装对消费者都是新的，因此公司首先测试新包装中的柳橙汁，接着测试新的苹果汁和蔓越莓汁（附带一提，公司把柳橙汁运送到欧洲工厂进行包装，因此柳橙汁装箱的时间与苹果和蔓越莓汁的时间一样）。

15.6.10 如何记录受测者的反应

实际上，如图 15.3 所示，有 3 个选择可以利用。首先，用 5 个或 7 个有等级变化的词语记录喜欢/不喜欢的数据。其次，通常要求受测者将新产品与其他产品进行比较，比如与主要产品或与目前正在使用的产品进行比较，或与两者都进行比较。这是一个偏好分数，能够以许多方式获得，或许要求受测者以 11 分制量尺来评分。若是 10 比 1，显示有强烈偏好；6 比 5，则表示受测者对两者的感受几乎没有差别。最后，为了进行诊断，通常想获取包括味道、颜色、可处理的程度和速度等产品的相关重要属性信息。常使用语意差异，也能搜集到测试所需的其他信息。

研究者进行香肠的新产品研究时，从之前的概念测试推测，理想的香肠是低脂低盐的，就循着这个思路开发了许多新产品。但遗憾的是，使用测试的结果恰恰相反，测试结果的前两名是含盐量的第一名和第二名，而且都是最多脂的，不油腻的产品测试结果却垫底了。由此可知，我们应该预料到这种意外的状况，并为此做好计划。

市场研究开发了许多奇特的研究方法，这些方法对新产品测试有很多帮助。例如，脑波测量能帮助了解用户的内心想法，特别当他们对测试产品有强烈的情绪反应时。音调强度分析，类似测试受测者声线中压力的测谎，已经用来克服产品测试者想要“帮忙”的倾向，并避免伤及测试者的感受。

这里，还有一种信息非常重要——购买意愿。回想一下，我们在进行概念测试时，也曾询问受测者，如果产品在市场上可以买得到，自己想试用这种产品的可能性有多高（前两个选项问题）。现在，我们也询问受测者，他们有多喜爱这种产品、是否比目前使用的产品更好。这是我们第二次询问有关购买意愿的问题，当然不是在预测实际试用比率。

很多商业化的产品使用测试，几乎没有采用本章介绍的这些富有特色的市场研究方法。多数是通过人员贴近调查和观察来取得所有的相关信息。用户可能发现开发人员从没想过的问题。事实上，这些公司也几乎从不进行正规的问卷调查。

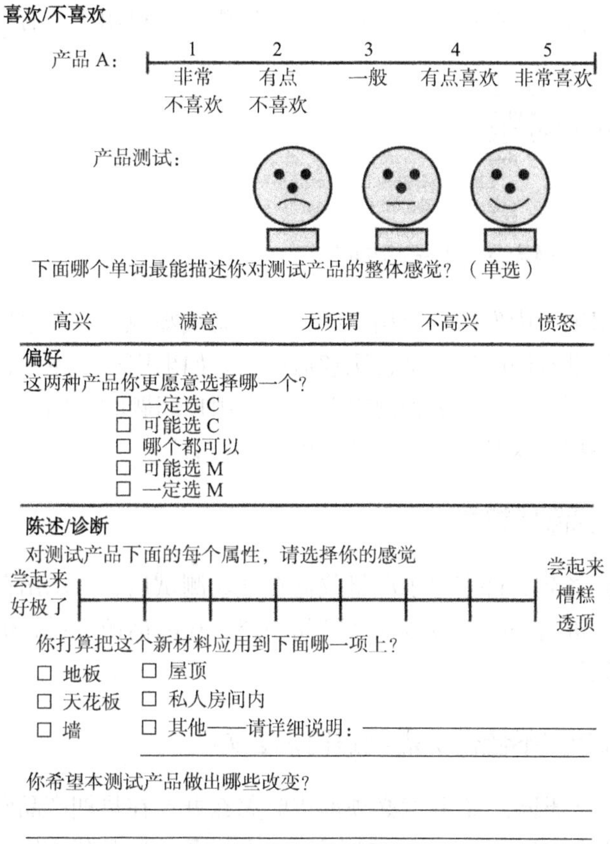

图 15.3 产品使用测试的数据格式

15.6.11 如何解释测试获得的数据

测试者已经意识到，自己想要的是相对数而不是绝对数。就是说，如果 65%的用户喜欢此产品，那么这个百分比与先前测试的相似产品百分比进行比较，结果如何？如果之前的一个热销成功商品，“喜欢”的得分超过 70%，那么 65%也只算一般。

这个 70%，就是一个正常标准。我们从哪里得到标准，以及我们如何使用它们，相当重要。无疑，主要来源是经验库，其中的经验都经过了研究和处理。市场研究公司的文件也很有帮助。但如果这个标准是由公司内部会议凭空订定，则没有价值了。

15.6.12 谁是产品使用测试的主体

首先，要在公司内部人员和外部人员间做选择。公司可能有或没有具备信息科技分析能力的专门人员。

其次，以前职能部门（营销、技术）的人员会采取各种手段来互相争夺测试主导权。现在，产品开发团队负责测试，该团队也同时负责产品原型概念测试。如果产品开发团队中有供应商的代表，同样也应参与测试。

一些吸引经验丰富的新产品人员注意力的特殊想法，可用于所有产品测试情境。

15.7 其他特殊问题

15.7.1 不要因为结果错误而修改数据

一家公司在使用测试中发现一个用户问题，但总裁却说，用户很快就会适应它的。遗憾的是，使用测试并没有询问用户是否愿意适应它。如果用户不愿意，那么该产品就宣告失败。在一些测试中，当技术人员和营销人员发现用户问题时，如果采取的方法是警告问题用户它们将被忽略掉，这其实是典型的“误杀报信者”。

15.7.2 对奇怪情况保持警觉

一家工业公司注意到，许多电子测量仪器在现场测试后，显示出存在虚假数据。调查后发现，用户会对其进行一些修改以支持产品功能。在电话访问后，他们准备好改进的产品以进行进一步的测试。

15.7.3 如果测试结果不佳但仍需前进时怎么办

当使用测试结果不理想，而我们必须前进时怎么办？在早期产品营销阶段，可尝试进行一些使用测试（见第 18 章逐步展示的方法），并准备一些替代方案备用。

如果受时间或金钱限制，无法进行全面的产品使用测试，可以采用替代性测试。例如，建设性评价，受测者使用这个产品，描述活动并解释遇到的问题。或者例如，回溯测试，受测者观看以前完成的传统产品使用测试的录像，这样可以快速地得出结论。

本章小结

本章主要讨论的是产品是否解决了顾客的问题，在这一点上与其他产品比较会怎么样，以及在这个阶段还能学到什么。取得这些信息十分重要，但巨大的压力会迫使我们跳过产品使用测试。我们讨论了跳过测试的争论，只有出现压力巨大到无法忍受时，才可以跳过测试。

我们还讨论了产品使用测试中的 13 个细节问题，内容包括从“我们应当从这个测试中学到什么”到“由谁来指导测试”。每个小问题都包含了若干个可选方案，我们可以根据具体情况选择使用。

在使用测试的最后，产品可能不得不回到技术部门来解决存在的问题，也有可能干脆被放弃。否则，我们现在就进行商业化和最终产品的准备，当然，即使概念的最后一个版本，也还要面临最大的用户测试——营销。营销是第 16 章与第 17 章的主题。

应用实践

（1）“我觉得有些专业调查公司有些夸大其词，他们就希望我们多做些市场调查。比如，其中最大的一家调查公司公开了其关于‘蒙眼’产品使用测试和‘有标识的’产品使用测试的结论对比的资料。结果如表 15.2 所示。

表 15.2 调查结果

	有标识的测试		蒙眼测试
选 A	55.5%	选 A	45.6%
选 B	44.5%	选 B	54.5%
选 A	68.0%	选 A	60.7%
选 C	32.0%	选 C	39.3%
		选 B	64.4%
		选 C	35.6%

我被告知，这种差异从统计学的角度看非常重要。那家调查公司的结论是，对于怀疑品牌对测试产生影响的情况中，蒙眼测试和有标识的测试都应该进行，除此之外别无选择。你同意他们的说法吗？”

（2）“高露洁公司的营销人员显然遇到了麻烦，公司生产的新型洗衣剂中采用的颜料，在促销演示时把洗衣机染成了蓝色，公司不得不对产品进行了召回。它生产的另一款产品碗碟洗洁净，用了一种与装橘子汁的蜡纸盒类似的包装，市场测试中遭到父母们的抵制，父母们担心孩子们会误以为那里面装了橘子汁。我觉得这些错误是不可原谅的，它难道不应当在产品使用测试时及早发现问题吗？你怎么看？”

（3）“我们的医药事业部，顾名思义，是为医生和医院开发新药的。技术研究部负责全部的测试工作（不同的测试有不同的名称）。最后一个阶段是临床测试，新药将直接用于临床病人，以此向美国食品药品管理局（FDA）证明该药的安全性。临床测试由我们临床研究小组的 M.D.s 主导，这个小组隶属于我们的研发部门并和其他技术人员协作。如今，在我看来，这些测试不应当仅仅让 FDA 满意，还应当让包括医师、药剂师、护士在内的所有人满意。但是，M.D.s 在临床测试中对市场研究方面的考虑不感兴趣，这提醒我在临床测试小组中，至少要任命一位受过系统的营销研究训练的工作人员，帮助我确信临床测试能对后面的营销产生最好的影响。你同意吗？”

案例 新的非耐用消费品的产品使用测试

在竞争激烈的非耐用消费品市场中，新产品持续不断地上市，但失败率却很高，大部分是因为制造商经常在市场上试验许多产品，看看哪个产品能够“热卖”，淘汰其余那些卖得差的产品。然而，通过谨慎地运用产品使用测试，我们可以在造成昂贵的上市错误之前，找出产品的潜在问题并试着修正这些问题。

这里列举了一些最近上市的新产品，都是由大品牌包装商品制造商制造的，其中很少可以真的称得上“新问世”的产品，但对制造商而言，它们多少都会产生一些风险。

- 家乐氏（Kellogg）公司的 Special K Plus：一种 Special K 谷类脆片添加钙后的品牌延伸。这个产品把牛奶装在一个奶油色的卡通形状的盒子（顶端呈三角形）内，以强化这个产品含有钙的联想。新包装与标准包装在容量上是相同的，用塑料密封条让产品保持新鲜。该公司大约计划了 1 500 万美元的产品上市预算。
- 可口可乐公司的 Surge：是用以回应百事可乐公司受欢迎的饮料 Mountain Dew 的一个新产品。Surge 有柑橘口味，瞄准极限运动的细分市场，与 Mountain Dew、Gatorade 等其他现有的软饮料、运动饮料竞争。在挪威上市时改名 Urge，相当成功，产品商业化的支出约 5 000 万美元。
- Uncle Ben 公司的加钙米：又是一个添加钙的品牌，Uncle Ben 的 Rice with Calcium 得到了美国饮食协会（American Dietetic Association）的支持，并以“卡通牛”为特色开展大规模的电视和平面广告宣传。
- 抗滤过性病毒面巾纸：由金百利克拉克（Kimberly-Clark）公司开发和销售，基本上是在面巾纸中添加维生素 C 的衍生物，当你打喷嚏或擤鼻涕时使用，可以杀死感冒病菌与流感病毒。
- Wheaties Dunk-A-Ball 谷类脆片：通用磨坊公司（General Mills）的 Wheaties 制造，给儿童吃的香甜玉米和小麦谷片，形状像篮球那样。广告中提示孩子们可以“玩了之后再吃掉，当然，玩的时间有限”。

上述这些产品都在高度竞争的市场上市。时间是产品上市的重要因素，然而，此时将面临产品使用测试。你认为，在对这些产品进行使用测试时，什么是最重要的或不知道但最需要了解的事？利用本章的产品使用测试决策清单，对上述产品进行使用测试，并提出你的建议。

第Ⅴ篇

上市

在第Ⅳ篇我们了解到，无论是营销活动还是技术活动，二者始终贯穿于整个产品开发流程。营销活动的强度可能会相对低一些，尤其在开发阶段的早期。当技术工作在某一个点停顿下来时，可能会有一段较长的时间几乎没有营销活动。但是，正如我们在第 15 章中看到的，当开发流程达到某一个点时，技术活动的天平会逐渐倾向市场营销。图Ⅳ.1 描述了产品开发流程中平行进行的营销活动和技术活动。同样，这种双重活动流在上市阶段仍会继续下去，如图Ⅴ.1 所示。

在这个流程的某个节点，管理部门应该确认对新产品进行营销了。我们常称为上市阶段，有时也称为“商业化”。所有的职能（设计、生产、营销等）在做出上市决策的前后都在持续进行工作。如果有变化，变化的触发点正是生产新产品、高成本风险建立工厂的承诺。

在开发阶段的末期和整个上市阶段，营销活动处于高强度状态。但要记住，营销实际上在项目启动时就已开始了。产品创新章程要求有一个市场焦点，通常是某一用途或者某一用户，其最终将成为我们的目标市场。在概念生成后，概念测试使用的概念陈述很快将变成产品定位陈述。之后营销活动将稍微沉寂一段时间，直到技术人员赶上并产生一个符合协议陈述要求的产品原型（见第 11 章）。当然，这个简短的陈述并不适用于大部分服务产品——服务产品需要很少的技术开发工作，并且流程惊人的短。如图Ⅴ.1 所示，在上市阶段，技术活动一侧仍有很多事情，包括初始产品的运行，规模扩大到全面生产，为市场测试准备充足的产品，在生产和加工阶段做好最后的调整等。

本篇的头 3 章主要讨论上市期间的各种活动。上市规划决策会使用之前的所有活动，以及大量的新思想和新测试方法，以最终构建上市能力。上市规划可以分成几个阶段：在上市战略规划阶段，做出营销方面（如目标和定位）的战略决策；在上市战术规划阶段，提出一套将战略规划付诸实施的具体战术安排；在之后的阶段，战略决策和战术决策都要在市场上进行测试。这些阶段构成了第 16 章至第 18 章的内容。还可以增加上市管理（新产品走向成功的管理）阶段，第 19 章就是讨论上市管理，此时，上市规划已同步完成。

本章关注发布之后的工作。

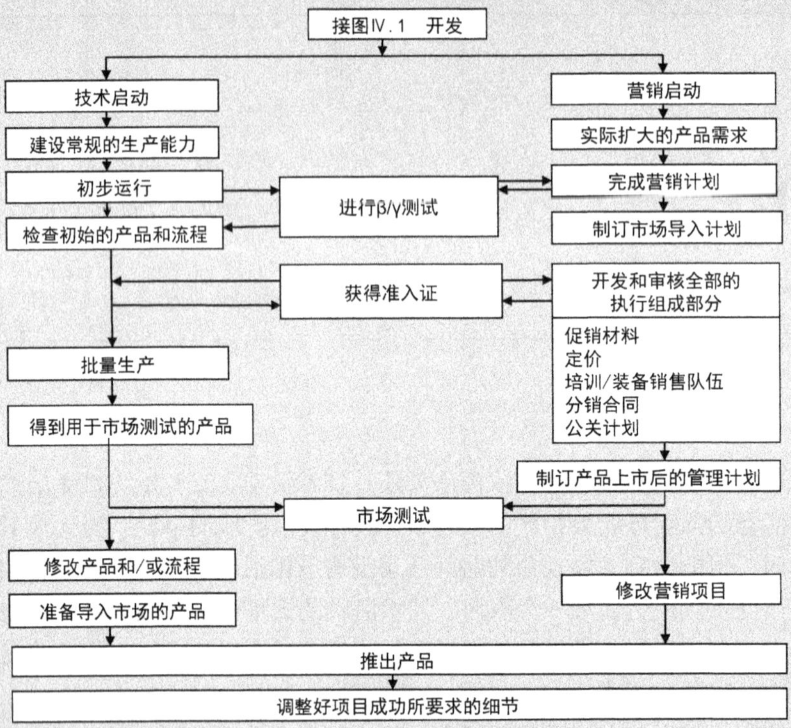

图Ⅴ.1　上市

在最终的上市规划中，新产品团队必须接受一些前提。也就是说，公司有一套已建成的运营体系——一个或多个销售团队、某种财务机制等。团队可以避开其中一部分的限制，但不能全部绕过。所以，一开始的几个上市规划决策并不都是自愿做出的决策，这被称为战略前提（strategic givens）。下一步，团队会针对有选择余地的事项再做出一些战略决策，如产品定位、产品品牌、产品包装等。这些决策通常比较难制定，常会遭到批判，会消耗大量人力资源和财力资源，而且一旦做出这些决策，便很难改变。最后，要做出战术决策，本书仅讨论其中一些较重要的。你会发现，战术决策与许多传统的营销计划决策很相似，如推广、定价、分销等。第 16 章对战略前提和战略决策展开讨论，第 17 章集中讨论战术决策。当然，要注意，新产品领域的这些名词是很灵活的，有可能对某个人来说是战术，对另一个人就是战略，对第三个人就成为前提。

第Ⅴ篇的最后一章，我们讨论公共政策事项。这些政策在整个开发流程中都与我们有关，并在上市前后显现出作用。有一个警告：第 16 章和第 17 章讨论了一个大多数人不了解的活动。他们以为自己懂，而且他们中有些人实际上是营销部门的人。问题在于，不是人们还未发现这一点——发现很容易，我们担心的是存在很多误解——人们认为理所当然存在的情况但实际上并不存在。例Ⅴ.1 列出了 11 条误解。我们鼓励你将这些误解记在心里，并且常常对照这 11 条误解。你也可以在第 16 章、第 17 章中找一下是什么使它们成为误解的，并根据第 17 章末尾的案例检验一下你的答案。

例Ⅴ.1　关于新产品市场营销规划的一些常见误解

以下是一些我们经常听到某些做过很多新产品市场营销的人的观点。所有的都是误解，在第 16 章和第 17 章会有解释。请尝试自己寻找一下原因，并将你的答案与第 17 章末尾的案例进行核对。

（1）营销规划中的决策是营销人员做出的。

（2）新产品到达仓库时技术工作必须已经全部完成，接下来由营销人员接手。

（3）要求营销人员运用战略—战术范式是十分重要的，思路清晰有助于帮助他们管控过度兴奋的情绪。

（4）营销人员的任务就是说服最终用户使用我们的新产品。

（5）一个细分市场的销售潜力越大，该细分市场就越有可能成为一个目标市场。

（6）PIC 指引着开发阶段，营销规划指引着上市阶段。

（7）先锋者将赢得一个新市场的控制权。

（8）新产品目标无非就是两大类型：销售额（美元或市场份额）和利润（美元或 ROIs）。

（9）人们大部分都是聪明的购买者，他们不会受毫无意义的包装设计的影响。

（10）上市不是游戏，当我们说开始的时候就是开始了，成败全靠自己，当然最好是成功。

（11）就像百老汇一样，首场演出是我们一直以来付出的所有努力的顶点。

第 16 章

上市战略规划

16.1 引言

新产品流程进行到现在，新产品团队已经准备好制订实际的营销计划（原词为 plan，本书视使用场景也译为规划。——译者注）。如果新产品是通过某一产品线的改进而获得的，那么这项任务就很简单，因为产品几乎没有多大改变，也几乎不用做什么决定。如果新产品是市场“新”产品或公司“新”产品，那么就会面临相当大的挑战，因为是在不熟悉的市场销售不熟悉的产品，需要制定新的沟通或分销战略。企业常常不重视产品商业化的前期战略规划（如确定战略目标或竞争定位），尤其是对新问世的产品。当产品上市时，战略规划就显得十分薄弱，一些战术性错误（比如资源分配不足）使问题更加复杂。

无论产品新旧，公司考虑该产品商业化的方式时，应该有两组决策：其一是战略性上市决策（strategic launch decision），包括确立整体基调和方向的战略平台决策，以及界定产品销售对象与如何销售的战略行动决策；其二是战术性上市决策（tactical launch decisions），主要关于营销组合的决策，如对目标顾客的沟通和促销、分销及定价，这些决策通常在战略性上市决策之后制定，并说明如何执行战略性决策。例如，一个经常被忽略的平台决策就是进攻强度。如果具有非常强的进攻性（平台决策），那么该目标市场（行动决策）必须相当宽泛，市场导入期的广告计划（战术性决策）可能需要大众媒体和一个能很好吸引消费者注意力的活动。

除了以上所述，战略性上市决策还包括该产品预期的创新性、上市时间、竞争立场或定位、新产品开发的驱动力（市场、技术或两者皆具）及其他诸多因素。在这些决策中，有许多决策将在新产品流程初期，即在产品创新章程或产品协议规范里就已经制定完毕。而在此时，改变会相当困难或耗费相当高的成本，因此就有了所谓的战略前提（strategic givens）。就是说，一旦决定了，要改变相当困难且代价非常大。然而，它们的确为营销规划创造了战略环境，并影响后续战术性决策的制定。修改战术性决策较为容易。我们在第 16 章讨论战略性上市决策，在第 17 章讨论战术性上市决策。

产品商业化是新产品流程中最为昂贵且充满风险的阶段，因为一旦决定前进，就需要在生产和营销活动上投入资金，但这常常是缺乏管理的阶段。在第 13 章的例子中可以看到，新的吉列刀片将产生约 10 亿美元的生产和营销总成本。不仅是财务风险，企业对上市流程的管理能力对于产品的成功与否相当关键。学者们研究了产品上市之后发现，大部分促成新产品成功的因素是可以管理的。也就是说，与其抱着一种"希望是最好"的态度，不如管理者通过改进产品上市阶段的实践来获得更大的成功率。

为了改进上市阶段的实践，进行大量的营销投入是非常重要的，主要是因为营销会引导计划的执行。上市计划也被称为商业计划或营销计划。Robert Cooper 先生指出，有效的上市计划须具备以下 5 项要求：

- 上市计划是新产品流程的关键部分，与开发阶段一样是新产品流程的核心。
- 上市计划开始于新产品流程早期（在讨论营销提升时涉及过）。
- 上市计划基于新产品全流程搜集的高质量的市场信息。
- 上市要投入足够的人力资源与财务资源。
- 参与产品上市的销售人员、技术支持人员、其他客服人员都应属于新产品团队的一员。

附录 C 是一个营销计划的大纲和相关问题的讨论。

16.2 战略前提

我们首先讨论如何评价这些战略前提，参见第 V 篇概述部分。这些前提早已为我们准备好了，可以说是一些既定的"决策"。当一个项目开始执行时，这些既定的决策就"随之而来"，而我们常常忽略了其重要性。这些既定的决策涉及组织运营的方方面面，而且通常在还未被了解的情况下就已经固化。新产品人员常常感叹这些决策对变革的惊人的抵制力量。事实上，问题如此严重，以至于高层管理者通过臭鼬小组（shunk works）避免来自企业内部的各种限制的影响。

有一些常见的例子可以表明这些战略前提带来的各种问题，其中有一个典型案例。美国盛邦公司（Sybron）有一个从事牙医设备业务的部门，该部门非常需要新的现金流，而且正有一个样式独特、质量上乘的新款椅子准备上市。由于公司规定毛利率必须达到 50%，因此即使新椅子的毛利率有 47%，该部门的产品规划者仍必须放弃这项产品，最后该部门解散了。

如果这些限制相当重要而且企业能预先确认，就要纳入产品创新章程。但这里一些被称为前提的限制更加精细，也许是出于一些连新产品人员都不知道的原因。许多前提纯粹是一些简单的习惯或是一些方便且舒适的惯例。重点在于必须识别并研究这些限制或既定决策。上市团队有必要知道这种种的限制，并考虑是否会受到这些限制的挑战。

16.3 回顾战略目标

在新产品流程早期，制定完产品创新章程，就可以列出一系列基本的战略目标集，这些目标能引导新产品团队直到产品顺利上市。原始的目标集可能相当完整。然而，人们在新产品流程中掌握了很多新信息，竞争状况发生了变化，顾客或管理的需求也已改变，因此，在上市规划流程的初期，这些目标就应该重新考虑并更新。

遗憾的是，企业使用一组复杂的度量指标当作目标，而目前全世界没有一套公认的指标。常用于单个产品的度量指标组合如表 16.1 所示（表 16.1 节选自一个有数百个指标的表）。

表 16.1　单个产品的度量指标

顾客接受度的度量	产品级绩效
顾客接受（使用）度	产品成本
顾客满意度	上市的时间
收益（销售额）	产品性能
市场份额	质量指标
单位数量	
财务绩效	**其　　他**
现金回收时间（盈亏平衡时间）	新产品上市的非财务措施
利润	如竞争力影响，形象变化，员工士气变化
收益率（内部收益率、投资回报率）	

表 16.1 中列出的现金回收时间（cash-to-cash）的度量指标，有时也被称为盈亏平衡时间（time-to-break-even）度量指标，是指最终产品的初始现金投资到回收之间的时间，目前这种度量方法越来越普遍。使用现金回收指标时，公司必须让产品有效率且有效益地进入市场，而不单追求速度。配合的供货商如果能有效地完成订单、高效地执行库存管理、成功地收取应收账款，企业便能改善现金回收时间。或许出于这个原因，现金回收时间指标最初是在供应链管理中流行的，不过新产品团队已知其作用。举例来说，丰田汽车在其日本工厂采用精益管理，在美国工厂也使用相同的方法。这些方法重点关注让供货商及时提供零件，降低零件分发中心的存货水平，确保供货商准时供货，改善存货周转率。所以丰田汽车公司能够做到持续缩短其在本土和美国工厂的现金回收时间。

不论度量指标如何描述，毫无疑问，在所有上市规划者的心目中，都应知道上市会带来什么或实现什么。

16.4 战略平台决策

每个上市规划团队都想拟定自己的平台决策清单，因为这些决策会因不同产业、商品或服务、工业品或包装商品而有很大差异。但我们首先要考虑的是，产品对世界和公司而言新颖度有多高（回顾第 1 章讨论的“什么是新产品”）。

16.4.1 需求的类型

不同的产品新颖度，要求上市活动产生不同类型的效果。

对新问世产品而言，企业必须制定一个着重于激发该产品类别基本需求（primary demand）的市场进入战略。这个上市计划必须想办法激发顾客采用该新产品类别，并通过市场将相关信息扩散出去。不久前，福特汽车推出 MyKey，一种计算机芯片系统，让父母可以监控青少年子女驾驶汽车（该系统能限制车速、音响音量，如果驾驶员未系好安全带还会发出警告信号）。为激发父母这个消费者群体的购买，福特汽车将 MyKey 与倡导青少年安全驾驶的活动密切结合起来，包括青少年参加的“安全驾驶体验”计划。

对产品改进或现有产品升级而言，如新上市的微软（新版 Windows）或新款福特小型车，上市活动的预期目标是要实现客户迁移（customer migration，鼓励现有的客户迁移使用新产品），迁移对象甚至包括竞争对手的客户，目标是要刺激客户的更换需求（replacement demand）。

对已有市场的新进入产品或新产品线延伸而言，如百事可乐公司最新上市的软饮料，或者家乐氏公司最新推出的早餐麦片，重点是刺激顾客的选择性需求（selective demand 从竞争对手那里抢夺市场份额）。上市计划必须能够刺激顾客的试用性购买，这些顾客就是采用该新产品的先锋。百事可乐公司的目标是让可口可乐公司的忠诚消费者至少尝试一次百事可乐这一新品牌。

除了针对需求类型，还须制定其他战略平台决策。

16.4.2 持久性

在持久性方面有 3 个选项。第一个选项是一个普遍选项，即新产品进入该市场，但结果往往是被迫撤出。第二个选项是进入该市场并留在市场以努力去实现目标。这种慎重选项对联盟者不利，因为要想撤出就会非常困难。当某企的新产品进入另一个市场区域时，这个选项格外有用。这样的市场开发项目具有试探性——试探该地区的市场状况，试着努力站住脚，但如果竞争能力不足，就得选择退出市场。第三个选项是暂时进入市场。这听起来可能很奇怪，花几个月或几年的时间来开发新产品，生命周期却只有几个月或两三年，但有些新品牌就是打算只暂时出现在市场上。想一想，每年有多少新玩具或新游戏、新口味的冻酸奶、新型低卡路里食品、新运动节目出现。顾客喜欢多样化并比以往更愿意尝鲜，尤其当产品属于时尚又具有年轻气息的流行新品时。例如，芭斯罗缤公司（Baskin-Robbins）有几款基本的冰淇淋口味，但为了实现口味多样化，会不定期添加一些口味，摒弃一些口味。食品公司可能会推出一个暂时性产品，与时下热门电影或电视节目联系在一起进行宣传（例如，家乐氏公司的一款普通的水果口味零食与卡通或电影联系在一起，定期还会做出改变）。

偶尔，有些暂时性产品会流行并且成为永久性产品。如果计划是暂时性的，许多战术性决策就会发生改变　使用外包的方式，而不是建设新厂房，并借助代理商或其他制造商的销售团队。

16.4.3 攻击性

攻击性指的是一种态度，也指对金钱的追求。攻击性进入市场在初期就寻求高关注度，因此大部分经费都用于营销宣传，大部分资源都用在早期试用上。相反，有些公司会采用低调谨慎的方式进入市场，因为无法确定产品性能、竞争对手的反应及销售团队处理新市场的能力等重要因素，但这并不是采取相反方式，而是避免攻击性战略衍生的风险。例如，一些公司喜欢采取谨慎方式进入新市场，为的就是不惊动市场上的领导者。

攻击性还可以是平衡地进入市场。含义是一个企业既不想成为好斗者，也不想偷偷摸摸做事。在传统产业，基本上大多新产品导入过程都是平衡进入市场的，但这并不意味着正常，对某些公司而言，攻击性方式才算正常。

有时，将提高营销成本视为一种投资是一件好事。大多数新产品的营销预算都要好几年才能还本，这与年度广告预算支出不是一回事。如果公司战略过于保守，可以将其视为公司的投资。

16.4.4 竞争优势

另一个需要在早期进行的决策，涉及我们对市场到底要提供什么：产品能以价格优势降低最终用户的成本吗？或者产品能以差异化优势来提供新的利益吗？今天，我们经常听到公司要同时追求质量、成本及速度优势。管理者既希望新产品以差异化优势来获取利益，又希望新产品以低于领先企业的价格来销售。折中的选择是两者都要。

16.4.5 产品线替代

多数新产品都与公司产品线（product line）上的现有产品有关，但不会进入对公司而言全新的市场。自然就会出现“如何以新产品替代现有产品？”这类问题。有几个明显不同的战略选项（见表 16.2）。

表 16.2　产品线替代战略

完全产品替代	替代产品一发布，现有产品就随之下架。例如，吉列公司在推出锋隐上市的同时，放弃了对锋速 3 的营销

续表

淡季转换	与完全产品替代战略相同，但通常选择在淡季进行转换。旅行社开发新旅游项目时，就是使用这种转换战略
旺季转换	与完全产品替代战略相同，但通常选择在旺季进行转换。例如，电子游戏开发商经常使用这种战略，在假日采购季，推出新的替代产品
渐进上市，渐渐退市	这是另一个版本的完全产品替代战略，依市场细分顺序来安排替代。菲亚特公司（Flat）的新 500 系列首先在意大利推出，接着在欧洲其他地方，然后是北美
降　　级	之前推出的产品和新产品同时存在，但减少资源投入。例如，旧计算机芯片仍与新芯片一起贩卖，但得到支持的渠道变少了
分割渠道	将新产品置于不同的渠道中，或把目前产品转移到另一个渠道中。例如，旧的电子产品通常在折扣商店中淘汰

技术实力强的企业会以较新、性能较好的产品取代现有的产品以及生产流程（吉列公司多年来一直在这样做，最近推出了锋隐剃须刀）。任何一个产业都只有少数创新者运用替代方式来建立新产品战略，其他模仿者则通过追随领先企业进行产品渐进式改进来制胜。换句话说，模仿者提升性能曲线（如改进打字机），但创新者却创造出一条拥有更高性能的新曲线（如计算机打印机和文字处理软件）。

决定何时让下一代产品上市是十分困难的，取决于至少 3 个重要因素：竞争环境、顾客期望、边际利润。英特尔公司就是一个很好的例子，在规划上市时考虑了上述 3 个因素。20 世纪 80 年代中期，芯片制造的竞争环境趋于白热化，英特尔公司意识到应该是时候自行生产芯片了（而不是依赖二级芯片供货商）。到 1990 年，该公司把重点放在提升芯片性能和缩短开发周期上，并能够维持其领导地位。同时，英特尔公司还仔细研究了家用计算机用户的期望，并专注改进 Pentium 芯片的运算能力。结果，到了 20 世纪 90 年代中期家庭计算机市场需求快速增长，带动 Pentium 芯片需求量大增。最后，考虑到过去几年芯片价格大跌，英特尔公司在后续芯片的定价上非常小心。故意把价格压低，迫使竞争者退出市场，却不会影响自己开发下一代芯片所需的利润。

16.4.6　竞争关系

产品创新章程有时会包含“该项目产品不会针对 XYZ 公司，也不会对公司重要的事业造成威胁”。例如，高露洁公司曾经有过针对宝洁公司的类似陈述，但现在没有了。不过，其他企业却反其道而行，直接针对特定竞争对手。

上述情况出现 3 种选择的组合：不针对特定竞争者、直接针对特定竞争者，以及避免针对特定竞争者。如果不小心采用了上述 2～3 个选项，会让战术经理陷入一系列令人沮丧的冲突中。

16.4.7　市场进入的范围

本议题与企业想要做的市场测试有关。有些企业只在部分市场推出新产品，看看会有什么效果；然后等所有问题解决后，就试着把产品推广至整个市场。我们将在第 18 章深入探讨这些方法的差异性。

即使在产品渐进上市（rollout）时，仍有快速渐进上市（很少有充足时间发现危机问题）或谨慎渐进上市，以确保绩效。当然，大部分公司在一开始时就将产品导入整个市场。

16.4.8 形象

这里的问题是：新产品需要全新形象吗？需要对现有形象做重大改变吗？对现有形象稍做修正还是不做任何改变？例如，如果有必要为新品牌定位，市场的产品替代战略会破坏先前的品牌。不过，并行战略需要保持产品升级的正面形象。形象通常根深蒂固，因此要改变形象不能只做表面功夫。然而，形象也可能因为在广告中或标签上犯了细微的错误而受到扭曲。重新建立一个新形象需要可观的花费。

通过上述对战略前提、指导方针决策、战略平台决策的分析，有人可能会说“我们的任务肯定完成了”。大部分想法都不很令人高兴，因为我们有意将注意力仅仅放在各组中的单一选项上。

另外，一旦这些高层决策确定了，剩下的决策就较为容易了。因此，现在我们将注意力转向你认为较实际的营销决策：目标市场、产品定位，以及为选定的目标市场创造独特价值。

16.5 目标市场

现今的竞争状况迫使绝大多数公司把新产品针对特定的目标顾客群进行营销。市场太过复杂，以至于单一产品很难满足所有消费者的需求和期待。

16.5.1 市场细分的方式

新产品营销人员可能已有上千种用来进行特定市场细分的方式，这些方式可以归为以下几类。

1. 按最终用途细分

每项运动都有专用运动鞋。塑料被应用在不同用途上。买手表的顾客有不同的最终用途：作为贵重的礼物、或作为便宜的计时器。为了测试自己的最终用途取向，可以试着列出自己有多少种不同样式的衣服。女士可以先从时髦的衬衫、连衣裙等开始，男士则可以先从 T 恤、高尔夫球衫、正装衬衫等开始。注意，衣服的款式由穿着这种衣服出席的场合决定的。服装制造商依据使用场合来设计衣服，但并不只是以用途为唯一设计目的。

2. 按地理和人口细分

敞篷车在挪威市场并未采取攻击性的方式销售，而 Golden 的炸猪皮只是为美国南方人生产的。谷物麦片的目标市场是成年人市场，而 Nair 脱毛膏和 Right Guard 止汗剂针对的是女性和男性（原本）消费群体。健身设备制造商必确（Precor）等，设计出装有大型显示面板和更简便的操纵界面的健身器材，以迎合热爱健身的年长消费群体的需求。

3. 按行为和心理细分

市场可根据以下心理因素变量进行细分：价值观、活动、生活方式等。Lotus Notes 是为了人们能进行远距离小组讨论而开发的，Kevlar 防弹夹克是为暴露在枪支威胁下的人而设计的。产品针对的是生活方式，包括避税、服装、汽车等。SRI 咨询公司通过这些变量以及对人口统计学的趋势的追踪，进行有名的 VALS（价值观、活动，及生活方式）问卷调查。

4. 按利益细分

正如我们在第 9 章所看到的，利益细分市场对新产品的开发具有重大意义。通过对顾客和潜在顾客的调查，我们可以识别出以利益为基础的细分市场，并开发出能满足其中一个或多个细分市场需求的产品。回顾第 9 章联合空间图的例子，我们在图上识别出泳装市场的 3 个利益细分市场（见图 16.1）。当然，如果将利益细分市场的信息与顾客对品牌的感知相结合，将非常有助于制定一个定位战略，这一话题我们在本章稍后继续讨论。

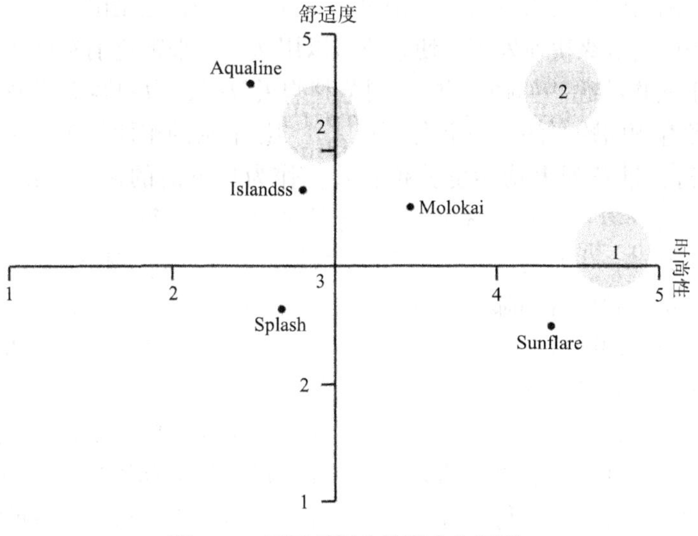

图 16.1 显示理想点的联合空间图

注：坐标轴上的数字大小代表因子分数。

第一，在产品创新章程中，通常会厘清新产品项目聚焦于什么样的群体，目标市场可能从原始概念生成时期就已经相当明确。例如，销售代表向管理层反映“新型个人电脑的屏幕在朝南的办公室会出现问题”，继而引导开发新屏幕。

第二，企业运营方式会缩小选择范围。如果一个公司的销售人员拜访医院的会计部门，那么其新的表格记录产品就是针对这个群体的。

第三，聚焦源于概念测试或产品使用测试。早期的目标市场可能在早期的权衡分析或实际试用原型时，就拒绝了某个产品概念。因此，许多公司会运用**并行开发**（parallel development），在开发过程中保持两到三个方案。

微营销和大规模定制

目前，在目标市场选择上有一种扭曲的趋势就是微型化。零售扫描装置和销售信息系统生成一个数据库，该数据库显示出拥有独特购买模式的小型目标市场（社区或产业子集），这类群体被称为微市场（micromarket）。李奥·贝纳广告公司（Leo Burnett）的新产品研究员戴维·奥尔森运用扫描数据把食品购买者分成六大群体：

- 忠诚者。总是购买同一种品牌且喜爱该品牌，而且不使用优惠。
- 旋转者。心中拥有一个包含了 2 ~ 3 个产品的集，在这个集中选择产品，且不使用优惠。
- 优惠选择者。转换者的一种，根据是否有优惠进行选择。
- 价格取向者。购买所有大品牌产品，而且总是使用优惠。
- 商店自营品牌购买者。顾名思义，这个群体喜爱购买商店自营品牌的产品。
- 轻度使用者。购买过少以至于没有所谓的购买模式。对于大部分产品类别来说，轻度使用者包含了最大的购买群体。

直复营销和网络营销比大众媒体营销更小地细分市场，这是由其数据库造成的。近年来，数据库营销以指数级快速发展，使企业可以用新方式来锁定消费群体。亚马逊公司通过查看顾客网上购物状况（如畅销书），浏览其购买数据，为顾客推荐书籍，这些书是购买同一本书的顾客倾向购买的。一个人从亚马逊网站上买的东西越多，在亚马逊数据库中的数据就越丰富，推荐列表功能也就越有效。作为数不清的例子中的一个，一家名为 Fingerhut 的目录公司有一个超过 3 000 万户家庭的数据库，每户都有约 1 400 笔数据（人口统计、嗜好、兴趣、生日等）。该公司运用数据库营销技术支持网上购物系统，根据顾客可能会买什么量身制作直邮邮件。Mars 公司是糖果制造商，也是宠物食品行业的领导者，该公司拥有一个包含德国所有养猫家庭的数据库，这些数据是从对兽医和顾客的问卷调查中获得的。Mars 公司定期寄送样品、折扣券、猫咪生日卡片给主人，让宠物主人非常高兴。

市场的最小细分，以及建立最终极的客户价值，是大规模定制，这一点我们在第 4 章曾经谈到过。如例 16.1 所示，以前的案例展现了产品配置器和用户工具箱的用途，实际上公司可以以其他各种方式来实行大规模定制。绅士公司（Planters）卖给最终用户同样的花生，但定制的产品包装则取决于分销商规模的大小。大规模定制的另一种延伸是虚拟产品测试（virtual product testing），顾客制造他们自己想要的产品、评估产品最终价格，然后表达他们购买产品的可能性。研究者可追溯顾客在产品特征与价格之间进行权衡的方式，从而可以更好地了解顾客在进行购买决策的时候，哪些因素是重要的，哪些是不重要的。

例 16.1　大规模定制的类型

协作型定制（collaborative customizers）：与顾客一起工作，达成提供给顾客最理想的产品的目标。日本巴黎三城眼镜公司（Paris Miki）将顾客镜框风格偏好和脸部特征输入设计系统中，据此向顾客推荐镜框和隐形眼镜，之后由顾客和配镜师一起进行改进。

适应性定制（adaptive customizers）：让消费者根据他们对性能的偏好自己进行定制。路创电子公司（Lutron Electronics）上市了一套照明系统，该系统可以让顾客在许多房间同时调整亮度，以得到想要的气氛。

装饰型定制（cosmetic customizers）：在不同细分市场中销售相同的基本产品，但是依据细分需求调整产品的促销或包装。例如，与 7-11 相比，沃尔玛公司更侧重于销售大包装的绅士牌坚果。绅士公司现在提供各种大小包装的产品，还可以根据零售商的要求调整每笔订单的生产量。

透明化定制（transparent customizers）：事先不告知顾客他们正在为顾客定制产品。化学工作站公司（ChemStation）根据顾客的需求制作特制的工业肥皂，其外观包装仍相同。在这种情况下，顾客关心的是产品是否好用、能否准时送达，是否是定制的并不重要。

很显然，任何战略都有需要避免的缺陷，就像绅士公司，如果提供的包装大小有太多种，会导致成本无效率。

日本一家大型自行车制造商 NBIC 公司，同时追求大规模定制和大规模生产。大规模生产的工厂使用机器人和自动化装配线以提高生产效率，而小型工厂则是为了直接响应顾客的在线订单而建立的。在线系统让顾客能从数以百万的规格中选择自己期望的样式，自行车从生产到运送能在两周内完成，价格只略高一点。双工厂系统能有效运作，是因为能追踪在线购物顾客选择产品的趋势和偏好，并把顾客信息转交给大规模生产的工厂。在线购物的顾客实际上扮演的是领先用户的角色。除了报道的那些好处外，大规模定制工厂的技师会调到大规模生产工厂进行指导，在大规模定制工厂为上漆而设计的机器人也能为大规模生产工厂工作。

随着上市时期临近，组织中会产生一股强大的压力，想要再增加几种购买者类型、供应商类型、使用和应用手段。“产品对他们来说也是好的，不是吗？”答案是“未必”，因为对某个细分市场来说有吸引力的东西，对其他细分市场来说也许什么都不是，我们将其称为扩大市场的误区。同时，将不同群体作为目标会产生产品与宣传的不一致。小学四年级学生想要的花生酱三明治，与老年人吃的那种一样吗？再者，如果宣传和展销会的数据和日期都已订好，包装、定价及品牌都已确定，改变该目标市场可能会造成灾难，因为概念和产品使用测试都是只针对原先的目标群体进行的。

最后记住，不管我们做什么，都可能与最终用户的意见不一致。几年前，使用运动型旅行车（SUV）进行常规驾驶已相当普遍，因为车主开够了厢式旅行车，汽车公司说的车的用途已经不重要了（或者政府说那是载货车）。有些公司通过让产品先上市再观察购买者是谁，以确认最终用户的意向是什么，然后相应调整营销重点。这算相当不可靠的鲁莽行为——没有章程、没有概念测试，也没有使用测试。

16.5.2 根据创新扩散选择目标市场

新产品就是创新，我们将新产品使用的普及称为创新扩散。微波炉的早期采用和扩散相当缓慢，而手机的采用和扩散则相当快。如果是癌症治疗处方，可能马上就扩散出去了。

当我们运用 Bass 扩散模型来进行销售预测时（第 11 章），我们预测的是两个关键值：创新率和模仿率。这两个值决定了创新被采纳的速度。让我们更进一步看看影响产品采用过程（product adoption process）速度的因素；创新产品的特性与早期使用者向其他人推荐使用的范围。

产品特征

根据埃弗里特・罗杰斯的经典扩散理论，度量新产品能够多快扩散到市场，有 5 项因素。

（1）新产品的相对优势。这项创新与竞争产品或其他解决问题的方式比较，有哪些优势？谷歌迅速在网络社群中扩散并成为主流搜索网站，是因为与现有其他选择相比，人们普遍认为它能提供更好的搜索服务。

（2）兼容性。新产品是否与现有产品使用和最终用户活动相互匹配？连续性创新几乎不需要顾客改变或学习，因为与之前的经验和价值兼容性高；而创新的连续性越差，学习的需求越高。例如，大众采用微波炉的速度刚开始很慢，这是由于在使用上与传统的烹饪方法有许多可以感知到的差异。数码相机上市时，其外观与操作方式就跟人们熟悉的胶片相机一样。

（3）复杂性。理解创新的基本含义时，是不是有挫折感或困惑感？许多人放弃使用苹果公司的诺顿，是因为觉得手写识别特别难操作；数年后，消费者却因种种原因而采用苹果 iPod，原因之一就是其易用性。

（4）可分割性（也称为可试用性）。产品的试用部分容易购买和使用吗？食物与饮料很容易分割开，而新住宅和新文字处理系统却不是那么容易分割的。GPS 装置一开始上市时非常昂贵，通常装在出租车上。大部分的读者熟悉“前六个月，半价优惠”这种有线电视里的销售手法。

（5）可沟通性（也称为可观察性）。用户是否很容易就能意识到正在使用的那个产品的益处？一款气味好闻的新古龙水，用户一下子就能注意到它的好处；相反，用户很不容易看到一款新的防蛀虫牙膏的功效。

创新可根据上述 5 项因素来评分，主要采用个人判断，加上开发早期阶段的市场测试的发现。接着可相应拟定上市计划。

下一步是，早期用户主动地或被动地鼓励其他人采用该新产品，如果他们这样做，新产品扩散的速度就会加快。因此，要把兴趣集中在创新者（innovators，前 5%～10%采用某新产品的人）及早期采用者（early adopters，前 10%～15%使用某新产品的人）。创新扩散理论告诉我们，如果只向创新者和早期采用者销售新产品，之后我们就可以闲在一旁，借他们的力量使新产品扩散出去。其他采用者类型包括早期大多数（early majority，接下来的约 30%的人)、晚期大多数(late majority，接下来的约 30%的人)，以及迟钝者(剩下的 20%的人)。

很明显，问题在于谁会是创新者和早期采用者？我们能否事先识别出这些人，以便在早期将营销资源聚焦在他们身上？实际上并不总是这样的，研究中显示出几个特征(见图 16.2)，这些特征既能应用于企业又能应用于个人身上。

冒险性——愿意也渴望尝试新颖的、与众不同的产品；敢冒风险，敢对社会规范说"NO"
融入社会——无论是在工作中、生活中还是社交中，都经常、广泛地与他人进行交流，是一个强大的行业同行者
大同主义——对事物的看法不仅仅局限于附近的邻居或社区，关心环球时事，喜欢旅行、阅读
社会流动性——向上层社会发展，成功的年轻总裁或专家
特权性——通常指比群体中的其他人更有经济实力，因此当创新失败并需要花钱的时候，这个人通常损失较少。这一特征易于反映人们对金钱及拥有金钱的态度

图 16.2 创新者和早期采用者的特征

早期用户的确主要来自上述创新者群体，但很难预测来自哪一个。某些行业，早期的企业采用者大多是行业中最大的公司(并不总是这样)，这些公司从创新中获利最多，其总裁大都年轻且受过良好的教育。

一个最新的扩散模型是杰弗里·摩尔(Geoffrey Moore)提出的跨越鸿沟(crossing the chasm)模型，可以算 Rogers 扩散模型的延伸。简单地说，Moore 建议把创新者和早期采用者视为高瞻远瞩者(visionaries)，把晚期的各类型采用者视为实用主义者(pragmatists)。这两大新的采用者群体对新产品的期望不同，而且实用主义者未必会把高瞻远瞩者看成能引领他们观点的人。换言之，在 Rogers 模型中，可能出现由一种类型完全过渡到下一种类型；但 Moore 认为未必如此，因为这两大群体对新产品的需求可能会有很大不同。举例来说，高瞻远瞩者可能会抢购最新款的手机或音乐播放器，几乎不考虑价格高低，因为它是最新产品，他们喜欢产品的性能特点，或者仅仅因为它很酷。实用主义者可能不受产品新颖度的影响，也可能根本不在意产品"酷不酷"，他们寻求的可能只是好用又不贵的产品，更关心主流刊物或者网上资源的评论(可能与高瞻远瞩者的信息来源不一样)。这就是 Moore 所指的"鸿沟"：一个企业提供的价值主张能吸引高瞻远瞩者，但或许永远也无法"跨越鸿沟"，无法成功打进更广大的实用主义者市场。Moore 模型建议，企业应考虑开发一种适用实用主义类的价值主张，并做一个能接触实用主义类顾客的上市战略规划。

至此，我们的结果是，目标市场决策实质上可以度量：① 每个目标市场的潜力有多大；② 新产品多大程度上满足了每个目标市场的需求；③ 我们在每个市场中做好竞争准备了吗，也就是说，我们在该市场上有多大的竞争力。

16.6 产品定位

一个产品定位陈述（product positioning statement）就是为了完成这个句子："目标市场的购买者应该购买我们的产品而不是购买其他正在提供和使用的产品，因为……"定位最开始是广告领域的概念，但现在被视为公司整体战略的一部分，不局限于广告领域，产品、品牌、定价、营销及促销必须与产品定位陈述保持一致。

新产品经理在定位上有极大的优势，最终用户对该新产品的记忆是完全空白的；潜在购买者的心中没有新产品先前的定位，所以现在是塑造产品独特定位的最佳时机。

有两种定位方法。第一种是产品属性定位。属性即特性、功能或利益，产品属性是传统的定位方式，也是最普遍的方式。因此，根据特性定位，狗粮可以这样定位——蛋白质含量相当于 5 千克牛脊肉。根据功能定位，就比较难，也不常使用。有个洗发精的定位是"为秀发覆上薄薄的一层蛋白质"（没人告诉你这是怎么做到的或者有什么利益）。根据利益定位，可以是直接定位（比如"省钱"）或跟随定位（比如"让你更具魅力"，这是使用此款牙膏后的间接结果，即牙齿清洁或口气清新）。Miller 公司这几年的口号就是对直接利益和跟随利益的一个简短陈述：尝起来不错，但不会太饱。

特性、功能、利益就如同缺一不可的铁三角，通常也正是这样用的。例如，德拉诺公司（Drano）的新产品标题只有 3 个词：更厚实、更坚固、更快速，实际上就是：特性、功能、利益。但如果把这 3 个词放在一起使用，可能会让人搞不清楚，而且目标购买者也不会花太多时间去弄清楚。

第二种是采用替代品（surrogates）（或象征）来定位。例如，"使用我们的节食产品吧，它是由顶级保健专家发明的"。这里强调产品因发明者而与众不同，但为什么这个产品较好，却没有给出明确的答案，听到的人或看到的人得自己去推敲。如果替代品是好的，听到的人或看到的人会将有益的属性带入产品。关于各种替代品定位方法、它们的定义以及案例（见例 16.2）。

我们在第 6 章与第 9 章的概念生成与评估部分第一次讨论了感知图方法，将感知图用于制定定位战略也很有价值。回想一下图 16.1 的联合空间图，它不仅指出了每个利益细分市场的理想品牌定位，也指出了消费者对现有品牌的感知，因此，我们可利用此感知图找出值得进入的市场缺口。例如，我们可以选定一个与理想品牌较相近，但市场上其他现有品牌尚未占据的定位。细分市场 2 可能相当大，但是消费者如果对 Aqualine 和 Islands 品牌的忠诚度高，在该市场获取可观销售量就相当困难，细分市场 3 可能是更好的选择。有个简单的例子：Taylor 葡萄酒公司曾找到一小群深度喜爱葡萄酒的人，询问他们喜爱哪个品牌，相当意外的是，他们所买的酒中，没有任何品牌定位在最佳口感上。Taylor 公司马上根据这一特点来定位其葡萄酒，并立即收到了成效。

如果没有用户想要的特性、功能、利益定位缺口，开发者可以试着为产品设定独特属性偏好，或者转向替代品。这就是产品定位艺术的开端。试着研究例 16.2 中的各种替代方法，可以产生一些好的可能性。然后可复制这些方法对目标市场进行测试，看看是否能传递出我们想要顾客产生的一些创意。例如，Skil 公司是一家制作好用的圆形手锯的制造商，开发了台式工具产品线，比如台锯，公司声明“除了要评估一个产品的特性，还要考虑这个产品的血统”，还有，“60 年前，Skil 公司推出全球首把圆形手锯……今天，我们延续着 Skil 手锯的传统……不辜负它的名声……我们家族的新成员……凭质量久负盛名”。这就是替代性定位。

例 16.2　替代性定位的多种方法和案例

下面列出的是几种目前正在使用的替代方法。当然还有很多替代方法有待发现。每种替代方法都给出了定义，后面都有一到几个案例。替代方法依据使用流行度排列。每个案例中的口号都是：“我们的产品比其他产品的好，或者不同于其他产品，因为……”

极品（nonpareil）：……因为这个产品是独一无二的，是最好的。捷豹汽车和沛绿雅天然汽泡矿泉水（Perrier，也称巴黎水）都采用这种方式销售。

出身名门（parentage）：……因为涉及产品从哪里来、由谁制造、由谁销售、由谁完成等。这包括由拉尔夫・劳伦（Ralph Lauren）设计的一套新西装或者一件新家具，迪士尼拍摄的一部新电影，或丹・布朗（Dan Brown）写的一本新书等。

制造（manufacture）：……因为涉及产品是如何制造的，包括工艺（百威啤酒是用老山毛榉木酿造）、成分（鲜果布衣的纯棉内裤，Fruit of the Loom）、设计（奥迪的工程美学）。

目标（target）：……因为涉及产品是特别为像你这样的人或公司特制的。例如，特别为商务旅客设计的航空服务，或者专为湿滑路面设计的 Vector Tires 轮胎。

等级（rank）：……因为是畅销产品（比如 Hertz 公司以及蓝十字和蓝盾协会）。对于新产品来说不是很有用，除非定位在母品牌之下。

认可（endorsement）：……因为你尊敬的人说这个产品好，也许是专家（指定医生能开处方）或被模仿者（某运动界或娱乐界明星代言的著名品牌）。

体验（experience）：……因为长期或频繁使用证明其属性令人满意。例如，Nuprin 的用户宣称使用多年都很满意。

竞争者（competitor）：……因为这个产品与你知道并喜欢的产品几乎一样（美国邮政服务快递不仅便宜，与一个领军竞争者也很像）。

前代产品（predecessor）：……因为与你之前喜欢的产品（在某方面）有可比性（你喜欢好时公司的 Kisses 系列巧克力，所以你也会喜欢 Hugs 系列）。

16.7　为选定的目标市场创造独特的价值

一旦某个细分市场已经被确定，并且已经为该细分市场创造出一个产品定位陈述，我们就有机会回到产品本身，看看能否提高该产品在所选目标市场的价值。毕竟，新产品的作用是让公司获得总溢价，溢价主要来自价值超出价格的那部分。图 16.3 显示的是购买者实际上接收了一个产品所包含的一系列内容。这里，我们视其为一个包装，买下来并带回家，但是附加创意与图 12.1 的同心圆显示的一样。产品的核心利益在开发阶段得到最大关注，但从购买者的角度看，他收到并带回家的还包括更多的东西。在新产品的后续流程中，我们通过品牌、包装、保修、售前服务等，以提高提供给消费者的附加产品价值。

现今，大多数公司都试着在开发阶段晚期才冻结产品规格，并在上市后很快就增加新的产品规格，以延长产品的价值链。随着第一个产品上市，第一个产品线的延伸产品也应该处于开发中。上市之后，当竞争对手设法推出有吸引力的产品时，我们可以抢先上市。

本章接下来的部分将聚焦提高目标顾客独特价值的两种方式：品牌和包装。

注：购买者要的是一个或多个核心利益，但为了获得利益，购买者需要购买有形产品或服务及其包装、额外服务，以及所有与企业品牌相关的无形部分。这些内容提高了产品的整体价值。但如果新产品经理没有很好把握，也会给产品差异化或产品核心利益带来破坏。

图 16.3　购买的配置——顾客究竟买到了什么

16.8 品牌和品牌管理

16.8.1 商标和注册

每个新产品必须是可识别的，产品识别的准确术语是商标（trademark）。根据美国联邦法律规定，商标通常是一个词汇或一个标志。该标志可能是一连串的字母与/或数字（如Z级敞篷车）、一个标识（如苹果公司为人熟知的苹果标识）、一个设计图案（如通用电气公司极具风格的GE字母、麦当劳的金色拱门）、一串字（如“just do it”），同样，一个声音特征符也可成为一个商标，如NBC的三音符或Intel Inside的招牌发音。法律并不介意商标有多独特，只要求能够识别和区分即可。法律还要求企业使用或打算使用商标，这种要求被称为善意的意图。

大多数商业人士及其顾客使用“品牌”一词来代替“商标”一词。本书在讨论营销战略时使用“品牌”一词，而在讨论法律问题时则使用“商标”一词。从技术角度看，服务有服务标志，企业有商号（tradenames），而不是商标。

另一个重要定义是注册（registration）。从古至今，大多数国家都规定第一个商标使用者拥有排他权。但在美国，你可以要求将你的商标注册下来。一旦你把这个商标注册下来，你就可以永久保有这个商标，即使后来另一家公司证明比你还早就开始使用此商标。

美国专利商标局在允许一个商标被注册时，有一系列要考虑的条件。其中一个明显的条件是，商标不能伤风败俗或误导大众。商标不能对某一产品类别有破坏性。例如，一位法官曾经判定，Light作为一个香烟品牌的名称使用时，就有破坏性，因为Light这个名称可以被识别成任何低焦油香烟，而不是一家企业的品牌。另一个条件是，该商标不应与属于其他产品的商标存在让人混淆的相似之处。例如，品质客栈酒店集团（Quality Inns）曾经想要将旗下的一个廉价产品线命名为McSleep，遭到麦当劳的律师抗议。理由是“MC”前缀容易让大众误以为此连锁酒店是麦当劳旗下的产业，并造成混淆，因为当时麦当劳正打算建设一系列名为McStop的汽车旅馆。后来，Quality集团把旅店名称改为Sleep Inns。当苹果电脑公司以 iTune进入音乐行业时，苹果唱片公司（Apple Corps，披头士的唱片公司）曾经起诉苹果公司。这个案子中，最后法官判定两个商标没有让人混淆的相似之处，因此各自都被允许使用Apple商标。

美国商标法对不同类型的品牌名称有不同程度的保护（见例16.3）。

例 16.3　品牌名称和商标保护的类型

著名的名称：有些知名商标（如可口可乐和迪士尼）受到《联邦商标淡化法》（Federal Trademark Dilution Act）的保护，避免其他公司使用类似的名称，即使在无关的产品项目上也不可使用。最著名的就是 1998 年 Victoria's Secret 店与成人用品店 Victor's Secret（后来改成 Victor's Little Secret）的案例。有趣的是，美国高等法院判定后者——

Victor's Secret 胜诉，认为 Victoria's Secret 商标有能力识别其商品，并没有因竞争者的出现而淡化。

虚构的名称：也叫新词，通常以真正的字或字的一部分组成一个人造词（如 Bluetooth 蓝牙）或者全新词（如 Kodak 或 Exxon）。这些名称独特而且容易受到商标法保护，不过公司必须给该词赋予一个新的含义。

随意的名称：这些名称选用真正的词作为品牌名称，没有考虑产品或行业的性质（如 Apple 计算机、Virgin 航空、Monster.com 网站、Amazon.com 网站等）。这样的名称与虚构的名称一样，会受到好的商标保护。

暗示的名称：这样的名称需要一点想象力将其与产品属性联系起来（比如，Coinstar 硬币兑换机）。暗示的名称能够告知消费者该产品的益处，但很难受到商标法的保护。例如，造船商 AMF 公司使用 Slickcraft 作为其生产的游艇的商标，但法院判决其竞争对手 Nescher 公司可以将 Slickcraft 这个名称用于该公司生产的赛艇。判决说，两者的产品类别足够不同。

描述的名称：如 Lean Cuisine、HotJobs 等名称是很难保护的，因为从定义上这些名称不具有识别性。这些名称一开始就列进了另一个商标列表中（the Supplemental Register，补充登记），但如果所有人能在 5 年后建立充分的知名度，就能获得更高水平的法律保护，Rollerblades 就是一个例子。

通用的名称：这类名称已成为该产品类别的同义词，而原始商标持有者不再拥有排他权（参见本章中的例子）。

如果在上市后不久，其他制造商侵犯我们的商标该怎么办？我们可以采取强硬的措施阻止它们。阿拉丁公司开始为产品贴上“阿拉丁（thermos）保温杯”标签。你知道 thermos 杯子是什么意思吗？如果你和大多数人一样都知道，那么这个词就不再仅是真空保温杯某一个制造商的品牌了。阿拉丁公司虽然受到了拥有“thermos”标志的企业的起诉，但仍然赢了官司，名称原先的拥有者没有保住它。Thermos 变成一种通称，任何公司都能使用它。多年来，阿司匹林、玻璃纸、胸罩、干冰、小麦片、弹簧垫、溜溜球、油布、玉米薄片、煤油、高辛烷、葡萄干、羊毛脂、尼龙、油印机等多种产品，也都经历了类似情况，因此损失了数十亿美元。但今天，溜冰鞋制造商知道 Rollerblades 这个商标受到强烈保护，美泰公司的 Frisbee 商标也是这样的。施乐公司的一些广告提醒顾客“Xerox”这个词是一个商标，是个专有名词，该词后面要跟着一个描述性名词（例如，Xerox 复印机），绝对不要把该词当作动词使用（例如，Xerox）。顺便说一下，不要忘记为新品牌在所有可能上市的国家中寻求保护。

企业可以寻求商业外观（trade dress）保护。商业外观是指一个大范围的产品标识，除了品牌名称之外，还包括包装（如众所周知的可口可乐瓶身形状）、产品颜色（Brillo 的粉红色肥皂垫、蓝色的 SOS）、装潢（如某快餐连锁店内部独特的样子）。保护范围并不总是界限分明的，但如果公司有数据显示，顾客因为特定商业外观而识别出某一品牌，那么法院会根据“第二含义”的概念允许保护其使用。也就是说，颜色、装潢或包装属于“第二含义”，可以代表品牌的名称。私人品牌经常使用商业外观以使其与某知名品牌的竞争对手相似——阿司匹林药店在品牌包装上与拜耳公司的阿司匹林包装相似。通常来说，法院会否决私人品牌抄袭知名品牌商业外观的绝对权力。

16.8.2　什么是好的品牌名称

取个好的品牌名称并不容易，因为大多数好的字母组合都已经有人使用了。但是，如果 Billy Fuddpucker’s 和 Orville Redenbacher 都能算成功的品牌名称，那么世界上所有品牌名称都是成功的。该领域的专家已经给出了几条可以遵守的经验法则及一些需要避免的陷阱（见例 16.4）。

例 16.4　品牌名称选择的问题与指南

问　题	指南
品牌的角色或目的是什么？	如果该品牌在定位上有帮助，就要选择一个有意义的品牌名称（DieHard，Holiday Inn）。如果纯粹只是为了识别，那就选一个新词（人造词），如 Kodak 或 Exxon
该产品会是一条产品线的先锋吗？	如果是，小心选择，避免未来会受到限制（Western Hotels 改名为 Western International，最后改为 Westin）
是否预期该名称能长期维持市场地位？	如果不是，一个激动人心的、新奇的名称可能有用（如 Screaming Yellow Zonkers）
该产品名称是否对市场细分有刺激性和侮辱性？	宝洁公司原本打算将一种新的清洁剂命名为 Dreck，后来发现这个字在犹太语或德语中意指垃圾或身体排泄物，因此改为 Dreft

其他：容易理解；没有隐离；翻译过来好听；简单好记；符合企业使命；能弥补市场上其他产品的不足之处。

品牌名称应避免的方面

- 没有预测名称未来的用处。一个可爱的品牌名称可能与产品毫不相干；选择了一个坏名称可能是因为时间紧迫必须做出决策；一个地方性名称可能在企业走向全国化或国际化时成为障碍。想想 U.S. Airways（美国航空公司）原名为 Allegheny Airlines（阿勒格尼航空公司），从这个名称可以看出，该公司只在匹兹堡地区提供服务。某个名称可能在英语或西班牙某种方言里能被人接受，但在西班牙另一种方言中却可能有侮辱的意思。丰田汽车公司的 Fiera 车名就不适用于波多黎各，因为在当地这个名称意指“丑陋的老女人”。即使同样是英语，也必须考虑在美国、英国和加拿大用语的差异。一款叫 EZ（发音为 easy）的美国产品，在英国和加拿大就不会大卖，因为在这两个国家大部分人会把 EZ 发音成“e-zed”。
- 没有给品牌命名工作留足够的时间。这与需要在整个产品流程开展营销活动的想法是一致的。为品牌命名不应该在最后一刻仓促进行，尤其是将会在多国市场上市的产品。想想宝洁公司惹的麻烦，该公司基于细微不同的使用模式为 Mr. Clean（清洁先生）取了两个法文名称：在法国为 M. Propre，在魁北克则是 M. Net 。

- 选择令人不舒适的名称。像 Yahoo 这样能激动人心又具争议性的品牌名称可能是很棒的战略，绝对好过采用舒服却没有激情的名称。
- 太多人参与品牌命名决策。如果指派一个了解品牌命名流程与结果的团队来给品牌命名，效果一定会好过大家民主决定和一致协商。
- 其他问题：没有确定谁是主要的决策者；在流程早期就“卡在”品牌命名上，可能是故意的又或是不知情，在没有客观反馈的情况下就直接采用该名称；没有查明该名称在外国市场可能有负面意思，还有，没有雇用最好的专利代理人。

除了这些普遍原则，品牌专家可以给出无数个具体的建议。品牌决策通常相当重要，其结果可能会令人失望，也可能相当成功。下面是一些失败的品牌名称选择案例。

- 将某款高科技产品命名为“杀手”（Killer），因为管理层认为此商品能“干掉竞争对手”。不用说，该办法并不可取。
- 真正的失败是 La Choy 公司的低脂冷冻中国菜 Fresh and Lite 产品线。评论家认为其可能是女性保健产品、啤酒或一种软饮料。

相比之下，三星公司的 Galaxy 手机、苹果公司的 iPod 及宝洁公司的 Swiffer 拖把等就都是受欢迎的品牌，连带整个产品线都广受欢迎。

选择品牌名称时，最新的一项工作是考虑语音（phonemes）的语义，或字母的原来发音。有些字母与愉悦或不愉悦的感觉有关，有些字母则与大小或速度有关。依此观点，BlackBerry 就是一个相当不错的名字：“b”能够让人想到信赖，而短“e”有速度的味道。相比之下，StrawBerry 就无法让人产生这样的联想。Viagra 也是个好的品牌名称：“Vi”意味着活力，“agra”意味着侵略。这个词也与“Niagara”这个词押韵，让人联想到气势磅礴的尼亚加拉瀑布，该地点也正好是蜜月热门景点，这名字取得真好！

最后，务必要确保有足够的预算，能够适时加强顾客对品牌的认识。如果你没有足够的资金让无意义的字母组合变得有意义，请避免创造这一类型的品牌。

考虑到整体营销战略和品牌的作用，与预期用户进行讨论是非常有帮助的（以便了解他们如何谈论产品），还可以和擅长字词结构的语音学专家一同讨论。然后，以头脑风暴的形式或使用计算机来产生大量可能的组合。电脑软件，比如 Namestormers 公司开发的 NamePro 软件、IdeaFisher 公司开发的 IdeaFisher 软件，都可以帮助选择和开发品牌名称。

对顾客进行采访，把列出的品牌名单缩小。询问名单上品牌名称的含义，包括那些在国际市场上的品牌名称（典型失败案例见例 16.5）。在 www.register.com 网站上可以查到所有相似的品牌名称，这些名称可能有负面的含义，甚至会带来法律问题。也可以上美国专利和商标局网站（www.uspto.gov）商标一栏下进行搜寻，同时也可搜寻任何目标国家市场的商标数据库。www.trademark.com 网站也可以帮助访问商标数据库。使用熟悉的翻译网站，可以轻松、快速地查出品牌名称在外国语中可能含有的侮辱或意想不到的含义。毫无疑问，还需要优秀的商标法律师。例 16.6 的品牌命名核对表十分有用。

例 16.5　不好的品牌名称

有时外国公司所选择的品牌名称不好，会严重影响该产品在英语国家的市场销售。

Crapsy Fruit	法国谷物片
Fduhy Sesane	中国航班快餐
Mukk	意大利酸奶
Pschitt	法国柠檬水
Atum Bom	葡萄牙金枪鱼
Happy End	德国卫生纸
Pocari Sweat	日本运动饮料
Zit	德国柠檬水
Creap	日本咖啡
I'm Dripper	日本速溶咖啡
Polio	捷克洗衣剂
Sit & Smile	泰国卫生纸
Barf	伊朗洗衣剂
Cream Pain	日本点心蛋糕
Porky Pork	日本猪肉小吃

当然，会带来两种影响。有两个知名品牌的例子：Rolls Royce Silver Mist（在德语“Mist”代表“粪肥”）及 Colgate Cue 牙膏（“Cue”为法国色情杂志的名称）。Clairol 公司在德国推出 Mist Stick 卷发棒时也遇到问题。上述这些例子告诉我们，把品牌推到国外市场时，必须非常小心。

最近在美国上市的 Mon Cuisine 冷冻食品，取了个法语名称，想必是为了塑造其高档形象，但制造商犯了一个语法上的错误（应该使用“Ma Cuisine”）。

例 16.6　品牌命名核对表

专利律师马克·蒙德里（Mark Mondry）列出了一些挑选品牌名称的原则：

- 在开始命名时，要先组成具备多元成员的命名团队。不要让新产品团队受限于以前喜欢的名称，在这之前先要看看品牌名称在战略上是否可行，或在法律上是否可以使用。
- 重新回顾该产品的战略目标及价值主张，以此作为选择品牌名称的开始。
- 考虑是否将产品组合中其他产品的名称进行延伸，以避免顾客混淆。
- 考虑竞争对手的品牌名称。要具有独特性，而不是将品牌定位为领军品牌的另一个选择。苹果公司的新竞争者不应该给自己命名为香蕉公司。

- 开发一组好的名称，并缩小至 5~10 个。考虑发音、情感、复杂性等。
- 进行域名搜索和商标搜索。包括发音替换及拼写替换。在最后时刻如果发现竞争对手有类似的名称也不要惊讶。不要忘了同时检查国外的市场。
- 选定品牌名称，并寻求域名及商标名称保护。同样，如果可以，也要在各国进行注册。

16.8.3 管理品牌资产

除了选择品牌名称外，品牌管理还有许多事情要做。最佳品牌名称如可口可乐、Levi's、Campbell、AT&T 等，对公司与顾客来说都是重要资产，因为它们传递出质量上乘、正面的品牌形象，并能提高顾客的忠诚度。这种价值称为品牌资产（brand equity），从中获益最多的公司都在对其进行投资，以维持其品牌名称的价值。

高资产的品牌能够增加顾客对该品牌的忠诚度，使广告和其他形式的宣传更有效率。高资产品牌也意味着高品牌知名度，更容易引发联想（例如，看到麦当劳，就会联想到孩子、干净的餐厅和麦当劳叔叔等）。品牌资产还与更好的感知质量有关，可以支撑优质的品牌定位。由于对这些品牌有较高的熟悉度和正面的联想，高资品牌就能很容易成为品牌延伸（brand extensions）的桥头堡。简而言之，品牌资产能为 B2B 产品及消费品提供持续的竞争优势。品牌领域的权威 Kevin Lane Keller 提出品牌报告卡（brand report card），列出世界上强势品牌的共同特性，可用于评估某个品牌的优劣势（见例 16.7）。

品牌延伸可以垂直延伸也可以水平延伸，取决于新品牌是否与母品牌属于同一产品类别。宝洁公司旗下的佳洁士品牌牙膏进行的是垂直延伸，衍生出预防牙垢（Crest Tartar Protection）、抗敏感专用（Crest Sensitivity Protect oil）及全效保护（Crest Multicare）等产品。此外还进行了水平延伸，开发出 Crest 牙刷和 Crest Glide 牙线等产品。无论朝哪个方向发展，品牌延伸都可以提高新产品的市场接受度，但也有可能会稀释母品牌的价值。

必须严格管理品牌延伸，因为不成功或过度延伸会让品牌资产受损。有些公司曾试着将知名品牌名称延伸至不适当的产品类别，导致不堪的结果。Frito-Lay 公司已成功地将品牌延伸至许多零食上，但 Frito-Lay 柠檬水却无法销售。Ben-Gay 阿司匹林（不知道尝起来什么味道）、Smucker 番茄酱及 Fruit of the Loom 洗衣液也是一样。我们已经知道，寻求在全球进行品牌延伸的企业，应该先检查和确认品牌名称意想不到的幽默或令人反感的涵义。更为敏感的是，幽默往往跨越不了国界或语言障碍。幽默的品牌名称通常仅适用于有限的、在当地市场销售的产品（而在当地市场也只可能有幽默感）。

虽然进行品牌延伸并没有一个绝对正确的方式，但仍可以遵循一些能避免错误的原则。例如，强调品牌的名称或利益可与延伸出的品牌保持安全距离。当奥迪 500 轿车出现突然加速的问题时，奥迪 400 的销售状况就会受到波及，但奥迪 Quattro 却不受影响。另一个必须考虑到的是，品牌延伸是否涉及该品牌在功能上或声誉上的形象。吉列公司已轻易将 Fusion 系列剃须刀延伸至下层社会，而如果梅赛德斯公司也开发面向下层社会的轿车，就会冒破坏名声的风险。一般而言，旗舰品牌（flagship brand，在某产品类别中具有绝对优势的品牌，比如 Hallmark 卡片或绅士牌坚果）因其品牌资产已经很高，所以会以这种方式做品牌延伸。但延伸旗舰品牌时务必小心谨慎，而且应该只向相似或具有较高质量产品进行延伸，以免稀释品牌名称或降低顾客信心与认同度。此外，还需要有全球性考虑。例如，拜耳这个名字在北美以非处方药物闻名，但在欧洲却是以生产农产品和化学制品著称；拜耳公司的杀虫剂可能在德国相当受欢迎，但在美国则未必。

例 16.7 品牌报告卡

成就一个强势品牌，需要许多不同要素的共同作用。品牌经理通常只关注一个或两个要素。以下列出世界各强势品牌的共同特性，用来度量品牌的强度并指出改进之处。

特 性	例 子
传递顾客所想要的利益	星巴克提供咖啡屋体验，提供的不仅是咖啡豆，还可以监督选择咖啡豆以保证品质
保持相关性	吉列公司持续投资于主要产品的改进（Fusion 系列），但口号始终是“男士的最佳选择”
基于价值的价格	宝洁减少运营成本，实行每天低价，因此增加了利润
与竞争对手相比有精准的定位	雷克萨斯致力于良好的客户服务，梅德萨斯致力于产品优势，维萨信用卡致力于“一直与你相伴”
连续性	1970—1995 年，米狮龙尝试过多个产品定位，而销售量却持续下降
有价值的品牌组合	GAP 旗下拥有多个品牌 GAP、Banana Republic、Old Navy 以满足不同的细分市场的需求；宝马有 3-、5-、7-系列
协调的营销活动	可口可乐使用广告、促销、产品目录、赞助活动、交互媒体等进行宣传
充分理解品牌对顾客的含义	Bic 不用较轻的瓶子来装香水；吉列使用不同品牌名称，如牙刷品牌欧乐 B，来避免混淆
长期支持	摩森康胜啤酒（Coors）削减先前用在银子弹啤酒（Coors Light）和 Zima 的营销支出，4 年销售额损失约 50%
监控品牌资产来源	迪士尼的研究显示，旗下卡通人物被过度曝光且有时使用不当，因此迪士尼削减授权和其他促销活动

当然，有潜力的延伸产品进行概念测试，可以识别出任何可能的负面影响。从积极的一面看，强大的母品牌、先前的成功品牌延伸、强大的营销支持、零售层面较高的接受度、母品牌和延伸产品间良好的匹配、延伸产品较低的感知风险等因素，都能让品牌更成功地延伸。

16.8.4 品牌资产和品牌战略

现在有各种各样的品牌战略，各有优缺点，没有完全适用于各种情形的万全之策。在任何情况下，企业都必须考虑品牌战略如何保护和建立品牌资产。

想想品牌战略的范围（spectrum）。范围的一端，是企业把公司名称印在生产的每个产品上，这种战略有时被称为品牌伞战略（umbrella brand）。以家乐氏公司为例，每盒早餐麦片上都有家乐氏的字样作为品牌名称的一部分。例如，家乐氏玉米片、家乐氏棉花糖米酥等。家乐氏这个名字已经成为高质量早餐麦片的代名词，而且每当公司名称出现在新的早餐麦片上（或新零食上，详见第 3 章的家乐氏案例），就会把品牌资产延伸到该新产品上。类似的例子还有卡夫食品（Kraft Foods），许多屹立数十年的老牌产品都含有卡夫（Kraft）品牌名称，如卡夫沙拉酱（Kraft Salad Dressing）、Kraft Singles，或至少将卡夫标志鲜明地印在包装上，如费城乳酪蛋糕（Philadelphia Cream Cheese）、Velveeta。该公司也使用卡夫以外的企业品牌推出新产品，如新的坚果产品用绅士牌（Planter）、新的比萨用 Di Giomo、新的咖啡用麦斯威尔（Maxwell House）的品牌名称推出。其他例子如 Virgin Airlines（维珍航空已用 Virgin 这个名称成功涉足包括出版、饮料和电信等行业），以及硬石咖啡厅（Hard Rock Cafe）（已在亚洲市场成立度假酒店 Hard Rock Cafe Resorts ）。

范围的另一端，则在产品名称里绝口不提也不使用公司名称。例如，宝洁公司旗下的众多清洁剂和清洁产品的品牌名称，都不包括宝洁二字，而是用汰渍（Tide）、Bold、清洁先生（Mr. Clean）等名称。这种独立品牌（individual brand）战略与宝洁公司由来已久的强大品牌管理是一致的。高乐士（Clorox）公司的所有漂白产品都用高乐士这一品牌名称。而高乐士公司旗下的环保品牌 Green Works，在包装上也有高乐士的标志，表示这个纯天然产品线与传统的清洁用品具有同等功效（更多高乐士公司案例详见第 20 章）。然而，高乐士公司并购的许多其他产品从未进行名称的变更，高乐士公司旗下有密谷大牧场（Hidden Valley Ranch）沙拉酱、垃圾袋（Glad Bags）及小蜜蜂（Burt's Bees），这些都是其产品类别中的高资产品牌，因此使用高乐士的品牌伞并无任何好处。有趣的是，即使高乐士公司的其他清洁用品，也都没有使用该公司的品牌标志，比如 409、SOS 或 Tilex（尽管 Handi Wipes 一次性抹布的包装盒一角确实有高乐士标志）。

企业常常利用产品间的协同效应和共同标识品牌的机会，来改善其品牌标识战略。例如，ConAgra Foods 食品公司生产许多在北美常见的品牌：Hunt's 番茄产品、Orville Redenbacher 爆米花、Reddi-Wip 生奶油、Healthy Choice 冷冻主菜、Peter Pan 花生酱等。这些品牌包装上全都没有 ConAgra Foods 标志，这与宝洁公司或高乐士公司的情况十分相似，每个品牌都有强大的资产。但是与高乐士公司不同的是，ConAgra Foods 的产品线全都在同一产品类别——消费性包装食品上。消费者调查显示，多数消费者并不知道 ConAgra 这个名称。该公司的管理者认为，一个新的企业身份不仅能强化个体品牌，也能强化 ConAgra 身为顶尖食品制造商的地位，同时让公司更具竞争力。但该怎么做？把“ConAgra”这个名称放到 Hunt's 或 Peter Pan 等大众熟悉的品牌包装上吗？这样的话可能帮助不大。从 2009 年开始，ConAgra 公司决定在每个品牌和广告上贴上一排新标语“你喜欢的食物”（Food You Love）及新标志（一个颇具现代感的微笑盘子和一支汤匙），ConAgra 公司打算像卡夫公司那样，建立统一的企业身份，同时仍可从强大的独立品牌中获利。

16.8.5　全球化品牌标识和定位：标准化还是适应化

全球化品牌管理需要考虑的一件事就是，品牌名称在全球进行标准化的程度（在世界范围使用同一名称）。吉列刮胡刀、可口可乐和家乐氏早餐麦片都是全球消费者熟知的品牌名称，这些企业基本上在每个市场都使用相同的定位战略，例如，吉列刮胡刀在全球各地的定位皆为“男士的最好选择”（the best a man can get）。

对其他许多企业来说，它们并不选择采用全球标准化的品牌名称，甚至可能对此不感兴趣。这些企业宁可采用适应战略（adaptation strategy）进行产品定位和/或品牌命名。例如，本田汽车公司在美国市场使用高质量定位，但在日本的定位则是速度和年轻化。佳能在美国推出 AE-1 的品牌标语为“产品先进，操作简单”（So advanced，it’s simple），但在日本市场的定位却是“适合摄影行家使用的高科技产品”。

同一个产品，企业可能针对不同市场选用不同的品牌名称。尽管汰渍（Tide）在北美是宝洁公司的一个领导品牌，但在整个欧洲和日本大众熟知的却是碧浪（Ariel）。同样，汰渍液体洗衣剂在欧洲就变成了碧浪液体洗衣剂。通用磨坊公司是家乐氏公司在北美的主要竞争对手，前者与雀巢公司合资成立了全球谷物联盟（Cereal Partners Worldwide）（通用磨坊提供生产早餐麦片的专业技术，雀巢贡献该公司在欧洲的知名度、分销渠道、销售和广告经验）进军欧洲市场。类似的例子还有在北美大众熟悉的通用磨坊品牌如 Cheerios（以及仅限欧洲销售的品牌 Chocapic），在欧洲却以雀巢品牌名称销售。

联合利华公司是一家由英国和荷兰经营的集团，在品牌名称的选择上采用标准化和适应化相混合的战略。联合利华公司有几种产品在世界范围内以同一个名字销售，包括立顿（Lipton）、佰多力（Bertolli）、家乐（Knorr）、多芬（Dove）和凡士林（Vaseline）等。最初在法国销售的洁而亮（Cif）家用清洁剂，在法国、意大利、瑞士、土耳其和希腊等市场都是以这个名称广为人知，但在德国改称为 Viss，在加拿大则是 Vim。品牌名称适应化最极端的案例，或许是北美消费者熟知的熊宝贝（Snuggle）牌衣物柔软产品。2008 年，联合利华公司在北美销售其熊宝贝品牌的同时，也在其他国家以不同的品牌名称进行销售。在意大利叫作 Coccolino，在法国叫作 Cajoline，在德国和奥地利的名称为 Kuschelweich，在西班牙和哥伦比亚是 Mimosin，在荷兰则是 Robijn。无论在哪里，包装上都有醒目的泰迪熊图案。尽管实体产品在全球已标准化，联合利华公司在每个市场依旧使用当地语言的品牌名称（在多语系的瑞士，熊宝贝改名为 Comfort，名称简单，且任何一种语言都能轻易理解）。同样，联合利华公司还收购了全球好几家冰淇淋制造商，包括美国的 Good Humor、德国的 Langnese、意大利的 Algida、巴西的 Kibcm。每次并购都把原来大家熟知的品牌名称保留下来，但包装上均有一个红色心形标志作为市场上的企业识别，也就是联合利华集团所说的心形标志（Heartbrand）。

16.8.6　全球品牌领袖

如前所述，目标并不是追求单一的全球化品牌，而是通过全球品牌领袖（global brand leadership）在每个市场建立品牌强势地位。这需要一个能够协调各国品牌战略的整体全球性品牌战略，还需要承诺分配足够资源用以建立品牌。

成为全球品牌领袖有许多种方法。为了在各国间达成一致的品牌管理，企业可以开发品牌手册、举办研讨会，或者给所有的品牌经理分发商务通讯、影片，以此作为指导，让人们明白品牌代表什么。这不仅仅是简单的产品属性，因为这些都有可能被竞争者模仿。还应该考虑无形资产（如质量声誉）和标志（如麦当劳小丑）。美孚石油公司（Mobil）设立了营销主题知识库，可通过公司内部网络访问，而菲多利—乐事（Frito-Lay）一年举行 3 次所谓的“市场大学”活动。这样的活动，能鼓励公司主管沟通和分享成功的实践经验。此外，赋予员工权力也相当重要。宝洁公司的台湾品牌团队为潘婷 Pro-V 创造出相当新颖的定位：“拥有健康，当然亮泽。”这句广告词在台湾相当成功，得到宝洁公司的青睐，并在其他 70 个国家中使用。

16.9 包装

对许多公司而言，包装并非那么重要，既因为商品不需要过度包装，也因为货架上贩卖的商品不用优先考虑包装。在这些公司里，产品包装大都由包装设计部门负责。当然，大多数服务都不需要包装。但对其他许多公司而言，尤其当新产品通过自助服务来销售，或新产品必须与其已定产品类别包装保持一致，或新产品与市场上强大竞争对手产品放在同一货架上时，包装就相当重要了。在这些企业中，包装决策通常由高层主管来制定。事实上，食品和饮料产品的包装支出比产品广告支出还高。

16.9.1 包装的作用

包装通常分为初级包装（产品的第一层覆盖物和容器，如药瓶）、二级包装（装药瓶的纸盒）、三级包装（将二级包装装运的大容量包装）。所有的包装形式都有几种功能：容纳（包住产品内容物以便运送）、保护（防止产品变质或人为疏忽而损毁）、安全（防止损害）、展示（吸引眼球）、提供产品相关信息、说服消费者购买等。所有这些，对新产品经理都非常重要，有时会过于重要以至于存在一些法律问题。包装设计是标志和商标的一部分，所以权益非常重要。

然而，包装还有其他作用，如通过使用说明（药物或食物）及使用功能（啤酒罐和除臭剂的包装）来协助使用者。其他情况下，包装能再次使用，达到具有生物降解性的生态要求，提供警示以及满足其他法律要求。在解决不可回收这一问题上，它们可能也有一定作用。

16.9.2 包装决策

包装是新产品经理工作“网络”的一部分。包装决策工作集中于包装经理身上。然而，这是个复杂决策，除了涉及营销部门外，还会涉及工程、分销、安全、法律、成本会计、采购、研发等其他相关部门，更不用说还会牵扯供货商、配销商、运输商、广告代理商及政府等外部利益。包装决策的过程可能会需要数月时间，它是大多数加速开发计划的主要目标。

每家公司都想开发出一个独特的产品包装方式，但有一些通用的步骤。首先，将包装设计人员纳入新产品团队，实地考察各式包装，了解以前做过的相关市场研究。Pfeiffer 沙拉调味酱有独特的包装方式，是因为设计人员实地参观超市，注意到色拉调味酱是以包装类型（多数瓶装附上可以直接涂抹在食物上的刷头）而不是以品牌来展示的，很多竞争品牌瓶子的外形像刷子，刷子头是铁质扁平形状的。

包装开发流程与产品开发流程类似。相关测试包括虚拟包装、店内展示、包装颜色测试、视觉测试、心理描绘测试、身体测试、经销测试、仓库可识别性，甚至有些还要做店内零售测试。有一项用于包装设计的战略是家族式产品包装（family packaging），也就是使用某种主要设计或包装元素，将几种产品的包装统一起来。例如，新口味的哈根达斯（Haagen-Dazs）的包装或 Ben & Jerry's 冰淇淋的新包装，一眼就能识别出来。可口可乐和百事可乐分别是红色和蓝色的包装。每个案例中，很明显包装只属于其中一个品牌，但通常也有某种个性化包装样式，如品牌名称。

包装是非常强大的竞争工具。近年来，在酒精饮料市场上，葡萄酒和烈酒抢走了不少啤酒市场。Anheuser-Busch（安海斯–布希）和其他啤酒制造商试图力挽狂澜，其中一个做法是采用新颖的包装。最新包装方式为一眼就能可看透的啤酒标签（实际上是利用以丙烯酸酯为原料的压敏胶（pressure-sensitive adhesive））黏附在瓶身的一侧，看起来就像画上去的一样。这种可透视型标签的啤酒上市后不久，在全美销售量随即上涨 10%，在欧洲和亚洲市场则增长将近 40%。这些标签不仅具有吸引力，而且很容易搭配相关宣传，比如，在足球复赛或奥林匹克运动会期间，印上相关信息。此外，还可以让啤酒制造商从瓶盖到瓶底整个包装上都绘上图并印上文字。其他创新包装还有收缩包装标志和铝罐包装。百威啤酒、百威淡啤及 Anheuser-Busch 旗下其他几个品牌均推出铝罐装啤酒（包括专为圣帕特里克节推出的三叶草绿色铝瓶），还有以万圣节为主题的铝罐，上面印有特殊油墨，在黑暗中会发亮。

本章小结

本章讨论了平台决策和驱动性决策，使大家对上市规划流程有更进一步的了解。这两个议题对于战略选择都有很大的影响。本章还讨论了三大领域的决策，即目标市场或市场细分、针对细分市场的新产品定位、为该市场细分创造独特的价值。现在我们可往前迈进，进入营销战术制定的相关议题。在许多营销领域，几乎没有相关的深入研究。我们将讨论这些最让新产品经理头疼的问题。

应用实践

（1）“我女儿是北卡罗来纳州一所学校新任命的助教，最近，她一直在开玩笑说，课程开发与新产品开发是多么的相似。事实上，她说，课程必须规划，课程的“营销”才能准确无误，即便把定位当作概念使用。我在想，你会不会上这样一门新型的大学课程
将新的电脑和通信技术知识运用到零售商店经营中，并且告诉我，你是怎样运用定位新兴市场的各种方法来定位这门课的。”

（2）“我们是做家具生意的，我敢说只要你在大学寝室待过，就一定用过我们的产品。但是，我要告诉你，家具生意没什么利润，因为竞争对手和产品标准太多，是按照采购部门的产品规格表以标价购买的。我知道你之前说的核心利益和围绕核心利益开发产品价值的重要性，比如在服务、形象、保修等方面的价值，但我不确定我们能不能使用那个方法。假如可以用，事实上，我们的椅子和床也必须符合一定规格，我们能以此创造价值来弥补略高的价格吗？”

（3）“今天，包装对许多产品来说至关重要。我们在包装上花了大量资金。最近我看到一个关于清洁剂包装的好主意——一个顶盖。这个盖子在瓶子上，比一般的盖子要大，可以拿下来去兑换。这看起来就不像优惠券那样那么有欺骗性了。这就是创造力。你有创造力吗？你能想出那样的点子吗？我们认为有很大的机会通过包装，使我们不含酒精的啤酒显得与众不同。喜欢新产品的人肯定会欣赏他们从没听过的关于包装的想法。是好的想法，而不是一堆愚蠢的想法。”

案例 Wii

Nintendo（任天堂）在 GameCube 游戏系统上市不久后，随即开始研发下一代新产品。最开始，产品的代号是“Revolution”，上市目的是与两大竞争对手——微软 Xbox 360 和索尼 PlayStation 3 竞争，赢得更多消费者。产品原型由首席执行官岩田聪在 2005 年 9 月的东京电子游戏展上由 Nintendo 公开推介，并于 2006 年 12 月上市。也就是大家熟知的“Wii”，发音是“we”（根据任天堂公司的说法，该产品名称就是 Wii，而不是任天堂 Wii）。

根据任天堂的市场愿景，新一代产品不一定是增强版的 GameCube（索尼和微软两家的产品都属于功能强大、运行快速且图像技术绝佳的产品）。相反，此产品和游戏的设计着重于玩家互动。Wii 的一大特色就是无线操纵器（Will 专属遥控器）。对电玩游戏系统来说，这个操作器非常小，能侦测平移和旋转运动，而且还有指示功能。另一个特色是 WiiConnect24，通过它 Wii 可上网接收信息。这些创新的产品特征让评论家赞扬任天堂的创新是“有创意的思考”，而不只是“追求优越的思考”。Wii 遥控器让玩家只要稍微斜一下手，就能控制荧幕上的动作，这种效果被称为“客厅虚拟现实”。在赛车游戏中，使用者模仿开车；在战斗游戏中，使用者可以“舞刀弄剑”；在运动游戏中，使用者可以模仿

挥动棒球棒、网球拍或高尔夫球杆等动作。玩家都会觉得自己不只是参与比赛或玩游戏，感觉自己更像比赛或游戏中的一个角色。玩这些游戏可以达到有氧健身的好处（年轻和年长者都可以），这使得人们创造出一个新词 exertainment（运动娱乐）。因此，尽管运行效能和图像的优越性不及竞争产品，但 Wii 已在市场战争中胜出，也赢得了更多的正面评价。《纽约时报》说，Wii“散发乐趣”且“让索尼黯然失色”;《华尔街日报》的专栏作家 Walter Mossberg（沃尔特·莫斯伯格）则评论道：“略显平凡的 Wii 更刺激、更有趣、更令人满意。”然而，并非所有的评论都是好的，Slate 的评论者对 Wii 遥控器的准确度就不是很满意。

Wii 成功的关键因素是锁定更广大人群。岩田曾表示任天堂的目标不是与索尼竞争，而是“让新使用者来玩游戏”。2006 年年底到 2007 年的电视和网络广告费超过 2 亿美元，鼓励大家“体验一种崭新的游戏玩法”。广告强调这是适合全家人玩的游戏，祖父母一辈、父母一辈、都市和乡村的家庭，大家都很喜欢玩 Wii 游戏。不用说，大部分促销活动都是为了改变大众把任天堂视为纯粹的青少年和孩童游戏机的看法。每台游戏主机价格约 250 美元，而游戏价格大约 10 美元，价格低于与之相似的微软或索尼的游戏。此外，Wii 主机与 GameCube 游戏兼容。

下面谈一下任天堂的愿景和 Wii 游戏系统的新产品流程。正如岩田所述：“如果当初我们试图以传统方式生产一个新的游戏机，Wii 就不可能诞生。”这是什么意思？然后谈一下任天堂在激烈竞争的市场所尝试的定位战略，用到了哪些本章所讨论的定位战略或策略？任天堂实现所期望的定位有多成功？其战略有哪些主要缺点？最后，请使用本章所讨论的品牌管理准则来评论产品名称。在回答这个问题时，你应该知道这项产品开发时期的代号为 Revolution（革命），该公司内部有许多人都很喜欢这个名称，最后的选择是 Wii，在当时颇有争议。

案例　铱星系统

铱星系统（Iridium）是一种通过卫星系统进行各种电话传输（声音、数据、传真和传呼）的移动通信系统。铱星系统吸引了许多大型投资商(包括摩托罗拉、Kyocera、Lockheed Martin ），它们分别拥有约 7%～20%的股权。铱星系统由 66 个卫星和许多地面站组成，让使用者可以与世界上任何地方的人联系。第一个铱星系统卫星在 1997 年 5 月发射，1998 年 6 月前卫星全部发射完毕。1998 年 11 月中旬就能提供电话和传呼服务了。建造铱星系统的总成本约为 50 亿美元。

尽管背后有大量资金支持，但铱星系统却没能流行起来。截至 1999 年中期，仅有 10 200 多名用户，连成本都没有赚回来（当初管理层计划到 1999 年年底能达到 30 多万名用户），而且铱星系统发现自己的财务状况岌岌可危。在铱星系统的财务状况稳定前，企业用户都不愿意使用，银行也不愿意继续借钱给该系统了，除非有更多的用户使用该系统。铱星系统最后在 2000 年年初宣告破产，铱星系统卫星的命运很长时间都悬而未决。

到底发生了什么？事实上，有几个原因导致了这样的局面。其中最明显的原因是，购买一个铱星系统手机要3 000美元，使用费从1.10 美元到7.00美元不等，在1998年和1999年年间，这个价格比类似的移动电话和服务费用（基本的移动电话价格都在100美元以下）高出许多。与移动电话相比，铱星系统电话有一定优势，至少在理论上是这样的（与移动电话的数字模拟混合技术相比，它具有全数字技术、多种本地服务的兼容性，可以使用太阳能，信号不受高建筑物及地形等因素影响）。但是，这些优势显然无法说服顾客去买价格比一般移动电话贵20倍的手机。

铱星系统面临着一系列与复杂的新技术有关的问题。其中之一就是虽然在开发和系统开发过程中难免会遇到困难而延迟上市时间，但各方面都知道，这个系统上市至少需要10年。此外，手机还出现了质量管理问题，需要进行相当长时间的调试。另外，如果没有适配器，电话就无法在室内使用，事实证明这很麻烦，又进一步延迟了上市进度。在上市时，一部分网络连接装置供应商还没有准备好提供全部的服务，造成在主要地区（如日本和俄罗斯）延迟上市。而且，很多用户对电话声音不满意（某些人认为声音过于尖细），并且不喜欢手机一天要充两三次电。同时，与预期相反，户外服务也不太可靠，大楼或高大的树木会影响信号。

尽管有来自摩托罗拉和洛克希德·马丁公司等投资者最初的热情，铱星系统很快就面临着烦恼的财务问题。贷款银行设定1999年6月30日为最后期限，要求铱星系统的用户达到2.7万名。为了实现这个目标，铱星系统针对新目标市场规划了新的营销战略，瞄准了联邦政府用户和类似的市场，而不是高档国际商务旅行者和考察者。尽管有了几个联邦政府用户，但许多投资者希望摩托罗拉退出铱星系统。洛克希德·马丁公司和铱星系统的其他主要合作伙伴成员也对铱星系统的命运有很大的影响。坦白地说，铱星系统的财务问题是一个恶性循环：潜在用户在一旁观望，想看看铱星系统能不能有稳定的资金支持，但是银行却想在提供更多资金之前，看看铱星系统能不能吸引更多用户。到1999年6月底，仅有1万多名用户，远没有达到目标，铱星系统只好拼命躲避破产诉讼。

1998年至1999年面临机会的关键时期，铱星系统的管理层在战略上做了什么？降价（降到每分钟约1.59美元）似乎没有什么作用，也太迟了。更大幅度的降价或其他激励方案会带来不一样的结果吗？真的已经太迟了吗？还是在多年前，投资者决定投资时，就是一项错误？

案例 智能手机比较（C）

回顾一下第6章和第9章末尾提到的关于比较智能手机的案例A和案例B。现在假设竞争情报显示，黑莓公司计划在6个月内以战略性手段让其手机重新上市，假设目前所有的竞争机种的价格与属性不变。小道消息指出，新黑莓机不论是在重量、屏幕尺寸、像素还是CPU速度等方面都和“最好的”品牌一样，甚至超过最好的品牌，不过电池容量、内部存储器与内存功能仍比较差。目前还不知道照相功能怎么样，据说，价格将为400~

450 美元。

这个新竞争对手足够强劲吗？所有的竞争企业该采取怎样的行动，把黑莓的威胁降到最低，还是最好等到黑莓的新机发布后再伺机而动？由于这只是事先的小道消息，你可以根据以上提供的资料做最实际的猜测。

第 17 章

战略规划的执行

17.1 引言

在上一章，我们首先讨论了战略平台决策和战略行动决策，接着讨论了市场模块构建、目标市场检视、产品定位陈述。这引发了一系列针对选定的目标市场和定位构建产品价值的活动，并开始讨论品牌——既是产品的一部分也是促销的一部分。现在，我们开始讨论战术领域的话题：管理层是如何把上述事情统一起来并与最终用户沟通的？战略执行也需要相当强的创造力，要努力做到这一点。

17.2 上市周期

首先，我们需要纠正大部分人对新产品上市的印象。大家都以为，新产品上市就是向全世界宣布我们的伟大的新产品即将上市的好消息，但如果真有这么简单就好了！

实际发生的是一个上市周期（launch cycle）。我们将产品生命周期（Product Life Cycle，PLC）的导入阶段扩展开来，上市周期就是其中的一个子阶段，如图 17.1 所示。上市周期包括上市前阶段、发布阶段、抢滩阶段，以及早期成长阶段，最后这个阶段将上市周期与产品生命周期连接起来。

17.2.1 上市前和预发布

上市前阶段是我们建立竞争能力的一个时期。在这一时期，我们对销售人员及其他促销人员进行培训，建立服务能力，待一切准备就绪就进行预发布（preannouncement），同时在零售商层面进行产品铺货的安排。

新手在处理新产品上市时，几乎总是聚焦在发布（announcement）上，视其为新产品流程中的顶峰，但实则不然。实际上，发布当天很少会有奇迹出现。很多汽车公司曾经刻意将新产品发布（伴随适当的电视广告播出来揭开面纱）延到秋季的某一天。但是这种戏剧性做法现在也行不通了，首要问题是它几乎不可能完全保密，尤其是当正式发布日临近时。

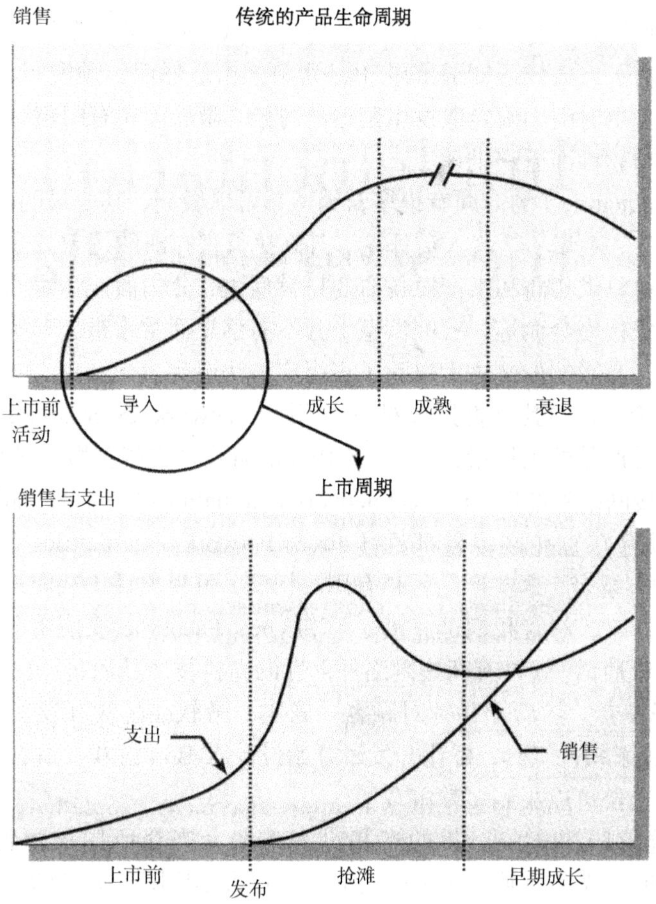

图 17.1　上市周期

相反，我们看到的是一连串有计划的产品发布，通常环环相扣，引发竞争对手的猜测，同时刚好将产品铺货并可以买得到之前，让竞争对手的顾客暂停购买其产品。这一连串的发布工作，通常是按照这样的顺序进行的：

（1）不公开。

（2）产品测试：签订有保密文件的 Beta 测试。

（3）预期：透露产品定位，告知问题已经得到解决。

（4）继续影响：给编辑、产业研究员及一些顾客提供片段性的信息。

（5）公关广告：透露完整的新闻稿，提供用于评价的产品。

（6）商业促销：开始打广告。

第（3）步和第（4）步用于预发布。这一过程会稍微透露一些信号，有时是由精心挑选的人有计划地透露出来的，有时则是让其碰巧发生的。

预发布可以提高顾客对即将上市的产品的兴趣，避免现有的顾客流失到竞争对手那里，并且能够鼓励潜在顾客等待新产品上市（而不是成为竞争对手的顾客）。当然，在许多市场上，完全保密几乎是不可能的。微软将发布 Windows7，全世界的人在上市日期很久之前就已经知道了，人们还知道苹果 iPad 也将上市。然而，预发布有时也会遭受批评，尤其当新产品的上市时间不确定或发生延迟的时候。微软公司有时就因为没有遵照预发布中承诺的日期发布软件而遭到批评。

泄露信号（signaling）的方式有很多营销工具可以做到，其中最明显的一个就是价格。其他工具包括广告、商展、销售人员评论、首席执行官在纽约伦敦或东京证券分析师午餐会上演讲、包装材料供货商和生产设备商的只言片语、分销商或零售商的进货订单、与有行业经验的新销售代表会面等。有些信息十分不易察觉而常常被忽略掉。但总的来说，信号泄露十分有效，其影响如此之大以致不正当广告法诞生。

预先发布决策经常与其是否具有网络外部性（network externalities）有关。如果产品销售量取决于互补产品的销售量，比如，X-Box 的游戏种类越多微软销售的 X-Box 软件就越多，就存在间接网络外部性（indirect network externalities）。如果产品销售量取决于使用产品的人数，就存在直接网络外部性（direct network externalities）。拥有电子邮件和 Facebook 账号的人越多，这些产品就越有用。相反，可视电话（独立运行的装置）却从未在消费者中流行起来，尽管我们迅速接受了 Skype、Facetime 或使用电脑、智能手机中的其他方式进行视频通话。就具有间接网络外部性的高科技产品而言，也许会有两次预发布；先是针对程序开发者，然后才是针对顾客。确实，微软在游戏开发者研讨会上预发布了 X-Box，同时解锁了软件工具，好让开发者开始设计 X-Box 游戏。当 X-Box 在消费群体中上市时，消费者已经可以买到多款游戏了。

预发布还能够阻碍竞争对手的产品进入市场。当众所周知福特公司将推出新型 Windstar 小房车时，克莱斯勒公司采取攻势，进行大幅度降价促销活动。如此一来，克莱斯勒公司吸引了众多消费者，这些消费者当中有很多可能正在等待 Windstar 小房车上市，但是，这也影响了克莱斯勒公司自己原定于隔年上市的新型小房车的销量。对即将被替代的产品进行大幅度降价是有风险的，因为这将导致目前所有的顾客都去等待新产品上市，从而处理旧产品的存货就会很难。康柏电脑公司的总裁曾在一次国际会议上谈到，真的不会再有“发布”了：新产品开发完成后可以马上进入市场，但会是一个限定的市场区域内（第 18 章称之为“渐进上市”）。预发布还有另一个风险：产品最终并未上市！预发布可能只是为了使股东或股市满意，而没有考虑后来履行承诺的真正风险。软件行业把这种宣布上市却迟迟未上市甚至根本不会上市的软件称为雾件（vaporware）。

一项研究显示，市场占有率较小的公司更可能进行预发布；大型公司往往会避免预发布，因为它们担心政府会批评它们进行垄断；竞争激烈的行业预发布的可能性也不大，但转型成本较高的行业会更多采用预发布。最近有更多研究表明，软件公司会故意使用雾件来获取竞争优势，大型公司和小型公司都是如此。

17.2.2 发布、抢滩和早期增长

上市周期的第二个阶段是抢滩（beachhead），抢滩一词源于军事，指登陆敌军阵营，后来用于暗喻各种形式的登陆。在军事抢滩中，平静过后就是移动，例如，军事突击队一般会从海岸线的一个狭窄区域开始推进。在产品上市中，抢滩是指为了克服销售停滞所必须投入的大量支出。图 17.1 显示，图中的支出曲线以非常陡的斜率上升至某一点，其间销售量是以递增速率增加的。

发布（announcement）是抢滩阶段的开端，这一时期管理起来难度很大。沟通系统失去作用、意想不到的问题出现、供给匮乏，各种混乱情况都会发生。几个月过后，原本的重点会发生轻微变化，最初的发布让位给"原因解释"，随后让位给试验印证理论，再随后让位给强化成功试验。

抢滩阶段的关键决策就是如何克服停滞，推动产品。这项决策会引发一系列活动：按照预定时间进行改进和侧攻，批准并实施新预算，营销安排将被暂时固定下来（如临时销售团队、广告代理商、直邮等安排）。一位新产品经理称，当公司总裁不再三天两头叫他过去汇报最新情况时，那就是决策已经拍板定案了。

上市时制定的决策和整个产品生命周期过程中制定的决策，需要与早期制定的战略决策保持一致。最近对新产品上市案例的研究发现了上市战略和战术的 3 个常见模式：

- 创新性新产品。有些产品的战略目标是在产品生命周期的早期阶段获得市场立足点。这类上市的常见战术包括大范围的产品花样、新品牌名称、新分销渠道、高定价。
- 进攻性改进品。战略目标是设置进入障碍。管理者发现，有效的方法是使用现有的分销渠道、强有力的顾客促销和广告、大范围的产品。
- 防御性附加品。战略目标是为了提高对现有市场的渗透力，适当的战术包括：小范围的产品花样、渗透定价、顾客促销、销售团队。

17.3 精益上市与上市时机

我们有时会忽视的一个上市成功的驱动力，就是供应链与分销物流的成功。在上市期间，制造必须达到期望的产能水平，零售渠道与分销物流必须到位，零售人员和分销商必须经过培训以充分了解新产品性能，同时，对消费者和中间商的促销宣传也应该到位。

供应链经理要确保供应链系统保持弹性，以确保能够快速应对销售量的变化。这种弹性称为精益上市（lean launch）。精益上市指企业在产品上市初期不准备过多存货，但能够随销售量激增而保证存货随之增加。实现精益上市，需要协调好采购、制造及配送运营，这样才能使从原材料到消费者的时间最短。如此一来，企业才能够快速响应市场的实际需求，而不是在销售量低于预期时屯积过多存货，也不至于在销售量高于预期时无货可卖。精益上市的一个原则是延迟（postponement），或将产品最终型号和识别推迟到开发流程后

期，或将存货承诺推迟到最后一刻。如此减量，可带来准时、最小化不确定性、提高运营弹性，直到需求得以确定 。延迟表现为两种方式：时间延迟（time postponement），即尽可能晚地准备存货；型号延迟（form postponement），即尽可能晚地将产品设计定案。企业为了成功实现精益上市，必须建立良好的信息系统，以追踪销售量，实现原料与存货的有效补给。例 17.1 展示的是企业成功实现精益上市的两个案例。

例 17.1 精益上市的两个案例

传统上，计算机供货商生产与测试计算机系统，然后卖给分销商，分销商存货 6～8 周。在销售给顾客时，分销商才会打开计算机系统并按顾客要求进行调试。相反，戴尔计算机开创先河，采用精益上市方法，运用柔性制造技术根据订单生产计算机。为了与该技术配套，戴尔计算机使用了精益制造系统，根据实际的顾客订单生产，直接向供货商订购零件。实际上，戴尔公司的零部件只存货一天。根据订单组装，免去了管理成品存货的麻烦。由于戴尔公司在电脑行业实行了革命性的精益上市，康柏公司及惠普公司等其他企业也都转而实行根据订单生产的模式，以将成品存货量降到最低。

服装制造商与零售商贝纳通（Benetton）公司也通过精益上市获得了竞争优势。贝纳通公司使用电子数据交换技术每天将全世界的订单传到意大利，公司只需要按照市场需要的样式、颜色及尺寸生产服装，就能够应对市场需求了。通过计算机辅助设计与制造（CAD/CAM）技术，贝纳通公司将从服装设计到制造的时间缩短到一天以内，企业内部完成设计后，就将方案传送给计算机剪裁与编织机器。贝纳通公司在染整服装的过程中也运用了延迟原则。先使用未染色的纱编织成衣服，然后通过连接电子数据交换，在确认了当季流行颜色后再染色。这样就把流行色服装缺货的可能性降到最低，同时也把不流行色服装滞销的可能性降到最低。贝纳通公司还与服务公司合资，以加快国际货运及海关的流程，从而进一步缩短其产品进入国外市场的时间。

精益上市能力赋予了企业在上市时机问题上更大的灵活性。准确掌握上市时机十分困难，因为涉及各方利益。高层管理者可能认为，新型数码相机上市的战略时机到了，但制造部门认为目前还无法量产，还需要几个月时间。还有，因为要对销售团队进行必要的培训，或要通过兴建大型商场建立营销中心，也要延迟上市。但是，竞争对手也在准备上市其新产品，所以不能有延迟，公司股东也在屏息等待产品能实现大规模轰动效应且上市能获利。因此，面对如此众多的意见冲突，找出一个最佳的上市时机是相当困难的。

即使其他各方面都已经安排妥当，如果上市时机错误，就会造成严重的财务问题。太晚上市，意味着产品无法发挥销售潜能，甚至更严重的是错失机会。太早上市，产品商业化可能面对的是市场信息不充分，比如，顾客需求或新技术规格尚不明朗。最新的研究有一个有趣的发现，即上市时机、精益上市及产品绩效三者之间的相互作用。精益上市为企业提供了一种选择：既然新产品开发的时间已经被要求缩短了，企业可以选择早一点或晚一点上市。因此，当制造部门准备好上市时，营销部门可能还需要几周以等到市场完全鼎盛，此时延迟上市是必要的（假如不采取精益上市方式，就不可能选择提早上市，最后只能延迟上市）。但是企业仍要准确掌握上市时机，否则精益上市的优点就浪费了。

17.4 上市战术

上市战术规划包含选择分销渠道、定价和营销沟通组合、培训销售团队等。对许多公司而言，上市阶段是新产品流程中花费最高、风险最高的唯一阶段，而且上市战术执行的熟练程度与新产品绩效的改善息息相关。我们从回顾流行的营销组合开始。表 17.1 显示了与每个营销组合要素相对应的主要产品上市决策和行动。产品制造商（或服务提供商）将其有限的资金花费在表 17.1 所示的营销组合要素上：从产品改进或产品线延伸（使产品对购买者更具有吸引力），到请零售商围绕新产品开展一次大型的卖场促销活动。

表 17.1 上市战术的决策和行动，以及对需求的影响

上市战术	对什么情况有效
促销	
广告	顾客知晓后激发试用兴趣时
打折券	强化知晓时
公关宣传	带有高感知使用风险、全新且有争议的技术
样品	产品优势通过使用而学来时
Beta 测试点	激发“样品发送”并作为其他潜在购买者的参考时
销售和分销	
展示/实地示范	阐明产品的相对优势或是否存在不确定性
技术支持	使用过程中发生不兼容时
分销结构	相对优势较强（直接渠道）时
保障适用范围	需要提供容易保证/维修服务时
分销奖励	需要激发分销渠道铺货时
定价	
导入定价	高相对优势与兼容性（撇脂策略）时；激发早期采用（渗透策略）时
价格管控	必须降低经济风险（通过退回部分付款或返款的保证）时
产品	
组合宽度	导入具有高度相对优势的新产品类别
时机	
产品剔除	高利润但强相对优势（快速剔除）；高转换成本（缓慢剔除）
预发布	进行新产品宣传；如果相对优势高就有用

从研发预算决定下达的那个时候开始，开发者一直遵循着一种组合。制药企业将大量资金投入技术研究中，白色家电企业把大量经费花费在开发制造工艺上，雅芳公司与玫琳

凯公司则投资于人员推销上。

17.4.1 沟通计划

为了改变最终用户对我们的看法，我们在信息交流和态度沟通方面所做出的种种努力，都可以用沟通这个概念涵盖。沟通涉及从技术产品数据到强势说服等所有的事情。沟通要求（requirements）指在计划中必须体现的若干沟通细节。这些要求几乎从项目开始就一直存在。例如，我们关注滑雪者是因为我们确定我们的新塑料技术能更有效地满足他们滑行与停下的需求。沟通就是提醒滑雪者他们的滑雪操作存在问题，告诉他们我们已经有解决这一问题的方案，方案是什么及他们如何得到这一方案等。这一概念来自产品创新章程、概念测试，尤其来源于产品协议陈述（产品协议陈述中罗列了营销要求与技术要求）。这个过程可以很短，也可以很长，但它是解决后续阶段问题的重要工具。当然，这要以对最终用户的态度和行为的充分理解为基础。

沟通任务是通过沟通组合（communications mix）来完成的。有 4 种沟通组合：① 自己与经销商沟通；② 通过经销商与最终用户沟通；③ 自己与最终用户沟通；④ 通过团队共同努力与最终用户沟通。因为服务型企业和直销型制造商通常没有经销商，故常常将这项工作简化，并会从简化中有所获益。我们的任务就是做出最佳选择——从各种沟通中选出一个组合，并运用想象力去执行。新产品人员在这项决策中尤其拥有充分的自由，因为此时还是一张白纸，即使存在某些限制（现行公司运营的“既定”条件），他们仍然有创新发挥的空间。例如，某些公司利用网络新闻群组来加强与使用者群体的沟通，并在后续工作中获得消费者的支持。通常，这类非私人沟通还伴有人际沟通，如果可能，请保持与顾客的这种有效的联系。

17.4.2 复制战略陈述

当给出了这些沟通工具需要传递的要求之后，让我们来看一种为了将这些要求沟通给比如广告创意人而设计的工具。在实践中，它有多种名字，复制战略陈述（copy strategy statement）是最常见的名字，可用于将以下项目（还有其他项目）传达给每位广告人员和促销创意人员：

- 目标市场细分。
- 产品定位陈述。
- 沟通组合及陈述所涵盖的部分。
- 复制要点。

复制要点通常是产品属性，包含其特性、功能和利益，以及产品的使用，可以是促使最终用户购买产品的任何事物。例如：

- 这份保单上的保险公司是世界上最大的保险公司。
- 这个品牌的车脚垫产自美国，能让人引以为傲。
- 这部智能手机没有地区限制。

- 内特·伯克斯（Nate Berkus）家庭用品在目标市场上可以买到。
- 未来神经外科医生可从此类手眼协调的计算机游戏中获益。

要沟通的信息没有限制，但清单上必须有着重点。当今，沟通能力面临着巨大压力，因为人们会接收到数以百万则信息，要与成千上万家公司联系。可以在销售传单或广告中列出许多要点，但在要求清单中只应该列出一小部分。最后的复制战略陈述应该由团队一起撰写，而不是靠个人来完成的。

17.4.3　人员销售

销售人员是大部分新产品导入的顶梁柱，甚至在包装产品上，人员销售（personal selling）也是不可或缺的，销售人员在保证顾客能在零售店买到产品、商品在主要零售店货架上占据有利位置等方面发挥着重要作用。新产品经理可能必须比以往更努力，才能满足这种新型的专业化销售工作的要求。但是，作为专业人员，他们知道要销售什么，而且如果以满足顾客需求为出发点，他们就会期望上线新产品。因为要与其他营销经理竞争有限的向顾客推销的时间，而获得了营销支持就意味着先从内部拿下了市场。

有一个问题有时难以决策，那就是：我们应该什么时候让销售人员参与进来？一家开发新型金属研磨机的企业将与下游顾客建立连接，到了开发完成、准备营销阶段时，销售部已经参与了很长一段时间，而广告人员尚未加入。如果是消费性包装产品开发，广告人员（包括广告代理人员）很早就参与其中，但销售部通常不参与。如果是新服务开发，新产品开发者往往恰好就属于销售部。

当新产品需要一批新的销售团队接触新市场时，就会产生一个新难题，那就是，以往销售团队所接触的市场不是当前这个新市场，所幸需要进行的调整不会过多打乱原有的布局。有时候，团队需要纳入一些新市场的顾客或聘请一小组专家瞄准新顾客的口袋。

对于销售人员来说，新产品是一种打扰。因为要花费时间，会打乱原有的安排，还会促使人们做出改变并有风险。销售人员总是希望销售新产品，但销售新产品有负面影响。在要求销售人员销售新产品时，通常不会因此缩减其责任区域。因此下列各点相当重要：① 进一步研究销售人员反对新产品可能的理由，② 给予他们需要的有效推销的所有培训和工具，并且③ 确保他们在获得订单时，在他们所负责的区域内能买到该产品。

问题的关键在于，我们应该做好自己的本职工作，这样销售人员才能做好他们的工作。也就是说，我们得开发出顾客想要了解且有试用欲望的产品，同时培训销售人员，使他们充分了解这些产品，有效地与顾客进行沟通。

最近几年，企业在大型买家的刺激下，逐渐采纳了一种新的接触顾客的模式。销售团队不再以产品线为导向，而以顾客为导向。一位销售人员负责一条销售线，如果顾客出现问题，整个公司的人都能帮其解决。这种新模式让顾客很满意（沃尔玛公司还将其强力推广到其供应商系统，成为宝洁公司最大的单一客户）。产品导向型销售模式需要推销，而顾客导向型销售模式就很少需要。

17.5 联盟

最近几年，技术部门逐渐意识到，其实其并不需要具备新产品项目中要求的每项技术能力。相反，它与多所大学、政府单位、私人研究中心，甚至与竞争对手形成战略联盟（strategic alliance），以获取所需的技术。营销人员已经使用这种方法很多年了，而且现在还在使用。事实上，中间商渠道本身就是一种战略联盟。企业间签订经销权协议，协议中双方承诺某些条件以完成一项任务。制造商并不一定要通过零售商进行销售，回忆一下，前文提到过的计算机制造商戴尔公司就是向顾客直接销售的。

广告是联盟的另一种方式——与广告代理商签订长期协议。服务性组织经常运用特许经销关系。仓储公司是如此，与竞争对手的联盟（为获得能接触目标市场的销售队伍，在打算接触的市场中，使用现有的竞争对手的销售渠道比自己建立销售渠道更有效）以及展览企业的联盟也是如此。

17.6 A-T-A-R 要求

我们在第 8 章讨论了 A-T-A-R 模型，如果对其所使用的新产品感到满意，最终用户必须历经知晓、试用、可购买到、重复使用 4 个关键步骤。营销团队必须拥有足够多的用户才能完成这些任务，以达成财务目标和其他目标。这些步骤为决定下一步完成哪些营销工作提供了一个良好的框架。

17.6.1 知晓

知晓是通向顾客采用产品的第一步。尽管在极少数情况下，顾客在不知晓产品的情况下或者在时间十分匆促的情况下购买了产品，知晓在试用之后。知晓，对于不同产品有不同的含义，但却是几乎所有新产品营销人员都会奋力追求的。

1. 知晓的度量

接着来看 3 种不同情况。第一种是新糖果棒。对糖果爱好者来说，仅仅提到糖果就足以吸引其目光，而且可能尝试购买。第二种是一套新的文字处理软件，一位著名小说家正在考虑购买。这时，光提一下产品就不够了，还要提供大量的产品信息，因为要考虑到该产品不方便使用，且包装成本较高。第三种是一种城市污水处理系统的新方法，其目标顾客是推荐城市污水处理系统的土木工程师。工程师因为在初次试用推荐上有许多利害关系，所以在决策前要进行长时间的信息搜集与评估。

这 3 种人都是在同一天通过同一信息了解到新产品信息的，他们甚至可能听说过新产品的定位并且已经了解过了。其中一种人可能会马上试用新产品，而其他两种人要等好几个月或好几年后才会试用。

如果我们希望在知晓后就试用，那么究竟是什么造成知晓存在这么大的差异呢？虽然消费性包装商品的使用趋向于标准化，但这个问题并没有公认的定义。例如，客户可能会通过这样的问题知晓产品："你听没听说新出了一种巧克力营养棒，含有 23 种维生素与矿物质，低糖且不含反式脂肪？"此时，我们就需要提供一些产品定位的信息。

2. 实现知晓的方法

每个行业的工作人员都非常了解如何让顾客了解新产品。理想的状况可能是这样一个组合：一则广告或一通推销电话，然后听朋友提起、看到某人正在使用该产品、通过某种形式获得提醒，在新闻报道与专栏得到了专家的认可、通过某种形式获得提醒，然后有机会购买。这将先前所搜集的全部信息都考虑在内了。

提供所有的刺激可能比较昂贵；一个产品的刺激因素越少，所需的花费就越多，而且"把事情做正确"花多少钱都不算多。

幸运的是，如果遵循本书的流程，市场就能帮助产品获得知晓和试用。那是因为我们确定存在问题，而且会一直研究直到这个问题有一个好的解决方案。如果这个活动（打保龄球、吃饭、操作机器、做手术）对顾客来说很重要，那就比较好解决。但对那些对产品感兴趣又不满意产品的顾客，则需要向他们提供比上市发布更多的数据。这一流程，在有新闻价值的情况下（如运动、政治、金融市场、健康）和顾客经常使用该产品的情况下（如汽车、电视、衣服等），帮助会更大。

17.6.2　进货和可购买到的程度

服务通常是直接销售的，而且许多商品也是如此。但是大部分商品的销售都是通过经销商的，如分销商或零售商的。他们把产品送入营销渠道，但是新产品只为经销商带来生意而不出现其他问题的情况却很少见。例如，新英格兰的 Abbott 公司在试图向超级市场推销新海鲜杂烩浓汤时几乎失败。因此，该公司说服超级市场中的熟食店向顾客提供单份的海鲜杂烩热浓汤，然后这一产品很快在美国超市占领了 20%的份额。

大部分经销商都以相当标准的方式销售大量产品来赚取很少的利润。操作过程中有许多限制，什么可以做，什么不可以做，如特许协议、与销售人员的长期人际关系、渠道领导角色，以及他们自己的销售与服务系统。他们一点也不急于给自己的运作系统做些改变。

因此，应该把经销商的想法纳入产品开发流程中。如果分销商的规模大且影响力大，那他就应该早点参与新产品流程——当产品属性仍未决定、包装仍在设计之时或其他时候，否则，资深销售人员的观点就可以代表经销商的观点了。

我们从经销商的角色开始讨论。对于进货分销商来说，这一角色通常包括：① 预先进货行动，如培训和安装设备；② 新产品进货；③ 促销准备，包括培训销售人员与服务人员；④ 进行宣传，包括只在目录上列出产品、将产品加入推销计划、与个别购买者接触后确定需求、让他们从对产品感兴趣到购买产品。

在这一过程中，我们必须知道经销商能不能做我们想要并需要他们做的事，以及他们是否愿意做这些事。如果他们能做，那么“愿不愿意做”就靠激励了，为此，我们以例 17.2 中列出的各项目为基础，拟定了激励计划。毫无疑问的是，销售新产品就是最佳的激励办法。但是，如果渠道企业觉得自己被亏待了，问题就会变得很棘手。联合利华公司旗下的伊丽莎白·雅顿（Elizabeth Arden）部门因为公司削减百货公司的销售经费，不得不取消了 Black Pearls 香水的市场导入。百货公司拒绝进货，迫使雅顿寻求大型经销商进行分销，但最终整个单子都被取消，即使当时 Black Pearls 的广告已经播出了。该部门最终只能亲眼看着上百万美元白白损失，部门主管因而请辞。此外也要注意：在和重要团队参与者打交道时不能粗心大意。

例 17.2　激励分销商的可行工具和方法

A．增加分销商销售量的工具

（1）拥有卓越的产品

（2）利用推销技巧——广告、贸易与消费性展览、公共关系、传销

（3）赋予分销商独家或选择性的垄断业态

（4）播放“哪里可购买得到”的广告

（5）提供营销协助——资金、培训、购买点、展示、合作广告、店内实地示范、商店“活动”以及维修和服务诊断

B．增加分销商利润的工具

（1）提高基础利润率

（2）提供特别折扣，如宣传或服务

（3）提供折让与特别给付

（4）提供预付折让以节省利息

C．降低分销商运营成本的工具

（1）提供管理培训

（2）提供培训经费

（3）改善退货政策

（4）改善服务政策

（5）为分销商的客户送货

（6）商品预先定价

（7）托盘包装货品或协助重新包装货品

D．改变分销商对产品线态度的工具

（1）通过激励——管理的协调、销售员拜访、直接邮寄、广告

（2）通过阻止——威胁撤回上述利益或采取法律行动

（3）讨论会议——商谈小组、焦点小组、委员会

（4）产品说明会——更好的视觉效果、更好的用法说明

在非食品性产品领域，盛行清理库存的做法。举个例子，Midwest Quality Gloves 公司从 Lowe 公司的 Home Improvement Warehouse 购买了 225 000 双由竞争对手 Wells Lamont 制造的花园手套，从而将该产品从货架上清空，用自家产品填补上。后来，该公司将这批竞争对手制作的手套卖给行业顾客作为公共商品，还卖给专门处理存货的公司，这些公司转卖给清仓商店大甩卖或国外经销商。

对于食品营销渠道，人们似乎已经耗尽了创造力。现在大型零售店经常“销售”货架的有限空间，向制造商索取相当高的上架费（slotting allowances），每家商店的狭小货架空间都是非常昂贵的。大型企业用这样的方式取得货架空间，许多小企业则受到排挤。然而，消费者需要的全新产品会因为碰到软钉子而无法上架。

17.6.3 试用

让顾客知晓产品常常非常困难，但也是可能的。让产品能买到、让某些经销商促销，也有同样特点。试用则完全不同，这是大部分产品会失败的关键，而且这也是原本能成功的产品无法顺利得到更多订单的原因。

新产品试用是有限使用的，希望在正常使用的情况下，让顾客验证产品或服务的诉求并了解其优缺点。试用涵盖了多个层面，包括从超级市场试吃新奶酪的口味，到某一大型公司针对客户进行为期 3 年的通信系统测试。与过去百事可乐上市时一样，公司会投入大笔资金到试用产品中。必胜客赠送了大约 550 万罐汽水给打包带走比萨的顾客；工作人员站在沃尔玛超市门口，送给来店购物的人的汽水更是将不计其数。这一点必须学习，因为这关系到顾客是否会购买这一产品。当受测者的口味是唯一考虑因素时，奶酪口味测试就是完整试用。但是如果家庭其他成员有意见，或如果包装无法保持奶酪的新鲜度，或产品因放置在桌上或夹在三明治中容易变色，那么口味测试就不是单纯的试用了。

试用可以是个人的、替代的或虚拟的。对于电梯、工厂现场服务、葬礼服务等产品，虽然拜访先前购买者的场所可以刺激试用，但是要建立一个令人满意的人员试用情境仍有困难，因此购买者在替代经验中搜集其他人的试用经验。虚拟试用可以通过各种电子装置来达成，甚至通过影片形成准虚拟经验。

试用的一个关键要求，就是试用时会产生相应的成本。试用越重要，成本就越高。否则就不会产生足够的激励让顾客进行必要的学习。刚才提及的奶酪口味测试，成本非常少（只有几秒的时间，如果吃起来口味极糟，在店内可能会让人困窘），因此顾客除了考虑味道之外可能还会考虑其他方面，比如颜色、香味与质地等。

这对于下一步——产品接纳、适应使用体系、重复购买是不够的。奶酪受测者会想购买一小包带回家实际试用。

1. 试用的障碍

试用障碍造成顾客延迟甚至永久延迟试用。第 16 章提到过影响试用率的新产品特性：相对优势、与现行产品使用的兼容性、复杂性、可分割性、可沟通性。其中，相对优势和兼容性对试用与采用影响最大。另外，它们也可能受到上市战略与战术的影响，也就是说，如果上市的时候让顾客对相对优势或兼容性有较高的感知，那么就会达到试用（及最终需求）的预期水平。

根据不同的相对优势水平和兼容性程度，表 17.2 列出了选择上市战术的框架。表 17.2 中的每一层内容，都是为了增加机会（如兼容性高时）或抵消某项限制（如从相似的其他产品中区别出新产品）。

表 17.2　根据不同相对优势和兼容性水平制定适当的上市战术

	A．相对优势小	B．相对优势大
1．兼容性低	渗透定价法 缓慢剔除 以风险为基础的促销（出租、退货保证、设备折让） 密集式分销	预先发布 宽广的产品组合 以信息为基础的促销（展示、实地示范、网站、公关宣传/教育） 选择性分销
2．兼容性高	进入市场前保密 狭窄的产品组合 知晓的促销（打折券等） 密集式分销	撇脂定价法 快速剔除 基于使用的促销（样品、Beta 测试）以使获益更加清晰 选择性分销

（1）相对优势小且兼容性低。从表 17.2 的左上方开始看。新颖的产品（如 Celsius 公司的“负卡路里”能量水或可口可乐的智能水“电解质强化水”）和某些服务产品（如利用信用卡和借记卡进行股票投资的新型金融服务）属于此类别：增值优势小且与购买者的经验较不兼容。因此，上市计划必须能够降低与产品购买相关联的经济风险或其他风险。密集式分销降低搜寻成本，同时，渗透定价法让购买者财务风险降至最低。既然新产品无法比市场上现有的产品拥有更大的优势，则顾客迁移的速度会变慢，而且也不应该快速剔除现有产品（可能会惹恼现有顾客），还应通过提供退款保证、保证书或搭配现有产品售卖来降低风险。

（2）相对优势大且兼容性高。现在看表 17.2 的右下方。这里的产品在产品属性上具有明显优势，而且正是消费者认为很重要的因素（如功能更多且屏幕更大的智能手机，或速度更快的计算机）。这些产品与左上方格的产品正好相反，因此上市战术也必然相反。赠送样品或 Beta 测试可以使潜在用户看到产品优势。如果早期采用者努力运作，可能获得某些期待的属性，建议使用撇脂定价法和选择性分销法。由于产品拥有固有优势，顾客将会迅速转移，旧有产品的剔除速度也较快。

（3）相对优势大且兼容性低。观察表 17.2 右上方不难发现，全新问世的产品由于非常新颖，可能在价值上或使用上会有一些不兼容（如微波炉或油电混合车）。上市战术必须集中在充分传递产品信息给预期的顾客，同时强调相对优势和降低不兼容性的方面。如果预先发布，必须告知预期顾客使用系统将发生改变。除此之外，宽广的产品组合是有用的，特别有助于不同的高潜力分区进行产品定制。

（4）相对优势小且兼容性高。这与表 17.2 中的右上方的产品正好相反，产品熟悉但相对优势小。在这一层面上，创造品牌知晓和运用过去的品牌资产是获得试用的最重要的因素。如第 16 章所述，进行品牌延伸时必须小心，相对优势较小的新品牌（但价格较低）会侵蚀品牌资产。显然，当 Coors 公司在市场上推出较低价的 Keystone 品牌时，考虑到了这个问题。密集式分销在此是合理的，分销商更有义务提供和销售狭窄的产品组合。

2. 如何克服这些障碍

所幸在上市前就开始制订营销计划，因为大部分障碍在当时应该已经解决完毕，而且开发者在概念测试和产品使用测试期间可能就已经注意到（从产业经验而来）大部分问题及伴随这些问题同时出现的解决方案，这些解决方案可能不止一种。

还记得先前提到过多少种关于定价的上市战术吗？有渗透定价法或撇脂定价法，其他定价战术可能包括免费商品、折价券、签约红利、延期付款，偿付竞争对手存货开支、退差价、折扣、退款、免费服务、免费替换、联名广告、试用现金报酬等。为什么有这些？因为多数情况下，购买者会延迟试用是因为预期会有损失，比如时间、金钱、名誉等，而最显著的解决方案就是补偿购买者的这些损失。

强调价格导致销售者采用复合式的折扣安排（取消折扣比涨价容易），折扣也符合大多数新产品定价战略：

- 溢价。价格非常高，倾向维持该价格，伴随着明显的产品差异化。
- 撇脂。价格明显高于市场，但适用于差异化产品，对竞争对手没有威胁，还有一定的价格操作空间。
- 迎合市场。虽然没有单一的市场价格，但这个选择能让公司跳脱价格战。这对于明显有优势的产品是种浪费，除非营销人员不被市场接受。
- 渗透。价格明显偏低，目的是找到一条进入市场的路。或许能达成目标，同时赢得市场份额。危险是无法再打折，达成市场份额目标后，价格很难提高。如果很快达到市场份额目标，说明价格定低了，白白浪费了成功机会。

撇脂定价似乎能获得两种利益：将某些产品价值激发出来达到我们的底线，给予营销人员获得特别的空间而不是自己确定超出市场的价格。当然，如果差异化的价值很高，早期产品也已过时，溢价定价则是可行的。

17.6.4　重复购买

如果目标市场购买者认真试用了新产品，而且如果我们清楚地知道在先前产品使用测试中顾客喜欢的是什么，那么重复购买行为就会必然发生。竞争对手会进行抵抗和反击，自己还会不断产生自满情绪，尤其当自以为重要的产品利益在市场上并不重要时。也会有粗心的新产品经理没有好好地维持充足的供货，导致重复购买的顾客买不到产品。

此外，同以往一样，我们要确保顾客对公司满意、与公司保持良好的关系，这远远要比对产品满意更重要。

通常在营销计划中会安排一些措施（如长期折扣、展示产品新用途、附加产品及后续服务），鼓励顾客进一步使用产品。第 19 章会提到如何衡量重复购买是上市后控制计划的关键部分。在控制计划中我们要做好应对任何可能出现的问题的准备，至少是某些问题。如果有任何明显的产品失败的迹象（如果跳过产品使用测试，则产品失败就可能发生），我们应立即请团队中的技术人员研究并商讨如何解决此问题。

本章小结

第 17 章是两章营销规划主题中的第 2 章。内容是规划任务的战术部分。因此我们看到上市周期、沟通计划、成功的要求——知晓、试用、可购买到、重复购买（A-T-A-R）。由于市场快速变化以及竞争对手的行动，上述各项都很难实现。因为营销上市包括的相关工作有成百上千件，我们主要专注那些在实践中看似最重要的关键和最困难的实务。

一个完整的营销上市计划拟定好之后，许多公司需要进行预演以看看是否有任何缺点，以进行修正。毕竟，接下来的工作可能要支出数百万美元。因此，第 18 章会介绍市场测试，也是 3 种测试方法中的第 3 个。另两个是概念测试（见第 9 章）及产品使用测试（见第 15 章）。

应用实践

（1）“你提到上市环节的联盟，吓了我一跳。大约一个星期前，一些科学家认为我们必须加入一个联盟。难道科学家不再独自工作了吗？不管怎样，既然我们在技术方面需要联盟，我们在市场方面就没有必要。我觉得我从未听说过市场方面的联盟。你是在说广告代理，还是在说中间商？这些都是服务合同，而且都是虚拟合同，可以在需要时随时解约。为什么你的文章里称其为联盟呢？”

（2）“软件行业的一些人产生了一项新服务的创意。他们发现，全世界所有的计算机用户在了解新软件时都会遇到不同程度的困难——不是软件可否存在，而是软件到底好不好。我们的服务就是，提供关于新软件的各种印刷品上的所有评价报告（好的或坏的）。用户可以在线获得这一信息。报告根据软件种类和品牌进行分类，以 6 种语言撰写。业内人士认为那些个人也能接触的非主流软件用户将喜欢这个产品。但是，他们担心一个问题：整个软件行业充斥着发布和新闻，如何摆脱那些噪声干扰，让潜在用户知晓这项新服务并决定试用它？已经有一个试用包，5 天 20 次查询，只需少量费用。”

（3）“样品是我们喜欢的另一种工具。你知道的，与我刚才提到的试用包相似。样品对激发那些初次见到新产品就有好感的人试用是非常有效的，但是由于产品性质的限制，我们的几个事业部都不能使用样品。你能告诉我，在进行下列新产品的营销时，可以用什么来替代样品呢？

- 重型工业升降机。

- 灵柩。
- 铣床。
- 钻石戒指。
- 备用轮胎。”

案例 Hulu

YouTube（现为 Google 旗下公司）取得的巨大成功，给各大电视和电影公司敲响了一记警钟。YouTube 自 2005 年成立以来，让使用者提供内容，当然，这意味某些人可能会上传有版权的影片。由于每天上传的影片和访问人数众多，YouTube 必须依靠自我监督来管理侵权问题（每当有网友或公司申诉，就删除该影片）。这对 YouTube 来说已成为一个重要问题，尽管有些公司并未禁止这些有版权的影片上传，但是电视节目如《辛普森一家》（*The Simpsons or Family Guy*）及完整版的音乐录像带也被非法上传。另一个情况是，热门电视剧《24 小时反恐任务》甚至在电视正式播放前就能在 YouTube 看到一整集内容！

YouTube 成立之初，曾转帖过一个名为 *Lazy Sunday* 的视频短片，这个短片最早是在 NBC 电视台的《周六夜现场》（*Saturday Night Live*）节目播出的。2006 年 2 月，NBC Universal 要求 YouTube 移除有版权的影片资料。为避免违法上传电视节目，YouTube 限制所有上传影片的最长时间为 10 分钟，将受欢迎的节目剪辑成数个大约 9 分钟的片段以规避版权问题。但当时，NBC 的做法无疑相当于帮 YouTube 做了宣传，并使其更受欢迎。到了 2006 年 6 月 NBC 宣布与 YouTube 结盟，把一些热门节目预告片上传至 YouTube 供观众点阅。同年 7 月，CBS 与 YouTube 签订了一个类似的协议。同年 8 月，华纳（Warner）和 EMI 等主要唱片公司也授权 YouTube，让观众可在 YouTube 上观赏音乐录像带，YouTube 须分给唱片公司一定比例的广告收入。同年 10 月，环球唱片（Universal Music Group）和索尼音乐（Sony BMG）公司也纷纷效仿。

2007 年 3 月，维亚康姆（Viacom）公司起诉 YouTube“蓄意大规模侵权”，提出超过 10 亿美元的赔偿要求。Viacom 是 MTV、Nickeldeon 和 Comedy Central 等电视频道的母公司，拥有无数青少年和儿童节目资源。Viacom 宣称约有 16 万个影片片段未经授权 YouTube 便公开播放。就这一点来说，Google 相信旗下的 YouTube 是尊重版权法规的。大约同时期，主流媒体如 NBC 和 News Corp.都担心让 Google 主导了网络电影地位，NBC 和其他电视网于是提供类似 YouTube 的产品，但同时又能掌握有版权的内容。正如 NBC Universal 的首席执行官 Jeff Zucker 所说：“我们知道，当时就算我们不做这件事，别人也会去做。”这个产品就是后来推出的 Hulu。

2007 年，NBC Universal Fox Entertainment Group 和 ABC 公司共同创办了 Hulu。2007 年年底，该网站以 Beta 测试形式提供影片，2008 年 3 月正式推出。其 Beta 测试版算成功的，因为有数百万观众访问并至少观赏了一个电视节目或一部电影。hulu.com 网站提供一个很简单的与 YouTube 极为相似的搜寻界面。Hulu 的首席执行官 Jason Kilar 表示，

Hulu 在协助人们寻找和享受世界上最精彩节目方面，建立了一个里程碑，因为观众可自行决定观看节目的时间、地点和形式。

Hulu 几乎蹿红，被商业杂志 *Fast Company* 评选为 2009 年度最佳创新公司之一，评语是“与竞争对手联手合作并接受最新的技术，开创了一片新天地。”的确，这些顶尖的电视公司不但联手合作，而且取得了领先进入市场的先机。这个战略看似有效，至少一开始如此。

Hulu 的成功当然要归功于可观看的影片类别广泛。尽管在线观众早已在网络上享受电影或电视节目，但没有一个在线影音网站内容如此齐全。之前人们可能要到 NBC、ABC 或 Fox 网站查询最喜爱的节目或运动节目，或上电影公司网站找寻可在线观看的电影。Hulu 提供了“一站式”的全类型视频服务。对于没有 TiVo 或 DVR 的消费者来说，如果想观赏许多受欢迎的电视节目的回放，到 Hulu 网站就可以了。此外，因为与电视台的结盟关系，Hulu 拥有最先进的播放技术，可提供最高质量的影片，同时也能分享影片。

从电视网的角度来看，Hulu 比 YouTube 更优秀，因为不接受使用者提供的内容，因此更能维持内容的理想水平。Hulu 从广告收入赚钱，每个节目平均约有 2 分钟广告（通常一个电视节目平均有 8 分钟广告），而且观看者能选取想看的广告，由此提高有效曝光率。为了衡量消费者的满意度并产生改进的创意，首席执行官 Jason Kilar 会亲自阅读 Twitter 及博客上有关 Hulu 的帖子。

Hulu 从免费服务起家，与 YouTube 类似，广告是唯一的收入来源。经过几年的经营，受欢迎程度和收视率持续提高，Hulu 的管理者有意采用收费服务的模式。新的收费服务模式已经在市场上进行了数个月的概念测试，主要因为高层管理者想知道哪些影片消费者愿意付费在网络上观看。这种收费模式当然并不是没有先例的，如《纽约时报》等主流媒体网站都是收费服务业态。

请评估 Hulu 使用的上市战略。作为先行者，这对于 Hulu 的成功有何重要影响？这种极度罕见的对立的竞争对手（在本案例中是电视网三巨头）携手共创这家公司，对于 Hulu 的成功有什么影响？Hulu 作为市场先行者的风险是什么？另外，既然它们已经将最初的免费服务系统运作得很成功了，而且也已经从广告收入中盈利了，那么，改为收费服务模式是明智之举吗？

案例 道奇 Nitro

尽管近年来运动旅行车市场已经在缩减，但北美市场仍旧火爆。克莱斯勒集团旗下的道奇汽车部门仅凭 Dodge Durango 一款产品，在运动旅行车市场与其他厂商竞争。相反，2006 年，福特汽车和雪佛兰分别推出 4 款和 5 款运动旅行车，丰田汽车则已经有 5 款并准备推出第 6 款。近年来，克莱斯勒公司大都偏重小型运动旅行车市场，而旗下的另一个品牌产品 Jeep Liberty 在中型运动旅行车细分市场中已占有相当高的地位。Dodge 有意在运动旅行车产品线中新增一款中型运动旅行车。然而 Dodge 面临两大障碍：首先，必须断定如何以最佳方式应用现有的汽车生产技术来设计一款具有竞争力的中型运动旅行车；其次，必须谨慎规划上市战略和战术，让新车 Dodge Nitro 的销售能到达新目标市场，而不影响自家品牌 Durango 或 Jeep Liberty 的销售业绩。

设计问题似乎不难克服。当然，共享平台在汽车产业中是相当普遍的。因为汽车平台的开发是出了名的昂贵，因此这几年使用共享平台支持好几种车款的生产，目的是分摊平台成本。仅克莱斯勒集团里就有许多汽车共享生产平台的例子：Dodge Durango 与克莱斯勒 Aspen 共享平台，Jeep Patriot、Jeep Compass 和 Dodge Caliber 的共享平台。因此，如果使用 Jeep Liberty 平台来生产 Dodge Nitro 其实是很符合逻辑的。然而，根据克莱斯勒公司的原则，Jeep 不与非 Jeep 汽车共享平台。但公司在改组后便开始打破这些原则，例如，克莱斯勒 Crossfire 使用 Mercedes 引擎；克莱斯勒 300 和 Dodge Magnum 使用 Mercedes 的零部件，而新产品 Nitro 就是在 Jeep Liberty 的平台上打造出来的。

公司做出种种努力，使 Nitro 与 Liberty 区分开来。上述两者在设计上明显不同，因为 Nitro 有粗犷的外观，采用 20 英寸镀铬轮圈和加长 4 英寸的车身。引擎有 210 马力和 260 马力两种。后车厢的载货地板采用滑动进出的 Load'n Go 设计，使装卸重物更加轻松。顾客可以自己决定是否要安装内置 20GB 的娱乐和导航系统。如果把 Nitro 和 Jeep Liberty 停在一起，两者正面外观大相径庭。一般中型运动旅行车的外观普遍被认为平淡没特色，但对于 Nitro 的评价则是比较正面的，觉得外观粗犷有型。最令人惊讶的是，Nitro 的营销文案里完全没有提到 Liberty，并不把它当作其中一个直接竞争者。Nitro 的市场定位与福特的 Escape、 日产汽车的 Xterra 和雪佛兰的 Equinox 一样，针尖对锋芒。

以粗犷外形为设计重点并非意外。基本款的运动旅行车购买者以女性居多(在 2006 年约占 55%)。Dodge 营销总监 Tom Loveless 表示，Nitro 的粗犷外观是为了特别吸引男性细分市场，并希望得到女性的青睐。Nitro 越强调其粗犷豪迈的产品定位，就越符合 Dodge 的品牌形象和道奇货卡（Dodge Ram）的广告“自己掌握自己的生活”（“Grab Life by the Horns”）的精神。

Nitro 的上市战术必须与其定位战略一致。首先，Dodge 深知网络是信息的重要来源，因此，重金打造其官方网站，让预购买者能从导览中看清楚这部车的内装和外观，也能通过网站信用机制马上下订单。电视广告包括 2006 年 10 月美国棒球大联盟世界大赛(World Series)、NFL 足球赛、NHL 曲棍球赛及 NASCAR 赛车的实况转播，同时也出现在受欢迎的黄金档节目如 *Law and Order* 和深夜脱口秀中，在 DirecTV 的其他许多节目中穿插播出，还刊登平面广告，包括锁定一般市场的杂志(如 *Men's Fitness*、《滚石》、《运动画刊》)和多元文化市场的杂志(如 *Jet*、*Fox Sports en Espanol*、*India Today*、*Korean Journal*)。Nitro 不但与 *Xbox NHL 2K7* 游戏结合，同时也赞助在线电子游戏大赛一等奖。

除了上述营销手法以外，该公司还规划了电影院、广播、广告信函和其他许多渠道。此外，还制作了好几个 15~30 秒长的幽默电视广告，目的在于开发非洲裔和拉丁美洲裔市场。除了利用典型的媒体如男性杂志，也利用针对女性的媒体，包括电视节目如《欲望主妇》(*Desperate HouseWives*)、杂志如 *Martha Stewart Blueprint*。尽管如此，主要的目标市场群体仍是男性，尤其是热爱运动、健身和社交的男性。

请评论 Nitro 的上市战略和战术。你认为 Dodge 做得如何？如果你是 Dodge 的经销商，你会因这款新运动旅行车加入生产线而高兴呢，还是会为这款新车将影响 Jeep Liberty 的销售业绩而担心？请用本章相关概念及专有名词来说明你对这个产品上市战术的评估。

图 V.2 问题的解答

1．由团队制定决策，而非单一职能部门。

2．营销人员参与整个新产品流程。因为技术人员要继续留在新产品项目中，所以不应该出现所谓的“接手”。

3．这些范式有助于思考。虽然我们充满活力并感到兴奋，但这些并不会取代思考。

4．不只是营销部的工作，而是全公司上下对提供给最终用户的产品/服务有所贡献。但愿有疑问的最终用户仍将欣然接受这个产品。

5．好的目标市场有许多维度，不是只有销售潜力。其中某个巨大细分市场或许就足以获利。

6．产品创新章程引导各个阶段，是所有运营的战略性规划，直到新产品达成设定的目标。

7．数据并无法佐证、支持这样的论点。经常是由跟随者想出成功的设计的。

8．目标也能以顾客满意度来呈现，通常有特殊情境的其他目标，如为取得新市场优势地位而预先铺路。

9．或许这真的是无意义的，但应该有意义，帮助告诉顾客这个产品的故事。

10．上市是能管理的，假如我们开始下沉。希望手边会有一个大勺子可以舀水（见第 19 章）。

11．首场产品发布会是推动达成项目目标（也就是成功）的第一个手段。一场成功的产品发布会带来的利润并不多，但长期下来会产生丰厚的利润。

第 18 章

市场测试

18.1 引言

首先，我们回顾一下第V篇概述中的图 V.1，该图展示了基本的新产品流程，并告知我们此时处于哪个阶段。我们已经有了实体性产品或一项新服务的完整规格。早期的概念测试显示有需求，产品使用测试进一步指出这个新产品符合该项需求，并且没有严重的缺点，我们也有了一个营销计划。

现在要做什么呢？是在竞争对手了解我们的意图之前迅速将产品上市？还是在新产品上市之前，花费一笔资金找出一种方法来检查我们的工作成果，以了解产品是否会成功？对我们来说，后者才是明智的选择，我们称之为市场测试（market testing）。本章讲述市场测试的全貌，并介绍一些常用方法：虚拟销售、受控销售、全面销售。

本章我们还将讨论市场测试的趋势。由于很多企业都在下决心缩短进入市场的时间，这就要求我们必须找到一种时间更短、成本更低的市场测试方法，以便尽可能快速地提供所需要的信息。例如，试销（test marketing），即在两个或更多代表性城市里销售新产品。现在事实上它是一个相对较不重要的市场测试方法。虽然在某些情况下仍进行试销，但它已经比不上许多更新颖、更快捷、更低成本的方法（不要将试销和市场测试两个名词混淆！）。当然，以扫描仪为基础的方法是迅速可靠地获取市场信息的主流趋势。许多公司用产品渐进上市（初期在有限的渠道销售，逐渐扩展到全部市场）来取代传统的试销方法。

回想一下，我们一直反复强调进入市场的速度，还强调新产品团队在加速进入市场中扮演的角色，从本书第 1 章一直到各个章都在强调。现在，我们看到更多的市场测试新方法正在越来越普遍地被使用中，与试销方法相比在成本、速度、准确性方面更具有优势。

18.2 市场测试决策

稍后将讨论一组完整的市场测试方法。在这之前，我们必须先做出决策：是否需要进行测试？

18.2.1 什么时候进行决策

我们可以在任何时点做出是否需要测试及如何测试的决策（见图 18.1）。等待时间越长，我们会越了解产品及其营销方案，测试也会越有效和可靠。但等待测试的时间越长，成本会越高，进入市场的时间会越晚，竞争者可能造成的伤害也就越大。解决方案是，一旦发现某个方法可以解决某个问题就马上测试。部分消费性产品的市场测试甚至在产品确定前就开始了，也就是与概念陈述同步进行！而在装备制造行业或汽车制造行业，则必须等到每件事都准备到位后，才能进行市场测试。

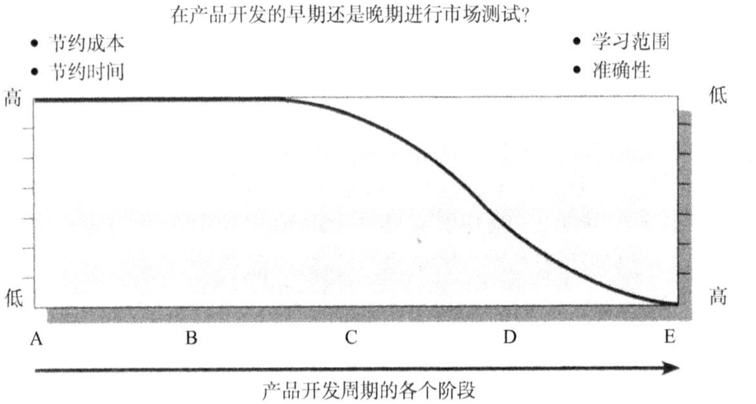

决策：节省时间和成本的重要性到底如何？如果的确很重要，市场测试必须尽早进行，因为等待测试的时间越长，能够节省的时间和金钱就越少。但是，如果我们更看重上市能否成功，市场测试应该晚点进行。因为我们对最终产品了解越多，我们就能从市场测试中学到越多。

图 18.1　何时进行市场测试的决策矩阵

18.2.2 决策的难易程度

我们在制造新产品时，不可能确切了解该产品的一切信息。也许我们一厢情愿地认为自己了解这个新产品及其营销的任何事情，其实不然，这只是一种见解、猜测、判断、期望或上级命令。新产品营销的真实场景，就像在游乐场上玩耍，人们被动地对某些事情做出反应。有时候顾客甚至自己也无法确定会有何种反应，尤其当我们自己对所提供的产品也不完全确信，或无法预料竞争对手将如何引导顾客的时候。

某权威经理人曾就此问题说：“我知道我们已花费了大笔支出，而且进度落后，但我仍无法确信我们已做出了正确决策。我还需要花更多时间来确认。”究竟要在这位高级经理人的心中燃起什么样的信心呢？

要记住，要求市场测试并不是承认新产品团队失败了。这个道理也适用于其他工作。百老汇新戏可能在底特律、波士顿及美国中西部进行试演，以做出大大小小的改版。新产品开发即使到了生产阶段，决定不进行测试的一方有义务为其决策提供证据。

的确，许多产品没有经历市场测试也成功了，但有更多反例显示，跳过或不做市场测试会发生什么。除毛乳膏制造商 Carter-Wallace 开发出一个专供男性（游泳选手、脚踏车骑手及会对此产品感兴趣的运动员）的手、脚、背部除毛的乳膏，并命名为“Nair for Men”。如果连名称都没有测试，你会建议进入市场吗？对目标顾客而言，“Nair”的含义是“除毛膏中最大品牌”还是“女性用商品”呢？目标顾客可能会对“迈克尔乔丹乳膏”名称有好的反应吧？后一个名称虽然暗示了优异的运动成绩，但无法用 Nail 这个名称做品牌的权益，也就是其质量商誉。

回想一下第 16 章章尾的铱星案例。潜在用户表示他们非常喜欢卫星电话，但这个答案没有经过价格方面的测试，因此并不可靠。想一想第 15 章章尾案例中介绍的那些新产品失败的案例：Avert 消毒面巾纸、Uncle Ben 加钙米，或任何你能想得到的最喜爱的新产品失败的教训。我们可能永远都不会了解这些产品的市场测试是如何做的。但市场测试是一个安全的赌注，制造商希望通过市场测试来证明他们已经做得很好。

18.2.3 必须遵循市场测试的结果

图 18.2 展示了市场测试与其他测试的关系，其中 3 项重要测试涵盖了新产品失败的 3 个主要原因：概念测试用于测试是否“没有需求”、产品使用测试用于测试是否“产品不符合需求”、市场测试用于测试是否“市场上会得卖不好”。许多时候企业在这 3 个节点都很急躁，于是先跳过概念测试，接着又跳过使用测试，之后，如果再跳过市场测试，就和蒙着眼睛飞行一样了。

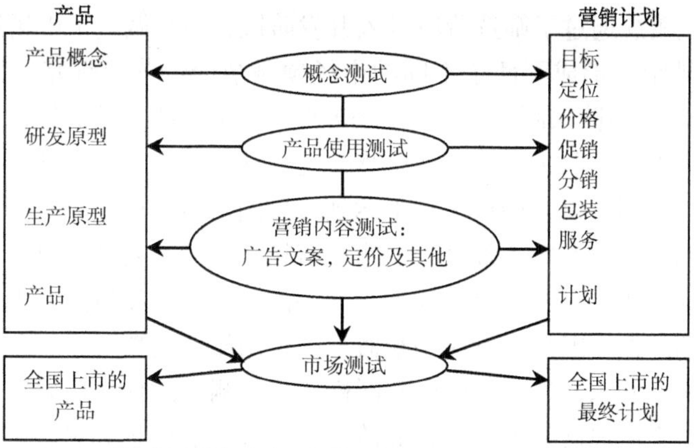

注：现今的质量计划，在产品早期阶段就强调产品质量。我们的营销计划的内容也强调质量，在对营销计划的内容进行质量测试时，我们需要检视产品与营销计划二者之间是否相互匹配，这是市场测试的一项内容。

图 18.2 市场测试与其他测试的关系

偶尔，企业成功了，虽然跳过了市场测试但也没造成损失。据说，Campbell 公司的高层管理者就曾因为对 Spaghetti-Os 产品的概念十分满意而跳过了市场测试，毫不犹豫地直接上市。当然，这样做十分冒险，这里也不建议尝试。大多数企业至少会进行一种本章讲到的测试，但市场测试结果必须遵循，也就是说，管理者必须基于测试结果采取行动。某些情况下，负面的市场测试结果会被忽略，因为产品团队不想扼杀首席执行官宠爱的项目！

不管使用哪种市场测试方法，决策者进行市场测试是为了获得两个重要结论：第一，有机会获得准确的销售额和销售量的预测数据，不是早期规划决策时的大概数字或市场占有率的大致范围；第二，决策者需要诊断信息以协助修正及改进涉及上市的任何方面——产品、包装、沟通活动等。搜集到准确的定量预测和诊断信息后，如果弃而不用，就是自找苦吃。

来看一个经典案例。Coors 酿酒公司为了赶搭“新世代”潮流，开发出一种清澈透明的麦芽酒 Zima。1992 年下半年这个产品在 Nashville、Sacramento、Syracuse 3 个市场进行试销。6 个月后在 36 个市场试销，不到一年时间 Zima 已扩展到全国。密集的广告宣传一再强调 Zima 不是什么——不是啤酒，也不是冰镇水果酒。早期在进行渐进上市时，识别出两个潜在的坑洞：重复购买没有达到预期水平（推测可能是口味问题），以及女性顾客的销售量较高（喝得比男性少，因此占重度使用者不到一半）。但是新产品团队却忽视了上述这些坑洞，广告支出在 1994 年高达 3 800 万美元。业界观察发现，其中的一个主要问题是 Zima 的广告词令消费者困惑：你喝 Zima 是像喝啤酒一样直接喝还是加冰块喝呢？分销商汇报说，许多顾客喜欢跟果汁调在一起喝。但 Coors 公司为避免 Zima 只是被当作另一种冰镇水果酒，决定不添加水果口味。在几个月后，显然 Coors 公司无法回答“好吧，如果这不是啤酒，也不是冰镇水果酒，那这是什么？我为什么要买？”这个问题。其实，所有预警信号早已存在，但开发团队显然忽视了。

Compbell Soup 公司曾经开发一种可用于微波炉的“汤与三明治组合”的概念，名为 Souper Combo。此概念通过了筛选阶段进入开发阶段，并在做过了市场测试后准备推向全国销售。根据试销结果形成了两个不同的市场预测结论：营销研究人员预测销售额约为 4 500 万美元，而产品团队预测销售额约为 6 800 万美元。两个预测结论不同的原因是，营销研究人员的预测中重复购买率较低。遗憾的是，没有一位高层主管怀疑那个较高的预测数字，产品随即在全国上市，销售额从未达到过预测数值，产品于 9 个月后停售。

所有这些案例及无数的例子都充分说明了市场测试的重要性。第 8 章曾提到，在早期阶段可以设较低的门槛，以免扼杀掉任何有发展潜能的新产品概念。但在概念评估阶段，则必须设立较高的门槛，因为开发这些新概念的费用昂贵且耗时，还会产生机会成本，因为其他有前景的概念并未开发。这些道理同样适用于测试过程的最后一个阶段。产品通过市场测试后，下一个阶段就是上市，在此阶段所有投入的成本和风险都将大幅提高。

18.2.4 影响市场测试决策的因素

每个新产品项目都有自己的独特情境，是否做市场测试，有一些最常见、最重要的考虑因素。

1. 上市时任何特殊的意外转折

最初的章程中有严格的时间表吗？可能有许多特殊考虑，比如，需要产生新的销售增量以便助推某个运营模块的出售，或帮助新上任的首席执行官有一个快速的开局。章程是否会限制项目资金以促使新产品必须渐进上市，并使用早期阶段产生的利润逐步进入新的阶段？这个上市活动是公司一个大型上市方案的一部分吗？例如，为了获得进入世界级市场的新产业经验，企业会允许当前的上市延伸到另一市场吗？

2. 需要什么信息

首先，我们观察是否处于这种情形：已投入大量资金并且已没有退路，但没人知道产品上市时真正会发生什么事。如果条件允许，应当对市场测试的全部细节进行详细的讨论。这样做既是为了避免产品被市场拒绝造成的巨大损失，也是为了避免因需求远超预期而手足无措的情况出现。Nabisco 公司直接将 Ritz Bitz 上市并推入全国市场，很快发现需求超过了工厂产能。之后公司非常重视渐进上市测试，这种测试方法在本章后面会讲到。

一位有经验的宝洁公司市场调查员认为，如果出现以下情况，他会考虑跳过市场测试：

- 资本投资较少且预测较为保守。
- 产品使用测试结果良好且消费者兴趣极高。
- 公司完全了解这个产业且已在此产业相当成功。
- 广告已准备好且测试成功，促销计划不必依赖完美的执行。

有趣的是，宝洁公司新产品市场测试的方法是在该公司的网站上列出新产品及其零售价格。宝洁公司根据顾客在网站上点阅并订购新产品的数量的多少，来判断他们对新产品的兴趣！宝洁公司的整套家用牙齿美白产品 Crest Whitestrips，上市售价高达 44 美元，最初只在 whitestrips.com 上销售，除了通常的电视与杂志广告之外，公司还会发送电子邮件给潜在顾客，鼓励顾客登录公司官网搜索该产品。这个线上活动反应非常热烈：大约有 12% 的互联网浏览者在看过后购买整套产品，在头 8 个月内销售了 14.4 万套。由于这些成果，宝洁公司打消了外界对此产品高售价的疑虑，并成功说服了零售商进货。

另一种信息需求偏重于操作性。它与学习有关，学习如何做好上市所需要的某项工作。上市涉及所有职能部门，每个部门都有自己的要求。制造和生产部门需要根据明确的销售估测数据拟定计划，此时，还需要识别出从小规模生产扩大到完全规模生产可能出现的任何困难。服务部门（无论内部进行还是外包）需要了解服务需求是什么，以便能事先充分做好准备。公司需要了解外部供应商或经销商的任何特殊需求或要求。除此之外，产品能否像预期那样被顾客接受，或者为确保顾客采用，是否需要根据购买习惯进行重要的、预料之外的改变？是否有可能出现产品自我竞食（product cannibalization）？新产品的销量将在多大程度上侵蚀市场上其他已有产品的销量？

以上状况需要有信息做判断，现在，管理者更习惯于通过让顾客参与来预测可能出现的问题。从产品开发一开始就让顾客参与的企业（本书第 4 章提到过，把顾客当作其新产品团队成员），能提早找到很多问题的答案。有些公司则通过让顾客支付产品使用测试的原料成本，来实现高水平用户的参与。此外，许多熟悉全面质量管理（Total Quality Management，TQM）的企业，强制在更早期就研究顾客对新产品的需求。

3. 成本

市场测试的成本包含：① 测试的直接成本：支付给市场调查公司的费用。② 上市活动本身的成本：用于生产、销售等。③ 放弃在全国上市带来的销售损失。上市成本有时相当大，以至于企业无法考虑进行市场测试。例如，汽车行业的最大成本是汽车制造成本，企业一有新车下线，不会倾向于只在有限的市场区域上市销售。日本汽车企业则先在美国西岸渐进上市新车，以进行市场测试。

4. 市场的本质

如果竞争对手采取损害我们利益的报复行动，我们就需要找准时机尽快完成测试。新产品有一些自我保护性壁垒，比如顾客看重第一印象，第一印象的确能给新产品带来些许保护，但没有哪种产品能够持续保持其市场地位。

其他市场特性是顾客可能的确需要这个新产品。例如，新药厂很少在得到美国联邦食品药品管理局（FDA）的销售许可后才进行市场测试。想象一下，如果一个艾滋病治疗药获得许可后还需要在 Phoenix 和 Des Moines 进行 6 个月的市场测试，可能会引起公愤。

有时，市场可能不适合进行市场测试，尤其计划在全球上市。欧美以外的许多市场很难采用扫描技术，当地公司的测试能力也很弱。

18.3 市场测试的方法

营销人员无止境地开发了一系列新产品市场测试方法。有的企业委托大型的能提供各种营销服务的公司进行测试，有的企业则利用小型的海外营销据点进行测试，还有一些企业利用子公司的连锁电台设施。这些方法可以归纳成以下 3 种类别（图 18.3 阐述了各个方法在哪种市场最有效）。

18.3.1 虚拟销售

这种方法针对的是潜在购买者的购买行为。例如，如果这个产品真的能买得到的话，他们是否会买？或者，他们是否会从虚拟商店的货架上选择产品？这种方法的优点是动作清晰、易于识别，大部分营销战略都可用于该方法；但关键问题是缺乏对用户的触痛，也就是说用户不用付款、不用承担风险。虚拟销售（pseudo sale）方法可以在早期使用。

18.3.2 受控销售

这种方法要求购买者必须有实际购买行为。销售可以是正式的或非正式的，但必须是在受控状态下进行的。这种方法依然属于研究范畴，因为产品尚未以正式销售的方式发布出来。分销渠道等重要因素虽已经完成设计但尚未正式启用。受控销售（controlled sale）比虚拟销售方法更有效，更能反映真实购买的情况。

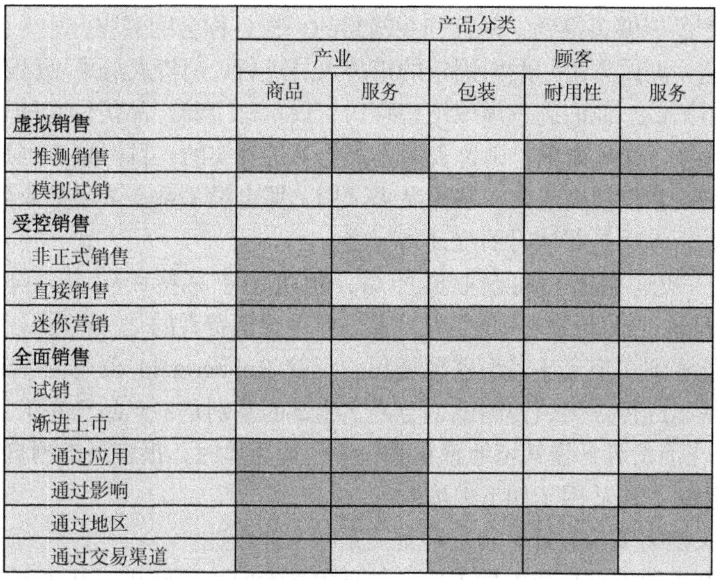

图 18.3　市场测试的方法及适用情境

18.3.3　全面销售

在全面销售（full sale）方法中，公司已决定全面上市销售产品（这一情形不同于上述方法），但是这样做的前提是，需要先看看是不是所有的事情都准备好了。除非有某些例外，这个产品将在全国全面上市。

18.4　虚拟销售方法

产品创新者使用两种方法，让潜在使用者在不用实际花钱的情况下表达其购买意愿。推测销售（speculative sale）方法询问潜在购买者是否会购买新产品，模拟试销（Simulated Test Market，STM）方法创造一个虚拟的购买情境以观察潜在购买者的行为。

18.4.1　推测销售

这种方法主要用于 B2B 市场和耐用消费品市场。与概念测试和产品使用测试有相似之处，但也存在以下差异：

- 在概念测试中，我们会给出这个新产品的定位声明，以及新产品的形式特征或制造特征。接下来提问：如果我们生产这个产品，你有可能购买吗？
- 在产品使用测试中，我们给顾客提供很多产品，让顾客在正常方式下使用这些产品。接下来询问同一个问题：如果我们生产这个产品，你有可能购买吗？
- 在虚拟销售方法中，我们更接近顾客，推销的产品已经很接近未来上市的产品，我们还需要回答顾客问题、协商价格，并引导顾客回答这个封闭性问题：如果我们保证这个产品能够买得到，并且和我描绘的一样，你会购买吗？

推测销售这一测试方法一般由固定的销售人员进行，销售人员采用已经制作好的新产品营销材料进行测试。他们进行虚拟销售拜访，展示这个新产品仿佛它随处都能买得到。此时，产品、价格、交付清单、销售表达方式等都是真实的，目标顾客也是真实的，且定位清楚。即使购买者仅仅决定要一些样品来试用，那也没关系。试用是业界促成首次购买的通行方法，试用率也是测试时的统计指标之一。

推测测试一般适用于面向企业类产品，也可用于某些面向个人类产品。例如，Rubbermaid 公司通过推动战略来销售其产品，提供给消费者的是一些形象性的广告，而产品只在柜台上能看到。柜台环境很容易复制，所以 Rubbermaid 公司在一个类似焦点小组概念测试的环境里进行推测销售测试（与概念测试的差别是：产品已完工，有使用说明和价格等信息）。当消费者身临其境地感觉其在一个商店里时，很容易推测自己是否会购买。

推测销售测试方法适用于如下情境：

- 与下游关键购买者间具有非常紧密关系的工业企业。
- 新产品开发的重点是技术性工作，并且内部专家可以解决，几乎不需要市场反馈。
- 风险较小，没必要采用高成本的方法。
- 属于新产品（如新原料或全新产品类别）并需要做出关键性的判断。例如，潜在购买者看到了哪些替代品？或者，首先想到了哪些可能的应用？

采用推测销售方法做市场测试时，不需要做广告，而且实际运用方式也很灵活。例如，有些测试者并不对购买者展示商品，也告知该产品实际上是无法买到的。在此情况下，他们会简单地告诉购买者：我们准备好上市销售一种新产品啦，想了解一下你是否对它有兴趣。

18.4.2 模拟试销

包装类商品企业往往有大量的产品开发，但它们不会采用上述推测销售方法，它们需要的是一种比后面讲述的受控销售和全面销售方法更便宜、更保密、更快速的方法。它们在 A-T-A-R 模型中找到了新的方法，这种方法源于概念测试且用于新产品开发流程的早期阶段。因其用于早期阶段，有时称之为上市前测试（premarket testing），即在上市准备完成之前进行测试，现在则普遍称之为模拟试销。该方法主要在采用其他市场测试方法之前使用。最初采用“模拟试销”一词，是因为使用数学公式来模拟市场，当时所有的市场测试都被称为“试销”（test markets）。

采用这种方法的核心目标是，取得试用购买和重复购买的估计数据。通过广告代理商的组件测试（component testing）能得到知晓的比例，公司管理者提供的市场单位、能买到的比率、价格、成本等因素可将 A-T-A-R 转化为销售预测。例 18.1 是一个典型的模拟试销的案例，但要记住，各个市调研公司的做法各不相同。

例 18.1 在购物中心进行拦截的模拟试销案例

（1）邀请受测者。当顾客路过某购物中心时，邀请他们参与一项市场研究（也可以找一个好的测试公司进行电话邀请）。确定受测者的资格，方法包括访谈前观察受测者（评估其年龄、性别、收入、家庭状况等）及在购物中心走廊上短暂访谈中询问的问题（如使用的产品类别）。在此阶段要尽量把竞争对手的员工排除在受测者之外，选中的受测者会被邀请到附近的测试室，测试室通常是购物中心的某个未使用的店面。

（2）在测试室，受测者会拿到一份自填式问卷，询问他们对于一种或多种产品的态度与使用情况。接下来，这些受测者开始接受电子或平面的广告刺激。电视广告不一定通过电视呈现（例如，电视广告节目本身也正在接收测试），平面广告可以出现在杂志内页，也可以出现在单页广告纸上。要同时呈现多个广告以让受测者无法确认正在测试什么，而要测试的新产品广告就在其中。广告要提供完整的信息，包括诉求与价格（实际操作中也会因顾客和测试公司的不同而变化）。

（3）接下来，受测者被带到另一个房间，该房间被布置成一个有产品货架的小型便利店。测试经理给受测者一定额度的现金或虚拟货币，金额虽不足以买商品却足以让这次购买行为不“痛”。受测者甚至可以拿着给他们的现金什么都不买就离开。希望这些受测者逛逛并购买在第一个房间里做广告的那个新产品，这就产生了一个变量：试用（某知名公司不用这样的模拟商店，只简单询问了受测者一些标准的有关购买倾向的问题，问题与第 16 章产品使用测试的那些问题类似，然后把试用产品赠送给那些表现出购买兴趣的受测者）。

（4）此时，大部分参与者就可自由离开了。会有约 10%的受测者被带到另一个房间参加焦点小组。另外还有约 10% 的参与者会被要求填写一份自填式问卷，问卷内容包括前面程序之后的态度、产品计划使用的方式等。购买新产品的人将在事后联系，没有购买的人则会被询问为什么没有购买。之后，所有参与者都可能会被赠送新产品试用包作为答谢。

（5）一段时间后（时间长短依产品类别有所不同），再以电话方式与这些受测者联系。电话中可能提到先前购物的经验，也可以刻意不提。电话里询问有关产品使用方式、反应、未来意图等信息，这时就可以进行很多分析以判断信息，如在家中谁使用此产品、如何使用、产品与什么共同使用等。

电话结束时，受测者可以得到一次购买更多该新产品的机会。这是销售波的第一步。可以将产品通过邮寄或其他方式送到受测者家中，之后可以反复通过电话搜集新信息、提供销售机会。销售波可以为另一个重要变量——重复购买提供信息。

预先测试通常涉及 300～600 人，需费时 8～14 周，成本从 5 万～30 万美元不等，取决于销售波的数量。最著名的模拟试销专业公司是 BASES 公司——ACNielsen 公司的一个部门，该公司结合消费者反应数据（见例 18.1 的描述）与公司的营销计划，评估新产品的销售潜力，使制造商能够酌情分配营销资源，以充分挖掘产品的市场销售潜力。另一大专业公司是信息资源公司（Information Resources Incorporated，IRI），该公司提供新产品标杆服务，方法是搜索其庞大的新产品数据库，以决定新产品的试用率和重复购买率，并显示该新产品会成功还是失败。

模拟试销（STM）服务的形式多种多样，服务水平也在不断改善。例如，近年来 BASES 开始在人们进入超市时进行拦截调研，对消费者提出请求、询问问题、提供折扣券，并且跟随其进入商店，在一旁查看顾客实际购买了多少该商店销售的产品。

1．产出

消费者会对新产品给出看法，购买或索取一些产品，给出自己的反应，但测试的关键目的是评估产品将卖得好还是坏，所以，各个测试公司提供包括试用率、重复购买率、市场占有率、销售量等的估测服务，并进一步将试用重购率（trial-and-repeat rates）与顾客知晓度、在零售商处的可购买率、竞争对手活动等结合起来进行分析。

这种方法的关键点是数学模拟。如果企业不想用其做销售预测，测试其他变量也很容易。例如，可以用该模型测试至少需多大的试用量，才能达到预期的市场占有率，并据此评估出完成该试用量需要的成本支出（如在市场导入期提供两倍的折扣券，或进行短暂的降价）。

上述过程存在两种不同方法，区别是分析数据的方法不同。BASES 公司采取相当简单的启发法（heuristics，基于以前相似情境下的试用—失败经历而产生的经验法则），从测试结果取得试用与重购的数据，并利用其过去几千组同类的产品市场导入的大量数据进行修正，从而产生调整过的试用和重购的数据。接着依据这些修正后的数据采用其 A-T-A-R 模型来预测销售量和市场占有率。

其他专业测试服务公司估算预测值的方法是采用数学模型，而非经验法则。采用数学模型需要顾客更多的信息，但在进行模拟时较有用。较著名的模型之一是 ASSESSOR，能做两种预测（一个是使用 A-T-A-R 模型，另一个是使用偏好模型），且对这两个模型进行比较以得出市场占有率的预测值。消费性商品生产商如 SC Johnson 公司，经常使用模拟试销的 ASSESSOR 模型来测试新产品。

ASSESSOR 的 A-T-A-R 模型根据知晓、试用与重复购买率的估计数据，预测新产品的市场占有率。运用类似例 18.1 所概述的程序来搜集顾客数据，依据广告（影响知晓）、分销（影响可购买程度）、促销（影响收取的样品数量）等营销组合变量，估计长期或稳定的试用与重购的数据，再乘以稳定的试用与重购率得出长期市场占有率的测试值。ASSESSOR 需要产品经理进行不确定性（what-if）分析，以衡量营销组合变量的变动对市场占有率及利润的影响。

2．模拟试销的新进展

我们在第 9 章已讨论过信息加速（Information Acceleration，IA），一种虚拟的概念测试技术。虚拟测试技术结合传统的模拟试销程序，其中一项进展称为虚幻购物者（Visionary Shopper，VS）。在这种方法中，受测者被带进一个虚拟现实的零售商店环境，并被鼓励到处逛逛，“从架上拿起产品”（触碰屏幕上的影像）并读取标签，做出购买行为。最近的研究表明，虚幻购物者可以作为 STM 的一部分纳入购物模型中，这一先进技术的开发目前在英国刚刚起步。

3. 对 STM 的批评

模拟试销技术受到许多批评。第一，所有的包装类商品公司使用一种或多种方法，但我们不知道使用频率或可信度有多高，除了数学复杂性是个问题，并且一些管理者因此而对该技术产生质疑。第二，整个体系中的每件事都有轻微错误：在购物中心入口的拦截使测试一开始就产生了错的情形，接着广告刺激也没有按照真实情况去设计，商店明显是虚拟的，太多的注意力聚焦在测试消费者的行为上。第三，在公式运算前，需要许多来自客户的假定情况（例如，进货该产品的商店的百分比、广告预算、广告效果反馈、竞争对手的反应等）。这些数据大部分是假设的及/或可能有偏见。第四，这种方法不可能用于全新问世的新产品上，也不可能用于主要通过人员销售或定点推广销售的产品上。

提供该测试服务的公司会反问“难道还有什么其他方法能够在如此早的时间提供预测数据吗？”除此之外，企业的销售预测通常是准确的，虽然有人认为通过 STM 测试的产品多达一半在后续市场测试中是不成功的。因此，各方对 STM 的使用和争论仍持续着。

18.5　受控销售方法

虚拟销售方法是一种实验室环境下的实验，可以在早期市场测试中提供非常有用的信息。营销人员也需要在真实竞争环境下实际购买行为的市场测试方法，但这些市场测试方法也“控制”了现实情况中的一种或多种情况。营销人员还希望有一个市场测试方法，假定已经有了分销渠道或自动取得了销售店面，不必花时间和成本去铺货。在这个背景下，产生了受控销售（controlled sale）市场测试方法。

18.5.1　非正式推销

许多工业销售是依据明确可识别的产品特征来销售的。产品开发者想要潜在购买者看到这个产品并聆听产品背后的故事，做出试用性购买（或接受免费试用），并真实使用该产品。除非产品使用测试结果非常不好，否则在后一个阶段用户应该会重复购买。此时，人员推销是基本的促销工具，且没有必要对广告进行评估。

很明显，方法是培训少量业务人员，给他们有关产品和销售的资料，并让他们开始打电话。非正式推销方法（Informal Selling）甚至能在商业展会中进行，不是在固定摊位，就是在附近的特殊场所进行。例如，3M 部门上市销售新光纤熔接机的紧急计划：为了对新产品进行市场测试，团队经理发现在新产品上市日之前的 3 个月有一场商品展，而且新产品的潜在购买者都会出现。这场成功测试的背后还有小插曲：在展览会开始的前一晚，团队为了要找出某些光纤会脱落的原因，到附近卖场买了一个玩具显微镜来用。由此可知，新产品营销人员要对问题做出迅速回应。

非正式推销方法的销售是为了产生真实的、有现金的销售。通常，在取得足够订单后，在下单日和产品预定装运日之间，有足够的剩余时间进行安排。

非正式推销不同于推测销售方法。在推测销售方法中，我们会询问消费者是否会购买产品；而在非正式推销中，则会要求对方购买产品。正如 Rubbermaid 所说，消费性产品公司往往使用推测销售方法，而工业品企业往往使用非正式推销方法。如果企业的所有产品基本上通过业务人员直接向产品的最终用户进行销售，他们就使用非正式销售（大部分受控销售方法要避免零售商/分销商堆积存货的问题）。大部分服务类企业也是如此。

18.5.2 直销

另一个简单的受控销售方法是直销（direct marketing）。虽然直销这个名词有很多种使用方式，在这里主要指生产者以邮件、电话、电视、传真、网络的方式将消费性产品直接销售给消费者。直销能轻易地测试某些类型的新服务、新产品、产品线，只需要将其列入产品目录，然后计算有多少订单。直销有以下几个优点：保密、迅速回馈、成本低、数据库支持，以及容易测试不同新产品版本（通过使用多种产品目录）。

18.5.3 迷你营销

鉴于非正式销售和直效营销方法都避开了分销商及零售商或卖方，最好有一种方法能够涉及有限数量的零售商店。新产品经理先挑选一家或一些能让新产品有不错销售业绩的店家。如果找不到代表性的零售商店，就很可能去找能开展合作的较大型商店。我们不像试销那样使用整个城市，而是把一家商店当作一个小型城市或迷你市场（minimarket），该方法因此得名。

例如，Black&Decker 公司联系沃尔玛（Walmart）或家得宝（Home Depot）安排陈列和销售该公司的新品 Snake Lite。迷你市场无法利用当地电视或报纸登广告宣传，因为此产品只能在一家或两家商店买得到，但这些商店可以在自己商店的广告上列出此产品，可以在货架上陈列产品与进行展示，且店员也能提供正常的服务。如果提供折扣或者邮寄赠品，还有可能取得购买者姓名等信息，以便市场调查人员进行后续接触。

迷你营销情境更加逼真，建立了实际的购买情境，价格或其他变量的改变有较大的灵活性，相比试销方法更为保密，而且更便宜。当然，迷你营销仍存在人为设计因素，而且分销能力也无法测试，所以迷你营销测试仍是一种受控销售测试。商店人员可能过度关注此产品，也就是花太多的注意力在新产品上，并给予新产品在全面上市销售时所没有的协助。而且，期间的销售额也无法反映全国销售的情况。

许多市场调查公司为制造商提供这项服务，使用其之前已经建立关系的商店，利用自己的货车车队，短时间内将产品迅速送达几家商店。有的调查公司还在超市里有特殊的新产品陈列架，供新产品展示。注意，此方法并不是很科学，它只能用来取得实际销售的最初偏好和/或用来解决开发者面临的特殊问题（例如，品牌混淆、价格、 包装说明、产品误用或不同的定位)。它告诉我们试用情形，并给出重购的一些感性认识。

另一种迷你营销方法，是受控分销扫描仪市场方法（Controlled-Distribution Scanner Markets，CDSMs），该方法源于扫描技术，在包装消费品领域受到重视。信息资源公司（Information Resource Inc.，IRI）和尼尔森市场调研公司（AC Nielsen）为包装商品制造商提供该项服务。IRI 公司的 CDSM 服务也称为消费者行为扫描（Behavior Scan），在 8 个人口约 10 万人的城市中使用（如印第安纳州的 Marion 及加州的 Visalia），该公司与所有杂货商品零售商店建立联系，要求这些零售商店安装扫描仪系统，费用由 IRI 支付。作为回报，零售商同意与 IRI 分享扫描仪的数据，并配合 IRI 的各项活动。之后，IRI 在每个城市 1 000 户家庭里设立两组固定样本，参与者需同意：① 在有线电视机安装电子装置；② 报告他们阅读了哪些出版物；③ 必须在安装了扫描系统的商店里采购家中所有的日常生活用品；④ 使用特殊卡片（很像信用卡）来识别他们的家庭。通过参加摸彩等活动，让参与家庭得到激励并自始至终地合作。这个系统的关键部分是：① 有线电视可以插播其他节目；② 完整记录下都有哪些媒体（如杂志）进入该家庭；③ 挨家挨户记录下每个家庭的采购情况；④ 通过结账扫描仪将 95%的商店的受测产品的销售情况完整记录下来。这样，调查公司几乎可以确保每家商店即时进货和分销（该方法也是控制销售方法）。IRI 掌握了每个营销刺激对每个家庭的影响，也掌握了每个家庭购物习惯的每个变化。

举个例子，假设卡夫公司（Kraft）计划对一种名为 Cajun 的新型切达奶酪（Cheddar cheese）进行市场测试。卡夫公司与 IRI 公司签订合同，在 8 个城市中选定其中一个或更多城市来测试该产品。接着卡夫公司将 Cajun 投放于该城市并开始进行产品促销，其他城市则暂时作为控制区域。卡夫公司被授权在任何它选定的家庭中（如青少年家庭）插播卡夫广告（通过有线电视信号插播），以了解这些家庭是否在广告期间收看电视、是否会购买任何 Cajun 产品、是否会再次购买产品等。在每个城市里有两组固定样本，卡夫公司可以在电视广告中使用两种不同的定位，每组固定样本各有一个定位。由于采用了多种方法并加以控制，使想象力得到进一步的延伸。卡夫公司可以了解有多少看到最初广告的高收入家庭，在两天内就购买了该产品，以及他们在上次采购时买了些什么、花费了多少，这次采购他们还买了其他什么产品等。

尼尔森市场调研公司也提供类似 CDSM 的服务，称为消费者样本组服务（Consumer Panel Service）。尼尔森的固定样本在全美国超过 12 万户家庭，与消费者行为扫描（BehaviorScan）的区别是，在记录购买行为的方式上，IRI 公司的受测家庭使用特殊卡片，而尼尔森公司的受测家庭则使用一种扫描棒，这些信息每天会传送给尼尔森。也就是说，尼尔森的固定样本可以追踪在所有零售商处的购买内容，而不仅仅是在参与商店的购买内容，但缺点是固定样本成员必须在家主动扫描每个购买的商品。尼尔森也会请用户安装能发送测试电视广告的装置，并非只能通过有线电视将产品广告传送到家庭。

18.5.4　扫描仪市场测试

迷你营销测试有许多种版本，所有设计都是为了满足特殊情境和需求的。其中，一种迷你市场测试称为扫描仪市场测试(scanner market testing)，来自 IRI 的行为扫描(Behavior Scan) 系统。

IRI 公司的 Behavior Scan 系统一完成建设，其客户就开始向 IRI 公司索要更多的扫描仪数据，相比缓慢且不清晰的传统市场调查审计数据，这些数据快速而且清晰。客户想要持续运用 Behavior Scan 这个实验室系统，更希望得到更大区域范围的数据，如果是整个国家的数据更好。因此 IRI 公司开发了一套信息扫描系统（ InfoScan)，这套系统可以审核在所有销售日用品的商店的销售情况，审核是在商店里用扫描仪系统进行的，可以报告主要大城市的市场数据(最初只有一些城市，现在已超过 100 个城市)。事实上，由于 InfoScan 系统的市场服务涵盖范围相当完整，客户会将其作为全国性系统来使用，也能采购其单一市场的信息服务。

IRI 公司与这些商店建立了非常好的关系，商店可以保证按照新产品的协议价格进货。如果没有这项保证，铺货（ sell-in ）将留给能够进行这项工作的公司来做。因此，InfoScan 的数据可以用于迷你市场测试。

例一，测试 Indianapolis 市和 Denver 市的市场存货情况和新产品销售情况，多数迷你市场测试方法是在一些小商店进行的，从而无法在这些区域的主流媒体上做广告，但 InfoScan 市场测试可以运用所有当地的媒体。例二，InfoScan 的数据也可用于产品试销，企业可以进行自然铺货，正常拜访如 Nashville 市和 Albuquerque 市的零售商和批发商，从而将新产品介绍进来。假若企业愿意，还可以购买尚没有新产品销售的其他两个城市的商店的销售数据，如 Rochester 市及 Kansas City 市，以便与前两个已经开始新产品销售的城市进行比较。选择和适配这两个城市，并不像传统试销那样谨慎。例三，InfoScan 的数据还可以用于渐进上市。企业先在美国西部的主要市场开始销售新产品，之后逐渐向附近的山区各州临近市场扩展，最终销售至全美国。

因此，InfoScan 是一种市场测试设计和数据搜集的方法，而并非某种单一的市场测试方法，其对很多市场测试方法有支持作用。为了做到这一点，IRI 公司已在所有的市场发展家庭的固定样本，以便客户能追踪个别家庭的购买行为，呈现出 Behavior Scan 实验室系统的一些特点。一些消费者调查公司的经理称 InfoScan 为真实试销，一些人为了将其与模拟试销方法区别，称 InfoScan 为入市测试(in-market test)，以与在较小城市的 Behavior Scan 实验室的电子测试服务相区分。由于制造商从一个提供者获得了如此多的信息（包括购买行为、家庭人口结构数据、媒体行为、 对促销和价格的响应），InfoScan 等相关服务都被视为单一来源系统（ single-source system)。单一来源系统的优点是能在许多不同市场里有弹性地进行许多不同的事情，配以相应的服务、丰富的细节说明，最棒的是，只需要几天而不是几个月就能完成。

此外，尼尔森也提供类似的服务，称为 SCANTRACK，这项服务，每周从 50 个主要市场超过 4 800 家食品/药品商店、批发商、便利商店取得数据。对于扫描仪市场测试尚未普遍应用的产品类别，如香烟或糖果，该公司利用商店审计资料来增补扫描仪数据。尼尔森公司提供 SCANTRACK 和 Nielsen Food Index（NFI）报告，管理者可以在线取得尼尔森公司的报告。零售商还使用扫描仪数据对各个价格点和货架摆设进行测试。

为了满足消费性包装产品营销者持续增长的需求，尼尔森公司和 IRI 公司都开始提供专家系统服务，以分析扫描仪产生的海量数据并提供有价值的报告。IRI 公司的服务称为 Sales Partner，能分析零售商的扫描仪数据以辨认关键销售机会，其报告可在制造商业务代表拜访零售商时使用。IRI 公司的其他产品，如 CoverStory，能为产品经理提供概略的市场研究报告（包括图形和表格），指出有关其产品的重要趋势与事件。尼尔森公司也提供 Sales Advisor，提供销售数据摘要和有效的营销信息，也供制造商业务人员拜访客户时使用。

18.6 全面销售方法

全面销售市场测试方法中，所有的变量都要测试，包括竞争和贸易，可以测试全国性上市的真实情况。这里先介绍试销，接着讨论所有方法中正在迅速广为使用的方法——渐进上市方法。

18.6.1 试销

试销（test marketing）是市场测试的一种，指的是从整个市场中挑选出一个代表（通常是某个城市内或城市周边的一个或几个大都会市场）进行营销活动彩排。通常当我们听说某新产品正在某地，比如 Evansville、Boise 或 Dubuque 进行测试，这可能就是在试销。典型情况是，企业首先挑选两个城市来销售此新产品，并且找到另两个非常类似但产品未曾在此销售的城市。这 4 个市场都被仔细观察，观察新产品的存货量、销售额，或者通过 InfoScan 系统，或者通过一些其他搜集商店采购和商店存货数据的方法。根据这些资料，计算出商店的销售额。商店上一期已有的存货数量，加上这一期商店进货的产品数量，减去观察者下一期查到的存货数量，就等于这一期已销售出的数量。

试销的大部分目的现在已经发生了改变。虽然早期的目的是预测利润，并帮助决定是否进入全国市场，现在公司经常使用试销来微调营销计划并学习如何更好地执行。试销也因太过于昂贵以至于无法成为最终的测试。

这种区别十分重要，在对百老汇演出歌剧的传统市场测试中已经显示出来。有些歌剧必须在底特律或波士顿演出以证明其价值，但是也有些规模较小、制作费较少的戏剧预定在百老汇以外的戏院上演。一流的表演在底特律演出之前需要花一大笔钱，用于微调演出作业、确认销售量并预测成本支出。能在底特律公演但后来却失败的例子相当罕见。

企业如何微调营销计划的例子有 Searle 公司的 NutraSweet 人工糖精开发。当 NutraSweet 首次被开发时，Searle 公司以为目标市场可能不喜欢糖精的味道。在区域性试销时，Searle 公司发现目标市场完全不是这样的，而且实际上市场更大、更有利可图：存在一个不喜欢糖类的用户群！事实证明，许多糖精使用者实际上更喜欢糖精的味道。同样，宝洁公司准备上市用来去除味道的 Febreze 衣物清新剂（一个新产品）之前，公司在 Phoenix、Tucson、Salt Lake City 及 Boise 等城市进行了两年的大规模试销。虽然 Febreze 原先聚焦在一个利基市场，该利基市场是企图去除衣服上烟味的吸烟者，但通过试销发现，潜在市场更加大：有小孩或宠物的家庭成为该产品的主要市场。

当企业开始寻求开拓国际市场并希望降低上市风险时，也会以某个国家进行试销。宝洁公司或高露洁公司在巴西试销一种新肥皂或洗发精，以测试该产品在拉丁美洲市场的被接受度，或在爱尔兰试销以测试该产品在欧洲市场的被接受度。百事可乐公司和 Miller 公司为了产品最终在美国上市也常选择在加拿大进行新饮品的试销。

1. 支持和反对

与其他测试方法相比，试销是在典型的市场情境中进行的，因此可以对销售额进行最佳的预测，并对各种营销战略进行最好的评估。试销可以降低全部或重大失败的风险。

试销可以提供充足的信息供给，包括销售量、产品使用、价格、经销商的反应和支持、公共关系、竞争对手的反应等，还可以提供不是很重要但也具有价值的副产品。例如，小企业用试销结果的成功来说服全国性分销商引进其新产品。

试销也允许验证生产。Nabisco 公司在开发 Legendary Pastries 的过程中就遇到了难题，其罐装混合馅料中的原料看起来似乎无害，却在厨房的架子上爆炸了。Nabisco 因为选择了试销从而节省了大量资金。其他企业还发现了以下因素的影响：湿气或温度的影响、分销人员的滥用、产品的不当使用、公司或分销人员对产品的误用等。

当然，试销方法十分昂贵：每个城市的直接成本很容易超过 50 万美元，还有许多间接成本（如准备产品、特殊培训等）必须也考虑进去。在本章最后的 Pepsi-Kona 案例中，当企业考虑生产、装瓶、配销、电视广告与其他广告的制作和促销成本、媒体购买等，单单在费城的试销就超出总成本。

如果数据是准确的，那么这些成本通常还可以接受，因为可以用试销结果来预测全国的销售额。但试销结果未必真正具有预测力，我们无法控制所有的环境因素，公司人员总是把一个测试程序做过了头，经销商可能会过度参与或参与不足。因为担心不恰当的分销会扼杀整个测试，总有人会禁不住去美化销售数据。

此外，还有时间问题。好的试销可能需要花上一年甚至更长时间，这会让竞争对手充分完整地了解测试企业的战略、有时间做好相应的准备，甚至有机会将某个类似产品直接跳到全国性营销（见例 18.2）。宝洁公司以前曾经对新产品进行广泛的试销，现在很多新产品在 STM 成功后直接跳到全国性上市，虽然在某些情况下存在较高的风险或不确定性（如之前提到的 Febreze），但仍然可能需要采用长达 3 年的完整规模试销。同样，星巴克公司在推出速溶咖啡 Via 时，采用传统的方式在几个选定的城市中进行试销，然后才推广到北美市场，进而营销全球。虽然仅是一个简单的产品上市，管理阶层意识到了风险，而适度调整大规模的测试。例如，星巴克公司必须决定 Via 是否是符合公司品牌价值的高质量产品、Via 是否能传递星巴克的咖啡所拥有的顾客所喜爱的特征（味道浓醇的咖啡）、星巴克的咖啡顾客是否会怀疑这只是速溶咖啡、能否接受或喜爱这种个别包装的形式，再者，Via 有可能伤害星巴克公司的整体品牌权益。

例 18.2 试销的风险：向竞争对手摊牌

（1）当 Toast-Ems 进行试销时，家乐氏公司追踪 General Foods 的 Toast-Ems 销售。家乐氏公司注意到 Toast-Ems 逐渐受到欢迎，因此在 General Foods 的试销结束以前，家乐氏公司迅速将 Pop-Tarts 在全国上市。

（2）在 General Foods 发明冷冻干燥咖啡之后，General Foods 正试销其 Maxim 品牌，此时雀巢公司以 Taster's Choice 超越 General Foods 而成为领导品牌。

（3）当宝洁公司正忙于试销旗下软巧克力片饼干时，Nabisco 与 Keebler 都在全国范围渐进上市了类似的饼干。

（4）同样的事发生在宝洁公司的 Brigade 厕所清洁剂。宝洁公司花了 3 年进行试销，与此同时 Vanish 与 Ty-D-Bol 两家公司都早已在该市场上建立好的市场地位。

（5）当 Campbell 公司试销 Prego 意大利面酱时，Ragu 公司增加广告及促销（以扭曲 Prego 测试的结果），也开发并渐进上市了新的 Ragu Homestyle 酱料。

（6）新婴儿冷冻食品的试销结果非常看好，直到 General Foods 公司了解到大部分测试产品是由竞争者 Gerber、Libby、Heinz 所购买的。

此外，竞争者可能用大量折扣券和其他手段干扰试销，导致测试产品的销售不佳，造成误导。一位任职于早餐麦片行业的管理者就表示，企业一旦发现有竞争对手在进行试销，就会大量寄发本公司产品的现金折扣券。当问他公司为什么不采取其他促销手法时，他的回答很简单：“因为这个办法超级有效！”另一个手段是，竞争对手的销售人员可能大量购买正在测试的新产品，以变相增加销售，造成测试报告的错误。

2. 测试的参数

现在已经有众多有关试销的文献，而且大部分著名的市场调研顾问公司都有能力设计出针对任何市场环境的测试方法，因此在这里不需要深度讨论细节。最常见的问题是：“应该在哪里测试”和“应该测试多长时间”。

（1）选择试销市场。每位有经验的试销人员都有理想的预测城市或地区。广告代理商也有这些清单。选择两个或三个城市来测试并不容易，但通常人口结构数据和竞争程度应具有代表性，测试地点的分销渠道不能太难以获得，而且在产品消费上没有地区的独特性。一个有趣的考虑是媒体涵盖性：为了避免浪费曝光，所选的市场通常要有涵盖该市场的平面及电子媒体，而非其周围区域。

（2）决定测试的持续时间。一个试销应持续进行多久，并没有一个标准答案，某位营销副总裁清楚地说道：“对新的护理机器设备进行测试的时间需要 24 ~ 36 个月，但新的糖果饼干测试只要 6 ~ 9 个月。”表 18.1 是一些购买周期的数据，这些差异是决定测试持续时间的因素之一。

表 18.1　各种产品类型的购买周期

	平均购买频率（周）	每 4 周的平均渗透率（%）
空气清洁剂	6	12.3
烘焙		
红糖	17	13.6
蛋糕混合剂	10	29.6
可咀嚼维生素	26	0.8
清洁剂：		
万能清洁剂	35	3.4
橱窗清洁剂	27	7.1
毛毯清洁剂	52	2.4
浴室清洁剂	25	4.2
咖啡	3	53.1
冷冻食品：		
冷冻罐头	6	19.5
冷冻比萨	8	21.1
家具擦亮剂	27	7.0
头发护理用品：		
染色剂	12	4.7
洗发水	8	23.4
果汁/饮料：		
果汁	3	33.6
果汁饮料	4	27.8
好喝的功能饮料	8	13.2
洗衣护理：		
强力洗衣粉	5	50.4
去污剂	25	4.7
洗衣液	6	18.3
人造奶油	3	71.7
牛奶添加剂	9	11.8
漱口水	13	9.7
宠物食品：		
猫食（综合）	2	14.1
狗食（干燥）	4	23.2
狗食（综合）	2	41.8
葡萄干	18	8.3
色拉酱	6	32.9

续表

	平均购买频率（周）	每 4 周的平均渗透率（%）
色拉配料	8	1.2
点心	3	17.7
牛排酱	23	5.4
牙膏	9	33.1

注：第一栏是不同产品类别购买的间隔时间，这是根据 ADTEL 家庭主妇群统计出来的；第二栏是受测的家庭主妇们每 4 周内购买至少一件物品的百分比。这些数据都有利于决定市场测试持续时间。

来源：ADTEL 公司。

18.6.2　渐进上市

试销并非全然无效，但现在营销人员更喜欢选择另一种市场测试方法，称为渐进上市（rollout）。渐进上市同样具有试销那种营销活动彩排的效果，同时还能避免很多问题。渐进上市也称为阶梯营销（tiered marketing）或有限营销（limited marketing）。的确，许多企业说它们没有进行市场测试，但实际情况是他们经常使用渐进上市方法。

假定某大型保险公司针对经常运动的顾客，想要开发保险费率更低及保障更好的新保单。管理层推测加州是新保单的理想市场，决定先对在加州销售新保单进行市场测试，由保险公司的独立代理商执行这项工作。由于保单销售情况相当良好，该公司决定将该保单提供给其余的西岸代理商销售。3M 在其他欧洲国家进行渐进上市之前，会先在阿根廷销售此产品。高露洁在销售 Palmolive Optims 洗发精时，会遵循最主要的国家的策略，在欧洲、亚洲及其他全球市场进行渐进上市之前，先在菲律宾、澳洲、墨西哥、香港上市。

市场测试开始的地区并不是代表性地区，而是该公司认为此地区有合适的人员，或者是合适进行的市场。某些企业认为在该地区进行是有困难的，并不容易。例如，Miles Laboratories 公司在上市糖尿病自我测试血糖仪时，了解到必须要与两个商业机构开展合作：Diagnostic 业务人员懂得此技术，而 Consumer Healthcare 业务人员则了解产品的零售药局，所以公司选择了纽约市，并说“因为纽约市场很复杂，如果我们在这儿能成功，就有把握渐进上市到其他地区”。

另外，毫无疑问，进行渐进上市时公司应该做的是公司正上市销售此新产品。图 18.4 显示了何时进行渐进上市以及在转变为全面的全国上市以前，渐进上市要渐进销售到多少个市场。

例如，柯达公司曾尝试在全国推出与 Advantix 一样知名的 Advanced Photo System（APS），事后公司认为，或许应先进行渐进上市。在数字照相成为标准技术前，APS 是底片技术中的一个重大进展，大多数的关注点是，这项技术虽然成功发布，但与当时的底片照相技术并不兼容。该产品计划在 1996 年年初上市，并投放 1 亿美元用于广告活动及其他宣传。此时，出现的问题是需求远超过预期。由于行业期刊对 APS 系统的评价反应平淡，柯达公司的产品开发者也许没有提供此系统优势的完整信息，造成销售预测过低以及生产计划滞后。但大量的广告导致需求远高于当初的预测，柯达公司不得不仓促提高产能水平，而要等到 8 月（已过了夏日照相季节的高峰）才能在沃尔玛和 Phar-Mor 等连锁渠道的部分分店中才有 APS 照相机及底片出售。此时广告支持和店内宣传也已经明显降低。产业观察认为，如果柯达坚持在全国上市且不想让销量下跌的话，应至少等到 6 月才可行。渐进上市可能有助于柯达在小型市场校正其销售水平，并在产品进入全国市场时，调整其生产量与支持的广告活动。

再举一个例子。假设一家生产工业胶黏剂的公司开发了一款新型的多功能胶黏剂（能让砖块与钢筋密合，也能让屋内隔间板墙与 5 ~ 10 厘米厚的板墙筋接合，紧贴屋顶板上的木板瓦）。针对上述 3 种应用进行的现场测试，以及同时对屋顶材料企业进行的非正式销售的使用测试（木板瓦），均收到不错的回应。这家公司应该一次性向市场提供产品的 3 种应用吗？反对的观点包括① 胶黏剂没有在最初的两种应用上进行市场测试；② 这样做会耗尽公司的资源；③ 多种用途可能因为有 3 种不同的推销方式而令顾客混淆；④ 当进入砖块和墙板行业时，因为该行业高度竞争，新产品经理希望能引用一些成功的经验。这种情况，可以通过在产业细分市场上进行渐进上市来解决。首先，在木板行业上市销售新胶黏剂，以取得经验、产生一些现金收入、建立信赖。接着，逐渐开始销售产品给墙板企业，接着进行必要的改变。之后，渐进上市到砖块产业。

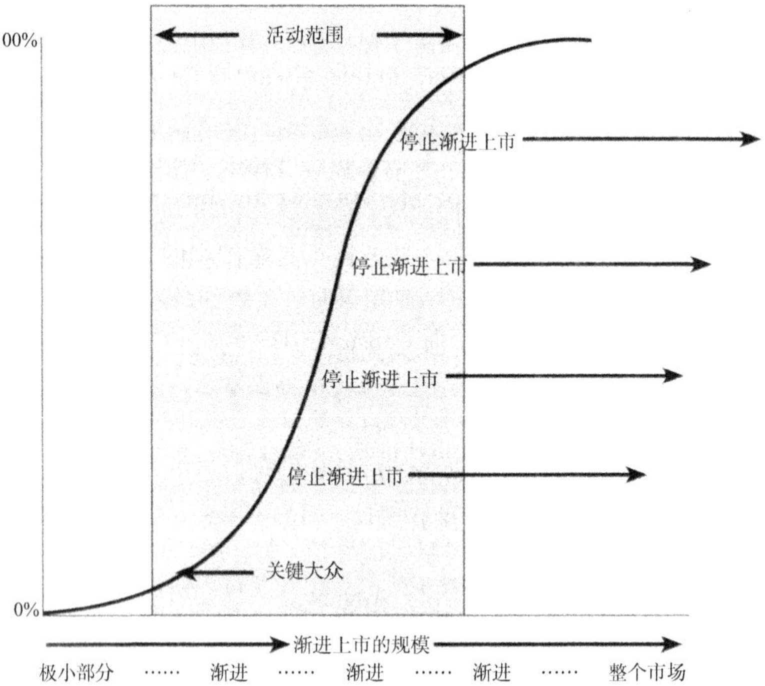

说明：在一小块市场进行渐进上市是没有意义的，一旦获得所需的信息（或销售量），跳到全部市场就是一个很好的理由。

图 18.4 渐进上市各个阶段的信息取得形态

其他类型的渐进上市与上述胶黏剂企业一样，如果只有一个主要应用，以及产品① 只有少部分更好；② 需要训练许多经销商的业务员。胶黏剂企业可能选择通过其中一家最佳（及最友善）的分销商、一家愿意合作新产品的企业来销售胶黏剂。如果进展顺利，还可利用之前的成功经验，说服其他那些很难影响的分销商进行渐进上市。

最后一个案例是杂志出版行业。新杂志通常先通过报刊贩卖摊的渠道进行贩卖，如果杂志销售量很好，再针对现有杂志订阅者以直邮方式进行促销。玩具公司也会利用此种渠道进行渐进上市。新洋娃娃或小汽车产品线可能只在沃尔玛或玩具反斗城（Toys "R" Us）上市销售，因为这两家零售商占据了美国玩具销售市场的主要市场份额。如果某款新玩具在这两家销售良好，同时，进货或补货也没什么问题，就会转向较小型连锁店和独立玩具店进行上市。

1. 渐进上市的其他形式

上述案例说明了渐进上市的主要形式——地理区域、应用、影响、贸易渠道。这里还有渐进上市的一些其他情境：

- Sega 公司想要在秋季和年节销售季前，赢得任天堂和索尼在货架上的位置。因此 Sega 公司在 4 月针对玩具反斗城、Babbage、Software City 及消费性电器店这类渠道，将一些新产品推销进这些商店。
- 宝洁公司对金百利克拉克的 Pull-Up 尿布进入欧洲市场的反应是，引进帮宝适（Pampers）Trainers 到爱尔兰和荷兰。宝洁公司也将新的 Trainers 渐进上市到加拿大，但没说何时（或是否）将渐进上市到欧洲，或何时将从加拿大渐进上市到美国。
- Prodigy 首次进入圣地亚哥，以及 Discover 卡片进入亚特兰大，这两个例子都是当新的服务还处于开发阶段时，就使用渐进上市进行市场测试。
- Tom's of Maine 牙膏每次都采用渐进上市方法进入市场，不需花费广告和上架费的成本，而是利用当地的广播进行促销。
- 最后，我们不会忘记 1995 年 8 月 Windows 95 的高规格宣传活动。在此之前，微软已进行了超过 2 年的 Beta 点测试（beta-site tests），每个月加入新应用方式和用户，合计超过 2 000 人。在 1995 年 8 月的新产品上市活动并不是真正涵盖整个市场的第一次全新上市活动，事实上是一种渐进上市。

2. 试销与渐进上市的对比

渐进上市有许多优点。最大的优点是让管理层在市场测试过程中学到最多知识。如果测试结果惨败，公司就能避免损失所有的预算。如果没有失败，那么在早期渐进上市的结果开始生效时，企业正朝着全国上市的目标迈进中。这在与竞争对手的战役中十分重要，因为当企业仍在测试市场或正准备进入全国市场时，试销会让竞争者有时间上市它们的产品。

渐进上市是全世界最棒的方法吗？隐藏的困难是什么？在许多情况下，没有任何隐藏的困难，而且这个测试方法正合理地迅速成长。其他公司可能发现渐进上市与全面上市一样有很大的风险，原因是：

（1）企业最大的投资可能在于新生产设备，而渐进上市一开始就需要完整的厂房。

（2）企业可能处于竞争对手极易进入的产业中（例如，因为不需要专利或新设备），因此缓慢的上市会给竞争者许多超越的机会，这和试销面临的情况一样。

（3）现有的分销商非常强势，他们之中没有一位是足以信任的朋友。

（4）企业需要免费的公关宣传，但这只有在正式进行全国上市时才能获得，渐进上市似乎没有新闻价值。

18.7 有关市场测试方法的综合讨论

图 18.3 里 3 个类别 10 种方法中的每个方法能被单独使用，且许多企业根据该方法的成本和能学到的内容，选择一个最佳的方法来使用，也有一些企业采用两种或更多方法。

这些企业通常从虚拟销售方法开始——推测销售。如果它们是在工业企业或以人员推销为主要营销促销方式的产业，虚拟销售较便宜及迅速。学习虽然有限，但它是一个熟悉问题的好途径。一般来说，不会在营销过程中持续太长时间。

企业接着转向其中一种受控销售方法，尤其是工业企业的非正式销售或消费性企业的迷你市场。如果第二次测试将是最后测试，企业倾向于直接移至全面销售方法。所以，工业企业会在应用推测销售之后接着利用渐进上市。包装商品企业在开始一项模拟试销之后接着通过地区渐进上市，或在模拟试销之后进行迷你市场测试，再接着正式上市。由于信息技术的进步，企业未来能更迅速掌握家庭及企业层面的精确资料。

本章小结

本章讨论了市场测试——对产品及其营销计划的评估。市场测试方法有各种不同的形式，从最简单的（且完全不可靠的）形式，如针对潜在购买者进行这个新产品的介绍，然后询问他们是否将会买，到渐进上市的形式。

在这里，我们无法规定哪个具体新产品到底应该适用哪种市场测试方法。有些新产品创新的风险相当低，以至于不需要进行任何市场测试。最棘手的议题可能是，技术导向型企业开发其感觉顾客有此需求并愿意购买的产品，但顾客并不知道自己想要这些新产品，直到他们有长期的机会观察及思考这些新产品。从浴缸到微波炉，这样的例子有许多。最终，技术创新有时会怀疑任何种类的中间测试。

在进行任何市场测试（包括渐进上市），以及在全国上市之时，许多企业已采用一些航天飞机发射升空的思维：使用一个上市控制系统来为无法预料但可能造成伤害的事件做准备。这是第 19 章要讨论的主题。

应用实践

（1）“我们一些部门最近使用了所谓的迷你营销的市场测试方法，一些剃须产品使用了 BehaviorScan 方法，新的高档绷带产品接受了类似尼尔森这样的公司的服务。但我对这些受测试城市固定用户对象的担忧一直在加大。我的担忧是，人们对市场测试已经习以为常，或者他们对刺激的反应过于激烈。我的担忧是有依据的，但是我却不能对此做些改变。我很忧虑，然而人们却不知道这些事情对我们所获取数据的影响。如果人们喜欢更多的市场测试，或者他们逐渐变成专业的测试参与者，并开始像法官那样思考问题，这会对测试结果产生怎样的影响？”

（2）“你知道，最近我们对一款不含酒精的饮料产品（异域果浆味苏打水）进行了一场模拟试销测试，结果非常糟糕。新产品人员完全忘记了一种可能性：在购物中心买该产品的人们可能根本不会去饮用它。但是，商店购买记录显示购买结果非常棒，在这之后有相当大比例的购买者改变了他们的想法。如果他们使用产品，这就是有限的试验。解决方案是，在商店测试终端加入销售波测试，但这也在相当大的程度上加大了成本。你能告诉我，什么时候我们应该加入销售波？什么时候我们不加入呢？”

（3）“在我们上周举办的一场研讨会上，我被一位公司市场研究员说的话迷惑了。这件事，涉及我们公司渠道部门，该部门针对商业大楼的电线而销售各种较小尺寸的挤压铝管。这位研究员建议，在客户那里测试他们的新产品并进行她所称的假测试——假装销售他们公司至今还没有的产品。这是如此的愚蠢。我确信你不会认同她，你会吗？而且，以这种方式欺骗潜在购买者是不诚实的。”

案例 百事公司的 Pepsi Kona 和 Pepsi One

百事公司著名的“可乐战争”广告（挑战性的做法）造成了百事可乐公司和劲敌可口可乐公司的对立。这似乎是饮料、点心和快餐企业的竞争态势的一个象征。在像软饮料这样的竞争性行业里，能满足快速变动的顾客的需求的新产品是销售增长和成功的关键。百事公司在上市新产品上有过非凡的成功，例如，Diet Pepsi 在 1964 年首先上市，在二十几个市场上成功地重新定位 Mountain Dew。然而，并非所有的新产品上市都是成功的。Crystal Pepsi 在 1990 年早期上市时，市场处于“清澈产品（clear products）”的狂热之中。该产品的外观和口味都不符合消费者的期待，产品重复购买率非常低，因而很快就从市场中退出了。

在 20 世纪 90 年代中期，含有高浓度咖啡因的软饮料产品（如可口可乐的 Surge 和 Jolt Cola）在年轻人市场中迅速流行起来，就像星巴克及其他咖啡连锁店一样。竞争者如 Arizona Iced Tea 在其某些产品里面添加了人参和其他提升精力的成分。与此同时，百事可乐公司和星巴克建立了合作关系，双方成立合资公司进行星冰乐的生产和销售。基于这些环境趋势，百事可乐公司认为，此时是咖啡口味可乐上市的好时机，该咖啡口味可乐也就是Pepsi-Kona。

由于百事公司在软饮料发展领域的核心竞争力，以及在与星巴克合作中获得的有关咖啡业的知识，Pepsi-Kona 技术的开发非常顺利。百事可乐公司已经准备好使用一种咖啡色的标签，该标签明显地以书写体展示出百事可乐的商标和 Kona 的名字，并且决定使用 20 盎司瓶子和 12 盎司的罐子作为这款产品的包装。

1996 年 5 月，Pepsi-Kona 在费城进行市场测试。大规模的促销活动已经准备完成。在上市前的几个星期，费城电视台开始播放以“振奋你的感官”和“用 Konas 抓住生活”为主题的 15 秒广告。一旦 Pepsi-Kona 上市，它会在各地销售，从超级市场到 7-11，甚至到街头的小贩（在他们的卡车上明显地展示 Pepsi-Kona 的海报）。电视上则播放了一个非常振奋人心的长广告，在广告中，歌手汤姆·琼斯（Tom Jones）站在拥挤的自助餐馆的一张桌子上，啜饮 Pepsi-Kona 时大声唱“它的口味不仅独特（It’ s Not Unusual)”。消费者也会注意到“Kona Hummer”，“Kona Hummer”是运送 Pepsi-Kona 的大型车辆。

费城的市场测试结果糟糕。当现煮咖啡市场持续受到欢迎时，即饮咖啡（含有咖啡的软饮料）市场却只是维持平稳，事实上在 20 世纪 90 年代中期已经开始衰退。一些产业观察家评论道：很少见到 Kona Hummer 和 Kona 的电视广告。此外，有许多消费者声称，不喜欢 Pepsi-Cola 和咖啡混合的口味。Pepsi-Kona 从费城撤架，并且没有再进行全国性销售。

时间回到 1998 年 10 月，当时百事可乐公司宣布要上市新产品——Pepsi One。Pepsi One 含有 Sunett（也称作醋横内酯钾），Sunett 是美国联邦食品药物管理局核准使用的一种增甜剂，每份 Pepsi One 饮料只含一卡路里的热量。有趣的是，Pepsi One 没有将其作为节食饮料来特别介绍，Diet Pepsi 也没有从市场中撤架。20～39 岁的男性是 Pepsi One 的主要购买群体。Pepsi One 的广告活动里避免提到“节食”（diet，一个不受目标市场欢迎的词），并且强调“全部只有一（Only One Has It All)”。演员小古巴·古汀（Cuba Gooding Jr.)（在电影《甜心先生》(*Jerry Maguire*）中成名，这是一部关于运动员和运动经纪人的电影，非常受年轻男性市场欢迎）被选定为产品代言人，还搭配了运动及其他互补性促销活动（如在沃尔玛商店分发 Pepsi One)。但在将 Pepsi One 上市时的一个重要的问题是，没有时间进行试销。事实上，Sunett 在 1998 年 6 月通过联邦食品药物管理局检验，百事可乐公司在当日就宣布有意开发 Pepsi One。

为了帮助百事公司将 Pepsi One 上市，我们能够从 Pepsi-Kona 的失败中学到什么？具体考虑下述问题：Pepsi-Kona 的产品创新章程可能是什么？你认为在概念测试的初期会有什么事情发生？在小心翼翼地开发产品之后，为什么 Pepsi-Kona 市场测试的表现如此糟糕？现在，Pepsi One 在没有实际进行市场测试的情况下上市。鉴于之前的 Pepsi-Kona 失败经验，Pepsi One 的管理者应该有所担心吗？他们如何降低 Pepsi One 上市的风险？

第 19 章

上市管理

19.1 引言

一旦新产品做好了上市的准备，新产品开发流程的长途跋涉就接近了尾声。所有参与该项目的人将怀着高兴、满足、迫不及待的心情等着产品的回报并好好休息。

但是该团队还要对产品的成功上市负责。就如同新产品开发的整个流程需要管理和控制一样（检查产品的实际进度，如出现偏离计划进度的情况应及时调整），整个新产品上市期间也需要控制。上市管理会一直持续到新产品的销售超过既定目标之后，该过程对于工业商品和商业服务而言，可能需要 6 个月到 1 年的时间，而对于包装消费品来说，可能只需短短几周。

19.2 什么是上市管理

我们可以通过对比美国太空总署（NASA）的航天飞机和小孩子们玩的弹弓，来解释什么是上市管理。小孩子用弹弓打停留在树杈高处的乌鸦，如果石子略过乌鸦头顶而直接朝着邻居家厨房的窗户飞去，他就会惊慌逃跑。小孩子宁愿待在得州休斯敦的美国太空总署控制中心，因为太空总署的科学家们发射的是有导引系统的航天飞机，而不是无导引系统的石头。科学家们能够预测在飞航过程中可能发生的导航问题，因此可以容易地进行飞行航线的校正，让航天飞机维持在预定的航道。比较而言，小孩子射出的石子不能在发射途中对其路线进行校正，因此打不中时就只能落荒而逃。简而言之，良好的追踪系统让新产品成功上市的可能性更大。

不管是 NASA 的火箭发射管理还是新产品的上市管理，上市后的评估都有相同的基本目的：从经验中学习并不断改正错误。我们将 NASA 的例子引入新产品上市进行类比，就会考虑采用缺口分析矩阵（gap analysis matrix）。在缺口分析矩阵中，可以通过评估以下 5 个方面，与预期计划进行比较。

（1）评估市场窗口的准确性（market window accuracy）。如果一个产品获利的市场窗口比预期的时间短，这意味着该产品处于生命周期的转折点，就需要从战略上考虑启动下一个产品的开发。

（2）执行支持（executive support）。高级管理者的愿景，以及一个勤奋的、知识型的产品推动者，对于良好的上市监督与协调是必不可少的。应该把新产品支持方面的任何不足，都识别出来并加以修正。

（3）确认商业论证（business case）。一份可靠的、财务预测数据全面的商业论证，是审核时做出通过决策的关键。如果产品没能达到预期的财务绩效，那是在提醒我们可能忽略了某个市场或竞争细节。

（4）检查销售准备（sales preparedness）。这意味着要得到销售经理的承诺，雇用并激励销售人员，提供足够的培训和充足的材料，以帮助他们完成工作。而且，在这个方面发现的弱点要在下一次上市时弥补上。

（5）跨职能一致性（cross-functional alignment）的程度。整个组织要保持良好的沟通，以确保产品开发能够充分满足顾客需求并使其满意。可通过审计来识别并修正企业内的任何沟通问题。

上市后还是检验产品组合一致性的最佳阶段,所有产品都必须与公司的 PIC 保持一致。如果发现产品组合不平衡，就应通过选择未来产品开发项目来修正。

下面详细介绍上市管理系统的实际运用。

19.3 上市管理系统

上市管理系统包括以下步骤：

（1）发掘潜在问题。在新产品上市时要扮演好类似 NASA 的角色，首要步骤就是识别出所有的缺点或潜在问题。这些问题可能发生在公司的活动中（如差劲的广告或不良的生产）或外部环境中（如竞争对手的报复）。就如同一位经理所说：“只要是能造成实质伤害的事情，不论是否会发生都要纳入考虑中。”

（2）选择需要控制的问题。分析每个潜在的问题，以确认其产生的预期影响。预期影响指事件可能造成的伤害程度与该事件发生的可能性两者的相乘。我们可根据预期影响将问题排序，选出需要被控制及不需要被控制的问题。

（3）针对需要控制的问题制订应急计划。所谓应急计划指如果问题真的发生时需要做的事情。应急计划的完成程度因问题而异，最好的应急计划是准备好立即行动。例如，“我们通过传真告知所有销售代表，新产品提成将由 7%提高到 10%”，这就是一个应急计划。“我们将着手制订一个新的报酬计划”则不是一个应急计划。

（4）设计追踪系统。就像美国太空总署一样，追踪系统（tracking system）必须能够快速回传有用的数据。我们必须先有一些经验才能评估这些数据（如大型电子设备的技术服务下滑是常见的吗？还是我们存在建设的问题？）。应该设定多个触发点（trigger points）

（比如，在第一个月结束之前，15%的顾客可参与产品的试用），这些触发点如果不起作用我们便启动应急计划。如果没有这些触发点，我们最后只能猜测。要记住，由于执行应急计划的经费必须从其他地方（其他人的预算）获得，因此每项计划都会遇到一些想延迟实施的人的反对。

如果某个问题无法追踪，不论其预期影响有多大，我们都将无法控制。例如，某个竞争者决定削价 35%，这就是一个行动；我们不能像追踪零售商存货率那样对其进行追踪，但如果发生这样的事情，我们要有预先准备好的应急计划。这种情况并不理想，因为管理控制人员在问题发生前就应该尽力预测可能存在的问题，以便及时补救以减缓负面影响（见图 19.1）。

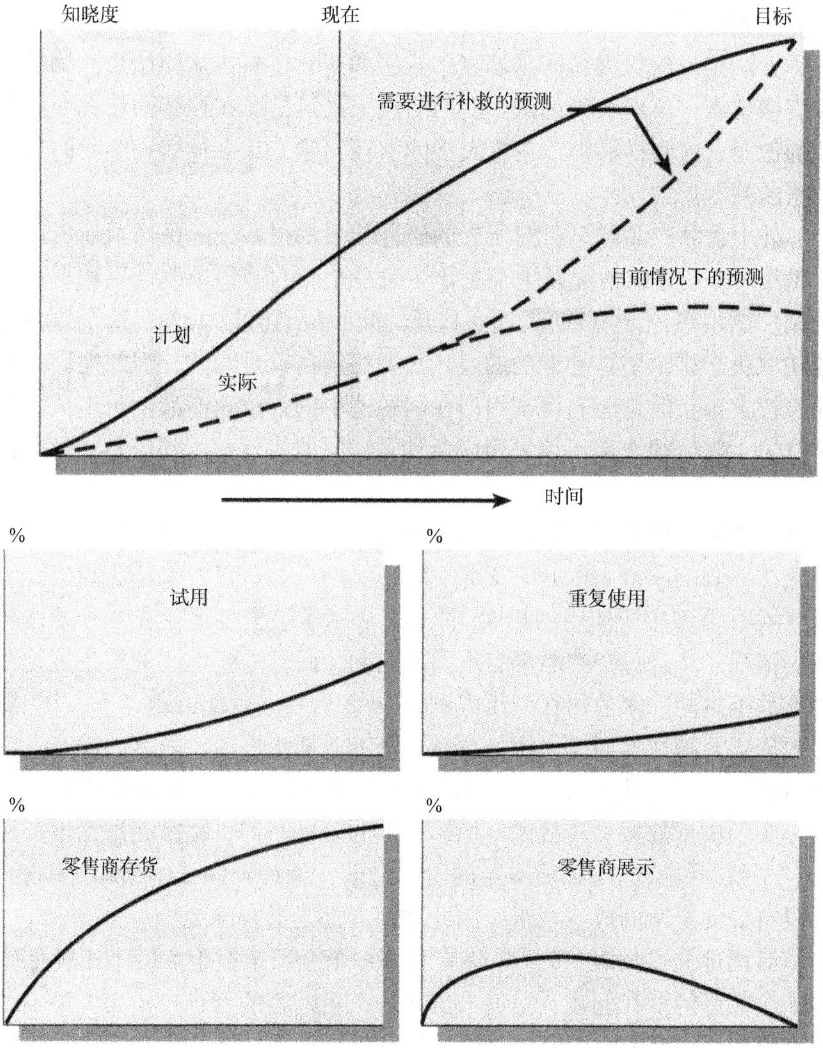

图 19.1　应用一般追踪概念（需要补救措施）

下面我们将深入讨论规划和执行上市管理系统的 4 个步骤。

19.3.1 步骤 1：发现潜在问题

有 4 种方法用于发现潜在问题。第一种方法是在营销计划阶段进行情境分析。例如，政府法律专员最近指出新产品中使用了某个不合适的成分，或者顾客对于目前市面上的产品相当满意，这意味着我们很难让顾客试试我们的新产品。营销计划的问题部分会对情境分析中的大部分潜在问题进行归纳总结。

第二种方法是进行角色扮演，了解竞争对手在听说新产品之后的行动。魔鬼代言人会议（devil's advocate sessions）指实施决策前团队中需要有人扮演黑脸角色，以唱反调的方式提出挑战。这种方法可以让我们有效推断竞争对手可能采取的举动，对手选择的行动通常比我们能想到的多。

第三种方法是重新检视新产品档案中累积的所有资料。从原始概念测试报告开始，然后是各种表格审查、早期实验测试、使用测试（尤其是潜在顾客的长期使用测试）及所有内部讨论的记录。这些材料中存在着大量的潜在问题，其中包括一些我们为了项目的进行不得不忽略的问题。

例如，某个食品产品截至目前所有的研究结果都很好，但是当项目负责人进行一次模拟试销（见第 18 章）时情况发生了变化。研发企业的销售预测结果相当差。顾客访谈数据显示的预估试用率是 5%，而代理商和开发商的预测值是 15%，这个差距非常明显，新产品的成功取决于哪个估算是准确的。开发者相信自己是对的，因此他们不进行模拟试销而让产品直接上市，但是他们将试用列在问题清单的首位。产品上市不久，调查报告显示正确的估算值 15%，很庆幸不须采用应急计划。但即使万一用到应急计划，企业也早已准备好了。

第四种方法是，从对新产品满意的客户或生产商开始，通过他们的满意度来决定产品的效果层级（hierarchy of effects）及生产的必要性。对消费者包装商品而言，这种层级与之前在 A-T-A-R 模型中所使用的相同。图 19.2 展示了该模型运用在 3 种处方药品和特殊营养品营销的情况。注意每个产品都有不同的问题，而且需要不同的矫正行动（应急计划）。所有 3 种产品都由同一家公司在一年内销售。

但是效果层级随情况而变。比如，对一个工业钻头来说，顾客的满意点可能是“知名度高、经过验证、产出成本较低”。但是要达到这些满意点，顾客需要衡量实际成本并了解以前的钻头的成本数据。这就像一把梯子上的阶梯一样，顾客无法在没踏过“了解先前成本”和“了解新钻头的实际成本”的阶梯之前，就跨上梯子的顶端（满意）。考虑到很多公司并没有如此复杂的成本系统，因此这两者都是潜在问题。

在本章后面部分（见表 19.2），你将看到一个全新工业电表的上市管理计划案例。案例中存在 5 个关键的潜在问题：销售人员无法满足顾客的要求、销售人员不了解产品、潜在顾客没有订购试用产品、买家在试用后没有批量下单，以及已有竞争对手销售类似的产品。每个都是潜在的“杀手”，其中任何一个都足以形成打击。

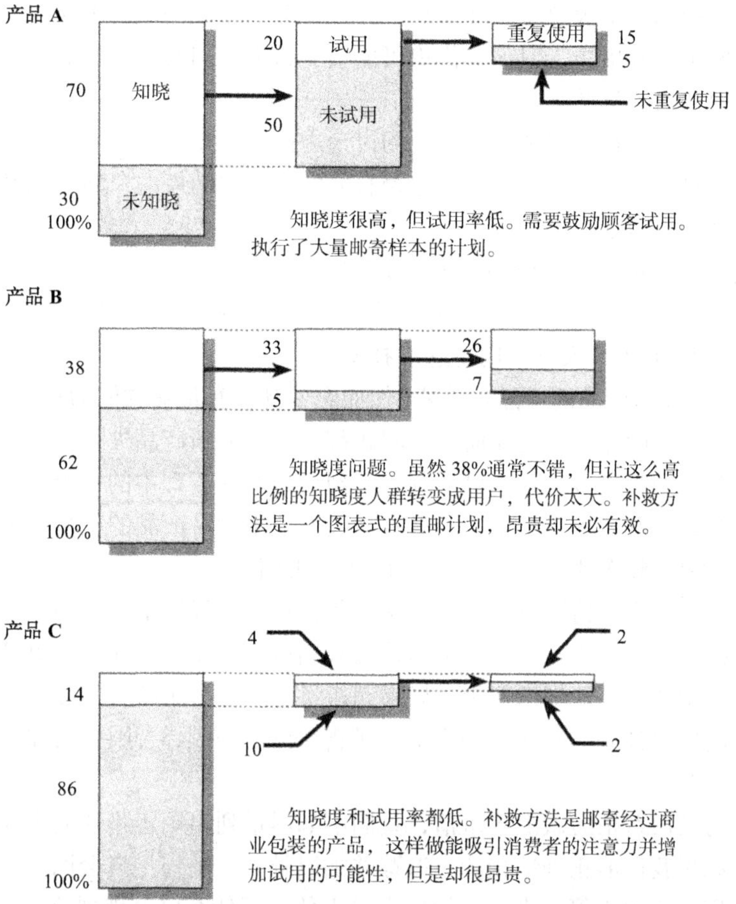

注：上述所有数据都是上市十周内的数据。每个案例中，公司必须确认是否有问题，问题是什么（如果有的话），以及针对问题需要采取什么行动。

图 19.2　3 种药品/营养品的 A-T-A-R 上市控制形态（真实的）

另一个例子则是关于耐用消费品的——一个将耐用山地自行车和轻钢架竞速单车相结合的新型脚踏车。但是，该产品的制造者 Huffy 公司因为没有预测到一个潜在问题，而造成了 500 万美元的损失。Huffy 公司选择通过常规的自行车分销渠道（大众经销商及类似玩具反斗城的连锁专卖店）来销售这款新产品。遗憾的是，这种特殊的混合型脚踏车需要专业人员在销售点进行说明，而具有专业知识的销售人员只在脚踏车专卖店才有。上市管理系统本该尽早发现这个问题并做出相应改变。

以上所述并不是说这个公司错了，所有的新产品都是一种赌注，我们从来没有足够的时间和资金将这份工作做“对”。这些问题表明了我们在做产品上市管理时应该注意什么，知道可能会出现哪些问题，以便至少能对这些问题有所警觉，并且，如果问题真的发生，但愿我们也有预备措施。

还有一个问题常常被忽略，那就是产品可能会过于成功。过于成功，这听起来像一个大家都期待发生的好事情，但是其代价可能会非常大。同时，应该对其进行预测，即使有任何特殊理由认为这种情况会发生。

在结束对上述潜在的“杀手”问题的讨论之前，不要忘记，公司还没有验证自己是否有能力完成其打算做的事，就是说，是否有能力生产并销售一个满足顾客要求的产品。因此上市管理计划也包括以下问题：

- 供货商未能按照所承诺的数量提供新零件。
- 新的传送带生产线可能会过载而超过极限。设备商提供的生产线运转上限可能是错的，而且/或生产人员误用了这项技术。
- 在导入期，新产品的样品很重要，然而企业却没有足够的能力包装这些小单位样品。

这些也是潜在问题。上述任何一个问题都可能造成新产品失败，因此我们必须针对这些问题调整我们的管理方式。这里强调一下现今新产品管理中的一个关键问题：新产品送达交货货栈时，开发过程并未结束。只有当最终使用者对产品的质量和效能都满意时，开发过程才算结束。整个团队必须参与上市管理的运作。

最后，还有一个事情没有提到，就是实际销售量。我们不“控制”销售量，也没有对低销量的追踪和应急计划。这看起来应该是我们做的，并且大部分上市管理计划是由新手包括销售员草拟的。但请仔细想想，如果销售量下降是由于缺乏预测造成的，那我们应该采用什么样的应急计划？除非你知道造成销售惨淡的原因，否则无法知道该采取什么解决方案。

相反，与其浪费精力做上述事情，我们不如尽量列出销售不佳的主要原因，并追踪其根本原因。如果我们能正确地预测、追踪并加以补救，销售量自会回升。否则，等到销售量停滞时我们再不得不停下来，开始研究发生什么了什么事、规划改善行动并开始准备，进而执行，到那时为时已晚。应急计划正是一种防护措施，它就像保险一样是一种赌注。大多数应急计划都用不上，而我们也希望的确这样。

19.3.2 步骤 2：选择需要控制的事件

没有人能够管理控制第一步找出的潜在问题的数量，因此规划者的判断必须能将问题清单缩减到公司能够掌控的范围（见图 19.3）。有人说，绝不要超过 6 个问题，但是电视上播放的新剃须产品的应急计划，绝对会比新刮须刀产品线上市的应急计划还要多。

用于缩减问题清单的判断通常的依据是潜在伤害性和发生可能性。图 19.4 是一个预期影响矩阵（expected effects matrix），它显示的是，如何综合上述两种因素，把可能的事件分成 4 种类型和 9 种不同类别。我们能安全地忽略伤害性和可能性都很小的类别。图中越往下的越不能忽略。图中右下角的问题应该及时处理，原本就不应该让问题拖到这种程度。位于两者之间的问题则需要依照图中的建议来处理。如何处理它们应视具体情境而定，取决于时间压力、紧急情况的应付预算、公司上市管理的成熟度，以及产品经理的个人偏好。

举例来说，大多数新产品经理因为之前的产品上市而留下了不可磨灭的阴影，因此会对某些事件有偏见。他们也许因为在之前产品的上市过程中遗漏某些事而被严厉地批评，以至于再也无法忘记这些事。一位新产品经理建议将问题分作两类——小陷阱和大陷阱。小陷阱有害，大陷阱则是灾难；小陷阱因为我们可以预测而对我们造成的伤害很少，大陷阱则难以预测。

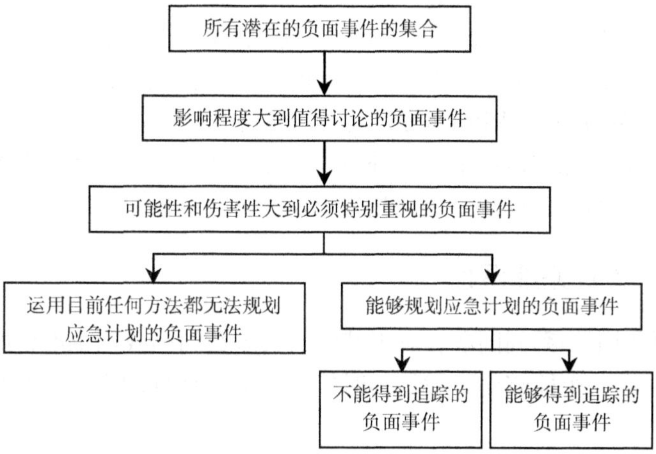

图 19.3　上市控制计划的决策模型

潜在伤害性 / 发生可能性	值得注意的	有伤害的	毁灭性的
低			
中			
高			不要再等了，必须立即采取行动

警戒变量，要注意

控制变量，如果可能的话，制订应急计划并追踪

图 19.4　选择控制事件的预期影响矩阵

19.3.3　步骤 3：制订应急计划

一旦将问题清单缩减到公司能够处理的范围，我们必须自问：“如果这些事件中任何一项状况实际发生时，我们能够做什么？”比如，即使发现有价格比我们公司低并且类似的竞争产品，公司也没办法解决。竞争对手会尽力维持大部分市场份额，对于开发者而言，最好忽略这些行动，并抓住新产品的特性进行销售。

对其他事件来说，我们的反应随当时情况而定。列举以下两个不同类型的例子：公司失败的和消极的购买行为。最常见的公司的失败是销售不当，尤其在零售或批发阶段。问题的修正通常取决于公司愿意付出多大代价。

零售商能卖的只有一件东西——商店内的货架空间。货架空间给予出价最高者，因此如果某新产品出现缺货，补救的方式就是提高出价——特殊的促销方式、更多的广告、更高的利润等（详见第 17 章）。在完整的营销计划中这些方法是不被接受的，因此应急计划者通常要有许多其他选择。

消费者失误失败也是以类似的方式处理的。为了获得知晓度，营销人员会采取特殊行动促销（电话销售、广告等）。如果产品的知晓度很低，我们通常采取更多的类似行动——增加电话销售或其他可行方式。如果人们真的不愿意尝试该新产品，可采取鼓励试用的方法（如图 19.2 中的邮寄样品和量贩包装、发放折扣券等）。

与在抢滩失败时的惊慌情境下进行补救行动相比较，许多产品开发者对于在准备上市时可以轻易地想出好的应急计划，感到相当惊讶。

19.3.4 步骤 4：设计追踪系统

现在，我们发现了一系列问题，对于其中的大多数问题我们也准备好了相应的应急计划。接下来就是建立一个能够告知我们何时执行该应急计划的系统。答案要基于追踪的理念。

1. 追踪

在新产品上市中，追踪的概念类似于将火箭发射至太空的追踪。包括发射升空、火箭突破大气层进入预定轨道、飞行航线校正等。操作发射人员负责依照预定的轨道对火箭进行追踪，并且不断校正以确保它能持续行进在正确的方向上。

将追踪概念应用到新产品身上再自然不过了。前面的图 19.1 显示了如何将这个基本概念应用于新产品。

其中包含 3 个基本要素：

（1）确立计划路径的能力。预期的路径是什么？进一步考虑了竞争情况、产品特性、预期市场效果后，什么是合理的？虽然推测这些事很简单，但制定有用的轨道路径需要一定的研究基础，而这正是许多公司在新产品上市时缺乏的。

大型广告代理商李奥贝纳公司的新产品研究部门，研究了该公司参与的所有新上市产品，并将实际的知晓度和试用率追踪结果画成图表。根据这些散点图，该研究部门的主管计算归纳出了能够运用到未来新产品的路径（见图 19.5）。缺乏上市经验的公司有时能够从广告代理商、营销调研公司、大众出版媒体或产业调查等外部来源获得所需的数据资料。这种预先完成的选择，在现今的全球营销中十分重要。幸运的是，目前国际性的市场研究数据和服务机构在不断增加。

（2）要有体现计划执行进度的实际数据流入。这意味着快速持续的营销研究适合用于测定被追踪的变量。例 19.1 的例子就是李奥贝纳公司在追踪新产品时使用的问题类型的清单。

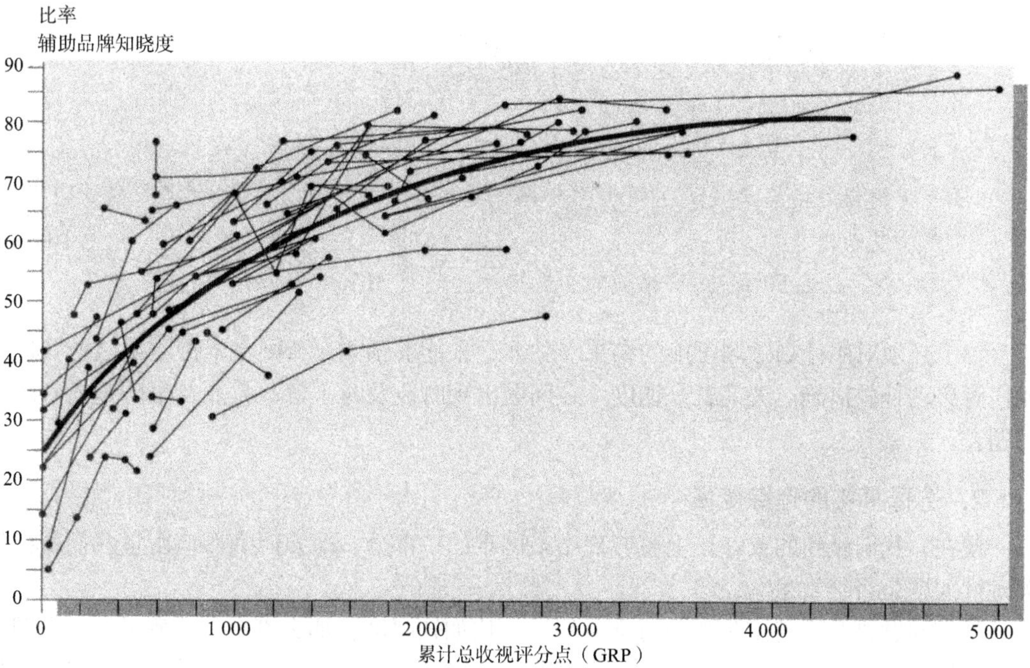

图 19.5　某产品的广告量与其所创造出的知晓度

例 19.1　某项新产品追踪调查的问题清单

类别使用中的问题

过去的 6 个月内，你曾经购买过几次（这个产品类别）？

你曾经听到过（该产品类别）的哪些品牌？

你曾经听说过（以下品牌）吗？（询问 4~6 个品牌）

你曾经购买过（以下品牌）吗？（询问 4~6 个品牌）

过去 6 个月内，你曾经购买过（这个品牌）几次？

广告知晓度的问题

你记得曾经看过（这个品牌）的广告吗？（询问所有受访者所知道的品牌） 描述一下（这个品牌）的广告。

你在哪里看过（这个品牌）的广告？

购买的问题

你是否曾买过（这个品牌）？

回答“是”的人：

你曾经购买（这个品牌）多少次？

你再次购买（这个品牌）的可能性有多大？

你喜欢/不喜欢（这个品牌）的哪一点？

你觉得（这个品牌）的价格如何？

回答“否”的人：

你曾经在商店内寻找过（这个品牌）吗?

为什么你不试用一下（这个品牌）?

将来试用（这个品牌）的可能性有多大?

每个问题都是由李奥贝纳公司根据标准指南或规范制定的。举例而言，重复购买率是以 5 点尺度来衡量的，而一种修改过的前两选项的结果是：回答“绝对会”的是 100%，回答“或许会”的是 50%。对价格而言，规定不能超过 30%的回答是“一般”或“不佳”。

（3）必须对照计划预测可能的结果。除非结果能够预测，否则在掌握结果之前我们不能任意启动补救措施。关键就是速度，在问题出现时能及时了解，就能及早防范或解决该问题。

2．选择真实的追踪变量

现在，我们碰到的或许是上市管理中最困难的一部分，即如何确切地衡量我们所说的关键性问题是否会发生。

如果问题是某个特定步骤的行动或想法，比如知晓度，那么答案是明确的——查明有多少人知道该新产品。试用很简单，重复购买也很简单。贸易支持怎么样呢？许多新产品销售人员担心无法获得他们所需要的贸易推力。但是贸易支持意味着囤积产品吗？展示产品呢？地方性的广告宣传呢？提供售前服务呢？安排售后服务呢？以上问题是上市计划者必须做出的决定。

我们需要相关的（relevant）、可测量的（measurable）且可预测的（predictable）追踪变量。可识别问题的变量是相关变量，可判别是和非的变量是可测量变量，可知道数据接下来变动路径的变量是可预测变量。

回到图 19.1，最上方的图显示知晓度：你是否曾经听到过……这是统计目标市场所有顾客的百分比。标记为实线的是计划行进路线，代表我们预期发生的事。虚线代表着正在发生的和如果不采取行动我们害怕会发生的情况。因此追踪变量是相关的、可测量的且可预测的。

让我们再了解一下零售商的支持。图 19.1 的最下方是零售商存货的追踪，代表目标零售商截至目前囤积该产品的百分比。这也是相关的、可测量且可预测的（依据我们先前的经验）。但是货架空间怎么办？货架的高度、饰面的数量、陈列的部门都是货架空间需要考虑的问题。上述情况因相关程度而定。如果没有实际勘察店面并检查货架，这些问题很难决定，而且我们缺乏预测这些情况所需的经验。图 19.1 同时显示零售商陈列，但这种追踪方式主要是猜测的。

3．选择触发点

如果我们已经找出了那些预警将会发生问题的有用变量，最后一个步骤就是在实施应急计划前，事先判断情况将会有多糟。例如，我们的预算较少，还担心顾客没听说过我们的新产品——低知晓度。假定我们的目标是在 3 个月后达到 40%的顾客知晓度，而追踪结果显示实际上只有 35%，那么是否就要进行预备中的直接邮件计划？

在这种焦急的情况下，由于政治因素或时间限制，并不容易决策。启动直接邮件计划等于承认原始广告已经失败。这种明示并不受欢迎，而且广告正依照计划进行中，知晓度将会很快上升，这会引发争议。

为了避免这些双输的局面，必须事先商定触发点标准，并将触发决策的权利交给没有既得利益的人掌握。做到这一点，追踪规划才算完备。如果努力执行，新产品上市将“在受控下达到成功”。

4．无法追踪的问题

当我们担心某个问题，但因为无法找到相对应的变量进行追踪，或无法确定该变量应该遵循的行进路径，或如果发现问题即将发生却束手无策时，该怎么办呢？答案是，这种状况很少发生。

一般而言，管理层会监控销售，当销售量低于预期时就会指派人员找出原因。找出原因的方法可能是访谈销售人员、顾客、分销商等。因为情况变动得比较快，再加上大多数参与者都有既得利益，即便他们知道也可能不会透露真正的问题所在，所以想要查出真正的问题是很困难的。

找到原因后，就能设计补救方案。如果不是在一个快速变化的市场，可能还有时间将新产品重新调整成良好的销售形态。如果已经太迟了，该新品会被抛弃或从中榨取剩余价值。通常对于小企业、产品线延伸，以及预期不会产生大量利益的产品，如果上市的成本很低，损失就相当小。

19.4　有效的创新度量

选择使用正确的衡量指标来评估公司新产品流程是很困难的。有效的衡量指标对项目的成功十分必要，也有利于实现持续的改进。营销专家 David Reibstein 与 Venkatesh Shankar 提倡使用创新仪表板（innovation dashboard）来构建创新投入、流程有效性及绩效结果的度量指标。表 19.1 中展示的是这 3 类中每类最典型的一些测量方法。投入度量指标包括研发费用支出、致力于创新的员工数量、管道中的新创意数量。流程有效性指标包括市场导入的新产品数量、上市时间、申请专利数目，以及预期与实际花费的时间与成本之比。最后，绩效结果指标包括新产品销售所占份额、成功的新产品数量、创新投资的回报、盈亏平衡时间及顾客满意度的提高程度。

表 19.1　创新度量指标

投入指标	流程指标	绩效指标
研发费用支出	市场导入的新产品的数量	新产品销量占比
致力于创新的员工人数	上市的平均时间	新产品数量
管道中新创意的数量	需要申请及商业化的专利数量	创新投资的回报

续表

投入指标	流程指标	绩效指标
在开发的项目的数量	预算与实际所花费的时间和成本之比	盈亏平衡时间
来自公司外部的创意的比例	最终上市项目的百分比	客户满意度的提高

考察一些高绩效企业的实践案例，可以了解更多的度量指标。例如，波音公司将成本、质量和可靠度作为新飞机开发的度量指标，波音军用飞机公司总裁 Chris Chadwick 说，软性指标（soft metrics）同样也很有用。波音公司曾经用过的一个就是“需要帮助”（help needed）。他们鼓励产品团队负责人在开发中遇到问题时要寻求协助，没有请求“需要帮助”是项目陷入困境的信号。波音公司还使用“远见”（forward-looking）指标来预测未来可能遭遇的问题。又如，重量成熟度（weight maturity）这个指标会提醒波音公司是否按照计划实现其最终的重量限制。

另一个有用的方法就是取得外部验证。大型能源公司 ChevronTexaco 对其大型项目的度量指标是以一个外部专业公司作为标杆确定的，这使得 ChevronTexaco 公司更能有效评估其成本和绩效表现，不仅与公司内部目标做比较，同时也和竞争对手做比较。该公司还使这些指标对决策者有明确的含义。在大多数情况下，管理者不会留意这些衡量指标，因为这些衡量指标并没有真正通知到管理层。在 ChevronTexaco 公司，管理者需要接受培训并确认有能力使用这些指标来做决策。此外，在波音、ChevronTexaco 和其他许多企业，个人奖励与一些重要的绩效度量是密切相关的。

如果有太多或太复杂的度量指标，那么这些度量方式本身就成为问题。为避免“为了分析而分析”的情况，例如，Air Products（一家空气化工公司）的高层管理者只采用几项指标，如与目标相关的财务回报，在中层管理者则多增加几项，如产品成本指数（product cost indexes）和市场效率（market efficiency），基层管理者则更多关注战术指标。通信服务提供商 Sprint 公司也很类似，助理副总裁 Mike Coffey 表示，该公司高层管理者使用一种有 8 项指标或较少项的计分卡来评估他们所提供的每项产品。Sprint 公司还将指标划分出优先级，并认识到工作流程、顾客满意度和运行绩效都是最重要的。Coffey 说：顾客高兴就意味着他们愿意持续使用这项服务。

指标少还有一个好处，就是能减少指标间的相互抵触。例如，加速上市固然是好事，但这并不意味着牺牲产品质量。Air Products 公司重视产品的再利用，这个做法改善了总资本成本（一项重要指标），当然资本成本降低也会使工程效率指标（工程费用除以总资本）降低。Air Products 公司的全球产品经理 Naser Chowdhury 表示，绩效指标之间相抵触这种情况确实会发生，但应尽量避免。

度量指标需要随着时间进行调整或微调，以便与企业的商业目标保持一致，企业也需要从度量指标中不断学习。波音公司有一个项目独立性评估（Program Independent Assessment），用于帮助识别新的度量指标并去掉旧指标，同时也用于评估目前的度量指标在各个产品项目的使用情况。

我们注意到，上市管理中社交媒体指标的使用在不断增加。在先前介绍新产品流程时，我们已看到社交媒体的使用，特别在开放式创新中，例如，宝洁公司的联结与开发（Connect and Develop）计划，在社交媒体中可通过在线社群提出或评论新创意。事实上，社交媒体也可用于上市管理。在产品上市期间，顾客反馈可通过在线来源取得，并与已上市销售的产品进行比较。产品在在线展示之后，可以使用情感分析工具（Sentiment analysis tools）对产品的正面与负面情感进行分类，找出产品改进的机会。还可以从线上来源获得售后服务的洞见，在服务提供商之间分享，从而提高顾客的支持。

19.5　上市管理计划的范例

表 19.2 是一个上市管理计划的范例。图中都是实际问题，我们选择了特定的变量进行追踪，有触发点，还有能立即产生效果的备用应急计划。须特别注意的是，这不是一家大公司，该公司没有市场研究部门，对于如何上市新产品也缺乏复杂规划。然而该计划包含了重要的基础内容，能让管理者掌控上市管理，任何问题一出现就能采取有效行动。

拥有庞大预算的大型公司有较复杂的计划，但本质上都是一样的问题：追踪变量、触发点，以及能够立即启动的补救措施。非常小的公司可能只有处理小部分问题的能力，惯例可能是使用所谓的紧盯控制（eyeball control）来扫描整个市场并观察是否有问题出现，问题一出现就立即考虑应对之策。

但不论是在脑海中，还是在表 19.2 中，或在复杂的正式计划中，本质都是一样的。

表 19.2　上市管理计划的范例

背景：这是一家正在销售一种特殊电子测量仪器的中小型企业的上市控制计划。该仪器必须是销售给一般用途（如工厂）的市场，然而该公司之前的产品主要销售到科学研发市场。该公司有大约 60 位销售人员，而资源并不充沛。在该市场中没有联合市调服务（例如，市场审计公司）的提供商。

本表只列出部分营销计划，然而该控制计划包含完整的问题集、测量这些问题的计划，以及在各个问题实际发生时公司预计需要做的事项。

潜在问题	追　踪	应急计划
1. 销售人员没能按照预定比例接触到一般用途市场客户	每星期追踪电话访问记录。计划每位销售代表每周至少需要 10 个电话	如果在 3 周内活动低于这个标准，将会举行一天的地区销售会议作为补救措施
2. 销售人员不了解在一般用途市场中，产品的新特性与产品使用之间的联系	由销售经理每天打电话给销售人员作为追踪。全部销售人员在两个月内就能追踪完毕	将对个别销售代表做出澄清，但是如果最初的 10 个电话访问提示一个普遍的问题，将召开特别的远程电话会议让所有的销售人员了解该问题
3. 潜在顾客不打算试用该产品	针对已收到销售简报的潜在顾客，每周进行一系列的 10 个后续电话拜访的追踪。在追踪的潜在顾客中，应要有 25%的人认同产品的主要特性，	补救计划必须由销售代表针对所有潜在顾客进行特殊的后续电话访问，并为这些潜在顾客提供 50%的首次购买折扣

续表

潜在问题	追　踪	应急计划
3. 潜在顾客不打算试用该产品	在这些认同主要特性的潜在顾客中，应有 30%的人下试用订单	
4. 购买者已经试用了，但并没有下大量的再购买订单	对于下首次订单的潜在顾客追踪另一系列的电话访问。在 6 个月内 50%的试用者会再次购买至少 10 个单位作为销售预测	现在没有补救计划。如果顾客不再购买，代表产品使用中可能有些问题。既然产品确实不错，我们就应该知道不当使用的本质原因。通过对主要顾客的现场拜访来确认问题，接着采取适当的行动
5. 主要竞争对手可能有相同新特性（我们没有专利权的部分）的产品准备上市	这种情况本来就无法追踪。从供应商或媒体处探询，可能会帮助我们更快速地得知	补救计划是在 60 天内停止所有的促销计划，实行孤注一掷的计划。所有的现场推销只销售该新产品，增加 50%的首次订购折扣以及两种特殊的邮寄方式。上述其他追踪将被更严密地监管

19.6 上市管理和知识创造

在整个新产品流程中，我们都在学习。在产品开发阶段，我们可能发现一些活动或程序是让我们想要重复应用在其他产品项目的或成为公司标准化的做法；或者重复用于识别技术，以降低风险和成本并缩短开发时间。特别是，在上市后通过复盘（After Action Review，AAR）可能会创造很多重要知识。复盘的实践者包括一些现如今比较成功的创新公司，其中有 Harley-Davidson、Sprint 和福特。

设计复盘的目的是捕捉导致产品上市的各种活动，试图了解这些行动背后的想法。目标是识别出哪些行动是正确的（以便复制与再应用）、哪些是错误的（识别出流程中的弱项以便改进修复）。一个好的复盘包括计划目标的陈述和实际结果、尝试用理论说明观察到的差异、陈述学习成果，以及之后的行动计划。例 19.2 提供了一个案例。复盘不需要很正式，有些时候只是顾客来访后的几个人的简短会议，但无论如何都要执行。有些企业在产品上市一年后才执行，主要是为了评估这个新产品在市场上的情况，或评估这个新产品是否达到计划目标。复盘的参与者包括新产品团队负责人，以及对这个产品有直接经验的任何人，如果参加复盘的人数多到难以操作，可以将参与者分成几个小组，同时进行好几个复盘，然后再将子群体聚集起来讨论学习成果。由于这种小组讨论的情况比较多，如果有一位受过训练的优秀会议主持人，那么效果会很不一样。

例 19.2　复盘的范例

目标：

（1）在 12 月底前寄出样本给顾客。

（2）在 2 月底前寄出修正的样本。

（3）把测试时间缩短一半（从 1 分钟缩短到 30 秒）。

结果：

目标 1 延迟了一周；目标 2 和目标 3 按期完成。

产生差异的原因？

- 新产品没有达到产品规格书要求的绩效。
- 在重新设计和重新生产上浪费了太多时间（6 周）。
- 没有分配充足的时间进行硬件或软件的变更。

但是：

- 因为有了新开发的高效率的测试方法，团队得以缩短测试时间。

学习心得：

- 我们或许太依赖现成的流程和工具，并不是所有的现成工具都适合这种情况。
- 尽管在公司内部我们称这个产品为现有产品的衍生品，但实际上产品测试程序却比现有产品更复杂，计划中却没有提出这一点。

某些产品的生命周期十分短暂。但可能产品经理从一开始就知道某些产品在市场上持续不了很长时间。这种产品包括流行产品、暂时用于填补产品线空白的产品、锁定市场参与者特殊需求的产品，以及应景产品。应景产品的一家制造商 Baskin-Robbins 公司就有一些长期供应的固定产品和其他一些能随时填补或退出产品线的产品。

短期产品不太需要上市管理，主要是因为没有什么事能做——所有的事情都是固定的。广告和人员销售预算是为了满足分销商和零售商的需求（不能产生存货不足的情况，因为这意味着会暂时失去销售量）及进行促销。促销只有对知晓度和试用有效果。短期产品没有后续产品，如果可能的话生产会外包，也没有存货，并且生产周转与再购订单的速率相一致。不需要建设长期服务设施，保持价格稳定（顶多就是降价），宣告上市后的多数工作是结合所需的市场信息去了解销售量什么时候持平或降低。等到发现了上市中的问题时，解决问题的时间点已经错过了。

19.7 产品失败

尽管每个人都尽到最大努力了，产品有时候还是会失败或可能失败。当产品销售出现下滑时，公司首先想到的是如何最佳化地投入额外的资金，并重新审视战略。当然，如果时间允许，长期的改进包括修改产品，或者将预备好的附加产品特性加到产品上。如果市场状况特别困难，而唯一的解决办法就是对产品进行长期的改进，那么就需要暂时将市场上的产品撤回，或者最好停止所有的促销活动并且冻结市场直到找到解决方案。如果开发领域的问题不能成功快速地、有所进展地解决，通常需要放弃该产品，也就是说放弃该市场机会。多数公司有许多新产品可供选择，因此情愿将失败的产品抛在脑后、彻底忘掉。

公司政治不好，人们会争相逃离这艘即将下沉的船（指失败的新产品项目），而批评者不断提醒每个人他们是如何预测这个问题的，等等。当然，如果新厂房已经兴建，或者正在执行重要的促销计划，或者财务承诺已经投注下去，就必须持续努力，至少直到有时间完成一个新产品的重新上市。

放弃产品的决策显然是一个伴随着潜在连锁效应的复杂决策。有一个研究团队就放弃产品的决策提出了阶段性的流程（见图 19.6）。在此流程中，公司首先必须决定该产品的绩效是否列入放弃的考虑。接着，通过质量及价格调整或锁定新市场的方式，探索产品重新生存的方法。在制定放弃决策之前，公司必须系统化地评估日常管理开支、花费，以及产能利用率等各方面的影响，并且确认放弃该产品是否会造成公司产品线出现大的空白。最后，如果必须或无法避免放弃该产品，要确认放弃的速度（比如，立即撤回该产品，持续几季、甚至几年从该产品榨取收益，或者转卖等）。

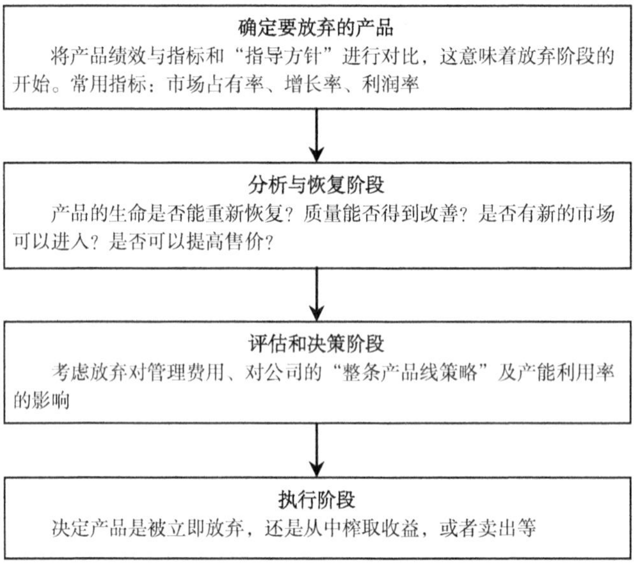

图 19.6　一种阶段性的产品放弃流程

一些证据显示，全新问世的产品比较难以终止。在这些案例中，管理者倾向于对项目成功机会抱乐观心态，情感上完全投入，更希望在产品上市之后延续该项目。在苹果公司的 Newton 个人数字助理和 RCA 公司的 Selecta Vision 录像磁盘系统这两个案例中，在新产品的评估过程中就有很明显的信号暴露出产品存在的潜在问题，但都被忽略了。在其他案例中评估并没有彻底执行，同时也没有明确制定是否进行的决策。某些先前被放弃的产品甚至可能会以其他名称重新回流。在我们加速将产品上市的过程中，务必要快速识别并停产不良产品的洞察力！

如果某个产品或产品线决定不再持续，它仍然存在获得收益的机会。我们可以将它全部卖给其他公司。一个选择是，公司出售产品的销售权或品牌、产品的配方或蓝图、产品的制造流程、产品的分销渠道、产品的技术或核心组件，或者产品的整个单元。另一种可能是，公司可巩固其地位，成为逐渐缩小的池塘中的“大鱼”（见例 19.3）。事实上，这种策略有一项优势：几乎不存在新竞争对手进入本市场的威胁。如果可行，就要抓住任何机会。

例 19.3 实行中的巩固策略

大约在 100 年以前，可拆、可丢弃式的纸衣领仍然是服务生制服的一部分。该产品不再流行之后，就只剩下一家厂商继续生产。当这家公司被其他公司收购时，它寄信通知顾客，说明纸衣领的价格将会调涨一倍。公司的新老板知道这种衣领的市场虽小却有足够的需求。

一家餐具柜制造商购买了大型拖车的制造厂房，想要将其改成生产餐具柜的地点。它发现自己接管了美国最后一家大型拖车厂之后，便继续销售有利可图的大型拖车（包括许多给园艺工或园艺设计师使用的种植机）。

各式各样的汽油动力割草机占领了郊区草坪市场后，手推式割草机就变得十分不普遍。American Lawnmower 公司在手推式割草机的市场占有率大约是 95%。近几年，许多家庭因为手推式割草机的简约、对环境友善及有怀旧情怀，纷纷转向手推式割草机，使得其销售量回升。

在晶体管完全取代电视、收音机和其他设备的真空管后，RCA 公司和 GE 公司放弃生产真空管。但是在 伊利诺伊州的一家小公司知道，真空管在其他设备上仍有用处，便积极并购了其他小型竞争者，在市场上获得了盈利。

这里提到的优势是，在进入市场时几乎没有对手的威胁存在。（此时 GE 公司真能在真空管上再投资，或者福特汽车公司真能在大型拖车上再投资吗？）

如果必须放弃（Abandonment）该产品，那么管理者的工作还没结束。他需要通知许多人（包括顾客、政府、分销商和渠道成员）。如果人们或公司已经习惯于依赖该产品，可能需要执行逐步降低库存的计划、储备零部件或提供某段维修服务的期限。需要评估放弃产品之后，持续向顾客提供服务的时间和成本。

本章小结

本章我们讨论了产品的市场导入。企业有产品、营销计划，而且也准备好了控制其成功的方法。

上市管理的必备条件有：一份计划方案、市场销售进展的测量、分析事件以确认是否应采取预先安排的应急计划、持续研究以确保一旦发现任何问题，就能立刻采取行动来避免或至少减轻问题。

上市管理以及追踪尤其困难，因为大多数活动在市场之外发生，变量会改变，衡量不易，并且昂贵（不像运用紧盯控制方法那样在厂内来回走动）。然而这个方法是可行的，而且情况许可时，新产品经理绝对能够从中获益。

下一章，我们将注意力转到在新产品工作中从未讨论的话题：新产品的生产、分销、使用或储存，是否牵涉公共政策？是否会牵涉道德问题？研发人员为什么认为并不重要？公众怎么认为？政府官员怎么想？我们将在第 20 章讨论这些问题。

应用实践

以下问题来自公司董事长的采访。

（1）“感谢你告诉我你所了解的关于上市管理的知识。但是，我对一件事还是有点困惑，你之前提到关键事件、可控事件及追踪变量。你说你必须要将这 3 件事全部列出来，那么这 3 件中是否会有一件不在清单上？比如，了解新产品的决定性属性。对于这个事件，是将它理解为关键事件，还是将其确定为可控事件，或由追踪系统将其定为追踪变量？您能说明一下吗？”

（2）“在过去的一年里，我曾偶然有几次目睹了某一新产品陷入困境——期望太高而销量太差。最令人伤心的是相当一部分人竟竭尽全力否认这些必然发生的事情——产品已经失败了，越快放弃结果越好，否则就是亡羊补牢。事实上，在下次股东会议上，我将就这次影响做一个演讲，我希望你能帮我。对于为什么某些人会愿意一直抓住失败不放，你愿意帮我列举出所有可能的原因吗？这样的话在演讲前，我就能确保我能回答所有人的问题。”

（3）“如果我没记错的话，上市管理大部分取决于追踪或计划，如果事情能顺利进行，就能对每个变量进行追踪。我相信你向我展示的以上图表中的计划都有各自的追踪计划。但对我来说，这些计划似乎都是纯粹的推测，至少在一些新产品案例中是这样的。比如我之前读关于太阳能公司的案例（大西洋富田公司的一个子公司），这家公司有一款太阳能金属板，可以安置在汽车的仪表板上为汽车储备电能。它是如何知道知晓度或试用的路径？它不能采用上市管理吗？我们旗下的很多子公司正在开发与这个新产品相似的东西。”

案例　艾力达（Levitra）

对于许多男性而言，勃起功能障碍（Erectile Dysfunction，ED）令人感到羞耻。造成勃起功能障碍的原因众多，如心血管疾病、服用治疗、高血压或心脏病的药物、抽烟或进行过前列腺手术。在 1998 年以前，患有勃起功能障碍的男性患者尚没有治疗的方法。阴茎注射和栓剂各有缺点，也无法提供一致的治疗效果。部分男性为了克服勃起功能障碍，转而寻求其他解决方法，如心理医生、做外科手术或使用真空装置。这个市场已足够成熟，需要开发一种安全的口服药物，这种药物可以增加血液流量来达到期望的效果。到目前为止，许多患有勃起功能障碍疾病的男性甚至对医师都难以启齿。近年来的研究指出，有九成的患者没有向医生求助，只有一半的人在接受治疗。这个数据指出，万艾可（Viagra）仅在美国的市场规模就已经超过 2 500 万人，而且这个数字估计到 2025 年可能增长为两倍。

1998 年，辉瑞公司以强大的促销力度上市该产品，这是第一个治疗勃起功能障碍有效且安全的口服药。万艾可治疗勃起功能障碍的效果令人印象深刻。根据当时 Johns Hopkins 的研究指出，万艾可的有效率达到 65%。在那一年万艾可的上市似乎势在必行。杰出的政治家 Bob Dole 被选为万艾可电视广告代言人，广告的主题是：对于男性而言勃起功能障碍向医生求助是可以接受的。为了增加促销效果，万艾可赞助的赛车很快出现在全美运动汽车竞赛协会（NASCAR）的跑道上。我们清楚地看到，市场十分渴望这个产品，到了 2002 年，万艾可的销售收入已经达到 17 亿美元。

其他制药公司几乎忽略了这个正在崛起的市场，然而万艾可不是完美无缺的。约有 30%的使用者指出，他们服用万艾可之后并没有产生正向的效果，甚至服用最高剂量（100 毫克）也是如此。此外，服用万艾可需要 1 小时效果才会显现，药效可持续约 4 小时，其副作用包括头痛、鼻塞，有趣的是会改变部分使用者对蓝色的视觉。因此，可以研发一个新产品，具备类似万艾可的功能，却没有万艾可的副作用。但这只提供了一半的解决之道，即使找出这样的产品，它如何与受欢迎的知名品牌万艾可争夺市场呢？

2003 年 8 月，葛兰素史克和拜耳公司上市了艾力达（Levitra）。这个新产品是万艾可的竞争对手，事实上它是与万艾可同等级的药物。葛兰素史克和拜耳公司的试验证明，艾力达的治疗效果更好。研究指出，艾力达对那些对万艾可没有反应的人有效。艾力达还有一些优点：服药后 16 分钟即可产生效果，而且可持续 5 小时，这避免了万艾可的缺点，药效也超过了万艾可。此外，服用艾力达也不会影响用户对蓝色的视觉。

尽管艾力达表现出色并具有疗效上的优势，但是葛兰素史克和拜耳公司在这个产品的上市战略上并没有做多少改变。公司邀请过去的足球明星与教练 Mike Ditka 担任代言人，他与 Dole 一样，被目标观众看作强壮、有男人味的榜样，因此可以鼓励更多的男性寻找方法来治疗勃起功能障碍。葛兰素史克和拜耳公司还成为国家美式足球联盟（NFL）的赞助商。艾力达产品的广告主题语似乎相当合适："继续留在游戏中，当你在一个美好无比的地方时。"葛兰素史克和拜耳公司依靠它们现有的全球营销和分销网络来缩小这两种药品之间的差距，并且也争取全球分销商接受艾力达。此外，成本对消费者十分重要，艾力达上市价格更低：30 片装的艾力达视其药效强度，定价在 291～299 美元，比相同剂量的万艾可价格低了 7～25 美元。

上市后几个月内艾力达夺走了万艾可大约 1/2 的市场，辉瑞公司为了寻求保护，正在评估艾力达的药品组成成分是否侵犯了万艾可的专利权。

显然，葛兰素史克和拜耳公司看到了万艾可的成功（并看到了市场潜能），将勃起功能障碍列为研究的优先级。艾力达的优异疗效是相当明显的，至少对某些服用万艾可的患者而言，并且价格也使其成为当今保健用药的首选。我们无法否认代言人或广告内容的影响力，或者葛兰素史克和拜耳公司将新产品有效上市到全球市场的能力，这些可能都是造成艾力达成功的原因之一。关于先行者优势（first mover advantage），这个案例告诉你什么？艾力达的优势能够持续吗？如果你是葛兰素史克公司管理艾力达品牌的经理，你最关心什么？你能做什么？

第20章

公共政策

20.1 引言

在前面的 19 章中，我们一直在讨论新产品开发和上市的各种问题。为了简化问题，我们将其中的一个重要问题放到本书最后讨论——公共政策。公共政策关系到企业和全体公众之间的关系。在地球上无论哪个国家，都会因为某些原因限制或规定某个新产品功能。因此，尽管法律可能并不清晰，但管理者还是需要了解这些规则，需要了解法律的边界。

本章讨论公众关注的生命周期，讨论产品创新和公共政策的商业态度，讨论公众最关心的问题——产品责任。本章还将讨论其他关注点，比如，环境及其相关的管理议题。

20.2 公众关注的周期

人们高度关注环境问题，而且，许多公司决定以它们自己的方式寻找解决环境问题的方法。沃尔玛公司已经在着手建立节能商店，与此同时，通用电气公司正在研发超高效产品。为什么人们会突然间如此关注环境问题呢？当然，媒体频繁披露环境问题，使社会底层的环境意识增强。首席执行官们有时会突然谈到他们对环境的担忧，这也被视为气候威胁下的个人觉醒。

但是，这其中也有更深层次的原因。大投资人知道，可能即将限制二氧化碳排放，并且比预期来得更快，因此，他们对公司施加压力以寻找解决方案。汽车制造商已经成功上市了混合燃料汽车，为了减少气体内燃机的空气污染，它们还一直在寻找汽车未来的替代能源。如果经过多年的研究和努力，它们研发出比现在汽车使用的内燃机效率高 1 000 倍的气体内燃机，将会怎样呢？这或许比氢燃料电池动力更高效，不应该将其排除在未来 20 年汽车发展的目标之外。为了应对未来的发展，管理者有时采用技术路线图来模拟未来的各种情景，以制订方案。无论什么行业，环境保护都将是主流方向。如果我们还没有这么做，那应尽快制定下一步相应的发展策略。

快餐公司已经在接受公众监督。2003 年，肥胖孩子的父母们起诉了麦当劳公司，他们认为快餐饮食导致了孩子们患上心脏病、糖尿病、高胆固醇和其他症状。麦当劳公司也成为 2004 年播放的《超码的我》电影中的讨伐目标。许多公司（不仅仅是麦当劳公司）批评这部电影扭曲事实（企业竞争协会的一个成员建议将这部电影分类为喜剧）。麦当劳公司在 2004 年承诺启动平衡饮食生活项目，这个项目包括公众教育及公司菜单和广告中的变化。还有一个例子，知名个人教练格林 · 鲍勃自愿走访主要城市讨论锻炼和健康饮食。尽管在北美，麦当劳公司还可以控制局面，但是在法国、英国和其他地方，麦当劳公司的主要供应商仍然面对着尖锐的批评。

所有公众关心的严峻问题都将经历以下阶段，如图 20.1 所示。看看你是否能找出全球变暖的公共政策或快餐营养问题的每个阶段。

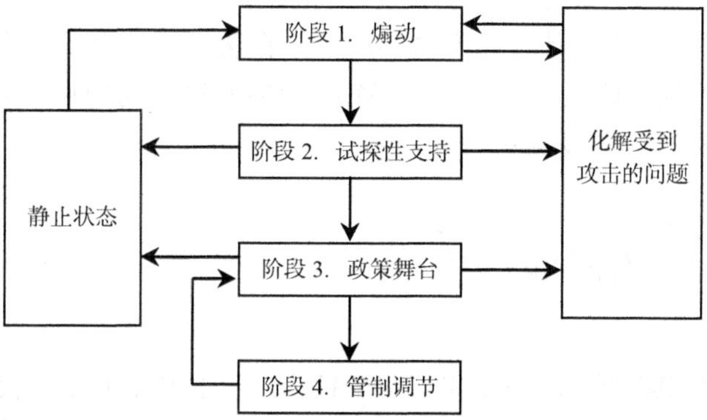

图 20.1 公众关注的周期

阶段 1 煽动

早在这些问题伤害或者激怒更多的人并造成极大负面影响之前，很多个人已经开始抗议。写给公司总裁的信、报纸文章的抱怨、学识渊博作家的担忧是这一阶段的典型特征。大部分人会忽视这个阶段，但当回顾时就很容易意识到。引发煽动阶段可能会持续很长一段时间（事实上是几十年）。

令新产品经理困惑的是，他们不知道未来将发生什么，问题会突然爆发还是消失呢？

阶段 2 试探性支持

当越来越多的公众关注该问题时，推动者可能会决定以此为借口找公司麻烦。这些推动者过去常常是个人，而且都是些默默无闻的人，例如 Ralph Nader 在 20 世纪 60 年代倡导增加汽车安全性。然而，现在这些推动者倾向于来自组织，为了对公众做贡献和获得声誉，组织的领导者试图解决这些令公众不安的问题。对这些组织而言，最关键的问题是"这些未被大众所知道的令人不安的问题有多么广泛？"或"标题如何引人注意？"。这些问题看起来可能很愚蠢，但请记住，无论何时都有许多引人关注的问题。一个组织如果把它的稀缺资源浪费在逐渐消失的问题上，那么它可能会失去影响力。

在任何情况下，阶段 2 除非受到攻击的产业能化解危机或推动者无法获得公众广泛的支持，否则他们能够获得成功并将进入阶段 3。

阶段 3　政策舞台

当问题已经在大众中获得了一定基础的时候，通常已经错失化解危机的机会了。现在，公司必须准备好应对各种法规的挑战，需要了解新法律和相关规定的内容。公司通常了解大众消费者的需求，试图以最低的成本和最不受限制的方法迎合消费者。有时候，公司也会强力对抗约束。麦片产业就曾这样做过，并在多方面获胜。

阶段 4　管制调节

新的法令通常是不明确的，这种不明确导致对手以利于他们自己的方式解读法令。例如，美国的消费者产品安全协会依照消费者产品安全法的规定，下令没收任何“有随时发生危险的消费品”，很难界定什么属于这类产品。在法规制定上，不准确可能是必要的，甚至是聪明的做法。这一阶段通常会持续多年，有时政策方向的转移会造成人们把许多问题加入这一阶段或从这一阶段删除。

20.3 产品问题的商业态度

商业企业处理公共政策问题时，应当基于较为广泛的基础而不应仅基于新产品。所以，在企业和社会交互的事务中已经形成一套理念，这些理念大部分支持产品创新和社会保持一致，哪怕有些问题我们至今仍未解决。例如，当消费者无法读懂产品说明书而造成产品误用时，我们如何支付这样的成本？一般而言，我们关心的问题在“边际线上”，也就是具有不确定性和多变性。

新产品引起公众的意外担忧，可能是管理层疏忽的结果，需要指出的是，这种担忧是在预料之外的。我们预料到的许多问题在大多数情况下是可以有方法避免或化解的，至少可以做好充分的应对准备。

20.4 应对当前问题

新产品经理在面对社会和法律上的压力时，会面对许多特殊的问题——产品责任，这是目前最复杂也最令人烦恼的，部分原因是由于潜在诉讼的严重性及错误的代价。

这些问题在全世界都存在，我们在这里讨论用到的主要是北美的案例。

20.5 产品责任

这个情况很简单：你买了件产品却受到伤害。伤害可能发生于当你把产品带回家，打开它，存放它，使用它，试图修复它，或者当你丢弃它时。如果你受到伤害并认为是产品的制造商或经销商做（或没做）的某事造成的，那么你可以提出产品质量诉讼。诉讼成立的话，被告方要为伤害带给你的花费和痛苦负责，并支付惩罚性的损害赔偿。

在过去，产品责任适用于物品而非服务，没有试图将产品责任法律延伸到服务。现在，服务也是产品（事实上两者都是，我们在本书中也使用这种说法），它们都是基于诚信原则而被交易的，一旦服务造成伤害，则应该给予补偿。

产品责任有多么重要？大多数诉讼案件都是在法庭外调解解决的，所以我们没有完整的赔偿金额资料。许多诉讼案件的赔偿金额高达数十亿美元（尽管这些诉讼不像石棉、隆胸手术和汽车纠纷那么常见），因此这些案件是十分复杂的。如例 20.1 所示，这种成本对公司而言是十分高昂的。

例 20.1 2009—2010 年丰田召回事件

对丰田公司而言，没有比 2010 年 4 月更糟糕的了。当然，实际上以往也有比这更糟糕的。当丰田公司奢侈车品牌 Lexus GX 460 和 Land Cruiser Prado 出现失控问题时，丰田公司同意向美国政府支付巨额罚款，该罚款是有史以来对汽车公司征收的最大罚款。这次召回的车辆在全球有 34 000 辆，仅美国市场就有 9 400 辆。《消费者杂志》（*Consumer Reports*）报道这些车在急转弯时打滑十分严重。

在 2009 年年末就出现了一些问题，一些车的油门踏板有时失灵。在最近的一次召回事件中，Sienna 小型货车上的备用轮胎有电缆故障，导致轮胎从车上脱落。从 2009 年 11 月起，大约已经召回 900 万辆丰田车（包含奢侈的运动型多功能车）。美国政府基于丰田公司隐瞒油门踏板失灵的相关信息，对其做出 1 640 万美元罚单。监管者认为丰田公司早在几个月之前就知道或应当知道油门踏板问题。丰田公司决定接受罚单以避免长期的法律诉讼，将精力集中在加强质量保证上。在罚单方面，丰田公司虽然不承认犯罪，但仍然需要面对受害者和其家属发起的几起诉讼案件，有可能要支付几十亿美元的赔偿金。

关于 SUV 召回事件，丰田公司在 4 月末向 Lexus 经销商提出了软件升级服务，升级的软件将安装在召回的 GX 460s 中以修复转向问题。经销商提供的升级服务将在 1 小时内完成。与此同时，丰田公司北美质量负责人 Steve ST. Angelo 说："丰田公司的目标是向消费者提供高品质的安全和质量服务。在面对政策监管或政策监管之前，我们的工程师已经做实验确认了《消费者杂志》报道的转弯失控问题，我们确信软件升级能消除公众的疑虑。"尽管 SUV 召回只涉及相当少的车辆，但也给丰田公司带来了又一次沉重打击，理由如下：公司一直承受着早期召回事件的压力并支付了一大笔罚款，《消费者杂志》给出的“别买”建议也吸引了媒体的注意，因为很少给出这种评级。珍贵的品牌价值似乎突然就没有了。在 2010 年中期，采取行动（聚焦产品质量保证和加大宣传力度）重建市场信心是丰田公司的责任。

20.5.1 伤害来源的类型

以下列出了人们陷入麻烦的路径，其中很多路径对新产品来说会更棘手。

（1）许多产品都存在固有的内在风险。例如，输血会有感染肝炎的风险，炸药有误爆的风险。由于这些风险不能避免，在法庭上会得到更多的理解。

（2）设计缺陷会导致产品有 3 种层次的不安全性。第一，产品设计本身可能会带来危险，如蒸汽喷雾器的重心过高会导致液体溢出。第二，缺乏必要的安全装置。例如，吹风机缺乏过热切断转换器。第三，产品使用了不恰当的材料，刚开始产品能发挥功能，但是材料最终可能老化并造成危险。

（3）制造上的瑕疵一直都是新产品的问题。即使产品有良好的设计，不恰当的质量管控方法也可能导致产品有缺陷。例如，焊接技术不行，就会使梯子有问题。

（4）制造商可能生产出能让人接受的产品，但是缺乏恰当的产品使用说明书或禁止特定用途的警告。如果使用不当，割草机就是个有潜在危险的装置。产品说明书上应该告诉用户如何使用该产品及有哪些不当使用。由于诉讼的高风险，公司通常标示出看起来很荒唐的长句警告，以确保它们有完备的警告语（如割草机可能会标示“不要用割草机来修剪围篱”，见例 20.2）。什么样的警告语才算完备并没有定论，下文有国外最近几年的认定：警告需要放在产品显著的地方以便看得见；应该放在用户最有可能看到的地方；应该告知危险等级并指导用户如何避免潜在的危险；产品销售者不能采取与产品警告标志有冲突的营销活动，同时也不应陈述产品是安全的。用户应该被告知忽视警告会发生什么后果。生产商必须确定用户能得到警告，而不仅仅将警告语张贴上去。

（5）最后，危险可能出现在产品使用后，制造商的责任可能持续到这个阶段。例如，喷雾器制造商必须警告消费者不能将废弃的喷雾器丢入火中。

注意：由于报纸扭曲事实，我们必须小心处理产品责任问题。例如，最近广泛报道的一个案例如下：一个肥胖并有心脏病的医生买了台 Sears 割草机，在开动割草机时突发心脏病，得到了 180 万美元的赔偿金。事实上，法院判决报告显示该割草机有瑕疵，需要比正常割草机更大的劲才能拉动。顺便说一下，那位医生并没有心脏病。

例 20.2 哪些是真正的产品警告标语？

（1）一次性刮胡刀片上：“请勿在地震时使用本产品。”

（2）在花园假山上：“咬石头可能会导致牙齿断裂。”

（3）在救生圈上：“请勿将此产品当漂浮装置使用。”

（4）在吹风机上：“请勿在睡觉时使用。”

（5）在钢琴上："吞食有害甚至致命。"
（6）在遮阳挡风的卡纸板上："警告：请勿在开车时使用。"
（7）颈部防护套："颈部防护套不能保护防护套覆盖外的部分。"
（8）在植物糖浆上："小心可能会引起呕吐。"
（9）在熨斗上："衣服破损时请勿熨烫。"
（10）在塑料雪橇上："请勿食用或烧毁。"
（11）在工作手套上："为你考虑，请勿遗留在犯罪现场。"
（12）手机上："请勿在微波炉中烘干手机。"
（13）木匠的刨切用具："请勿将此产品作为牙医用具使用。"
（14）在搅拌机上："请勿作为鱼缸使用本产品。"
（15）在折叠式婴儿车上："在折叠前请将孩子抱出婴儿车。"
（16）在洗衣机上："请勿将人放入此机器中。"
（17）在壁炉上："小心火灾。"
（18）在激光打印机墨盒上："请勿食用碳粉。"
答案见本章节末。

20.6 为产品召回做好准备

似乎任何公司都有可能某一天面临产品召回问题。为确保能妥善处理好召回问题，以下将说明产品召回前、召回期间和召回后的步骤。

20.6.1 产品召回前

指定一个人作为产品召回项目协调者，此人以后会是专门针对媒体和管制机构的发言人。确保此人擅长与媒体交涉并且不会在媒体的激烈质疑下崩溃。此外，还要确保公司与消费者和中间商的交流存在有效渠道。许多公司用回执保修卡与消费者保持联络，但通常很少收到顾客回执，也不会联络到二手产品所有者。或许公司应当在发放回执保修卡时给予激励措施或提供一种更简单的方法（如在产品上印制电话号码）。

20.6.2 产品召回期间

评估风险并采取补救措施。当发现一个血糖测量仪有问题时，LifeScan（Johnson & Johnson 的一个子公司）在市场上召回了全部测量仪 600 000 个，并确保已告知最终消费者和中间商发现的问题。Mattel 从商场货架上召回全部有瑕疵的 Cabbage Patch Snacktime Kids（该产品会让孩子的头发和手指卡住）时没有遇到麻烦，但要从消费者手中召回这些产品时却遇到极大的挑战。最近，在召回含铅油漆的玩具时也遇到了同样的问题。而且，向消费者发送的产品召回邮件很有可能会被视为垃圾邮件而忽视。汽车公司都试图向顾客提供尽可能满意的产品召回服务。

20.6.3 产品召回后

努力恢复公司名誉并监控召回效果。在 1990 年的 Perrier 矿泉水含苯的恐慌事件后，新的矿泉水瓶子上都标有“新产品”字样以让消费者放心。Schwan 公司的部分冰淇淋被运送卡车的水槽感染了沙门氏杆菌，随后，公司要求运输商的卡车上只装 Schwan 公司的冰淇淋而不能有其他产品，并在送到工厂后检测所有的冰淇淋是否感染沙门氏杆菌。在 2007 年的宠物食品召回事件后，宝洁公司在报纸上投放大量广告以确保宠物所有者知晓 Iams 和 Eukanuba 销售的宠物食物是安全的，不受召回事件的影响，还在知名网站的显著位置上发布这些信息。在 20 世纪 80 年代早期的典型案例泰诺污染事件后，强生公司将产品放在牢固的瓶子内并用胶囊密封，销售量不久就超过了污染事件前的销售量。

20.7 标准化和透明化

如果有大量的风险，高科技公司将不愿意开发新产品，制药公司称为“新药延迟”，新的医药设备很有可能不会面世，此时需要更多的证据支持。

20.8 环境要求

新产品的公共政策问题是一个复杂的话题，本书中我们仅快速浏览这些问题，指出这些问题为什么重要并为想要进一步研究的读者介绍一些资料。本节我们将探索对环境的关注点与要求。

如果新产品发生下列情况：① 原材料稀有或很难获得，② 产品的设计或制造会带来污染或消耗大量能源，③ 产品的使用造成污染，④ 有关产品的弃置问题不能通过回收来解决，那么就会破坏环境。公司寻求以社会责任方式通过在产品研发中植入绿色理念来解决问题。消费者和利益相关者十分期待这样，政策措施也要求如此。一般而言，可持续性设计指新产品的设计能减少对环境带来的负面影响。

虽然，良好的意愿和执行过程通常有差距，管理者想做对环境有利的事情，但他们有赚取利润的压力，尤其当经济不景气的时候。因此，高层经理对环境忧虑的解决方案十分重要。当公司将商业目标与环境倡导相一致时，公司在可持续性设计上就取得了巨大成功。如果这样的成功出现了，公司产品团队将在追求项目上获得很大的支持，而这项目能使环境长期受益而不会感觉到“得到低层次的成果”（仅仅将绿色发展融入产品中）。在可持续性设计上的领导地位将使公司具有可持续竞争优势。政策在燃料释放、废物管理和其他环保问题上的监管将变得越来越迫切，产品经理需要将政策监管高效地融入长期的商业目标中。

弹簧床垫制造商 Leggett & Platt 是将环境责任与赚取利润的商业实践目标有效结合的一个公司。该公司研发了一种新的折叠弹簧床垫，能向顾客提供产品增加值（任何试图将弹簧床垫搬到几层楼高的人都能立即看见其增加值！），同时也提高了产品最低价格。与此同时，运送产品更加绿色：折叠床垫只需占用传统床垫的 1/4 空间，因此能将多达 4 倍的床垫装进卡车中，显著减少了碳排放。

即使现在成本效益分析多次出现错误，但是对环境保护的强烈要求促使项目进行下去。我们甚至正在学会用更好的方式来进行绿色营销。多年前，许多公司发现环保、友好和迎合大众对绿色的关心已成为热门的营销战略，结果它们在包装和广告上加大对环境有利的宣传，最终却带来了消费者的怀疑。幸运的是，现在的产品不需要绿色植物和瀑布图像的绿色标签，也不用在产品上标注环保的字眼。现在专注于产品对环境保护的后果，我们可通过新的产品流程了解消费者的需求，设计产品，用创意解决环境问题，以及通过测试来了解我们创造的新产品的影响。

绿色营销专家 Jacquelyn Ottman 指出：当公司设计对环境有利的产品时，需要预见性的思考。她对公司开发可持续性设计给出了如下 5 条有现实意义和可操作的战略建议：

（1）在系统层次上创新。思考制造产品所用的原料以及产品在使用中和使用后将会发生什么。然后思考如何将产品与整个系统相联系。日本制造商 Soladey 研发出一种光催化二氧化钛手握式牙刷，该牙刷使用时不需要牙膏，能产生化学反应来摧毁牙斑。gDiaper 制造者研发出一种新的可洗用尿布，它带有一次性的里料，这种里料能扔进厕所马桶冲掉，使得这种尿布无须填埋处理。

（2）采用新的原料而不是仅仅减少当前原料的用量。可口可乐公司使用可循环的“植物瓶”作为原料，该植物瓶每次用完 30%的植物基原料（如甘蔗和糖产物），能减少多达 25%的二氧化碳排放。植物可分解塑料制造厂家 Natureworks 公司生产的 Ingeo，它是完全由从玉米纤维中提取的聚乳酸制造出来的。

（3）研究新技术来应对环境挑战。最近，在灯泡产业有很多变革，包括比紧凑型荧光照明灯效率更高的新发光二极管，而且该二极管持续照明时间是紧凑型荧光照明灯的两倍。由 Solio 公司生产的新的手摇充电器能给手机、数字照相机和其他设备充电，在太阳光下能使用长达 56 小时。

（4）开发新的商业模式。Zipcar 和其他类似的共享汽车服务商能向需使用汽车数小时的人们以更低的价格出租汽车，租金中包含燃料费，而且租赁者也不用像汽车所有者那样担心保险、维修和停车问题。

（5）恢复环境。生态友好型创新的最终方式是通过新技术和新商业模式来试图减少给环境带来的危害。宝洁公司提供 PUR 粉末，该粉末能将水中的污染物和杂质转移到第三世界国家。BASF 公司为汽车散热器研发出臭氧催化剂产品，该产品能将地面多达 80%的臭氧转化为氧气，并已经成为沃尔沃汽车和世界范围内许多其他汽车的标准配件。

图 20.2 展示了整个新产品系统如何有利于解决公共政策问题，当然也适用于其他问题。

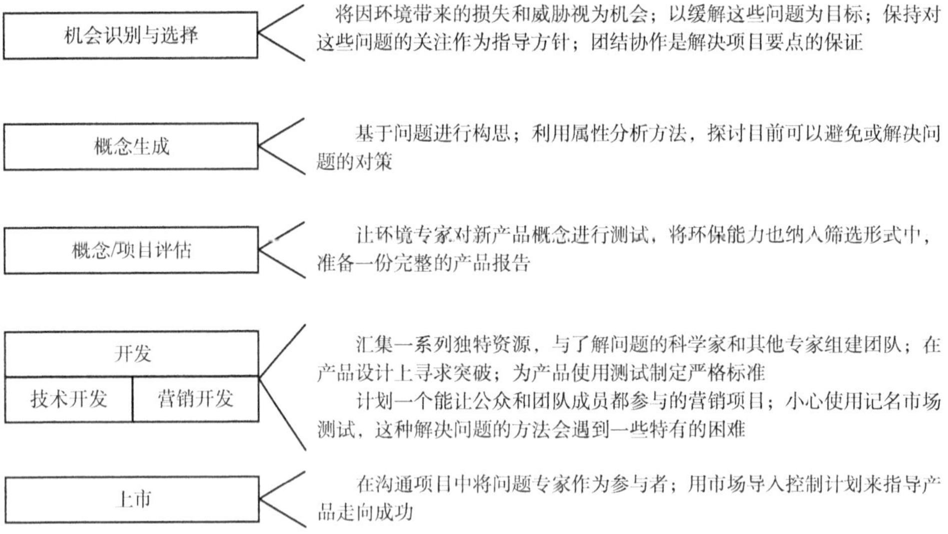

图 20.2　公共政策问题与新产品流程

20.9 产品盗版

在一些行业（视频/音频产品、计算机软件、药物、名牌衣服和香水），产品盗版是一个严峻的问题，尤其在外国市场。产品盗版实际上是一个总称，包含诸多非法活动种类，这些活动威胁这些产业和其他产业公司的品牌权益和知识产权。

（1）仿冒：指受保护的商标、版权或专利在未被授权的情形下使用。仿冒产品的种类从低价格、低质量到高质量都有，通常而言，仿冒品是不受制造企业原厂保证的。

（2）品牌盗版：定义为在未被授权情况下使用受版权和专利权保护的物品和品牌。同样，产品质量从低品质（20 美元的劳力士手表）到高品质。卡蒂亚和其他手表、香水公司已经着手起草数千项法律条文试图消灭品牌盗版。

（3）接近品牌使用：盗版制造企业使用略微不同的品牌名称，如 Channel 香水、Panasanic 摄像机、Kuma 跑步鞋（用一头正在猛扑的熊的标志来代替彪马标志，彪马在日本被视为熊）、Sunbucks 咖啡或 Tonny Hilfiger 衣服（这些都是真实的案例）。教训：购买者一定要小心并仔细检查包装。

（4）知识产权复制：近几年有些广为人知的案例涉及在未授权的情况下复制知识产权，尤其是计算机软件或 CD 和 DVD。其他产业如药物和汽车或飞机产业也受到影响。

在许多外国市场，政策对知识产权保护和产品盗版的法律相当松散。例 20.3 显示了一些方法，该方法能使公司保护自己免受产品盗版问题困扰或至少能在某种程度上减轻这些困扰。此外寻求法律帮助或政策保护、与市场沟通并告诉消费者买盗版产品的危害也是有效的方法。

例 20.3 产品盗版的防范

（1）沟通。公开宣布你的产品已被非法仿冒，而且只有正品才能提供顶级价值，公众应当识别正品。产品被仿冒能说明产品质量非常好！尤其当涉及安全或健康风险问题时，更应该认准正品。巴西消费者相当关心仿冒避孕药和抗癌药物。

（2）充分利用法律资源。北美自由贸易协议（NAFTA）要求贸易伙伴执行知识产权法。GATT 允许一国政策限制来自仿冒问题严重的国家的进口量。公司能通过向美国海关服务单位注册以获取法律保护。

（3）执行政策。一国可以取消在盗版问题上有不良记录的国家的最惠国待遇，但这是一项严重的处罚，很少能真正实施。另一个问题是没有足够多的“国际警察”来执行所有国际协议。

（4）直接接触。让仿冒品下架。由于诉讼和严格执行成本太高、有声誉受损的风险以及政府高级官员可能涉入仿冒，所以有时会忽视仿冒行为！利益受损公司另一种可能的办法就是收购仿冒公司。

（5）标示。在正品标签上标示识别码或“DNA 安全标记”（将产品制造信息进行编码）。识别码可能被复制，但会加大仿冒者的成本。一般来说，DNA 安全标志对大多数仿冒者而言成本特别巨大。

（6）超级主动营销战略。降价、大幅度增加广告、鼓励消费者购买正品，得到分销商的支持，不断改进产品或包装。

（7）将盗版视作促销。盗版 Word 软件对传播正版 Word 作为世界文字处理标准也带来了影响。微软公司可以在产品中加入一些特别手段（通过有效注册码或向正版所有者提供服务）来识别正版产品所有者。

20.10 有价值的产品

1991 年，Folgers、Maxwell House 和 Nescafe 制造商遭遇消费者团体要求停止向 ElSalvador 购买咖啡豆的强大压力。宝洁公司决定在 Maryland Club 标签下提供没有这种咖啡豆的新混合咖啡，但在 Folgers 产品中仍含有这种咖啡豆。有些制造商被要求为残疾人士设计特殊运动设备、为节食者提供更好的服务、为老年人修改产品设计（如在洗衣机操作面板上提供更大的字体），以及为少数种族团体制造满足其特殊要求的产品。美国的《孤儿药品法案》对于因潜在用户太少而无法获得商业利益的药品在研发和营销环节提供联邦资助，Rituxan 就是因此项法案而生产的药品，它是一种治疗慢性淋巴白血病的新药。

20.11 道德

过去，卫星接收器制造商曾因转播色情图片而受到批评，如今，则是互联网。社会是否应当拒绝接受某些新的产品，此时要在道德层面上关心产品好的一面。我们有新的酒精饮料、新的赌博机器以及更易接触到色情或十分暴力的电影的网站。Anheuser-Busch 由于产品在市场测试中遭受指责，被迫召回产品，公众抱怨这种饮料是“孩子的饮料”，会使年轻人喜欢喝酒精饮料。R.J. Reynolds 公司销售的 Dakota 香烟将目标客户定为 18 ~ 24 岁拥有高中教育或更低层次教育的女性。

产品创新者要知道将会发生什么，并要小心定位他们的产品。当他们犯错误的时候，社会将阻止他们。预测任何极具争议的事件的最终结果是很困难的，但有时产品研发者必须试图提前预测。

20.12 为新兴市场设计产品

产品开发者在发展中市场会有各种担忧，然而许多公司都乐意在这些新兴市场增加产品曝光度。必须谨记，这些市场的生活工资和生活标准可能会大相径庭，产品属性或性能等级也是非常不同的。因此，在考虑这些市场时请牢记：合适的产品可能是一种新的运输模式、一个新的农具或一件医疗设备，它们都可能急剧地提高人们的生活水平，从道德角度看，追求这些市场是合适的。人们也应该记住合适的产品不一定是去年的产品或今年的产品的简化版。一种全新的产品是基于发展中市场特有的需求和约束而开发出来的。例 20.4 展示了在为新兴市场开发新产品过程中需考虑的一些重要事项。全球研发专家 Gunjan Bagla 建议，当发达国家的产品经理进入新兴市场时需考虑如下一些基本问题：

（1）我应该并且我能在新兴市场中开发新产品吗？

（2）我应该仅用我当前的产品还是应该为新兴市场设计一款全新的产品？

（3）应当为发展中市场设计产品吗？谁应当对产品设计负责？内部团队还是合同设计师？

（4）如果我为新兴市场研发新产品，当产品从新兴市场进口到本国市场，我是否能承担国内市场销售量下滑的风险？

（5）我能相信我在新兴市场招聘的技术人才将会对自己有所帮助吗？

（6）如果我在一个新兴市场做开发或工程，会涉及知识产权风险吗？

例 20.4　进入新兴市场的成功因素

（1）调整创新战略。调整公司组织结构和文化，关注低成本、低技术的产品开发，不要将产品目标定位于“金字塔的顶部”。西门子公司有一项称为 SMART（简单、维修方便、价格实惠、可靠、及时推向市场）的战略方案，利用该方案为以前错过的市场开发产品。

（2）让新客户满意。了解客户、倾听客户的述说。以他们自己的文化环境来迎合他们。诺基亚公司的工程师在印度和尼泊尔做了人种学研究以准确针对特定的消费者需求（例如能在强光下阅读的屏幕或为不识字的顾客提供带有图标的地图）。

（3）提供新的性价比。为了这样做，从头开始设计产品要比试图剥离现有产品功能更好。由 Renault 公司设计、在罗马尼亚生产的 Dacia Logan 汽车成本低（6 500 美元购买价），能搭载 5 个人，价格是常规 Renault 汽车的一半，享受服务也很方便（不需要到 Renault 分销商处获取服务）。

（4）应用“Ghandian”工程。总部员工需要改变心态，朝着乐意简化产品的态度转变，并不总是要寻找最新的技术。汽车供应商博世公司在简化技术方面做了些调整以提供其不昂贵的 Tata Nano 系列部分车辆，这些车辆是为了在印度销售而设计的。

（5）研发活动本土化。为新兴市场设计的新产品通常是在这些市场中的最好产品。这能降低研发成本并挖掘当地工程师的技术，这些工程师能想出低成本、不同寻常的解决方法。美国通用公司在班加罗尔的研发室开发出一种低价的便携式心电仪，该心电仪能满足当地医生的需求。工程师们也改变了印度便携式票据打印机以为这种心电仪打印者使用。

（6）调整营销方法来销售。明白在目标国家的营销有所不同并进行调整。诺基亚公司通过在印度设立 90 000 个销售网络点，并采取适应当地方式的营销方法取得了巨大成功。在农村，顾客更喜欢亲自与销售员讨论，所以销售车会时不时经过，销售员教人们关于手机的知识并提供售后服务。

（7）引进新的商业模式。诺基亚-西门子公司用智能科技（乡村连接）研发了一种新的商业模式，该商业模式能减少手机公司的资本支出，使它们在盈利状态下进入低端细分市场，尽管这些市场在手机服务上的人均月支出非常低。

（8）寻找一家当地伙伴。用伙伴的专业知识来快速了解当地市场环境。一个当地伙伴能有助于解决在异国出现的任何问题。通用电气公司从印度顶级大学中聘请教授在班加罗尔实验室中度过假期，并与印度理工学院在研究项目上开展合作。

显然，对这些问题没有正确的答案，但是也不要忽视这些问题。在某些情况下，一个非常巧妙的、便宜的新产品是完全为新兴市场而设计的，产品能更满足市场需求，要比降低现有产品标准的效果更好。例如，Sun Ovens 公司向全世界的 130 个国家销售太阳能烹饪设备。印度制造商 Godrej 研发了一台没有压缩机的低成本冰箱，该冰箱依靠电能转换来维持低温，尽管该冰箱使用的是低效率的制冷方法，也没有移动部件，但在维修店稀少的第三世界市场却是个理想的产品。例 20.5 展示了诺基亚公司的自行车供电手机充电器和西门子公司的医疗扫描仪，二者都是为印度市场开发的。这些产品都显示了节约工程——用最少的资源设计和生产新产品。

例 20.5 简朴创新

诺基亚公司为印度市场研发的手机充电器能在骑自行车时给手机充电。发电机能将前轮旋转产生的电流传送到固定在车把上的支架上。对于这样的市场（成百上千万的人把自行车作为他们主要的交通工具，在晚上电力是不可靠和不可用的），这是一个具有现实意义的手机充电器。

在印度果阿地区，德国制造商西门子公司有一个技术中心，该技术中心研发出一台成本极低的医学扫描仪（每台成本仅需 500 美元，大约是这种类型的扫描仪的 1/4）。整个扫描仪在极小化成本的同时，以能满足发展中国家医生需要的方式重新设计，而不是简化西方正在用的扫描仪模型并降低其质量。

20.13 个人道德

有些指责很难归入上述种类中。对这些指责做出反应的人更多地将其称为个人道德问题，而不是经济或商业管理问题。对这类问题，聪明的人多是私下解决而不是寻求法院裁决。现实生活中有大量的（尽管不是全部）案例让你明白问题产品的制造者是如何处理问题的。所有涉及个人道德的案例，不仅仅发生在市场上，也存在于实验室、工厂和办公室中。正如卡通人物 Pogo 所说："我们已遇到敌人，敌人就是我们自己。"

为了对这个问题有个全面的了解，请试着找一个人，让他对以下问题做出个人回答，然后与你的回答进行比较，当然先得确保两人的回答都是在私下里完成的。你是否愿意一直支持如下的行为？也就是说，从管理角度而非个人角度出发，你会怎么做？要注意的是，个人道德情形不包括明显的违法行为。

（1）产品的创意或概念形成经常促使我们探索顾客的想法，找出顾客想要什么或将想要什么。当他们听说产品的创意或概念后，你的公司使用**浸入式技术**，如暗暗观察和心理投射技术。最近有一个顾客说，诱骗人们告诉你他们需要什么是不道德的行为。

（2）你推出了一种临时性的产品，该产品会在一年后被正在开发的性能更好的产品所替代。你被告知不能让你的分销商和销售团队知道该产品仅仅是临时性的。

（3）你在一家管理培训公司工作，即将为银行推出一种新的会议服务。当你的企业为了收费在向银行人员提供投资咨询培训时，展示了一下会议服务，但没有对会议服务的产品使用测试，你也不知道银行人员是否真正学会了如何咨询。

（4）你在一家洗涤剂公司上班，最近了解到多年以来有成千上万只啮齿类动物被迫喂食各种新食物，也包括正在开发中的产品，直到半数以上的动物死亡，才会停止强迫喂食（所谓的 LD50 实验）。

20.14 潜在的遗留问题

在解决一些少数的棘手问题时，我们将面对以上困扰。在公共政策领域工作，这些问题是难以避免的。其中一个问题是行动的合理目标是什么？想要零风险是完全不合理的。零瑕疵质量控制是许多公司的一个目标。即使我们将风险降低到 99.99%水平，但从统计学意义上看，仅仅在美国就将有 30 000 人处于风险中。纵览全球，这个数字必然会很大。

另一个问题是权衡问题。在一个特定的情况下，似乎有一个明确的引导原则，但我们通常发现还有一个相同价值的对立原则。我们应接受哪一个原则呢？

第三个问题是如何降低成本。在影响新产品的许多争议中，与其说争议是在“应该做什么”还不如说是“谁应当为此负责”。假定：① 没有生产系统能生产出绝对完美的产品；② 没有消费者群体会完全理智地使用产品，总有伤害和滥用。谁应当为此负责？所以，不追究过失方式越来越普遍，或者，正如制造商所说，承担全部过失，制造商承担所有的责任并期望以某种方式转嫁成本。

20.15 新产品经理如何应对

在本章开头就说过，当今管理者通常都会遇到公共政策问题。产品经理已经学会如何运作新产品流程来尽可能减少这些问题。前几节展示了一些方法，本节介绍一些更常用的方法。

20.15.1　战略与政策

今天，更多的高层管理者注意到公共政策问题。由于他们想要产品的销路更好，所以他们想要安全并实用的产品。例如，为孩子制造 V 型折叠门公司的 CEO 拒绝了一项提案，并说团队能做得更好——他们能想出更好，更便宜的产品。而且，产品创新章程制定了指导方针标准并指出在章程下会出现的新产品机会。

20.15.2　控制系统

今天的管理要求有严格的标准、在所有方面严格的审核制度、良好的跟踪记录和对新产品员工进行培训。应急计划也会有所帮助。当 Campbell 公司的例行检查程序发现一个罐头感染了肉毒杆菌后，公司立即停止从该厂运送产品，仔细检查在 16 个州的 102 000 家食品店，核查了 6 500 万个罐头产品。公司放弃了一个新的生产流程，丢弃了 20 多个受感染的罐头，很快就恢复了市场领导地位。Pfizer 公司发现其生产的人工心脏瓣膜存在隐患，不得不与已移植次瓣膜的 55 000 人取得联系。该公司有患者的资料，所以可以这样做。

20.15.3 产品测试

公司需要了解消费者将会如何使用产品。如果消费者使用方式看起来会产生问题，那么就立即采取行动，不要等到造成伤害之后。公司应当注重测试来发现产品误用和滥用情形。他们应当充分利用常识性知识。

20.15.4 营销和市场测试

公司要准备充足的警告。早在 1929 年，Manville 公司就为石棉致死诉讼案件抗辩。公司的总医师在 1953 年极力主张贴警告标签，但是公司直到 1964 年也没有这样做，很明显，公司没有意识到风险的严重性，最后只好宣布破产。如果一件产品在到达用户手中时是不安全的，就必须通过专业的渠道去销售，并贴上标签详细地解释为什么不安全。结合产品和促销因素的市场测试是找出沟通障碍的另一种方法。分销商可能不懂得促销、折扣、指导或服务。那些不买产品的人可能会这样做。

20.15.5 客户教育和外部事物

现在管理层重视自身的业务教育，首先是公司的员工（通过科学顾问小组等），其次是顾客（通过标签、保证、使用说明和指导性建议）。此外，大多数产业欢迎关于新产品的合理费用的有活力的公共事务项目。公司与公众广泛合作，甚至将消费者团体纳入工作中。

本章小结

本章讨论了新产品过程中出现的令人头疼的各种问题，难以解决也总是存在压力。有时一些问题还未解决，新的延伸的问题又出现了。

然而，新产品经理会发现，如果他们做好准备工作就足以应对这些问题。为了避免不必要的麻烦，他们需要了解问题过程，与公司法律部门密切合作，在关键时刻获得管理层的支持，采用比以往美国产业更积极的营销策略。正如我们多次看到的那样，时间是新产品管理的致命弱点，所有的诱惑都是让我们做相反的事。

尽管在新产品领域中，我们的讨论已经涵盖了产品战略的主要领域，但是我们应该明白，有更多的问题隐藏在新产品经理的实验室、工厂和办公室中。每个行业都有这样的问题。作为本章的最后一个案例，当制药行业科学家将对尚在试验中、且毒性广为人知的药进行现场测试时，思考他们遇到的问题：他们必须与谁一起工作？需要谁的批准？在测试进行时和医师与医院工作人员所做的记录上，他们应该如何控制？在研究药品副作用上他们应该走多远？要多努力，直到测试物的第三代吗？如果做实验的动物是濒临灭绝物种清单上的一种——稀有的青蛙，有什么问题？如果药品需要 10 个月的服用疗程，每个月需要花费 4 000 美元，终身服用一月需 1 000 美元，这又会有什么问题？

这里的问题是：每天有成千上万的人在处理这些难题，他们清楚有什么问题，必须在需要了解和需要忽视之间取得平衡。他们管理风险和所有问题。

应用实践

（1）“关于产品责任最糟糕的就是他们所称的严格责任。现在，我知道很难证明今天的大公司一般不会出现疏忽情况，但同样没有理由走向另一个极端——在无证据证明做错过什么时，就说该公司有过失。我们向市场中投放了成千上万种产品，牵扯成千上万的人，总会发生异常情况的。员工不是机器人，他们也会犯常人容易犯的错误。或许你已经犯了一两个错误，你有可能被起诉，被判有罪，然后像一般犯罪案件那样得到一次严厉惩罚。这显然有失公平。”

（2）“我们即将向市场上推出一种新的吹风机，这不是一款常规的吹风机，里面没有发热线圈。我们调配了两种化学药剂，当有电流通过时，药剂会发热。这些药剂（是固体而非液体）被装在一个网状的金属容器中，当有电流通过时，在该容器中的空气就会被加热，头发也会被吹干。如果你认为你理解产品责任的道德和法律问题，为了符合公众对我们的预期和法律对我们的要求，请你告诉我，你认为我们应该已经做什么并将要做什么。还有几个月就要向市场推出这款吹风机了，已经做好了产品说明书，产品即将投入生产。”

（3）“我知道另外两家公司更加不幸。Morton-Norwich Products 公司推广 Encare 产品，该产品是一种女性内置式避孕药，与此同时，美国家庭用品公司推出一款名为 Semicid 的类似产品。两者都在广告中称，它们的产品要比 IUDs 安全，也不像药丸，并且没有任何激素副作用。它们称产品是安全可靠的，且通过了医学测试，是控制生育的一种有效方法。但美国贸易委员会（FTC）规定：公司除非说明新产品效果不如其他产品，否则不能拿其他方法做比较而得出比较优势。FTC 认为，上述公司的新产品除了内置药物形式还算新颖外，对消费者而言几乎没有其他优点。现在，两个公司都不得不印本新册子来介绍各种形式避孕工具的优缺点。这样做也许会很好，但困扰我的是：两家公司按照规定有责任向消费者介绍竞争对手产品好的方面，而不是坏的方面。你认为 FTC 为什么要这样规定？我们也会遇到这种情况吗？何时有责任帮助潜在消费者选择竞争对手的产品呢？”

案例　高乐氏公司的 Green Works

在过去的 15 年间，忧虑的消费者一直要求他们最喜欢的产品是“环境友好”或“绿色”的。制造商随即明白满足消费者的新需求会给他们带来特定的挑战。一方面，消费者质疑绿色，可能是因为一些标签有问题的产品在推销时太过火和有误导性，消费者的质疑声有可能会越来越强烈。在产品标签上贴一个绿色旗帜并声称产品对环境友好的时代已一去不复返了。另一个问题是一些消费者已经开始预感到绿色产品（如家用清洁剂）可能比传统品牌贵两倍，但效果可能会更差。贴标签都成为一个问题了。你在标签上写什么才会恰好传达你想要给消费者的信息而又不会显示你在忽悠他们？是绿色的、天然的、有益于环境的、有机的还是生态友好型的？有一小部分人们怀疑绿色产品还没有经历市场检验。

高乐氏公司开始用一系列新的家用清洁产品进军绿色消费市场。2008 年，高乐氏公司设立绿色生产线，事实上该生产线是有史以来第一家由大型消费品制造商设立的天然清洁产品生产线。该生产线能生产多用途清洁剂、马桶清洁剂等产品，投入生产后马上取得了成功，仅仅在几个月就在天然清洁产品市场占有很大份额。是什么导致这条生产线的成功？产业专家认为，高乐氏公司在两件事情上做得非常出色：其一，它识别了一个新的、服务水平低下的细分市场，并且了解关于这个市场的所有事情；其二，它设计研发的产品能满足细分市场的所有关键性需求而不是几个重要需求。

多年来，高乐氏公司一直关注卫生和健康问题，已经搜集了大量消费者信息。这有利于高乐氏公司产品团队尽早识别一个新兴市场。然而，许多消费者对做环境有利的事仅有个总的认识，但他们喜欢标准清洁产品的效果，尽管其中含有太多潜在危险的化学物质。高乐氏公司所针对的细分市场中的消费者认为高乐氏公司对他们的家庭扮演着重要的角色：让他们更安全。产品团队将该市场命名为“反化学的天然市场”。高乐氏公司市场研究院发现：该市场的消费者很有可能成为他们家庭的主要购买者，85%都是女性。

对该细分市场中的女性，不仅仅对绿色产品是这样的，她们的信念（她是第一位和最重要的家庭保护者）表明：在任何情况下她可能不是狂热的绿色产品购买者，然而她对家庭有很强的情感。因此，具有传统清洁剂清洁效果且不含刺激性化学品的一系列新产品很能吸引她们。

新产品线的发展首要先进行定位论证。首先，高乐氏公司得选择能吸引目标市场的贴切的术语。公司的人口统计学研究发现，像“绿色的”、“可持续发展的”或“碳中性”等术语不能清楚地或以多种方式进行解释。“有机物”很好，但政策制定了其使用标准，这可能会给高乐氏公司带来麻烦。产品团队认定术语为“天然的”，很可能是因为“天然的”更能对目标客户奏效，并且产品团队成员也认为“天然的”能展示高乐氏公司的核心竞争力（它易交流，方便做广告，对公司而言也是个合理的和能达到的目标）。

结合个人访谈和国内人种学实证研究后，产品团队对反化学的天然物有深刻的了解。研究表明，该市场对产品有一定的预期，产品必须满足所有这些预期。产品将不得不支持消费者保护家庭和环境（急剧地减少刺激性化学物质）的情感，并且不会降低产品效果、方便性或易使用性。产品的定价应当让大众能接受，其优点是可靠并值得信赖。产品团队也意识到仅仅聚焦于消费者的一个或两个预期还不够好，如果产品效果大打折扣或定价过高，消费者将不会转向于全“天然的”产品。

人种学研究发现，消费者知道像醋这样的天然物能当清洁剂使用，一些消费者甚至在家中自制清洁剂。许多消费者都表示熟悉植物清洁剂成分，并好奇为什么清洁剂中要有刺激性化学物质。这些情况和相关的研究发现使高乐氏公司团队开发出他们自己对“天然”的定义：产品 99%都不是石油化学产品，而是源于植物或矿物质、生物，可降解且无毒，没有经过化学处理，也没有用动物来测试（理想的 100%不含石油化学物的产品是不可能的，因为一些成分，如香味、色素和防腐剂，并不一定是天然的，对高乐氏公司而言，达到 99%就足够接近其声称的“纯天然”)。

采取这样的办法能使产品线满足所有的预期。传统的清洁剂产品售价位于 2~3 美元，然而许多竞争的天然产品售价每瓶超过 7 美元，该产品的零售价设定在每瓶 3~4 美元，能让市场消费者接受。由于传统的产品几乎在任何地方（杂货店、方便店、药店等）都有销售，所以广泛分销对新产品而言是十分重要的。产品标签上的信息和在产品网站上提供大量信息使产品具有公信力。高乐氏公司也获得了罕见的 Sierra Club 担保，并被美国环保署认定为“为环境设计”计划项目。高乐氏公司也没有忽视产品的外观，产品本身以及包装也传达了洁净、简单和效果。例如，虽然无色无味产品可能会传达纯天然感觉，但消费者可能好奇它是否会比普通产品效果更好。选取一个聪明的品牌名称“绿色奏效”(Clorox Green Works ）能有效总结产品的双重效果：环保意识，但也有效。名称中含有“Clorox”不是一个偶然，因为团队想要提升 Clorox 效果和值得信赖的品牌价值。最后，产品每个标签的显著位置都标着“天然”。

当然，产品也确实传达出表面活性剂（清洗剂）功能的新提升和可溶解化学物使植物基成分效果更好。高乐氏公司利用天然成分，如椰子油（表面活性剂)、天然多糖（增稠剂）和玉米基乙醇（溶剂）提供令人接受的清洁能力，几年前可能达不到这种清洁能力。事实上，绿色产品的效果能够与传统产品的一样好或甚至更好。

该产品上市是一个成功案例。高乐氏公司将绿色产品进入所有大型零售商，并鼓励零售商将产品展示在商城显著位置。与此同时，上市期间，这款高效新绿色产品也得到了媒体的大量宣传。

我们能从高乐氏绿色产品的开发中学到什么？什么因素导致产品显著成功？（至少想出 3 个明显的理由）产品团队面对的主要困难或障碍是什么？其他公司或服务提供商如何应用该案例中描述的一些最佳方案？

案例 通用汽车公司的混合动力车和氢能汽车

燃料价格上升和对环境的担忧已经使汽车制造商进行替代燃料汽车的实验，其中一个最有前景的可替代燃料技术是混合动力发动机。该项技术中含有汽油动力引擎，引擎还带有电池供电的电动机，当汽车刹车时电池可用来充电。有时如在等红绿灯时，汽油发动机会完全关闭，仅由电池发动机提供动力。结果，汽车行驶途中大大减少汽油的使用量，一箱油能行驶超过 500 千米。

美国市场第一次试图销售混合动力汽车，由日本汽车制造商在全球范围内生产。1999 年，第一辆混合动力汽车本田 Insight 在美国市场销售，当年共卖出 17 辆。不久，丰田 Prius 车也推向市场，截至 2002 年，约卖出 40 000 辆。预计到 2014 年，美国混合动力汽车销售量增加到 100 万辆，尽管到那时其他可替代技术可能有望实现商业化。美国汽车制造商不久也即将推出自己的混合动力汽车。通用汽车公司发布其混合动力 Chevrolet 汽车和 GMC 小卡车计划，福特公司和克莱斯勒公司也都透露了它们的混合动力运动全能型汽车

（SUVs）或卡车计划。与此同时，丰田公司正计划将混合动力技术作为可选项加入丰田 Highlander 和 Lexus RX330SUV 汽车中。

人们感觉到，对 Insight 汽车最初有一些负面看法和误解。潜在购买者必须在座位空间上做出让步，因为 Insight 汽车仅有二人座位。一些汽车买家也不喜欢电动汽车在等红绿灯时的空转声音。许多人还认为混合动力汽车与传统燃油汽车相比，价格昂贵。J.D.Power and Associates 公司研究表明：与燃油汽车相比，消费者不愿多支付 1 000 美元来购买混合动力汽车。与此相反，丰田 Prius 车很早就以意想不到的方式得到最好的声誉：一些好莱坞明星演员（Leonardo Di Caprio 和 Cameron Diaz）的座驾都是 Prius 车，并高度赞扬他们的新车（他们推销 Prius 车，没有向丰田公司要钱）。

在 2002 年年末，作为市场最新切入点，本田公司推出 Civic Hybrid 混合动力汽车。该车以人们熟悉的并广受欢迎的 Civic 车主体为基础，能承载 5 人，每箱油能行驶 650 千米，还兼有诸多令人满意的功能，如空调、导航、防抱死制动系统和高品质立体音响系统都是 Civic Hybrid 汽车的标准配置。该车标价仅略高于燃油汽车并且马力仅比燃油汽车小 20%。J.D.Power 公司 Thad Melesh 十分看好 Civic Hybrid 汽车的市场前景："该车销售量一直在增加，消费者是想要混合动力的常规汽车，而不仅是一辆'古怪的绿色汽车'。"

混合动力汽车的市场环境似乎一直处于稳定改善状态中。由于汽车制造商加大促销力度以及混合动力车得益于反污染的正面新闻报道，媒体也在持续加大对其的关注。许多开着 20 000 美元的混合动力汽车的名人（他们能轻易支付 10 倍的价格）能增加该车知名度，或许也能克服人们最初的一些负面看法。而且，美国政府在混合动力车上提供一次性减免 2 000 美元的联邦税来刺激人们购买。对中东地区石油产量的不安和想尽可能减少对外国石油的依赖，很明显，市场氛围极利于混合动力汽车的销售。事实上，本田汽车公司在 Civic Hybrid 汽车的首次展示中仅仅花费了 50 万美元。鉴于相对较少的营销支出就有强劲的销售增长，本田公司管理层很看好混合动力汽车。

该产业的许多观察人士认为，混合动力技术仅仅只是临时性的解决方案，市场最终将朝向氢或电池燃料汽车。宝马公司在氢燃料汽车上有一个重要的投资者，他们感觉到只有氢燃料汽车才能满足习惯运动型车的宝马用户预期的那种效果。事实上，宝马公司仅开发出非常少的氢燃料汽车（准确来说，仅有 7 系列的奢侈车），有意将它们出租给政策家和其他意见领袖。人们对氢燃料汽车的认可度是非常重要的，宝马公司展示了技术的可行性。在 2007 年只有一个加油站卖氢燃料（事实上，为了支持宝马公司氢燃料汽车的研究和发展，已经设立了更多的氢燃料加油站）。好消息是氢燃料汽车用常规的无铅汽油也能行驶，尽管迫切需要加大基础设施投资。加利福尼亚州的前任州长 Arnold Schwarzenegger 已经发言支持配有氢加油站的"氢公路"。宝马公司项目截至 2025 年，在德国销售的新汽车有约 2%将使用氢燃料。

应用第 3 章讨论的模型评估通用汽车公司电动汽车的市场吸引力。回顾过去，答案显而易见（例如，混合动力技术是市场发展的中间产物）。在这个市场中机会和威胁是什么？然后评估通用汽车公司在该市场的商业地位。如果你认为混合动力汽车市场是有吸引力的，通用汽车公司在进军该市场时的相对优势和劣势是什么？要牢记有关可替代燃料汽车发展的公共政策问题。通用汽车公司现在应该冲进混合动力汽车潮流吗？或者等待，进行下一代可替代燃料汽车（假设会更好）的发展？通用汽车公司能获得氢燃料汽车或其他可替代燃料技术的领导地位吗？在追求可替代技术的同时发起具有竞争力的混合动力 Silverado 和 Sierra 汽车，会有风险吗？

案例 Product（RED）慈善机构

全球基金（Global Fund）成立于 2002 年，是募捐活动领导者和抗击发展中国家艾滋病、结核病和疟疾活动项目的支持者。在 2006 年年末，全球基金已经筹集的款项超过 60 亿美元，全部款项的 25%用于艾滋病项目。募集的钱款用于治疗当前的病人及教育和减缓疾病传播的社区项目。

在 2006 年，两个国际知名人士——摇滚音乐人 Bono 和律师兼慈善家 Bobby Shriver（John F. Kennedy 的侄子）发起设立了一个新的全球组织 Product（RED）。Product（RED）组织的构想是与公司建立团队来帮助全球基金筹集资金，用于为发展中国家研发新的治疗方式（例如，延长艾滋病患者的生命长达 20 年）和提供咨询活动。参与公司要创造自己的产品以支持该组织，然而，他们将放弃一些品牌权益，因为所有的产品其品牌上都要有 Product（RED）标志。这将增加 Product（RED）的知名度，并使 RED 成为一个超级品牌，而且能显著地联合该组织下所有参与的公司。Product（RED）的目标市场是 19~32 岁 X 代人。第一批参与的公司是 Gap、American Express、Motorola 和 Converse。

Product（RED）组织制作了一本宣传书（包括基本信息、标志等）。参与的公司必须遵守该书的指导，设计这些指导是为了在选取促销他们自己的 Product（RED）产品方面，给他们提供更多的灵活性。随后，该组织成立 www.jointred.com 网站，消费者可以通过网站支持组织，下载图片，上传博客和视频并能链接到参与公司的网站。一个如此复杂的网站快速吸引了 X 代团体。Product（RED）还有个 myspace.com 网站，这是另一个受到该年龄团体欢迎的网站，他们能从该网站中找到有关新产品的信息和事件。

Gap 公司是第一批参与 Product（RED）组织的公司，Gap 管理层认为参与该组织有利于公司在竞争激烈的市场中提升品牌价值，与此同时还能做些对社会有益的事情。Gap 公司研发了一个新的衣服系列品牌，标上 Inspi（RED）、Uncenso（RED）和 Empowe（RED）等进行促销，该系列产品的 50%利润都用于 Product（RED）组织基金。此外，Gap 公司在南非、马达加斯加和其他非洲国家设立工厂，以使当地工人能直接从该系列产品的利润中获益。American Express 公司发行（RED）卡，首先计划在英国，然后走向全球。（RED）卡的 1%销售额将给予全球基金，而且卡的持有者能从中获益，如在（RED）商品和活动中享受折扣。

其他公司各显神通，以多种不同的方式来宣传 Product（RED）。摩托罗拉公司研发出（RED）版的 RAZR 翻盖手机，由于轻薄的外形、蓝牙技术和 MP3 性能备受好评，用户可在摩托罗拉公司的 Product（RED）网站中下载屏幕保护或铃声。以 Chuck Taylor 出名的运动鞋公司上市 Product（RED）Chucks 并聘用名人和设计师来宣传他们自己的鞋。苹果公司上市（RED）iPod Nano（红颜色，显然是为了区别其他 iPods），该产品配送礼品卡让买家可以下载歌曲。所有这些公司一定比例的产品销售额将赠送给 Product（RED）。

什么样的公司也能成为 Product（RED）组织成员？是否有一些公司实际上不会从其参与中获益？参与项目的公司是否会面对任何潜在的消极影响吗？Product（RED）一次仅有一个发起者吗？如果不是，什么类型的发起者也能得到相似的公司利益？社会经常会有些评论。如今，什么样的社会问题可能激励出相似的公司活动？

例 20.2 的答案

展示的警告标签几乎都是真的。真实的有：2（岩石花园）、4（吹风机）、6（防风遮阳眼镜）、7（护腿板）、9（熨斗）、10（雪橇）、12（手机）、13（路由器）、15（闲逛者）、16（洗衣机）、17（防火标志）和 18（打印机墨盒）。事实上，这些警告标签中的一些曾获得“最烂警告标签奖”。

附录 A

常用的创意来源

新产品创意来自许多方面，其中，有一些是特定的企业或行业所特有的。以下是使用范围较广泛的创意来源。

A.1 员工

许多部门的员工都能够成为新产品创意的来源。销售部门、技术团队、生产部门、售后服务部门和包装部门的员工都是明显的例子。此外，对于一般消费品而言，所有使用该产品的员工都是新产品创意的来源。生产与工程部门的员工常常是兼职的发明家，应该鼓励他们提出新创意。他们应知道，自己的创意是社会所需要的。通常，应该构建特殊的机制（甚至文化），以搜集这些创意。

员工建议制度不是提出创意的可靠方法，特色创意大赛也同样令人失望。丰田公司曾组织过一次创意奥林匹克竞赛，在一年的时间内，该公司涌现出了 1 300 名员工发明家，但是丰田公司并没有对这些创意的质量发表评论。

直接与客户问题打交道的员工才能提出最有用的建议。例如，一家钻机制造商的客户服务部门发现，许多钻机烧毁的原因是客户将钻机当成电动螺旋钻使用。于是，在钻机上增加了离合机构，一个新产品就诞生了。投诉处理部门也同样熟悉产品的使用情况。销售人员深知，由于公司产品与客户的期望值相去甚远，大批订单会失去。

邓白氏集团拥有良好的新产品性能跟踪记录，并声称其大多数新产品创意均来自外勤人员。如果某个创意走向全国，那么提出该创意的员工将获得 5 000 美元的奖金。一些公司设有“创意挖掘”岗位，其工作就是深入到员工中，鼓励他们提出新创意，并搜集这些创意。

A.2 客户

尽管公司产品或服务的客户或用户的创意，通常只用于产品改进或产品线延伸，但是他们是新产品创意最主要的来源。一些人认为，某个行业中的大多数新产品创意都来自用户。因为一些特定用户群亲自使用产品，新产品开发专业人员通常会将新产品概念开发的职责委托给这些人。同样，大多数汽车零部件制造商也都在注意对它们新产品计划在意的原始设备制造商巨头买家。但也有一家公司征求了 2 800 个创意，却一个也没用。

征集客户创意的最常用的做法是，调查、连续的专门小组讨论、专门的焦点小组和电子邮件。现在，电子邮件和与客户的在线讨论弥补了这些传统方法的不足。有的公司通过邮件收到了太多的建议，以至于根本无法一一阅读。工业企业则常常采取与销售人员或技术人员，特别是领先用户私下交流的方法。

A.3 零售商

代理商、制造商代表、分销商、大批发商和大型零售公司都可能是非常有价值的来源。实际上，一些大型商场有自己的新产品部门，并邀请制造商根据规格投标。许多行业代表完全能够胜任客户特别顾问这一岗位。如果制造商愿意的话，玩具行业的销售代理商不仅能对新产品功能提出建议，实际上还能承担新产品创意工作。

一家化学品分销商为了解决腐蚀问题，建议使用低成本的聚乙烯袋将钢桶排成一列；一家木器生产商从经销商处获悉一个很具有竞争力的新项目，随后提出了改进新项目的建议。这两个建议都顺利得到了实施。克罗格公司曾经告诉过制造商，其客户想要的是更易于烹饪的单人份冷冻餐，但是公司的另一家连锁商店却提出了低卡路里玉米卷饼的建议。

A.4 供应商/销售商

大多数塑料家居用品制造商都是小型企业，因此，它们寻求从大型塑料公司获得建议。实际上，所有钢铁、铝制品、化学品、金属材料、纸张和玻璃行业的生产商都有技术客服部门，它们有一项职责就是提出利用公司基本原料制造新产品的建议。

A.5 竞争对手

提出新产品创意的人，往往对竞争对手的行为感兴趣，竞争对手的新产品也可能成为新产品改进或增加其他功能的间接来源。但是，除了在将标杆分析法作为战略的行业之外，竞争对手很少成为新产品创意的来源。为特定的细分市场带来新产品的首批公司（如较小的城市银行）确实将其具有创新精神的竞争对手看成创意的来源，但是只有在细分市场是隔离开的情况下才有效。福特汽车公司的工程师曾获得一个颇具竞争力的新产品，他们有条不紊地将其拆成 30 000 个零件并登记，然后重新组装，这样，其他人就可以检测这些零件了。

A.6 创意产业

每个工业化国家都有一个以发明人为核心的产业。在这个产业中，公司和机构能够帮助发明人充分利用创意。虽然面临着被公司研究中心取代的趋势，但是个体发明人的专利申请数仍然几乎占总数的 1/4。辅助性或支持性的网络包括：

风险投资公司	银行
发明人培训班	发明人讨论会
代理人	小型企业管理局
商标局和专利局	技术博览会
新业务顾问	专利展示
专利代理人等	发明人业务通信
发明人辅助公司	国家创业援助项目
个体发明人	大学创新中心

目前，这个支持网络中存在的交流、法律和经费问题令发明人和潜在制造商失望。但幸运的是，这个高度碎片化的新产业运转正常，并将很快选定若干可行的组织形式。

由德沃科维兹博士（Dr.Dvorkovitz）及其同事提供的 InstanTechEx（即时技术交易）服务就是这种新兴形式的一个例子。德沃科维兹博士发起了一个年度国际技术交易博览会。在这个博览会上，数百家公司和许多政府部门展示其打算出售的技术成果。

其他新组织，正在将发明人所需的金融、法律和管理方面的咨询协助整合起来，形成实际上被收购并进一步开发创意的创业投资企业或联系制造商的代理公司。同时，为了获取优质多样的创意，一些公司拥有一套被其称为“发明人农田系统”的体系。诺迪克跑步机公司将发明人视为新产品创意的首要来源，为了培育发明人，该公司几乎投入了与用在培育客户方面同样多的营销力量。

A.7 其他

其他新产品创意外部来源如下：

（1）顾问。大多数管理咨询公司都从事新产品的相关工作，其中一些公司，如麦肯锡咨询公司、里特管理咨询公司、美世咨询和柏亚天管理咨询公司专门从事这项工作。一些咨询公司专注于新产品工作，将创意生成纳入服务范围。遗憾的是，以非自主发明综合征为例，“局外人”的烙印在新产品领域是奇耻大辱。公司不应只记录经验，还要记录恐怖的失败。另一种选择就是让行业专家与公司工作人员一起开会讨论。通用磨坊公司曾组织过一次包括报纸食品版编辑、行业杂志编辑、广告撰稿人、餐馆老板、餐饮连锁机构部门经理和 4 名公司初级主管在内的讨论会。

（2）广告代理商。人们极大地低估了这个新产品创意的来源。大多数代理商都拥有创新型人才和产品/市场经验，能够生成新产品概念。一些代理商拥有成熟的新产品部门，还有一些代理商将他们的概念一直带到市场，包括上市前测试。消费品代理商所做的新产品工作比工业代理商多。尽管客户规模通常较小，专营电脑行业的西海岸代理商提供的服务范围很广。

（3）市场调研公司。市场调研公司通常在创意生成阶段协助客户进行需求评估。这些公司总是在积极寻找能够提供给客户的机会。一些大型的调研公司还会扮演管理顾问的角色。

（4）已退休的产品专家。行业内的新产品相关工作人员，特别是那些掌握技术的工作人员，从自己公司退休之后，通常会成为其他公司的兼职顾问。实际上，许多公司掌握着其行业内所有合格专家的退休动向。利益冲突问题随时会出现，泄露机密有违道德，但是在大多数情况下，人们都顺利解决了这些问题。

（5）工业设计师。工业设计公司有时会成为新产品决策实施团队的一部分，然许多工业设计师颇具创造力。工业设计公司和个体工业设计师越来越多地利用其自身的新产品实力。大学里的工业设计系有时会接收政府部门或其他服务性组织委托的新产品开发工作。

（6）其他制造商。大多数公司都拥有颇具潜在价值却因与公司战略抵触而不得不放弃的新产品创意。这些创意通常会被搁置下来。通用电气公司曾设立出售“多余”技术的项目。待售物有时只是一个创意，有时是样品、模具或已完成的产品。出售何物取决于通用电气公司决定不再深入推进某创意之前该创意的进展情况。在以后的几年里，通用电气公司在其月刊 *Selected Business Ventures* 和 *New Product, New Business Digest* 年度汇编上刊登其他公司待售技术，拓展了服务范围。

（7）大学。教授和学生，特别是理工类学院和商学院的学生有时也能提供新产品创意。此外，牙医、内科医生和药剂师等技术社团在新产品开发中也发挥着重大作用。

（8）研究实验室。现在，世界主要国家至少有一个大型研究实验室。这类实验室将按照与制造商签订的合同开展新产品开发工作，有时还会提出令人注目的新产品创意。位于俄亥俄州哥伦布市的巴特尔纪念研究所因其在促进静电印刷术发展中所发挥的重要作用，获得了数百万美元的资金。

（9）印刷品。无数科技期刊、行业期刊、业务通信和专著都可以成为新产品创意的来源。很多创意间接来自新产品活动。

（10）全球化。迷你唐卡公司的高管在德国超市闲逛时，想到了挤牙膏的创意。粉末状汰渍由辛辛那提科学家研发，而液体汰渍使用的却是日本的表面活性剂配方和比利时的矿物盐拮抗剂。遗憾的是，很少有公司拥有从其他国家发现创意的系统性项目。一些公司成立海外分公司，以密切关注技术；一些公司请广告代理商的海外分公司搜集创意；还有一些公司订阅一个或多个报表服务。

（11）互联网。我们只能猜测将会发生什么，但是一些网站已经对新产品创意形成了影响，各种各样的电子公告栏在贴出改变产品的建议。

A.8 管理这些创意来源

如果不专门投入精力，这些创意来源就不会起到有效作用。例如，销售人员必须经过培训才能知道如何找到拥有高质量创意的用户，如何用巧妙的方式或不懈的努力获得这些创意。国际市场中必须有受过培训的工作人员。为捕捉到竞争对手产品的每次变革，必须系统地研究竞争对手。每个特殊来源也都是竞争的潜在来源，最能妥善利用这些来源的公司，也最能获得最佳创意。

附录 B

概念生成的其他方法

第 4~7 章介绍了创意生成的最好方法。最好方法的标准是，有最好的应用记录，以及最有机会生成有价值的新产品概念。除了已经介绍的这些方法之外，还有数以百计的其他方法可供使用，其中的一些是有所有权的（属于发明这个方法的咨询公司），在这里，我们列出了另外的一些，但名称会不同。

我们从上面所说的其他方法中选出了 45 个，在下面分别做出简要介绍。这些方法不是必须使用的，其价值因人而异，希望对你有所帮助。

B.1 问题分析的辅助方法

1. 满足需求的综合清单

只需要列出那些现有的产品已经满足的需求清单，就可能会联想到其他被忽略的需求。这是一个机械的过程，只有当这份清单将人们推到心理极限时才有效。

2. 市场细分分析

通过采用市场细分变量的维度叠加分层的方法，分析师可以找出一个非常小的细分市场。例如，肥皂市场细分可以分析性别、年龄、清洁身体哪个部位、民族、地理位置等变量。这些变量的组合可以有成千上万种可能，如住在纽约市的老年女性用来洗脸的肥皂。每种组合都可能代表着一个有独特需求但尚未被满足的群体（当前，基于心理的和行为的市场细分尤其有用）。

3. 梦

分析研究存在问题的人所做的梦。梦将每个处于问题状态的人都包括进来，带来一个十分宽广的洞察视角，也展示了梦本身超常的一面。罗伯特·路易斯·史蒂文森（Robert Louis Stevenson）等许多著名人物都将其创造力部分地归因于梦。第 4 章曾提到，科学家奥古斯特·凯库勒（August Kekule）梦见一条蛇咬它自己的尾巴，于是想出了苯分子的环形结构。

B.2 情景分析的辅助方法

有很多方法是用来发现那些意味深长的萌芽趋势（即将扩大的趋势）的。我们在第 5 章讨论了一些，下面再列出 9 个。

1. 趋势人群

许多人认为，某些人具有一种预言感知能力，应关注这些人。《女装日报》使用的就是这种方法，这份报纸关注的是那些大众读者所熟知的人。

2. 趋势地区

在美国，生活工作中的一些重大变革往往先开始于西海岸，随后逐渐向东扩散。尽管电视等大众传媒已缩短了这个时间差，但为了更接近那些正在发生的变革，一些公司在加利福尼亚州派驻工作人员。

3. 热销产品

汽车、电视、电脑和互联网极大地改变了人们的生活方式。其他可能给人类生活带来重大改变的还有光纤、生物工程、共管公寓、TiVo 等。可以通过研究这些产品及其带来的影响，搜集到很多意味深长的萌芽趋势。但是必须留意那些错误的预言，比如，市民波段电台（CB radio）和旱冰场（均为 20 世纪 70 年代产物）都只是昙花一现。

4. 报纸

有些人喜欢读主流报纸，他们一页接一页地浏览，记下可能会带来重大变革的每个趋势、活动或思想。

5. 假设

有些人认为，应当使用任意一个萌芽趋势来生成情景。假设越多越好，因为这样做能激发创造力。

6. 技术大变革

这种方法对一种技术取代另一种技术的时间做出预测，并研究新老产品和新老系统的交替可能带来的后果。方法包括时间序列分析、图形分析和技术人员预测。

7. 技术创新跟踪

本方法分析那些技术突破引发的应用，不是仅局限于取得突破的那个技术领域，而是从一个更大的技术范围进行分析。例如，对于太阳能加热领域的技术突破，分析其带给管道、衣着、家具乃至环境的影响。

8．技术监测

有些科学家长期记录技术的进步，认真记录每个意味深长的事件，定期研究这些记录以找出意味深长的趋势。这种方法有助于确保基于一系列事件线索来分析某一事件。

9．交叉影响分析

先列出未来 20 年内某一特定领域（如交通）所有可能出现的变革，然后把这些变革应用于其他领域，类似技术创新跟踪所做的。区别在于，本方法不仅局限于可预测性技术的突破。

B.3 强化小组创造活动的方法

1．菲利普斯 66 小组

为提高参与度，J.唐纳德·菲利普斯博士（Dr. J. Donald Phillips）将奥斯本头脑风暴法的 12 人小组拆分成两个 6 人小组。要求两个 6 人小组在各自房间内度过 6 分钟，之后重新编排小组，再要求新的两个 6 人小组在各自房间内度过 6 分钟，如此反复。重新编排，是菲利普斯 66 小组法的关键，目的是消除支配性或冲突性人格问题。菲利普斯 66 小组法有时也被称为临时讨论小组、自由联想小组或讨论 66 小组。

2．头脑风暴圈

本方法强制性形成一个依照次序讨论的环形圈。在环形圈中，每个人依照次序，对前一个人提出的创意进行补充或修改。头脑风暴圈更有秩序，确保所有的人平等地参与进来。

3．逆向头脑风暴法

这种方法聚焦于产品的缺陷或问题，而不是解决方法或改进措施。例如，某个讨论尝试找出真空吸尘器的所有差评。在这之后再尝试去消除这些缺陷或解决这些问题。

4．清除

清除（Tear down）这种方法与暂缓评判的规则正好相反。销毁方法的要点是，不回避批评，而是呼唤批评。小组讨论参与者必须找出前面的创意中的错误，这样讨论才能出现转机并进行下去。

5．回应

这种方法要求每位发言的参与者，都要对前面的创意进行延伸。不得对创意进行同级平移，除非该创意已经变得冗长乏味。该方法曾被称为“创意构建及修改”。

6．集思广益法

从其纯粹形式来看，集思广益法和头脑风暴法差别不大。集思广益法更加结构化并更富有方向性，方法是让参与者顺着某个思路进行思考——通过类比法、暗喻法等。该方法有一个强制性的次序，贯穿于上述操作以及类似“视角”、“强制配合”等步骤中。但近几年，创建本方法的两个人已经推动了其令人尊重的创造力企业，更多地采用那些创意生成方法。类比法已经流行开来，而集思广益法这个术语的含义，则转而意味着两个商业化运作的创造力研讨会。

7. 戈登法

在开发集思广益法之前，戈登（W.J.J.Gordon）先生采用了一种小组讨论法，该方法是，小组参与者不被告知问题是什么，比如，如果一个讨论会的目标是为录制音乐表演提出新创意，就鼓励这个讨论组讨论歌剧（而不是讨论如何录制音乐表演）。到了最后，讨论会的领导者才将讨论引向目标问题，但依然不公布问题是什么。

8. 德尔菲法

德尔菲法，尽管有时会被认为是用于创意生成的，但其实该方法是一个用于组织预测性调查的方法。该方法将一群专家集中于一个圆桌会议上，邀请他们通过调查问卷形式对某一特定活动进行预测（如医院或数据处理）；之后对调查问卷进行统计汇总并将结果返回到圆桌会议上，以便专家小组对结果做出反应或修改；之后再进行新一轮汇总；再次送出结果；如此反复。持续重复该流程，直到达成共识或明显陷入僵局。从本质上来说，这种方法是一种逃避，因为每个人仍须使用某种方法做出自己的预测。但某个具体情况下，这种方法是有效的，并且修改后很容易应用。当用于一个无历史数据可辅助预测的新行业时，这种方法极其有效。

9. 智库

智库，与其说是激发创造力的一种机制，倒不如说是组织人的一种形式。智库是短时间集中进行科学研究的中心。例如，施乐公司在加利福尼亚州帕洛阿尔托市（Palo Alto）建立了一个中心，科学家在这个中心致力于人工智能研究，他们今天所研究的将会影响未来的 5 ~ 20 年。环境，是这里成功的关键，因其能够激发创造力。如果智库成员因将其古怪的创意转换为有用的上市产品而受到指控，人们通常会用到“臭鼬工厂”（skunkworks）这个术语。

B.4　属性分析方法

1. 利益分析

客户或用户将从被研发产品中获取的所有利益，都一一列出，以便发现一个尚未实现的利益或一个意外缺失的利益。

2. 使用分析

列出购买者使用给定产品的多种方式，常常会具有启迪作用。3M 公司等投入巨资鼓励消费者讲出产品的新用途。Johnson 公司发现其地板蜡也可用于汽车时，就进入了汽车抛光行业。当然，仅列出那些公司已知的用户并不够，必须主动联系用户。

3. 功能分析

在特性和用途之间，有一种活动叫作“功能”。比如洗发水，我们知道其化学成分和当前产品特性，我们也知道使用洗发水的全部原因，但是列出所有可能的洗发水功能，如去屑、去油、滋润等，也十分具有创造性，还可以列出所有消费者使用洗发水可能的原因：去污、润发、使头发更具有可塑性、应对头发分叉或出油现象等。

4. 属性延伸

此方法也被称为参数分析，该方法从一个属性近期发生的变化开始，分析随后可能延伸出的另一个变化。例如，自行车座已变得越来越小。延伸该创意，我们可能会想象出一台根本没有车座的自行车，这种自行车会是什么样的呢？它的用途又是什么呢？

5. 相关品牌简介

品牌名称是灵活的或有适应性的，这意味着品牌名称能够延伸以覆盖不同品类的产品。人们能够接受美汁源果冻和美汁源果汁。但是我们知道，人们无法接受美汁源肉类产品这类的延伸。我们可使用多种市场调研的方法进行测量，任何对购买者来说合乎情理的延伸都是有潜力的新产品。顺便说一句，这种想法适用于商品及服务、工业企业和消费者。

6. 虚拟产品测试

通过使用心理学家所说的“投射技术”，我们可以让消费者评估一个建议性产品，该产品实际上在当前市场上并不存在。消费者可能正好发现某个满足其需求的独有特性，这些被发现的特性将成为一个新产品的基础。

7. 系统分析

此方法研究整个活动系统，而不是产品。Standard Brands 公司曾研究过包含人造黄油的食品配制系统，其指出，几乎每种系统都有“融化黄油或人造黄油，与面粉一起搅拌”的操作指示，基于此，产生了被称为“光滑又方便”（Smooth & Easy）的棍状酱。

8. 专属资产

此方法主要用于技术领域。分析员搜寻现有市场上所有产品或材料的专属资产。为提高效率，通常先列出所有共性资产，这样专属资产就会一下子蹦出来。

9. 层级设计

此方法设计一个结构图，产品用途在顶层，材料类型呈扇形分散排列在下方。有一个这样的设计，出于除臭剂：第二层为滚搽式容器、黏性物质和气雾剂；滚搽式容器下方列出各个品牌；每个品牌下方列出包装尺寸或细分目标市场。另一种设计是，轻质构造在顶层，木材、钢铁和混凝土排列在下层。木材下方是金属屋顶、沥青或木瓦屋顶等。这种方法可方便分析员查看一种情况的所有方面，这正是属性分析法的本质。

10．找出弱点

一个产品或产品线的所有弱点（源于公司自身或源于竞争对手）都是可识别的。这种以防范为主的方法，可用于识别产品线延伸和品牌辅助产品，甚至全新改进版产品。每个可解决的弱点，都可能是一个新产品概念。

11．阿喀琉斯之踵

某些分析师倾向于删减弱点列表，减到只剩下一两个致命且可能会被竞争对手抓住的弱点。

12．理论极限测试

将机遇和威胁形象化，方法是将一个已知设备或装置设置到其理论极限值。对那些似乎已无用途的新技术，这种方法极其有效。

B.5　强化横向搜索的方法

某个流派认为，所有的“邻近性”创造性活动，只能创造出微不足道的产品线延伸或修改。这些人鄙视矩阵、类比和属性分析，他们强调，在横向搜索中，思维必须超越自身想要到达的边界。市场营销人员在提出新创意时通常是纵向思维。推出另一款口味汽水或提出一个新的洗发水名字，就能吸引新消费者或带来利润吗？菲利普·科特勒（Philip Kotler）和费尔南多·特里亚斯·德贝斯（Fernando Trias de Bes）建议，为提出真正具有创造性的创意，将爱德华·德博诺（Edward de Bono）的横向思维应用于产品开发。例如，他们提到了 iPod（苹果公司音乐播放器）。典型的纵向市场延伸，是更小的 iPod、色彩更丰富的 iPod，或者能存储更多歌曲的 iPod。横向思维则围绕以下思路进行探索：将 iPod 颠倒转化（将播放音乐改为录制音乐）、提开功能（改善音质，使其优于 CD）、重新整理（音乐从 iPod 转入电脑，反之亦可），等等。

下面推荐一些促进横向搜索的方法。

1．自由联想

此方法源于创意者记下在研产品的某一方面，比如，产品属性、一次使用、一位用户。接下来的秘诀就是，在匆匆记下每个涌出的创意时让思维畅想漫游。针对产品的其他方面重复进行这个过程。在早期，当创造性被激发时，这些联想通常是很直接的；随着时间的推移，这些联想变得不具有相关性，但对洞察来说则更有价值。

2．概念定型活动

这里，提出一个问题：“____如何做这件事？”将一个概念定型填入空格。答案可能是某些特定个体，我们还可以反问这个问题：“概念定型不会做什么？”因此，自行车制造商可能会问：“参议员会骑什么类型的自行车？上面装有一个扩音器？可以双向蹬踏板？可以向后蹬？”

3．跨领域编辑

科学的各个学科之间的界限已变得越来越模糊，人们研究出一种弥合各领域间鸿沟的创造性方法。如果一个公司最初涉足的是化学领域，那么其产品设计师可能已系统地检索过如物理学或生物学方面的进展。而该领域的科学家可能并不知道他们的一些创意已应用于化学领域了。

4．关键词监测

此方法监测报纸和杂志并将关键词出现的次数记录下来。一家企业曾使用这种方法找到使用次数多的星座，据此迅速上市了一系列以星座标志为特色的产品，取得了成功。有的企业将此方法与电子数据库结合使用，称为“数据库追踪”。这种方法与下面讨论的“大赢家”方法很接近。

5．异想天开

有些创意者为了证明无所不能，刻意强迫自己使用异想天开的方法。在一次讨论会上，与会人员被要求写出连接两根电线的最异想天开的方法。一个人写道“用牙咬住”，另一个人写道“用口香糖”。与会人员惊奇地发现，他们重新发明了鳄鱼夹，并立即认真研究口香糖，说不定某一天口香糖中的某些成分可能会作为接线材料出售！

6．研究他人的失败

任何失败的产品，都为尝试解决同样问题的下一位实验者提供了机会。罗伯特 · 麦克马什（Robert McMath）在纽约伊萨卡的新产品展示和学习中心（现在是新产品工作室的一部分，见第 15 章的新产品使用测试案例）展示了 10 000 多件失败的产品。显然，失败的案例能够激发创造力。

7．横向思维——转移

某些人强调使用转移方法，以避免一个创意像过去那样支配思维。

- 持续地问：“看待这个问题，还有其他方法吗？”
- 持续地问：“为什么？”
- 刻意将注意力从问题的逻辑方面转移到问题的其他某个阶段或方面。
- 发现一个新的问题切入点，而不是惯用的那个切入点。
- 列出从各个角度分析的各种可能性。
- 寻找问题的非标准概念，而非问题的固有概念。
- 试着从概念的对立面入手，或干脆删掉这个概念。
- 将概念及问题的其他方面分成几个部分。
- 将两个以上概念整合，形成新概念。

也有些人称这种方法为另类思维、之字形思维或发散式思维。据说，这种方法解决了波士顿地铁长期存在的灯泡失窃问题，其方法就是按照与之前相反的方向来拧紧灯泡。

8．强迫关联法

二维矩阵和形态矩阵以相关产品或市场特征为基础。然而，当强迫通常不相关事物（甚至对立事物）发生关联时，就会出现有趣的观点。强迫关联法已产生了许多分支，其中最常用的是目录法。使用这种方法时，选定目录册（catalog）、期刊或杂志，然后强迫其中每件事物与其他事物（可能是产品或消费者群体）发生关联。有人建议使用杂志中的目录或电话簿中的黄页。强迫关联法也可称为"选定一个名词随机联想"。

9．创造刺激

首先，指定一个创意主题——一个问题、一个产品等；其次，制定真实目标——预期的结果或这个指定的创意主题应完成的目标；最后，对创造时需要的一长串单词、名称、短语列表来完成真实目标。这已被证实具有刺激性（为什么？我们也不知道）。下面列举其中一部分：

客串明星	慈善	家庭	摄影
字母表	教育	时效性	采访
真相	男男女女	视频	推荐书
外太空	时尚	世界	装饰
图表	国家	出生	表演技巧
仪表刻度	天气	民族	地板、墙壁
拉链	习惯、爱好	按钮	参与
幻想	交通	内行吸引力	音乐
民俗	象征	浪漫	直接邮件
潜意识	日历	滑稽模仿	季节
爱好	水钻	图形	草莓
假日	古玩	随笔	电话

一个完整版的刺激性单词和短语，见唐纳德·坎廷（Donald Cantin）所著《将你的创意变成财富》（*Turn Your Ideas into Money*）。较新的版本是亚瑟·范甘迪（Arthur VanGundy）提出的产品改进清单中的刺激性术语及其变体。

10．大赢家

许多体育界、政界、影视界等领域成功的公司、团队或个体与社会思维高度一致。研究这些大赢家会得出一些可以推广到新产品开发的原则。例如，通过研究 iPad、移动电话、万维网、黑莓、混合动力车、斯蒂芬·斯皮尔伯格和阿诺德·施瓦辛格，可能会发现一些东西。某个咨询公司曾汇编了 20 个一直畅销的包装商品列表，并将概括出的原则推广到客户的新产品。

11．竞争分析

许多公司声称，通过研究竞争对手的战略规划和行动，可以发现新的方法，尤其具有防御性。为了这些目的，它们涉猎了大量的竞争性公告、调查报告、财务报告、交易会展品、产品详细分析等。生命周期模型会帮助一个企业分析何时竞争对手将对其市场发起攻击，同时还可以刺激产生新的产品，以抵抗同类品的销售。

12. 技术地图

这是一种关联树预测，即每个富有竞争力的对手都是可预测的。它为国内企业提高或降低某项技术研发权重的决策提供了基础。通过研究收购、兼并、抛售、专利申请、专利出售情况等，战略分析允许对竞争者技术承诺在未来可能发生的改变进行直接预测。一个敏锐的分析员可以预测出主要的市场变动，并告知公司存在的新产品、机会（或缺乏机会）。

附录 C

营销计划

营销管理书籍已经对营销计划的流程进行了相当全面的描述。本附录不去重复那些已有的内容，而是聚焦营销计划本身的形式，主要讨论第 16 章和第 17 章没有详细介绍的内容。

任何公司都不会采用相同的营销计划，基于我们拥有的最详尽的信息，表 C.1 展示了一个营销计划大纲。该计划主要遵循以下几点：

- 针对计划进行分析总结。
- 提出总体战略思考。
- 提出战术措施，涉及市场部及其他部门。
- 确保每个人都了解财务状况并且知道营销计划如何实施和如何评估。

大纲应当与所有参与人沟通，有内部控制机制，并作为永久档案保留。

表 C.1 新产品营销计划大纲（适用于单个企业）

1. **概述**。本部分简要描述产品、说明计划制定人及制定时间。
2. **态势分析**

A. 市场描述

（1）消费者、用户和市场的其他参与者

（2）与本计划相关的购买流程

（3）直接竞争者和间接竞争者

（4）当前的竞争战略

（5）市场份额、利润、预算

（6）可用的分销渠道结构，以及态度和实际情况

（7）主要的环境或外部因素

B. 新产品的全面描述，包括所有的相关测试数据和竞争比较资料

3. **机会和问题总结**

A. 主要的可利用的市场机遇

B. 本计划应当阐述的主要问题

4. **战略**

A. 总体指南陈述，包括主要行动、定量目标和定性目标

B. 市场目标、市场细分、各自的定位

续表

C. 总体的营销措施
（1）产品的作用，包括计划做出的改变
（2）广告的作用，包括复制平台
（3）个人推销的作用
（4）产品样本及贸易展览等途径的作用，任何创意的复制平台
（5）分销商的作用（批发商、零售商）
（6）定价政策，包括折扣和计划做出的改变
（7）非市场部门的特殊作用
5. 经济总结
A. 销售预测，包括销售额和销售量
B. 各类活动的支出预算
C. 利润贡献，包括预计收入
D. 风险陈述：与现金流相关的主要问题
E. 与现金流相关的未来资金支出
6. 战术计划。本部分十分具体，包括每个营销工具及其如何使用、目标、人员责任、时间表、需要的创意单位等。
7. 控制
A. 以汇报为目的的主要控制对象
B. 需要关注的主要内部或外部意外事件
C. 信息生成计划
8. 需要的关键支持活动的总结，包括数据处理、仓储、技术服务、研发、资金、人事、公共关系等
9. 活动的时间顺序

C.1 内容

有的营销计划要求添加备注。但是请记住：如果这个新产品是一种产品线的延伸，那么其营销计划中的前面部分是无用的，因为信息已经过时。营销计划是早期评估过程的一部分，需要彻底研究（或重新研究）那些即将生成的概念所处的行业。这个信息列表将集中显示在表 C.2 中。

表 C.2 基础市场描述

1. 市场规模
• 定义：根据产品的自然属性、供货商、用户等
• 销售：销售额和销售量，包括总体和分项
• 趋势：总体增长量和增长率
• 关键的细分市场：人口统计、态度、行为
• 其他方面：周期性、季节性、反复波动性

续表

• 国际变化和趋势
2. 可利用的分销结构
• 零售商：类别、份额、需求、活动、边际利润、趋势与预测、态度
• 批发商：分销商、批发商、经纪人、使用类型、功能效益、政策、补偿、态度、趋势、变化等，根据不同的细分市场
• 议价能力和渠道控制力
• 程度、趋势和垂直整合，地理区域的变化
• 多渠道或双向渠道的利用
3. 竞争
• 现有的品牌商标
• 通用的制造资源
• 规模、形式、材料等，所有的变化——暂时的或永久的。质量水平
• 价格：最终折扣、特价、价格变化
• 市场份额：金额、数量、按细分市场分类、用不同的市场定义
• 变化：进入和退出的趋势，反应时间
• 预计利润：销售量、成本、退货、投资回报和趋势
• 市场推广：类别、金额、效果
• 制造和采购
• 财务力量
• 特殊缺陷、不稳定性
• 可能的新竞争对手：其当前的研发活动、技能、业绩记录
• 对于派生需求的全面描述
• 细分市场的产业生命周期分析
4. 特殊方面
• 政府和政策限制，尤其是趋势和期望
• 第三方影响：科学家、机构、研究中心、协会、标准、施压群体
• 通货膨胀、工资、工会活动的影响
• 更多的参与者：供货商、进口商、技术控制者
• 社会总体的态度和趋势
• 企业使用人员和资源的生产力与效率
• 行业成本的变化：原料、员工、运输成本

C.1.1 消费者、用户和购买者

本部分阐述产品基本原理中的关键要素。按照不同购买者的类别提供数据，涉及范围包括购买产品不同的用途、存在的影响、用户获得产品的具体流程、购买动机、品牌考虑、信息搜索、产品偏好、形象、未满足的需求等。

本部分用于帮助那些通过阅读本计划来理解后面描述的决策的人，例如，目标、定位、推拉策略，同时总结了市场平衡并强调了那些可被利用的不稳定性。

C.1.2 竞争

必须告知计划的所有阅读者竞争的现状，因为很多人的岗位都与计划没有固定关系。应该列出具体的公司和商标名，并给出详细的对比描述。应清晰地认识到与竞争对手的种种差异。如果产品经理不知道如何对比在这个市场中具有决定性的属性或新产品与其他已有产品的属性，这个公司就没有做好进入市场的准备。

必须了解竞争对手的总体业务和市场战略，尤其是它们行之有效的定位、定价、广告和分销策略。

C.1.3 外界因素和改变

市场并非静止不变的，市场中的每个人都需要知道可能存在的变化。如果计划者考虑得十分周全，那么不应该出现任何意外。常被忽视的是政府规章、竞争对手产品的改进、直销（跳过批发）、价格跳水、基于新技术的新竞争品、该类产品的购买和使用在未来的变化。

C.1.4 产品描述

在一些计划中，产品可以用精练的句子描述出来；在另一些计划中，读者大多需要通过研讨才能领会其含义。产品的复杂性不应该影响对其的理解。计划应该指导其他人负责他们对应的市场，所以他们需要知道新产品的优势。该计划应当总结概念测试和产品使用测试中的主要发现，包括产品优势和劣势、感知方面问题、产品的非正常使用、物理特性、成本和应用限制等。

C.1.5 目标

一个新产品的营销期望，应该在战略的开头部分描述。接下来让我们区分长期目标和短期目标。长期目标对一个行动的长期方向（有时很难量化表达）起到了指南作用，不是内部控制。例如："我们的长期目标是成为休闲食品市场的领导者。"短期目标则是达到长期目标途中的一个中间点。例如："我们的短期目标是在第一年达到休闲食品 15%的份额。"短期目标对于管理者来说应该是十分清晰并精准的。

C.1.6 限制

应当区分清楚的是，每个新产品营销行动都有内在的限制。以下是以前的营销计划的一些例子：

- 新产品会根据其行业分销系统的部门习惯进行市场推销。
- 销售人员通常对新产品部门能否成功表示怀疑。销售人员的精神面貌对于这个部门是非常重要的，所以要采取一些行动确保这个特殊产品的成功。

像这样的限制会对营销计划有明显的影响，如果没有说明，读者可能不会理解为什么要采取某些行动。

C.2 任务管理

整合成一个营销计划是一个复杂的过程，其中包括长远的战略决策并夹杂着无足轻重的琐事。有经验的新产品经理从不低估公司任何非营销部门的贡献，但是无经验的新产品经理经常会这么做。为此，新产品团队的营销计划应该与产品研发同时进行。因为团队成员帮助构建自己的计划，所以他们会给出建议。新产品营销中的每个职务有着关于什么职务应该做什么的想法，他们与其他人的想法不同。所有人都有经验，并且我们一段时间内会以团队的形式工作。我们会问每个人有关他们想要做什么的问题，然后把他们的要求放在一起，称为营销计划。实际上，一些计划就是这样制订的。

但是，这样的计划不会很有效，除非我们有从本质上可以自我营销的新产品，或者除非新产品是简单的产品线的延伸，并完全按照一个新产品线内的一员来营销。产品线营销计划中列有该新产品并说明将完成什么。

新产品不用营销的例子很少。例如，我们制造产品是为了完成某个军工订单，我们成功投标后就实现了销售。或者，如果我们为复杂产品的主要生产商开发了一个产品（如汽车），在这种情况下，制造商告诉我们要做什么，并且我们所要做的是交付并时刻准备提供服务。

但是在大多数情况下，新产品至少在概念上需要有它自己的战略。否则，不同的人不会聚集在一起组成一个团队。

下面，我们来区分一下制订计划与规划。制订计划服从于战略，规划阐明战略，并指导执行。新产品可以同时有战略和战术，但战略更重要。一旦新产品经理专注于制订计划，确定预算、时间与其他细节，没有战略，那么员工就难以被激励、被融合和有高产出。

一些新产品经理运用个人领导力来精心管理团队。这些人也许超过过日期与预算，但是营销了一个成功的产品。在某些情况下，营销做得好的产品，即使超过预算但按时完成的，会在 3 个月后带来很好的回报。

这种思维方式不适用于已经完成了、需要做年度或季度营销计划的产品。

所以，当你在进行营销计划的过程中，要记住我们看中的是真正有影响的事情。这是所有新产品经理需要花时间去认真思考的事情。

另一个思想：营销计划需要高层管理的批准。“无论谁掌权，都需要承担后果。”所以新产品经理必须克服高度参与的高层管理者带来的阻碍。

C.3 战略的组成

第 16 章和第 17 章解释了新产品市场战略的组成及它们是如何制定的。营销计划的这个部分简单地加以总结，并且解释了对公司内部有争议的事项的考虑。首先解释的是目标市场，然后是产品定位陈述（定位于不同目标群体的不同产品）。在此之后，营销计划变得非常情景化，反映了公司实践和个人兴趣。营销组合因性质、复杂性、执行而不同，并且的确没有好的方法可以告诉大家。

通常，公司会陈述其总体组合战略，即领头羊是谁、其他方法如何支持它。所有参与执行计划的人需要了解产品、价格、推广与分销如何组合起来，以及他们的个人责任是什么。如果他们在一起工作得很好，就像一个团队一样，那么好的合作可以事半功倍。

C.4 细节与执行

战略组成的总体陈述之后，是完整的列表，包括每个工具的作用、时间、管理人员等，如媒体计划、销售人员与打电话时间计划、所有需要打印的材料、销售会议和数以百项用于执行计划的必要事情。营销计划的本部分会带给营销计划一个不好的名声。对于很多人来说，计划书（实际上是很大的一本书）是计划的目的，然而繁杂的计划书在不断变化的压力下迅速地变成了文档。最好有一个精练的总体计划，以及一套工具文档，以备在公司各部门执行。

附录 D

新产品项目评估指南

这是一份特殊的清单，适用于某些组织的任何人进行新产品项目评估——内部审核、咨询顾问等。如果公司采用本书中提到的方法之后效果显著，固然不错，但产品创新经理们同时面临着人力、资源、竞争等诸多问题，他们常常需要综合多方意见做出妥协。所以如果你用本指南评估新产品项目，那么想一想那些反对意见。大部分人尝试过这种形式后发现，他们最终拒绝了（或者十分赞成）第三方或者其他条款。这种形式尤其适合近期有难度的重要活动。

本清单上的术语均与文中所使用的术语相一致，但是有时为了表述得更加清晰，会进一步说明。

如果某个机构想要采用本指南，建议由至少两位经验丰富的人分别对公司的新产品评估进行检查，逐个检查每个条目。接着在联合会议上公布结果，并依次讨论其分类和矫正措施，从而总结出其不同之处。

是　有时　不

___ ___ ___　1. 公司或部门的高级管理人员（总经理及高级职能部门主管）应整体上承诺创新。他们希望在运营的各个阶段进行创新，包括产品线创新。

___ ___ ___　2. 关于创新的态度在整个公司内得到了清晰明确的传达。

___ ___ ___　3. 公司和部门的高级管理人员都参与了规划工作，确定了每个部门产品创新的总体目标。

___ ___ ___　4. 外部董事知晓产品创新在未来的作用和相应的支持行动。

___ ___ ___　5. 我们有创新奖励机制，其中包括对惩罚失败的隔离机制，所有人都可以进行监督。

___ ___ ___　6. 公司层或部门层主观评估了每个高级职能经理的创新能力和倾向，尤其是产品创新，本评估报告包括了提交给这些高级管理者的个人报告。

___ ___ ___　7. 总经理在分享自己所肩负的责任时，也领略到了新产品项目授权的艺术（这种管理方法是产品创新的独特之处）。

___ ___ ___　8. 新产品规划承担着非职能性的责任。也就是说，项目经理的汇报方式不受职能部门需求和意见的约束。

___ ___ ___　9. 高级管理层应评估新产品项目的生产力。

____ ____ ____ 10. 如果高级管理层对产品创新规划的框架不满意，应找出具体原因，并实施补救计划。要解决问题，而非表达态度。不允许出现持续性不满意的情况。

____ ____ ____ 11. 公司的新产品在市场上的失败率大概介于 10%～20%。低于该百分比，说明产品创新性不够，高则意味着管理计划不完善。

____ ____ ____ 12. 高级管理人员研究了行业的新产品情况，与其他行业领导者互通想法，并着手寻找针对阻碍产品创新情况的解决方案。

____ ____ ____ 13. 每个部门的人员都可能负责识别机会——对本部门潜在的技术和市场进行创造性评估。

____ ____ ____ 14. 高级管理层应很清楚流程创新和产品创新之间的根本矛盾，并采取措施尽量避免二者相互干扰。决策需在总管理层面进行。

____ ____ ____ 15. 公司拥有发展新产品的总流程，且参与者熟悉各个流程。

____ ____ ____ 16. 每个项目的产品创新者需了解团队的聚焦点和运营领域。

____ ____ ____ 17. 项目的总体目标和具体目标也需要了解。

____ ____ ____ 18. 各项目组需同时发挥市场驱动力和技术驱动力。也就是说，应努力解决所选择的市场中的一个或多个具体问题，并且如果公司技术出众的话，可以为该解决方案配备一种或多种技术。

____ ____ ____ 19. 没有关于新产品项目隐藏的安排。

____ ____ ____ 20. 所有在新产品小组中扮演重要角色的人都会以某些形式获得奖励，反映了集团对于长期目标或短期目标完成的奖励。

____ ____ ____ 21. 对于每个新产品项目，领导项目走向成功的负责人都十分明确。

____ ____ ____ 22. 每个项目都被指定用 3 种项目化结构之一——职能型矩阵、平衡型矩阵或项目型矩阵。我们努力避免完全的职能型组织，仅仅在必要时使用事业型组织。团队成员理解项目化。

____ ____ ____ 23. 我们非常清楚设计的价值。在适当的情况下，我们积极整合工业设计师（审美/实用）和工程设计师（技术/功能）作为团队的主要成员。

____ ____ ____ 24. 我们的技术部、市场部、制造部之间距离很近，步行只需 5 分钟。

____ ____ ____ 25. 我们用的是橄榄球 Scrum 的概念，而不是接力跑传递的概念。所有的职能部门在项目的各个阶段都派出代表，包括项目描述与后续上市阶段。

____ ____ ____ 26. 新产品经理理解他们实际上没有头衔的总经理，应该像总经理那样管理团队。他们也要理解什么是工作网络，以及如何建立和管理工作网络。

____ ____ ____ 27. 通过建立与供应商的关系及直接与潜在客户沟通，积极地使用上下游的关系。这些人几乎可以算团队的成员。

____ ____ ____ 28. 我们制定了一个综合概念评估体系，并用它来为每个项目构建一个特殊的系统。

____ ____ ____ 29. 在创意生成开始之前，要对每个战略性竞争领域进行基本的市场或技术研究，并根据需要在项目的生命周期中不断更新研究内容。

____ ____ ____ 30. 我们认为，建构产品的同时应制订营销计划，这两者需协同进行。

____ ____ ____ 31. 我们同意这个观点：新产品在市场上站稳脚跟是产品存活的标志。即使新产品进入了市场，在达到我们为其设定的目标前，它仍然只是个概念（必要时要进行修改）。

___ ___ ___ 32. 我们积极地进行概念生成。换句话说，我们不会被动等待各大实验室产生创意。

___ ___ ___ 33. 我们的技术人员熟悉客户对市场上现有产品的看法，包括他们用什么，以及如何使用。

___ ___ ___ 34. 在可能的情况下，我们的新概念直接来自潜在客户的现有问题/需求的解决方案。

___ ___ ___ 35. 在进行任何实质性产品开发之前，我们使用定量评估模型来进行概念筛选。

___ ___ ___ 36. 筛选后，我们确保技术人员有一个产品需求陈述（产品属性和其他可交付成果）。营销人员也会收到一个营销需求陈述（拟实施的营销计划——市场渗透、速度等）。产品需求要围绕产品应为顾客做什么来展开。两个需求共同组成产品协议陈述。

___ ___ ___ 37. 无论是产品还是服务，我们会对每个研发项目进行基于用户的产品使用测试。部分测试对象是典型的潜在用户，并非我们的朋友。

___ ___ ___ 38. 我们认为，产品使用测试应该衡量产品能否按照期望运行，是否解决了起初提出的问题，或是否总体上令客户满意。换句话说，如果我们做了 β 测试，我们还会做 γ 测试。

___ ___ ___ 39. 我们的市场项目也对新产品的潜在消费者做了测试。测试采用情景化的方法，但至少还要实施一次渐进上市。

___ ___ ___ 40. 我们从营销工作认识到，试用是销售成功的几个步骤中最关键和最有难度的一步。

___ ___ ___ 41. 当我们准备营销一个新产品时，我们会预先考虑每个潜在的破坏性问题，并商定好每种问题发生时的解决方案。

___ ___ ___ 42. 我们运用后续追踪系统来指引产品成功。即我们建立了测量系统跟踪每个关键的问题，并提前预警。我们也事先讨论了每个问题实际发生时的情景。

___ ___ ___ 43. 营销战略的完成与知晓、试用、可购买到、重复购买程度（满意度）息息相关。该计划清晰地表明每部分的完成情况。

___ ___ ___ 44. 新产品的营销计划将以草案形式分发给所有重要人员，当然也包括技术、生产和财务等基本职能人员。

___ ___ ___ 45. 除非新项目本身是一个产品线延伸项目，我们至少还有两条产品线在延伸。每个后续项目旨在通过压制竞争对手的方式来获取利润。

___ ___ ___ 46. 所有财务评估都不是简单的净现值计算。事实上，我们尝试使用销售或利润门槛测试而不是现金流测试。

___ ___ ___ 47. 我们试着预测各消费者误用新产品的方式，我们为这些问题制定法律上足够的警告，并保留与产品责任各方面有关的记录。

___ ___ ___ 48. 为了减少冲突，要关注行为准则与人们实际实施的准则之间会出现的潜在矛盾。此类关注用于消除矛盾。

反侵权盗版声明

举报电话：（010）88254396；（010）88258888

传　　真：（010）88254397

E-mail：　dbqq@phei.com.cn

通信地址：北京市万寿路 173 信箱

电子工业出版社总编办公室

邮　　编：100036